国家哲学社会科学成果文库
NATIONAL ACHIEVEMENTS LIBRARY
OF PHILOSOPHY AND SOCIAL SCIENCES

康藏史（近代卷）

石　硕　主　编
邹立波　副主编
邹立波　王海兵　著

社会科学文献出版社
SOCIAL SCIENCES ACADEMIC PRESS (CHINA)

目　　录

Contents

第　一　章

外国教会在康区的传教活动
与清末教案

近代是康区社会政治变革的历史过渡时期，也是康区连接内地与西藏的纽带作用进一步凸显的关键阶段。康区地处内陆，僻处青藏高原东南缘。特殊的地理位置使得康区历史转型在近代中国边疆危机和民族国家建设过程中具有相对延迟和滞后的特点。因此，康区古代与近代的时段分期既同近代中国其他地区的历史有密不可分的联系，又有自身的地域性特点。根据康区历史的基本发展脉络及其特征，以外国教会为代表的西方势力向康区的渗透，以及清末川边新政，是推动康区历史出现重大变革的两大重要因素，可视为康区近代历史开端的标志性事件。外国教会的传教活动将康区同近代中国乃至世界历史主脉联系起来，以近代化力量不断冲击当地传统的社会政治秩序。清末川边新政则揭开了近代中央政府权力扩张下康区制度性变革与政治秩序构建的序幕，成为近代中国边疆治理政策转变过程中的典型事例。

第一节　外国教会在康区的传教与发展

一　初涉康区：禁教形势下外国教会的秘密传教

清末活跃于康区的外国教会以天主教、基督教为主。[①] 天主教传入时间

[①] 基督宗教即广义的基督教，包括天主教、基督新教和东正教三种。当前学术界形成共识，均以基督教指称基督新教。本书亦采此例。

最早，基督教紧随其后。道光二十八年（1848），天主教正式传入康区。时任
西藏代牧区主教的法籍杜教士赴藏传教受阻，被迫退回至雅州府清溪县（今
雅安汉源县）大林埠（今大林坪），在此设立主教区，由此拉开了天主教在康
区的传教序幕。① 清王朝覆灭以前，天主教始终是活跃在康区教会历史舞台
上的主角。19 世纪 40 年代至 60 年代中期甚至一度出现法国天主教传教士
"独占"康区的历史景象。② 基督教迟至 19 世纪 80 年代前后才在康区开辟
传教点。在 1912 年以前，基督教远不及天主教在康区的影响全面而深远。

天主教正式传入前，传教士就已在康区活动。道光二十六年（1846），
天主教遣使会传教士古伯察（Evariste Régis Huc，又译胡克、额洼里斯塔）、
秦噶哔（Gabet Joseph，又译噶哔约则）试图由青海玉树进入西藏拉萨地区
传教，被驻藏大臣琦善盘获，解送出境时途经康区的察木多（今昌都）、巴
塘、打箭炉（今康定）等地，成为最早入康之传教士。③ 同年，西藏传教区
（La mission du Thibet）从印度亚格那代牧区分出，由四川代牧区托管，属巴
黎外方传教会（Missions étrangères de Paris，M. E. P.）。道光二十八年正月
二十九日（1848 年 3 月 4 日），巴黎外方传教会法籍传教士罗肋拿（Charles
René Alexis Renou，1812–1863，汉名罗启桢）假冒广东澳门人，谎称进藏
行商，由四川经打箭炉前赴西藏传教，途经察木多时，因其"口语服色，
虽系汉人，究不似粤人声音，神情恍惚，兼无货物，形迹可疑"，④ 被差役
巡兵识破抓获，最后经四川解送至广东。虽然传教士此时在康区的出现只是
途经而非传教，但是古伯察、罗肋拿在康区经历乃至其最后赴藏传教的失
败，对于康区天主教的传入和发展而言有极为重要的意义。此后十余年间天
主教传教士多次尝试进藏传教，屡次受阻，却正式揭开近代西方教会在康区
大规模传教的帷幕。

---

① 杨健吾：《基督教在四川藏族地区的传播》，《宗教学研究》2004 年第 3 期。
② 向玉成、肖萍：《19 世纪 40—60 年代中期法国传教士"独占"康区的活动及其影响》，《西藏大
学学报》2011 年第 1 期。
③ 有关古伯察和秦噶哔入藏传教，参见 Evariste Régis Huc, *Life and Travel in Tartary, Thibet, and
China*, Edinburgh: Thomas Nelson and Sons, 1885；古伯察《鞑靼西藏旅行记》，耿昇译，中国藏学出版社
1991 年版；雅克玲·泰夫奈《西来的喇嘛》，耿昇译，山东画报出版社 2003 年版；赵艾东《古伯察〈鞑
靼西藏旅行记〉中所载汉藏关系研究》，《国际汉学》2015 年第 3 期。
④ 中国第一历史档案馆、福建师范大学历史系合编《清末教案》第 1 册，中华书局 1996 年版，第
39—40 页；刘瑞云：《巴黎外方传教会传教士罗勒拿藏区开教史实考》，《宗教学研究》2018 年第 2 期。

从古伯察、罗肋拿等的传教经历可知，外国传教士在藏地的传教目标是以拉萨为中心的西藏地区。而清政府在进藏沿途的监控、巡查是传教士赴藏的最大阻碍。在此背景下，传教士被迫调整传教策略，探寻新的传教路线，从西藏毗邻区域入手。正如法国传教士毕耶（César Alexandre Biet，1836—1891，汉名毕天祥、畀天祥）所言：

> 安慰伴随着苦难，希望伴随着失败。鼓足勇气耐心坚持，总有一天西藏将会胜利！我们被从一座门赶走，但我们一定能从另一座门进去，或者从印度斯坦，或者从缅甸，还可以从云南、从四川进入西藏。耐心，奋斗，甚至高兴！这就是传教士的箴言。①

反观天主教后来在中国藏地的发展，康区无疑被外国传教士视为赴藏传教的最佳选择。1852 年，罗肋拿不甘失败，卷土重来，以一年的时间先期考察由滇入藏的可能性。滇藏线相比其他进藏路线具有两大优势：一方面，可以利用"藏彝走廊"通道的地理优势躲避清政府的严密监控；② 另一方面，民族交错杂居、政治控制较为薄弱的川滇藏交界地带也是开辟传教点的理想之地。罗肋拿考察归来，经过筹备，不久再次开启其传教之旅。有关罗肋拿此次进藏的具体路线和过程，法国人弗朗索瓦·巴达让③曾有详细记述：

> （罗勒挈等）由眼下这个村庄（大佐洛——引者注），沿着西行的山路，穿过粟地坪高原，再下到西面山坡上，他来到维西城。那里的人口相当混杂，有汉族人、摩梭人，还有或多或少的其它原始部落和蛮族移民。他下到注入澜沧江的小河边，顺左岸逆水行走五天，穿过白济汛、小维西、康普、叶枝，最后抵达从属于泽通、位于河（澜沧

---

① 中国第一历史档案馆、福建师范大学历史系合编《清末教案》第 4 册，中华书局 2000 年版，第 155—156 页。

② 秦和平、张晓红：《近代天主教在川滇藏交界地区的传播——以"藏彝走廊"为视角》，《西南民族大学学报》2009 年第 2 期。

③ 弗朗索瓦·巴达让，1870 年 10 月 14 日生于法国罗讷河口省，时任法国《地理社会》公报记者，曾于 1905 年离开法国前往中国云南及其西部进行探险考察。

江——引者注）右岸的巴东藏族村寨。根据从各处收集到的情况，勒努（即罗勒拏——引者注）先生相信，差不多已来到西藏边界附近。……勒努先生付了钱，穿过山脉，去到怒子江畔。然后他渡过江，受到莒浦桶地区喇嘛的接待，在他家里住了一些时日。教士对活佛的殷情招待感到很满意。……在莒浦桶勒努先生发现，有一条来自东方的山脊，向西成直线形朝前延伸，蓦地终止于突向怒子江的悬崖峭壁。当得知，这便是西藏的确切边界……就在第二天，他两眼凝视着山梁的顶端，双脚成功地踏在了西藏的土地上。……他最初经过的两个村庄，松打和龙普并没有藏族居民，但是住着怒族人。从前，他们属于门巴的一个小分支部落。后来，他们汇集到首府为芒康的扎洪藏族地区。在龙普，勒努先生碰到一个很有钱的藏族人，名叫茨旺。他以每年 16 银两（130 法郎）的定期租金租用（察）崩卡山谷。1854 年 9 月 24 日，勒努先生和他的旅行队终于占据了崩卡山谷。①

进驻崩卡②后，罗肋拿及其同伴③通过购买"奴隶"，拥有了第一批信徒，并建立传教点。此后，传教士通过巡回传教，在崩卡附近地区陆续建立起传教点。传教网覆盖的区域主要集中于滇藏交界处，并逐步深入康区的西南地界。1853 年，罗肋拿被任命为西藏传教区宗座监牧（Préfet apostolique）。次年秋，罗肋拿再次与萧法日改道云南，经维西深入并定居于澜沧江与怒江之间的察瓦博木噶（Bonga，今西藏察瓦龙崩高村）。1857 年，康区教务被划归西藏传教区。杜多明（Jacques-Léon Thomine-Desmazures，1804-1869）被委任为代牧主教。

虽然天主教在崩卡地区站稳脚跟，但是其本身的存在及其向察木多方向的扩张威胁到当地藏人僧俗的利益，导致矛盾激化，冲突渐增。1858 年，第一次崩卡教案酝酿并爆发。第一次崩卡教案导源于崩卡传教士与租主宅旺

---

① 郭素芹著译《永不磨灭的风景：香格里拉——百年前一个法国探险家的回忆》，云南人民出版社 2002 年版，第 142—144 页。
② 崩卡又译作绷额、猛卡等。
③ 即萧法日（Jean Charles Fage，又译费芶）、德格丹（Auguste Desgodins，又译德格定）、吕项（Durand Pierre-Marie-Gabriol，又译杜朗、吕灏）等。

（即茨旺）在租约问题上产生的纠纷。法国传教士指控宅旺贪图利益，故意违反和约，威胁收回崩卡地方所有权。在双方争执不下时，三岩"野番"抢掠崩卡地方传教士的银两什物，致使事态进一步扩大。事件之初，由于清政府的禁教政策，以罗勒拿为首的传教士只得缄默待之，不敢申言。直到1860年中法《北京条约》签订，罗勒拿才赴川呈控，要求惩凶赔偿。随后川藏地方官员共同审理，此案以传教士诉讼成功结案。自1860年条约签订以后，康区的传教形势也迎来新的局面。

二 赴藏传教的博弈、失败及其对康区传教活动的影响

《北京条约》规定传教士可在中国内地自由传教，条约签订后法国取得天主教在华的"保教权"。① 此时，天主教在康区的发展由两条主线引领：第一，传教士在康区开展的传教活动；第二，天主教赴藏传教失败给康区传教形势带来的影响。两条主线既独自发展，又相互影响。

1860年，清政府弛禁天主教，并允诺予以保护，传教士赴藏传教的最大阻碍被清除。传教士"随即拟赴前藏都城布达赖城内居住"。② 法国传教士立即开始着手从滇、川进藏的传教活动。但是以格鲁派上层势力为首的西藏僧俗各界的强烈抵制，成为传教士更加难以逾越的障碍。他们滞留察木多，无法进入西藏。此时地处康区的察木多成为法国传教士与西藏僧俗之间博弈的前沿。

咸丰十年（1860）十一月，恭亲王奕䜣奉旨颁发与英法两国和约条款一本、告示二张，通告全国，随后签发赴藏传教护照，共计七张，由罗勒拿、萧法日、杜多明、吕项、毕耶、德格丹、顾德尔（Jean Baptiste Goutelle，1821–1895，又译古特尔）等法籍传教士领取。传教士名单经由四川总督盖用关防后转咨驻藏大臣，酌令属下汉藏官员妥为照料。

张贴条约告示的谕令和法籍传教士即将赴藏的消息传入西藏，加之咸丰

---

① 所谓保教权，即罗马教皇授予某国在某地区保护天主教的权力。保罗·柯文认为，清末法国为传教士提供保护，实因其在欧洲的角逐，目的在于抵消英国的威望和影响，并非通常所认为的经济目的。参见李师洲《帝国主义列强在华保教权的沿革》，《山东大学学报》1990年第1期；柯文《在中国发现历史——中国中心观在美国的兴起》，林同奇译，社会科学文献出版社2017年版，第244页。

② 中研院近代史研究所编《教务教案档》第1辑（三），台北，中研院近代史研究所1977年版，第1658页。

十一年（1861）六月3名英国人欲由川赴藏，激起西藏僧俗各界积酝已久的排外情绪。据掌办商上事务慧能呼征阿齐图呼图克图转禀而来，西藏僧俗甚为"骇惧"，祈恩"大皇帝"阻止外人入藏，如若外人执意进藏，则誓称："只得会合同教部落，帮同竭力阻止，非势穷力尽，万不敢弃佛教之宗源，失众生之素志。"①事实上，咸丰十一年八月初七日（9月11日），罗肋拿、德格丹、杜多明3人赴藏行抵察木多之时，因西藏僧俗拒绝出雇乌拉（即当差），只能滞留当地。

咸丰十一年七月二十七日（9月1日），驻藏大臣满庆奏称，西藏僧俗"骇惧""惊疑"心理"实出情不得已"，设若英法人等执意前往，西藏僧俗必然不遵，恐会惹起"边衅"。满庆建议"善言劝阻"，不令外国人进藏，如此，"于两国和约，藏境人心，两有裨益"。此时对于内外交困的清政府而言，引起"边衅"显然是最不愿见到的结果。九月十二日（10月15日），军机处奉旨，同意满庆所奏，"着总理各国事务衙门妥为办理"。②

十一月二十一日（12月22日），四川总督骆秉章在一天之内两次递文总理衙门，除转呈驻藏大臣满庆七月二十七日的奏称外，还通报罗肋拿一行因西藏僧俗拒绝出雇乌拉而滞留察木多一事，并附议满庆的观点，认为外人强行入藏恐会引起边衅。二十六日（12月27日），总理衙门做出回复，建议四川总督"婉言阻止"，勿令外人入藏，并"饬知赴藏内地各站，不得为其预备马匹"，"不可任其前往，致生衅端"。至于如何"婉言"，总理衙门建议如下：西藏为"外藩"之地，当地以佛教为尊，入藏沿途环境恶劣，中国大员往来亦有令行不遵以致受困的处境，等等。至于能否达到效果，总理衙门实无把握，认为"或可折服其心，亦未可知"。③

总理衙门的劝言有其自身的目的，但亦属事实。不过在传教士的传教决心面前，此举不仅未能奏效，反而引起法国传教士的攻击。同治元年（1862）二月，罗肋拿致函法国副使艾嘉略，指控清中央政府驻藏官员"诡谲舞弊"，捏造藏人骇惧等情，"暗计阻持"，请求艾嘉略移文四川总督，予

---

① 中研院近代史研究所编《教务教案档》第1辑（三），第1650页。
② 中研院近代史研究所编《教务教案档》第1辑（三），第1649—1651页。
③ 中研院近代史研究所编《教务教案档》第1辑（三），第1654—1655页。

以查办。① 四川总督接文后转咨驻藏大臣。经驻藏大臣转行呼征阿齐图呼图克图。二月二十八日（3 月 28 日），呼图克图接奉译文，随即将西藏僧俗禀复抄呈前来。对于罗肋拿上述所言，西藏僧俗逐一驳斥，认为纯系"胡造谎言挑唆"，只是借故欲进入西藏而已。此外，西藏僧俗重申"外国人民意欲传教，从前并无来藏之例，此次不但不准住居一人，即借道之事，亦不能容，前具誓词，并无改悔"。② 随后，驻藏大臣恩麟将西藏僧俗禀文转复四川总督，并在复文中请四川总督转知法国副使艾嘉略查照，声明"劝阻伊等毋庸来藏游历传教，系为俯顺番情，并非故违和约"。六月二十七日（7 月 23 日），四川总督回复："准此，相应据文咨照总理衙门查核施行。"③ 六月三十日（7 月 26 日），总理衙门行文四川总督，认为驻藏大臣恩麟所言、所行"自系实在情形"，再由四川总督转令驻藏大臣在处理外人入藏问题时，需"体察藏内僧俗情形，妥为办理，固不可欺压外国民人，显违和约，亦不可逼勒藏内僧俗，有拂番情"。④

尽管清政府最后仍然坚持前议，拒不退让，但此事并未就此结束，在法国驻京公使介入后出现了新的变化。同治元年闰八月二十二日（10 月 15 日），法国驻清朝临时代办哥士耆照会总理衙门恭亲王。在这份"情理兼具"、不无威胁意味的照会中，哥士耆为传教士辩护称，传教士进藏只是"欲访求殊俗，以资多识"，⑤ 并购买名为"四体"的佛教书籍，而非传教。西藏僧俗本是骇惧英人进藏，"因视本国与英俄二国丝毫不知有分别，亦复一般惊恐"；⑥ 西藏执政因传教士有"德行学问"而骇惧，贬抑西藏执政"暗昧"，"不知审利害，以取有益于自己之事"，"不肯改其旧奉之佛教"。⑦ 法国传教士进藏"绝无他图，即有贻害之念，亦无从着意"。⑧ 责备清政府在印护照之初就应"告以西藏非中国所能饬遵"，则"传教士亦即不为此

①　中研院近代史研究所编《教务教案档》第 1 辑（三），第 1656 页。
②　中研院近代史研究所编《教务教案档》第 1 辑（三），第 1657 页。
③　中研院近代史研究所编《教务教案档》第 1 辑（三），第 1657 页。
④　中研院近代史研究所编《教务教案档》第 1 辑（三），第 1658 页。
⑤　中研院近代史研究所编《教务教案档》第 1 辑（三），第 1658 页。
⑥　中研院近代史研究所编《教务教案档》第 1 辑（三），第 1659 页。
⑦　中研院近代史研究所编《教务教案档》第 1 辑（三），第 1660 页。
⑧　中研院近代史研究所编《教务教案档》第 1 辑（三），第 1660 页。

行"，如今"欲阻传教士前往，恐难以中止"。①

此外，哥士耆还向恭亲王提出如下请求：

1. 奖赏"待传教士极有礼貌""洞识时务"的察木多军粮府陈育、副总府张明；

2. 准许罗肋拿、丁德安居留察木多，或任其赴藏，并予以保护；

3. 同意传教士借用驿站传递信件；

4. 将崩卡（崩额）地方永久租与传教士；

5. 准许传教士向驻藏官员借贷银两，批准教民杨、刘二人在藏地自由贸易。②

对此，九月初一日（10月23日），总理衙门致函四川总督，除商量传教士借贷银两与递送信件外，还就法国传教士的去留问题表明态度："本处斟酌，只好听其自便，能以设法劝其远离，得保两全最妙，倘该教士定欲居住，亦未便强行阻止，务当妥为照料，以示羁縻"，"总期诸臻妥协，不致别滋事端，则得矣"。③ 由此可知，虽然总理衙门仍未准许传教士进藏，但其立场因法国外交部门的干预而出现动摇。尽管恭亲王声称准许传教士居留当地有制衡英国的外交考虑，④ 但更多是迫于无奈。总理衙门准许传教士借用官驿传递信件以及向当地官员借贷银两等，对传教士而言，对于前往路途艰险、环境恶劣的藏地，这无疑是一种助力之举。

清政府的让步显然违背了西藏僧俗"不准（外国人）住居一人"的意愿，迫使其不得不采取行动予以反抗。同治二年十月十二日（1863年11月22日），军机处呈递驻藏大臣满庆等代递汪曲结布奏书。在奏书中，汪曲结布指控罗肋拿，一面勾结瞻对工布朗结，以炉城（即打箭炉）运来的茶包收买汉员官弁人心，一面谎称驻藏大臣景纹已奉谕旨，"将前藏所属之擦瓦博木噶地方，赏交伊等（即罗肋拿——引者注）永远管理，凡有天主教之人进藏者，不准阻止"。传教士种种行为的目的乃是与英国遥相呼应，图谋西藏，威胁内地。为此，汪曲结布请求清政府"饬下四川督臣并转饬炉厅

---

① 中研院近代史研究所编《教务教案档》第1辑（三），第1660页。
② 中研院近代史研究所编《教务教案档》第1辑（三），第1661—1662页。
③ 中研院近代史研究所编《教务教案档》第1辑（三），第1663、1664页。
④ 中研院近代史研究所编《教务教案档》第1辑（三），第1664页。

文武，日后遇有领票赴藏之汉人，及随差来藏之兵役人等，务要严密稽察，如有已入天主教之人，一概不准给票出口"。若依汪曲结布之言，此举"实为国家保全地面"。①

对此，清政府的反应却是宽严有别。对于罗肋拿勾结工布朗结、收买土司汉兵一事，清政府只是谕令崇实、骆秉章查奏，了解是否有此事；至于所称英法联手取西藏、图四川的"阴谋"，则要求驻藏官员"严密防范"英国即可。清政府反应最为强烈的应是罗肋拿声称奉谕旨永久管理博木噶一事，认为"如果属实，是该教士假传诏旨，殊属可恶，除谕令总理衙门向法国驻京公使据理驳斥外，着崇实、骆秉章严饬沿边各属，认真查察，如有内地传教之人，潜赴藏地者，概行截回，毋令乘间偷越"。② 为何清政府唯独对罗勒拏假传圣旨一事反应如此强烈？这是因为清政府同意传教士赴内地传教的底线是其不得干预地方政治，这在条约中有明文规定。汪曲结布正是利用此点，大做文章，虽然有捏造之嫌，却能收到预期效果。

同治三年八月初七日（1864年9月7日），驻藏大臣满庆奏称，准达赖喇嘛咨称，请求清政府严查出关人员，防止外人、汉人信徒蒙混过关，潜赴藏地。十月初七日（11月5日），军机处奉上谕，称"知道"，于十月十五日（11月13日），由理藩院抄录谕旨与原折，咨呈总理衙门办理。十月二十五日（11月23日），总理衙门行文四川总督、驻藏大臣、成都将军，称"除罗肋拿一名，曾经领有执照，另行核办外，相应咨行贵大臣、督、将军严饬所属地方官，认真稽查出关兵民，倘有并未领有本衙门执照，潜赴藏地传教扰乱者，一经查出，即行饬令该地方官妥为阻止，送回内地，毋任滋事可也"。③

经过此番博弈与争斗，外国传教士仍未能前赴西藏传教。与此同时，西藏僧俗与传教士之间的矛盾已趋激化，两者视同水火，互不相容。这种对立敌视的关系对天主教及后期进入的基督教在康区的传播和发展造成直接而深远的影响。因此，在西藏僧俗拒不退让的抵制决心下，传教士赴藏传教的渠道基本被封闭，迫使其放弃以拉萨为目标的传教战略。这为外国教会重心向

---

① 中研院近代史研究所编《教务教案档》第1辑（三），第1672页。
② 中研院近代史研究所编《教务教案档》第1辑（三），第1672页。
③ 中研院近代史研究所编《教务教案档》第1辑（三），第1676页。

康区的转移埋下伏笔。此外，清政府数次下令严查关防、稽查潜赴入关传教者，对于这一时期康区的传教也是一种制约。

虽然清政府始终坚持不允许传教士赴藏传教，并且下旨严查关防，禁止传教人士潜赴藏地，在很大程度上回应了西藏僧俗的请求，但仍不能令其满意。在西藏僧俗的眼中，以崩卡教会为中心的天主教始终是潜在的威胁。从1865年崩卡教案相关材料可以推知，此一时期天主教由崩卡向外拓展一度到达金沙江迤西的江卡地区，呈现向西藏渗透发展的趋势。这是西藏格鲁派上层势力不能不感到忧心之事。

而且，清政府的种种决定使西藏地方政府对清政府的态度和信任产生变化。在此次有关传教士赴藏传教的博弈中，清政府作为最终的"裁判者"，总体态度是息事宁人、避免边衅。这导致其立场趋于暧昧、摇摆。对于法国传教士而言，其弊无甚影响。但是在西藏僧俗看来，这不啻是一种疏远和伤害。当然，对于当时内外交困的清政府而言，这也是迫于形势的无奈之举。有鉴于此，西藏上层势力为急于拔掉罗勒拿这根"眼中刺"，不得不采取更加极端的手段，最终爆发1865年崩卡教案。

三　1865年崩卡教案：传教士向康区的退却和教会重心的东移

同治三年二月二十六日（1864年4月2日），法国驻华公使馆书记官丰大业向总理衙门面呈江卡传教士抄函，内称传教士在江卡、查洪、名谷、崩卡等地遭到当地僧俗的抵制和侵扰。在察木多，当地汉官挑唆江卡藏官四郎旺堆四处散播谣言，声称大批法国人计划进藏，意图制造恐慌，引起动乱。四郎旺堆严令下属百姓不得向传教士售卖食物，违者重罚，最终迫使传教士折回崩卡。四郎旺堆的行动得到桑阿就宗两位第巴工色、宗的，二等官博洪巴、特苟色，以及查洪地方三等官的支持，为其出谋划策。在查洪地方，三多、阿斗、俄尤恩三人伙同名谷地方官员多结奔作张贴告示，禁止传教士在当地传教，强令当地信徒退教，重奉佛教，还意图伏击前往塔陂地方的萧法日。此外，三多等还借瞻对之乱、民间捐饷之机，聚集民众前往名谷，输银捐饷，以图"尽灭奉教人"。而传教士因预闻此事，得以逃脱保命。在桑阿就宗，三多联同来自名谷地方的喇嘛七人，旧法重施，伪造书信，谎称已获指示，要求民众不得归信天主教。已入教者须"背教奉佛"，用印画押，以示证明。在这封抄函中，传教士指出四郎旺堆、三多等如此肆意妄为，实因得到西藏各大寺僧众、驻藏大臣满庆、粮台李玉甫的支持。因此，面对当地僧俗民众的反对，传教士萧法日、吕项等多次向当地官员陈述，但官员均置之不闻。驻守江卡的西藏道员司南王都面对传教士顾德尔的申诉，"不但不以理相待，兼肆辱骂，且暗遣人来乘夜谋害"。①

1865 年 3 月 10 日，传教士得到消息，他们"成了在拉萨的清帝国驻藏大臣敌视的目标和察绒一些喇嘛仇恨的对象，传教士们遭受着下一次被驱逐的威胁"。在此前后，当地僧俗开始局部地侵扰周边一些信奉天主教的村庄，并呈愈演愈烈之势，"那里的居民们有的被迫四处逃散，有的被关进牢房，还有五位新教徒在酷刑中丧生，另外五人也即将遭到同样的命运"。②许多信徒逃往传教士所在地，寻求庇护。

对于外国传教士所在地，肇事者主要采取围困孤立、谩骂侮辱、断绝粮食等策略，试图逼迫其主动离开。毕耶将西藏僧俗的策略称作"暗斗"。这成为 1865 年崩卡教案（又称"第二次崩卡教案"）的前奏。当时驻扎崩卡的毕耶事后细致地描述称，1865 年 6 月 29 日，以罗顿·策旺、阿都为首的藏人将崩卡传教点围困，"德格丹（Desgodins）先生和我，我们在清晨两点钟时互相忏悔，决定要割喉自杀。后来的几天也是在同样的不安和焦虑之中度过的。我们将要收获的庄稼有一半被毁坏。来访者络绎不绝，他们对我们进行谩骂和侮辱……我们的处境极其悲惨，被迫每天要为自己、儿童和逃亡者磨粮食"；7 月 3 日，人群散去；9 月 6 日，"来自各方面的消息向我们证实了拉萨三大寺院作出了摧毁猛卡的决定"。③ 在江卡地方，传教士萧法日、都伯尔纳尔（Jules Etienne Dubernard，1840-1905，汉名余伯南）被从当地驱逐出去。

1865 年 9 月 29 日，第二次崩卡教案爆发。时任西藏主教的丁硕卧（Joseph Marie Chauveau，1816-1877，又译丁德安、丁盛荣等）在 1866 年 1 月 3 日致罗马教廷传信部枢机的书简中，对崩卡和觉那洞地方的冲突经过做了基本的叙述：

---

① 中研院近代史研究所编《教务教案档》第 1 辑（三），第 1674 页。
② 中国第一历史档案馆、福建师范大学历史系合编《清末教案》第 4 册，第 141 页。
③ 中国第一历史档案馆、福建师范大学历史系合编《清末教案》第 4 册，第 142 页。

1865年9月29日，一伙足有500—600人的武装队伍到我们在猛卡的传教区前面。接近早上5点钟时，一声枪响发出了约定的信号，没有经过战斗教堂就被包围并被攻克了。瞬间，门、窗、桌、椅、天花板和家具等都被砸得碎片横飞；我们的基督徒都被捆绑起来而遭到拳打脚踢。他们不分男女老少，全都一样对待，甚至连最幼小的稚童也和他们的母亲一样被毒打。德格丹先生和毕耶先生则被单独严密看管在一间房子里，顿时，最可怕的混乱笼罩着这幽静的地方。经过几天的解释、斥骂和暴力之后，全部基督教徒都被赶走，教堂及其附属建筑物都被放火烧毁，大家即将收获的极好庄稼都被毁坏了。现在，曾经作为法国势力范围的猛卡不再存在了。那里到处是一片废墟，留下的只是悲惨的回忆。①

9月28日，50名藏人在汉人的陪同下攻击札伦所属的觉那洞地方。当时驻扎于此的传教士为吕项、毕耶。由于寡不敌众，两人决定各自带领部分信徒撤离。毕耶最终平安抵达察木多，吕项则在逃离过程中被枪击中，坠河溺亡。有关吕项被枪杀的经过，根据逃回信徒的描述，丁硕卧写道：

吕项先生也很年轻，身体比毕天祥先生更壮实，他第一个来到架设在澜沧江的索桥上，后面只跟着几个基督徒。他勇敢地让他们先过去，而把最后过河的荣誉和危险留给了自己。他自己抓住架设在江上的一根长长的竹索向前冲去。当那些追赶他的人来到江岸时，他随着身体的重量产生的速度而飞快地沿着绳索滑了下去。在这同一时刻，响起了两声枪声……他的前胸和脖子中弹，吕项先生失去了知觉，两手一松，其身体就消失在波涛中了。有一个基督教徒头中两弹，另一个一只胳膊中弹受伤，第三个被捆住手脚投进江了。……22天以后，有人在距吕项先生坠入江中一法里远的五里附近找到了他的尸体。他的面容刚开始毁损。毕天祥先生给他重新穿上一件象征殉教和纯洁的红白装饰的衣服，察木多喇嘛的寺主在这些不幸事件中向我们伸出了友谊之手，几位汉族

基督徒和这位教主为吕项先生奉献了某些精美供品，毕天祥先生欲将吕项的遗体与这些供品一并葬在云南的土地上。①

这是传教士对 1865 年崩卡教案的大致记述。事件爆发后，由于崩卡僻处一隅，路程遥远，消息闭塞，直到同治五年正月二十四日（1866 年 3 月 10 日）法国照会总理衙门，要求总理衙门缉凶惩罚、赔偿传教士损失，此案才进入当局的视野，并开始颇多周折的结案过程。由于崩卡教案的消息时断时续地传出，来源多途，前后冲突，各方消息汇集一起往往真假相掺、实伪难辨，为案件调查、审理增添诸多难题。例如，被枪杀的传教士吕项，因各方翻译有别，有"杜朗""吕灏"等译名，致使清政府误以为此乃数案并举，在咨照往复数通以后，方确知此系一案。

正月二十八日（3 月 14 日），总理衙门照复法国，同意详细查明，秉公办理。同日，总理衙门咨文驻藏大臣、四川总督、成都将军，要求持平办理。三月十七日（5 月 1 日），成都将军崇实咨复总理衙门，称"查此案未据藏中文武具禀有案，亦未接准驻藏大臣知照明文"，但已飞咨驻藏大臣，请其速为查明办理。② 六月十五日（7 月 26 日），驻藏大臣景纹致函总理衙门称，曾接到传教士萧法日控诉此事，词涉江卡守备张庆云，由于情节严重，除咨行达赖喇嘛速委干员前去调查，随将涉事的张庆云撤任。达赖喇嘛随后咨称，崩卡地方距离拉萨甚远，无法遣派专差。驻藏大臣随即决定添派巴塘粮务夏沛田、乍丫守备夏兰芳会同星速前往，确查根由。七月十九日（8 月 28 日），总理衙门再次行文驻藏大臣，咨催速为查明。

七月二十一日（8 月 30 日），法国照会总理衙门，指责四川、云南地方大吏未能尽心催办，致使此案一再拖延，另抄单附送西藏主教提出解决此案的四项要求，即：（1）原价租住绷额（崩卡）地方，修复拆毁房屋，赔偿被劫物资洋银九千元，派兵护送传教士巴来时（毕耶）、德克登（德格丹）回绷额；（2）将吕项尸骸重新安葬爵纳同（觉那洞），费用由当地民众备办，赔补所失物什银八百两；（3）派兵护送法式、都备尔花（都伯尔纳尔）

① 中国第一历史档案馆、福建师范大学历史系合编《清末教案》第 4 册，第 144—145 页。
② 中研院近代史研究所编《教务教案档》第 1 辑（三），第 1686 页。

回梗戛（应系江卡所属）；（4）所有西藏交界系属中国之地，允许其自由往来。①而据法国汉口领事致四川总督、成都将军的申陈，代西藏主教转递的赔偿条款在内容上与前者并无实质差异，但赔偿金额远超前者，兹录如下：（1）归还蓬阿（崩卡）山地业产；（2）修补毁伤房屋棚垣，已毁坏者赔银6200两；（3）派兵护送德格丹、柏累特（毕耶）回蓬阿（崩卡）；（4）重新安葬杜朗（吕项）遗骸，并其所遗财物59箱，需赔款1250两；（5）派兵护送萧法日、都伯尔纳尔回江卡，并将传教士前住房屋"断归教中，作为公业"，以作抵赔所失各物之价值；（6）中国统辖各边境地方允许传教士今后自由往来。②但是在与清政府的往来照复中，法国汉口领事仍以法国照会转递的四条为参照。

对于西藏主教所拟赔偿各项，八月初二日（9月10日），总理衙门行文四川总督，称其有"借端需索苛求"之嫌，但事关人命，牵涉外事，又不得不希望四川总督饬令属下"迅速办结，毋任延宕"。③九月十九日（10月27日），驻藏大臣函称，准达赖喇嘛咨称，据诺们罕噶布伦总堪布等回禀，因前次奏请驱逐传教士出藏，而以萧法日为首的崩卡传教士却不肯动身，故西藏地方政府委派三大寺代表至该处，"以好言详细劝解，备办乌拉，送该教士等出境"，除惩治该处已归信天主教的教民并焚毁其所住房屋外，"并无枪毙教士吕项，亦未抢夺财帛"。为此，传教士还立有交清财帛的字据，时间为同治四年八月二十七日（1865年10月16日）。④总而言之，在西藏僧俗看来，第二次崩卡教案的经过事实上是"好言善劝"，而非"武力驱逐"；教士吕项被枪杀一案更属无稽之谈，纯系传教士的"捏造谎言"。

在当事人毕耶的记述中，1865年10月7日他和德格丹及部分信徒被押解离开崩卡，于10月9日抵到乍丫，并在同一天受到来自西藏的四位官员

①　中研院近代史研究所编《教务教案档》第1辑（三），第1689—1690页。
②　中研院近代史研究所编《教务教案档》第1辑（三），第1693—1694页。
③　中研院近代史研究所编《教务教案档》第1辑（三），第1699—1700页。
④　兹录字据如下："为立票据钦命法国教士丁大人、白大人令在藏属所派替身名下，现将我国官长后嗣及同居之人，遗存家俱［具］财帛，概行收清，并无短少。即自藏境绷额地方启行之后，出有法国字样，并前已服教番民，听其警戒，其帐目与购买土地等项，从此结明后，不敢稍涉争竞，今后我法国官长二人，究竟万不能举步进藏，亦已完案。为此乙丑年八月二十七日，法国教士丁大人、白大人具票是实。"参见中研院近代史研究所编《教务教案档》第1辑（三），第1704—1705页。

的审判。四位官员中有三位为三大寺的喇嘛代表，另一位是被称为仁钦孜的文职官员，充当三大寺代表的副官。这与西藏地方政府所称派出"三大寺仲纪僧俗替身"相符。但是在毕耶的后续记述中，四位西藏官员并不是"好言详细劝解"，而是以死亡逼迫他服从，最终他以 800 法郎的代价换得被押送出境的结果。交易达成的时间恰好在西藏地方政府所称传教士出立字据的第二天，即 1865 年 10 月 17 日。毕耶的叙述也一直未提及立过交清财帛的字据。由此可知，字据即使有，也应当非自愿所为。因此，根据当时西藏僧俗强烈排斥传教士的态度以及事后诸多反应，我们大致可以推断西藏地方政府所称"好言详细劝解""礼送出境"应系捏造。事实上，同治五年十二月十八日（1867 年 1 月 23 日）在咨文总理衙门时，驻藏大臣景纹就认为西藏地方政府所言"与咨内情形迥然不同，自系一面之词，难为凭信"。判断的依据则是"但查吕项一案，既据该法国萧法日禀控有案，而该汛营弁亦经报明在案"。① 因此，西藏地方政府极力否定有枪杀传教士吕项一事，反而证明其嫌疑。

　　尽管如此，在这份咨文中，驻藏大臣只是表示怀疑，并未证实西藏地方政府的捏造行为，而且此后总理衙门在与驻藏大臣、四川总督、成都将军商讨结案的过程中，仍将西藏地方政府所称作为一种可能性予以思考，来判断案情。在十二月十八日的咨文中，驻藏大臣景纹还要求总理衙门饬令四川总督派委大员出关，帮助迅速完案。同治六年五月十六日（1867 年 6 月 17 日），成都将军两次致函总理衙门，一则声称四川官府无员可派，一则指责驻藏大臣景纹有推诿的嫌疑，指出由四川派员出关审理，只会适得其反，贻人口实。同治六年十二月二十四日，驻藏大臣景纹称，承准前咨，在咨商达赖喇嘛后，添派巴塘粮务汪济、江卡守备黄玉林会同达赖喇嘛委派的四品颇瑝策忍班垫、江卡台吉营官四郎旺堆及前派委员等，"调集两造人证，秉公会审，务使折服两造之心"。②

　　由于有关材料缺失，1865 年崩卡教案最终的审理结果如何，我们不得而知。可以肯定的是，传教士撤离后再未重返崩卡及其周边的传教点。而且

---

① 中研院近代史研究所编《教务教案档》第 1 辑（三），第 1706 页。
② 中研院近代史研究所编《教务教案档》第 2 辑（三），第 1792—1795 页。

此次教案对康区教会势力的发展有极为重要的影响。教案爆发后，传教点被毁，传教士被迫撤离，除一小部分进入云南贡山等地躲避外，其余大部分进入康区，继续从事传教活动。例如法国传教士毕耶与部分信徒逃至澜沧江畔，扎根立足，苦心经营，到1870年，形成一个拥有24户人家的名为"茨姑"（Tsekou）的村庄。① 而且，根据盐井天主教信徒的口述材料，天主教传入盐井也导源于1865年崩卡教案，时间在1865年9—10月。②

为什么绝大部分传教士会撤往康区？这是因为康区是清政府控制的薄弱区域。而清政府在康区有限的政治、军事力量是传教士得以在藏地传教的重要条件。再者，到崩卡教案为止，天主教已在康区进行了不少开拓性工作，尽管困难重重，实力弱小，但毕竟存有一定基础。而此次撤离大大充实了天主教在康区的势力，为其进一步发展积蓄了力量。更为重要的是，伴随此次传教士撤离的是天主教教会重心的东移。如前所述，由于前赴西藏传教的渠道基本被封堵，对于教会而言，康区是其在中国藏地最后的"根据地"。天主教从西藏撤出后，在清溪县（今汉源）化林坪设主教府。1865年新任的代牧区主教丁硕卧（又称"苏罗主教"）将主教府由化林坪移往打箭炉，"设法在西藏大门口布置主教场地，以便等候时机，以待将来"。③ 随着形势的变化，传教士的希望几近破灭，转而全力经营康区教务变得更为实际且更为紧要。

四　外国教会在康区传教的文化策略、经济来源及其发展

19世纪50年代末，法国天主教巴黎外方传教会开始在打箭炉、巴塘一带传教。1860年，传教士顾德尔已在打箭炉设堂传教，并在此后陆续购置土地，修建教堂。④ 天主教从西藏撤出后，法国天主教福音传道会传教士毕耶、都伯尔纳尔在1865年分别转入茨姑、巴塘，建立传教点。毕天荣（Félix Biet，1838-1901）则在同年前往上盐井（yar kha lung）等地传教，

---

① 郭素芹著译《永不磨灭的风景：香格里拉——百年前一个法国探险家的回忆》，第43页。
② 保罗、泽勇：《盐井天主教史略》，《西藏研究》2000年第3期。
③ 四川省档案馆编《四川教案与义和拳档案》，四川人民出版社1985年版，第21页。
④ 《外国人买卖房地调查表》，甘孜藏族自治州档案馆藏，全宗号：2，目录号：42，案卷号：12；《康定县教会购买地亩调查表》，甘孜藏族自治州档案馆藏，全宗号：2，目录号：20，案卷号：32。

继而建立盐井天主教堂，随后将教会势力拓展至维西、叶枝、康普等地。①
迁居化林坪的主教府遣派吴依容（Jean Baptiste Houillon，1825–1871）驻打
箭炉，巴布埃（Bourry）前往巴塘。巴布埃进入巴塘后，在城郊四里龙修建
一所教堂和两座住房，有藏人信徒 17 人。② 1864 年，法国何教士（Carreau
Louis-Pierre）进入巴塘传教，1873 年至打箭炉，后不知所踪。1877 年，毕
天荣继任主教。次年，倪德隆（Pierre-Philippe Giraudeau，1850–1941）抵
达打箭炉，随即被派往巴塘传教，驻于盐井，负责盐井和 Bong-mé 的教务，
其间在亚海贡开辟了一个新的传教点，以连接巴塘和盐井。1891 年，倪德
隆被任命为副主教，负责泸定磨西的教务工作。③ 1903 年，法国司铎佘廉蔼
（Charrier）及其随从——打箭炉天主教徒田尚昆前往道孚传播天主教，并勘
察地形，为教堂选址。在道孚传教期间，佘廉蔼和随后到来的法国传教士谭
敬修设立公会，办理慈善事业并建立男女教理传习所。道孚教会信徒以汉人
为主，藏人信徒极少。④ 1846—1919 年，39 位巴黎外方传教会传教士先后入
康，分别在打箭炉、东俄洛、巴塘、巴塘莽里、理塘、盐井、们空（今芒
康）、泸定、维西、阿墩子（今德钦）等地从事教务，修建住所、天主堂、学
校、孤儿院等。⑤ 天主教的布道范围不断扩大。

　　从 1897 年英国传教士宝耀庭（Cecil Polhill-Turner，1860–1938）夫妇在
打箭炉建立康区第一个内地会传教点开始，康区传教士的活动发生较大变
动，呈现多元化的特征。具体表现为：其一，传教士来源地更广，包括美
国、加拿大、澳大利亚、挪威等；其二，新教差会内地会和基督教开始在康
区建立教堂，设立传教点；其三，传教士除传教外，还广泛从事医疗、教
学、慈善、考察等活动，乃至介入政治事务。

---

①　保罗、泽勇：《盐井天主教史略》，《西藏研究》2000 年第 3 期。
②　四川省巴塘县志编纂委员会编纂《巴塘县志》，四川民族出版社 1993 年版，第 449 页。
③　胡晓：《法国传教士倪德隆在四川藏区活动考述》，《宗教学研究》2011 年第 2 期。
④　冯仁良、张明超口述，姜连富整理《天主教在道孚活动概况》，政协四川省道孚县委员会编印
《道孚文史资料选辑》第 1 辑，1985 年，第 66—67 页。
⑤　赵艾东、高琳：《1846—1919 年康藏地区巴黎外方传教会传教士新考》，意大利玛柴拉塔利玛窦
研究中心、香港原道交流学会合编《天主教思想与文化》（年刊）2015 年第 4 辑，香港原道出版有限公
司 2016 年版。

表 1-1　清末康区五位天主教主教概况

任期	中文姓名/译名	主教职位名称	原名	生卒年	驻地	备注
1856年12月19日至1860年	未详	Vicar Apostolic of Lhassa（以任文献对第二任主教多明与第一任主教 Ignazio Persico 多有混淆，或认为他们为同一人，或将姓名张冠李戴，故尚未见 Ignazio Persico 的中文名）	Ignazio Persico	1823—1895年	未详	拉萨代牧主教
1857—1864年	托马斯·德斯迈斯洛斯/德斯马曾马多明	Vicar Apostolic of Lhassa	Jacques-Léon Thomine-Desmazures	1804—1869年	盐井、巴塘等	拉萨代牧主教，多次入藏
1864—1877年	丁盛荣/肖沃尔/苏罗/丁德安/丁硕卧	Vicar Apostolic of Tibet	Monsgr. Chauveau/Joseph-Marie Chauveau/Joseph Pierre Chauveau	1816年至1877年12月21日	1864年底到打箭炉	西藏教区代牧主教，1877年死于当地
1877—1901年	毕天荣	Vicar Apostolic of Tibet	Félix Biet	1838—1901年	打箭炉	1864年3月入藏，西藏教区代牧主教
1901—1936年	倪德隆	Coadjutor Vicar Apostolic of Tibet (1897—1901); Vicar Apostolic of Tibet (1901—1924); Vicar Apostolic of Dajianlu (1924—1936)	Pierre-Philippe Giraudean	1850年3月17日至1941年11月13日	巴塘、打箭炉	西藏教区代牧副主教；西藏教区代牧主教；康定教区代牧主教

资料来源：刘传英《巴塘藏族反教卫国斗争史略》，四川人民出版社1993年版，第88—90页；徐君《近代天主教在康区的传播探析》，《史林》2004年第3期；全球天主教活动网页，http://www.gcatholic.com/dioceses/diocese/kang0.htm，访问日期：2010年10月13日。

表 1-2　清末各差会首批传教士在康区设堂传教概况

到达年份	派出教会	来自地	首位/批传教士姓名	教堂地点
1859	天主教:巴黎外方传教会 (Missions étrangères de Paris, M. E. P.)	法国	邓德亮、罗肋拿等	芒康等地
1897	基督新教:中国内地会 (China Inland Mission)	以英国为基地的跨国差会	宝耀庭	打箭炉
1904	基督新教:基督会 [The Disciples of Christ (DOC/ FCMS)]	北美	史德文医生(Albert Shelton)夫妇、凌苏珊(S. Rijnhart)	打箭炉

　　康区基督教会以中国内地会"布局先、进入早、教士多,且影响大"。[①]
1876 年《中英烟台条约》另议专条明确规定英国可派员前往川、甘、青等
地探访入藏路程。[②] 基督教内地会随即遣派 20 名传教士深入中国西部。1877
年,内地会传教士康慕伦(James Cameron, 1845-1892)孤身游历康南,经
滇边入缅甸,历时近两月,成为首位穿越康区的基督教传教士。[③] 1893 年,
内地会女传教士戴如意(Annie Taylor, 1855-1920)又试图从甘青入藏传
教,受阻后转至结古(今玉树),经由康北东返。[④] 1894 年,美国牧师贝克
(H. A. Baker)抵达巴塘,准备租地建教堂,后因故未果。相比天主教晚近
半个世纪,直到 1897 年,内地会传教士宝耀庭夫妇才在打箭炉设立了第一
处传教点,称作福音堂。协助传教同工另有穆雅(James Moyes)、岳牧师
(Johanson)、孟牧师(Edward Amundsen)及 Soutter 等 4 名传教士。各传教
士最初在打箭炉当地藏人经营的 40 个锅庄及旅店内传教,另向北、西、西
南三个方向进行巡回布道、游历考察。次年,宝耀庭等首次前往巴塘巡回传

---

① 张丽萍:《中国内地会在中国藏区传教活动研究》,《宗教学研究》2015 年第 1 期。
② 《中英烟台条约另议专条》,《西藏地方历史资料选辑》,三联书店 1963 年版,第 151 页。
③ Howard Taylor, *The Story of the China Inland Mission*, Vol. 2, London:Morgan & Scott, 1894, pp. 241-264.
④ William Carey, *Travel and Adventure in Tibet*, Delhi: Mittal Publications, 1983 (1st edition in 1902), pp. 273-285;戴如意著,孙子和编译《藏中行:一个女基督徒的日记》,台北,台湾商务印书馆 1989 年版,第 101—116 页。

教。同年，凌苏珊（1868—1908）被西藏地方政府驱逐后，逃往康区，在当地内地会的帮助下在打箭炉逗留 6 个月之久。[1] 1899 年，内地会挪威籍传教士徐丽生（Theodore Sorenson）进入打箭炉内地会传教点。[2]

义和团运动爆发后，内地会全体传教士短暂撤出康区。到 1902 年，传教士徐丽生重返打箭炉，恢复传教点工作。美国基督教传教士史德文（1875—1922）夫妇随同第二次进藏的凌苏珊等组成西藏差会，于 1904 年抵达打箭炉，此后四年间在当地从事医疗、传教、办学和慈善等活动。1908—1909 年，内地会叶长青（James Huston Edgar，1872-1936，又译叶葱郁）夫妇和摩尔（Muir）夫妇在巴塘建起传教点，将基督教传教点移往巴塘。[3] 史德文举家迁往巴塘，而 1905 年才进入巴塘地区的美国传教士浩格登（J. Ogden）成为康区内地会的主要负责人。1909 年，徐丽生与罗佛欲取道昌都进入西藏，被当地汉官拦阻，遂由德格返回巴塘。[4]

从天主教、基督教的传教区域可以看出，传教点多集中于城镇，如打箭炉、巴塘、维西、道孚等地。即使在更为偏远的茨姑、叶枝、康普、奔子栏、亚海贡等地，传教点也基本位于清廷在当地设立的粮台附近。这是由于传教士需要借助清廷政治、军事力量的庇护，减轻和抵消西藏僧俗的干扰。

清末天主教、基督教在康区部分地区建有教堂，发展信徒，但传教进程极为缓慢，困难重重，举步维艰。总体来说，天主教、基督教在康区的早期传播并不顺利。多数康区民众特别是藏人仍然对其怀有敌意和抵触心理。如巴安天主教"始终不得人心，教务未至扩展，兼以地方多故，动与该教会为难，致该教司铎等不能安居，先后离巴，教务亦停"，[5] 致巴安天主教处于长期衰败状态。道孚、巴塘、炉霍等地亦接连发生教案。故皈依者数量相对较少，且教民大多是从内地迁入的汉人移民。入教者往往属于社会弱势群

①　Albert Shelton, *Pioneering in Tibet: A Personal Record of Life and Experience in Mission Fielss*, New York et al.: Fleming H. Revell Co., 1921, p. 26; Susie Carson Rijnhart, *With the Tibetans in Tent and Temple*, New York [etc.], Fleming H. Revell Co., 1904, pp. 387-389.

②　Broomhall Marshall, *The Judilee Story of the China Inland Mission*, London: Morgan & Scott, and China Inland Mission, 1915, pp. 283-284.

③　Flora B. Shelton, *Sunshine and Shadow on the Tibetan Border*, Cincinnati: Foreign Christian Missionary Society, 1912, p. 21.

④　张丽萍：《中国内地会在中国藏区传教活动研究》，《宗教学研究》2015 年第 1 期。

⑤　白尚文等辑《巴安县志资料》，巴塘县志办公室 1989 年版，第 11 页。

体，出于生存目的和个人利益考虑，选择受洗入教，寻求教会的庇护和惠利。例如清末盐井"附近不过七十余户，而奉教者已居其二。盖由蛮地瘠苦，自外人来，称贷颇易。故彼得以借债为名，坐地收租，即以教民为佃户"。① 但这些教民大多是从巴塘或博木噶迁来的外地藏人。盐井之外，除少数教会收养的藏人孤儿受洗入教外，大多数藏人虔信佛教，对外来的天主教缺乏寻求宗教慰藉的心理需求。② 对此，学术界已有研究指出，其根源在于藏族特殊的民族宗教文化体系。③

为顺利推进教务，天主教传教士曾在康区采取编译藏文圣歌、接种天花疫苗等策略，努力消除和克服种种传教障碍，争取藏地民众的信任。罗肋拿进入崩卡传教前曾化装成商人混入东竹林寺，师从洛主活佛学习藏文。对此，他在致同伴萧法日的函件中直言："这位正直的人（洛主活佛——引者注）丝毫没有料到，我在他的铁砧上锻造，用他的铁制武器去攻打他的教会。"④ 此言直接揭示出传教士学习藏文的动机。在东竹林期间，罗肋拿试图凭借不太娴熟的藏文编写《藏文—拉丁文—法文词典》。⑤ 罗肋拿的同伴吕项不仅汉语十分流利，在学习藏文后，"懂得藏语中最棘手的音调变化。所以，当地土著居民很欣赏他那准确的发音"。⑥ 可知传教士对藏文的重视程度。

进入康区的传教士不仅努力学习藏文，还用藏文翻译宗教典籍，并尝试编撰藏文工具书。1860 年，巴黎外方传教会丁硕卧前往滇西北传教，学习藏文后，以藏文译释天主教经典等，试图拉近天主教与当地藏人之间的文化

① 段鹏瑞纂修《巴塘盐井乡土志》下编《交涉》，清宣统三年，北京国家图书馆藏，第 22 页。

② 徐君：《近代天主教在康区的传播探析》，《史林》2004 年第 3 期。

③ 参见曾文琼《清代我国西南藏区的反洋教斗争及其特点》，《西藏研究》1985 年第 4 期；冉光荣《天主教"西康教区"述论》，《康定民族师专学报》1987 年专辑；刘传英《巴塘反洋教斗争论纲》，《康定民族师专学报》1987 年专辑；杨建吾《基督教在四川藏族地区的传播》，《宗教学研究》2004 年第 3 期；邓前程《试论清末至民国康区外国教会》，《民国档案》2006 年第 3 期；赵艾东《1846—1919 年传教士在康区的活动考述》，《贵州民族研究》2011 年第 5 期。

④ 郭素芹著译《永不磨灭的风景：香格里拉——百年前一个法国探险家的回忆》，第 140 页。

⑤ Auguste Desgodins, Charles Renou, Jean-Charles Fage, P. Giraudeau, *Dictionnaire Tibétain-Latin-Franais: parles Missionnaires du Thibet*, Hong Kong: Imprimerie des Missions étrangères, 1899. 该字典由 19 世纪中后期在康区的四位天主教传教士编写而成，1899 年由巴黎外方传教会在香港的拿撒勒会所出版。

⑥ 中国第一历史档案馆、福建师范大学历史系合编《清末教案》第 4 册，第 145 页。

距离。1901 年，倪德隆在驻守打箭炉期间开展教务工作，同时编撰有《藏文文法》《藏文读法》《拉丁法文藏文字典》等工具书。打箭炉等处教堂则编制和使用了四线谱藏文圣歌谱本（*Chants Religieux Thibétains*）。1902 年，基督教传教士叶长青到打箭炉、巴塘游历、传教，后定居于打箭炉。其间，叶长青每逢星期一传教，用藏语、汉语宣讲，同时向听众散发藏汉双语的宗教图片和圣经小册《马可福音》。①

从事传教活动过程中，传教士注重对康区社会的传教考察，侧重医疗文化事业，通过行医、办学等方式尽力融入当地社会生活，乃至与民众建立起相对互信的人际关系，采取互惠式的传教活动，尽力避免与康区民众的利益冲突和摩擦。据巴塘人格桑群觉回忆：

> 每逢礼拜天，就上街鸣锣，牧师、教士在教堂门口恭候，欢迎群众入内参观。集至数人，牧师挂出许多五彩洋画及汉藏合译的赞美耶稣的大字诗歌，伴以风琴，教儿童们高声合唱。路上来往人士，不自觉地进教堂看看热闹和画片，于是牧师因地制宜，用汉藏语布道，说耶稣怎样爱小孩，如牧场牧人保护羔羊一样。或讲耶稣如何舍己救人，怎样医好穷人疾病等等，投其所好。同时散给许多蛋糕、小图片（除专印的宣传宗教的故事画外，大多是外国人用过的五彩风景、人物、花鸟的明信片）饵惑幼童。我小时有一次做了礼拜，把赠给的蛋糕拿回家去，恰巧喇嘛舅舅在家，便是一顿斥骂，叫我拿去丢在协教家（教堂的屋主）粪坑里。②

在医疗方面，传教士凭借其从西方带来的近代医疗技术，在当地建立卫生所、医院等，通过为当地民众治疗疾病（有时甚至免费），赢得民众信任。1865 年崩卡教案爆发后，法国传教士毕耶、都伯尔纳尔逃往茨姑，在当地开辟传教点时，即凭借西方医疗技术，为当地信徒、非信徒进行"天

---

① 参见张丽萍《中国内地会在中国藏区传教活动研究》，《宗教学研究》2015 年第 1 期；四川省康定县志编纂委员会编纂《康定县志》，四川辞书出版社 1995 年版，第 454 页。

② 刘家驹：《清末以来帝国主义在巴塘地区的传教、办学、行医活动》，政协巴塘县委员会编《巴塘县文史资料》第 2 辑《刘家驹专集》，2005 年版，第 103 页。

花接种"。据说，将近 800 多个病例中没有一个接种者死亡，成功率极高。[①]
1875 年，毕耶受主教丁硕卧委派，在巴塘为藏人接种人痘疫苗。[②] 1876—
1878 年，打箭炉天主教会在修道院内设立仁爱医院，这是打箭炉最早的西
式医院。医院内设住院、门诊两部，有大病房 2 间、小病房 3 间，病床 85
张，医生 5 人。[③] 1880 年巴塘、盐井、茨姑等地暴发瘟疫期间，传教士接种
疫苗的举动更是收到良好的社会反响。[④] 1897 年，传教士华朗廷由巴塘来到
打箭炉，计划在修道院附近筹建一座医院。[⑤]

　　史德文是近代康区医疗传教士的代表。1904 年史德文抵达打箭炉后即
开设诊所，接收藏汉病员。为便于诊疗，史德文深入村寨，勤练藏语，并对
穷苦之家少收或免收诊费，开设施药处。其间史德文凭借器械和外科手术等
西医医术，为明正土司甲木参琼珀、活佛及泰宁金矿汉人官员进行诊疗，救
治大量汉藏伤员。移往巴塘后，史德文也将西医传入当地，建立华西医院的
同时，经常巡回于乡城、盐井、阿墩子、宁静（今芒康）、昌都、道孚、白
玉、甘孜、乍丫（今察雅）、德格、三岩（今白玉、贡觉等地）等地，为喇
嘛、官兵、百姓诊治各种疾病和外伤。[⑥] 诚实、公正的品性和高超的医术使
史德文在缺医少药的当地社会赢得了极高的声望和信赖。

　　事实上，天主教抑或基督教以行医、办学为传教布道的重要手段。信奉
其教义者固然为数不多，巴安美国基督教会最盛期信众亦不过百人，其医
疗、教育等慈善事业对近代康区社会却颇有影响，实则为康区的发展贡献良
多。就教会学校而言，吕司铎在盐井开办的学校开设有藏汉文、英文、算
术、音乐等课程，教员则是来自维西、大理下关、打箭炉、巴塘等天主教传
教区的传教士或信徒。华朗廷在打箭炉城内陆续建有半工半读的女子学堂
（专收孤女，以配无钱娶妻的教徒）、善牧堂（收养无靠妇女纺羊毛、织褥

　　① 郭素芹著译《永不磨灭的风景：香格里拉——百年前一个法国探险家的回忆》，第 42—47 页。
　　② 巴黎外方传教会档案，http：//archives. mepasie. org/notices/notices-necrologiques/biet-1836-1891。
　　③ 四川省康定县志编纂委员会编纂《康定县志》，第 452 页。
　　④ 郭素芹著译《永不磨灭的风景：香格里拉——百年前一个法国探险家的回忆》，第 46 页。
　　⑤ 蓝文品：《天主教进入康区的情况》，政协甘孜藏族自治州康定县委员会编《康定县文史资料选辑》第 3 辑，第 129 页。
　　⑥ 赵艾东：《20 世纪初美国传教士史德文在康区打箭炉的医疗活动》，《中国藏学》2008 年第 3 期。

等），并在天主堂内设立专门培养神职人员的拉丁学堂。① 传教士创办教会学校的初衷及其发挥的主要功能是对受众（包括信徒与非信徒）进行神学意识形态的灌输和教育，培养虔诚的信徒，稳固传教根基。但教会学校也在无形中为近代康区社会培养出一批地方知识精英，在一定程度上起到开风气、启文明的效果。诚如刘曼卿所言："平心论之，外人入康亦不无微劳，现今西康所有智识份子多半出身教会学校，因除此即无较好学校可入，故外人对于文化之贡献，亦未可一笔抹煞也。"②

天主教传入康区后，日常的传教活动经费"往时由罗马教皇发给。满清末叶，供量甚大"。③ 由于康区地处内陆，行途艰险，加之时局动荡，国外输送的经费时断时续，致使传教士时常面临经费短缺的问题，这严重影响了传教事业的顺利开展。为此，康区天主教教会竭力积累财富，增加收入来源，维持教会所需，其中以土地等财源最为重要。

1860 年签订的中法《北京条约》第六款规定"任法国传教士在各省租买田地，建造自便"，④ 但"不得超过九亩之限制"。⑤ 对于天主教而言，这是一种助其扎根、发展的极好态势。不过在施阿兰看来，此项规定实际操作的可能性微乎其微。这位曾经的法国驻华公使写道：

> 事实上，这个条约在当时几乎不发生作用，或者更确切地说，它是经常被中国当局借口推诿掉的，因为教会置产，须履行事前批准手续，尽管这种手续在条约中并无丝毫规定，而且这种申请通常是被拒绝的。⑥

尽管如此，康区的天主教会依托自身的政治经济优势，利用条约中的购

---

① 蓝文品：《天主教进入康区的情况》，政协甘孜藏族自治州康定县委员会编《康定县文史资料选辑》第 3 辑，第 129 页；杨健吾：《基督教在四川藏族地区的传播》，《宗教学研究》2004 年第 3 期。

② 刘曼卿：《康藏轺征》，商务印书馆 1933 年版，第 45 页。

③ 任乃强：《泸定考察记》，《任乃强藏学文集》中册，中国藏学出版社 2009 年版，第 270 页。

④ 黄月波、于能模、鲍厘人编《中外条约汇编》，商务印书馆 1936 年版，第 88 页。

⑤ 警民：《泸定教产述略》，《康藏先锋》第 5 卷第 4 期，1938 年。

⑥ 施阿兰：《使华记》，袁传璋等译，商务印书馆 1989 年版，第 78 页。

地规定，仍然在当地通过各种方式（正当的或不正当的）获得大量田产、地产。① 尽管清政府有意阻挠，但是当地民众常常通过民间交易途径，同天主教会达成土地买卖。

天主教购置地产的方式主要有"永当""买""当"三种。"永当"方式必须在契约上添加"一当永当"的词语，或者将"永当"的年限定为60年或80年等。因此，"永当"无异于购买。当时田产房屋转移手续繁难，"且有勒捐价值贵物准折之恶劣"，故卖主时常受到买主的盘剥。而天主教会以高价购入，并且常以现金一次付清，避免卖主的售地周折，诱使售地者乐于同其交易。② 在种种条件的推动下，清末康区天主教会囤积大量土地，累积巨额财富。打箭炉天主教会从光绪到宣统年间在该地购置土地、荒山、宅基，共费银12238.76两。③ 在盐井，天主教堂通过押当与买卖手段，到1910年，已拥有土地114块，下种6石2斗5升，当买价银765两8钱7分5厘。在巴塘城区，天主教堂于1909年、1917年两次购入土地共29亩，地价藏洋2800元。④ 康区天主教会通过购买田地，逐步实现经济自立。与此同时，教会优先雇用教会信徒耕种土地，改善信众生活水准，达到吸纳新教徒的目的。例如，1891年，法国天主教会通过巴塘土司、军粮府在六玉、亚海贡购地开荒，占有土地1280多批（约合36亩），交由教民马继林等5户耕种，收入平分。⑤

天主教会在康区购置土地，增辟经济来源，增加财富收入，对其在康区的发展有持续性的重要意义。而在数次教案中天主教会从清政府处索赔的巨额赔款，是其发展康区传教事业的另一重要经济来源和财力支持。1887年巴塘教案中，清政府一次性向天主教会赔款2万两；1905年维西教案为天主教会带来15万两白银的索赔款项。这些赔款成为刺激天主教会大量购置土地的资本。土地购置与索取赔款相辅相成，夯实了天主教在康区的经济

① 天主教在康区获得地产的方式有三种：（1）组织教徒垦荒，转为教产，再让教徒租佃；（2）利用自然灾害等特定时机，低价购置，加以规划，迁移部分教徒集中居住，承佃耕种；（3）变租典为私占。参见秦和平《基督宗教在西南民族地区的传播史》，四川民族出版社2003年版，第21页。

② 警民：《泸定教产述略》，《康藏先锋》第5卷第4期，1938年。

③ 四川省康定县志编纂委员会编纂《康定县志》，第452页。

④ 刘君：《康区外国教会览析》，《西藏研究》1991年第1期。

⑤ 四川省巴塘县志编纂委员会编纂《巴塘县志》，第449页。

基础。

近代是康区多元宗教格局形成的重要时期，各种外来宗教传播、发展进而融入康区社会，均大致奠定于此一阶段。外国教会的传教活动将康区与外部世界联系起来，不断为康区社会注入新的文化活力，重塑其近代社会文化面貌。同时，康区作为内地进藏的前站与枢纽，成为吸纳不同宗教信仰汇集于此的重要过渡带。

第二节　清末康区的教案

一　1873 年巴塘教案

天主教、基督教在康区传教布道的意图相当明显，排他性较强，意在引导藏地民众皈依，而与藏传佛教存在宗教竞争关系，加之与西方列强在藏地的扩张活动有着千丝万缕的联系，故总体上缺乏社会基础，屡次受到民众抵制。这也是 18 世纪中叶以来传教士在西藏活动多次受挫、康区接连发生教案的主要原因。

同治十三年六月十三日（1874 年 7 月 26 日），法国公使热福里照会总理衙门，称四川巴塘地区出现围攻教堂、焚毁掳虐之事，要求总理衙门饬令当地官员严查，赔偿所失。内中附有巴塘传教士有关此案的情形汇禀节略。据传教士叙述，同治十二年八月十九日（1873 年 10 月 10 日），当地民众突然驱逐传教士，围攻教堂四日之久，"初则掷石向击，继则伤害抢掳，后则力奋斧将教堂拆毁"。① 至二十七日，滋事民众将教堂周围房屋焚毁殆尽。同治十三年六月十六日（7 月 30 日），总理衙门发密函致四川总督吴棠、成都将军魁玉，责其确切查明，持平办理。八月初四日（9 月 14 日），成都将军魁玉等回咨称，在本年五月初即接驻打箭炉丁主教的函文，内称同治十二年，巴塘当地喇嘛"筹计陷害"，谣传同治九年的巴塘地震、同治十二年的蝗鼠灾害是传教士操弄邪术所致，以此鼓动当地民众围攻教堂、焚毁抢

---

① 中研院近代史研究所编《教务教案档》第 3 辑（二），第 1030—1031 页。

掠。① 接闻此函，成都将军魁玉随即委署打箭炉同知鲍焯，令其查明办理。据鲍焯先行禀复，案件始于同治十二年，巴塘僧众于八月二十三等日手执器械，打毁焚烧巴塘、盐井、莽里三处教堂，并抢掠米粮什物等。当地司铎纷纷避难于打箭炉。随后鲍焯札谕巴塘正副土司，令其开导劝谕，惩治滋事民众，追赔失物。但土司罗宗旺登只应承赔偿教堂，其余事一概不提。鲍焯对于该案情形的禀复与丁主教的描述大致相符。1873 年巴塘教案，除源于西藏僧俗持续不断的排外行动，同治九年的地震、十二年的蝗鼠灾害对其爆发起了直接的诱导作用。从下引两则材料即可知这两次灾难对巴塘民众的生活与心理造成的伤害和影响。

1871 年 6 月 5 日《纽约时报》刊载的一篇名为 "Earthquake：Bathang Destroyed" 的报道，援引清朝官员的奏呈称：

> 大清国发生地震，四川省巴塘镇（Bathang）遭受毁灭性破坏，据信有近 3000 人死亡，其中包括僧侣、士兵和平民。大量房屋、庙宇和军事工事倒塌，废墟被地火点燃，400 平方英里的地域被持续不断的余震扰乱 10 天之久，居民们陷入了可怕的不幸和恐怖之中。②

关于巴塘遭遇鼠灾的情况，1873 年时任西藏主教的丁硕卧有如下记述：

> 今年 3 月和 4 月间，不计其数的老鼠（属于被称为田鼠的一类）遍布巴塘平原和附近的所有地区。虽然这种现象并不罕见，但在该地区却是前所未有的。因此，这些邪恶的小动物在巴塘为所欲为，就如同其本性驱使它们在各处所做的那样。它们咬断了小麦、大麦和其它粮食作物的根系，这些粮食作物却是那些灾难深重的居民们的唯一食物来源，而他们又完全不懂有效地利用消灭这些祸害的方法。毫无疑问，他们求告所有神灵，或者更应该说是所有魔鬼。大家施用所有魔法、击鼓和呼喊祈祷，甚至跳神起舞。但田鼠不肯甘心认输并继续肆虐。大家由此便

---

① 中研院近代史研究所编《教务教案档》第 3 辑（二），第 1034 页。
② 《四川巴塘发生强烈地震，3000 人丧生》，《纽约时报》1871 年 6 月 5 日，参见郑曦原编《帝国的回忆：〈纽约时报〉晚清观察记》，李方惠、郑曦原、胡书源译，三联书店 2001 年版，第 35 页。

可以得出结论认为，在巴塘及其范围相当辽阔的附近地区，1873 年的农业收成算彻底毁掉了。①

急于宣泄的民众将祸端的源头归于天主教会，致使教案酝酿、爆发。由于案情涉及外国人、藏人两方，涉案情节严重，鲍焯请求四川督宪遴委干员前往打箭炉商议筹办。事实上，在此之前，成都将军魁玉已经饬委熟悉藏情的候补同知赵光燮署理巴塘粮务，协同鲍焯查办该案。在打箭炉，赵、鲍二人经磋商研究，认为"此案两造均属化外之人，与他处汉洋交涉事件迥不相同，掣肘情形，较诸内地为更甚，其办理之难，厥有四端"，即：当地民众"性情固执，言语不通，既难理喻情遣，更不能势迫刑驱"；藏人信仰至深，疑团难释，"终必听之藐藐"；巴塘前任周姓粮务的渎职行为使得当地民众轻视汉官，"大有虽令不从之意"；巴塘顾司铎纵容仆人殴伤临卡石藏人，致使民情难平。基于此，鲍焯、赵光燮商定办理此案应采取"恩威互用，赏罚并行"的方法，以达到"知恩而有所观感，畏法而有所警惧"的效果。二人各捐银 300 两，购买茶包、米面、缎匹等物用于赏赐，并从四川借楚勇 21 名，作为武力震慑。②

同治十三年十月初一日（11 月 9 日），鲍焯、赵光燮二人出关，径赴巴塘，先饬令巴塘正副土司加紧查拿办理，随后传唤当地喇嘛堪布、古噪头目等前往署衙。在署衙，鲍、赵二人列兵于堂阶，以壮声威，待众人齐集后，先赏以酒食，继而开导，劝谕纾解。据鲍、赵二人回复，"该夷众喇嘛无可置喙，始各俯首认错，面称咸知改悔，愿赔烧毁教堂，清还掠失各物，仍听洋人在巴塘一带传教，以后不敢多事，恳求断结等语"。最后经赵光燮办理，赔修三处教堂，退还抢掠衣物，所失各物则酌量赔偿。对于巴塘正土司罗宗旺登、副土司郭宗札保在该案中的失职行为，鲍焯、赵光燮将二人各记大过三次，如若在任三年无事，即可免究，并究治"主唆坏事"的巴塘官房字识曹玉琳。与此同时，为稳定巴塘民心，鲍焯要求丁主教此后"慎选妥人，安分驻扎，不得纵容仆从，欺凌滋事"。③ 至此，1873 年巴塘教案妥善完案。

---

① 中国第一历史档案馆、福建师范大学历史系合编《清末教案》第 4 册，第 326—327 页。
② 中研院近代史研究所编《教务教案档》第 3 辑（二），第 1054—1055 页。
③ 中研院近代史研究所编《教务教案档》第 3 辑（二），第 1055—1056 页。

二 梅玉林教案

光绪七年八月二十一日（1881 年 10 月 13 日），成都将军托克湍、四川总督丁宝桢呈奏，据巴塘粮务候补知县嵇志文禀称，本年闰七月十六日（9月 9 日）在返巴塘途中接到巴台专差飞报，称巴塘教堂司铎梅玉林被三岩藏人劫杀。随后嵇志文回至巴塘。据巴塘教堂司铎毕耶、梅玉林同行教民向兴顺称，梅玉林在七月十五日（9 月 8 日）运送物件箱只 13 驮前往盐井教堂，因与乍丫藏商同行，故此行并未通报巴塘台署派兵护送。途中，乍丫藏商滞后，梅玉林遂独自前行，行至大石包 20 里之核桃园蜜塘侧近支帐等候。不久，藏兵四郎洛有赶往前来，声言此地盗匪出没无常，劝导梅玉林一行返回。梅玉林固执己见，坚持驻扎此地。是日初更时分，数十人突然出现，围困营帐，向兴顺被三人按倒。"匪众"拥入帐篷，梅玉林施放洋枪击毙一人。"匪众"以乱石击之。梅玉林终因寡不敌众，被砍戮殒命。向兴顺则趁乱挣脱躲避。据嵇志文验尸描述，"梅玉林头面均被刀石砍击，血汗模糊，右手腕骨断，左手腕亦被砍伤"，[①] 足见事发之惨状。据向兴顺统计，此案共计被劫去"驮骡十三头、骑马二匹、箱二支、茶包一只"。[②] 事后，嵇志文协同巴塘教堂司铎毕耶在验明梅玉林尸身后，将其装殓入棺，并由毕耶出具字结，内言因梅玉林并未知会巴塘官署，致使惨案发生，祸由自取，故不能怪责当地官员保护不力。

因案涉西人，情节恶劣，嵇志文随即上报四川督部堂，请求拨兵剿捕。四川总督丁宝桢接报后，先以巴塘土司等治下不力，摘去其顶戴，并对嵇志文的渎职行为严加申饬，随即饬令嵇志文督率土兵 600 名进讨，然后飞饬阜和协副将况文榜挑选营兵 200 名、泰宁营兵 150 名，择定都守一员管带起程，协同嵇志文缉捕。之后，丁宝桢先后委派打箭炉同知李忠清、候补知州杨巩驰往巴塘，督同嵇志文等查办此案，追赃惩办。光绪七年九月初六日（10 月 28 日），军机处奉上谕，内称："野番肆行劫杀，实属凶顽，着丁宝桢、托克湍督饬派出官兵，并严檄该地方官等，务将滋事首夥各凶番，克日

---

① 中研院近代史研究所编《教务教案档》第 4 辑（二），第 853 页。
② 中研院近代史研究所编《教务教案档》第 4 辑（二），第 853 页。

拿获，追赃给领，尽法惩办，不准稍涉迟延，致洋人有所借口，别生枝节，钦此。"① 九月二十日（11月11日），谕旨由兵部递至四川督宪府。与此同时，九月初七日（10月29日），总理衙门致函法国公使宝海，称已严饬属下缉捕追赃。② 九月二十七日（11月18日），宝海函复希望清政府能够早日将劫杀凶犯缉拿惩治，并追回所劫银物。③ 此后，总理衙门与法国公使为迅速办理该案多次往返照复。

光绪七年十月二十日（1881年12月11日），成都将军托克湍等致函总理衙门，称本年九月二十一日（11月12日）据巴塘粮务嵇志文禀称，在调查过程中，传闻梅玉林教案有巴塘人参与其中，且近日三岩藏人与丁林寺（即康宁寺）多有来往，借贸易为名探听消息。八月初六日（9月28日），丁林寺举办"跳布札"活动，嵇志文派人前往准备缉拿三岩藏人，未果，但获悉丁林寺有喇嘛参与抢劫梅玉林一案。随后，嵇志文将已查明的姓名、住址交与巴塘土司，令其亲自督拿缉捕。八月十九日（10月11日），夜至四更，巴塘土司率众于喜松工噶玛地方拿获工布曲批、策珠二人，起获洋钱37元、蓝布6匹、茶7甄。八月二十日，获犯被羁押回署，提讯录供。据工布曲批等供称，丁林寺喇嘛降巴纳小、都热根堆二人亦参与其中。随后，嵇志文等严饬丁林寺堪布勒限交出降巴纳小等。但因伊奇铁琫、喇嘛八家公项及地方头人前往巴塘衙署，指控策珠等诬陷，丁林寺喇嘛并无人参与劫杀梅玉林，嵇志文等担心催逼过急会激怒当地僧众、滋生事端，适值大雪封山，遂呈禀四川督宪，要求暂缓其事。对此，成都将军托克湍饬令，此案已现端倪，因证据不足，不宜过急追缴，但严饬打箭炉同知李忠清协同嵇志文等传唤喇嘛八家公项，并令其交出降巴纳小等，并令策珠等与之对质，以辨真伪，还应当加紧研讯已获"匪徒"，令其供出其他参与者，并"督饬兵役设法严捕凶番惩治，不得以山深雪大，稍涉玩延，致彼族有所借口，大干重咎"。④

光绪八年正月二十三日（1882年3月12日），新任成都将军岐元具奏，据巴塘粮务嵇志文禀称，前承指示，传唤喇嘛八家公项交出降巴纳小等，光

① 中研院近代史研究所编《教务教案档》第4辑（二），第855页。
② 中研院近代史研究所编《教务教案档》第4辑（二），第855页。
③ 中研院近代史研究所编《教务教案档》第4辑（二），第856页。
④ 中研院近代史研究所编《教务教案档》第4辑（二），第866页。

绪七年十一月十五日（12月4日），丁林寺喇嘛约同各处喇嘛数百人齐集该寺，意图抗拒官兵。嵇志文等恐酿事端，会商后，将丁林寺堪布铁瑃等招至三坝地方，经苦口婆心地面谕开导，该堪布等始知错误，同意交出降巴纳小、都热根堆。嵇志文等立即提讯录供，与工布曲批、策珠等质讯后，二人供认不讳，承认参与抢劫分赃。在传唤向兴顺前来指认确证后，嵇志文认为，除部分"劫匪"仍在逃逸外，此案基本明晰。为防止西人借故饶舌，遂决定将情节重大的工布曲批、都热根堆先行就地正法，给传教士以交代，并责令巴塘土司、丁林寺堪布等赔偿巴塘教堂1935两7钱1分。光绪七年十二月二十日（1882年2月8日），巴塘教堂司铎毕耶领收赔款，并出具收银字据与了案切结。岐元对于嵇志文等如此迅速、妥善地办结梅玉林教案甚为欣喜，多加赞赏，并再次饬令其待春融雪化后，旋即领兵深入三岩，将仍在逃逸的"匪徒"缉捕归案，尽法惩办。①

光绪八年五月二十九日（7月14日），四川总督丁宝桢附片具奏，据巴塘粮务嵇志文禀称，其亲赴竹笼巴地方勘察，并调派泰宁营兵丁逐段驻扎，一面围困紫打地方，一面发布汉藏文告示，谕令该地藏人不得听信紫打藏人挑唆。孰料东打岩藏人纠合纳洼、尾角、暮洗等族共900余人前来紫打，与官军激战于紫打寨前郎隆拉山，经官军多路出击，奋力拼杀，击溃来犯之敌，击毙紫打首领霞朵一名，并擒获卓奔夺吉。复经擦纳寺喇嘛汪根再三恳求，嵇志文等决定"除将紫打一村查明不法之家，将其房屋尽行烧毁，田亩分赏良番，其余东打纳洼、尾角、模西即、暮洗、宗巴各村概准投诚"。②为防止三岩藏人待官军撤离后故态复萌，嵇志文等饬谕三岩藏人由擦纳寺喇嘛出结具保，各选可靠头目前往巴塘，作为人质，以此确保入藏大道畅通无阻。对于仍在逃逸的"匪徒"，嵇志文等饬令巴塘土司及其属下各部加紧围捕。不久，宗巴村发现洋安藏人纳雍、噶热布，但二人拼死反抗，最终受伤过重身亡。嵇志文等决定"将首级知会教堂枭示河干，以昭炯戒"。③ 四川督宪对于嵇志文等调兵进讨的行动大为赞赏，认为其"数月之间，夺垒擒

① 中研院近代史研究所编《教务教案档》第4辑（二），第870—872页。
② 中研院近代史研究所编《教务教案档》第4辑（二），第885页。
③ 中研院近代史研究所编《教务教案档》第4辑（二），第885页。

渠，卒能将百余年地方大患设法惩创，荒外野番均能输诚向化，办理尚为妥速"。①

光绪九年二月二十三日（1883年3月31日），四川总督丁宝桢致函总理衙门称，据巴塘粮务嵇志文禀称，在后续办理梅玉林教案的过程中，巴塘土司罗宗旺登交出白马仲。白马仲系属宗巴地方，承认参与抢劫梅玉林，并分获赃物，最后将其与前次俘虏的卓奔夺吉一同押解打箭炉厅审查。此后，嵇志文等召集巴塘僧俗前往巴塘教堂，与教堂司铎毕耶、白义思沟通商妥。双方均保证从此以后和睦相处，不再滋生事端，并共同出具切结，以示决心。② 至此，梅玉林教案正式结案。

三 1887年巴塘教案

光绪十三年八月二十一日（1887年10月7日），法国公使苏阿尔照会总理衙门称，打箭炉主教毕天荣等迭次来信，内称是年四、五月间，巴塘等地教堂屡次遭受当地民众的冲击。幸而地方官前来弹压，并未酿成巨祸。但是在五月三十日（7月20日）以后，西藏僧俗鼓动巴塘民众再次围攻巴塘、盐井、亚海贡等处教堂，烧毁庄稼、房屋，驱逐传教士，挖掘梅玉林、教民共计七人的坟墓，并将尸身沉入河中。事后，当地官员对此置之不闻，亦未捉拿滋事者。为此，毕天荣致函法国驻京公使，呈禀教案详细情节，要求转照总理衙门饬令四川督宪秉公办理。在照会中，苏阿尔希望总理衙门"切实行知川省大吏详查明确，即令巴塘教堂仍回原处，收回产业，妥为安置保护，并领所失各项理应赔偿之价，至焚烧教堂之匪党，例应按律治罪"，并"知照驻藏大臣谆属西藏执政，嗣后不许各喇嘛派人在中国之四川省地界内攻打天主教士，焚抢教堂"。③ 教案发生后，巴塘司铎倪德隆、苏烈避难于土司郭宗札保的官寨中，盐井司铎蒲德元、白义思避住云南纳布地方，因此传教士并无损伤。

八月二十五日（10月11日），总理衙门行文四川总督刘秉璋，要求

---

① 中研院近代史研究所编《教务教案档》第4辑（二），第886页。
② 中研院近代史研究所编《教务教案档》第4辑（二），第907页。
③ 中研院近代史研究所编《教务教案档》第5辑（三），第1419页。

"查明妥办"。① 刘秉璋随即饬令巴塘粮务周上达会同委员丁胜荣查核办理。后因周上达卸任巴塘粮务一职，由候补知州韩清桂补职并接手此案，协同打箭炉厅周溁、石光熙及委员丁胜荣查办禀复。因事起于西藏喇嘛滋事，四川总督刘秉璋接据总理衙门咨文后，随即转咨驻藏大臣查核酌办。光绪十三年十二月十九日（1888 年 1 月 31 日），驻藏大臣致函总理衙门，认为传教士只凭"辗转传闻"即将巴塘教案归咎于西藏喇嘛之挑唆，实为诬控，并且怀疑传教士所述之教案经过。对于传教士传教问题，驻藏大臣亦认为，"总之外洋传教虽已列在条约，而甘服与否，自应听从民便，乃所以顺舆情而敦和好，否则是为拂人之性，彼自不知先几远害，似难尽责华民之顽劣刁强也"。② 换言之，驻藏大臣认为 1887 年巴塘教案的发生，乃当地民众并未"甘服"，而传教士亦未能"听从民便""顺舆情"所致。此后，1887 年巴塘教案陷入长期的争讼拉锯战。

光绪十七年五月二十五日（1891 年 7 月 1 日），四川总督刘秉璋致函总理衙门称，该案至今难结主要有两个原因：一是巴塘民众坚持不让传教士返回当地，重建教堂；二是传教士在赔偿方面"需索太巨"，③ 因此"不得不稍从缓办"。对此，刘秉璋的态度是："倘索赔之数尚在情理之中，即当赶为办结，决不任意拖延也。"④ 此后，光绪二十年七月二十八日、九月十四日，刘秉璋先后致函理衙门，鉴于巴塘民众强烈的排外情绪，提出"若（传教士）志在赔偿，允于案结后将原有之房地归官，秉璋虽至迂愚，亦愿以赔款了结，吃亏在所不计"。⑤ 而前提条件是传教士放弃重返巴塘，如此，"乃能与之议赔"。⑥ 最终清政府与法国驻京公使议定赔款白银 2 万两，由四川主教杜昂转交西藏主教毕天荣。但是传教士仍然没有放弃重返巴塘。

光绪二十一年七月二十六日（1895 年 9 月 14 日），法国公使施阿兰照会总理衙门，仍旧要求总理衙门饬令地方官护送传教士返回巴塘、盐井、亚

---

① 中研院近代史研究所编《教务教案档》第 5 辑（三），第 1420 页。
② 中研院近代史研究所编《教务教案档》第 5 辑（三），第 1421 页。
③ 西藏主教毕天荣在案发后要求赔付两处被毁教堂共计"三万余金"。
④ 中研院近代史研究所编《教务教案档》第 5 辑（三），第 1506 页。
⑤ 中研院近代史研究所编《教务教案档》第 5 辑（三），第 1637 页。
⑥ 中研院近代史研究所编《教务教案档》第 5 辑（三），第 1637 页。

海贡等原址，并妥为保护。① 八月初一日（9月19日），总理衙门照复，称"地方民情不愿，势难勉强，若教士定愿前往，倘有参差，地方官断难保护，应请贵大臣转致毕主教勿再前往，免生枝节"。② 八月初三日（9月21日），施阿兰再次照会总理衙门，以条约为要挟，逼迫总理衙门同意护送传教士重返巴塘等处教堂。③ 施阿兰此举直击总理衙门软肋，总理衙门开始妥协。八月初九日（9月27日），总理衙门行文四川总督，称"现在赔款既交，数年积案业经完结，自应按照条约妥筹保护，并查明各该教士所执护照姓名号数相符，即设法护送各教士回归原堂，并随时切实保护，以期民教相安"。④ 同日，总理衙门照复施阿兰，同意护送传教士重返原址传教，但是希望施阿兰能够"行令该教士回堂后安静习教，务期民教日久相安，是为至要"。⑤ 十月初六日（11月22日），新任四川总督鹿传霖呈文总理衙门，称已"于土厘项下动拨九七平银二万两，发交署成都府唐守承烈收明，转交杜主教查收"，并取具洋印收据。⑥

尽管赔款已付交清，盐井教堂重新开堂布道，此后亚海贡地方亦同意传教士重返当地，但是在巴塘，当地民众群情激奋，誓死不允传教士返回该地。为此，清政府与法国驻京公使数次往来照复。而总理衙门与四川督宪之间的函牍亦往来不断。四川总督鹿传霖迭次饬令巴塘粮务开导劝谕，不仅效果甚微，反而激起当地民众的武力反抗。光绪二十二年十月十一日（1896年11月15日），鹿传霖等致函总理衙门称，据巴塘粮务候补知州陈溥禀称，在多次召集巴塘僧俗民众，开导劝谕无果后，巴塘民众于当年五月十八日（6月28日）夜以乱石、枪支为武器齐集围攻衙署。都司吴以忠率兵相助，方解此围。次日，当地民众仍聚集不散，后经土司再三开导，始行离去。随后，陈溥前往打箭炉，于七月二十九日面商传教士德若望、倪德隆、苏烈，告知巴塘情形，劝其暂缓行动。⑦ 案件几经波折，最后在施阿兰的要求下，

① 中研院近代史研究所编《教务教案档》第5辑（三），第1728页。
② 中研院近代史研究所编《教务教案档》第5辑（三），第1730—1731页。
③ 中研院近代史研究所编《教务教案档》第5辑（三），第1731—1732页。
④ 中研院近代史研究所编《教务教案档》第5辑（三），第1733页。
⑤ 中研院近代史研究所编《教务教案档》第5辑（三），第1735页。
⑥ 中研院近代史研究所编《教务教案档》第5辑（三），第1751页。
⑦ 中研院近代史研究所编《教务教案档》第6辑（二），第1223页。

四川总督重新起用曾任巴塘粮务、从雅州府知府卸职的嵇志文,令其驰赴巴塘,妥速结办此案。

嵇志文于光绪二十三年三月初十日(1897年4月11日)抵达巴塘,随即会同巴塘粮务试用知县凌倬章、驻防巴塘都司吴以忠,传集巴塘喇嘛头人等开导晓谕。据巴塘正副土司回称,1887年巴塘教案之缘起实为"巴台连年不收,地方日见穷苦,遂有无知僧俗以为洋人奇技淫巧,无所不能,窃疑洋人具有妖术,以致暮春即酷暑难耐,麦苗枯槁,七月山荞未刈,即遇严霜,使小民终年辛苦无颗粒之收,当差百姓差务照常供支,有出无入,民不聊生,群疑满腹,互相传说,均以为教士作祟,无不痛恨洋人"。① 后经嵇志文等劝谕开导,恩威并用,巴塘僧俗等"愈知愧悔,甘愿出具重设教堂,清还地亩,遵办切结,惟求转邀宪恩,宽其既往,妥定章程,使洋人不至日久另生他故,永远夷教相安,务求委员地方官妥办,不敢复再滋事"。②

在嵇志文的督率下,光绪二十三年四月二十五日(5月26日),巴塘教堂开工重建。在巴塘土司、头人开导劝谕下,僧俗民众清还巴塘教堂前置地亩共计536亩,全部交清,并缴纳过去十年所欠租息,于五月二十五日(6月24日)由倪德隆出具收清字据。在缉拿教案滋事人员方面,鉴于案发已经十年,除亡故者,捕获捣毁教堂、挖毁梅玉林坟墓之阿马曲登、阿穷罗松等。1887年巴塘教案就此了结。

四 1887年阿墩子教案

光绪十三年八月(1887年10月),云南维西厅属阿墩子(今德钦)、茨姑等地民众接到西藏来文,令其驱逐传教士。听闻此信,维西通判翟继廉竭力弹压,但当地民众不听劝谕。翟继廉见此情形,遂与驻阿墩子教堂司铎顾德尔、任安商议,令其暂避他处。顾德尔等在将教堂器物封装17只箱子并寄存于伙头赵喃家后,避往大理府城。随后,阿墩子教堂被民众焚毁一空。而在茨姑地方,消息传入后,司铎都伯尔纳尔亦携带教民前往叶枝避难。

光绪十四年六月十五日(1888年7月23日),维西通判叶如桐会同前

---

① 中研院近代史研究所编《教务教案档》第6辑(二),第1248页。
② 中研院近代史研究所编《教务教案档》第6辑(二),第1249页。

丽江府黄守金、前维西协杨某遵查此案。因阿墩子僧俗民众誓死不允传教士重返此地，叶如桐等决定先妥善安置相对平稳的茨姑地方。事实上，在此次事件中，茨姑教堂并未遭受损害。经反复开导茨姑民众后，都伯尔纳尔及随从教民在官弁的护送下重返茨姑，开堂布道，并取具地方保护切结。由此，教案办结的关键就聚焦于阿墩子。随后，关于如何办结阿墩子教案，总理衙门与法国驻华公使施阿兰之间不断往来照复磋商，争论的焦点即是否应当赔款。

光绪二十年九月初九日（1894 年 10 月 7 日），云贵总督王文韶致函总理衙门，提出解决阿墩子教案的大致框架：培修教堂，退还封存箱子；切实保护驻阿传教士；修复绳桥。总之，"除赔款一说无从议及外，余即可饬令该地方官照案妥为办结"，"若该教士意在索赔，则此案竟无了结之法"。①

光绪二十一年七月二十三日（1895 年 9 月 11 日）、八月二十九日（10 月 17 日），总理衙门先后照会施阿兰，告知云南维西厅地方官已前往阿墩子开导民众，令其不得阻挠传教士返回，并着手重修阿墩子教堂，希望施阿兰能查照销案。② 九月初四日（10 月 21 日），施阿兰复称，前此已将赔款从 2.5 万两减至 2 万两，如今"拟将中国修复教堂所用之费若干计算扣除外，下余多寡付清，方能销案矣"。③ 九月十八日（11 月 4 日），云贵总督崧蕃致函总理衙门，指出"如法使不提赔款，即拟筹款将教堂代其照旧修复，听从该教士等回墩领箱设教，就此结案，以后仍饬该地方官随时约束居民……妥为保护，毋令再滋事端"。④ 九月十九日（11 月 5 日），总理衙门照会施阿兰，称"贵大臣所拟赔款一节，应请无庸置议"，望查照销案。⑤

光绪二十二年三月初七日（1896 年 4 月 19 日），云贵总督崧蕃行文总理衙门，内称为修复阿墩子教堂，已饬令从善后局抽调银两，并派委熟悉工程的试用巡检陈家镛前往督造。陈家镛于光绪二十一年十一月初四日（12 月 19 日）行抵维西厅，随即会同维西通判周文镐购置所需材料，并约同传

---

① 中研院近代史研究所编《教务教案档》第 5 辑（四），第 2285、2286 页。
② 中研院近代史研究所编《教务教案档》第 5 辑（四），第 2291—2293 页。
③ 中研院近代史研究所编《教务教案档》第 5 辑（四），第 2294 页。
④ 中研院近代史研究所编《教务教案档》第 5 辑（四），第 2295 页。
⑤ 中研院近代史研究所编《教务教案档》第 5 辑（四），第 2296 页。

教士任安查勘基址。十一月二十四日（1896 年 1 月 8 日）教堂正式开工兴建，十二月十七日（1 月 31 日）竣工，"照旧修复土掌平房一所，计上房三间、厢房二间、厨房一间、马房一间、槽门一道"。① 传教士任安于十二月十八日搬入新堂，并到前村伙头赵喃家点验所存箱子器物，共领收箱子 18 只，十字亭、天平各 1 架，洋号 1 杆，随后任安"出具收领教堂箱只并回堂日期汉洋合笔收领照复四套"。② 至此，崧蕃再次咨请总理衙门知照法国公使查照销案。

三月十七日（4 月 29 日），总理衙门同意云贵总督崧蕃所请，照会法国公使施阿兰查照销案。③ 四月初二日（5 月 14 日），施阿兰照复称，传教士自阿墩子教案发生数年来"受累损失，非修复教堂交还箱只所能酬足"，并且赔款一事前此已经商定，"惟此款务须交收以符成议"，"始能了事销案"。④ 四月初六日（5 月 18 日），总理衙门再次照会施阿兰，内称"迄今教士移居新建堂内为日已久，幸获相安，未便于赔修教堂交还物件以外再生枝节"，由此希望施阿兰能够"转属该教士勿再索赔，并希销案可也"。⑤ 此后，在光绪二十三年（1897），总理衙门与新任法国公使吕班之间关于是否赔款问题仍然不断往来照复。

五　1905 年巴塘教案

光绪三十一年二月二十八日（1905 年 4 月 3 日），巴塘再次爆发教案。时任四川总督的锡良在同年十一月二十六日致外务部的电文中称，此案"与寻常教案疏于防护者情事迥异"。⑥ 该案"迥异"之处在于教案爆发根源于驻藏帮办大臣凤全在巴塘等地推行限定喇嘛人数、暂停剃度、开垦田地、保护传教士等措施。这些措施极大地刺激了当地僧俗民众，导致教案发生。光绪三十一年二月二十一日（3 月 26 日），凤全派兵弹压抗阻垦田的民众，兵勇路经丁林寺，被寺内喇嘛放枪击伤，当地民众随后放火焚毁垦田。时局

---

① 中研院近代史研究所编《教务教案档》第 6 辑（三），第 1802 页。
② 中研院近代史研究所编《教务教案档》第 6 辑（三），第 1802 页。
③ 中研院近代史研究所编《教务教案档》第 6 辑（三），第 1804 页。
④ 中研院近代史研究所编《教务教案档》第 6 辑（三），第 1804—1805 页。
⑤ 中研院近代史研究所编《教务教案档》第 6 辑（三），第 1805 页。
⑥ 中国第一历史档案馆、福建师范大学历史系合编《清末教案》第 3 册，第 800 页。

愈趋动乱，形势一发不可收拾。鉴于此，二月二十三日（3月28日），凤全决定将驻巴塘的传教士牧守仁、蒲德元、苏烈送至副土司衙署，避免事态进一步扩大。巴塘滋事民众见凤全保护传教士，视为袒护之举，遂于二月二十八日围困教堂，将之焚毁殆尽。巴塘都司吴以忠率兵前来弹压，终因寡不敌众，全体殉命，巴塘粮署亦被抢劫一空。三月初一日（4月5日），凤全听信巴塘喇嘛、土司劝言，携部分兵勇移驻理塘，在红亭子地方遭遇民众伏击，凤全"力竭捐躯，忠骸被解，至为惨烈"，随行人员"同以身殉"。①

事后，成都将军绰哈布一面电饬打箭炉文武调集乌拉，筹运军粮物资，一面委饬提督马维骐率军驰赴巴塘，戡平事变。三月十八日（4月22日），军机处奉旨，谕令成都将军绰哈布等"迅即遴委明干晓事大员，添派得力营伍，飞驰前进，查察情形，会同马维骐分别剿办。所有被困之法教士等，务即严饬各员，赶紧设法出险，认真保护，是为至要"。② 同日，四川总督锡良致电外务部，禀称已探明驻巴塘传教士牧守仁、蒲德元、苏烈现居副土司署，由副土司切实保护，安然无恙。事实上，牧守仁已于二月二十四日夜间从副土司官署逃离而去，去地不详。蒲德元则于三月初十日逃至云南阿墩子，由当地兵弁护送至茨姑。苏烈情况不详。另一驻巴塘的传教士魏雅非也避难于云南维西厅。

由于局势动乱，周边邮路阻断，信息隔绝，传教士分散逃离，外界并不确知具体情况，因此，时有传教士脱险或丧命的消息从各方传出。三月二十一日（4月25日），外务部致电四川总督锡良，准法国照会，内称听闻驻巴塘的法国传教士4人在赴打箭炉中，途经里塘遇害身亡。为此，外务部要求锡良"希速饬查，并设法救护"。③ 同日，锡良回电外务部，称已严饬马维骐探查传教士踪迹，设法救其脱险。④

不久，经马维骐、赵尔丰等率兵进讨，戡平事变，巴塘重归平静。清政府与法国传教士随即进入议赔程序。四川总督锡良饬委赵尔丰为清政府代表，在巴塘与法国传教士就教案赔偿问题进行谈判。据赵尔丰回禀，议赔之

---

① 中国第一历史档案馆、福建师范大学历史系合编《清末教案》第3册，第748页。
② 中国第一历史档案馆、福建师范大学历史系合编《清末教案》第3册，第749页。
③ 中国第一历史档案馆、福建师范大学历史系合编《清末教案》第3册，第750页。
④ 中国第一历史档案馆、福建师范大学历史系合编《清末教案》第3册，第750页。

初，主教倪德隆坚持索要赔款 10 万两，要求得到"辉巴贡"等处荒地。经双方再三磋商，倪德隆放弃索要荒地，赔款减至 44500 两，"所有此次川省、巴塘两境内被毁教堂、被杀被伤教民及教堂财产，一切应赔之款，均在其内"。换言之，1905 年巴塘教案所造成的损失赔偿只是赵尔丰与倪德隆商定的部分赔款，遇害司铎的"命价"并未包含在内。对于议定的赔款数额，锡良认为"此数似尚得中"，[①] 遂成定议。1905 年巴塘教案由此而结。

巴塘教案办结以后，光绪三十二年正月初八日（1906 年 2 月 1 日）应赵尔丰等之请，四川总督锡良会同成都将军绰哈布附片上奏，为表彰主教倪德隆在教案议结过程中"尚知顾念邦交，不胶成见，随所驳正就我范围"的"识大体"之举，参照前次四川主教杜昂等因教案议赔有功给予三品顶戴之例，为倪德隆请赏三品顶戴，"以昭激劝而示怀柔之处，出自逾格鸿施"，得到清廷的允准。[②]

六 1905 年维西教案

1905 年巴塘教案爆发后，影响波及川滇交界的云南维西厅下属各教堂。传教士蒲德元在教案爆发后自巴塘逃往云南阿墩子，巴塘民众穷追不舍，追捕至阿墩子。据阿墩子汛千总杨浩、镇北营哨弁木崇化禀称，蒲德元于三月初十戌刻到达阿墩子，随后由当地弁兵护送至茨姑。夜至二更，有哨探前来禀报，称有民众 200 余人自苅拉气势汹汹而来。千总杨浩随即带兵前去堵御。待杨浩率众出街口之时，滋事民众已经举火围堵在教堂门口，意欲投火焚毁教堂，杨浩等竭力阻止。双方在混乱中发生激战，最后滋事者退却，教堂得以保全。

云贵总督丁振铎获此消息后，一方面严饬丽江府知府李盛卿调兵"驰往堵御，弹压抚辑，相机办理"；另一方面，阿墩子地方僧俗平日与传教士多有嫌隙，"素相水火"，为防范阿墩子僧俗民众与邻近的四川辖境藏人联络滋事，丁振铎饬令维西厅协督同千总杨浩等"调和民教，开导墩地喇嘛，毋得附和川匪，滋生事端"。[③] 不久，李盛卿电称，"川滇僧匪本属一气，屡

---

① 中国第一历史档案馆、福建师范大学历史系合编《清末教案》第 3 册，第 800 页。
② 中国第一历史档案馆、福建师范大学历史系合编《清末教案》第 3 册，第 804 页。
③ 中国第一历史档案馆、福建师范大学历史系合编《清末教案》第 3 册，第 756 页。

经导谕，终未帖服"。① 其后川军进讨巴塘的消息传入维西。当地僧俗民众于光绪三十一年六月十八日（7月20日）重新围攻教堂。哨弁李谷安阵亡，茨姑教堂被毁，传教士出走逃亡。此后，滋事民众分兵扼守关口险要，通往阿墩子的道路被阻绝。总督丁振铎随即一面添派总兵谢有功带领绥新军驰援，一面严饬李盛卿督同维西通判李祖祐率兵疏通道路，寻护传教士。之后茨姑逃出教民呈报，传教士都伯尔纳尔被捉去，生死未卜。据传闻，传教士蒲德元、英人傅礼士亦被戕害。由于滇军与滋事民众在叶枝地方相持不下，李盛卿当即决定派兵弁将驻扎维西的传教士彭茂德护送至大理，以杜后患。后据英使萨道义照会，传教士都伯尔纳尔、蒲德元等及同寓的英人傅礼士于六月十七夜间逃散，两名传教士下落不明，"似必遇害"，而傅礼士在民众追击下，躲藏于山谷间，后于二十一日抵达维西，经李盛卿款待资助，派兵护送至安全地方。②

由于形势危急，道路堵绝，咨报传闻迭出，真假相混，虚实难辨。听闻茨姑教堂被毁、传教士罹难后，丁振铎极为震怒，认为出现这样的结果"虽缘匪势过炽，究属疏于防护"，遂附奏请旨，将李盛卿"暂行革职留任，勉图自赎，以观后效"。③ 光绪三十一年七月十九日（8月19日），军机处奉旨，谕令丁振铎"严饬各军，赶紧合力剿办，迅扫匪氛，仍将教堂传教士人等切实保护，毋再疏虞"，同意丁振铎所请，将李盛卿革职留营建功，以观后效。对于被害传教士蒲德元等，谕旨称"深堪悯恻"，令丁振铎"妥为抚恤"。④ 得旨后，丁振铎调派重兵，分三路进击，驱捕滋事民众，安靖地方。事后，据探查，维西共有传教士7人，在此次教案中，除都伯尔纳尔、蒲德元以外，其余传教士均安然无恙，并由兵弁护送至大理。

事件平息后，法国驻滇领事罗图阁将教会损失应恤赔各项开单。丁振铎饬委李盛卿先期核实各地教堂毁坏的具体情况，为议赔做准备。具体议赔由两部分构成。首先，赔偿教民。丁振铎令李盛卿与司铎任安收（Annet Genestier）就地商议，最后议定赔偿教民"身命房屋什物各项"恤银9000

---

① 中国第一历史档案馆、福建师范大学历史系合编《清末教案》第3册，第774页。
② 中国第一历史档案馆、福建师范大学历史系合编《清末教案》第3册，第775页。
③ 中国第一历史档案馆、福建师范大学历史系合编《清末教案》第3册，第775页。
④ 中国第一历史档案馆、福建师范大学历史系合编《清末教案》第3册，第776页。

两。此款由滋事各喇嘛摊派，以示惩戒。地方官府筹集籽种、粮食 500 担，救济教民。其次，议定命案、教堂赔款。丁振铎派委李盛卿协同臬司兴禄与法国驻滇领事罗图阁、司铎任安收在昆明商议赔偿问题。议赔之初，法方提出被害传教士都伯尔纳尔、蒲德元命价需赔款 7.5 万两，教堂、经堂及其他财物损失赔款 12 万两。兴禄认为法方索价过高，不予同意。复经迭次磋商，法方同意将赔款减至 15 万两，包括都、蒲恤银 6.5 万两，教会一切损失赔银 8.5 两。经商定，赔款采取分期支付的形式，赔款议定后先交现银 4 万两，余款以无息方式于光绪三十三年六月起至三十六年六月交清。

光绪三十二年六月初三日（1906 年 7 月 23 日），双方在洋务局签字画押，盖印互换，各执中、法文三份为据。至此，1905 年维西教案即行完结。其后，因任安收"于维西军务、议结教案著有微劳"，丁振铎等于光绪三十三年五月二十二日（1907 年 7 月 2 日）奏称，"应请如该前督赏给四品顶戴，以昭激劝"。[①]

清末以来康区频繁发生的教案冲突是西方天主教、基督教向康区传播过程中当地社会对外来宗教文化产生的一种本能回应、抵触和排斥的结果。天主教、基督教进入康区，既是 1840 年以后中国国门洞开，西方殖民势力向中国渗透的结果，也是传统中国社会逐步向近代半殖民地社会过渡的有机组成部分。天主教、基督教及西方教会势力进入康区，乃是基于清政府与西方列强签订的一系列不平等条约，而康区社会、民众处在被动的境地。所以在各类教案冲突中，清政府充当调解角色时，迫于西方列强的压力和履行不平等条约的需要，往往采取维护西方教会势力利益、压制当地民众的立场。这在相当程度上也造成教案冲突的频发，加剧了当地的社会动荡。如果说 1840 年鸦片战争开启了中国社会近代化的历史进程，那么，清末西方教会势力及天主教、基督教进入康区及由此引发的各种教案冲突，则可视为中国社会近代化进程由内地向康区的传递与发展。

首先，天主教、基督教及西方教会势力的进入，及其为教民提供的政治

[①] 云南交涉司：《维西教案议结赔款合同》，《光绪朝丙午年交涉要览》；中国第一历史档案馆藏光绪三十三年五月二十二日云贵总督丁振铎及外务部楚宝卿奏折。转引自秦和平《基督宗教在西南民族地区的传播史》，第 272 页。

庇护，直接挑战了当地寺院、土司和地方官府的既有权威，引发康区权力结构的调整与重组。① 其次，为维持在康区的生存与发展，康区教会除依赖国外资源的输入和扶持，均凭借自身的经济实力，借助不平等条约的规定，在康区大量购置土地，② 同时引进近代耕作技术、生产工具，在一定程度上促进了康区农业生产技术的改善与发展。最后，传教士在康区凭借非宗教手段，如免费医疗、天花人痘接种技术、技能培训、建立学校等，促进传教，吸纳教民。因此，康区具有近代意义的医院、学校等机构组织最初是由外国教会引入的。而传教士提供的近代知识教育如算数、英文、物理、音乐等，则最先触动和改变了康区传统的知识教育格局。③ 因此，外国教会及其裹挟的近代化力量直接冲击着康区的传统社会，在某种程度上推动了康区的社会变迁。而外国教会传教活动所引起的冲突与纠纷，实际上也是康区进入社会转型时期所经历的阵痛。这些均开始打破康区原有的传统状态，拉开了康区社会近代化进程的序幕。

---

① 秦和平：《关于盐井刚达寺驱赶天主教传教士杜仲贤的认识》，《西南民族大学学报》2012 年第 1 期。

② 警民：《泸定教产述略》，《康藏先锋》第 5 卷第 4 期，1938 年；冉光荣：《天主教"西康教区"述论》，《康定民族师专学报》1987 年专辑；刘君：《康区外国教会览析》，《西藏研究》1991 年第 1 期；秦和平：《基督宗教在西南民族地区的传播史》，第 21 页。

③ 蓝文品：《天主教进入康区的情况》，政协甘孜藏族自治州康定县委员会编《康定县文史资料选辑》第 3 辑，第 129 页；郭素芹著译《永不磨灭的风景：香格里拉——百年前一个法国探险家的回忆》，第 42—47 页；赵艾东：《20 世纪初美国传教士史德文在康区打箭炉的医疗活动》，《中国藏学》2008 年第 3 期；赵艾东：《19 世纪下半叶康藏天主教士的天花接种与藏文编纂》，《四川民族学院学报》2016 年第 1 期。

第 二 章

清末川藏边务与经营川边的转折

第一节　丁宝桢督川期间的川藏边防筹议

一　西人游历川藏与川藏边防共筹之议

18 世纪末，英国势力逐步推进至中国西藏与印度边界处，开始介入西藏事务，试图由此洞开西藏门户。由于清中央政府和西藏地方政府的强烈抵触，英国的对藏意图屡屡受挫。鸦片战争后，清政府渐丧利权于列强，西藏周边局势渐形危殆。英国先后控制拉达克、廓尔喀（今尼泊尔中部），并暗中怂恿和支持廓尔喀同西藏交恶，从中渔利。咸丰八年（1858）中英《天津条约》签订，英国获得在中国内地游历、通商和传教等特权，[①] 很快将目光转向广阔的中国西南边疆地区。英法探险队屡次强行从缅甸、越南进出云南境内，探测开通路线。因亟欲开辟出从中国内地通往西藏的新商路，英国援引条约，多次以游历为名遣员经四川入藏，遭到西藏各阶层和驻藏大臣的抵制。三大寺和商上、扎什伦布寺等僧俗各界禀明清政府称，"西藏地方，素称瘠苦，且来游之人，及所传之教，皆与地土不宜，佛教不合，是以僧俗大众闻之，不胜震惊"，[②] 因而英人赴藏之举大多未能成行。但是经库柏（T. T. Cooper）等的前期探路，英国认定四川—西藏—印度路线是亟待打通

---

① 汪毅、张承棨编《咸丰条约》卷 1，台北，文海出版社 1974 年版，第 258、295 页。

② 《藏人不愿洋人入藏游历传教折》（咸丰十一年七月二十七日），许广智、达瓦编《西藏地方近代史料选辑》，西藏人民出版社 2007 年版，第 75 页。

的三条对藏重要商路之一。①

光绪二年（1876）云南马嘉里事件发生后，清政府被迫签订中英《烟台条约》。该条约另议专条明确规定英国可派员从中国内地出发，前往甘肃、青海一带，或经四川等处入藏，探访路程，清政府需知会各处地方大员及驻藏大臣协助照料，由总理衙门察酌妥办。② 条约签订的第二年，英人吉为哩（Williams John. Gill）以条约为据要求从四川赴藏。英国驻重庆代表贝德禄（E. C. Baber）则打算经行四川西部边地至滇省探路游历。1877 年 6 月，吉为哩约同英人麦士礼（Williams Mesny）从成都出发，经打箭炉、巴塘、及云南阿墩子、大理、永昌府（今保山）等地，至缅甸八莫。③ 贝德禄由嘉定（今乐山）出发，沿大渡河西行，经紫打地（今石棉安顺场）、打箭炉，转返成都。④ 二人均对沿途特别是藏地的商贸、民俗、交通等做了详细记录，成为英国了解和认识藏地的重要信息来源之一。1879 年 11 月，奥匈帝国摄政义伯爵（Bele Szecheng）等先拟由青海赴藏游历，后见青海道路难行，改道由兰州南下，复经由巴塘、阿墩子入滇。⑤ 因而这一时期西人大多视川藏线为赴藏游历的主要通途，或考察传教，或搜集刺探情报。

西人频繁由川境赴藏游历，引发西藏地方政府积压的长期不满和强烈反弹。获悉摄政义伯爵的赴藏举动后，西藏僧俗各界一片哗然。西藏地方政府迅令颇琫香噶等调集藏兵于金沙江畔江卡（今芒康东）驻防，聚兵拦阻，并投禀巴塘土司，促其将各处西人驱逐，"勒令土司出具永无洋人进藏切结，方可罢兵"，又遍札巴塘、理塘、霍尔、章谷、叠盖（即德格）各土司及云南所属阿墩子、中甸、维西等处寺院僧俗人等，"以后一体不许洋人过境，亦不准各处迎护接送"。⑥ 川藏情势顿形紧张。西藏地方政府的行为意

---

① T. T. Cooper, *Travels of a Pioneer of Commerce in Pigtail and Petticoats: On an Overland Journey from China towards India*, London: John Murray, Albemarle Street, 1871；谭·戈伦夫：《现代西藏的诞生》，伍昆明、王宝玉译，中国藏学出版社 1990 版，第 72 页。

② 《中英烟台条约另议专条》，《西藏地方历史资料选辑》，第 151 页。

③ William Gill & E. Colborne Baber, *The River of Golden Sand*, London: John Murray, 1880；威廉·吉尔著，亨利·尤里编《金沙江》，曾嵘译，中国地图出版社 2013 年版。

④ Edward Colborne Baber, *Report on a Journey to Ta-Chien-Lu*, London: Houses of Parliament, 1879.

⑤ 《丁宝桢藏事奏牍》，吴丰培辑《清代藏事奏牍》，中国藏学出版社 1994 年版，第 497—498 页。

⑥ 《丁宝桢藏事奏牍》，吴丰培辑《清代藏事奏牍》，第 500—501 页。

在根绝西人游历藏地的可能，尤其针对长期驻于巴塘的法国天主教堂据点。这一有违常态的抵触举动，令川藏地方大吏颇感意外。四川总督丁宝桢速会札弁员带汉土弁兵前赴防范弹压，扼防金沙江要隘，派员赴藏军营中剀切开导，同时分别咨行驻藏大臣、云南督抚及打箭炉文武，转饬各处土司民众，切毋受其煽惑，有违条约。驻藏大臣色楞额一再向西藏地方政府严行申饬，藏兵始行撤回，风波暂息。

对于西人由四川赴藏游历，川藏地方大吏受制于条约所定，又深知西人赴藏牵连敏感的外交事务，在警惕防范之余，只得一面派遣妥员沿路加意保护，一面婉为劝告，设法阻止。丁宝桢对藏兵在吉为哩赴藏途中鸣枪警示的行为颇表暗许，常常以藏人仇外为词，再三婉拒西人入藏。他甚至为阻挠摄政义伯爵赴藏行程，称：

> 川省保护亦只能至交界之巴塘为止，此外系属藏地，向无管辖，不能前进。即勉强护送，而彼此呼应不灵，亦属无益。至驻藏大臣派人迎护，自是一定办法，惟驻藏大臣在藏，亦不能尽管藏番之事。其中尚有藏王主持，且既系入藏，藏地乃该番地土，彼既不愿人前进，驻藏大臣亦岂能强以必从？[①]

驻藏官员的婉拒言辞与之相仿。劝阻行至哈拉乌苏以东俄国人的地方官员声称"并非驻藏大臣商上各官不遵，实因唐古特僧俗大众以为习教不同，共立誓阻不肯放入"。[②] 这种有意降低川藏地方大吏在西藏的权限和政治影响力的说法，固然在短期内起到阻滞西人赴藏的成效，却给西人造成清政府与西藏地方政府关系疏离的认知。此后西人大多认为清末中国中央政府在西藏实无真正的控制权，[③] 为后来的西藏主权问题之争埋下伏笔。而川藏地方大吏特别是驻藏大臣同西藏地方政府就西人在藏权益问题的分歧和嫌隙，也显示出清中央政府与西藏地方政府在相关政治议程上纷争之端倪。光绪六年

---

① 《川督丁宝桢奏设法阻止洋员入藏游历片》，王彦威等辑《清季外交史料》第 1 册卷 17，书目文献出版社 1987 年版，第 320 页。

② 《色楞额藏事奏牍》，吴丰培辑《清代藏事奏牍》，第 471 页。

③ 黎吉生：《西藏简史》，李有义译，中国社会科学院民族研究所 1979 年版，第 65 页。

（1880）、十年（1884），贡生黄懋材奉命经川赴藏至印度游历，道员丁士彬奉派赴藏处理巴勒布（今尼泊尔）商民财物攘夺事件，中途皆遭藏人借口阻滞西人，不得入藏，足已为证。

不过，《烟台条约》后西人游历川藏推动了清末川藏筹边意识及其实践的转变。这一转变的直接推动者正是当时的四川总督丁宝桢和驻藏大臣色楞额。四川与西藏的战略协作关系，始于清代初期。自康熙末年驱逐入侵西藏的准噶尔后，紧邻西藏的四川成为清政府确保治理西藏的重要立足点。年羹尧、岳钟琪等历任四川总督，在筹划和参与川藏边务过程中扮演过相当重要的制定者和推动者角色。[①] 乾隆以后，四川总督统辖川藏边务之权，大抵让渡于新设的成都将军。由于西藏物资、人员等皆仰赖四川，川藏之间的政治依存关系延续下来。

光绪二年（1876），深具洋务自强思想的丁宝桢署理四川，对西人经四川赴藏游历之事颇为关注。丁氏提醒清政府，列强的觊觎目标已从海疆转向西南内陆各省。英人行踪不定的游历实则是为查看道路情形，探明风土人情，以为日后由陆路进入川境，故应"妥密防范"。这是因为"与该国最近者，莫近于蜀，滇次之。而蜀又为数省中菁华聚集之所，故英人此时用意在蜀。蜀得而滇黔归其囊括矣。此实英人目前肺腑之谋也"。所以"洋人入川情势，实为中国陆路一大关键，未可视为末务"。丁宝桢对英人战略企图的判定未必准确，是以内地尤其是四川为本位来考虑，但这也促使他一再强调川藏固有的政治关系。他指出，西藏与四川唇齿相依，四川门户在前后藏，设若"西藏一无屏蔽，而川省门户遂失"。[②] 所以他奏请清政府饬令成都将军、四川总督与驻藏大臣力求自强，内固藩篱，合力与谋，外弭衅隙，密严强邻之防。

清政府对丁宝桢的"驭远防边"之策深以为然。光绪五年（1879），清政府以藏中事务紧要，丁宝桢识见尚能讲求，令新任驻藏大臣色楞额就近晤商川督，先事筹划，相机整顿藏务。丁氏趁势奏请在藏中与四川各路交界

---

① 邓锐龄：《年羹尧在雍正朝初期治藏政策孕育过程中的作用》，《中国藏学》2002 年第 2 期；邓锐龄：《岳钟琪与西藏问题》，《中国藏学》2004 年第 3 期；Yingcong Dai, *The Sichuan Frontier and Tibet*, University of Washington Press, 2009.

② 《丁宝桢藏事奏牍》，吴丰培辑《清代藏事奏牍》，第 490—491 页。

处，择要增设文报委员，以利沟通，又奏陈对西藏事务的看法，建议规整藏务，强化驻藏大臣权力，令汉藏合而为一。自此，在清末督抚权力扩大的背景下，四川总督重新充当起筹划和操执川藏边务的重要角色，清末川藏边防共筹的理念由此而始。

色楞额于光绪五年被任命为驻藏大臣，至光绪十二年（1886）调任，其任期大抵同丁宝桢川督任内相始终。色楞额在筹办藏务时，在对川藏关系的认识及川藏边务处理方式上，同丁氏颇有契合之处。光绪十一年（1885），英印孟加拉政府财政部长马科蕾（Colman Macaulay）奉命调查西藏通商事宜，拟定入藏，引发西藏僧俗的激烈反对。陷于两难境地的色楞额在开导劝解藏人允其游历的同时，奏明清政府，应慎重处置，尽量劝止英人入藏。若因之激变西藏，则"滇蜀之于藏卫，犹堂奥之有藩垣，藩垣撤则堂奥空虚，自然之理"，况且"卫藏为川滇门户，藏疆有警，则川滇震惊，关系是非浅鲜"，故应饬川滇督抚严备战守，以为声援。① 丁宝桢已于此前上奏清政府阐明马科蕾赴藏通商的弊端，而色楞额对丁宝桢的识见颇多赞同，深知藏务仰赖于四川，需随时咨商督臣丁宝桢。因此此一时期内川藏地方大吏在筹办理塘查录事件、划定瞻对与四川界务、解决喇嘛攘夺廓商财物事件、整顿西藏事务及处理马科蕾入藏事件等方面大多可通力协商，互为襄助。

二　丁宝桢的川藏边防设想与实践

丁宝桢提出的川藏边防一体共筹的战略设想，后为继任川督刘秉璋、驻藏大臣文硕等继承，演变为清末筹边援藏战略之滥觞。但是丁氏的川藏边防构思是以四川—西藏—廓尔喀、布鲁克巴（今不丹）的"藩篱"防御体系为核心。作为四川与西藏的衔接部，"川边"因在行政划分上归属川、藏、滇、青，被模糊地含括在这一边防体系中。只是丁氏在具体实践川藏边防构思的过程中，开始或多或少地意识到需要强化这一衔接部的边务。

终其川督任职，丁宝桢在对藏事务上，多次提出应特予准赏廓尔喀、布

---

① 《色楞额藏事奏牍》，吴丰培辑《清代藏事奏牍》，第 477、479 页。有关色楞鄂驻藏事略，参见邓锐龄《清代驻藏大臣色楞额》，《中国藏学》2011 年第 4 期。

鲁克巴、哲孟雄（今印度锡金邦）使节循例入贡的建议，光绪十年又主张妥善处理攘夺廓尔喀商人财物一案。这些与其川藏边防构思密切相关，即"蜀之门户在西藏，而西藏之藩篱在布鲁克巴、廓尔喀"。① 清政府可以毗邻西藏的廓尔喀、布鲁克巴为藩篱，利用自清初以来形成的传统关系，对之极力羁縻，杜绝英人近交之计。总理衙门采纳丁宝桢的建议，于光绪四年（1878）谕令驻藏大臣松溎设法修好哲孟雄、布鲁克巴和廓尔喀。② 丁氏的边防构思可以说深受传统羁縻政策的影响，试图对清初构建的西南边防藩篱体系加以再利用。但在参与西藏事务筹划后，他对喜马拉雅山南麓缓冲带局势内情的变动缺乏深入了解。廓尔喀于 1861 年同英国签订塞哥里条约后，在施政方面实际已为英国所制。布鲁克巴也在 1865 年为英国控制。所以从这一角度看，丁氏的边防构思实难奏效。

　　西人游历川藏事宜暂告一段落不久，查录事件发生。光绪六年六月，理塘土司与下瞻对属查录"野番"发生纠纷，阻断川藏交通。早在咸丰年间，查录"野番"曾出境抢劫，杀毙理塘土司，后经川督派员剿办，降于中瞻对，依附于工布朗结。工布朗结败亡后，查录"野番"转附于驻守瞻对的藏官。在藏官索康色的支持和纵容下，查录"野番"时常劫掠理塘境内藏民及汉塘官马，强迫理塘所管木拉石藏民三百余户归附。理塘土司和喇嘛调集土兵数千，与查录作战获胜，收复木拉石。闻讯后，丁宝桢遣打箭炉同知李忠清率汉土弁兵，前往弹压查办，又遴选颇具宗教威望的呼图克图切实开导，一面知会驻藏大臣色楞额通过西藏地方政府，向驻瞻藏官施压，令其约束查录。岂料八月底，查录"野番"纠集瞻对三四千人，从理塘东、西两面围攻土司官寨，要求重贿，方允退兵。双方互攻，致川藏大路梗阻。十一月，丁宝桢再遣汉土弁勇三百人，约同理塘土兵，会攻查录，迫使驻瞻藏官退兵。查录事件平息后，丁宝桢向各土司重申抚绥下属各部的职责，并飞咨驻藏大臣转行商上，要求严惩查录首领，撤换恣意生事的驻瞻藏官索康色。十二月，鉴于瞻对赏藏后川藏分界不清，丁宝桢依据雍正年间岳钟琪会勘界址、厘清川藏权属的经验，奏明清政府欲稳固边地秩序，应令打箭炉同知、

① 《丁宝桢藏事奏牍》，吴丰培辑《清代藏事奏牍》，第 491 页。
② 《驻藏大臣松溎等奏办理边防联络哲孟雄廓尔喀部落折》，王彦成等辑《清季外交史料》第 1 册卷 13，第 248—249 页。

理塘粮务及周边各土司，约期会同驻瞻藏官分立界碑，划清界址，议定互不越境滋扰。至光绪十年，四川道员丁士彬与新任驻瞻藏官丹巴明足尔会商解决界务问题，协定在理塘之北噶坝、穹坝、阿坝竖立川藏界碑，将有争议的三坝和查录划归四川。[①]

查录事件的解决方式表明丁宝桢的川藏边务治理方针相对传统和保守。在剿抚相济的原则下，稳定川藏边地社会秩序主要依靠四川官府、土司、驻藏大臣和西藏地方政府四方的协调和约制，以及发挥宗教信仰的安抚作用。丁宝桢并不希望在川藏边务问题上做出大的改动，因而他极力反对户部代递陈炽在光绪十年提出的整顿西藏建议，包括训练喇嘛、劝学、开垦和通商。[②] 但是丁氏为实践川藏边防一体共筹的战略意图，颇致力于川藏边务的沟通和强化。

搜集和获取川藏边防信息是丁宝桢的重要举措之一。当时，清政府和民间对藏地沿途边情了解匮乏，信息的来源仍局限于乾隆年间成书的《西招图略》等。考虑到西人游历川藏意在获取边防信息，英人占据大吉岭（Daijeeling）和阿萨密，逼处西藏，川藏边情形势紧迫，为争取川藏边防的主动权，丁宝桢决议仿照派员出国考察的方式，派遣专员前赴印度一带游历考察。光绪四年七月，江西贡生黄懋材在丁宝桢的授意下，由成都出发，经川藏大道至巴塘，因藏人阻拦，改道云南中甸，经丽江、大理、永昌府（今云南保山）、腾越厅（今云南腾冲），出境前往印度、东南亚等地考察，前后凡历两年。黄氏依据实地考察所得，绘制舆图和撰写著述各四种，其中《西辅日记》因时效性和准确性，被时人誉为"讲边事者不可少之书也"。[③]

光绪十一年乍丫尼们呼图克图等僧俗百姓禀呈，情愿仿同巴塘、察木多（今昌都）随班进贡。三月，丁宝桢接转禀后，向清政府指出，乍丫地域辽阔，与巴塘、察木多、德格、江卡等处毗邻，又素为三岩"野番"忌惮，综筹边情，瞻对既已归藏，乍丫等地不应漫无统属，"究为西南边防一隅缺隙"。而且，英俄列强觊觎西陲之际，乍丫等"强悍番族，纵或不敢倚为外

① 吴丰培辑《清代藏事辑要续编》，西藏人民出版社 1984 年版，第 6—21 页。
② 《丁宝桢藏事奏牍》，吴丰培辑《清代藏事奏牍》，第 524—525 页。
③ 吴丰培辑《川藏游踪汇编》，四川民族出版社 1985 年版，第 301 页。

援，亦断不能置诸不论，不仅目前借御三岩野番以夷制夷之计也"。[1] 因而丁宝桢建议清政府允准乍丫所请，通过封授号纸、顶戴及进贡等方式，密切相互关系。四月，丁宝桢接西藏委员候补通判赵咸中的密禀，得知英人在大吉岭收买人心，并拟将铁路延伸至重镇帕克里（今西藏亚东）。丁氏预见到藏事势必日亟，再次强调川藏的密切关系，设若"西藏一经有事，势万不敌，必将求援于蜀"，所以四川官府应早做准备，整顿防营，勤习枪炮阵法，并加紧添造洋枪洋炮，增强军备。对于早先呈禀的乍丫一事，丁宝桢希望清政府速做批示，声称乍丫地处川藏交界之间，乍丫向化归顺，"内可以捍卫川疆，外亦可援应西藏，即现在之三岩野番等，亦可借其控制"。[2] 丁宝桢已意识到川藏交界区域的战略价值及争取当地政教势力的重要性。

九月，马科雷抵达北京，以通商为名，强硬要求清政府开放西藏。总理衙门电令丁宝桢切实开导藏人，务必保障西人游历事宜顺畅，以利开办通商。丁宝桢婉拒总理衙门的要求，认为西人通商西藏，别有用意，既得中国利权，即欲占据中国土地，并再次指明，"设藏路一开，则四川全境终失，川中一失，则四通八达，天下之藩篱尽坏"。[3] 同一天，丁宝桢又连上三道奏折，除言明开导藏人的诸多困难外，提醒清政府亟应重视西南边疆面临的危局，再次强调乍丫等内附有助边防。基于中法战争的教训，四川官府业已着手裁减勇营，改练洋操，拟练军20余营，以为防备。清政府最终接受丁宝桢的建言，允准乍丫进京朝贡。

光绪十二年初，英国吞并缅甸。消息传来，清政府及川滇督抚愈加忧心于西南边防。此前李鸿章接据法国传教士说帖，备陈英人积虑窥滇，遂饬令川滇督抚一体筹备边防。丁宝桢注意到四川与西藏之间交通线漫长，过去存在派往驻藏官兵数量少、粮饷供给困难等问题，倘若英国与西藏地方政府发生冲突，四川距西藏过远，临时遣派兵勇援藏，掣肘诸多，有损无益，于是提议在四川紧接藏中边防内筹办防务，于巴塘驻勇2000人、理塘驻勇1000余人，以为策应。驻防兵勇将以办防三岩"野番"为名派遣，既应援藏事，

---

① 《丁宝桢藏事奏牍》，吴丰培辑《清代藏事奏牍》，第522—523页。
② 《丁宝桢藏事奏牍》，吴丰培辑《清代藏事奏牍》，第523—524页。
③ 《丁宝桢藏事奏牍》，吴丰培辑《清代藏事奏牍》，第528—530页。

又可兼顾云南边务，防范英人。① 清政府采纳丁宝桢的边防筹议后，驻防兵勇由四川防营中抽派，粮饷军火先行筹办，陆续运往打箭炉。尽管在前一年十二月间呈请清政府嘉奖廓尔喀的奏折中，丁宝桢坚持"西藏为全蜀第一道藩篱，廓尔喀又为西藏切近屏蔽"的总体战略设想，② 却也意识到川藏交界区域在实现川藏边务一体共筹格局中的纽带作用。这成为此后清政府加强川藏边防，继而经略川边的先声。五月，派驻兵勇计划尚未完成，丁宝桢病殁于川督任内。

三 丁宝桢川藏边防举措的因循与搁置

丁宝桢病故后，驻藏大臣色楞额顿失后盾，渐形孤立，对英使马科蕾入藏之事一筹莫展。此前，色楞额曾呈请清政府应否饬令四川、云南督抚严守战备，以为声援。③ 署理川督游智开上任伊始，以派驻兵勇太过张扬，难掩耳目，且英国与西藏地方政府尚未构兵为由，暂停在巴塘、理塘驻扎勇丁的计划。④ 六月初六日，马科蕾入藏一事发生戏剧性转变。为取得清政府对缅甸现状的承认，英国改为实现中国西藏与印度边界通商，由清政府酌情督促办理，暂缓英使入藏。二十三日，总理衙门与英使签订《缅甸条款》。鉴于入藏诸多阻滞，英国取消了《烟台条约》另议专条派员入藏的规定。

新任驻藏大臣文硕延误半年后，才抵达成都。上任之前，文硕上书醇亲王，陈奏藏事六款，对驻藏大臣、川督所办川藏边务多所评议。文硕对丁宝桢经营卫藏、注意边防的作为颇多赞誉和肯定，所以力主川藏边防事宜悉循旧规。丁宝桢的川藏边防举措重新被提上议事日程。除文硕、游智开依前议，请调甘肃格鲁派棍噶札勒参（kun dga' rgyal mtshan）呼图克图赴藏开导藏人，允许于中国西藏与印度边界通商外，暂停的川藏交界区域驻兵事宜也被重启。在致侍郎续昌的信函中，文硕提到藏地驻兵规制日久败坏，弊端丛

---

① 《川督丁宝桢筹备川省边防折》，王彦成等辑《清季外交史料》第 2 册卷 64，第 1170—1171 页。
② 《丁宝桢藏事奏牍》，吴丰培辑《清代藏事奏牍》，第 533 页。
③ 《驻藏大臣色楞额等奏英人游历西藏派员开导藏番折》，王彦成等辑《清季外交史料》第 2 册卷 67，第 1212 页。
④ 《川督游智开奏藏番不允英人游历派员开导被阻折》，王彦成等辑《清季外交史料》第 2 册卷 67，第 1225 页。

生，战斗力下降，实难倚重。四川官府派兵驻师扼要之处，势在必行。只是他建议添兵千名，驻于察木多，因为"察木多为西藏、青海、川滇通衢，地既适中，形亦握要，较之里塘为尤切"。①

于是，文硕致函四川提督李培荣，申明驻兵巴塘、察木多的必要性，并期望即将上任的新任川督刘秉璋能够加以协助。七月，文硕会同游智开奏议举办边防，声称川藏必应联络，边防贵在及时。川藏边防不容不备，原因在于：其一，英俄列强争窥藏地，非仅在通商。藏人力拒西人，"盖为护持黄教正宗，保全山川灵气起见，本非毫无情理"。其二，藏地因与清政府嫌隙已生，每多拒斥政令，渐形尾大不掉。其三，川藏路途险阻过远，须选择适当季节预先派定，以防延误。文硕遂奏请仍循丁宝桢成案，由四川派拨防军3000人，再添兵勇1000人，在巴塘、察木多一带往来梭巡，以联络声势。防军仿照西宁成例，除听四川总督节制外，仍听驻藏大臣兼辖，并呈请刊给木质"统领巡防川藏地方奠安军营关防"。② 文硕的计划考虑到藏人对清政府政治权威的抵触，驻藏大臣执行谕令时多有掣肘，故需要四川官府提供资助，作为后盾支持，在川藏防务的权力归属上重做划分。

此时，总理衙门与英使订立新约，清政府已得到英国在中国西藏与印度边界通商后即永不入藏的许诺，因此对文硕拨驻防军于川藏交界处的提议十分谨慎。在谕令中，清政府向文硕强调当前藏事的关键是开导藏人在边界通商，至于举办边防事宜，现无战事，加上四川防勇不多，所费不赀，调勇入藏需慎重行事，以免别生事端，需待刘秉璋到任后会同筹商。为免文硕事先筹办防务，谕令以六百里加急的方式发往四川，叮嘱文硕要妥慎筹划，勿涉张皇，致生枝节。③ 清政府的消极态度无疑阻滞了文硕对川藏边防规划的实施。而新任川督刘秉璋的主张，则致使丁宝桢倡议、文硕发挥的川藏防军筹议彻底夭折。

刘秉璋和文硕在对待中国西藏与印度边界通商问题上是较为一致的。两人都要求藏印通商条约中应明确通商的具体地点，而反对总理衙门对大吉岭位置问题的模糊处理。但是两者在派拨防军驻扎的问题上暗存分歧。刘秉璋

---

① 《文硕驻藏奏稿》，吴丰培辑《清代藏事奏牍》，第549—551页。
② 《文硕驻藏奏稿》，吴丰培辑《清代藏事奏牍》，第561—564页。
③ 《清德宗实录》卷230，光绪十二年七月癸丑条。

先是致函文硕巴塘建镇不易举办，藏事请勿过急，又将函文一并抄寄总理衙门。函稿内称巴塘驻师原本是筹边的上策，可固疆域而弭边患。无奈建署调兵，一切俸饷所需甚巨，何况藏人反对进兵，不利藏地稳定，唯先应向藏人宣布威德，事有把握，再行议定。① 十月，在由文硕主撰并联合川督等陈奏的藏事筹议四款中，文硕转述刘秉璋奏明缓议派拨防军理由为：现无战事，防勇无多；理塘、察木多实则距前藏较远，驻军与西藏似无大益；四川财力久绌，实难供支；时届隆冬，非行军之时。作为补救，文硕只得要求随带现有官弁勇丁百名入藏，并请允准由四川绿营拨勇补兵，整顿营伍，总之川藏相距虽远，仍需联为一气。② 总理衙门倾向赞同刘秉璋的意见，以实现通商新约为侧重，认为英人入藏之事可息，唯需开导藏人允准通商。改变藏人尾掉之势，要措置有方，妥慎办理，不可因整顿营伍而遽露更张之迹。③ 光绪十三年隆吐山设防事件发生，川藏交界处派拨防军驻扎的议题于无形中终止。

直到鹿传霖收瞻前，清政府与川藏地方大吏对川藏边务的筹划和措置，大抵是以四川与西藏为两端。在川藏边务一体共筹原则的支配下，川藏交界区域的战略价值未受到足够的重视和发掘。对川藏交界处的有限经略，往往因顾及西藏边情的变动而处处受制，又因受到川藏地方大吏之间见地异议的影响，并未触及当地原有的边地秩序。

第二节　锡良与清末经营川边策略的初步形成

面对英国在西藏咄咄逼人的侵略态势，从《烟台条约》签订致西人频繁游历藏地，到鹿传霖收复瞻对之举④的二十余年间，清政府和川藏地方大吏日益意识到川藏边务之间密切的联动关系，并有意强化对川藏交界区域的控制，以巩固川藏边务，实现"保川图藏"的战略意图。⑤ 但是清政府中枢

① 《刘秉璋驻藏奏稿》，吴丰培辑《清代藏事奏牍》，第 710—711 页。
② 《川督刘秉璋等奏筹商英藏交涉折》，王彦成等辑《清季外交史料》第 2 册卷 69，第 1258—1259 页。
③ 《文硕驻藏奏稿》，吴丰培辑《清代藏事奏牍》，第 569—572 页。
④ 有关鹿传霖收复瞻对，参见《康藏史（古代卷）》第十二章第四节"瞻对归属之争"。
⑤ 鹿传霖：《筹瞻奏稿》，全国图书馆文献缩微复制中心 1991 年版，第 31 页。

对藏务持一味迁延退避态度，避免做任何革新改制以启边衅，缺乏有效灵活的应对举措，对川藏交界区域——"川边"的战略价值重视不足。而在藏事外务问题上，清廷中枢又与西藏地方政府之间存在严重的分歧，致使两者隔阂加深，矛盾渐生。

庚子事变后，列强掀起瓜分中国的狂潮，清政府的统治陷入重重危机。为挽救颓局，清政府宣布在全国范围内推行"新政"。光绪二十七年（1901），中英"藏印问题"谈判陷入僵局，忽传出达赖喇嘛密遣专使赴俄的消息，加之出现关涉西藏问题的"中俄密约"传闻，英人决议武力解决藏务，西藏局势顿形紧张。次年六月间，英军进驻藏境，强欲开通商务及确定边界。驻藏大臣裕钢屡次要求达赖喇嘛选派藏官办理交涉，而达赖喇嘛因与驻藏大臣隔阂已深，皆予以拒绝。英人见清政府无力约制西藏，决定直接同藏人谈判订约，且一反常态，开始质疑和否认清政府对西藏的"主权"。英人在得到俄国的认可和保证后，令由荣赫鹏（Francis Younghusband）带领的后援部队抵达中国西藏与印度边界处。在英军压境要挟之下，藏事形势愈趋危急。

为应对藏事危局，清政府改以有泰为驻藏大臣，并调遣颇有政绩的锡良出任川督。光绪二十九年（1903）七月，锡良尚未到任，清政府谕令，当时有人奏称"川藏危急，请简员督办川边，因垦为屯，因商开矿"，打算在川边开办屯垦、商矿，并派左都御使清锐督办川边农商矿等事，统筹四川商务，令锡良察看形势，妥筹具奏。[1] 数年前鹿传霖收瞻之举后，鹿传霖、吴光奎和高燮曾等经略"川疆"的建议，[2] 在新的形势下，已为清廷中枢接纳和启用。"川边"概念开始特指川藏交界区域，标志着作为一个相对独立的特殊区域，川边成为清末最后近十年间清政府在川藏边务中着力经营的重要对象。

七月下旬，锡良抵四川，立即与新任驻藏办事大臣有泰、驻藏帮办大臣桂霖晤商藏务。面对英军的侵逼和藏务的恶化，川藏地方大吏一致赞同目前藏务最为关键者在练兵，次则分设重镇，即"川藏相距六千余里，察木多实适中之

---

① 《清德宗实录》卷519，光绪二十九年七月丁酉条。
② 《附录：高燮曾侍御禀请收回瞻对建置汉官疏并请改设文武各员片》，《鹿传霖藏事奏牍》，吴丰培辑《清代藏事奏牍》，第1024—1026页。

地，为川滇入藏通衢"，应在此处驻扎大员，以畅通消息，作为策应。① 之后，桂霖留川练兵，拟仿湘军营制，募集士勇入藏，有泰则由四川启程赴藏。

初到四川的锡良对川边情形并不熟悉，于是将清政府的折片抄阅给四川布政司、商务总局、通省盐茶道、按察使司、成绵龙茂道、洋务总局及矿务总局等诸司道，令妥速会议详复。各司道会复，屯垦与商矿为筹边要计，但是川边恶劣的自然环境和守旧的民风并不适合屯垦，现有边外商务无法扩充，矿务则"辄起衅端，旋允旋翻，忽开忽止"。诸事端筹划未易，唯巴塘气候相对温和，"似宜于巴塘一处先将垦事筹维举办，商矿各务兼可次第讲究"。巴塘垦务可先由同土司藏民熟识的粮务委员主持开展，以减少阻力。另外，边外距内地过远，欲合四川农商矿于一体，实难遥管，且四川筹备经费短缺，诸事皆有掣肘。②

锡良上任伊始即对四川政务进行大刀阔斧的革新，其中包括重新调整四川续备各军，以续备右军两营驻于打箭炉。③ 十月二十九日，锡良连上七道奏折，内容广泛涉及四川的军备、学务、商矿及川边诸事，对藏务皆或多或少有所涉及，川政同藏务的联系更为紧密。针对清政府在川边兴办屯垦商矿的谕令，锡良遍询台藏文武，综合各司道的议复，指出"保藏固川，此疆臣欲求其策而不可得者"。朝廷开发川边农商矿的计划虽筹虑周至，但是多受川边自然环境、民众习惯等的限制，短期内难期筹划，也不能达到解除边疆危机的效果，不如先在巴塘兴办屯垦矿务。打箭炉厅同知刘廷恕督率巴塘之事，建昌道常往打箭炉考察，"巴塘垦务既办，他处如能耕，推行较易，牧政、矿政又当次第考求，似于边务总有起色"。④ 同时，锡良与成都将军苏噜岱联名奏言，由于"川、藏相距七千余里，川之察缓急于藏与藏之资馈运于川，二者皆以西炉为枢纽"，鉴于川边事势繁重、藏务孔棘，建议将

---

① 《起行赴藏沿途察看情形通筹藏务折》（光绪二十九年八月十八日），《有泰驻藏奏稿》，吴丰培辑《清代藏事奏牍》，第1182—1183页。

② 《四川布政司、商务总局、通省盐茶道、按察使司、成绵龙茂道、洋务总局及矿务总局详复川边开办垦屯商矿情形》，四川省民族研究所编《清末川滇边务档案史料》，中华书局1989年版，第1—2页。

③ 《改练川省续备各军折》（光绪二十九年九月三十日），中国科学院历史研究所第三所主编《锡良遗稿》第1册，中华书局1959年版，第359—360页。

④ 《议复川边屯垦商矿各情形折》（光绪二十九年十月二十九日），中国科学院历史研究所第三所主编《锡良遗稿》第1册，第365—366页。

打箭炉同知升为直隶厅，归隶建昌道，与雅州府划疆分理，关外土司及边务诸事将划归直隶厅管辖。① 为选任边才，锡良又举荐熟稔边情的打箭炉同知刘廷恕，以利边务。② 清廷对其建言大多予以采纳。

十一月，英军进逼西藏格林卡等地，藏兵同英军对峙于帕克里，战事一触即发。十二月，有泰奏议川藏交界情形，再次同川督锡良、帮办大臣桂霖向清政府陈奏，"拟请帮办大臣驻扎察木多，居中策应，诚今日之急务"。有泰还注意到川边本土权力架构对川藏边务治理的潜在威胁，提醒清政府应对理塘、巴塘等地寺院喇嘛干涉地方政务、聚众横行、托庇居民、肆其鱼肉的现象加以关注，及早管制。③ 清政府着即妥为筹办，电饬滞留成都的桂霖迅速启程前赴察木多。

与此同时，锡良开始着手推进川边垦务事宜。依据前定筹议，由四川矿产局选派直牧杨兆龙、候补县丞田从周为正副委员，前赴巴塘，会同粮务委员吴锡珍、都司吴以忠，宣谕土司、藏民，查勘垦地状况，开办垦务。④ 光绪三十年（1904）正月，尚未履任的巴塘粮员吴锡珍向锡良呈禀开办巴塘垦务的六条办法：（1）委员宜速赴差，"示以事在必行，则土司无可推诿"；（2）经费宜预筹备，"饬办垦委员领解前来，随即招工购器，刻日兴工"；（3）办法宜分缓急，将可垦之地分作官垦、民垦，"先就官垦入手，俟著有成效，民之趋利者，自望而争赴"；（4）募民宜示区别，"由雅属一带募民"招垦；（5）营兵宜酌拨用，由巴塘统辖的三四百名营兵中酌拨精壮从事垦田，以为兵饷；（6）线路宜量安设，由打箭炉至巴塘安设线路，以资消息灵通。⑤ 巴塘垦务的渐次展开正式揭开了清末经营川边的序幕。

三月，清政府批准了锡良所奏将打箭炉厅升为直隶厅的建议，由该厅统

① 《打箭炉升直隶厅折》（光绪二十九年十月二十九日），中国科学院历史研究所第三所主编《锡良遗稿》第 1 册，第 368—370 页。

② 《敬举边才以备任使折》（光绪二十九年十月二十九日），中国科学院历史研究所第三所主编《锡良遗稿》第 1 册，第 371—372 页。

③ 《川藏交界情形及藏印近事折》（光绪二十九年十二月二十七日），《有泰驻藏奏稿》，吴丰培辑《清代藏事奏牍》，第 1185—1186 页。

④ 《四川矿务局委员前往巴塘查勘垦务情形》，四川省民族研究所编《清末川滇边务档案史料》，第 7 页。

⑤ 《巴塘粮员吴锡珍禀呈锡良开办垦务办法》，四川省民族研究所编《清末川滇边务档案史料》，第 9—10 页。

筹管理关外各土司，担负考核巴塘、理塘粮员之责，管辖职权扩展到民事，以应对巴塘一带的垦务。打箭炉同知刘廷恕续任。[①] 打箭炉直隶厅的设置是首次将川边事务纳入独立的地方行政机构管理体系。这就为此后川边政治体制的变革，特别是改土归流的推行埋下伏笔。

巴塘粮员吴锡珍抵任后，认识到俗称"三曲宗"的巴塘社会，实由正副土司及丁林寺掌控，迅即会同都司吴以忠饬札正副土司及丁林寺，再三开导，勘定界址，从事垦务。垦务遭到以丁林寺为主的寺院势力的部分抵制，但是"三曲宗正、副土司既遵开办，有其二不患无其一，尽可次第办理"，垦务总体进展尚称顺利。五月，吴锡珍等拟定开垦章程十二条，以因地制宜为准则，对垦务的具体实施制定细则，涉及垦地垦费、垦民招雇及其食宿安排、农器家具、组织管理、兵垦与当地藏民的安置等。垦民皆由内地招募，在路费、生活费用、食宿、耕具粮种等方面给予优遇，由官府出资。仿照营制，组织垦民，设垦长督责垦务。为缓和同当地藏民的关系，对藏民采取"妥为安置，令其皆为我用"的策略，"凡指勘地址，募辖蛮民及一切奔走驰驱之事，归其承办"，厚予薪金。垦殖工作首先在巴塘以西 20 里处的茶树山一带展开，"垦毕一处，推广别处，随勘随垦"。[②] 章程得到四川官府的批准，垦务在巴塘开始有条不紊地进行。

总体而言，由锡良最初主导的川边经营较为局部，相对渐进温和。锡良试图尽量以非武力的方式解决川边固有问题，达成经营川边的目的，而不愿对川边大动干戈。这一做法不无道理，因为当时四川的确缺乏充足的财力和军备，支持在川边的大规模军事行动。[③] 然而，作为清末川边新政的重要参与者，锡良迫于此后形势的急剧变化，上承鹿传霖的川边改革之举，下启赵尔丰川边改土归流的全面推行，在平息巴塘己巳事变、推动改土归流和奏设

---

　　① 《打箭炉同知刘廷恕禀报锡良遵任直隶厅事》，四川省民族研究所编《清末川滇边务档案史料》，第 11 页。

　　② 《吴锡珍、都司吴以忠会禀锡良拟订办垦章程》，四川省民族研究所编《清末川滇边务档案史料》，第 11—14 页。

　　③ 王秀玉：《清末川康战事：川西藏区改土归流的前奏》，刘源、尼玛扎西译，彭文斌校，《民族学刊》2011 年第 4 期；Xiuyu Wang，*China's Last Imperial Frontier：Late Qing Expansion in Sichuan's Tibetan Borderlands*，Lexington Books，2013。

川滇边务大臣等方面起到了难以忽视的作用。[①] 正当清末经营川边揭开帷幕之时，西藏局势骤然严峻，事态随着英军逼近拉萨而迅速恶化，直接影响到清政府对川边的经营。

第三节　凤全经边与巴塘事变

一　凤全经边

有泰赴任后，一味迁就英人，所言所行处处针对藏人的行动，对其多有提防和限制，故再三劝谕达赖喇嘛遣员参与谈判，皆遭达赖的强拒。有泰在藏无所作为，英军已深入藏地，西藏局势更形混乱。在有泰的放任下，光绪三十年六月，荣赫鹏的军队进入拉萨，达赖喇嘛出亡库伦（今乌兰巴托）。七月，由有泰主持，荣赫鹏与噶伦及三大寺代表签订"英藏条约"。消息传出，清政府震动，举国哗然。《外交报》《东方杂志》《萃新报》《鹭江报》等争相报道藏事的新进展。不少人批评自英军入藏后清政府竟毫无措置的无能状态，呼吁藏务亟宜留意。[②]

面对藏事之败坏与国内舆论的压力，清政府感受到对西藏渐失控御的巨大危机感，决议采取补救措施。针对西藏事务多涉外交，改以谙熟外交事务的唐绍仪，以副都统衔办理西藏对外事务，一面加快对川藏交界区域的经营开发。八月，清政府颁布谕令，强调西藏为清朝二百余年的藩属之地，"近日英兵入藏，迫协番众立约，情形叵测。亟应思患豫防，补救筹维，端在开垦实边，练兵讲武，期挽利权而资抵御，方足以自固藩篱"，[③] 继而将整个东部藏地分作两大区域：北至青海一带由新任西宁办事大臣延祉经理，东南至四川、云南界一带则由凤全经营。凤全在四月代替以目疾解职的桂霖充任驻藏帮办大臣，依照前议奉旨移驻察木多。两名新授地方大吏皆受命"将所属蒙番设法安抚，并将有利可兴之地切实查勘，举办屯垦畜牧，寓兵于

---

① 潘崇：《锡良与清末川边新政》，《民族研究》2018 年第 2 期。

② "自英兵入藏以来，政府于西事尚不了了，毫无措施。" 参见《筹防西陲》，《萃新报》1904 年第 2 期，第 3 页。

③ 《清德宗实录》卷 534，光绪三十年八月庚午条。

农，勤加训练，酌量招工开矿，以裕饷源"，陕甘总督及四川总督则协助妥筹所需经费。① 由此，清政府全面开启经营川边的筹边进程，以"实边"的形式，在西藏与内地之间构筑起一道防御缓冲区。经营川边被提升到"自固藩篱"的边防战略地位，成为清末在边疆地区大规模推行"移民实边"政策的重要组成部分。

凤全任职四川期间署理地方事务，素以强悍精干闻名，受前任川督岑春煊的举荐，感恩知遇，临危受命，意欲有所建树。行抵打箭炉后，凤全即以募勇练兵为首务，深知经边需以武力为后盾。凤全得到明正土司的协助，在打箭炉招募土勇 200 名，由教习协同通事，翻译训练，"令其日观摩新式西操口号步武"，"复饬里塘、巴塘各台员转饬各土司，各选送土勇一百数十名"，拟练兵一营 500 名，分扎各险隘，"无事则商旅无惊，有事则守防兼备"，起到"居中策应"的作用。② 十月底，凤全离炉赴巴塘时，将招募土勇留一半，交由刘廷恕继续督率训练，仅带 50 名勇丁驰赴巴塘。赴巴塘途中，凤全奏明清政府，屯练为筹办川藏事宜的急务，因炉霍处在川藏要冲，要保障前藏来路的畅通，"当自经营达木三十九族始，欲保川疆后路，当自经营新设炉霍屯始。拟待来春回炉合操，即往该屯切实查勘，分地举办"。③ 炉霍屯是由锡良奏请于八月间在章谷土司地方拟照懋功五屯（今小金、金川）成案新设的，兼管周边的朱窝、麻书、孔撒、白利及东谷诸土司，隶属打箭炉厅所辖，可说是当年鹿传霖在章谷、朱窝改流措置的翻版和重置。可以看出，赴任川边伊始，凤全已有意识地汇集各方信息，全盘考虑和规划经营川边的蓝图。

十一月，凤全抵达巴塘，随即改变了赴察木多的前议，决定留驻巴塘。十二月，凤全连上三道奏折，陈请留驻巴塘半年，督率屯垦训练，以及议复收复瞻对和限制寺院人数。凤全之所以奏请改驻巴塘，据其所言，大抵有以下缘由：其一，巴塘垦务自兴办以来，已垦熟地 300 余亩，可垦荒地甚多，屯垦基础及前景较优，"将来以岁入之租，养防边之勇，一劳

---

① 《清德宗实录》卷 534，光绪三十年八月庚午条。

② 《酌募土勇克期出关折》（光绪三十年十月二十一日），《凤全驻藏奏稿》，吴丰培辑《清代藏事奏牍》，第 1274 页。

③ 《清德宗实录》卷 537，光绪三十年十一月丁亥条。

永逸，计孰便于此者"。而察木多"素号瘠区，既少可开之地，察番素多桀骜，复无可募之人"。其二，巴塘居适中之地，向东可设法整顿"里塘盗风"，向北"距瞻六百里，旬日可达，察台距瞻一千数百里，遇有因应机宜，动多窒碍，饬办各件趋重川瞻，均非远驻察台所能遥制"。留驻巴塘利于解决刻不容缓的"收三瞻内属"问题，又便于呼应试办泰宁（今四川道孚）金矿事宜及炉霍屯防善后安防，[①] 且巴塘"与成都稍近，声气似亦灵通，转运亦较察台近便十八站，而与云南边界之阿登子仅只八站。查看形势，巴台乃系适中要地"。[②] 除通盘考虑巴塘在经营川边格局中的战略优势外，凤全因对有泰在英军入藏订约过程中的妥协做法已有了解和不满，[③]顾虑移驻西藏驻藏大臣辖区内的察木多后会多受掣肘，所以宁愿选择留驻四川官府控制下的巴塘。

清政府并未允准凤全的奏请，令其仍驻察木多妥筹办理。凤全抗旨未遵，继续留驻巴塘，开始大力推行其经边筹策，主要集中在三个方面。首先，兴垦务，重屯练。凤全差派委员秦宗藩、陈式钰等协同吴锡珍、吴以忠扩大巴塘的垦务规模，招揽内地垦民，相继在巴塘桃园子、载石洞、独足龙、茨梨陇等地试垦，拟年内开垦千余亩，又饬打箭炉同知刘廷恕遣员前往炉霍屯试办垦务。为实现屯防并重的目的，凤全同锡良往复磋商后，计划将关内防军两营，归并为一营，合前募之军，分扎于打箭炉、理塘、巴塘及察木多等地，采"七防三垦"之制，"饷章营制，悉防湘军"。[④]

其次，抑制寺院势力。当时，理塘土司积弱，寺院势力过大，"压制土司，刻削番民"。夹坝（即劫匪）抢劫"半以喇嘛寺为逋逃薮"。针对这些现象，凤全提议要将威胁地方秩序的祸源"尽绝根株，非使喇嘛寺有所限

---

① 《勘办屯垦并请变通移驻折》（光绪三十年十二月二十一日），《凤全驻藏奏稿》，吴丰培辑《清代藏事奏牍》，第 1274—1275 页。

② 杨长虹编著《凤全家书笺证》，民族出版社 2012 年版，第 137—138 页。

③ 凤全在家书中写道："闻有泰于英藏议和之事置之不闻不问，惟知渔色，现纳有二藏婆，其随员、家丁无不效尤者。堂堂藏臣，行为如此，何怪藏番不恭服耶？"参见杨长虹编著《凤全家书笺证》，第 162—163 页。

④ 《勘办屯垦并请变通移驻折》（光绪三十年十二月二十一日），《凤全驻藏奏稿》，吴丰培辑《清代藏事奏牍》，第 1274—1275 页。

制不可"。为此，凤全仿照雍正年间年羹尧对寺院做出的限制规定，"请申明旧制，凡土司地方，大寺喇嘛不得逾三百名。以二十年为期，暂缓剃度。嗣后限以披单定额，不准私度一僧。其年在十三岁以内喇嘛，饬家属领回还俗"，并严谕土司、堪布"将大寺喇嘛令其各归部落，另建小寺，散住梵修，以分其势"。①

再次，力主收复瞻对。光绪三十年八月，时任军机大臣的鹿传霖致函外务部，声称英军入藏议约后，将来势必要清查川藏地界，吁请"趁此时早为设法，速将瞻对收回川属，撤去番官"，否则"是自弃千数百里之地，逼近川疆，为患实非浅鲜"。② 鹿传霖因在庚子事变中护送慈禧和光绪帝逃赴西安有功，当时得清廷重用，权重一时，所以谨念"川疆"，旧事重提，是此后清廷中枢中支持和襄助经营川边的大员之一。清廷接得鹿传霖的奏文后，即谕令锡良、有泰、凤全体察情形，妥议具奏。

凤全最早做出回应，力主收瞻。早在短暂居留打箭炉期间，凤全在家书中就曾谈到，打算将来奏请陛见，"实为瞻对之事，非面奏朝廷不能知其底蕴，此系川疆一件要紧之事"。赴巴塘途中，凤全收到廷寄，责收三瞻，称"促欲顾川疆，非将瞻对收回内属不可"，以兹事体大，主动飞函咨商锡良、有泰，并函饬刘廷恕"密传三瞻素愿归川之公正头目、为瞻民所信服者数十人到炉，面谕朝廷欲收抚该番民德意，饬令回瞻，传谕三瞻堡寨番民人等，出具全瞻甘愿归川切结，申送行辕，以凭具奏"。③ 在议复收复瞻对的奏折中，凤全指出"瞻对本川省藩篱，而收还实保固根基"，奏请清廷下饬有泰开导商上，将瞻对收复归川。④ 但是川藏官员在收复瞻对问题上再次出现严重的分歧。不久，有泰函咨凤全，反对收回三瞻，担心"瞻案牵连藏

---

①　《凤全奏请限制喇嘛寺人数片》，四川省民族研究所编《清末川滇边务档案史料》，第40—41页。雍正二年（1724）川陕总督、抚远大将军年羹尧在平定青海罗卜藏丹津之乱后，条奏青海善后事宜十三条，其中规定"嗣后定例寺庙之房，不得过二百间，喇嘛多者三百人，少者十数人，仍每年稽察二次，令首领喇嘛出具甘结存档"。参见张其勤原稿，吴丰培增辑《清代藏事辑要》，西藏人民出版社1983年版，第104页。雍正帝予以批准，但藏地各寺庙并未严格执行。年羹尧获罪罢黜后，此项规定亦成一纸空文。

②　《军机大臣鹿传霖致外务部筹办瞻对疏节略》，四川省民族研究所编《清末川滇边务档案史料》，第15页。

③　杨长虹编著《凤全家书笺证》，第107、119页。

④　《凤全遵旨议复收瞻折》，四川省民族研究所编《清末川滇边务档案史料》，第40页。

印大局，藏番虽与洋人定议，本大臣究未画押，现唐大臣尚未来藏，达赖远遁，亦未查询明白，一旦议及赏还达赖之瞻对收归川属，不独于事理之反复既不可行，并启藏番轻视之心，为丛殴爵，适以坚趋向外人之意，其后恐将有不可收拾者"。① 凤全回复称，时移世易，英军入藏订约后，西藏未来的政治走势已难定论，"西藏自立之权"难以确保，何况"瞻地本属川疆，偿还达赖，譬如幅帛抽心，不成片段，一旦有事，不惟门户未清，亦且守防无据"。② 凤全对有泰在英藏和议过程中的作为有所耳闻，颇有讥讽之词。此时，有泰断然否定，梗阻收瞻。凤全愤懑不已，将来往咨文转呈军机处、外务部筹议，并同锡良会商，希冀有转圜余地。③ 川督锡良赞同和支持收瞻，但也希望有泰能够从中居间开导"藏番"，稳定藏局，避免战事，平稳地将瞻对的控制权转移给四川官府，所以对收瞻尚存犹豫之情。

时至光绪三十一年三月，川边局势暗流涌动，渐趋不稳。锡良获悉驻瞻藏官接得藏中密饬，令其修备兵戎，严防碉隘，意在防范四川官府收瞻。理塘喇嘛受瞻对鼓动，竟要挟文武官员。泰宁寺（即泰凝寺，又名惠远寺）也公然纠众抗阻在当地开设金矿，屡次伤毙勇弁。面对川边即将出现的变局，锡良向清政府呈禀筹议收瞻奏文，表明其态度。在奏折中，锡良提及有泰与凤全的分歧与争议，以为"有泰在藏言之，则主于安抚藏人，凤全在川言之，则主于裨益边务，用意虽殊，皆不得訾为失当"。但是锡良权衡利弊轻重，认为三瞻本属四川，距川近而距藏远，"其地形与藏隔绝，而错杂于川界之中，故易于侵轶川疆，构乱称兵，屡烦挞伐。番官之婪索货贿，毒虐边氓，更无论矣。舍远隶近，乃便钤束，一劳永逸之

---

① 《驻藏大臣有泰密咨驻藏帮办大臣凤全不便收回三瞻文》（光绪三十一年），《凤全驻藏奏稿》，吴丰培辑《清代藏事奏牍》，第 1277—1278 页。

② 《复驻藏大臣有泰请开导商上收回三瞻》（光绪三十一年），《凤全驻藏奏稿》，吴丰培辑《清代藏事奏牍》，第 1278—1279 页。

③ 凤全在致妻李佳白氏的家书中称："乃昨得有梦琴（指有泰——引者注，下同）来咨，出而梗阻，竟谓收还瞻对之事有失政体，万不可行。此种浅见寡识之流，不达事理，不明事机，原不足责，但余同炉厅刘仁斋（指刘廷恕）筹商两月，煞费苦心，昨据禀称，已得其半，只要藏臣来文，饬番官还瞻回藏，即可派员接收。今梦琴如此举动，番官不肯回藏，则此事之前功尽弃矣。值此，事败垂成，令人愤懑。"参见杨长虹编著《凤全家书笺证》，第 173 页。

计。收回内属，诚至善也"。① 锡良期望清廷中枢能就收瞻问题申明立场，饬令有泰开导"藏番"，务令商上将瞻对退回，再与凤全会商筹划。但是收复瞻对问题尚未在清廷中枢与地方大吏之间达成共识，锡良呈奏之时，千里之外的巴塘已发生变乱，凤全被戕，经营川边的局面又为之一变。

二 巴塘己巳事变

巴塘位于川、滇、藏交界区域，为川藏南路官道的通衢要地。由于地处金沙江河谷，气候温和，土地肥沃，巴塘成为清末在川边兴办垦务的首选之地。经雍正年间的川、滇、藏划界，巴塘正式归属四川。清朝在巴塘派驻粮员及塘汛驻军，封授正副土司和扶持当地格鲁派势力的发展，在当地形成流官驻军、土司阶层及寺院喇嘛等三股势力并存的均衡权力架构。但是19世纪中叶以后，随着法国天主教势力的传入，巴塘的地方秩序变得越来越不稳定，演变为清末川边教案迭发的多事之地。当地本土力量尤其是寺院势力，对法国传教士的传教活动充满抵触和敌意，先后四次发生烧毁教堂、驱逐杀戮传教士的事件，对清政府在处置教案善后事宜时有意回护传教士的行为也颇为不满。②

巴塘兴办垦务之初，寺院势力就已有所抵制。凤全低估了经营川边的阻力，仅带少量随从兵勇抵达巴塘，希图锐意进取，借助传统的政治威权和强制性手段，在巴塘大张旗鼓地扩大垦务规模，乃至下令限制寺院喇嘛数量，打压寺院势力，与巴塘本土传统势力做正面对抗，很快在当地引发强势反弹。凤全早年在四川内地任职期间，政绩斐然，尤以征剿"匪患"最为称道。因在嘉定（今乐山）任内，抵御"匪患"，颇受各国传教士的欢迎，凤全深得鹿传霖、岑春煊的赏识。鹿传霖赞誉其"性情劲直，办事勤能，治盗安民，立志向上"，③ 多少能透露出凤全强悍干练的个性及其对施政策略的深刻影响。凤全升任驻藏帮办大臣之前，对藏地人文风貌及传统习惯缺乏

---

① 《复陈筹议收瞻折》（光绪三十一年三月初七日），《锡良藏事奏牍》，吴丰培辑《清代藏事奏牍》，第1247—1248页。

② 刘传英：《巴塘藏族反教卫国斗争事略》，四川人民出版社1993年版。

③ 中国第一历史档案馆编《光绪朝上谕档》第22册，广西师范大学出版社1996年版，第14页。从凤全家书中也可以看出，凤全家教甚为严厉，属于典型的严父。

了解，由凤全寄送的家书中处处可见其对藏人的鄙夷之情。① 又因岑春煊的推荐，受到清廷重用，所以凤全急于在川边建功，不免行事操切，经边措置大多不顾地方传统势力的态度，以行政命令的方式强制下达推行，缺乏灵活性。因而刘廷恕事后申辩时指责凤全"任性施为，致激异常惨变"。② 在英国人看来，凤全也是一个典型的铁腕人物。

兴办垦务原本计划采取渐进的方法，但凤全以屯垦为急务，不顾藏民以"神山不可动"为由的反对，③ 督令招揽汉人开垦，在茨梨陇、载石洞等地扩大垦殖，遂激化了同当地藏民之间资源竞争、文化差异的矛盾。不过，从巴塘事变后《巴塘番夷公禀》的控诉来看，藏民将起事的直接缘由归结为反教情绪、兵饷差役供给及最为重要的限制喇嘛数量。凤全赴任途中，自打箭炉一路招募土勇，抵巴塘后又续募土勇百名，随即吩咐教习"洋操"，用"洋鼓号"，行"洋礼"。恰值前一年法国传教士在巴塘重建教堂三处，引起当地藏民长期以来的反感和厌憎。凤全练兵沿用洋务派革新军事以来的西式操练方法，与塘汛驻军传统做法迥异，反而与教堂礼仪相近，自然易造成当地藏民的误解，而这种误解最终又为鼓动煽惑者所诱使和利用。加之当时巴塘遭受荒旱，粮食减产，凤全领兵长时间滞留，一方面引发社会的恐慌和流言，另一方面"地方所产粮食尚不足本地人民度活"，官府为保障粮饷供给，又"吩示所卖粮食概不准百姓买卖"，令百姓"支汤打役牛羊鸡蛋柴草豆料等"，共计2000余两，④ 导致粮食资源的短缺和繁杂差役的加重，引发社会情绪的波动。

当然，凤全的经边举措中与当地原有社会秩序和权力阶层冲突最为激烈的当属有关限制寺院喇嘛数量的规定。巴塘最大的寺院为格鲁派的丁林寺位于巴塘粮台附近，为拉萨三大寺子寺。当时寺院有僧侣1500余名，辖寺16座，在巴塘的宗教和社会影响力根深蒂固。与其他藏地相似，寺院势力触及

---

① 其在家书中称，打箭炉"街道之污秽，人民之杂乱，遍街番僧、蛮族，黑面异服，奇形怪状，殊非人境，令人目不忍睹，为之心懒兴败"。参见杨长虹编著《凤全家书笺证》，第35页。

② 刘廷恕：《辩诬说》，《不平鸣》，西藏自治区社会科学院、四川省社会科学院合编《近代康藏重大事件史料选编》第1编（上），西藏古籍出版社2001年版，第221页。

③ 傅嵩炑：《巴塘改流记》，《西康建省记》，台北，成文出版社1968年版，第18页。

④ 《巴塘番夷公禀》，《不平鸣》，西藏自治区社会科学院、四川省社会科学院合编《近代康藏重大事件史料选编》第1编（上），第218页。

当地社会的各领域，远胜世俗领域的土司权势。当时在川边游历的一位英国旅行者就写道，巴塘的"贸易基本上完全掌握在喇嘛手中……各喇嘛寺就是一些庞大的贸易商行……喇嘛寺在粮食贸易方面的势力非常强大"。[①] 凤全意图多方削弱寺院势力，扫清经边障碍。恰逢巴塘发生法国司铎蒲德元被劫案，凤全勒令巴塘官员悬赏协拿，并以从前办理教案惯例思考，认为"喇嘛寺勾通情罪，一并重惩，以靖地方"，[②] 因而以此为口实，做出限制喇嘛数量的规定。此规定与清朝长期奉行的"兴黄教"政策相悖逆，直接同寺院势力抗衡。当地藏民申斥凤全的作为"不以释教为重"，"以寺僧为窝户主谋"，威逼恐吓，"如不遵允，定行诛戮"。[③] 在宗教氛围浓厚的藏地社会，对寺院的强行抑制极易诱发整个社会情绪的不稳。而且，巴塘宗教势力同西藏之间有着密切的往来联系，西藏僧俗对西方列强的侵夺及清政府地方大吏退让妥协的姿态积怨已久，这种情绪很可能通过宗教界传入和影响到巴塘。[④] 不实的谣言开始在民间迅速蔓延。

　　就在巴塘事变发生前，川边多地已发生不同程度的变故。这也同数年间清政府在川边的经营举措有关。川督锡良将章谷改屯，设置炉霍屯，并打算将设屯的计划扩展到德格境内。这一举动不能不令人联想到数年前鹿传霖在当地的作为。所以清政府地方大吏将瞻对重新收归四川的消息传开后，瞻对的防备立即紧张严密起来。驻瞻藏官暗中唆使一向同清政府官员关系不融洽的理塘僧俗闹事，逼迫粮员释放劫犯。最为严峻的问题出现在距打箭炉不远的泰宁寺。泰宁在今四川道孚县协德乡，雍正年间泰宁寺兴建后一度是七世达赖喇嘛的驻锡地。达赖返藏后，该寺照例由拉萨三大寺直管，属民近百

---

①　Alexander Hosie, *Mr Hosie's Journey to Tibet*, *1904 a Report by Mr. A. Hosie*, *His Majesty's Consul at Chengdu*, *On a Journey from Cheng-tu to the Eastern Frontier of Tibet*, London, The Stationery Office, 2001, p. 123.

②　吴丰培辑《清代藏事辑要续编》，第 172 页。

③　《巴塘番夷公禀》，《不平鸣》，西藏自治区社会科学院、四川省社会科学院合编《近代康藏重大事件史料选编》第 1 编（上），第 218 页。

④　据 1905 年 5 月 14 日英国驻腾越代理领事烈敦的分析，巴塘喇嘛起事的原因之一是"相当多的人依然与被废黜的达赖喇嘛有联系，他们积极策划与清朝官吏相对抗，因为他们认为最近发生的事件证明了官府根本不能保障喇嘛们的特权，也无能对全西藏行使宗主国的权力"，"据说拉萨三大寺已向巴塘及其它地方传达密令，要谋杀所有在西藏边境活动的汉人和欧洲人"。参见《英国驻腾越代理领事烈敦致蓝斯顿侯爵公函》，杨铭译《光绪年间"巴塘事件"史料辑译》，《历史档案》1998 年第 3 期。

户。泰宁附近的属地河坝是雅砻江支流，沿河多金沙。金夫闻讯，结队出关，与泰宁寺协商后，以交纳税金为代价，私自淘采，寺院获利颇丰。光绪三十年，打箭炉同知刘廷恕因之前开办灯盏窝金厂，颇获利益，遂意欲将泰宁河金沙收归官府，得到凤全的大力支持。经锡良批准后，刘廷恕招商采办，并派官弁前往弹压。不久泰宁寺喇嘛公然捣毁金厂，殴毙金夫，多方梗阻。都司卢名扬率绿营一哨前往震慑，遭伏击后被杀，"瞻对藏官亦暗助泰凝寺为乱"。锡良不得不调遣提督马维骐率兵征剿。① 可以说，巴塘事变是当时川边不靖的社会背景下连锁反应的结果。

巴塘事变是从各种谣言在民间散布和传播开始的。巴塘遭遇荒旱，收成减半，疫病流行。民间开始盛行灾异的发生是法国传教士在巴塘重建教堂所致的流言，声称"外国洋人在台之后，行动冒犯神灵，污秽天地，是以年来人物患疾，代降灾异，五谷荒旱，比先年收成一半无有"。② 不久凤全领兵滞留巴塘，兵民争食，民间颇有怨言。凤全行事粗鲁，平日漫骂成性，对土司喇嘛等当地权势阶层毫无体恤尊重，③ 公开与之对抗，侵夺其利益。故当地权势开始在民间传布谣言，"率指凤全所带勇弁军服操法近于西式，遂谓凤全办事悉为洋人而来"。④ 于是藏民信以为真，一片哗然。造谣者还以达赖喇嘛的宗教权威和影响力为鼓动，散布虚假消息称"被废黜的达赖喇嘛是'天神之子'，他已到达打箭炉，打算返回拉萨"。⑤

光绪三十一年正月下旬，凤全曾致函刘廷恕，令其催促管带张鸿声选带营勇出关，驻防弹压理塘。二月中旬，随着谣言在民间广泛蔓延，巴塘开始

① 傅嵩炑：《泰凝改流记》，《西康建省记》，第 69—70 页；《泰凝巴里番匪滋事片》，中国科学院历史研究所第三所主编《锡良遗稿》第 1 册，第 472 页；查骞：《泰宁寺夷变始末》，《边藏风土记》卷 1，中国藏学出版社 1987 年版，第 22—28 页。

② 《巴塘番夷公禀》，《不平鸣》，西藏自治区社会科学院、四川省社会科学院合编《近代康藏重大事件史料选编》第 1 编（上），第 218 页。

③ 凤全"接见夷目，率肆口无状，或以吸淡巴菰铜斗，击夷目首曰：'好戴尔颅头，凤老子早晚杀尔狗蛮。'声色俱厉，夷慑于威，称'纳梭，纳梭'"。参见查骞《凤都统全被戕始末》，《边藏风土记》卷 2，第 2 页。

④ 《查明驻藏帮办大臣凤全死事情形折》，中国科学院历史研究所第三所主编《锡良遗稿》第 1 册，第 477 页。

⑤ 《英国驻腾越代理领事烈敦致蓝斯顿侯爵公函》，杨铭译《光绪年间"巴塘事件"史料辑译》，《历史档案》1998 年第 3 期。

出现骚动，很快驿路中断，书信难通。十九日，凤全再次致函刘廷恕，言称"近日巴塘番匪亦啸聚三四百人，日肆劫掳，声言打毁教堂，围攻衙署"，唯兵单力薄，急令增兵驰赴巴塘援助。① 次日，凤全又向川督电称，巴塘情势危机，藏民"声称阻止练兵、开垦等事，扰及近台。凤全派勇追拿，道经喇嘛寺，讵敢施放枪炮，击伤勇丁；始知番匪滋事，均由喇嘛主使"。② 但是张鸿声的营军在正月二十七日抵打箭炉后，催雇乌拉及备运粮饷等，耽搁时日较久，直到三月初五日始出关，为时已晚。

二月二十一日、二十二日，巴塘变乱事态扩大，七村沟藏民洗劫烧毁茨梨陇垦场，逐杀垦夫。凤全派兵弹压，经过丁林寺外，喇嘛即放枪伤勇。二十八日，藏民聚众已达三四千人，局面很快失控。载石洞的垦场民房遭到焚烧，城内驻军的水源、柴薪被切断。傍晚，部分藏民围攻、烧毁法国天主教堂，杀毙守护教堂兵弁，司铎牧守仁逃至副土司官寨避难。之后牧守仁、苏籍、蒲德元、魏雅丰等四名法国传教士相继被杀。城内藏民封锁道路，拦截散驻官民。一股聚集的藏民围攻凤全的钦差行辕所在地——巴塘粮务衙门，与护卫官弁发生冲突，事先驻守行辕外巡防的都司吴以忠及随员秦宗藩等官兵阵亡。凤全大为恐慌，于次日凌晨退居正土司寨内。聚事藏民围困土司官寨，双方相持不下。至三月初一日，正土司罗进宝劝告凤全在事态进一步恶化前，速离巴塘，再做筹划，诓骗已同聚事藏民协商，可保凤全安全离巴。凤全惊惧之中信以为真，决议动身返回打箭炉。寓居头人阿登家的吴锡珍获悉后，力劝凤全坚守待援。凤全执意不从，率随从50余员匆匆出城，行至巴塘以东20里处的鹦哥嘴地方，遭到伏击，凤全等一并殒命。

凤全被杀是清代川藏边务历史上的重要事件，是多重因素综合作用的结果，但是其背后的主要原因则是清末为因应藏务危机，大幅度改变传统的治边策略，而同当地权力阶层发生矛盾。事变发生次日，幸免于难的吴锡珍将凤全遗骸收殓后暂停于昭忠祠，其余随员尸骸装殓于城隍庙内，卫队兵弁分埋数处。当日午后，巴塘各乡村代表向吴锡珍递具公禀四份，盖以正副土司

---

① 《致函刘廷恕催调卫队赴巴塘驻防》，《凤全驻藏奏稿》，吴丰培辑《清代藏事奏牍》，第1280页。
② 《泰凝巴里番匪滋事片》，中国科学院历史研究所第三所主编《锡良遗稿》第1册，第472页。

印信及各乡村图章。禀文控诉凤全所作所为，对于杀戮凤全及随员官兵"自甘认罪"，但是"如有官兵勇丁前来剿办，则众民发咒立盟同心抗御"。随后番民将"各处险要隘口及山径小路均被扼塞不通"，[1] 封锁消息，阻断道路，以致凤全被杀之事直到半个月后才得到官方的确认。

第四节　川边战事与川滇边务大臣的筹设

一　川边战事

凤全被杀的消息最早由理塘的奏报中传出。直到光绪三十一年三月十七日，锡良和成都将军绰哈布依据理塘的报告确认消息后才致电军机处和外务部。但是川藏南路官道阻断，事变的细节及其缘由因书面报告、口头传闻等消息渠道的不同，出现不同的叙述版本。尽管如此，凤全被杀事件令清政府和川藏官员极为震惊。如锡良所言，"自乾隆十五年前藏朱尔墨特之变，至今百余载，诚西陲所未见"。[2] 因而，四川官员及清政府迅速做出回应，决议遴选干员，会同提督马维骐征兵调将，添派得力营伍，飞驰前往进讨，同时令驻藏大臣有泰晓谕藏中，妥为安抚，毋听谣言煽动。[3]

巴塘事变发生时，泰宁寺事件尚未完结。理塘与瞻对虽然与巴塘起事者暗通款曲，但是并没有公然同清军对抗。即便是起事的巴塘代表也宣称，起事的目的并不是反对清政府，而是铲除国内祸患，诛杀扰害地方的贪官与洋人，"此番原为国除害，实出无奈，求乞恩宥善办，无生兵衅"，"如蒙仁恩俯念民命宽恕，则众百姓自甘认罪，所应支差使一切，以前亦无贻误，自今以后仍然谨遵王法，照例支应差乃公文一切，万不敢忘大皇帝水土之恩"。[4] 可见，巴塘民众希望清政府能够恢复和延续传统的统治方法，并愿意继续遵

① 《吴锡珍禀巴变经过》，《不平鸣》，西藏自治区社会科学院、四川省社会科学院合编《近代康藏重大事件史料选编》第 1 编（上），第 216 页。

② 《戡平巴塘随保各员折》，中国科学院历史研究所第三所主编《锡良遗稿》第 1 册，第 514 页。

③ 《锡良、绰哈布致电军机处、外务部巴塘肇乱情形》，四川省民族研究所编《清末川滇边务档案史料》，第 48 页；《清德宗实录》卷 543，光绪三十一年三月辛卯条。

④ 《巴塘番夷公禀》，《不平鸣》，西藏自治区社会科学院、四川省社会科学院合编《近代康藏重大事件史料选编》第 1 编（上），第 219 页。

守和效力于这一政治秩序。所以吴锡珍在事变后首先撰写报告，声称据"风闻"，巴塘起事者"实已勾结察、里、瞻、岩等处番众，声势浩大"，[①]对当时川边形势的严峻程度有所夸大。实际上，川边各地地方势力暗中联络的同时，基本上还是处在各自为战的状态，这对清军迅速平息事变十分有利。

为应对事变，锡良督促提督马维骐加紧办理泰宁寺事件，之后向西进讨巴塘，并举荐任用建昌道赵尔丰为军务督办，调募勇营，驰赴炉城，协助马维骐。四月，清军在明正土司土兵的配合下，攻克泰宁寺，马维骐率军西进，赵尔丰所带新兵殿后。应军务之需，赵尔丰禀请锡良饬令由打箭炉至理塘一路安设电线，其间获悉"巴塘此次叛乱，惟土司与丁林寺喇嘛及附近十数村，仅止千余人。其他各处土司并无附逆者，当不难扑灭"，[②]巴塘军务的确进展顺利。六月，清军抵达巴塘后不久，历经数战，擒获巴塘正土司罗进宝、副土司郭隆扎保。丁林寺喇嘛见大势已去，自焚寺院。喇嘛八阁为清军生擒，其余起事者逃往七村沟[③]。赵尔丰以七村沟百姓为戕戮凤全的主要行凶者，率军讨平之。巴塘底定。

事后，马维骐率领靖边前营回川。经赵尔丰与马维骐详商，其余五营分别留守分防于河口（今雅江）、理塘、巴塘及盐井一带，以重兵震慑炉边以西至宁静山的广袤地方。各营暂由炉边善后督办赵尔丰节制，待将来安抚平定后，再行抽调回防。[④]川边首次以"炉边善后督办"为名义，统辖于专任官员的职权控制之下。但是川边战事并未随着巴塘的平定而终结。赵尔丰进抵理塘时曾陈报理塘土司四郎占兑暗中阻挠支差，意图牵制清军行军进度，四郎占兑是巴塘正土司罗进宝的私生子，赵尔丰遂将其扣押看管。巴塘平定后，理塘副土司自杀，四郎占兑越狱逃往稻坝（今稻城），联结乡城桑披寺

---

① 《吴锡珍禀巴变经过》，《不平鸣》，西藏自治区社会科学院、四川省社会科学院合编《近代康藏重大事件史料选编》第1编（上），第216页。

② 《赵尔丰禀锡良请饬成都电局速运电线安设以应急需》，四川省民族研究所编《清末川滇边务档案史料》，第57页。

③ 七村沟是沿巴楚河两岸分布的七个小村落，分别是党村、鱼卡通、布须同、易古工、卯溪、扎马和邦喜。参见刘鼎彝《赵尔丰经营川边闻见忆述》，四川省省志编纂委员会编印《四川文史资料选辑》第6辑，1980年，第19页。

④ 《炉边善后督办赵尔丰致电锡良、绰哈布请饬各营暂归节制》，四川省民族研究所编《清末川滇边务档案史料》，第61页。

堪布普仲乍娃，扬言要进攻理塘。乡城在理塘西南，桑披寺早在鹿传霖任职川督期间，已抗差劫台，杀毙都司，对川边稳定构成严重威胁。鹿传霖派游击施文明前往剿抚，因寡不敌众被俘，遭剥皮实草酷刑，遂演为积案。此后桑披寺四处掳掠劫抢，"以致商旅裹步"。赵尔丰主张乘"人心未固，即派兵前行驱剿，以免后患"。[①] 锡良鉴于巴塘事变，对经营川边的策略已有明显转变，态度强硬起来，以为"筹边固圉，必先清肘腋之患，始可作久远之图。至稔恶肆逆之凶夷，梗塞咽喉，尤为法所难宥"，巴塘距边过远，"非先经营里塘，声势必致隔绝"，[②] 遂首肯赵尔丰的建议。

十一月，赵尔丰分兵六路，移师乡城，兵力武器及粮饷皆得川督锡良的全力筹备和支持。十二月，清军攻至桑披寺，赵尔丰亲至督战。因寺外围墙坚固，攻之不易，唯以围困待毙，战事陷于持久。其间清军粮运为四郎占兑所阻，又连降大雪，军中一度断粮，情势危急。之后清军切断桑披寺水源，才于光绪三十二年四月将桑披寺攻陷。战事长达半年，随后赵尔丰令傅嵩炑办理善后，派员赴稻坝、贡噶岭（今稻城南）等地招抚。至此，因巴塘事变爆发的川边危机，随着巴塘、桑披寺相继被平定而暂时平息，川边战事告一段落。

二　川滇边务大臣的筹设

巴塘事变的发生充分暴露出清政府在力图经营川边过程中决策及其实施的种种缺陷和弊端。川边地方势力对清政府政治权威的挑战，也表明清政府借助传统治边政策在川边构筑的统治基础的脆弱，传统治边策略已难以同经营川边的现实需要相适应。于是，围绕如何具体经营川边的问题，在各方建言献策下，清政府对川边经营策略进行了较大的调整，其中最为重要的措置是川滇边务大臣的筹设。

光绪三十一年四月巴塘事变后不久，有人向清政府奏称，"土司叛变，大局攸关，亟宜审察实情，以固边防而消外患"，[③] 意在警示川边土司对清

---

① 《赵尔丰致电锡良、绰哈布陈报里塘土司勾结桑披寺喇嘛叛乱》，四川省民族研究所编《清末川滇边务档案史料》，第65页。
② 《剿办桑披寺逆夷折》，中国科学院历史研究所第三所主编《锡良遗稿》第1册，第554—555页。
③ 《清德宗实录》卷544，光绪三十一年四月丙午条。

政府政治权威前所未有的挑战，对川藏边务大局而言是一个危险的信号。这引起清政府的关注。有效掌控川边政局是清政府面临的重大问题。在以往有关川藏边务的讨论与实践中，不少人已涉及川边的经营权力归属问题，最终清政府赞同四川官员的意见，将打箭炉厅升为直隶厅。但是直隶厅的掌控力度和权限毕竟有限，经营川边的权力仍然主要由川藏官员分权分理，这也造成以往川藏官员因个人倾轧而贻误川藏边务的现象。

五月，内阁代奏中书尹克昌条陈："请酌收川滇土司，添设建昌行省，以固西境边防。"① 设立行省是清末应对边疆危机的重要举措，旨在实现内地与边疆政治的一体化进程，以此拱卫边陲，防范列强对边疆地区的蚕食。尹氏以之为鉴，倡议将川边、滇边纳于一体而设省。这同当时巴塘事变波及滇边背景有关。② 川滇合作联防藏边的提议很早就已提出，但是受制于省务间的诸多隔膜与牵制，合作联防常流于形式。因而尹氏突破行省界线将川边单独分立出来的建省建议，对清政府中枢的经边考虑有所影响。巴塘戡定后，清政府给军机大臣等的谕令中意识到这一问题，且提出解决方案："巴、里两塘距省过于辽远，究属鞭长莫及，宜有文武大员常川坐镇，方足以资控制而固藩篱。若于该处一带添设镇、道各一员，并将四川提督移驻川西，庶几消息灵通，声威自壮，地方屯垦、工艺诸事亦可次第振兴。寓兵于农，整军经武，以期一劳永逸，边圉乂安，实为未雨绸缪之要计。"并饬令锡良统筹酌办。③ 继川藏官员之后，清廷中枢已将经营川边提升到关系川藏边务大局的重要战略地位。

就川边添设镇、道各员以资控制的问题，新任驻藏帮办大臣联豫提出不同的见解。联豫认为，"驻藏帮办大臣宜复旧制仍驻前藏，所有练兵、开垦各事宜即责成四川总督规画办理"，将建昌道移置打箭炉及派兵驻扎察木多等处各事宜，也归入川督辖权之内。④ 联豫建议的目的在于将筹办川边事务的权力划归于一，防止令出多源，相互掣肘。清政府对其意见颇为认可，但

---

① 《清德宗实录》卷545，光绪三十一年五月壬午条。
② 《云贵总督丁振铎奏陈巴塘变乱滇边派兵堵御抚辑片》，四川省民族研究所编《清末川滇边务档案史料》，第55—56页。另参见周智生《清末川滇边区的联防与联治》，《历史研究》2019年第6期。
③ 《清德宗实录》卷549，光绪三十一年九月辛未条。
④ 《清德宗实录》卷549，光绪三十一年九月癸酉条。

是川边战事尚未完结，清政府仍将诸事谕令川藏官员会商酌议。

　　光绪三十二年二月，廷臣姚锡光向军机处奏陈《规划川藏说帖》一折，强调筹划和整顿川藏边务的紧迫性和重要性。折内称经营川藏边务"自应经营川藏之交，节节进步，先植两藏后援，即固川西门户，事会所迫，殆不可缓"。权衡川边形势，南路重于北路，"为今之计应以两藏事宜，姑付诸外交政策，为因应之方，暂用柔和手段，以待后图。而于川藏之交大金川、大小金沙江、澜沧江、怒江（即潞江）五大水流域之中，以全力经营。比照西北边防各大臣或江北提督成案，姑设川西边防大臣或提督，垦练兼营，兵财并理，推之路矿诸事，亦可次第举办，为西陲别开生面，则两藏之布置自在其中"。所设大臣或提督应于巴塘及察木多各分巡半年。① 姚锡光再次向清政府指出将川藏交界区域单独分离出来加以经营的必要性。"川藏之交"的经营事务繁杂，需要事权的统一，筹设专署是必不可少的。值得注意的是，姚氏所言"川藏之交"是将以巴塘为中心的川边和以察木多为中心的西藏东部一并纳入。

　　川边战事暂告完结后，赵尔丰在六月向锡良建议，先在战事平息区域设立流官，管理分治，将巴安（今巴塘）、盐井、三坝（今巴塘东南）、理化（今理塘）、定乡（今乡城）、稻城、贡噶岭、河口八县隶属四川，倘若将来川边建省，可作为改土归流的根基。锡良对赵尔丰赏识有加，早已熟悉其"平康三策"中提议在川边设省的想法，此时清廷中枢及廷臣筹议川边事务，也多对此有所倾向。所以锡良联同绰哈布陈奏，川边纵横数千里，事务极繁，"如隶属于川，断非设一道员能所统治。现在改流地方，宜设民官，以敷政教；而未收各地，以待设治。非有明晰政治、熟谙边情专阃大员，随宜措置，必不能悉合机宜。若以道员分巡，一举一动均须于数千里外远承总督命令，深恐贻误边计。边事不理，川藏中梗，关系至大"。参酌前鉴，川藏掣肘，边疆不治，故应"照宁夏、青海之例，先置川滇边务大臣，驻扎巴塘练兵，以为西藏声援，整理地方为后盾"。② 川滇边务大臣的筹设是参合当时各方意见并考虑到川边、滇边情势的折中结果。当时巴塘事变影响下

<hr />

① 姚锡光：《规划川藏说帖》，《筹藏刍议》，沈云龙主编《近代中国史料丛刊》第39辑，台北，文海出版社1969年版，第11—28页。

② 《锡良、绰哈布奏设川滇边务大臣折》，四川省民族研究所编《清末川滇边务档案史料》，第90页。

滇边政治秩序的动荡刚刚平息不久，滇边同巴塘之间联系紧密，地域仅及云南西北一隅，也被纳入川边经营的大格局，只是川滇边务大臣从未真正辖治过滇边。军机处很快议复批准了设置川滇边务大臣的奏请，以赵尔丰为首任川滇边务大臣，接着要求川、滇两省督臣会商边务大臣，解决辖境，特别是西界及经费问题。①

七月，清政府正式颁令宣布"四川、云南两省毗连西藏，边务至为紧要。若于该两省边疆开办屯垦，广兴地利，选练新兵，足以固川滇之门户，即足以保西藏之藩篱，实为今日必不可缓之举"，故设立川滇边务大臣，以炉边善后督办赵尔丰充任，加郎中衔，"居中擘画，将一切开垦防练事宜切实筹办"，一切未尽事宜令川督锡良、云贵总督丁振铎会同赵尔丰通盘筹划。② 赵尔丰就任川滇边务大臣，启用暂刻川滇边务大臣木质关防。其谨奏谢恩之词颇能道出川滇边务大臣设立的目的及使命："朝廷眷怀西故，特设重臣，筹边援藏。"③ 为佐助赵尔丰经边，清政府先以熟悉滇边的岑春煊出任云贵总督，随后将锡良与岑春煊职位互调。时隔不久，清廷又以赵尔丰胞兄赵尔巽取代岑春煊，接任川督之职。一系列的督臣人事调整，为赵尔丰经边铺平道路，成为赵尔丰成就经边事业的有力后盾。川滇边务大臣的创设改变了清末川藏边务经营的格局，川边自成一体的战略区域地位由此奠定。清末最后的近五年间，川边经营进入新的阶段，迎来了赵尔丰的经边时代。

---

① 《军机处遵旨交部议复锡良等奏设川滇边务大臣请以赵尔丰充任》，四川省民族研究所编《清末川滇边务档案史料》，第90—91页。

② 《清德宗实录》卷562，光绪三十二年七月戊戌条。

③ 《赵尔丰致电军机处奉旨任川滇边务大臣》，四川省民族研究所编《清末川滇边务档案史料》，第91页。

第 三 章
赵尔丰经略川边

第一节　"平康三策"与"经边六事"

　　赵尔丰，汉军正蓝旗人，以清狱治盗著称，多年追随锡良，深受信任。光绪二十九年，赵尔丰随锡良入川，被举荐为建昌道道尹，征剿"匪患"，略有建树。当时英军侵藏之势咄咄逼人，川藏边务孔棘。赵尔丰凭借敏锐的政治洞察力和决断力，向锡良提出"平康三策"，陈述治边策略。平康第一策是将四川腹地三边之"倮夷"纳入版图，设官治理。[①] 其后针对驻藏大臣及粮台台员出关，在打箭炉奏报由此入藏，导致英人误解打箭炉以西皆属西藏辖地的弊病，"力主改康地为行省，改土归流，设置郡县，以丹达为界，扩充疆宇，以保西陲，此平康第二策"。第三策是仿照东三省之例，设置西三省总督，先"改造康地，广兴教化，开发实业，内固蜀省，外拊藏疆，迫势达拉萨，藏卫尽入掌握，然后移川督于巴塘，而于四川、拉萨，各设巡抚"，"借以杜英人之觊觎，兼制达赖之外附"。[②] 赵尔丰的"平康三策"超越了时人的一般识见，是对清末川藏边务 30 余年经营观念和历程的总结。此后赵尔丰多年经边大致以此为蓝图和目标，后世"稳藏必先安康"战略

---

　　① 指峨边、马边、雷波三厅，均属川南道辖。

　　② 《赵尔丰传》，吴丰培辑《赵尔丰川边奏牍》，四川民族出版社 1984 年版，第 1—2 页。目前学界对"平康三策"内容的探讨基本依据吴丰培先生的引文。惜笔者拙陋，未能在吴先生列出的参考书及有关清末川藏边务的常见文献中找到原文。有趣的是，1908 年康敷容《上赵次帅筹西藏凉山书》称，"今之筹议川藏者，皆曰西藏宜亟经营也，不知经营西藏，必先经营巴、里，经营巴、里，必先经营宁远之大小凉山"。参见康敷容《筹西藏凉山书》，《西南边疆》第 1 辑第 11 册，中央编译出版社 2011 年版，第 239 页。康氏的建言几乎是"平康三策"的翻版。

思想也可追溯至此。"平康三策"深得锡良的嘉许和认可，因而巴塘事变后，锡良极力推荐赵尔丰参与经营川边事务，担任炉边善后督办，使赵尔丰得以具体操作和实施"平康三策"。

处置巴塘事变善后事宜过程中，赵尔丰以武力震慑为支撑，在巴塘等地初步改制立政的干练举措，特别是此后乡城一役展现出来的才干，进一步得到锡良的赏识。经锡良大力向清政府密保举荐，赵尔丰于光绪三十二年六月出任川滇边务大臣要职。

出任伊始，赵尔丰即回抵成都，同锡良、云贵总督丁振铎统筹协商，酌定经边办法及经费，陈奏会筹边务情形折，初步提出设官、练兵、屯垦、通商、建学的措置意向，也就是所谓"经边六事"。因经边所需费用巨大，川滇两省入不敷出，难以供给，赵尔丰遂奏请"饬下部臣，援照甘肃、新疆协饷暨东北边防经费等成案，通盘筹画，合力图维，勉予照数指拨，迅解到边"。① 与各省拮据的财政状况相似，清政府受制于财力不济，起初并未完全接受赵尔丰的经边意见，而是指出"筹办边务，规模虽不可不宏，而见诸施行，要不可不分缓急，漫无次序"，谕令先从巴塘、理塘等地的垦务办起，选练新军三营，分布巡防，量力设流官。待规模粗具、垦殖渐广后，兴学、通商、开矿等事，"随时相度机宜，就地筹款，逐渐举办"。经边之初，可先由关洋税银等酌拨百万两，作为开办经费。②

光绪三十三年正月，锡良迁任云贵总督。赵尔丰暂护川督衔，直至次年五月赵尔巽接任。兼理川督期间，赵尔丰利用职权之便，以四川的资源，推进川边各项事务次第开展，先后招募内地垦夫，启动各地垦务，设立关外学务局，举办关外学务，建修打箭炉至中渡（今雅江）旅舍，开办巴塘制革工业，发动茶商抵制印茶等。"经边六事"大抵从这一时期开始在川边全面铺展。

光绪三十三年五月，赵尔丰再次向清政府陈奏川藏边务应办事宜，详细申明兴办"经边六事"的必要性及筹办规划，认为川滇边地"实系猱狉初

---

① 《附录赵大臣尔丰原奏边务大概情形折》，《筹藏刍议》，沈云龙编《近代中国史料丛刊》第390册，第66页。

② 《复陈川滇边务应办事宜并拟具章程折》，四川省民族研究所编《清末川滇边务档案史料》，第118—119页。

开，与西北边情不同"，"所陈六事，实有互相牵制，不容稍事迟回者"。具体而言，兴学"实为收拾边地人心第一要务"；通商"实与设官、练兵、屯垦相为表里"；开矿为屯垦之外的"兴利之方"；屯垦应不必"拘牵别省成案"；练兵尚需筹议；设官为应对繁重的边事，"以专责成"。"经边六事"各有侧重，相互关联，"实皆缓无可缓"。边事皆属草创，无事不需费用，赵尔丰希冀清政府能够每年拨款 300 万两，作为常年经费。在权限疆域方面，拟请川边、滇边由川滇督臣划定地界，"此后地方各事及差缺各官升迁更调，均归边务大臣主政"。川滇籍人员"非在边务大臣所管境内者，均准通融委用，以广用途，遇有重要事件，仍随时会商办理"。接着，赵尔丰详细陈明屯垦、练兵、设官、兴学、通商及开矿等六事的酌拟章程，对实施步骤与规划皆做详细阐明。① "经边六事"是"平康三策"具体的实施措施，涉及内容广泛，是清末寻求内地与边疆一体化，通过改变传统治边策略，改造边地社会，实现拱卫边疆目的的具体案例。赵尔丰将"经边六事"纳入详尽的章程，使之制度化，作为边务推行细则，这就为此后川边经营的渐次展开提供了纲领性指导。

为求事权划一，强化边务大臣的权限，有助于之后边务的开展，赵尔丰还奏请清政府颁铸川滇边务大臣关防。正当赵尔丰致力川边经略之时，清政府决定在达赖喇嘛返藏之前全力整顿藏政。1906 年《中英续定藏印条约》签订后，清政府在西藏的主权和治藏政策遭受到空前的挑战和重挫，迫使其一改以往的治藏态度，转而积极经营。张荫棠在西藏短暂革新藏政后，赵尔丰经营川边的成就深得清廷的赞许，被认为是委以治藏重责的首选。光绪三十四年二月，清政府赏赵尔丰尚书衔，令其出任驻藏办事大臣，兼管川边事务，又以赵尔巽为川督，作为后援。清政府对赵尔丰治藏寄予厚望，并明确表述治藏的新方略为："西藏为川蜀藩篱，与强邻逼处，而地方广漠，番民蒙昧。举凡练兵、兴学、务农、开矿、讲求实业、利便交通以及添置官吏、整饬庶政诸大端，均应及时规画，期于治理日益修明。"② 可以看出，清政府所言的治藏方略实为赵尔丰"经边六事"的翻版，从侧面反映出清廷已

---

① 《复陈川滇边务应办事宜并拟具章程折》，四川省民族研究所编《清末川滇边务档案史料》，第119—125 页。

② 《清德宗实录》卷 587，光绪三十四年二月癸亥条。

借鉴"经边六事",将之作为经营川藏边务的具体政策。

赵尔巽抵任前,身兼三职的赵尔丰一面着手添募三营兵勇,筹划进藏,一面仍以川边的稳固和经营问题为重。川滇边务大臣的权限始终是这一时期赵尔丰颇为关注的话题。三月,赵尔丰陈请将川滇边务大臣的权限划定清楚。由川滇督臣先划清界线,归入边务者,由边务大臣操纵,"设遇重要,仍应资商"。各省人员可准随时调取,"并拟再由两省大吏通饬地方文武员弁,凡遇递输边件,不得畛域见存,先求统部之归,续待详章之定,总以一经酌划,将来于区限事限务期各极分明,行政用人具有地方性质,机关不阂,策力交资"。① 至五月,赵尔巽赴任川督,赵尔丰将全部精力投入经理川藏边务。为避免川督权力的转移与藏务的紧迫,使清政府轻视与低估经营川边的战略价值,赵尔丰与上任不久的赵尔巽于是月二十四日共同会陈对川藏边务缓急的看法,提示清政府藏务的入手方法,"当以巴塘为根据",因为"全藏之信服与否,皆视巴、里为转移,未可视为已治已安,置为缓图也"。② 5 日后,赵尔丰再度会同赵尔巽致函军机大臣,强调"欲安藏必先安巴,设竟置之不顾,匪特前功尽弃,且恐后患方长,并阻遏川藏之交通。安巴、安藏,不外移民政策,然绝不可遽言迁民"。移民之法可先以"化出关之兵为民,复招关内之民为兵,循环渐渍","治巴如是,治藏亦如是,不过须次第推行"。③ 所以"安巴"的重要性不仅在于固藏之后方,还可以"治巴"之法为经验,推广于"治藏"。

清政府急欲赵尔丰在达赖返藏前入藏,屡次谕令应以藏务为重,迅即赴藏。然而赵尔丰仍然顾念川边经营事务,借口新募兵勇尚未成营,一再拖宕。六月,赵尔丰向清政府解释入藏防边事宜,应重视次序、缓急,切勿冒昧从事。清廷为督令其赴藏,谕令倘再拖延,定予重惩。入藏之事已不容缓。

七月初,赵尔丰又与其兄川督赵尔巽进一步就划清界线、增设官属、宽筹经费和协济兵食等四项至关重要的边务问题合奏清政府。这四项被赵尔丰

---

① 《川滇边务请划清办事权限折》,四川省民族研究所编《清末川滇边务档案史料》,第 176—178 页。

② 《川督赵尔巽、赵尔丰会陈藏务边务缓急情形折》,四川省民族研究所编《清末川滇边务档案史料》,第 186 页。

③ 《赵尔巽、赵尔丰致函军机处略陈经营藏事梗概》,四川省民族研究所编《清末川滇边务档案史料》,第 187—188 页。

视为"关外目前当务之急"的事务，具体包括：其一，川边界务须划定清楚，以利边务大臣事权，"拟请将打箭炉以外属地，悉归边务大臣管辖，俾无掣肘，而明正、霍尔五家、道坞、冷碛各蛮部，亟须开化，则由边务大臣渐次行之，庶几权界明而指挥定矣"。其二，川边设官之制，"请仍以内地制度行之"。除康定府会同四川总督遴选妥员请补外，"新设各缺，悉由边务大臣奏请由外补用"，并酌定公费及俸银。其三，关外需款繁多，常年经费缺乏，除四川油捐外，复饬加办糖捐。其四，关外兵勇口食，"尚须川省照常协拨米粮，方能有济。俟种稻可成，再行停止，此又变通兵食，不得已之情形"。① 清政府批谕由会议政务处议奏。

迟至八月，赵尔丰率新募三营前行进藏。不料，赵尔丰入藏消息传出后，引起西藏各阶层的强烈抵制，多次联名呈禀，指控赵尔丰经营川边期间在乡城桑披寺、盐井腊翁寺②等战事中枉杀多命，毁寺掠财，恳请撤换赵尔丰，甚至调兵拦阻赵尔丰入藏。英国公使朱尔典也向清政府施压。清政府对西藏民众抵制赵尔丰的行为颇感意外。尽管赵尔丰力主武力入藏，声称"西康建省援藏，以匡新政，审时度势，机会不可坐失"，③ 但是清政府对赵尔丰主持藏务已存忧虑和芥蒂，怀疑其行事过于"操切"，令成都将军马亮调查。宣统元年（1909）正月，清廷最终谕令赵尔丰作为边务大臣驻扎川边，仍可遥为藏中声援，④ 放弃了以赵尔丰治理藏务的计划。

第二节　川边改土归流与德格土司争袭案

川边地域辽阔，历经清朝百余年间的羁縻经营，在政治上呈现多元复杂的状况。至清末，川边地方归属土司管辖者仅余十分之五，由呼图克图掌控者十分之一，部落形态的牧区为十分之三，西藏地方政府控制区域占十分之一，⑤ 统

---

① 《会筹边务开办章程折》，吴丰培辑《赵尔丰川边奏牍》，第54—56页。

② 有关1906年底盐井腊翁寺事件，参见保罗、觉安拉姆《近代盐井腊翁寺事件原因分析——兼论其相关问题》，《西藏研究》2006年第3期。

③ 《赵尔丰电复军机处陈筹藏方略》，四川省民族研究所编《清末川滇边务档案史料》，第227页。

④ 《遵旨专办边务遥为藏援乍丫可否一并归边片》，四川省民族研究所编《清末川滇边务档案史料》，第327页。

⑤ 经世文社编《民国经世文编·内政三》，台北，文海出版社1967年版。

治秩序异常混乱，已难以适应日趋紧迫的边疆政局。由赵尔丰主导的川边改土归流成为清末川藏边务的重要组成部分和政治支撑。

川边的改土归流进程正式启动始于川滇边务大臣创设后。乡城桑披寺之役结束后，巴塘、理塘全境肃清。巴塘、理塘两土司分别为川边四大土司之一，地域东西纵横千数百里，界处川滇之间，川藏南路官道横贯其境，"诚为关外之奥区"。光绪三十二年八月，新任川滇边务大臣赵尔丰建议，应将巴塘、理塘改流设官，"设为重镇，以备治边援藏之基础"。赵尔丰令巴塘粮员吴锡珍代理地方事宜，清查户口、规定粮税、疏通道路，另以贵州候补知县王会同为盐井委员，前往招安，兼征盐厘，委派四川候补州判姜孟侯赴乡城一带抚绥，① 作为下一步在当地改土归流的准备。

十二月，在获得川滇两省拨发的边务经费后，改土归流工作进入实质性阶段，《巴塘善后章程》率先颁布。该章程以汉、藏两种文字印制转发，内含 34 款，涉及政务保甲、田赋差役、词讼审案、寺院管控、兴办学堂、卫生禁烟及革除社会风俗"陋习"等方面，是一份全面革新川边地方社会的指南和各地改流事宜的范本。因而清末川边改土归流有别于以往历史上的改流事件，同清末边疆"新政"举措密切关联。

根据《巴塘善后章程》的规定，土司制度废除，汉藏民众皆为"大皇上百姓"；从前所设马瑝、协廒、更占、百色、古噪等一概裁撤，以新设流官取代；地方政务及钱粮、词讼等事务，皆由流官管理。具体到地方政治机构设置，县设委员 1 人，县下分为若干保、村。地方官署内设汉保正 3 名、藏保正 3 名，均需掌握汉、藏两种语言。村寨头人由百姓公举，管理村务，三年一更迭，地方官负监管之权。保正、头人口粮和费用由官府出资，两者需协助县委员管理汉、藏钱粮词讼等。② 总体来看，《巴塘善后章程》对川边政治体制的革新，将事权归一，革除了土司时代的各种政务弊病，实现了政治制度与内地的对接。保甲制度的变相推行，利于官府对地方社会的控制，也兼顾到本土政治力量对当地社会的影响力，尽量将藏人精英纳入新设的基层政治体系，发挥其政治主体性作用，有助于减少政令在川边社会推行的阻力。但是这也导

① 《申请保释胁从良民并派员经营巴理等处》（光绪三十二年八月初九日），吴丰培辑《赵尔丰川边奏牍》，第 19—20 页。

② 《改土归流章程》，吴丰培辑《赵尔丰川边奏牍》，第 190—191 页。

致官府对基层社会的掌控力量变弱，为以后川边地方社会的失控埋下隐患。

依据赵尔丰在光绪三十三年七月的初步规划，川边的南部和东部首先被纳入改土归流的范围。巴塘改为巴安府，盐井改为盐井县，三坝改为三坝厅，乡城改为定乡县，以上皆属巴安府；理塘改为理化州，稻坝改为稻城县，贡嘎岭设县丞，同属理化州；中渡改为河口县，打箭炉改为康定府，河口县隶之。设炉安盐茶道，驻于巴安府，统辖新设各府州县。遣派委员赴各地分理，勘界分疆，清查户口。① 然而，由于清政府对赵尔丰全面推行"经边六事"的计划迟迟不予表态，川边经营事务受到诸多掣肘，改土区域起初仅限于川边战事涉及的巴塘、理塘等地。这一带在1908年底大致经营就绪，从打箭炉到巴塘的驿传、食宿供给系统兴建完竣，成为赵尔丰经营川边改流事业的根据地。

到光绪三十四年九月，赵尔丰奉旨入藏受阻。赵尔丰出关赴藏途中，获悉西藏地方政府遣藏官于察木多调集藏兵，直逼巴塘、三岩。察木多寺僧在乍丫、江卡等地调兵滋事，引起巴塘民众恐慌，谣言四起。驻瞻藏官之弟又到霍尔等处调兵，威逼各土司只准投藏。同时据打箭炉文武官员禀称，驻瞻藏官暗中干预德格兄弟争袭。赵尔丰意识到川边危机四伏，局势依然不稳，西藏地方政府亦存觊觎川边之意，遂通过赵尔巽致电清廷，主张"以理势论，关外各蛮地早应一律改土归流"。② 针对德格愈演愈烈的争袭事件，赵尔丰与成都将军苏噜岱、川督赵尔巽致电军机处，一面饬新军各营前进，防范西藏地方政府对三岩、察洼冈等川边属地的渗透和侵占；一面拟派兵解决德格土司争袭之案。清廷并未允准赵尔丰在川边推广改流的意见，但是到十月已授意赵尔丰对德格采取行动，务必将肇事的昂翁降白仁青惩办，协助多吉僧格承袭土司之位，并严儆驻瞻藏官"永不准干预各土司事务，期绝纷扰而谧边陲"。③

德格是清末川边辖境最大的土司，西接察木多，北界西宁，南连巴塘，东与甘孜、白利为界，东西横亘五六百里，南北纵贯千数百里，为川茶入藏的要道，战略位置相当重要。赵尔丰以德格土司争袭事件的解决为契机，提

---

① 《请设巴理两塘府厅州县折》，吴丰培辑《赵尔丰川边奏牍》，第21—22页。

② 《赵尔丰致电赵尔巽拟复枢电关外早应一律改流》，四川省民族研究所编《清末川滇边务档案史料》，第242—243页。

③ 《清德宗实录》卷597，光绪三十四年十月丙寅条。

出清廷中枢不应一味敷衍了事，实可借此扫除收复瞻对的障碍，而且"若能掰画经营，成为重镇，外扶藏卫，内屏川滇"，"划为州县，必可建省"，①遂违逆清廷谕令，力主改流德格。

德格土司争袭案可追溯到鹿传霖督川期间的德格改流事件。鹿传霖欲改流德格，遭弹劾后，清政府仍以土司执掌德格政务。但是老土司业已病故成都，清政府以长子多吉僧格代理土司之位，为德格第四十八代土司。次子昂翁降白仁青一同被释，返归德格。多吉僧格性格懦弱，笃信佛教，将土司大权让予江达古色大头人龚空德钦、中麦宿大头人结穷降央彭错。光绪二十九年，昂翁降白仁青在甄科头人正巴阿登、杂渠卡头人色须木和河西头人夏克布的支持下，暗中联结驻瞻藏官，纠众擅围土司官寨，逼迫多吉僧格交出土司印信。多吉僧格无奈以朝佛为名赴藏自保，受到达赖喇嘛礼遇，改娶藏妇。昂翁降白仁青与明正土司联姻，长期居住在中麦宿索莫官寨内，任用亲信，削弱了亲近多吉僧格的头人的实权。昂翁降白仁青的举动引起龚空德钦等的不满，声称昂翁降白仁青非土司之子，且残暴、煽惑百姓。降央彭错等人远赴西藏，迎多吉僧格返回，拥立为土司。昂翁降白仁青战败后，被关禁于麦学官寨，由昌都、满麻、贡觉三处土司差派头人、喇嘛居中调解，仍由多吉僧格承袭土职。昂翁降白仁青出家为僧，以后永不得干预土司事务。两者均各允从，瞻对藏兵遵谕撤回。不久，甄科大头人正巴阿登唆使昂翁降白仁青诱占多吉僧格之妻。多吉僧格夫妇复逃奔西藏，控诉于驻藏大臣。昂翁降白仁青以土司自居，于光绪三十三年春造具宗图册结呈请袭替。同年，德格百姓又将多吉僧格迎回，并将昂翁降白仁青扣押禁锢。次年，昂翁降白仁青在甲工、乍丫两地支持者的协助下，越狱逃往德格以北的杂渠卡地方。昂翁降白仁青于色须地方积蓄力量，在瞻对藏兵配合下再度占据土司官寨。多吉僧格携眷避匿登科地方，财货被洗劫一空，百姓被诛者甚众，迫不得已遣头人往打箭炉厅呈控。

清政府批准解决德格土司争袭案的要求后，赵尔丰迅即征调营勇，亲带卫队进驻章谷（今甘孜），部署军事行动，以为后路声援，同时晓谕和安抚德格头人百姓，令协助擒拿昂翁降白仁青。川督赵尔巽鉴于德格偏处北境，地

---

① 《致川督德格改流各部内附请先电枢府容再会奏电》，吴丰培辑《赵尔丰川边奏牍》，第287页。

方荒漠，道路遥远，唯恐粮运后勤难以保障，建议"兵威宜抚为上策"。① 赵尔丰已由章谷、理塘分兵五路进抵德格更庆寺。清军次第攻克龚垭、曲成喜、麦学、地龙等地，又激战于甑科，昂翁降白仁青大败，逃入杂渠卡的色须草原。杂渠卡地处德格极边，界连远边荒漠。时值隆冬时节，清军暂停进讨，招置流民，安抚地方。宣统元年春，清军续攻杂渠卡。至六月，昂翁降白仁青无力抵御清军的进攻，被迫逃往俄洛（'go log，又作果洛）地方。不久，上俄洛土官曲贞珠玛率部投诚。赵尔丰派员查勘地方户口，又晓谕中、下俄洛土官。

德格战事结束后，赵尔丰致函赵尔巽，土司争袭导致德格纷扰十余年，汉藏民众皆受其苦，驻瞻藏官觊觎其旁。为固藩篱，现德格全境底定，"可以改流，机会不可再失"。② 恰巧土司多吉僧格恐变乱再起，多次主动请求呈缴印信号纸，纳地改流。经赵尔丰奏请清政府会议政务处允准，授予多吉僧格土舍都司衔，准其世袭，由德格征粮项下，每年拨银二三千两，以作安置，又将多吉僧格夫妇移徙于巴塘，将巴塘前正土司官寨及菜园、草场等划归其所有，"作为永业"。③ 德格改流之事遂定。

在入藏受阻和解决德格问题过程中，赵尔丰越来越认识到西藏地方政府势力向川边不断渗透的严重性，声称"川边自咸、同以来，久失经营，土司畏藏甚于畏川，若只虚与委蛇，编民必暗附藏"。④ 赵尔丰开始有意识地力图厘清和区划川边与西藏之间的界域。进军杂渠卡时，赵尔丰路经德格登科与高日、春科毗邻地方，听闻寺院堪布声称两地归属西藏。经查核，高日土司邓笃都青自幼长于杂渠卡，向来居住在上杂渠地方，仅向高日地方收粮派差，并不过问政务，与当地百姓关系颇为疏离。春科土司降色卜落夫妇亡故于地震，因无亲族，由土司妇之弟察木多喇嘛格桑曲札暂行代理。因两地长期乏人管束，西藏派堪布驱逐察木多呼图克图派驻喇嘛，自

---

① 《赵尔巽电复赵尔丰德格用兵以抚为上策已派兵填防》，四川省民族研究所编《清末川滇边务档案史料》，第258—259页。

② 《赵尔丰致函赵尔巽略述德格改流与收瞻诸事》，四川省民族研究所编《清末川滇边务档案史料》，第407页。

③ 《赵尔丰奏德格土司土寨归官，另赏给巴塘土寨片》，西藏自治区社会科学院、四川省社会科学院合编《近代康藏重大事件史料选编》第1编（上），第566页。

④ 《赵尔丰致电军机处南敦勘界未果藏中调兵情势日危》，四川省民族研究所编《清末川滇边务档案史料》，第335页。

行代管地方政务，勒收百姓银粮差课，于渡口设卡抽厘。赵尔丰指出这是"藏番之有意侵攘川地"的明证。赵尔丰借口高日、春科两地土司及百姓请愿归流官管理，请准将之同有争议的灵葱土司郎吉岭地方一并改流设官。① 宣统三年三月，在赵尔丰的主持下，拟定将德格、春科、高日三土司之地设登科府，下辖德化州、白玉州及石渠县和同普县，并于登科府治设分巡兼兵备道一员，名为边北道，统辖各府、州、县。德格等土司的改流廓清了川边北部的大部分区域，为赵尔丰筹建行省扫除了重要障碍。

第三节　改流建省之议

赵尔丰奉旨入藏，途中获准用兵德格，各土司百姓纷纷控诉驻瞻藏官屡次越界滋扰、肆意勒索、强派供支等情形。赵尔丰知悉驻瞻藏官暗中多次插手和搅扰德格土司争袭案。而且自瞻对再次赏藏后，驻瞻藏官苛虐邻封的行径变本加厉，强索周邻各土司地土、百姓的现象屡屡发生，"以致各土司无不仰其藏番为主，我已失管理之权"。② 因此，在川边顺利开展改流设官过程中，赵尔丰视收回瞻对为改土归流要务。

巴塘事变后，川督锡良曾奏请清政府速收回瞻对，以弭川边之患。清政府震惊于巴塘事变，立即赞同锡良的建议，晓谕驻藏大臣有泰开导商上，令将所派藏官撤回。因有泰对收瞻之事敷衍塞责，锡良收瞻之议竟不了了之。赵尔丰此次出关赴藏，面对各土司禀陈驻瞻藏官的暴行，坚信川边连年多事，实是"瞻番之播弄"所致，③ 一面严檄驻瞻藏官不准干预各土司事务，一面晓谕孔撒、麻书等邻近各土司百姓等嗣后不得无偿供给瞻对差役。光绪三十四年十一月，赵尔丰进驻章谷后不久致电军机处，要求及时收回瞻对，唯有"急速经营使成重镇，而后川藏始有联络一气，情形不致中多间隔"。④

---

① 《请将春科、高日两土司改流及灵葱土司之郎吉岭设官管理折》，四川省民族研究所编《清末川滇边务档案史料》，第447—449页。

② 《巴、里塘改土归流请设道府州县折》，四川省民族研究所编《清末川滇边务档案史料》，第142页。

③ 《赵尔丰致电赵尔巽拟复枢电关外早应一律改流》，四川省民族研究所编《清末川滇边务档案史料》，第242页。

④ 《赵尔丰致电军机处沿途纷控瞻官苛索应收回瞻对》，四川省民族研究所编《清末川滇边务档案史料》，第260页。

随后，赵尔丰又电请其兄赵尔巽上奏，应趁达赖喇嘛在京，相机饬令其还瞻。当时力主收瞻的鹿传霖与摄政醇亲王同奉遗诏，为朝中重臣，对赵尔丰收瞻的决定颇为赞同。军机处电函赵尔丰，令其会同赵尔巽、联豫妥为规划，勒令藏官退还瞻对。赵尔丰联名赵尔巽致电联豫，期望其晓谕商上，限期将藏官撤回藏中。十二月底，赵尔丰联同赵尔巽再次电复联豫，申斥驻瞻藏官的藐抗行径，称此次奉旨收瞻"实为安边良策"，若藏官违抗不返藏，必将予以驱逐。① 但是联豫在藏不能对商上施加影响，驻瞻藏官顽强如故，以未奉达赖喇嘛或商上手札为由抗拒，多次禀请仍照旧支差并管理革什咱等地。赵尔丰见札谕无效，颇为灰心。

宣统元年正月，清政府忽然改变主意，不再支持收复瞻对，这令赵尔丰极为愤懑，指责联豫"贪功不顾大局"。② 无奈之下，赵尔丰札知驻瞻藏官，威胁若藏兵出瞻境，必派兵征讨，又谕令瞻民不得擅入德格境内抢劫，札谕代理达赖喇嘛的格登池巴划界息兵，回驳驻瞻藏官仍照旧支用乌拉等请求，饬令藏官将历次札谕送藏，补交瞻对控制下的理塘三村应纳差银，不断以札令的形式约制驻瞻藏官。达赖返藏后，西藏三大寺及僧俗官员呈禀联豫申诉，仍照旧管理瞻对。赵尔丰对瞻对的限制也引起"藏番"的不满，陈兵江卡，意图进犯巴塘。赵尔丰无法入藏，清政府正欲对边、藏布局重做调整，愈加不愿让瞻对问题牵动川藏边务全局。赵尔丰虽未放弃收瞻主张，收瞻之事却只得暂为搁置。

就在德格战事紧密筹备之时，清政府急于解决藏务，见藏中对赵尔丰入藏抵触情绪极深，令其暂驻川边。宣统元年二月，清政府谕令赵尔丰"驻扎巴塘，将察木多拨归管辖，借为藏援"，③ 由此将赵尔丰经营的川边范围向西拓展到金沙江以西。赵尔丰趁势于三月向清政府奏请，将乍丫、江卡两处拨归边务管辖，"以免暗被藏中侵占"，以固边围。④ 当时为强化对西藏的

---

① 《赵尔巽、赵尔丰电复联豫奉旨收瞻请晓谕撤回瞻官》，四川省民族研究所编《清末川滇边务档案史料》，第 272 页。
② 《赵尔丰电复赵尔巽收瞻关系大局愿获咎早去》，四川省民族研究所编《清末川滇边务档案史料》，第 284—285 页。
③ 《宣统政纪》卷 9，宣统元年闰二月乙未条。
④ 《遵旨专办边务遥为藏援乍丫可否一并归边片》，四川省民族研究所编《清末川滇边务档案史料》，第 327 页。

控制而筹措的川军入藏事宜正由赵尔丰、赵尔巽加紧推动，驻藏大臣联豫亦向清政府申诉欲治藏苦无兵力弹压。考虑到保障川军入藏的道路通畅，驻藏大臣对西藏东部已失控驭，联豫、温宗尧赞同将察木多、乍丫拨归边务管辖。两地"本系川属，亦归驻藏大臣"，乍丫"为入察正路"，由边务大臣控制"当无窒碍"。只是西藏地方政府已在当地有所行动，"强令添练马队"，联豫希望"宜速派员前往晓谕，并添兵保护，以收其心"。① 不过，联豫早前已阐明其对察木多归边后的底线，即"察木多虽归管辖，并非改土归流，不动声色，添驻弁兵即可，其余仍照旧章，不必汲汲"。② 清政府对联豫的主张颇表支持，并不愿川军入藏前由改流事宜引发当地民众的反抗和不必要的政治波动。由于清政府一直未正式承认和授权赵尔丰在川边大力推行改流设官的事业，改土区域暂由赵尔丰遴选的委员充任管理。

宣统元年十月，由钟颖率领的川军集结抵达德格，因江卡撤台，藏兵在察木多、恩达、贡觉等地聚兵阻截，改由赵尔丰的边军护送川军入藏。为驱逐拦截的藏兵，赵尔丰一面札谕开导，一面令新军后营管带程凤翔由盐井西进扎宜、左贡，西军左营管带顾复庆前赴贡觉、恩达，南北相呼应。程营进而深入西藏东南部的桑昂曲宗、杂貐一带，驱逐藏兵，一路考察风土民情，招抚沿途百姓。程凤翔进至"杂貐猓猡"地方，无意中发现英人在当地有插旗占地的举动。为杜绝英人对滇缅藏交界处领土的觊觎，赵尔丰迅即令盐井委员段鹏瑞前往桑昂曲宗、杂貐查勘界址，清查户口。后续边务相继开展，拟在当地分区设治，建四县两厅，于鸡贡、杂貐兴办实业，开采梭里银矿，招募内地农夫前往杂貐垦殖，征收粮税等。北路击溃恩达藏兵后，转经类乌齐，疏通三十九族之路，往硕般多、边坝进军。三十九族向来由驻藏大臣直接管辖。赵尔丰认为边军护送川军至此，即应由驻藏大臣接应。岂料联豫托词，将川军行经三十九族之事推诿于边军。时德格改流事未竣，赵尔丰甚为不满。赵尔巽电复安抚，令赵尔丰可办理类乌齐及三十九族事宜。③ 边

① 《联豫致电军机处乍丫归边宜速派员前往晓谕》，四川省民族研究所编《清末川滇边务档案史料》，第349页。

② 《联豫等筹办西藏事宜折》，四川省民族研究所编《清末川滇边务档案史料》，第321页。

③ 《赵尔丰电复赵尔巽三十九族属驻藏大臣管辖应由藏接应川军》，四川省民族研究所编《清末川滇边务档案史料》，第486页。

军进抵类乌齐，藏兵不战而退。川军顺利进入三十九族地方，至江达遭到藏兵的阻击。边军奉命为后援，西进至江达。同时，边军进驻江卡，各营赴左贡、贡觉一带安抚百姓。

川军入藏，达赖出走，藏中局势稳固。赵尔巽乘清政府令其同联豫筹办藏政之机，重提收瞻之事，将赵尔丰收瞻的主张函告军机处，"瞻对一地仍归藏属，窟处川边中心，于统治诸多窒碍，时生龌龊，边、藏用以不安"，请饬赵尔丰不限时期，将瞻对收回。① 军机处回复待藏局稳定再议收瞻，不予允准。但赵尔丰已借收复三岩的机会，暗中派军移驻甘孜，迫令驻瞻藏官撤走。孰料消息走漏，驻藏大臣联豫闻讯后，坚决反对，抵制收瞻，以致收瞻之举再次前功尽弃。

时至宣统二年初，清政府对于赵尔丰和赵尔巽于光绪三十四年七月初联名合奏的川边设官分治主张，仍未予答复。随着边务大臣管辖区域的日益扩大，以委员兼管的临时做法，已日渐不利于繁杂的边务推行。三月，赵氏兄弟再次会奏在川边改流设官，请求清政府早日议定，同日又连上两道奏折，以英人觊觎藏境，"藏番"无力自保为由，陈请清政府允准"将边兵所到之地，皆收归边务大臣管辖"，以乌苏江为界划定边、藏界线，以及奏明办理德格等地改流设官、拟设道府州县章程十八条事宜。② 不久，因边军进占桑昂曲宗、江卡，驻藏大臣联豫致电声明两地皆归藏属。赵尔丰对联豫无力守地又欲争地的行为愤懑不已，与赵尔巽电商拟将桑昂曲宗归隶川边后，致电军机处应将桑昂曲宗、杂瑜归川边经营。③ 清政府皆未对此做出答复。但是川边改流及经边各项事务事实上已在有条不紊地进行之中。

五月，赵尔丰调驻江达边军回防，意欲收复波密。联豫以川军第三营陈渠珍进驻工布，声言波密属藏，可自行收服，与赵尔丰就边、藏界域问题再

---

① 《赵尔巽电复军机处现藏事略定请旨饬赵尔丰收瞻》，四川省民族研究所编《清末川滇边务档案史料》，第 579 页。

② 《会筹边务案请饬下政务处早日议定以便设官分治片》《边、藏情形时殊势异亟宜将紧要地方收回折》《赵尔巽、赵尔丰会奏德格、春科、高日三土司地方设置道府州县折》，四川省民族研究所编《清末川滇边务档案史料》，第 591—599 页。

③ 《赵尔丰电复赵尔巽已委员分往察隅沿边各部招抚》《赵尔丰致电赵尔巽拟将桑昂归边以便经营》《赵尔丰致电军机处应将桑昂、察隅归边经营》，四川省民族研究所编《清末川滇边务档案史料》，第 600—602 页。

起纷争。接着，赵尔丰奏称察木多、乍丫、类乌齐三呼图克图情愿改流设治。鉴于察木多地方"形势重要，尚为川滇入藏大路之咽喉。将来擘划经营成为重镇，实可外扶藏卫，内连川滇为之基础，其关系甚大"，拟将察木多改设昌都府，乍丫设察雅县，恩达塘改设恩达县。与西藏定界前，类乌齐暂归恩达管辖，将来桑昂曲宗、杂貐改设县治后，同归昌都府管辖。①

赵尔丰接二连三在川边改流设官的奏请，是遵循其"平康三策"的治边框架而来，却远超出清政府保川固藏的初步设想。针对赵尔丰的屡次奏议，清政府军机处、理藩院、政务处等重要部门反复磋商，就界域、经费等问题，多次向川督及边务大臣致函商讨，权衡权属独立的川边设治与划归川督兼辖的利弊，顾虑重重，迟迟未做定议。此时，历经数年的苦心经营，川边的政治版图已粗具规模：东起打箭炉，西至察木多所属恩达，东西二千六七百里；南自云南维西厅所属阿墩子，北至德格所属与卡热交界处，南北三千七八百里。在四至数千里的广阔区域内，改流之地仅及巴塘、理塘、德格、春科和高日等地，要实现赵尔丰规划的川边建省政治蓝图，面临的边务事宜仍相当繁巨。赵尔丰坚持在川边改流设官的想法，首次向清政府陈明在川边设立行省的意愿，而改流设官是实现建省的必要前提："至边改流设官之后，须建行省，使名义早定，将边、藏地界划清，则边为占领之地，于大局前途将来免受亏损，此亦应筹备之事也。"②

清政府未有定见，川边的改流在赵尔丰推动下仍按部就班地进行。十二月，程凤翔等率军击败进犯的藏兵，一举收复桑昂曲宗等地。赵尔丰遣委员先行勘定境界户口，择要设治，以桑昂曲宗为科麦县，杂貐改为察隅县，同属昌都府。原梯龚拉拟设原梯县，妥坝拟设归化州，复设木牛甲卜县丞隶属之。③ 与此同时，赵尔丰巡查德格、察木多等地，而三岩藏人公然劫去递送驻藏大臣公文，扬言杀尽汉官、汉人，各处百姓又纷纷控告三岩长期劫掠的行径，赵尔丰决议进讨三岩。傅嵩炑督办三岩军务，于十一月分兵五路，仅半月即攻克三岩，

① 《察木多、乍丫、类乌齐三呼图克图情愿改流设治折》，四川省民族研究所编《清末川滇边务档案史料》，第677—678页。

② 《赵尔丰函复赵尔巽详陈枢府所询川边设治各节》《赵尔丰电复理藩部筹划改流设治情形》，四川省民族研究所编《清末川滇边务档案史料》，第714—718页。

③ 《收复桑昂曲宗等地设官分治并请奖出力员弁折》，四川省民族研究所编《清末川滇边务档案史料》，第834—835页。

以赵润为三岩委员，留顾占文一营戍守，颁布章程十三条，于次年正月改流设官。① 同时改流设官的是孔撒、麻书两土司。孔撒土妇央机在其父土司俄朱彭错病故后，驱逐其母，自招德格头人之子，私自为土司，后将其夫逐去，以私生子俄朱宜美多吉为土司，又乘麻书土司去世，幽禁土司之妻，夺其印信。德格战事期间，央机曾意图伏击清军，暗中同驻瞻藏官联系。德格改流引起央机恐慌，欲携子带印信潜逃西藏，为清军拦截。赵尔丰考虑到"甘孜为北路要冲，邻近瞻对"，奏请改流设官，暂以委员代管其事。②

宣统三年二月，清政府对川边改流设官之事的筹商出现转机。政务处议复赵尔巽等在光绪三十四年的奏折，仅对设官分治的名称问题稍做调整，建议将炉安道改作康定分巡兼兵备道，其余奏议均予允准，其中"拟将打箭炉以外属地，划归边务大臣管辖，系为统一事权起见，虽边务大臣与内地省制不同，而四川总督既有鞭长莫及之虞，则以军府之规，任地方之责，创始经营，自可从宜办理"。③ 川滇边务大臣得以专任管辖川边事务，开始被清政府认定为单独的治边政治实体，管辖权兼顾边务自主权及官员任命权。川边改流的规划受到清政府的首肯，这些都有助于之后川边经营的大规模开展。同一天，政务处还会同理藩院、陆军部，议准德格、春科及高日土司改流设治的章程。

数日后，鉴于西南各省官员先后陈奏改土归流案，民政部奏请各省土司改设流官，拟请饬令各省督抚，"凡有土司、土官地方，酌拟改流办法"，以便"扩充民治，教养兼施，以维治安，而广文化"，利于巩固边圉。④ 民政部的奏议为赵尔丰的川边改流措置进一步提供了政治和法理依据。此后，统领凤山率军攻克浪藏寺（又名诺苴寺、龙绒寺），德荣（今得荣）全境肃清，设德荣委员，分区设治。赵尔丰继而派员招降巴塘所属冷卡石，划归三坝委员管辖，巴塘全境改流。

---

① 《剿平三岩改流设官并请奖折》，四川省民族研究所编《清末川滇边务档案史料》，第842—843页。

② 《拿获潜逃土妇央机追回孔撒、麻书两土司印信号纸请改流设官折》，四川省民族研究所编《清末川滇边务档案史料》，第845—847页。

③ 《政务处复议折》，吴丰培辑《赵尔丰川边奏牍》，第56—58页。

④ 《民政部奏请各省土司改设流官以资治理折》，四川省民族研究所编《清末川滇边务档案史料》，第878—879页。

三月，清政府任命赵尔丰署理四川总督。因赵尔丰在川边大力推行改土归流，部分残存土司自畏倡乱。道坞（今道孚）以北鱼科土司以恢复土司旧制为名，暗中受到明正土司支持，四处掳掠为乱。赵尔丰悬念川边边务未定，奏请以王人文暂为护理川督。卸任边务大臣在即，赵尔丰加快推促川边改流建省的进度，首先会衔赵尔巽奏言，拟出关北巡德格至道坞一带，将未附土司一律收服设治，再次向清政府申明川边建省的重要性：因"康藏为国领土，措置在我，尤非拓地开疆，外人万难干预。自定德格，收服察木多、乍丫、桑昂曲宗等处，地方辽阔，堂奥规模，危在四维，势必建设行省，不足以为控制，而为藏援"，"边务建省之地，以巴塘适中"。① 四月，清政府督促赵尔丰迅赴四川新任。为保障川边改流建省后续工作的完成，赵尔丰举荐傅嵩炑以道员身份代理边务大臣事宜，但是仍然担心以傅代理，"权力未足"，需由其协助过渡，特别是收复瞻对之事尚未了结，② 所以赵尔丰迟至五月才卸任边务大臣之职，六月始返抵成都。

卸任之际，驻藏大臣联豫促令川军、藏军进讨波密，于八郎登之役受挫，导致藏中人心惶恐，遂向川边急电请援。边、藏为争夺波密曾起龃龉，赵尔丰多年来就有规复波密的打算，趁此机会致电军机处，欲暂驻甘孜或炉霍布置催促，以凤山为波密督办，指挥边、藏两军"进剿"。边军分别由硕般多、察洼冈进军，南北会攻。波密总管白马翁青败退仁进邦，为当地头人所杀。七月，波密底定，移交给波密参赞罗长裿，仍由驻藏大臣联豫分设理事官管理。

在赵尔丰的协助和推动下，代理川滇边务大臣之职的傅嵩炑在短期内相继收缴东科、白利、朱窝、罗科、灵葱等土司印信，改流设官，并裁革察木多仓储巴，以为改流基础，于罗科、朱窝等地设炉霍县。五月底，赵尔丰偕同傅嵩炑由北路返川，沿途以自愿和强制相结合的方式，将绰斯甲、革什咱、崇喜、毛丫、曲登、鱼通、咱里、冷边、沈边等土司缴印改流，劝令明正土司改流，以孔撒等地设甘孜县，以绰斯甲为周来县，勘定甘孜、德格、科麦、盐井、察隅等新设各县界址。色达、俄洛头人投诚归顺，分别改设果罗、达威两县。

① 《议复岑春煊等统筹西北全局奏请川边建省折》，四川省民族研究所编《清末川滇边务档案史料》，第920—921页。
② 《赵尔丰电复赵尔巽顺道收瞻即赴川省》，四川省民族研究所编《清末川滇边务档案史料》，第954页。

川边大部改流，瞻对俨若孤岛。清政府民政部有关土司改流的奏议使赵尔丰的收瞻主张最终得到强有力的政治支持。赵尔丰以此为据，电咨联豫，瞻对现奉旨收回，已札饬驻瞻藏官返藏，咨请联豫转饬商上照办。之后，赵尔丰于四月示谕瞻对头人，藏官回藏，速行归顺，接着札谕藏官巴登郎加将户口粮册等交专使携回，限五日之期带兵返藏。赵尔丰赴川任期至，遂加快收瞻步伐，以收瞻之日为返川之期，派管带张荣魁督军开抵瞻对所属达阶一带，向藏官施压，命令其限期离瞻，否则大军进讨。① 五月二十二日，驻瞻藏官如期起程回藏，赵尔丰即将瞻对设为怀柔县。久悬未决的瞻对问题得以彻底解决，为川边建省清除了最后一道障碍。②

川边各地土司获知赵尔丰返川后，暗中联络，抵制改流。六月，鱼科土司抗不缴印，联同下罗科百姓滋事。明正土司甲宜斋得到乡城桑披寺普仲乍娃之侄曲批暗助策划，先后联络乡城、道坞渣坝三村土百户、甘孜孔撒土女央机，调集木里、九龙、巴底、巴旺各土司，意图聚兵恢复土司旧制。孔撒土女央机密呈其谋。赵尔丰急令统领凤山率兵赴乡、稻，镇抚木里、九龙，电令中路统领刘亥年赴打箭炉，以扼其势。傅嵩炑分兵往攻鱼科，土司降登宜错逃往上罗科被杀。赵尔丰奏请将明正土司改流，将泸定桥巡检改为泸定县，九龙改为九龙县，道坞改为道孚县，巴底、巴旺改设丹巴县，以八角楼、崇喜等地设河口县，统隶于康定府。

川边大规模的集中改流设官，粗成建省规模，昭示赵尔丰的建省之议势在必行。傅嵩炑秉承赵尔丰意愿，于六月呈禀川边改建西康行省折。在回顾与总结清末川边经营历程及其必要性之后，傅氏将建省蓝图具体化为建省五条。以川边既系康地，其地在西，拟定名为西康省。西康建省可"守康境，卫四川，援西藏，一举而三善备"。其界域东起打箭炉，西至丹达山，南抵维西、中甸，北至西宁、甘肃，设州县八九十，所征粮税，足敷办公之用。建省之后，应设官府名称一律加以更改，另由四川拨解所需余费。西康省的设立足以"为川滇屏蔽，藏卫根基"。③ 其后，傅嵩炑出关将乾隆年间赏给泰宁寺的70余户属民收回，改流其地，檄缴察木多、乍丫呼图克图印信，

① 《管带张荣魁禀报开抵达阶情形》，四川省民族研究所编《清末川滇边务档案史料》，第965—966页。
② 有关赵尔丰改流瞻对过程，参见张秋雯《赵尔丰与瞻对改流》，台北，"蒙藏委员会"2001年版。
③ 《傅嵩炑请建西康行省折》，四川省民族研究所编《清末川滇边务档案史料》，第1032—1034页。

八月设乍丫理事官，又改察木多粮员为理事官。

至此，川边改流设官规划的实施粗定，其范围"东自关内泸定桥起，迄南边桑昂、杂瑜，西极察木多，迄拉里丹达山顶，北至春科杂区〔渠〕卡，迄俄洛、色达，西北迄三十九族、二十五族，东北迄丹巴，绵延亘贯四千余里，悉隶版舆。设官分治，改流定县"。① 但是傅嵩炑尚未着力巩固川边改流成果，进一步推进各项经边事业发展，四川保路运动即风起云涌，国内政治形势随之发生剧变。傅嵩炑奉赵尔丰之命，率大部边军应援，战败于雅安。刚刚建立起的川边政治新秩序，因丧失军事力量的支撑和政治局势的动荡，迅速土崩瓦解。各地土司纷纷起事复辟，川边陷入混乱状态。赵尔丰苦心筹划的西康建省之议随着清王朝的覆亡就此搁浅。

第四节　清末川边新政的实施

一　川滇边务大臣治下的政治制度与川边军制

改流以前，川边政治制度以土司制度为主体。土司制度是传统等级制的世袭权力架构同中央王朝的制度性任命的结合。中央王朝通过让渡权力于土司，实现对川边的政治控制。土司制度之外，清初以来在川藏沿线设立的粮台、塘汛及打箭炉直隶厅则属于流官性质，只是主管军政，而不管民事。故改流前，川边实则是土流兼治的政治架构。清末改流政治层面的意义是彻底破除传统政治制度，将以往的二元政治架构，纳入统一而又相对单一的政治体制内。② 巴塘事变平息后，赵尔丰在巴塘、理塘等地首先大力推行改流设官，开启近代康区政治制度革新和转变的先声。到宣统三年，短短数年间，川边改流基本上完成，先后在各地广设过渡性的设治委员八员、理事官两员，正式的流官机构为道二、府三、厅十、县三十，加上旧属四川的炉霍屯和泸定桥巡检地，③ 统归于 1906 年设立的川滇边务大臣衙门治下。

① 查骞：《赵尔丰轶事》，《边藏风土记》卷 1，第 31—32 页。
② 卢梅：《国家权力扩张下的民族地方政治秩序建构——晚清康区改流中的制度性选择》，《民族研究》2008 年第 5 期。
③ 任乃强：《西康图经·境域篇》，西藏古籍出版社 2000 年版，第 36 页。

依据宣统元年颁布的《边务大臣衙门分科办公章程》和《边务大臣衙门分科办公开支薪俸章程》，川滇边务大臣衙门的组织结构极为简单，分为吏治兼外交科、民政科、工商科、度支科、礼科兼学务科、军政兼邮传科、法科和检验科。每科设司事一员、司书两名，各管档册案卷和缮写文牍等，另设藏文翻译生两名、藏文司书生两名，缮办藏文公函，文巡捕两名、武巡捕两名，文案委员一员，缮折委员一员，缮校委员一员（或与缮折委员合为一员），差遣委员若干名及收发委员一名（管理收发文件和监印）。为节省行政成本，避免冗员费帑之弊，赵尔丰极力精简边务大臣衙门，控制职官员数，全部员司职官不过30余名（差遣委员除外），一人常兼数科司事务。各地道府县衙门仿边务大臣衙门体例，不设经历、大使、吏目、典史等，仅设佐治员一人，"即连同所属各机关，如学务、收支、盐厘三局，各州县设治委员，及办理警务、制革、铜矿、军医、勘路、车务、稽查各员，除去司事以下不计，据宣统二年八月造报清册，亦不过三十余员"。①

在各地制度建设方面，赵尔丰一概裁撤土司及所设马瑲、协廒、更占、百色、古噪等土职，改以与内地相仿的流官体制。各地改流后，依情势之别派员实地调查登记，以原有土司或部落辖区设县。县设委员一名。每县划分为东、南、西、北、中五路，或分为三、四、五区不等。每区（或路）设保正一员（汉人聚居处增设汉保正一员），驻于委员衙署，协助办理钱粮词讼等事务。区下设村，大者百户，设村长一员；小村则合数村或十余村公举一人为村长。村长专管支应差粮、递送诉讼传票、催征乌拉及承办其他公务之责。保正、村长由百姓公举推选，原有大小头人可参选，三年一换，仍由百姓公举，可连任，公举后报官存案。保正、村长由官府供给口粮。② 清末川边基层社会改流设官大多采取因势利导策略，以川边旧有的传统政治资源为基础，将之转型和纳入新的地方流官政治体系，故对川边基层原有的地方权力结构的冲击和破坏力度不大。地方基层官员由土司治下的下属头人充任的现象十分普遍。头人在地方固有的盘根错节的政治权力网络中依然发挥重要作用。普通百姓对旧式权力人物仍存有不容忽视的政治认同度和依附心

① 张为炯：《清末川滇边务大臣衙门之组织》，《康导月刊》第2卷第1期，1939年。
② 吴丰培辑《赵尔丰川边奏牍》，第190—191页；李亦人：《西康综览》，正中书局1941年版，第43页。

理。这为民国鼎革后政局接连动荡、旧有头人势力崛起，以及流官对基层社会控制失效埋下伏笔。

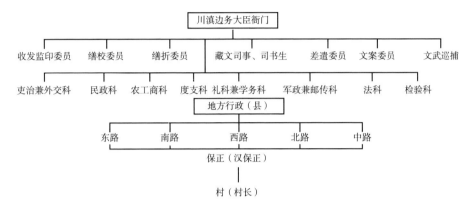

图 3-1 清末川滇边务大臣衙门组织示意

资料来源：根据张为炯《清末川滇边务大臣衙门之组织》改绘。

司法制度改革是清末川边新政的重要组成部分，旨在以国家法律取代川边原有的传统习惯法，实现内地与边疆司法制度的一体化。光绪三十二年颁布的《巴塘善后章程》已详列相关条款，规定改设的流官将"管理地方汉、蛮百姓及钱粮词讼一切事件"，"所有汉民、蛮民钱粮、词讼等事，统归汉、蛮保正合管"。租种寺院田地之佃户的"所有一地差粮、词讼仍归地方官管理，不得向喇嘛诉讼"，"喇嘛有佃户，只准向佃户收租，不得管理他项事务，如词讼、帐项等项，更不准干预地方公事。即其佃户与人争讼，是非自有地方官为之审理，该喇嘛不得过问，并不得向地方官衙门求情等事"。章程依照案情类别，将之划分为命案、劫案、窃案、奸案和常案五种，特别规定命案"必须抵命。其中或有情节不同，轻重之间，听官审断，自能为之剖白，断不准私自赔银了案"；劫案之夹坝被"拿获即予正法，无论其有无杀人"；窃案人犯"被人拿获送官，除追还原赃外，初犯者杖，犯二次者责枷，犯三次者罚永远为人奴，犯四次者充军"；犯奸案者"男女皆有罪。男杖责一千，罚银两秤；女掌嘴五百，罚银两秤。无银者，罚作苦工三年。犯两次者，男女责罚皆加倍；犯三次者，责罚递加后，仍予充军。如女不愿而男子强奸者，男子正法，女子免罪"；常案包括"户婚、田土买卖、帐项控案者……官为审判曲直，以理开导。如无理者，过于狡诈，即予杖责示惩"。① 此外，章程还对案费、传票、限期、展限、销案、换票、纸张等司法技术问题做出详细的规定。

《巴塘善后章程》大抵框定和规制了赵尔丰在川边推动的司法制度改革的主体内容。与政治制度的改土归流和政教分离的政策实施相适应，章程在司法领域剥夺了土司头人和寺院的权限，力图确立流官的司法权威地位。除迫于民情，一度保留昌都仓储巴（或称商卓特巴）的部分司法权力外，各地完全由新设县局的流官（行政官员）兼理司法裁决权，杜绝土司、寺院等传统势力对民间诉讼案件的干预，排斥当地原有的司法权威。断案律例和原则一律遵从《大清律例》或《大清新律》，废除赔命价等传统习惯法，并以重刑严惩抢劫、血族复仇等行为。

赵尔丰以武力为后盾在川边强制推行的司法制度改革，在短期内取得成效，后人指出"西康在清末赵季和氏经营时期，因声威所及，各县民刑诉讼，均归当地政府受理审判，呈报核定"。② 但是强力移植内地司法制度的举措在川边缺乏社会基础，这造成民初社会政治秩序动荡背景下，司法制度改革的停滞、倒退和传统习惯法的卷土重来。③

清初以来，川边军制以塘汛绿营为主，统归阜和协管理，受成都将军节制。同治八年（1869），鉴于绿营兵制已败坏不堪，四川总督吴棠、成都将军崇实从绿营、旗营中选拔精壮者，仿湘军体制，组建新军。川边旧有绿营建制大多被撤并。

光绪二十九年，四川边务孔棘，新任四川总督锡良将四川旧有防练三十七营，改练续备新军六军，以续备右军驻于打箭炉等地。巴塘事变发生后，续备新军前军五营开赴川边，赵尔丰率常备军两营及新募四营前往协助。巴塘底定后，赵尔丰视练兵为"经边六事"之一，将留驻川边的续备新军2500名改为五营。中营驻扎巴塘，左营分防定乡、稻城，右营分防石渠、登科，前营分防察木多、乍丫，后营驻防盐井。光绪三十二年，续备新军各营改建为巡防新军五营，即防军五营。次年，已兼任驻藏大臣的赵尔丰又招募西军

---

① 四川省民族研究所编《清末川滇边务档案史料》，第95—99页。
② 苏法成：《西康司法近况》，《康导月刊》创刊号，1938年。
③ 扎洛：《清末民族国家建设与赵尔丰在康区的法制改革》，《民族研究》2014年第1期。

三营及旗兵一营，驻川边将弁勇夫总数达到 3800 余员。宣统元年，依照陆军部章制，赵尔丰将川边各营改编陆军，以期与四川一协，合成一镇。新军五营改编为巡防队一军，共六营，分驻要地，拟添练陆军混成一协，以备缓急。新军各营改编后余存兵勇，及西军三营、旗兵一营，合为步队两标，并另行招募山炮队一营、马队一营、工程兵一营、辎重兵一营、军乐队一队，设兵备、参谋、教练三处，及粮饷、军械两局，建筑、步队两标营舍合一，马队、炮队营舍合一，以合混成一协的规制。到宣统三年，川边驻军编制为新军五营、西军三营、炮队一营、卫队二百名，统称为边军，兵弁主要自四川招募。傅嵩炑接任川滇边务大臣后，拟改编两军为协，尚未具体实施，辛亥革命事起。傅嵩炑率新军两营援川，为尹昌衡击溃于雅安。余存边军由顾占文统领。

清末驻防川边的边军薪饷每年需银 45.8 万余两。头巾、衣履、账房、马价及医药、奖赏等项经费，由四川粮饷局拨解。边军装备所需的快枪、过山快炮等统由四川兵备处代为购置。鞍缰、鞭辔、鼓号、远镜、背囊、水壶等军备物件，也是由四川省兵备处代购转运至川边。

按照新军章则的规定，川边巡防新军设统领官 1 名，统领六营，下设书记官、会计官、执事官各 1 名，司书生、员弁、伙夫各两名及护兵 14 名。巡防新军每营建制为统兵管带 1 名，下设中、左、右三哨。每哨 8 棚，各设哨官、哨长 1 名。正兵 216 名，以棚为单位，分设 24 棚。每棚 9 名，各设什长 1 名，另有书记长 1 名、司书生 5 名、号目 1 名、号兵 6 名、护兵 10 名、护目 1 名及伙夫 24 名，共计 301 名。因川边道路崎岖，转运维艰，每营加设长夫 150 名。

依照实战经验和战术配合的需要，清末边军制定了严格的行军规则，即《平定德格赠科行军规则》。此规则对边军实战过程中的行军方式、侦查警示、军纪军容、奖惩责罚、作战战术等均有详尽的规定。行军时，以马队百名在前营左哨之前，以做侦探，距步队须只六七里，便于警示。其余马队皆在步队之后，按辔徐行。步队以前营左哨在前，辎重居中，卫队在后，前营中哨又在卫队之后，彼此相距不超过 3 丈，以期相互照应。军行队列须整齐，落后兵弁过远者将受棍责，累计三次军法处置。晚间扎营时须放夜卡，卫队与前营轮流巡防，兵勇不得脱衣，枪不离身。作战时，唯听营官号令，哨弁长传达。兵勇以 40 人为一排，共 5 排，卫队 40 人，作为第三排，余 10

人看守军械，瞭望后路。营官须审察地势、敌情，依地形平列兵勇，放枪时第一排先放，放毕蹲身，后派接放，依次轮放，放枪须候主将号令。主将必须审时度势，动作合宜。临敌须从容应对，确保放枪的命中率，若有毫无准头或手颤者，营官弁长须留神察看，勿令再放，节省弹药。以马队 400 人，夹步兵而立，马队与步队相距须 1 丈。其余马队百余人在步兵后一二里外逡巡，防范敌方包抄。边军军纪严明，所到之处须公买公卖，不得勒索强取、纷扰喧哗、争吵打架，不得妄杀无辜、扰动百姓，违者依罪论处。倘若有擅杀及奸淫掳掠或私闯民宅、强取财物者，立即军前正法，晓谕示众。[①]

二　川边新政中实业发展

清末川藏边务危殆之际，屯垦商矿被清政府视为筹边之要计。1904年，在四川总督锡良的督促和责成下，四川矿务局筹办川边垦务，由粮员吴锡珍等拟定垦务办法，招募内地农夫，首先在巴塘试办小规模的垦务。巴塘事变后，赵尔丰全面筹划经营川边，为解决练兵粮饷问题，兴垦成为"经边六事"中的先务。从 1907 年始，赵尔丰督令各改流设局所的流官勘查各地可垦荒地亩数、土质肥瘠、土地类型、水源气候及适种作物等，制定垦务章程，由官方出资招募内地垦夫，给予农器、口粮、耕牛、籽种，代建藏式房屋，各地垦务相继展开。至 1910 年农历五月，短短三年间，各处垦夫总数已近 2000 名，分布于康定、雅江、稻城、乡城、巴塘、盐井、道孚、炉霍、甘孜等县，[②] 新垦田地亩数成倍增加。在移民实边垦殖政策的推动下，大批四川、湖北等地垦夫到来，将内地耕作技术引入和推广于川边，为川边农业垦殖注入了新的活力。接近内地垦民聚居社区的藏民，效仿垦民的农耕作法，学会除草薅耕，改变不屯不垦的传统习惯，"从事培灌"。[③] 在同当地藏民的互动过程中，汉人垦户成为早期川边农业垦殖改良的具体实践群体。

①　王少旻：《赵尔丰经营西康时之军制》，《边政》1931 年第 6 期；金飞：《清末泰凝及康南用兵记》，《四川月报》第 11 卷第 4 期，1937 年。

②　吴丰培辑《赵尔丰川边奏牍》，第 91 页。有关垦夫和新垦地亩的数量，官方缺乏准确的统计数据，故说法不一。

③　陈重为：《西康问题》，中华书局 1930 年版，第 109 页。

　　针对川边社会农垦技艺普遍滞后的现象，赵尔丰特地聘雇西洋技师，测验水质，以日本农学专家为顾问，改良农业，并在各地设立农事改良机构。各县试办农事试验场，如稻城设有农牧研究所，巴塘设农业试验场，登科有农事试验场和农事改良所，另设德格更庆村试验场、察雅农民试验场、同普农业试验场等。各地试验场以旧有菜园为试验田，修土房、围短墙、置粪坑、备农器，从川、滇购买稻谷、高粱、小麦、马铃薯、荞麦，以及各种豆类、蔬菜品种，雇觅精于农事者，以内地耕法试种，培育良种就地推广各处，且令各头人每路选送学徒一人，跟随场丁学习种植。① 特别是对于川边原本稀缺的蔬果类作物，各地皆进行试种并向农户推广。仅巴塘官府选购试种的蔬果品种就有葱、蒜、芥菜、茄子、辣椒、莴苣、瓜、豆，以及桃、李、杏、梨、葡萄、石榴、核桃等。② 试种内地作物固然因气候不宜多有失败者，却也取得一定实效。昌都、同普、贡觉等部分区域推广种植的马铃薯逐步成为当地的大宗粮食作物之一。

　　果蔬类新品种的引入改变了过去川边农作物品种单一的状况，"凡有农村之地，莫不有果树菜圃，点缀其间"。③ 赵尔丰对农事设施亦颇为重视，鼓励官员及垦户大力兴修水利，以其为农务之第一要义。巴塘开垦茶树山等处荒地时修建南堰、西堰、龙王堰和热水塘堰四条堰渠，可灌溉田地千余亩，并试制筒车引水，"作为模范，俾蛮民转相则效"。④ 理塘修建河渠一条，水碾三座。炉霍章谷屯员在官田区域开沟，引雅砻江支流水源，灌溉稻田。打箭炉厅南关外喇嘛寺西磨场一带引水灌田，开渠60余丈，数十里内农田受益。⑤ 清末川边兴办垦殖与农事改良是相辅相成的。由于官方的强力扶持和推动，通过农垦技术的改进和农业水利设施的兴建，清末川边农业改良事业在部分区域成绩显著。无论是以物的形态引入的新作物，还是内地农垦耕作观念的传播和实践，都对当地农事活动产生了潜移默化的影响。在县府驻地及周围受内地文化濡染较深的区域，部分适种作物有助于改善和丰富

　　① 王孟周：《西康实业概况》，《边政》1932年第9期；四川省民族研究所编《清末川滇边务档案史料》，第496—497、640—642页。

　　② 《巴塘请领籽种》，《四川官报》第32期，1910年。

　　③ 杨仲华：《西康纪要》下册，商务印书馆1937年版，第523页。

　　④ 四川省民族研究所编《清末川滇边务档案史料》，第347页。

　　⑤ 《边地兴农》，《四川官报》第17期，1910年。

当地社会的物质生活，藏民的耕种习惯和技法也或多或少有所改变。

基于军事和政治考量，清朝在康区推行按站支应交通乌拉的制度，利用藏地的乌拉，在川藏线建立起一条连环不断的交通乌拉转输线。官府低价强征交通乌拉，由关外沿途藏民出人力和畜力，协助军饷物资的运输和人员的往来。至清末川边改流期间，赵尔丰以整顿交通、便利行军作为经营川边的首图，饬令修整驿路，疏通川藏南、北大道，分段辟修道路，修筑从成都沿川藏线到前藏的牛车道，并于雅安设车务处，专治牛车，又在康南、康北干线沿途修建"宿站"和"尖站"，改设土著台站，经营旅店 24 处，供往来行旅食宿。[①] 1908 年底，在雅砻江边中渡架设吊式钢桥，改泸定铁索桥为钢桥，拟沿川藏南道修筑川藏铁路。针对弊病重重的交通乌拉问题，赵尔丰颁布《雇佣乌拉章程》，多次饬令支应交通乌拉的规定，意在保护差民的乌拉脚价收入和正当权益，杜绝通事、头人的舞弊，限定和禁止官兵支差范围和不法行为，缓和交通乌拉供求的矛盾，保障乌拉征调和交通运输的顺畅，且欲以牛车取代交通乌拉。诸项措置尚未全面启动，辛亥鼎革，政局动荡，各项努力皆遭中断。

与交通密切相关的康区邮政事业，依托清代原有的驿传系统，在近代获得一定发展。清代自打箭炉至后藏扎什伦布寺，沿途设驿站，传递文报，加急文书从拉萨抵打箭炉 12 日可到。到光绪年间，川边开办邮政，初设打箭炉、巴塘两局。赵尔丰经边之时，以邮政为传达公文及声讯灵通的重要渠道，遂在各县设立邮政局所。康定、巴塘各设三等局一所，其余各处设代办所，南北各路皆有台站之设，公私函件均交台递传寄。康区电政亦首创于赵尔丰经边期间。赵尔丰商同四川总督将四川电报局扩大，改为川藏电政局，随即遣员进入川边铺设成都到康定、续达巴塘的电线。不到两年，十二号铅线电线修成，相继设立打箭炉、理塘、巴塘电报局，兼收发商报。光绪三十四年赵尔丰受命出任驻藏大臣后，奏请专门拨款安设巴塘至西藏电线，派员勘测巴塘至察木多段，开局通报，于宣统三年成立察木多电报局，并续设电

---

① "宿站"由塘兵看守，作为往来行人旅店；"尖站"招佃居住看守。参见四川省档案馆、四川省民族研究所编《近代康区档案资料选编》，四川大学出版社 1990 年版，第 290—298 页。

线至拉萨。①

　　与交通条件的改善相伴随的是清末川边商贸的短期繁荣。新政推行的短短数年间，川边商业的市场潜力和空间布局得到前所未有的发掘和推动。因农牧业与工矿业发展的滞后，利润丰厚的商业成为清末川边新政的重要经济支柱，因此通商被清末赵尔丰列为"经边六事"之一。为招揽内地商贾前往川边贸易，赵尔丰督令官府采取减免商税、整顿商道、护送商团等措施，加上清末改流期间川边政治秩序大体稳定，在潜在市场的刺激下，大量川滇等地商贾拥入川边，民间商贸日趋繁荣。前往康定、甘孜、巴塘等地商号多达数百家，资本近千万，尤其是汉商"影响所及，分布之区域日益扩展，不但康东各地，且更深入康西、康南各处"，② 内地商业资本被引入川边。举凡城镇皆建市场，或设商号，固定交易场所沿川藏线分布于南北两路，经商地域范围和经商规模相继扩大。时人赞誉道："西康商业，以清末民初为极盛时代。"③

　　清末赵尔丰经略川边期间积极提倡兴办实业，充分利用边地资源优势，试图有针对性地重点扶持部分传统手工业，引入近代工业技术元素，以辟利源。光绪三十四年十月赵尔丰最先在巴塘开办制革厂，由日本购买制革设备，从四川调派熟练技工指导设厂，并选派巴塘、理塘、乡城、稻城等地藏民子弟优异者 48 名赴四川学习制革技法。尽管出于种种原因，销路不畅，亏损严重，巴塘制革厂所产皮革却在宣统三年四月南洋劝业赛会上获奖，因之巴塘皮鞋、藏靴技术质样大有改进，在民国时期运销康藏滇边各地，广受欢迎。④ 宣统二年正月，赵尔丰又从硕板多延聘陶工泽日大吉前往巴塘开设制陶班，专门向官话学堂学生传授制陶技术。七月，巴塘印刷局成立，使用购自上海的机器和铅字，租房设局，印刷学堂用书及各类公文告示等。印刷局一面招揽内地工匠，教授藏民子弟翻印技术，一面聘请内地雕匠刊刻各类

　　① 李亦人：《西康综览》，第293—295页；高警民：《西康交通之现状》，《西北问题季刊》第1、2期合刊，1936年；徐揆五：《现代西康交通之改进》，《新亚细亚》第10卷第1期，1935年。

　　② 周太玄：《西康通志·工商志》，四川省档案馆藏，历史资料其他类，分类号：11（121-1/1）111，第22页；仲康：《西康商业之现状及其前途》，《康藏前锋》第2卷第2期，1934年。

　　③ 仲康：《西康商业之现状及其前途》，《康藏前锋》第2卷第2期，1934年。

　　④ 格桑群觉：《赵尔丰在巴塘》，《巴塘志苑》1984年第2期。

书本及字帖等。前后数年间，稻城委员冷家骥还试办过造纸厂、制磨厂。程凤翔利用桑昂曲宗、察雅等地自然资源，开办纸厂和割取漆树。河口学堂教习周裕文以雅砻江两岸野桑试验养蚕取得成功，向学生传授饲蚕缲丝技术，继而举办蚕桑局，选送藏民女童习养蚕之法。[①] 清末创办的种种实业虽未达到兴辟利源的最初目的，辛亥鼎革后各项事业亦随之中断，但其毕竟是康区手工业迈向近代化工业的重要一步。

康区素来被近代国人视为矿产富源之地，尤以盛产黄金著称于世，民间向来有"草鞋踏过，满地黄金"之说。[②] 藏地传统社会原本有采掘浅矿、从事冶铸的生产惯例，但是不辨矿脉，淘沙之法拙劣，工具简陋，开采量极少。矿权收益皆由土司、寺院等掌握，且受到神山封禁的宗教性约制，处处禁采。从清代后期起，当地矿源开始吸引部分汉商及汉民自发前赴采矿，东部地区首先出现民集采冶的矿业繁盛景象。咸丰、同治间，打箭炉厅招民采矿，康定孔玉、鱼通，丹巴绒岔沟、铜炉房等地一时间聚集矿夫数十百棚，采金事业继之而起。[③] 到清末川边新政期间，在官府的推促下，矿产开采范围迅速拓展到关外各地，为康区矿业规模化、近代化之始，并延续到民国时期。

清末赵尔丰经略川边将开矿作为增辟利源、充裕饷费的有效渠道，欲先行以官办同外人争利权，计划择富矿，由官设厂，添购机器，改良土法，雇夫开采。光绪三十四年赵尔丰聘留美矿科专业学生刘轼轮充任关外矿务工程师，之后多次遣员赴关外勘探矿源。两年后，矿务委员张以诚雇募荥经、天全司事、锤手，采购炼铁炉头及器具等，在德格冈拖等处开采铜矿。之后，德格委员万里在德格扩络垛、柯鹿洞一带试掘金矿，招募炮夫、匠役及邻近藏民入厂开采。初办矿务获利后，为延揽内地资本投资开矿，扩大采矿规模，抽取矿税，赵尔丰将矿务举办策略由单纯官办，改为官督商办，在宣统元年允准贵州修文县监生刘广烨自行出资开采盐源金矿，颁给试办金矿执照。赵尔丰还专门颁定金厂章程，规定厂矿范围、采

---

① 四川省民族研究所编《清末川滇边务档案史料》，第 158、164—165、304—306、333、558、584、663—664、682—683、693—695、708—710、768—769、932 页。

② 《政府组金矿局从事开发西康黄金》，《金融周报》第 7 卷第 6 期，1939 年。

③ 任乃强：《西康图经·民俗篇》，西藏古籍出版社 2000 版，第 437—438 页。

金组织形式、课税数量等。此先例一开，投资兴办矿务者纷至沓来，各地矿厂陆续开办。1910年，理塘汉商范长兴与毛丫头人噶玛等自费试办理塘金矿。同年，程凤翔令驻防边军以土法开采察隅梭哩山银矿，汉商周荣山试办河口纳利石金厂，陕商潘书恒在得荣投资开采扎学山金矿。理塘、瞻化等地甚至出现藏民私自采挖金矿、强占矿地的现象。数年间，以官办、官督商办等形式在康区开办的矿厂多达数十处，仅金矿就有25处。[①] 尽管开采矿藏最终并未给经边事业带来巨大的利源，助益于经费困境的解决，然开矿风气自此流行开来，兴办矿务被纳入康区经济近代化的进程。

表 3-1　清末康区开采矿产

矿类	出产县地及厂名	备　　注
金矿	察隅扩络垛金矿	公家所开，不过选勇丁数名教导康民试办
银矿	察隅梭哩山银厂	公家试办，矿产本富，唯山岭崇高，采寻维艰，每百斤锻银四两三钱六分。其矿为蜘蛛引道，原非联络一股，间隔远近不等，仓矿数量亦不相等，停办
金矿	理化色许莫拉石金厂	商办二棚，每棚十五人，每棚月纳课金四钱，以下各厂均类推，唯开采后不数月间即相继停采
金矿	雅江纳利石金矿	商办，棚数未定，照章纳课
金矿	理化毛丫沟撒马金厂	商办二棚，每棚月纳课金四钱
金矿	理化毛丫沟阿加曲采金厂	商办七棚，现所开采者并无组织，人数多寡亦不定，且不纳课金，纯系康民私掘
金矿	理化毛丫沟夺沾金厂	商办有两处，一处十棚，一处七棚
金矿	理化角母碉金厂	商办十棚，遵章纳课
金矿	理化毛丫沟阿加龙金厂	商办，金夫十七人，作一棚纳课
金矿	理化毛丫沟马垭地方金厂	商办挖金，人数九名，作半棚，每月纳课金二钱
金矿	理化毛丫沟恰垄金厂	商办两处，开挖一处，金夫七十六名，作五棚，一处金夫十名，作半棚
金矿	理化毛丫沟洒马金厂	商办一棚，金夫十五名
金矿	得荣那隆坤金厂	商办，金夫一棚
金矿	得荣扎学山金厂	商办，金夫三棚

① 四川省民族研究所编《清末川滇边务档案史料》，第230—232、381—382、385—386、392、394—396、439、475—476、508—509、562—563、607—608、691、698—699、787—788、823、883、936—938、1016、1129、1143 页。

续表

矿类	出产县地及厂名	备　　注
金矿	康定灯盏窝金厂	商办，厂地数处，共十余棚，现停采
金矿	康定偏岩子金厂	商办，厂地数处，共十棚，现停采
金矿	道孚泰宁金厂	商办，厂地数处，共十余棚，现停采
金矿	瞻化麦科金厂	麦科金质及色冠于全康，产金尤旺，惜公家势力不及，未征课税，后定挖得之金，例卖官厅，每两算九钱四分，以六分纳课等语，但人民私相售卖，政府亦难禁止
金矿	九龙黄喇嘛地界金厂	开采多处，无棚处之组织，任人民随掘，现在亦然。厂地甚多，产金亦旺，惜从未征税。开采者皆本地土民耳
银矿	朵瑜梭哩山银厂	
铜矿	得荣长绒湾红铜厂	得荣铜矿最多，长绒湾开厂系公家试办，因亏折旋停
铜矿	康定鱼通铜厂	商办，因资本缺少，停
铅矿	康定鱼通铅厂	鱼通铅矿丰富，向为商办，近因私人亏蚀，停止
煤矿	巴安七村沟多毛山煤厂	公办制革厂查获煤矿，用巨费试办，工人无把握，未收效，即停
煤矿	康定玉林宫毛家沟煤厂	宣统三年闰六月探得，未开掘

资料来源：梅心如《西康》，正中书局 1934 年版，第 198—200 页。

三　清末川边学务

赵尔丰经营川边之初，以兴学为"经边六事"之第一要务。随着川边大规模改土归流的实施及各项新政在川边的推行，带有近代教育性质的新式学校先后在各地建立起来，开创出近代"西康教育之黄金期"。[①]

光绪三十三年六月关外的设立，为近代康区学校教育之发轫。关外学务总局学务总局是川边兴学事业的统筹主管机构，以度支部主事吴嘉谟充任总办，聘任教员，采购图书仪器。为保障川边设学的顺利，关外学务总局创设伊始，制定《四川新订关外学务调查专章》，规定设校之先，须注重逐村调查，仿照内地劝学、视学之例，以演说劝导为先务，

---

① 刘绍禹：《西康教育史之略述》，《康藏前锋》第 4 卷第 1、2 期合刊，1936 年。

仍以强迫为主，示以奖惩，令七岁以上的藏民学龄孩童入学受教育。[①] 此后，随着各地学务的逐步开展，针对藏民抵制学校教育的现象，关外学务总局成立专门开导劝学的宣讲所，首先在巴塘、理塘、乡城、稻坝和打箭炉等地委派视学专员和劝学员，分赴各地城乡，宣讲兴办学校、主动入学的目的和好处。[②] 官府为激发民众入学热忱，也采取免除差役、学费，给予学生冠履服饰等奖励性举措。教育经费多次由边务经费项下支给，但始终无固定财政支持，经费短缺。关外学务总局不得不多方开辟利源，通过抽收面行秤息、各方捐资筹款、罚款没收财物等途径，弥补款项不足。

在检视川边原有教育资源后，总办吴嘉谟以巴塘为设学首选区域，从改良私塾教育入手，将旧有汉语传习所和私塾合并，作为开办初级学堂的基础。初等小学堂首先在最早改流的巴塘、理塘等地的人口聚居处开设。校舍暂以当地庙宇、寺院及充公官舍、民居等改用。生源最初以汉民学童为主，后扩大到汉、藏适龄学童兼收，不分藏汉统一设学。初等小学堂之外，官府督促和鼓励不通汉语、汉文的藏民学童进入官话学堂，先专习国语、国文，并借助明正土司在雅砻江以东川边东部的影响力，照蒙养学堂或初等小学案例，在城乡各地遍设"夷务学堂"，以收兴文教之效，[③] 后来专设女子官话学堂。到光绪三十四年，兴学仅及两年，川边南部巴塘、理塘、乡城、盐井等处设有新式学堂 30 所，学生 960 名。至次年 6 月，新式学堂增至 52 所，有藏汉男女学生 1500 余名。[④]

调查设学之初，关外学务总局考虑到政令推行及兴办学校的管理便利，于光绪三十四年将改流设学区域划分为四学区，即以巴塘为中心的中区，以理塘和河口合为东区，以乡城和稻城组成的南区，以盐井为中心的西区，每学区分设官话小学和初等小学。学区由学务总理和总校长督管，前者多由地

---

① 《办理关外学务局为详请事》，《四川教育官报》第 2 期，1909 年。

② 《张中亮禀请设立宣讲所》，四川省民族研究所编《清末川滇边务档案史料》，第 664 页。

③ 《关外学务局禀筹办学务情形暨推广改良办法一案》，《四川教育官报》第 112 期，1908 年；《札打箭炉厅饬明正土司筹设夷民学堂》，四川省民族研究所编《清末川滇边务档案史料》，第 247 页。

④ 《关外学务成绩》，《广益丛报》第 215 期，1909 年；张敬熙：《三十年来之西康教育》上卷，商务印书馆 1937 年版，第 19、27 页。

方官兼任，负责选择校址、营建校舍和管理学款收支；后者主管本区教育事务及宣布命令一切事务。各地选派学董，如有汉人学生者，汉藏并选，若学生皆由各村选送，则由各村头人轮流充任。[1] 关外学务总局另仿内地之例，不定期酌量委派视学专员赴各区，切实考查，监督学务进展，裁汰不合格的教员。

光绪三十四年德格改流后，边务大臣辖境向川边北部扩展，进而延伸至金沙江以西地区。瞻对收回后，各地陆续改流设官，川边政治版图大抵奠定。改流政务推进的同时，学务紧随其后，学校教育渗入寺院。官府要求寺院开具名册，报送喇嘛入学堂学习汉文，设学区域亦逐步扩大。宣统二年中区推至三坝，西区扩大到宁静、察雅、昌都等地，又以德格、白玉增设北区，各类学堂达122所。理塘、宁静等地新设喇嘛通译学堂，巴塘设幼稚园3所。在校学生人数倍增，粗略估计在3000名。宣统三年学务局增设学区为8处，即中区巴塘、得荣，南区定乡、稻城，西区察雅、昌都、贡县，西二区盐井、宁静，北区白玉、武成、同普，北二区德格、登科、石渠、甘孜，东区理塘、雅江，东二区康定等地。学务总理仍由各处粮员或设治委员兼任。同年，学堂新增四五十所，学生人数又增千余名，"已设男女学校一百六十余所，内计高等小学一，初等小学十八，官话学校一百一十二，女子初等小学三，女子官话学校十八，实业学校三，专门通译学校三，男幼稚园二，女幼稚园二，男女学生凡四千三百七十三名"。[2] 不过，各学区教育事业的发展不均衡。据张敬熙对1907—1910年学校教育发展走势的分析，南区、中区和西区发展态势迅猛，而北区学务启动较晚，推进相对缓慢，到1910年仅设两所官话学堂。[3]

学务推进迅速，数年间官话学堂毕业生数量激增。为使毕业生继续深造，宣统二年拟筹设高等小学预科，[4] 实现边地兴学从启蒙教育向高等小学教育的转变。惜高等小学尚未开办，清王朝业已覆亡。

师资严重匮乏是川边兴学过程中始终面临的严峻问题。兴学之始，新办学堂大多以粗通藏汉文字的商贾和退职官弁任教。为解决师资问题，早在川

---

① 《关外学务一览表简明说》，《四川教育官报》第1期，1909年。
② 《边藏最近之闻见》，《东方杂志》第8卷第12期，1912年。
③ 张敬熙：《三十年来之西康教育》上卷，第18—41页。
④ 《王典章禀报筹办高等小学预科》，四川省民族研究所编《清末川滇边务档案史料》，第804—805页。

边兴学前，四川总督锡良于光绪三十二年十月奏设四川藏文学堂，以经划边疆必先通其语文为始，利便沟通川边藏情，声息相通。布政使许涵度、提学使方旭也提议仿照京师国子监藏文学堂例，在打箭炉特设优级藏文学堂，选内地各项优等卒业生，令其专练藏语。十二月，四川藏文学堂开学。学堂开设于成都奉化馆，以守备署为学员宿舍。修业期两年，课程内容具有较强的针对性，包括修身伦理、藏语、英语、国文、历史（偏重川滇边事、藏卫沿革及印度史）、舆地（侧重川滇疆域）、测绘、体操等。到光绪三十四年十一月，届满四期，毕业学员 93 名，其中 70 余名于宣统元年被派往川边各地，近半数担任学堂教员。四川藏文学堂成为川边兴学初期师资的主要培训场所，也是近代史上第一所藏文专修学堂，被认为是西康师范教育之先导。

川边兴学之时，四川藏文学堂学员尚未卒业，内地教员不谙藏语，学务局为解燃眉之急，于光绪三十三年开办巴塘师范传习所，招收学员多为制营号书或本地商贾，短期训练即派任教，至暑假间再调局补习。到宣统元年藏文学堂卒业生赴边任教，传习所始行停办，共设班四次，学员 45 名。女子学堂教员聘任行营管带、哨官及教习的眷属，待学堂毕业生长成后再担任女学堂教习。宣统二年川边学区扩大，师资更形紧张，遂延聘成都师范生两批次 46 名赴关外任教，并开办补习班，兼实地练习藏语。宣统三年，基于储备长期合格师资的考虑，吴嘉谟奏请在康定开设关学师范传习所，后改称藏语专修学堂，延揽四川藏文毕业生、四川西南两道学子及通识藏汉文者入学，依照边地教授及管理法，由巴塘藏文教员任教。但是辛亥鼎革后，专修学堂无疾而终。

就课程设置而言，近代川边新式学堂以清末颁布的《奏定学堂章程》为蓝本，依据边地实情和授课对象，对课程做出相应的调整。初等学堂与官话学堂间略有差别，主要是因后者的特殊性，以向藏民孩童普及官话为目标，故学制较前者为短，课程科目相应有所减少。而且学务局规定，各地官话学堂的修业年限、教学课程编配、教材选择及教本编辑，应依据学童生活及环境所需，不受部章限制，可自由制定。所以课程具体科目的设置空间和弹性相对较大，且可依据教学实践的具体情形和经验，在不同学期做出调适（参见表 3-2、表 3-3、表 3-4）。①

①　以上资料未注明出处者，均参见张敬熙《三十年来之西康教育》上卷。

表 3-2　清末巴塘、理塘初等学堂课程设置

校名	巴塘第一初等学堂	理塘第一初等学堂
第一学年	修身、读经、讲经、国文、历史、地理、算术、格致、习字、体操	修身、读经、讲经、国文、历史、地理、习字、体操
第二学年	修身、读经、讲经、国文、历史、地理、算术、格致、习字、体操、唱歌、图画	修身、读经、讲经、国文、历史、地理、算术、格致、习字、体操、唱歌
备考	1. 第三学年科目不详，以意度之，想与前两年无大出入也 2. 教科书除经学外，多采用部颁本或商务本	

资料来源：张敬熙《三十年来之西康教育》上卷，第83—84页。

表 3-3　清末川边各地官话学堂第一学年科目比较

区域	各校共有科目	各校特有科目
巴塘	修身、官话、国文、体操	习字、算术、演话、读经、唱歌
理塘	修身、官话、国文、体操	习字、算术、演话、历史、地理、格致、图画、读经
盐井	修身、官话、国文、体操、演话	习字、算术、历史
乡城	修身、官话、国文、体操、演话	
稻城	修身、官话、国文、体操、演话	
备注	各校特有科目，有仅列一二科者，亦有列至七科者，如理塘第一官话学堂有习字、算术、读经、历史、地理、格致、图画七科之多	

资料来源：张敬熙《三十年来之西康教育》上卷，第85页。

表 3-4　清末川边各地官话学堂第二学年科目比较

区域	各校共有科目	各校特有科目
巴塘	修身、官话、国文、体操、习字	读经、图画、算术
理塘	修身、官话、国文、体操、习字、算术	读经、唱歌
盐井	修身、官话、国文、体操	习字、演话、历史、地理、算术
乡城	修身、官话、国文、读经、算术	习字、讲经、历史、地理、格致、图画、手工
稻城	修身、官话、国文、体操、习字	唱歌、讲经、历史、地理、格致、算术
备注	各校特有科目，有仅列一二科者，亦有列至六科者，如乡城第七官话学堂有讲经、历史、地理、格致、习字、图画六科之多	

资料来源：张敬熙《三十年来之西康教育》上卷，第85—86页。

但是学堂教学内容偏重汉文化教育，普遍存在同川边社会文化场景脱节的现象，导致学生对课堂讲授内容难以理解，厌学逃学、雇读旷课的现象时常出现。对此，学务局从成都聘请张卜冲对教材编制和课程内容改革进行规划，注重增强课程内容与地方传统文化的适应和结合，编写出《西陲三字韵语》《巴塘百家姓》《关外官话课本》《巴塘唱歌读本》等富有地方文化气息的系列乡土教材。此类教材以白话文撰写，通俗易懂，将当地史地人文、物产风土融入教材内容中，使教材内容尽量贴近学生熟悉的本土生活，一定程度上实现了教学内容的生活化和乡土化。宣统二年稻城等地还专设教育研究所，参酌稽考教授之法，编辑修订教科书等，以便提高教学质量。①

学堂教育同川边乡土社会相互衔接的另一项重要举措是融入职业教育元素，将川边各地特色资源开发、民生改善同学校教育结合起来。川边以畜牧、皮毛出产为富源。光绪三十四年，学务局从巴塘、理塘、稻城等地选送青年藏人 30 名前往成都学习制革技术，又于登科创建畜牧学堂，令选送藏民学徒学习养殖技术。因巴塘制陶工艺著称川边，学务局聘陶工泽日大吉为教习，在官话学堂招收孤寒子弟 13 名，研练制陶技能，令将巴塘关帝庙第二官话学堂移往阿西窑场附近，"学徒等学陶之余就习官话及浅易珠算、识字等科，借宏教育"。② 雅砻江边河口设蚕桑局，选送邻村孩童住局学习养蚕技艺，教习由河口学堂教习周裕文兼充，近于内地学徒之制。

清末川边兴学短短四年，学校教育事业盛极一时，在传播知识文化，开通近代康区社会风气，推动康区近代化进程，实现传统教育向近代新式教育转型，初步培育近代康区知识精英群体等方面无疑具有开拓性意义。

①　《冷家骥详请设立教育研究所》，四川省民族研究所编《清末川滇边务档案史料》，第 824—825 页。
②　《关外学务局、巴塘粮员会详制陶成效昭著请选学徒》，四川省民族研究所编《清末川滇边务档案史料》，第 584—586 页。

第　四　章

北洋政府时期的川边事务

第一节　西藏、川边政局与民初川滇军西征

宣统三年七月波密平定后，发端于四川的保路运动风潮逐渐波及西藏。自清代以来，驻藏川军的粮饷历由四川供给。保路运动爆发后，四川政局陷于混乱，驻藏川军的饷源断绝，军心开始涣散。驻波密川军首先哗变，驻藏左参赞罗长裿因整顿军纪，触犯川军中的哥老会势力权益，被乱军杀害于工布。① 九月，驻藏川军声称回川"勤王"，向西藏地方政府索取路费银10万两，"藏人本不愿陆军驻藏，今闻回川，幸出望外，即慨然送给。乃得银竟不回川，日事赌博、仇杀"。② 拉萨"秩序紊乱，法纪荡然"。③

川军的行为引起藏人的猜疑，以为此即所谓"共和"，于是"反抗之举大起"。④ 其中，袍哥郭元珍、何光燮、范金、李维新等"深抱不安，遂改称革命"。⑤ 此后，拉萨川军中的一部分袍哥领袖为响应四川独立的号召，

① 谢国梁：《藏事略述》，西藏社会科学院西藏学汉文文献编辑室编《西藏学文献丛书别辑·藏事稿本一》，中国藏学出版社1995年版，第1页。

② 《藏事条陈·常印藏事报告（择要）》，牛达、辛轺校点，西藏社会科学院西藏学汉文文献编辑室编《西藏学文献丛书别辑》第13函，中国藏学出版社1995年版，第12—13页。

③ 谢国梁：《藏事略述》，西藏社会科学院西藏学汉文文献编辑室编《西藏学文献丛书别辑·藏事稿本一》，第1页。

④ 《西藏研究》编辑部编《民元藏事电稿、藏乱始末见闻记四种》，西藏人民出版社1983年版，第164页。

⑤ 忧患余生：《藏乱始末见闻记》，《西藏研究》编辑部编《民元藏事电稿、藏乱始末见闻记四种》，第121页。

创设公议局和大同保障总公口，① 以马队管带汪文铭为议长，但实权乃归军队。后因袍哥首领刘荣武不服，威逼汪文铭辞职，遂设立三部，以何光燮为民政部部长，郭元珍为财政部部长，钟颖为军政部部长。而议院总议长由张谋出任，众议员"权势之大，罕与伦比"。② 至此，"军队皆系袍哥，遂占优势。各营官长之非袍哥者无不废置另举，如一营管带刘弼良易为潘文华，二营管带张鸿升易为汪文铭，三营管带陈渠珍易为张云龙，土兵营管带谢国梁易为张文华。下此更无不擅自更易，统由本营自举，其被废者无不入袍哥以图免祸"。③

公议局随后通知驻江孜、后藏（日喀则）军队，"各树大汉革命旗帜"，赴拉萨夺取驻藏大臣联豫之权。各路川军于宣统三年十月初到达拉萨。联豫闻信，逃往哲蚌寺（dpal ldan vbras dkar spungs pa，又称布赉绷）躲避，由钟颖代行钦差之职。④ 钟颖以贿赂手段犒赏各军官，然"劫杀愈不能止"。⑤ 联豫以革命尽属汉人，决定联合十三世达赖喇嘛起兵，共同对付驻藏川军。达赖即遣厦札噶布伦传檄各地藏兵于 1912 年正月围攻江孜。⑥ 当时"拉萨驻军初变，不服命令"，加之"钟颖亦恨汉人革命，坐视不救"。⑦ 1912 年正月二十二日，公议局接到江孜警报后，派管带潘文华率队前往救援。色拉寺（se ra thog chen gling）负有为往征川军支应夫马之责，但"该寺以汉兵往与番边开战，不肯支应"。管带张云龙以"色拉寺金灯甚多，故告奋勇"，于 2 月率军进攻色拉寺。⑧ 汉藏双方"以此决裂，遂开战端"。⑨ "自此互相

---

① 《藏乱纪略》，《西藏研究》编辑部编《民元藏事电稿、藏乱始末见闻记四种》，第 149 页。

② 忧患余生：《藏乱始末见闻记》，《西藏研究》编辑部编《民元藏事电稿、藏乱始末见闻记四种》，第 124 页。

③ 忧患余生：《藏乱始末见闻记》，《西藏研究》编辑部编《民元藏事电稿、藏乱始末见闻记四种》，第 134—135 页。

④ 忧患余生：《藏乱始末见闻记》，《西藏研究》编辑部编《民元藏事电稿、藏乱始末见闻记四种》，第 122 页。

⑤ 尚秉和：《西藏篇》，《西藏研究》编辑部编《民元藏事电稿、藏乱始末见闻记四种》，第 138 页。

⑥ 尚秉和：《西藏篇》，《西藏研究》编辑部编《民元藏事电稿、藏乱始末见闻记四种》，第 138 页。

⑦ 尚秉和：《西藏篇》，《西藏研究》编辑部编《民元藏事电稿、藏乱始末见闻记四种》，第 138 页。

⑧ 忧患余生：《藏乱始末见闻记》，《西藏研究》编辑部编《民元藏事电稿、藏乱始末见闻记四种》，第 124 页。

⑨ 《藏事条陈·常印藏事报告（择要）》，西藏社会科学院西藏学汉文文献编辑室编《西藏学文献丛书别辑》第 13 函，第 13 页。

残杀之事无日无之，万难禁止。"① 公议局难以维持局面，随之解散，但"因兵心服从钟颖，不得已仍请其主持军政"。②

1912年3月，数万藏兵进围拉萨，陆续占据拉萨衙署及军械局、铜元局。③ 同时，西藏商上招募兵丁万余名，与驻藏川军作战，并通告全藏营官、喇嘛，攻击各地川军。④ 当时驻日喀则川军因粮弹将罄，在英国、廓尔喀领事的调和下，将枪支卖给藏官，被分期遣返回内地。⑤ 4月3日，驻藏川军与藏军签订协议，驻江孜川军被迫离藏。而此前援助江孜的管带潘文华，也被缴械并出藏。靖西同知马师周、江孜监督马吉符亦先后擅自出藏。各路文报已不通。⑥ 为了维系中央与西藏地方的政治联系，留在拉萨的钟颖被四川都督尹昌衡保荐为驻藏办事长官，转而于5月9日被民国政府照准任命。6月19日，驻藏川军与藏军在廓尔喀派驻拉萨之噶布丹的调停下举行和议。藏官要求川军退出藏地，留驻藏长官署卫兵60名，枪炮由噶布丹封存在藏。⑦ 双方难以达成一致意见，遂复开战。⑧ 7月6日，藏军在拉萨包围钟颖。至7月30日，驻藏川军与藏军缔结协议。其大意为：（1）川军枪弹交廓尔喀驻藏官员封存；（2）驻藏川军由印度回内地，"其钦差、粮台、夷情各官，仍照旧驻藏"；（3）"钦差准留枪三十支，统领准留枪六十支"；（4）"汉兵出关后，所有前次兵变损失财产房屋，须照实议赔"。⑨ 8月16日，钟颖交出各式毛瑟枪1500余支，开花炮3门，机关枪1架，子弹80箱。⑩

---

① 《西藏研究》编辑部编《民元藏事电稿、藏乱始末见闻记四种》，第147页。

② 《藏事条陈·常印藏事报告（择要）》，西藏社会科学院西藏学汉文文献编辑室编《西藏学文献丛书别辑》第13函，第13页。

③ 尚秉和：《西藏篇》，《西藏研究》编辑部编《民元藏事电稿、藏乱始末见闻记四种》，第138—139页。

④ 朱绣编著，吴均校注《西藏六十年大事记》，青海人民出版社1996年版，第29页。

⑤ 尚秉和：《西藏篇》，《西藏研究》编辑部编《民元藏事电稿、藏乱始末见闻记四种》，第139页。

⑥ 忧患余生：《藏乱始末见闻记》，《西藏研究》编辑部编《民元藏事电稿、藏乱始末见闻记四种》，第126页。

⑦ 谢国梁：《藏事略述》，西藏社会科学院西藏学汉文文献编辑室编《西藏学文献丛书别辑·藏事稿本一》，第2页。

⑧ 忧患余生：《藏乱始末见闻记》，《西藏研究》编辑部编《民元藏事电稿、藏乱始末见闻记四种》，第127页。

⑨ 朱绣编著，吴均校注《西藏六十年大事记》，第30—31页。联豫离开拉萨的时间为8月4日，参见忧患余生《藏乱始末见闻记》，《西藏研究》编辑部编《民元藏事电稿、藏乱始末见闻记四种》，第124页。

⑩ 朱绣编著，吴均校注《西藏六十年大事记》，第31页。

其后，因"钟颖背约，匿川兵数百于地穆寺"，驻藏川军与藏军再次开战。11 月，钟颖率全队离开拉萨。①

事实上，辛亥鼎革之际西藏乱局的形成，驻藏川军的哗变实为主因，而袍哥势力在其中起着关键作用。清末驻藏川军中的哥老会（袍哥）源于四川大邑人叶纶三（与联豫之蓝翎侍卫杨有奎系同乡），因其"居藏中，遂诱军人入会，开山堂，设局赌博，由是哥者会蔓延于陆军中"。② 据清末四川同知、西藏学务处科长常印云：

> 此次藏人之变，推其原因始由于哥老会徒之酿成，继由于剿抚兼失之所致。初非藏人有意背叛也，及开战后将不知兵，兵不用命，屡战失利，始启藏人轻侮之心而狡焉思逞。……种种失败，无非我边自召其机，授人以柄。③

西藏江孜关监督史悠明亦称：

> 前清驻防西藏官兵，向由川省各处绿营拨派，逐年抽换，官军大都真实民籍，均以身家所系，无敢妄作非为，月食盐折两份，一由内地拨给家属，俾资事畜；一由藏中发给本兵，以资食用，故官兵内顾无忧，多有期满不愿回籍者，因娶夷女为配，小营别业，数百年来，与番人比同而居，各无猜疑，其子若孙，成丁入营补兵者，至今犹不乏人。上年到藏陆军半系流氓，籍贯住址多不确实，犯事逃脱，无从详究。初抵藏时，尚守营规，自变乱后，竟倡哥会，不服约束，自由行动，目无法纪，胆大胡为，有由兵卒遽升至队官排长者，无学无识，惟利是图，甚至白昼率兵四出，探知殷实番家，即诬以藏有蛮兵，入室抄取资财，行同盗贼，诬百姓为蛮兵，即拿回斩首剁指，种种无理作为，番族怨恨极

---

① 谢国梁：《藏事略述》，西藏社会科学院西藏学汉文文献编辑室编《西藏学文献丛书别辑·藏事稿本一》，第 2 页。

② 尚秉和：《西藏篇》，《西藏研究》编辑部编《民元藏事电稿、藏乱始末见闻记四种》，第 137—138 页。

③ 《藏事条陈·常印藏事报告（择要）》，西藏社会科学院西藏学汉文文献编辑室编《西藏学文献丛书别辑》第 13 函，第 12 页。

深，人人脑中皆有仇汉思想。常云新汉人不若旧汉人之素有规矩。①

川军统帅钟颖对清末驻藏川军的哗变亦负有重要责任。宣统二年，当钟颖率川军至拉萨后，联豫"见其少年轻佻，颇不喜，屡欲以罗易钟"。② 宣统三年，钟颖征剿波密失败，"联豫乃遍札驻藏文武官吏，使论罗、钟优劣。各官承其意，皆称罗优。联豫据以入奏，请易将"。③ 在西藏变乱中，"有主张革命者，皆官长职员，及少数部队。有拥护钟颖者，皆哥老会之流。其时联豫方由川领回军饷三十万，钟颖挟其撤职之恨，使士兵拦劫于乌苏江，即拥此巨资，号召哥老会人"。④ 于是，钟颖率所部西行入拉萨，"幽联豫、勒藏人筹饷及乌拉，云将返川勤王"。主张革命之少数官兵，因陈渠珍逃去，群龙无首，亦多入拉萨，依附钟颖。其后，川军劫掠淫杀，无恶不为，激成藏人反抗。⑤ 当时，谢国梁"以汉藏不宜过伤感情，力持异议。钟不听"。⑥

据由西藏返回内地的人士云："予新自藏归，于拉萨变乱情形，均所目击，其中原因虽甚复杂，然酿成今日全藏瓯脱瓦解，糜烂不可收拾，不能不归咎于协统之纵容兵士，统率无方，有以激之使然也。"⑦ 谢国梁认为，"原藏人本无仇汉之心，民国反正，协统钟颖纵兵劫掠，开衅拉萨，已而兵败出藏，国威扫地，遂使藏番日益骄横，贻祸至今"。⑧ 1939 年 9 月，国民政府国防最高委员会第十五次常务会议讨论通过了"蒙藏委员会委员长吴忠信奉使入藏谈话要旨十一项"，其中提到，"川军哗变、第十三辈达赖出走，使藏方对于中央统治边陲之能力发生怀疑。应说明现在全国团结一致，类似事件绝无再发可能"。⑨ 由

---

① 《西藏江孜关监督史悠明条陈治藏策》，《西藏研究》编辑部编《民元藏事电稿、藏乱始末见闻记四种》，第 15 页。
② 陈渠珍著，任乃强校注《艽野尘梦》，重庆出版社 1982 年版，第 61 页。
③ 陈渠珍著，任乃强校注《艽野尘梦》，第 61 页。
④ 陈渠珍著，任乃强校注《艽野尘梦》，第 86 页。
⑤ 陈渠珍著，任乃强校注《艽野尘梦》，第 86 页。
⑥ 谢国梁：《班禅被逼出走后规划西藏条陈》（1925 年 2 月 8 日），西藏社会科学院西藏学汉文文献编辑室编《西藏学文献丛书别辑》第 13 函，第 9 页。
⑦ 《西藏研究》编辑部编《民元藏事电稿、藏乱始末见闻记四种》，第 162—163 页。
⑧ 谢国梁：《规划西藏条陈》（1920 年 5 月 14 日），《西藏学文献丛书别辑》第 13 函，第 5 页。
⑨ 《行政院为抄送入藏谈话要旨十一项事给吴忠信训令》，中国藏学研究中心、中国第二历史档案馆、西藏自治区档案馆等编《元以来西藏地方与中央政府关系档案史料汇编》第 7 册，中国藏学出版社1994 年版，第 2777—2778 页。

此可见，清末驻藏川军哗变对于汉藏关系的影响十分深远。

　　西藏变乱发生后，达赖喇嘛"更密檄康地僧徒，嗾蛮民仇汉"，[1] 因康、藏之间在民族、宗教等方面的紧密联系，川边各地僧侣及被裁土司、头人纷纷起事，而川边当时防务空虚。宣统三年十月，赵尔丰在成都宣布四川自治，交出军政权。十一月，赵尔丰被成都军政府都督尹昌衡诛杀。十二月，率数千边军驰援成都的傅嵩炑至雅州（今雅安）战败被俘。傅嵩炑入关后，边军进行了改编，顾占文被推为临时督军，驻巴塘，彭日升驻昌都，牛运隆驻德格，刘赞廷驻江卡，分地固守。[2] 1912 年 2 月，为报复赵尔丰捣毁桑披寺，乡城喇嘛驱逐汉人戍兵及汉商。[3] 乡城驻军被困，于是偕县令逃往云南，稻城驻军亦被迫退往木里。随后，乡城土头占据稻坝（rtavo phrin）、贡噶岭（gangs dkar rnam gling）。1912 年 5 月，昌都仓储巴及波密、乍雅（brag gyab）民众因受西藏地方政府鼓惑，合力围攻昌都。[4] 驻扎拉里、硕般多的军吏亦被工布江达、波密等处藏兵攻击，形势危急。[5] 6 月，江卡、乍丫、稻城、三坝、南墩等处相继失守，江卡委员段鹏瑞逃入阿墩子。7 月，理塘、河口（nyag chu kha）、盐井均失守，巴塘、昌都被围，巴塘哨弁刘锡章、盐井委员张世杰逃入阿墩子。[6] 至此，川边尚由边军据守者仅泸定、康定、道孚、巴塘、瞻化、炉霍、甘孜、德格、登科（1913 年改名邓柯）、石渠、昌都等十一县。[7]

　　川边形势危急之时，云南都督蔡锷电商四川都督尹昌衡"协力设法筹维"。但四川方面表示，"经营藏卫，蜀当独任其难"。[8] 川人不愿滇军介入，因"川人久嫉恶滇军，固拒不从"。[9] 但是客观情况表明，川边的形势绝非当时四川所能独自应付。1912 年 4 月，拉萨形势再度恶化，陆兴祺等的告

　　① 《西藏研究》编辑部编《民元藏事电稿、藏乱始末见闻记四种》，第 139 页。
　　② 任乃强：《康藏史地大纲》，西藏古籍出版社 2000 年版，第 118 页。
　　③ 古纯仁：《里塘与巴塘》，李哲生译，《康藏研究月刊》第 19、20 期合刊，1948 年。
　　④ 蒙藏委员会调查室编《昌都调查报告（附杂瑜调查报告）》，1942 年，马大正主编《民国边政史料汇编》第 17 册，国家图书馆出版社 2009 年版，第 476 页。
　　⑤ 朱绣编著，吴均校注《西藏六十年大事记》，第 29 页。
　　⑥ 《西藏研究》编辑部编《民元藏事电稿、藏乱始末见闻记四种》，第 139 页。
　　⑦ 王勤堉：《西藏问题》，商务印书馆 1933 年版，第 65 页。
　　⑧ 《蔡锷通电请拨兵救藏》，《西藏研究》编辑部编《民元藏事电稿、藏乱始末见闻记四种》，第 3 页。
　　⑨ 《西藏研究》编辑部编《民元藏事电稿、藏乱始末见闻记四种》，第 139 页。

警函电纷至沓来。① 5 月，重庆总司令熊克武、滇督蔡锷等致电北洋政府，要求派兵救援西藏；尹昌衡也以"西藏关系全国"，要求北洋政府予以统筹计划，给予支持。② 5 月 2 日，筹边处密呈尹昌衡增派重兵速赴边、藏救援。随后，驻藏陆军管带潘文华由印度逃至腾越，"请救于滇，情词尤切"。李根源致电蔡锷，请其电达北洋政府，"迅派大员为川滇边务将军，筹办一切"，并"催川出师"。③ 北洋政府国务院遂电令尹昌衡等"拣派得力将领，带军队由巴塘一带疏通道路，节节进扎"。④ 尹昌衡、张培爵亦电请蔡锷"迅拨得力军队，联合进藏，竭力镇抚"。⑤

　　1912 年 7 月 10 日，尹昌衡亲率西征军大部 2500 名开赴川边，连同之前自成都出发者，共 5000 名兵士。7 月 29 日，尹昌衡抵达打箭炉。8 月，西征军收复河口后分兵为两路：朱森林部二营合陈步三部进取理塘；自朱森林部分出一营，以刘瑞麟为北路督战官，直趋昌都。西征军在尹昌衡的指挥下，势如破竹，道孚、瞻对、巴塘、昌都、理塘、江卡、察雅、盐井等地秩序相继恢复。⑥

　　1912 年 8 月 19 日，云南西征军司令殷承瓛所率滇军抵达丽江。8 月 26 日，滇军攻克盐井，尹昌衡遂令顾占文部进占盐井，并阻止滇军推进。⑦ 为避免川、滇两军相争，北洋政府电令"滇军即可驻师（盐井），专顾滇北门户，毋庸再进"。⑧ 9 月 13 日，尹昌衡再次致电北洋政府，请饬滇军"保守滇境，俾川军一意进行"。⑨ 但殷承瓛称，"滇军所至，僧俗欢迎，投诚之禀

　　① 毛注青、李鳌、陈新宪编《蔡锷集》，湖南人民出版社 1983 年版，第 615 页。

　　② 《尹昌衡等电汇报各处电讯请统筹藏务》，《西藏研究》编辑部编《民元藏事电稿、藏乱始末见闻记四种》，第 5—6 页。

　　③ 尚秉和：《西藏篇》，《西藏研究》编辑部编《民元藏事电稿、藏乱始末见闻记四种》，第 139—140 页。

　　④ 《国务院电尹昌衡等汉藏现有冲突速设法联络》，《西藏研究》编辑部编《民元藏事电稿、藏乱始末见闻记四种》，第 4—5 页。

　　⑤ 《国务院电蔡锷请派兵会同蜀军进藏镇抚》，《西藏研究》编辑部编《民元藏事电稿、藏乱始末见闻记四种》，第 11 页。

　　⑥ 尹昌衡：《西征纪略》，西藏社会科学院西藏学汉文文献编辑室编《西藏学文献丛书别辑》第 13 函，第 6—7 页。

　　⑦ 毛注青、李鳌、陈新宪编《蔡锷集》，第 623—624 页。

　　⑧ 《国务院电蔡锷盐井规复后即可驻师毋庸再进》，《西藏研究》编辑部编《民元藏事电稿、藏乱始末见闻记四种》，第 40 页。

　　⑨ 《尹昌衡电政府请饬滇军保守滇境俾川军一意进行》，《西藏研究》编辑部编《民元藏事电稿、藏乱始末见闻记四种》，第 48 页。

佥称若川军苛虐，死不服从，如滇政府能以待中甸蛮猺之恩，转待藏民，使藏地永久隶滇否，藏民亦誓归滇辖，不再反汉"。因此，殷承瓛建议划清川滇用兵区域，"以宁静山东之巴里两塘及川边乡城一带归川经营……惟山南之盐井地方距阿墩子四站，为滇边门户，实我军入藏必由之要路，以山西之江卡、波密、杂（瑜）等处，与滇边相近，向不属川者，均归滇军抚剿。如此划清区域，各有权限，庶不致彼此冲突，贻误大局"。① 9月20日，北洋政府电令滇军驻守滇境，并把川边事务交由尹昌衡"自任专办，筹兵筹款，皆由其经营，滇自不必与争"。② 至10月末，除在滇西北之中甸、阿墩子、维西等处驻有一部分兵力外，滇军悉数撤出。③

1912年9月底，尹昌衡令边军集中于昌都，准备进取西藏。④ 袁世凯"以库藏虚，民国未经列国承认，深虑因藏事失英欢，即严檄昌衡据川边区域，应守前清末年界限，所有军队勿得过江达以西"。⑤ 西征军的征藏计划被中止后，尹昌衡开始着手收复乡城。⑥ 1913年2月14日，尹昌衡成立征乡司令部。⑦ 4月2日，命孙绍骞接替嵇廉为攻乡总指挥。4月4日，刘成勋率增援部队到达理塘。⑧ 1914年1月，乡城全境平定。⑨ 至此，川边地区局势得以全面稳定。

总之，川滇军西征对于维护国家主权和领土完整，遏制英国分裂中国西藏的图谋，以及康藏地区的稳定，有重要而深远的意义。同时，西征军在川边地区所形成的军事力量，也是北洋政府对西藏采取和平主义态度的重要基

---

① 《蔡锷电政府据殷承瓛电请划清用兵区域并请款接济》，《西藏研究》编辑部编《民元藏事电稿、藏乱始末见闻记四种》，第54页。

② 《国务院电蔡锷川边军务由尹督专任滇自不必与争》，《西藏研究》编辑部编《民元藏事电稿、藏乱始末见闻记四种》，第65页。

③ 毛注青、李鳌、陈新宪编《蔡锷集》，第632页。

④ 尹昌衡：《西征纪略》，西藏社会科学院西藏学汉文文献编辑室编《西藏学文献丛书别辑》第13函，第7—8页。

⑤ 《西藏研究》编辑部编《民元藏事电稿、藏乱始末见闻记四种》，第141页。

⑥ 《尹昌衡电政府请增兵饷直捣乡城》，《西藏研究》编辑部编《民元藏事电稿、藏乱始末见闻记四种》，第111页。

⑦ 赵心愚、秦和平、王川编《康区藏族社会珍稀资料辑要》上册，巴蜀书社2006年版，第260页。

⑧ 军事科学院中国近代战争史编写组编《中国近代战争史》第3册，军事科学出版社1985年版，第341—342页。

⑨ 赵心愚、秦和平、王川编《康区藏族社会珍稀资料辑要》上册，第264页。

础。丁慕韩主张"驻重兵于打箭炉关外巴、里塘以至察木多一带，以资镇慑"。①"宦藏七年"的王久敬建议在川滇交界处节节驻扎兵马，并酌量驻兵于恩达以西之达木、八宿、三十九族及波密一带，以"联络保守"，这样"既可固吾边圉，亦可聊作声援，即将来万不得已，亦可豫占划界地步"。②常印认为用兵的"声势亦不可不要。不如令川滇之兵开驻边境，虚张进取之势，作为国民全起公愤力主进兵"，"如此既用兵以慑其心，复甘言以动其感，亦未始非和平解决之一助也"。③"戎藏六载"的钟颖亦认为，"当此有强权无公理之时代，外交上之操纵尤以武力为后盾"。④

在当时特殊的历史条件下，时人对尹昌衡西征行动的具体措施和军队纪律问题亦有不同的看法。对于尹昌衡在对藏问题上的"狂行虚张"，⑤ 当时随尹昌衡西征的丁慕韩认为，"我征西总司令之欲亟克西藏，以图媲美骞超，立功异域也。个人功业之所在，将不惜掷全局于孤注以成其名"。⑥ 因此，丁慕韩请北洋政府"密饬尹昌衡，对于边藏一切举动及来往电函，务须以镇静和平处之，而勿事夸张"。对于丁慕韩的建议，蒙藏院称其有"胆识""言人所不能言"。⑦ 就军纪问题而言，尹昌衡亲率的"西征军队才集即发，无时教练。知兵之将实无一二，而又分处极远，既不能教训，又不能监督"。⑧《西藏篇》载："昌衡以蛮人所畏惟赵尔丰，乃广散杀赵尔丰时遗尸摄影，冀威远人。

---

① 《藏事条陈·丁慕韩藏事条陈》（1912 年），西藏社会科学院西藏学汉文文献编辑室编《西藏学文献丛书别辑》第 13 函，第 5 页。

② 《藏事条陈·王久敬藏事条陈》（1912 年），西藏社会科学院西藏学汉文文献编辑室编《西藏学文献丛书别辑》第 13 函，第 9 页。

③ 《藏事条陈·常印藏事报告（择要）》，西藏社会科学院西藏学汉文文献编辑室编《西藏学文献丛书别辑》第 13 函，第 14 页。

④ 《藏事条陈·钟颖藏事条陈》（1913 年 12 月 4 日），西藏社会科学院西藏学汉文文献编辑室编《西藏学文献丛书别辑》第 13 函，第 3 页。

⑤ 《藏事条陈·丁慕韩藏事条陈》（1912 年），西藏社会科学院西藏学汉文文献编辑室编《西藏学文献丛书别辑》第 13 函，第 8 页。

⑥ 《藏事条陈·丁慕韩藏事条陈》（1912 年），西藏社会科学院西藏学汉文文献编辑室编《西藏学文献丛书别辑》第 13 函，第 7 页。

⑦ 《藏事条陈·丁慕韩藏事条陈》（1912 年），西藏社会科学院西藏学汉文文献编辑室编《西藏学文献丛书别辑》第 13 函，第 8 页。

⑧ 尹昌衡：《西征纪略》，西藏社会科学院西藏学汉文文献编辑室编《西藏学文献丛书别辑》第 13 函，第 18—19 页。

康民念尔丰恩也，睹之大恨。又川军将士颇淫掠，康民益失望。"[1] 边军的纪律亦为人诟病。"边军十一营系四川巡防军，素乏教育，随前清赵大臣出关戍边已达九年，频年转战，从未整顿。迨反正后，咸于邪说，误解共和，妄言平等，倡立哥老会，全体一致不服长官约束，放纵恶劣日益加甚。尹使到边，年少任性，声色之外，尤以放鸽为正务，军纪法纪从不过问，益以亏欠款项，一味曲徇蕴酿，迄今该军之专横跋扈达于极点，借事骚扰，行同野番，稍加裁抑，辄纠合反抗。"[2] 英国领事官台克满（Eric Teichman）称："自（辛亥）革命以后，专就东藏人民而论之，即有不良之例证。盖自鼎革以还，驻藏军队之虏掠，与贪官污吏之昏庸，及其对藏人之压迫与不法行动，以之与赵尔丰时代相较，则赵之措置实良善多矣。"[3] 至1914年底，北洋政府在川边的势力恢复，但是"此次短促之叛变，其遗留于土人者，为对汉人之痛恨，较尔丰时代尤烈而已矣。盖尹昌衡所统帅之共和军，无纪律故也"。[4]

第二节　西征中止后川边地区的局势演变

中华民国成立后，面对边疆地区的离心趋向，凝聚民族国家认同是摆在新生民国政府面前的艰巨任务。1912年1月，孙中山在《临时大总统孙中山宣言书》中指出："国家之本，在于人民，合汉、满、回、藏诸地为一国，则合汉、满、回、藏诸族为一人。是曰民族之统一。武汉首义，十数行省先后独立，所谓独立，对于清廷为脱离，对于各省为联合。蒙古、西藏，意亦同此，行动既一，决无歧趋，枢机成于中央，斯经纬周于四至，是曰领土之统一。"[5] 此宣言书明确提出以"五族共和"作为统合中国的理论基础。而实

---

① 尚秉和：《西藏篇》，《西藏研究》编辑部编《民元藏事电稿、藏乱始末见闻记四种》，第140页。

② 《川边镇守使致政事堂密电》（1914年7月9日），北洋政府蒙藏院档案（1045）376，《1899—1949年有关西藏问题历史档案资料汇编》，未刊。有关《1899—1949年有关西藏问题历史档案资料汇编》的情况，参见朱丽双《有关近代西藏历史和汉藏关系的研究资料和研究回顾》，《中国藏学》2010年第3期。

③ 台克满：《西藏东部旅行记》，高上佑译，《康藏前锋》第1卷第10、11期合刊，1934年。

④ 台克满：《西藏东部旅行记》，高上佑译，《康藏前锋》第1卷第10、11期合刊，1934年。

⑤ 《临时大总统孙中山宣言书》，中国藏学研究中心、中国第二历史档案馆、西藏自治区档案馆等编《元以来西藏地方与中央政府关系档案史料汇编》第6册，第2345页。

际上早在宣统三年十二月，皇太后因为全国民众倾向共和，在做出清帝退位的决定时说："特率皇帝将统治权公诸全国，定为立宪共和国体。……总期人民安堵，海宇又安，仍合满、蒙、汉、回、藏五族完全领土为一大中华民国。"① 这说明新生的中华民国是清朝领土和主权的正统继承者。

1912 年 3 月 25 日，袁世凯发布"劝谕蒙藏令"。在该令中，袁世凯对清末蒙藏地方边疆大吏"敲诈剥削"等种种劣迹做出反省，同时声明，"现在政体改革，连共和五大民族，均归平等"，并"誓将一切旧日专制弊政，悉行禁革。……历来疾苦之事，应俟查明，次第革除"。② 4 月 22 日，北洋政府宣布将理藩院事务归并内务行政范围，以便"统筹规划，以谋内政之统一，而冀民族之大同"。③ 后因蒙藏事务繁多，且考虑到蒙藏地区的特殊情况，北洋政府在 1912 年 7 月决定把蒙藏事务与内务行政分开，另设特别机关，专营蒙藏事务。其机关取名为蒙藏事务局，直隶于国务总理。④

1912 年 8 月，在川、滇两省西征军的强大军事压力下，达赖喇嘛向英国求援。而英国在西藏和喜马拉雅边境地区的利益，可通过抵制将西藏并入"中国本部"的行动来保全。⑤ 8 月 17 日，英国驻北京公使朱尔典（John Jordan）照会北洋政府表示"抗议"。其内容如下：（1）中国不得改西藏为行省；（2）中国政府不得派无限制之军队驻扎西藏各处；（3）英国现已认定中国对西藏有宗主权，应要求中国改订新约；（4）英国政府前曾根据条约设通信机关，后经中国军队擅行截断，杜绝印藏之交通，当由中国保护；（5）如中国政府不承认以上之条件，英国政府绝不承认中华民国之新共和政府。⑥ 北洋政府于是令尹昌衡"先复川边……切不可冒昧轻进，致酿交涉，摇动大局"。⑦

① 《中国大事记·袁总统令劝谕蒙藏》，《东方杂志》第 8 卷第 11 号，1912 年。

② 《中国大事记·袁总统令劝谕蒙藏》，《东方杂志》第 8 卷第 11 号，1912 年。

③ 《临时大总统袁世凯命令》，中国藏学研究中心、中国第二历史档案馆、西藏自治区档案馆等编《元以来西藏地方与中央政府关系档案史料汇编》第 6 册，第 2346 页。

④ 蒙藏事务局系北洋政府管理边疆事务机构在 1912 年 9 月至 1914 年 5 月的名称，1914 年 5 月以后改称蒙藏院。

⑤ 苏奇塔·高希：《中印关系中的西藏（1899—1914）》，张永超译，西藏人民出版社 1987 年版，第 133 页。

⑥ 牙含章：《达赖喇嘛传》，人民出版社 1984 年版，第 248 页。

⑦ 《国务院电尹昌衡办理藏事不可冒昧轻进致酿交涉》，《西藏研究》编辑部编《民元藏事电稿、藏乱始末见闻记四种》，第 32 页。

8月31日，袁世凯授予尹昌衡"川西镇边使"，"节制川边文武以下职权区域，皆如川滇边务大臣之旧，庶可专一事权，整顿地方"。① 随后，北洋政府取消了征藏的名号。② 但是，西征军并没有停止征藏的行动。朱尔典于1912年9月7日再次向北洋政府外交部提出抗议：如果民国政府继续允许西征军前进，则英政府非但对于中华民国不予承认，且当以实力帮助西藏"独立"。③ 尹昌衡以驻拉萨川军亟待援助，主张西征军长驱直入西藏。④ 随后，西征军前锋由昌都西进，占据俄洛桥，并"计程西进"。⑤ 北洋政府迫于英国的外交压力，以"民国初建，万不容轻开外衅"，⑥ 严禁西征军越过江达以西，仅允许小股部队以防卫性质进入昌都以西、江达以东之地。

　　1912年9月12日，蒙藏事务局呈请袁世凯"将达赖名号及原有封号悉予开复，并由民国另加封号，仍于上年所加每岁廪金外，再酌加廪金，以示优异；其随从各员，亦一律开复原官，借以解散党羽，消除阻梗。……并请派员赍封，赴藏宣慰，以期解释前嫌，联络情意"。同时，对于班禅亦应一律优待，"拟请加给封号，并照达赖例加每岁廪金"。⑦ 常印认为，恢复达赖喇嘛封号，"此着即为先入之要"。若达赖喇嘛能接受民国政府的封号，则"名义已定，即可预杜外人干涉借口地步，于目前派遣专使入藏暨后日逐渐收复利权均易达其目的"。⑧ 9月18日，北洋政府陆军总长段祺瑞在参议院举行会议，决定不对西藏用兵，且以避免英国之干涉作为应对此事唯一方

　　① 《袁世凯电黎元洪拟授尹昌衡川西镇边使》，《西藏研究》编辑部编《民元藏事电稿、藏乱始末见闻记四种》，第32页。

　　② 《陆兴祺等电政府等英使干涉藏事并不准华侨由印入藏请速派领事保护》，《西藏研究》编辑部编《民元藏事电稿、藏乱始末见闻记四种》，第34页。

　　③ 朱绣编著，吴均校注《西藏六十年大事记》，第34页。

　　④ 《胡景伊电政府转尹昌衡电述战绩并组织边藏镇抚府情形》，《西藏研究》编辑部编《民元藏事电稿、藏乱始末见闻记四种》，第51页。

　　⑤ 《尹昌衡电政府乍丫投诚又攻破俄洛桥》，《西藏研究》编辑部编《民元藏事电稿、藏乱始末见闻记四种》，第74页。

　　⑥ 《国务院电尹昌衡应遵迭次电令暂勿深入并定名为川边镇抚使》，《西藏研究》编辑部编《民元藏事电稿、藏乱始末见闻记四种》，第75页。

　　⑦ 《蒙藏局为恢复达赖喇嘛名号赏加封号廪金并派员赴藏宣慰事致袁世凯呈》，中国藏学研究中心、中国第二历史档案馆、西藏自治区档案馆等编《元以来西藏地方与中央政府关系档案史料汇编》第6册，第2353页。

　　⑧ 《藏事条陈·常印藏事报告（择要）》，西藏社会科学院西藏学汉文文献编辑室编《西藏学文献丛书别辑》第13函，第13页。

针。此后，西藏问题当直接与达赖喇嘛交涉。①

蒙藏事务局成立后不久，十三世达赖喇嘛给蒙藏事务局总裁贡桑诺布致信称："前因教务，由京回藏，振兴藏务，竭力整顿。嗣以革去名号，暂居大吉岭。去冬川省事起，藏中至今未靖，意欲维持佛教，请转呈妥商。"据此，袁世凯认为达赖喇嘛既已归诚，"从前误解自应捐释"，即于1912年10月28日发布命令，恢复十三世达赖喇嘛名号。② 11月10日，袁世凯召开秘密会议，拟定西藏善后办法四项：（1）达赖归顺后，藏事均应和平办理；（2）尹昌衡暂驻打箭炉，部队改作警察，布置理塘一带，维护地方治安；（3）各省援军限一月内撤回本省；（4）特派宣慰使入藏，宣布共和旨趣。③这一办法的出台标志着北洋政府正式确立了和平解决藏事的方针。

事实上，一味以武力解决藏事也存在弊端。西藏和川边政局动荡，国人纷纷建言，大多数主张在以武力平定川边的前提下，对西藏采取和平态度，以政治手段与英国进行藏事交涉，并派员疏通、宣慰。丁慕韩认为，如果强行征藏，不仅"致遭外人之忌"，而且将"益离藏人之心"，④ 建议政府"妥派宣慰使前往安抚，切实联络，暂复旧观，而不必遽言改西藏为行省"。⑤ 王久敬在分析西藏和蒙古"离叛"的性质时认为，"西藏、库伦在表面观之其离叛同，在实际察之其离叛异。……西藏之离叛非全体之离叛也"。王久敬还指出，西藏"离叛"的"种因"在于"达赖之出亡，厦扎之潜煽，耽耽者又利其机而助长之。且非真欲离叛也，乃被逼于川兵之劫掠烧杀"。因此，解决藏事，应在"五族共和"的名义下，以"联络感情为要"。况且，"以达赖之电请派员会商论，非如哲布尊丹巴之始终不悟"，故

---

① 佚名：《英藏交涉始末记》，《东方杂志》第9卷第10号，1913年。

② 《蒙藏局奉发袁世凯恢复达赖喇嘛封号令给钟颖与达赖喇嘛咨行及照会》，中国藏学研究中心、中国第二历史档案馆、西藏自治区档案馆等编《元以来西藏地方与中央政府关系档案史料汇编》第6册，第2354页。

③ 周开庆主编《民国川事纪要（1911年10月—1936年12月）》，台北，四川文献研究社1974年版，第47页。

④ 《藏事条陈·丁慕韩藏事条陈》（1912年），西藏社会科学院西藏学汉文文献编辑室编《西藏学文献丛书别辑》第13函，第8页。

⑤ 《藏事条陈·丁慕韩藏事条陈》（1912年），西藏社会科学院西藏学汉文文献编辑室编《西藏学文献丛书别辑》第13函，第6页。

"万不能用兵力解决",且"派员尤忌带兵入藏","以免藏人疑虑,致生阻力"。① 常印认为,"今欲收复旧有利权,内政外交靡不棘手,必须煞费一番绝大经营,稍一不慎,非失利权即辱国体。幸我政府审机观变,利害兼权,主张平和,深得要领","此次达赖回藏一切主张皆厦扎之谋。刻下藏事既不以武力解决,则挽回之法除以重名厚利要结外,别无措手方法"。②

在以和平手段解决西藏问题的基调下,袁世凯下令撤销西征军总司令部,成立川边镇抚府,任命尹昌衡为镇抚使。1913 年,川边地区改称川边特别区域,原有府、州、理事、委员之制一律改为县制。川边特别区域辖32 县。1913 年 6 月 13 日,袁世凯任命尹昌衡为川边经略使,胡景伊为四川都督,同时改川边镇抚府为川边经略府,镇抚府下辖之民政、财政、教育、实业四司同时撤销,改置边东、边西观察使。7 月 3 日,袁世凯又加委尹昌衡为川边都督。7 月 11 日,上海《民生报》载《荒谬绝伦之任官令》,对此事有如下评论:

> 若袁氏不悦尹昌衡也,调之为川边经略使,而实授胡景伊以川督。胡氏旋受川民攻击,不安于位,人民将仍迎尹昌衡为川督。袁氏不忍置罢胡景伊,乃任命尹昌衡为川边都督以调和之。荒谬绝伦之极,未免太画蛇添足矣。请即以此事而论:胡固实任为四川都督者也。四川二字,包括四川全省在内,川边何独不然。于四川都督之外,另设一川边都督,对川边都督与四川都督之权限,当如何划清乎?川边都督所谓边者,具何意义乎?或谓川边即川省之邻藏者,然则川边经略使不能独尽其职权,而必冠以都督之名词乎!以川边经略使而兼领川边都督事,川边经略使与川边都督之职权,其区别固有在乎?是皆百思不得一解者也。③

就当时川边军力而言,清末边军共计 11 营,统军 3 员。1913 年,尹昌

---

① 《藏事条陈·王久敬藏事条陈》(1912 年),西藏社会科学院西藏学汉文文献编辑室编《西藏学文献丛书别辑》第 13 函,第 8—9 页。

② 《藏事条陈·常印藏事报告(择要)》,西藏社会科学院西藏学汉文文献编辑室编《西藏学文献丛书别辑》第 13 函,第 12—13 页。

③ 周开庆主编《民国川事纪要(1911 年 10 月—1936 年 12 月)》,第 62 页。

衡令刘瑞麟为北路督战官，拨一营归边军统辖，驻防类乌齐。除了边军外，尹昌衡西征时所率之陆军计有第六标第二营、第九标及第十一标全部，又临时编有护卫团一团，以张煦（即张午岚）为团长。张煦以第十一标、护卫团及第六标第二营所部，合编成陆军第一混成旅，以稽廉为旅长；第九标另设为独立团，又将冯国璋所接济双筒五子枪 2000 支运送回川，别练预备一团。1913 年 8 月，四川第五师师长熊克武与重庆国民党人杨庶堪等成立讨袁军。9 月 15 日，护卫团团长张煦响应熊克武号召，在康定起事，被袁世凯下令通缉。10 月 28 日，尹昌衡致电黎元洪，请假 3 个月。11 月 1 日，川边都督由边东观察使颜磝护理。① 11 月 27 日，尹昌衡被袁世凯召至北京，后遭囚禁。

1914 年 1 月，北洋政府裁撤川边经略使兼川边都督，任命张毅为川边镇守使，受四川都督节制。张毅整顿川边军政，"尚思有所作为"，② 将边军统领顾占文解职，改编边军为统领制，以北路督战官刘瑞麟为统领，驻巴塘；刘赞廷为分统，驻宁静（江卡）；彭日升为帮统（标统），驻昌都。③ 边军驻防区域，南到得荣，北迄石渠，西至恩达。陆军第一混成旅的驻防地，南起乡城，北至甘孜，东迄康定。川边驻军的军费预算大概每月需饷银149400 两。④ 同时，张毅试图将镇守使署移到巴塘，但因乡城陈步三变乱而中止。1915 年春，陈步三率兵攻克康定后，张毅率一团兵力退守泸定，陈遐龄、刘成勋率部战败陈步三。随后张毅被免去镇守使职务。1915 年 4 月 30 日，刘锐恒接任川边镇守使后，独立团、预备团被合编成旅，以刘成勋为旅长，后又以陈遐龄为旅长，派兵 1 团驻防理化、定乡（今乡城）、稻城；又设警卫 1 营，以姚占鳌为营长；以彭日升为边军统领（正统），率 5 营驻昌都，杜培祺为帮统，驻打箭炉，刘赞廷为分统，率 3 营驻巴塘。随后，蔡锷起兵讨袁，到达成都。1916 年 8 月 15 日，川边镇守使刘锐恒被免职。四川都督蔡锷以殷承瓛接替刘锐恒，任川边镇守使。1916

---

① 周开庆主编《民国川事纪要（1911 年 10 月—1936 年 12 月）》，第 84—85 页。
② 贺觉非著，林超校《西康纪事诗本事注》，西藏人民出版社 1988 年版，第 33 页。
③ 吴家祥：《民国时期川边、西康政局人物概述》，甘孜州史志编辑委员会编《甘孜州史志》第 1 期，1989 年，第 41 页。
④ 王克训：《西康问题的检讨与今后之对策》，《蒙藏政治训练班季刊》1934 年 6 月。

年 10 月，由于四川各师军费改两为元，川边驻军每月军费随之定为 135300 元。[1]

总体而言，自 1914 年川边改设镇守使后，军费与政费开支分离。因军费浩繁，由四川接济，政费则依赖边地收入。[2] 在张毅、刘锐恒、殷承瓛三任镇守使时期，川边军费虽按月由四川接济，但时有拖欠。1915—1916 年，四川欠拨边军薪饷已达 100 余万两，"在边军队，无不援为口实，借词哗变"。[3]

第三节　防区制背景下的川边战事

1915 年末，袁世凯改制称帝，唐继尧、蔡锷等在云南揭举义旗，成立护国军，声讨洪宪帝制。护国军共分三军，蔡锷为第一军总司令，统军进攻四川；李烈钧为第二军总司令，出云南进讨广东；戴戡为第三军总司令，由贵州进入四川。1916 年 3 月 22 日，袁世凯被迫撤销帝制。6 月 6 日，袁世凯去世，护国大功告成。护国军虽起于云南，然四川实为此后整个战局的重心。自 1916 年后，四川逐渐成为外省军队竞相夺取的目标。1916 年，四川省由北洋统治转变为滇、黔共治，川人并没有掌握四川省政，且军队中还有北洋军阀的势力，四川成为南北、主客等势力反复争夺的角逐场。

1916 年 7 月 6 日，北洋政府任命蔡锷为四川督军兼省长。7 月 19 日，蔡锷因病难以赴任，由罗佩金护理四川督军兼省长。1917 年初，四川政局暗潮涌动。4 月 11 日，川军师长刘存厚等联名通电，指控督军罗佩金调集滇军，准备征战。4 月 19 日，刘存厚、熊克武等通电，与罗佩金断绝关系。同日，川军旅长刘湘等列举罗佩金治川的"九大罪状"。[4] 4 月 20 日，北洋政府免去罗佩金四川督军职务。4 月 23 日，川、滇两军在成都发生冲突。5 月 13 日，四川省议会对罗佩金提出弹劾案，并电呈北洋政府，请求制止滇军暴行，限令克日退出川境。[5] 南北政府分立与军阀的派系之争深刻影响川

---

① 王克训：《西康问题的检讨与今后之对策》，《蒙藏政治训练班季刊》1934 年 6 月。

② 王克训：《西康问题的检讨与今后之对策》，《蒙藏政治训练班季刊》1934 年 6 月。

③ 杨仲华：《西康纪要》上册，第 166 页。

④ 周开庆主编《民国川事纪要（1911 年 10 月—1936 年 12 月）》，第 174 页。

⑤ 周开庆主编《民国川事纪要（1911 年 10 月—1936 年 12 月）》，第 180 页。

边政局。在边军中，正统、帮统、分统分驻各地，"区域既分，三统各专决用事，势不相下。军政委任，各私其党，仅备文呈报川边镇守使而已，至于粮饷军需，边外各县粮赋不能接给。三统则请镇守使运援，或稍迟误，立称边军哗变。历任镇守使如张毅、刘锐恒、殷承瓛，皆畏边军骄纵，统帅跋扈，不肯轻驻昌都，意居康定，势使然也"。[1]

川边镇守使殷承瓛是蔡锷的同学兼好友，与唐继尧、陈遐龄等有交谊，"文武兼长，政绩最优"。[2] 殷承瓛率滇军华封歌团和护卫营到打箭炉后，撤去杜培祺职务，以聂民德为边军帮统，接防边军三营，驻德格。针对川边政绩亏败的局面，殷承瓛"欲修边政，思先自清欠饷、编制边军、厘定财赋、整饬边吏始。方规划伟略，而彭日升等自以守边有年，所统各营多拨由统帅，不受镇守使编制，亟谋反对。借口索饷、索粮，秘密召集各营会议"。[3] 彭日升意在谋取川边镇守使一职。当时"边军各营弁，咸彭统亲属，非乡人即族党。惟驻巴塘分统刘赞廷，平日与彭稍不协，继见边势，非排去殷、聂，不能安处，亦附和彭"。[4] 1917 年川、滇两军间的战事发生后，由于"衔恨殷使缴其哗变傅营之枪械，复受川军总司令刘存厚之运动"，[5] 7 月，彭日升密令其侄彭斗胜、张群等率边军第五营，借口滇黔军乱川，抽调各营"扣关索饷"，意在逐殷承瓛，取而代之。[6] 殷承瓛严饬部属拒守，不使边军入关扰乱。[7] 就在彭日升派遣彭斗胜等赴打箭炉驱逐殷承瓛之时，边、藏交界之地发生"类乌齐割草事件"。

事实上，在西姆拉会议期间，边、藏两军的零星冲突时有发生。1914

---

① 查骞著，林超校点《边藏风土记》卷 3，西藏社会科学院西藏学汉文文献编辑室编《西藏学文献丛书别辑》第 6 函，中国藏学出版社 1995 年版，第 14—15 页。

② 贺觉非著，林超校《西康纪事诗本事注》，第 33 页。

③ 查骞著，林超校点《边藏风土记》卷 3，西藏社会科学院西藏学汉文文献编辑室编《西藏学文献丛书别辑》第 6 函，第 15 页。

④ 查骞著，林超校点《边藏风土记》卷 3，西藏社会科学院西藏学汉文文献编辑室编《西藏学文献丛书别辑》第 6 函，第 25 页。

⑤ 杨仲华：《西康纪要》上册，第 38 页。

⑥ 查骞著，林超校点《边藏风土记》卷 3，西藏社会科学院西藏学汉文文献编辑室编《西藏学文献丛书别辑》第 6 函，第 15 页。

⑦ 查骞著，林超校点《边藏风土记》卷 3，西藏社会科学院西藏学汉文文献编辑室编《西藏学文献丛书别辑》第 6 函，第 16 页。

年 2 月，周文藻到达昌都时，接到情报称，边兵在丁青受到藏军袭扰，彭日升迭电川边镇守使张毅请求援助。当时昌都边军力量单薄，仅有四营兵力。而且桑昂曲宗、察隅等处尚未收复，藏军可由该地袭击边军。[①] 为了加强藏东防御，西藏地方政府派多麦基巧噶伦喇嘛强巴丹达（byams pa bstan dar）前往藏东。1914 年，张毅派曾任清末恩达外委的舒金梁寄送蒙藏院致达赖喇嘛函件。据舒金梁报告，"自类乌齐至硕板多，沿途均见有蛮兵严密防扎"，"本拟直赴拉萨，因为硕板多噶伦所阻，允将公文转递"。[②] 由此可见，当时噶伦喇嘛尚驻扎在硕板多。1914 年冬，藏军崔科代本和琼让代本率领所部东进至怒江，与边军对峙。1915 年，藏军夺取烟袋塘、类乌齐等地，直逼恩达县。[③] 噶伦喇嘛随后进驻洛隆宗，并分兵袭取三十九族地区。[④] 边、藏两军逐渐对峙于瓦合山、澜沧江一线。

　　1917 年 7 月，驻防类乌齐的炮队队长余金海，潜往藏军驻防地割取马草，"遇番兵二名，与共茶饮。余金海乘番兵不备，缚回己防，俘献邀功"。噶伦喇嘛致函彭日升，要求释放藏兵，但"彭统骄甚，饬逐番使，令余金海将所擒番卒及枪解昌都判决"，并复函噶伦喇嘛，"将欲直取拉萨，戮尽番酋，岂止擒二蛮所能了事。语极狂悖"。[⑤] 当余金海押解藏兵至俄洛桥时，遭遇藏军伏击，余金海败退。驻恩达营长田文卿率所部抗击藏军，并请求救援。彭日升以边军第七营营长兼昌都县知事张良臣从小路援救余金海，以第三营营长蒋国霖从大路赴援恩达。噶伦喇嘛复派员与彭日升交涉，"谓衅由金海，别无意见；只要各守防地，各将妄动之人自行惩儆，即算了事"。彭日升"怒诋之，诛番使三名，答函内纳狗粪一段，语尤秽恶"，但"噶布伦

---

　　①　《调查员周文藻报告》（1914 年 3 月 27 日），北洋政府蒙藏院档案（1045）374，《1899—1949 年有关西藏问题历史档案资料汇编》。

　　②　《川边镇守使张毅致蒙藏院咨陈》（1914 年 12 月 5 日），北洋政府蒙藏院档案（1045）377，《1899—1949 年有关西藏问题历史档案资料汇编》。

　　③　查骞著，林超校点《边藏风土记》卷 3，西藏社会科学院西藏学汉文文献编辑室编《西藏学文献丛书别辑》第 6 函，第 14 页。

　　④　王廷选：《昌都历史述》，赵心愚、秦和平、王川编《康区藏族社会珍稀资料辑要》，第 444—445 页。

　　⑤　查骞著，林超校点《边藏风土记》卷 3，西藏社会科学院西藏学汉文文献编辑室编《西藏学文献丛书别辑》第 6 函，第 16 页。

仍不肯加兵"。①

1917 年 9 月 30 日，北洋政府批准川边镇守使殷承瓛辞职，拟调熊克武继任。熊克武当时任重庆镇守使暨川军第五师师长，拥护广州军政府，因此并未受命。② 10 月 16 日，北洋政府令驻雅安陆军第一旅旅长陈遐龄护理川边镇守使，殷承瓛率所有滇籍军政人员撤离打箭炉。于是，藏军乘边地防卫空虚，占据恩达县，并分兵进取察雅、宁静。察雅知事、边军第十营营长曹树藩投降藏军，随后宁静、察雅失守。③ 1918 年 1 月 18 日，聂民德对彭日升称："藏番此役势强力猛，器械新利。我军败后，气馁粮竭，守且不易，何以言战？如不严重交涉，暂议停战，势必受番人挫辱。"但彭日升不仅不予采纳，反而诬以"通番罪"。④ 聂民德随后被边军第七营营长张良臣枪杀。⑤ 1918 年 2 月，同普、贡觉相继失守。同普县知事王沛霖被藏军擒获，后被放归。贡觉县知事冯遂生携印逃遁。德格土司多吉僧格归附藏军，起兵响应。藏军遂由察雅、宁静转战白玉、贡觉，直趋德格。德格县知事马昌骧随即遁走。藏兵至德格后，邓柯、石渠"夷民望风附番，驱逐汉官"，邓柯县知事成鑫、石渠县知事徐明熙携印而逃，金沙江上游地区全部为藏军占据。当时蒋国霖奉彭日升令调援昌都，行至同普，闻昌都旦夕不守，遂不敢进，后又被藏军擒获并投降，于是昌都后援断绝。⑥

噶伦喇嘛再次致函彭日升，"划界敦好"，但彭氏未答复。1918 年 3 月 16 日，彭日升以大炮 2 尊、大小快枪 1620 余支、子弹 70000 余发、炮弹 1000 余发，乞降于噶伦喇嘛。3 月 20 日，藏军占领昌都。彭日升投降藏军后，噶伦喇嘛曾问彭日升："这回你是奉中央命令，或督军、镇守使命令来

---

① 查骞著，林超校点《边藏风土记》卷 3，西藏社会科学院西藏学汉文文献编辑室编《西藏学文献丛书别辑》第 6 函，第 16 页。

② 周开庆主编《民国川事纪要（1911 年 10 月—1936 年 12 月）》，194 页。

③ 查骞著，林超校点《边藏风土记》卷 3，西藏社会科学院西藏学汉文文献编辑室编《西藏学文献丛书别辑》第 6 函，第 16—17 页。

④ 查骞著，林超校点《边藏风土记》卷 3，西藏社会科学院西藏学汉文文献编辑室编《西藏学文献丛书别辑》第 6 函，第 26—27 页。

⑤ 查骞著，林超校点《边藏风土记》卷 3，西藏社会科学院西藏学汉文文献编辑室编《西藏学文献丛书别辑》第 6 函，第 18 页。

⑥ 查骞著，林超校点《边藏风土记》卷 3，西藏社会科学院西藏学汉文文献编辑室编《西藏学文献丛书别辑》第 6 函，第 18 页。

攻我军吗？我数次与你信，二家各守防地，划界交涉，你将我送信人枪杀，复函中装狗屎。这是什么意思！这些话不说了，你今降我，心意如何？"彭日升曰："这回并非政府命令，是他们中级军官要打仗的，不是日升本意。"噶伦喇嘛曰："统领是你做，聂帮统你可杀，营长等你说不能管办吗？""彭语塞汗流，伏地请宥。"随后，噶伦喇嘛将降兵遣散。其中，彭日升以及边军之"壮盛者咸递解入藏"。①

经过此役，边军溃败者 8 营，恩达、昌都、同普、白玉、德格、邓柯、石渠、察雅、宁静、贡觉、武城等 11 县失守，文武员弁陷没于藏军者 1000 余名。川边南路仅存巴安、盐井、得荣、义敦、理化、乡城、稻城、雅江 8 县，川边北路仅存甘孜、炉霍、瞻对、道孚 4 县。②

在藏军进攻宁静、察雅等地时，川边镇守使陈遐龄"知彭日升不足恃，方欲檄团营往援昌都。彭统捷书叠至。谓与番酋交绥，三战三捷，藏番退出嘉裕桥，昌都可勿顾虑，所缺乏者，粮饷、子弹耳"。1917 年 12 月，"昌都围益急，番官合番民数千，四出招抚攻掠"。彭日升向陈遐龄"呈报番势汹涌，请速运饷弹，接济救援"。③ 同时，陈遐龄"飞电川督，乞济饷弹驰援"，一面令巴塘边军分统刘赞廷率所部由川边南路就近支援察雅，一面令川边陆军第二团团长朱宪文率两营进抵甘孜作为后援。事实上，1917 年陈遐龄被委任为川边镇守使时，"川滇黔各将领，附南附北，攻战不已，兵力所及，号为防区，专民财各政，犹如诸侯"。陈遐龄的防地兼有川边全境以及四川的宁、雅两属。雅属原为陈遐龄的戍区，宁属为滇军张煦所据。④ 陈遐龄奉刘存厚之命，攻击宁远屯垦司令张煦（1917 年张煦被唐继尧委为靖国军第十七军军长），遂又将宁远七县并入其防区。加之，彭日升"以军食关系，保各县驻军营长兼知事，颇为陈镇守使所不满"。⑤ 而且，陈遐龄以

---

　　① 查骞著，林超校点《边藏风土记》卷 3，西藏社会科学院西藏学汉文文献编辑室编《西藏学文献丛书别辑》第 6 函，第 19 页。

　　② 查骞著，林超校点《边藏风土记》卷 3，西藏社会科学院西藏学汉文文献编辑室编《西藏学文献丛书别辑》第 6 函，第 19 页。

　　③ 查骞著，林超校点《边藏风土记》卷 3，西藏社会科学院西藏学汉文文献编辑室编《西藏学文献丛书别辑》第 6 函，第 17 页。

　　④ 西康省政府秘书处编印《西康概况》，1939 年，第 141 页。

　　⑤ 贺觉非著，林超校《西康纪事诗本事注》，第 34 页。

彭日升在边势力与其相当，遂"思借藏军入寇，以消灭其实力"，① 故迟迟坐待不援。

川边与四川在 1917 年后，"诸事各行其是，川边之事完全由陈遐龄独断独行。川省虽附南方，而川边仍为北系，南北政见既分，当然不能一致。川边又不能与川省完全断绝关系，有时尚须要求供给"。② 在防区制下，军队首领用武力占据防区，同时又几乎完全依靠防区提供给养，以维持军队，"财政问题又成为压倒一切的问题。解决的办法，主要是扩大防区。当年四川军人控制的防区都是独立王国，在经济上，予取予求，为所欲为，所以大家都拼命地争城争地。四川军阀混战十六年，大多为此"。③ 1918 年 3 月 8 日，广州大元帅府任命熊克武为四川督军，杨庶堪为四川省长。陈遐龄不愿让刘成勋司令率兵进入建昌。他称，"川边军队全赖外援，故按月接济实不可少，苟无切实担保供给不断，则建昌门户必不放弃"，要求四川督军拨给军米、弹药，并支给川边 24 万元。④ 1918 年 3 月，陈遐龄见时机已迫，自建昌返回康定，急令团长朱宪文、王政和应战，以朱宪文为前敌指挥。5 月，藏军直扑川边北路冲要之地绒坝岔。川军据守白利地方，扼雅砻江设防，与藏军攻战。⑤

当时在康定的台克满⑥深知川边军队粮饷不济。为巩固藏军的既得利益，台克满于 1918 年 5 月 19 日抵达昌都，随后诱使边军分统刘赞廷到昌都议和。8 月 11 日，昌都会谈正式举行。8 月 19 日，刘赞廷与噶伦喇嘛强巴丹达签订由台克满草拟的停战协议十三条。该协议规定，巴安、盐井、义敦、得荣、理化、甘孜、瞻化、炉霍、道孚、雅江、康定、丹巴、泸定、九龙、定乡、稻城等 16 县归汉官管辖，类乌齐、恩达、昌都、察雅、宁静、

① 西康省政府秘书处编印《西康概况》，第 2 页。

② 《川边危急之续闻》，《申报》1921 年 6 月 18 日。

③ 刘文辉：《走到人民阵营的历史道路》，政协全国委员会文史资料研究委员会编《文史资料选辑》第 33 辑，文史资料出版社 1980 年版，第 3 页。

④ 《刘陈龃龉中之边藏问题》，《申报》1919 年 11 月 15 日。

⑤ 查骞著，林超校点《边藏风土记》卷 3，西藏社会科学院西藏学汉文文献编辑室编《西藏学文献丛书别辑》第 6 函，第 19—20 页。

⑥ 1917 年，台克满接替 O. R. 科尔斯任康定英国观察员，并于当年 10 月或 11 月到达康定。参见阿拉斯太尔·兰姆《台克满 1917—1919 年在昌都和绒坝岔的活动》，胡岩译，王尧、王启龙编《国外藏学研究译文集》第 16 辑，西藏人民出版社 2002 年版，第 291 页。

贡觉、武城、同普、邓柯、石渠、德格、白玉等县及以西之地方归藏官管辖。川边、藏东各县寺庙应由西藏派喇嘛掌教。管理佛教的权力统归达赖喇嘛，汉官不得干涉。对刘赞廷所签的停战协议，陈遐龄认为"损失权威，作为无效"，未予承认。① 但据刘赞廷呈报，"谓此时不允停战，虽朱指挥能攻抵昌都，而所部巴、理之兵，饷弹两缺，均无斗志，边南半壁，决非我有"。②

昌都停战协议签订后，陈遐龄所派的交涉委员韩光钧、明正土司甲宜斋等也在甘孜等地寻求与藏方和谈。1918 年 8 月 29 日，甲宜斋来到昌都，向台克满说明甘孜的形势。9 月 19 日，台克满来到甘孜。9 月 20 日，谈判开始。10 月 10 日，藏方代表与韩光钧等在甘孜绒坝岔签订停战和约。该和约规定如下。（1）双方长官均愿和平办理，边军退至甘孜，藏军退至德格县境内。自退兵之日起，川边南北两路各军不得前进一步，停战一年。（2）退兵日期，以农历十月十七日（藏历九月十二日）开始，至十月三十一日（藏历九月二十六日）退完为止。③ 该停战退兵条件的确立，实际上默认了刘赞廷私订的协议。此后，边军退守至甘孜、瞻化、巴安、盐井四县。

陈遐龄接任川边镇守使时，面对的川边军事局面十分棘手。自"改革以来，前之守边者未及远谋，继则边饷不济，继则时局多牵。及遐龄承乏，以二十余月欠饷之兵，守数千里穷荒之地，仅搜刮边境瘠苦数县以供军食，期年所入，不过十余万元。士兵携带子弹，多者二三十发，少者十数发"。④ 当时"川中诸将，皆揭革命旗帜，陈使乃欲倚北庭自重，于是康军饷源，宣告断绝，唯在宁雅一带，竭力搜括，以供军饷"。⑤ 川边战事结束后，因

① 中国藏学研究中心、中国第二历史档案馆、西藏自治区档案馆等编《元以来西藏地方与中央政府关系档案史料汇编》第 6 册，第 2441—2443 页。

② 查骞著，林超校点《边藏风土记》卷 3，西藏社会科学院西藏学汉文文献编辑室编《西藏学文献丛书别辑》第 6 函，第 23 页。

③ 查骞著，林超校点《边藏风土记》卷 3，西藏社会科学院西藏学汉文文献编辑室编《西藏学文献丛书别辑》第 6 函，第 20—21 页。

④ 查骞著，林超校点《边藏风土记》卷 3，西藏社会科学院西藏学汉文文献编辑室编《西藏学文献丛书别辑》第 6 函，第 24 页。

⑤ 王克训：《西康问题的检讨与今后之对策》，《蒙藏政治训练班季刊》1934 年 6 月。

失去大片土地，税收减少，军费和政费几乎无法维持。[①] 1919 年，北洋政府因英国驻京公使催议藏案，电询陈遐龄。陈遐龄复电称："政府诚能接济饷银一百万，七米厘九双筒枪弹百万发，五子步枪二千杆，克日运解到边，遐龄躬率健儿，复我边圉，以雪国耻而盖前愆。"[②] 1920 年，北洋政府援助的枪械弹药运抵康定。[③]

在防区制下，控制产粮区是维持军队的先决条件。川边各县大多出产青稞，因此以雅安、西昌接济川边显得十分重要，其中雅安地区实际上控制了川边的经济命脉。其主要原因为：第一，雅安是进出川边的咽喉，凡是往来康定和宁属八县者，都必须经过这里；第二，雅安是水陆交通枢纽，除了有一条直达成都的公路外，还有一条公路可以直达嘉定（乐山）；第三，雅安是川边货物进出的吞吐口，其中川茶尤为大宗，每年征收茶税数额可观。[④] 因此，对陈遐龄来说，放弃雅安就意味着难以在川边立足。后来在各方调处下，熊克武先后接济陈遐龄饷款 50 余万元，[⑤] 陈遐龄才将雅属各县交由刘成勋接防。

进入 20 世纪 20 年代后，内地政局再一次陷入混乱之中，军阀之间战事不断。北方的安福系被直系和奉系推翻。在南方，由于广西军阀试图控制广东，云南军阀试图控制四川，军政府宣告瓦解。湖南、四川处于南北军事集团无休止的拉锯战之中。在四川，军政各方暗斗日烈。四川督军熊克武、省长杨庶堪虽同属国民党，但熊克武与岑春煊、陆荣廷等接近，对孙中山阳奉阴违，杨庶堪则事事奉孙中山之命而行，故熊、杨之间积不相能。[⑥] 陈遐龄奉熊克武令，率军进驻雅安，重新取得雅属防地。1920 年 3 月 17 日，孙中山致电唐继尧，谓奠定西南，"必须合川、滇、黔全力图之。然熊克武不

---

① 杨仲华：《西康纪要》上册，第 166 页。

② 查骞著，林超校点《边藏风土记》卷 3，西藏社会科学院西藏学汉文文献编辑室编《西藏学文献丛书别辑》第 6 函，第 24 页。

③ 陈启图：《廿年来康政得失概要》，《康导月刊》创刊号，1938 年。

④ 邢肃芝口述，张健飞、杨念群笔录《雪域求法记：一个汉人喇嘛的口述史》，三联书店 2003 年版，第 65—66 页。

⑤ 杨仲华：《西康纪要》上册，第 167 页。

⑥ 周开庆主编《民国川事纪要（1911 年 10 月—1936 年 12 月）》，第 245 页。

去，则不能纾后顾之忧"。① 5 月 1 日，唐继尧就任川滇黔靖国军总司令，护法北伐。5 月 10 日，川战爆发。10 月 18 日，在熊克武、刘湘、刘成勋等合力驱逐下，四川境内客军完全肃清。② 11 月 14 日，川军收复重庆后，刘存厚致电北洋政府，保举熊克武为四川省长，刘湘为重庆护军使，以示拉拢，又密电北洋政府，将四川境内各师长分别任命为 9 个镇守使，企图削弱熊、刘的实力。12 月 10 日，川军将领刘湘等在重庆举行会议，提出自治主张，并分电刘存厚、熊克武。③

1921 年 1 月 8 日，刘湘等通电各处，宣布制定四川省自治根本法，行使一切权力，不为南北政府所左右，不许外省军队进入四川境内。④ 2 月 18 日，熊克武、刘湘、刘成勋联名通电，揭露刘存厚罪状。⑤ 6 月 6 日，刘湘被推举为四川总司令兼省长。⑥ 由于在军事上屡受四川牵制，1921 年，陈遐龄特派秘书向北洋政府建议改川边为西康特别区域，撤销镇守使，改设都统，以示威重而资震慑。但因当时川边乱事未平，此事遂暂搁置。⑦ 1923 年，陈遐龄受吴佩孚指使，与邓锡侯、杨森等联军驱逐熊克武，进军资阳、简阳，被熊克武部击败。1924 年，川军第三军刘成勋派军队进攻陈遐龄部，占据雅属各县。随后，陈遐龄将边事委于旅长孙涵、宁属事宜委于旅长羊清全（即羊仁安）后，远赴北京。

1925 年 2 月 7 日，中华民国临时执政将四川川边道所属地方暂行改为西康特别行政区，委任杨森督办四川军务善后事宜，免去邓锡侯四川省长职务，令其专任陆军第三十师师长，任命赖心辉为四川省长，刘湘为川康边务督办，四川省境内的军队均归其节制，刘成勋为西康屯垦使兼管民政，刘文辉帮办四川军务善后事宜。⑧ 1926 年 1 月，川边军队与刘成勋达成妥协条件。其要点是：边军承认刘成勋为西康屯垦使；荣经以东归川军第三军；川

---

① 周开庆主编《民国川事纪要（1911 年 10 月—1936 年 12 月）》，第 248 页。
② 周开庆主编《民国川事纪要（1911 年 10 月—1936 年 12 月）》，第 248—249 页。
③ 周开庆主编《民国川事纪要（1911 年 10 月—1936 年 12 月）》，第 262—263 页。
④ 周开庆主编《民国川事纪要（1911 年 10 月—1936 年 12 月）》，第 267 页。
⑤ 周开庆主编《民国川事纪要（1911 年 10 月—1936 年 12 月）》，第 271 页。
⑥ 周开庆主编《民国川事纪要（1911 年 10 月—1936 年 12 月）》，第 274 页。
⑦ 《川边近讯：改建特别区域说之搁置；藏乱一时尚难收拾》，《申报》1921 年 9 月 10 日。
⑧ 周开庆主编《民国川事纪要（1911 年 10 月—1936 年 12 月）》，第 318 页。

边军队军饷由刘成勋代筹；建南防地仍归边军；边军编制照旧；以孙涵为边军司令。1927 年夏，刘成勋的部队被刘文辉吞并，国民革命军第二十四军接管川边成地。①

第四节　中英关于川边与西藏划界的谈判

英国政府对西藏事务的介入自布鲁克巴（不丹）和哲孟雄（锡金）开始。在逐渐控制布鲁克巴和哲孟雄后，英国进而开始侵略西藏。光绪二十四年寇松（George Nathaniel Curzon）接替埃尔金就任印度总督后，奉行激进的西藏政策，极力主张在亚洲实行反俄。为了将西藏纳入英国的势力范围，成为英印的屏障，排除俄国对西藏的影响，寇松打算在中印之间建立"缓冲国"。② 寇松任印度总督期间所制定的对藏政策奠定了此后英国政府对藏的总基调。光绪二十九年，寇松提出"宗主权"（suzerainty）问题，以此为切入点来分裂中国西藏，将中国称为"中介""宗主国"等。③ 寇松的对藏政策直接导致其后英印政府对西藏的一系列军事行动。大体而言，近代"西藏问题"起源于英国在亚洲殖民问题上的地缘政治考量，也与清廷在对藏问题上的失策有密切关系。

辛亥革命爆发后，英国政府对西藏采取了以下措施。（1）阻止西征军进入西藏，唆使藏官排汉并迫害西藏亲汉人士，以妨碍北洋政府对藏行使主权。（2）控制西藏与内地交通，疏远汉藏关系。十三世达赖喇嘛回到拉萨后，对川、滇、青与西藏之间的交通要道实行严密封锁。同时，西藏地方当局与英印政府订立秘密换文，规定内地人士入藏，必须取道印度。④（3）垄断西藏经济。"自内地与西藏之交通梗阻，印藏商务发达，西藏入超年有增

---

① 吴家祥：《民国时期川边、西康政局人物概述》，甘孜州史志编辑委员会编《甘孜州史志》第 1 期，第 43 页。

② 苏奇塔·高希：《中印关系中的西藏（1899—1914）》，第 17 页。

③ 张皓：《"宗主权"的提出与加剧：1898 至 1921 年英国侵藏政策的演变》，《青海民族研究》2014 年第 4 期。

④ 孔庆宗：《黄慕松入藏纪实》，政协全国委员会文史资料研究委员会编《文史资料选辑》第 93 辑，文史资料出版社 1984 年版第 116 页。

加，卢比高涨，在藏地具有极大之信用与势力。"① （4）觊觎中国西藏南部察隅、工布、波密、珞隅一带区域。（5）极力拉拢西藏上层势力。"英皇后不惜巨资以饵达赖左右，又选派藏中子弟入英国学校，以便语言交通，文化融洽，其离间与笼络之术，可谓无所不至。"② （6）干预中国中央政府与西藏地方"谈判悬案之会议，以便取得较大之权利，并阻挠西藏切实服从中央"。③ 英国对西藏政策的一个总体考量是维持西藏在中国"宗主权"之下的内部自治。关于英国的这一立场，1944 年 5 月，沈宗濂与印度外交部长卡罗在德里进行了几次私人交谈，其中卡罗提到："因西藏为印度之屏藩，英国对与印度毗邻各国，如尼泊尔、伊朗、阿富汗等，均希望其能成为强国间之缓冲地区。"沈宗濂认为，卡罗的"言外之意，在使西藏能如其他各国维持自主之地位"。④

1912 年 11 月 3 日，《俄蒙协约》的签订获得证实，俄国依约控制了外蒙古。英国方面在《俄蒙协约》订立后，对藏交涉渐趋强硬。英国公使认为，英国政府对藏政策应该按照 1912 年 8 月 17 日的协定施行。英属印度总督哈定亦明确要求以 8 月 17 日备忘录为基础召开西姆拉会议。⑤ 在英国方面看来，《俄蒙协约》破坏了英俄两国在 1907 年所达成的均势，英国欲以派驻代表到拉萨，作为对俄国在外蒙古行动的回应。⑥ 1913 年 1 月 30 日，北洋政府外交部与驻京英使举行谈判。谈判中，英国方面提出了川边与西藏的划界问题。

1913 年 2 月，达赖喇嘛要求退居靖西的钟颖离开西藏，并请中央政府

① 《吴忠信为拟具入藏任务与组织暨经费意见事致行政院折呈》，中国藏学研究中心、中国第二历史档案馆、西藏自治区档案馆等编《元以来西藏地方与中央政府关系档案史料汇编》第 7 册，第 2772 页。

② 谢国梁：《西藏条陈》（1916 年 11 月 29 日），西藏社会科学院西藏学汉文文献编辑室编《西藏学文献丛书别辑》第 13 函，第 2 页。

③ 《吴忠信为拟具入藏任务与组织暨经费意见事致行政院折呈》，中国藏学研究中心、中国第二历史档案馆、西藏自治区档案馆等编《元以来西藏地方与中央政府关系档案史料汇编》第 7 册，第 2772 页。

④ 《沈宗濂与英印政府外交部长卡罗谈话纪录》，中国藏学研究中心、中国第二历史档案馆、西藏自治区档案馆等编《元以来西藏地方与中央政府关系档案史料汇编》第 7 册，3154 页。

⑤ 苏奇塔·高希：《中印关系中的西藏（1899—1914）》，第 134 页。

⑥ 佚名：《英藏交涉始末记》，《东方杂志》第 9 卷第 10 号，1913 年。

派员赴大吉岭"商办汉番善后事宜"。[①] 3 月 4 日，达赖喇嘛致电北洋政府，要求"西藏土地、人民、政事，当照第五世达赖时代办理"。[②] 当时钟颖在西藏方面的一再催逼下退出藏境，驻藏办事长官一职空缺。北洋政府根据原靖西同知马师周的建议，任命印度华侨陆兴祺为护理西藏办事长官。但由于英印政府的阻挠，陆兴祺始终未能到藏赴任。1913 年 4 月，西藏地方政府在布达拉会议上做出"全面排汉"的决议。西藏地方政府的离心活动首先遭到来自西藏内部的抗阻。自清末以来，九世班禅以及拉萨三大寺、第穆寺（bstan rgyas gling，又称丹吉林）等是制衡西藏上层亲英势力的重要力量。在清末民初的西藏乱局中，第穆寺赞助驻藏川军粮饷。川军撤离西藏后，亲英藏官"遂驱逐其僧众、残杀其头目、籍没其田产、收管其民人、搜括其财物"，哲蚌寺"矢志不渝，暗中多储粮秣为我大兵入藏之接济"。[③] 亲汉"喇嘛大众的这种立场证实这次反对汉人的行动具有亲英的倾向。大多数的喇嘛始终视英人为有破坏喇嘛教本身基础和权力之虞的最凶恶的敌人。可见他们挺身反对拥护达赖亲英政策的人即是为了争取与中国内地统一而战斗"。[④] 此外，贝尔（Charles Bell）亦称："西藏最大之哲蚌寺，僧侣数达万余，云亦倾向中国，及数大僧被杀后，仍未完全忠心其'信仰之主'，盖寺中大多数僧侣来自中国边界，不肯与庇护其家之人为敌故也。"[⑤] 其次，西藏权力集团内部对于英国的"保护"亦存有疑虑。王久敬认为：

> 西藏一般人民对于汉人感情素好，自川兵劫掠烧杀后，藏人始生恶感，逼令官兵缴枪出境，似与中国之关系断绝矣。然西藏之所以不宣告独立者，自知能力薄弱，脱离中国必依赖外人保护，外人虽能负保护之

---

① 《十三世达赖喇嘛为请令钟颖所部退出西藏事复袁世凯电》，中国藏学研究中心、中国第二历史档案馆、西藏自治区档案馆等《元以来西藏地方与中央政府关系档案史料汇编》第 6 册，第 2367 页。

② 朱绣编著，吴均校注《西藏六十年大事记》，第 38—40 页。

③ 《西藏办事长官陆兴祺报告西藏第穆布绷两寺派人求救并陈述被达赖及英帝迫害情形致蒙藏事务局合折》（1913 年 9 月 16 日），北洋政府蒙藏院档案（1045）367，《1899—1949 年有关西藏问题历史档案资料汇编》。

④ 节昂列夫：《中华民国时期的西藏》，张方廉译，张植荣主编《国外藏学研究译文集》第 10 辑，西藏人民出版社 1993 年版，第 27 页。

⑤ 牙含章：《达赖喇嘛传》，第 241 页。

责，然束缚自由、奴隶人民较之川兵之劫掠烧杀，痛苦尤甚。藏人虽愚，密迩印度，闻之熟矣。证之以不宣告独立、电请派员商议二事，可以测其趋向矣。①

据时人分析，自十三世达赖喇嘛出走印度后，西藏内部出现亲英、亲汉两派，其中厦扎（bshad sgra dpal vbyor rdo rje）为当时西藏亲英派的代表人物。"查厦扎为达赖最亲信，为人亦最狡黠，上年因开复不遂反对藏使，此次达赖回藏一切主张皆厦扎之谋。"② 陆兴祺亦认为，达赖知道对抗中央对西藏没有益处，"无如外受洋员唆怂，内被厦札等迫挟，故仍苦与中央争权争地"。③

1912 年 9 月，川滇军虽然停止了军事行动，但在川边、藏东仍然保持武力震慑。当时川藏两军大致上对峙于怒江与澜沧江之间，这给西藏造成巨大的财政负担，甚至主导了西藏政局。据西藏办事长官陆兴祺报告，西藏方面虽然在英国的援助下进行了具有离心倾向的活动，并积极在藏东增兵，但是对于川滇军"实有所惧"。④ 1912 年 9 月 12 日，殷承瓛接到擦瓦龙札夷、毕土两寺大喇嘛等禀称，"奉达赖命令，自古藏与云南共和无嫌，闻云南兵攻西藏，难免骚扰百姓。此次愿意共和，祈速示知，以便转禀达赖，言归于好"。⑤ 同时，一个稳定的西藏界线也符合英国的战略利益。英国政府要求在印度召开解决西藏东部界线以及西藏"自治"问题的所谓"三方"会议。

1913 年初，西藏地方政府与北洋政府磋商藏事会谈事宜，但双方在会谈地点上有不同意见。西藏方面在英国的支持下，主张在大吉岭，北洋政府则表示应在昌都举行。同时，在川边与西藏的界务问题上，双方也存在严重

① 《藏事条陈·王久敬藏事条陈》（1912 年），西藏社会科学院西藏学汉文文献编辑室编《西藏学文献丛书别辑》第 13 函，第 9 页。

② 《藏事条陈·常印藏事报告（择要）》，西藏社会科学院西藏学汉文文献编辑室编《西藏学文献丛书别辑》第 13 函，第 12 页。

③ 《陆兴祺为探报现在藏情并闻英员至江孜接护厦札来大吉岭事致袁世凯等电》，中国藏学研究中心、中国第二历史档案馆、西藏自治区档案馆等编《元以来西藏地方与中央政府关系档案史料汇编》第 6 册，第 2400 页。

④ 《西藏办事长官陆兴祺报告西藏第穆布绷两寺藏人求救并陈述被达赖及英帝迫害情形致蒙藏事务局咨折》（1913 年 9 月 16 日），北洋政府蒙藏院档案（1045）367，《1899—1949 年有关西藏问题历史档案资料汇编》。

⑤ 毛注青、李鳌、陈新宪编《蔡锷集》，第 626 页。

分歧。西藏地方政府坚持以江卡、昌都等处为西藏属境，北洋政府则认为"江卡、察木多等处，自前清末年即已划隶川边，不得谓为藏属，民国承受前清领土，不能改更"。①

1913年2月14日，蒙藏事务局鉴于藏局危殆，建议袁世凯抓住机会，"仍照前电，至大吉岭商办一切"，认为"虽岭地逼近英印，而相机应付，权仍操之在我，似亦无大妨碍"。② 3月20日，宋教仁在上海遇刺，反袁之呼声日益高涨。7月12日，李烈钧在江西湖口宣布独立，二次革命开始。袁世凯忙于压制革命，无暇西顾。英国表示，中国当局若不赴会，英国将撤销对民国政府的财政援助，并直接与西藏谈判商订新约。在英国的外交压力下，北洋政府外交总长于8月7日致信英国政府，同意派全权代表前往印度谈判。③ 10月8日，英国表示承认中华民国。④ 10月13日，西藏善后问题谈判在印度西姆拉（Simla）开幕。

北洋政府的参会代表为陈贻范，英国代表为麦克马洪（Lt. Col. Sir A. H. MacMahon），西藏地方政府派出的全权代表是厦扎。厦扎"向挟达赖把持全藏政权，仇汉最深，媚外最切"。⑤ 在会议中，陈贻范指出，近年来汉藏之间发生纠纷是"达赖喇嘛不肯听从中国政府历次的劝告、指示和不懂得国际间的惯例所造成的"，申明"缔约各方一致同意承认西藏地方肯定为中华民国领土之一部分"，⑥ 并主张川边与西藏以江达（太昭）为界。厦扎提出以吐蕃及五世达赖时期的涉藏地区情况来确定汉藏界线。为了阻止其他势力对西藏地区的影响，英国方面不仅要划定英印与中国西藏间的边界，

① 《袁世凯为派员入藏已与英使商妥惟望切勿拘牵旧界转生枝节事致达赖喇嘛电》，中国藏学研究中心、中国第二历史档案馆、西藏自治区档案馆等编《元以来西藏地方与中央政府关系档案史料汇编》第6册，第2398页。

② 《蒙藏局为应遴员赴大吉岭会议事致袁世凯呈》，中国藏学研究中心、中国第二历史档案馆、西藏自治区档案馆等编《元以来西藏地方与中央政府关系档案史料汇编》第6册，第2395—2396页。

③ 苏奇塔·高希：《中印关系中的西藏（1899—1914）》，第183页。

④ 苏奇塔·高希：《中印关系中的西藏（1899—1914）》，第184页。

⑤ 《陆兴祺为探报现在藏情并闻英员至江孜接护厦札来大吉岭事致袁世凯等电》，中国藏学研究中心、中国第二历史档案馆、西藏自治区档案馆等编《元以来西藏地方与中央政府关系档案史料汇编》第6册，第2400页。

⑥ 周源整理《1914年"西姆拉会议"资料汇编、拉鲁家族及本人经历》，中国藏学研究中心历史所2003年版，第8页。

而且试图制造中国内地与西藏之间的缓冲带。[①] 在西姆拉会议开始后不久，英方派遣英国驻中国的官员路易斯·金（Louis King）前往川边地区搜集情报，并监视中国军队的活动。[②] 路易斯·金将搜集到的情报送达西姆拉供英方代表麦克马洪参考。[③] 1914 年 2 月 17 日，麦克马洪以调和汉藏双方的意见为借口，主张用"自治""宗主权"等协调西藏地方政府与中央政府的关系，并提出"内藏""外藏"等名目。针对夏扎所提意见以及英方的调停办法，陈贻范认为：（1）川边与西藏界线当以最后划定者为准；（2）中国政府对西藏享有完全主权，不同意英方代表所提出的"内外藏"划分；（3）"宗教权力和政治权力不能混为一谈。"[④]

对于西藏方面的观点，蒙藏事务局机要课员萧飏曾在条陈西姆拉会议意见呈文中指出，"达赖向所自奉为香火地、被其噶厦及商上权力所支配者，亦惟前藏弹丸地耳"。"后藏及已投诚于我且向不归达赖之三十九族、达木、波密等处，当然不能弃绝其向化之忱，而笼统于达赖前藏范围之内。故，近自西藏归来者，如史悠明等皆请以班禅及三大寺代表加入此次会议，以证明达赖之不足代表全藏者"，因此不能"以西藏浑括之"。[⑤] 原驻藏川军统领钟颖认为："达赖欲以西藏两字朦混耳目……达其宗教专制之目的。英人亦利用达赖，以西藏两字推广范围，以逞其侵略土地之欲望。此外，交涉谈判之开，系专指达赖所管之区域，其非属达赖所管之区域，当然不在此次交涉问题之内。达赖欲合言之，以朦混边地，我则不得不分言之，以明示区划。"[⑥] 英国有意以 Tibet 来混淆行政区域名词"西藏"的做法，也引发了国人关于何谓"西藏"的讨论。任乃强认为，Tibet 译为"西藏"，"此大误也"，应

---

①　Carole McGranahan, "Empire and the Status of Tibet: British, Chinese, and Tibetan Negotiations, 1913-1934," in *The History of Tibet*, Vol. III, Alex McKay, (ed.), London: Routledge Curzon, 2003, p. 270.

②　Carole McGranahan, "Empire and the Status of Tibet: British, Chinese, and Tibetan Negotiations, 1913-1934," in *The History of Tibet*, Vol. III, p. 272.

③　Carole McGranahan, "Empire and the Status of Tibet: British, Chinese, and Tibetan Negotiations, 1913-1934," in *The History of Tibet*, Vol. III, p. 273.

④　详细情况参见周源整理《1914 年"西姆拉会议"资料汇编、拉鲁家族及本人经历》，第 45—49 页。

⑤　《蒙藏事务局关于萧飏曾等条陈西姆拉会议事宜意见呈文》（1913 年 11 月 19 日），北洋政府蒙藏院档案（1045）361，《1899—1949 年有关西藏问题历史档案资料汇编》。

⑥　《藏事条陈·钟颖藏事条陈》（1913 年 12 月 4 日），西藏社会科学院西藏学汉文文献编辑室编《西藏学文献丛书别辑》第 13 函，第 1—2 页。

直译为"土伯特"；中文"西藏"一词，为我国行政区划名称，应译为 Hsi-Tsang 或 Tsang-po。作为西姆拉会议的"西藏问题"顾问，贝尔是当时英国"侵略西藏之最猛进者"，其所著《土伯特之过去与现在》（*Tibet Past and Present*）一书中的地图用线条圈出之"土伯特"包有西藏、青海、西康全部。① 有研究者指出，"'Tibet'和'西藏'这两个概念有着相当不同的塑造历程，所指亦不同，将两者等同起来会带来大量的理论和现实问题"。②

在英方的压迫之下，陈贻范对于川边与西藏划界做出多次让步。1914 年 3 月 18 日，陈贻范建议怒江以东既设郡县之地划归川边治理，怒江以西至江达（指洛隆宗、硕般多、边坝、拉里、江达、波密、八宿、察哇龙、桑昂、察隅诸部为赵尔丰曾经收抚而当时为藏军所占之地），以及达木蒙古及三十九族土司地区维持清代旧制，不改设为郡县。3 月 28 日，陈贻范提出，川边与西藏以丹达山为界，怒江以西至丹达山之地保存旧制，丹达山以西之拉里、江达、波密为西藏的"自治"区域。4 月 3 日，陈贻范再次发表让步意见：边、藏以怒江为界，怒江以东属于川边，以西划归西藏管辖，西藏为中国领土。让步至此，恰与当时边、藏两军的实际防堵线相符。③ 4 月 17 日，英方代表认为，应将瞻对、德格、玉树二十五族、柴达木等地划为"内藏"，宁静山以西为"外藏"。④ 对此，陈贻范于 4 月 20 日指出，当拉岭以北悉照青海原界，怒江以东之德格、瞻对、察木多、三十九族诸地沿用"喀木"名称，定为"特别区域"。⑤ 4 月 27 日，英方提出修正意见，将巴颜喀拉山脉东北之地划出"内藏"归甘肃，其余照旧。⑥ 当日，陈贻范擅自在西姆拉草约上画押。北洋政府在得悉这一消息后，于 4 月 28 日致电陈贻范，声明草约取消。

1914 年 6 月 7 日，朱尔典将草约文本递交给北洋政府，并通知北洋政府外交总长，如果不指令中国全权代表进行签字，英国和西藏代表将单独签字。7 月 3 日，西姆拉会议举行闭幕会，陈贻范虽然出席，但以不能擅让领土、改变疆域为由，拒绝在西姆拉条约上签字。阿拉斯太尔·兰姆认为，

---

① 任乃强：《西康图经·境域篇》，新亚细亚学会 1933 年版，第 52—54 页。
② 陈波：《"天下共主"：想象藏文明的方式》，《文化纵横》2017 年第 5 期。
③ 任乃强：《西康图经·境域篇》，第 134—135 页。
④ 任乃强：《西康图经·境域篇》，第 136 页。
⑤ 张羽新、张双志编《民国藏事史料汇编》第 16 册，学苑出版社 2005 年版，第 478—479 页。
⑥ 任乃强：《西康图经·境域篇》，第 137 页。

"即便《西姆拉条约》被英国和西藏全权代表草签而未被他们正式签署是个事实，西姆拉会议也是以文字游戏而告结束的"，而且"西姆拉会议未产生任何有效的协议"。[①] 这个界务案与此后发生的康藏纠纷有密切关系。

西姆拉会议结束后，川边与西藏交界地区的紧张局势牵制了西藏社会的发展进程，加剧了西藏内部各种矛盾的激化。英国方面则通过西姆拉会议有效阻挡了北洋政府及俄国方面对西藏的影响。据陈贻范称：

> 至英人对藏之政策，则全视如何维持印属之治安以为断。印之四隅，英不欲有强邻，俄固非彼之所愿，而我亦为彼之所惧。印度文武诸员皆谓中国既已鼎革，此后必百方经营，一反从前之所为，一二十年间中国定为强盛之国，今欲固我印围，万不可使彼与我为邻，并当及时图之云云。职是之故，英乘我多事之秋，亟以调停藏事为请。然其调停办法，早决之于数年以前，其宗旨欲使西藏一隅为阿富汗之第二，非达此目的不可，即以兵力相争，亦所不辞。今者会议决裂后英藏曾互换文件，其中有英可协助一切以拒中国等语。[②]

1918 年初，藏军凭借先进的武器，乘川边军力空虚，把边、藏界线推进至雅砻江一线。随着西藏方面在川边战事上的获胜，英国方面敦促北洋政府解决西姆拉会议上的边、藏划界悬案。从 1918 年 2 月至 12 月，英国就此问题向北洋政府催促共达 9 次，均被北洋政府外交部拒绝。[③]

1919 年 5 月，朱尔典请北洋政府提出藏案的解决条件。5 月 30 日，外交部将所拟办法交给朱尔典，其要点为：（1）打箭炉、巴塘、理塘地方归四川省治理；（2）察木多、八宿、类乌齐各呼图克图以及三十九族土司所属之地划归"外藏"；（3）将瞻对、德格以及青海南部之地划归"内藏"。[④]

① 苏奇塔·高希：《中印关系中的西藏（1899—1914）》，第 192 页。

② 《陈贻范为陈英藏往来与英对藏政策并擅自画约自请惩戒事致袁世凯呈》，中国藏学研究中心、中国第二历史档案馆、西藏自治区档案馆等编《元以来西藏地方与中央政府关系档案史料汇编》第 6 册，第 2429 页。

③ 《英国插手调停藏军内侵订立停战合同及中英交涉西藏界务》，中国藏学研究中心、中国第二历史档案馆、西藏自治区档案馆等编《元以来西藏地方与中央政府关系档案史料汇编》第 6 册，第 2444 页。

④ 任乃强：《西康图经·境域篇》，第 144 页。

上述办法将藏军所占康区 12 县以及瞻对、玉树之地划入"内外藏"。① 8 月 13 日，朱尔典提出调停办法如下。（1）取消"内外藏"之名，将巴塘、理塘、打箭炉、道孚、炉霍、瞻对、甘孜诸地划归川边，德格以西划归西藏。（2）按照原议沿用"内外藏"名称，将巴塘、理塘、打箭炉、瞻对、甘孜等地划归川边。昆仑山以南当拉岭以北之地（玉树二十五族）划为"内藏"，北洋政府不设官、不驻兵，德格划归"外藏"。上述两项办法的要点在于将德格划归"外藏"。② 北洋政府认为，"如此划分，中国收回地方无多，而划归西藏之地幅员甚广，中国实难承认"。朱尔典又允许将岗拖地方划归川边。对于朱尔典的划界办法，北洋政府认为，"惟德格及昆仑以南，当拉岭以北一带地方划入西藏一节，仍应力争收回，以免政府有变更领土之嫌"。③ 事实上，英方提出的川边与西藏的界线，基本上是以 1918 年边藏停战协议为根据，实则要求北洋政府放弃 1918 年边藏战争中藏军所占领的昌都、察雅等 12 县。当藏局谈判陷入困境之时，在 1919 年 8 月 26 日的国务会议上，"多数主张暂从缓议"，朱尔典却"坚请继续开议"。④

当时北洋政府陆军部认为外蒙古已经取消"自治"，不赞成根据旧案举行藏案会谈。而且，北洋政府对边藏界务的认识和把握非常有限，在征求相关省份意见之前不能轻易决断。北洋政府"以此项交涉与川、滇诸省极有关系，在南北未和平统一以前，更不便由北方独定交涉方针，致生反瞀"。⑤ 1919 年 9 月 5 日，北洋政府外交部将 1914 年至 1919 年 8 月中英关于藏案的历次谈判过程通电有关各方。通电（即"歌电"）发出后，全国舆论鼎沸。⑥

川边方面认为，"中央政府宜保存东藏全境。……若解决边界问题而将前为酋长管辖之土地全部或一部割归西藏，则川边官场决不奉命"。⑦ 熊克

① 任乃强：《西康图经·境域篇》，第 144 页。

② 任乃强：《西康图经·境域篇》，第 145 页。

③ 《英国插手调停藏军内侵订立停战合同及中英交涉西藏界务》，中国藏学研究中心、中国第二历史档案馆、西藏自治区档案馆等编《元以来西藏地方与中央政府关系档案史料汇编》第 6 册，第 2445 页。

④ 《英国插手调停藏军内侵订立停战合同及中英交涉西藏界务》，中国藏学研究中心、中国第二历史档案馆、西藏自治区档案馆等编《元以来西藏地方与中央政府关系档案史料汇编》第 6 册，第 2446 页。

⑤ 《西藏交涉最近情况（唐、熊对藏事之意见）》，《申报》1919 年 9 月 25 日。

⑥ 《舆论反对藏约情形》，中国藏学研究中心、中国第二历史档案馆、西藏自治区档案馆等编《元以来西藏地方与中央政府关系档案史料汇编》第 6 册，第 2457—2458 页。

⑦ 《刘陈龃龉中之边藏问题》，《申报》1919 年 11 月 15 日。

武致电北洋政府称："以不失原有界址为第一要义。……虽经边地长官暂与噶布伦订立停战条约，然未经政府承认，自不能据为标准。失陷各地当悉克复，在我实绝无迁就之理，故此次交涉总以争回上年失地为主。"[1] 唐继尧电称，川边行政区域均经改土归流，不得误为藏地。西藏为中国领土，能否许予自治，中国自有主权，毋庸由外人代为要求，不得以川边、青海、甘肃、新疆之边地划入自治区域。陈遐龄与藏方签订之停战协议为权宜之计，其划界办法尤可置之不议，在没有恢复川边失地的情况下，即无划界可言。[2] 相关各省、各团体迭电到京，"请政府坚持，万勿让步"。吉林省议会称："望速将原拟康藏划界办法取消，暂候熊川督暨唐滇督率兵，将藏番侵占康地收复后，再与英人会议。界务事关国土，万难含混结案。"[3] 1919年10月27日，四川省议会通电称："川边原系康地，康藏分界极为分明。清制：江达以东为康，江达以西为藏。查《四川通志》雍正四年会勘划界案内，于江达特设汉、藏两官，盖以该地为康、藏分界之故。"[4]

对于各方的反应，任乃强认为，"其议未尝不正，然以当时实际势力情形言之，则未免迂阔无当矣"。[5] 正如1919年11月15日北洋政府关于藏事之电文所云："彼时，三十九族、类乌齐等处均在边军掌握，尚未能强英、藏就我范。现在，藏势深侵，川边险要相继沦陷，藏番势力直逼巴、里，徒恃口舌之争，恐更难收挽回之效。"[6] 由于地方实力派、全国舆论的反对，以及北洋政府对边务的隔膜，为了听取四川、云南等省份的意见，共商藏事处理办法，北洋政府决定召开藏案讨论会，同时派员赴川边调查，以了解真实情况。[7] 在藏案讨论会召开之前，北洋政府暂停与英国进行西藏事务的谈判。

此外，为谋求从另一渠道解决西藏问题，北洋政府国务院于1919

---

① 《西藏问题与熊克武》，《申报》1919年9月24日。

② 《西藏交涉最近情况（唐、熊对藏事之意见）》，《申报》1919年9月25日。

③ 《西藏交涉案近讯》，《申报》1919年10月31日。

④ 朱绣编著，吴均校注《西藏六十年大事记》，第71页。

⑤ 任乃强：《西康图经·境域篇》，第147—148页。

⑥ 《部院关于藏事之要电》，《申报》1919年11月15日。

⑦ 《西藏交涉最近情况》，《申报》1919年9月25日；《部院关于藏事之要电》，《申报》1919年11月15日。

年 10 月电咨甘肃都督张广建，特派李仲莲、朱绣及佛僧古朗仓、拉布尖等人赴藏，与十三世达赖喇嘛联络感情，以作"釜底抽薪之计"。① 李仲莲、朱绣等人抵达拉萨后，与达赖喇嘛的代表举行会谈。据李仲莲等称：

> 藏番对汉甚愿照旧和好，不过因人挑别［拨］，借口陈使草约空言抵制耳。中央若能派员议和，藏番必形让步，万不至以陈使草约坚持到底破坏和议也。况西藏内部本系新旧两派，旧派居十分之七，新派只居十之二三。旧派以藏王及总堪布、三大寺为最有势力者，多数尚有思念故国之意。新派以四噶布伦为最，常受英人愚弄，借为护符，而此四人中又以现驻昌都统兵官降巴丹达为最，现在降巴丹达颇知英人阴毒，甚愿内向，又恐我国不能保护，只持保守主义，以俟将来。……为今之计，亡羊补牢尚未为晚。况最近英使在京所提各条，莲等面询达赖，达赖并不明情，足征英人从中作祟，殊非藏人本心反抗中国也。②

1919 年 12 月 3 日，朱尔典偕参赞哈尔定、台克满赴北洋政府外交部谒见陈箓次长，表达了英国在西藏问题上的态度。③ 陈箓认为，"藏事关系领土，中央不能草草决定，必须周咨博访，会同关系省份，为正常之解决。现在统一尚未告成，对于藏案只有维持现状，以待将来相当之解决"。④ 同时，北洋政府外交部以"藏案不愿即行解决，正为顾全中英邦交起见。盖全国人民视藏案较山东问题尤重，现因山东问题已激起排斥日货风潮，若同时提议藏事，必又惹起激烈反对"，"英国在华商务极盛，倘因此发生同样风潮，不特非中国之愿，抑亦非英国之利"，并以此为理由告知英国外交部。⑤

---

① 朱绣编著，吴均校注《西藏六十年大事记》，第 8 页。

② 《李仲莲朱绣呈报抵藏情形文》，中国藏学研究中心、中国第二历史档案馆、西藏自治区档案馆等编《元以来西藏地方与中央政府关系档案史料汇编》第 6 册，第 2456 页。

③ 《英使朱尔典对西藏问题五点声明》，《申报》1919 年 12 月 7 日。

④ 《京华短简》，《申报》1919 年 12 月 21 日。

⑤ 《外交部为以藏案不愿即行解决系为顾全中英邦交婉达英外部事复施肇基电》，中国藏学研究中心、中国第二历史档案馆、西藏自治区档案馆等编《元以来西藏地方与中央政府关系档案史料汇编》第 6 册，第 2453 页。

1921 年 8 月 26 日，英国外交大臣寇松向中国驻英公使顾维钧提交最后通牒，即《寇松备忘录》，要求中国在一个月内重开藏案谈判，如期满还未开议，英国随时可以向拉萨派驻官员和向西藏提供任何"合理援助"，这些均没有必要再去征求中国政府的意见。① 北洋政府鉴于藏案"较青岛尤为重大"，"不能稍涉操切"，决定"缓议"。② 英国则不顾中国的反对，将《寇松备忘录》确立为关于西藏地位的正式主张，并一直沿袭到 1943 年。③

据顾维钧的分析，英国政府亟欲解决藏案的主要原因有以下几点：

一，现任外相对于亚洲问题素多谋划，前在印度总督任内，对于藏事经营有年，光绪二十九年派荣赫鹏带兵入藏，强迫藏人私订协约，即其一端。二，彼自前年接任外相以来，所采一切外交政策，行之颇欠顺手，为政界反对党借口利器，似有以藏事树声援之意。三，劳农俄国在亚洲势力日增，近来所订俄土、俄波等约，即其明证，而其煽动阿富汗抗印，近又派兵入我外蒙，均足惹起英国在亚嫉俄惧俄之心，且近来印度民气嚣张，乱萌时见，易受煽惑，更须巩固藩篱。四，华盛顿远东会议将开，藏案即使我不提出，亦恐日本以满蒙鲁特殊地位问题，美国以欲取销我国境内势力范围，适用机会均等主义等关系均牵入讨论，诸多未便。五，倍尔在藏一切行为未必悉能使藏人满意，现在亟欲回印，或有不得不离藏之故，若听藏人向英之心日淡，英之在藏地位难保，不如使三方即行解决，以资定局。六，见我国政局蜩螗，无力抵抗，又与藏人久不往来，难免隔阂，此时解决，彼占优势。七，英国国会正在休会期内，此时办理藏案，可免反对党质问掣肘。④

① 《顾维钧为英外相催促了结西藏问题并提出书面节略事致外交部电》，中国藏学研究中心、中国第二历史档案馆、西藏自治区档案馆等编《元以来西藏地方与中央政府关系档案史料汇编》第 6 册，第 2459—2460 页。

② 《外交部为朝野反对已告英使缓议事致驻英使馆电》，中国藏学研究中心、中国第二历史档案馆、西藏自治区档案馆等编《元以来西藏地方与中央政府关系档案史料汇编》第 6 册，第 2462 页。

③ 梅·戈尔斯坦：《喇嘛王国的覆灭》，杜永彬译，中国藏学出版社 2005 年版，第 324 页。

④ 《顾维钧为分析英政府亟欲解决西藏问题之原因致外交部电》，中国藏学研究中心、中国第二历史档案馆、西藏自治区档案馆等编《元以来西藏地方与中央政府关系档案史料汇编》第 6 册，第 2461 页。

纵观英国在清末民初的侵藏政策，大体可分为两个阶段。一是从光绪十四年发动第一次侵藏战争到光绪十九年签订中英《藏印续约》，"其特点是如何攫取通商之类的权益"；二是从光绪二十四年寇松出任英印总督到1921年贝尔提出政策报告，其特点是以"宗主权"为工具，企图将西藏从中国分裂出去。1898—1921年是英国以"宗主权"为中心的侵藏政策提出、实施和基本确立的时期。为与俄国争夺中亚细亚，寇松提出中国对西藏只有"宗主权"，并寻找时机发动侵藏战争，逼签《拉萨条约》，"变西藏为实际上的保护领"。随后，英国声称西藏是"一个外国君主统治的国家"，并与俄国合谋以中国只有"宗主权"来否定中国对西藏的主权。继之，英国加快侵藏步伐，"企图强迫中国同意西藏'自治'，并要求俄国同意其在西藏'行动自由'"。1921年，英国政府采纳贝尔的建议，一面反对中国政府恢复设置驻藏大臣和派驻军队，一面企图制造"大西藏"以分裂中国。以这两大内容为核心，以"宗主权"为幌子的侵藏政策基本确定。[①] 在1913—1921年中英有关西藏事务的谈判中，由于公众舆论的反对、军方的强硬态度以及国内政局的动荡，北洋政府成功地实施了拖延战术，使英国速行"解决"藏案的企图无法实现。

---

① 张皓：《"宗主权"的提出与加剧：1898至1921年英国侵藏政策的演变》，《青海民族研究》2014年第4期；冯明珠：《中英西藏交涉与川藏边情（1774—1925）》，中国藏学出版社2007年版。

第 五 章

20世纪30年代西藏与康、青两地的战事

第一节 大白事件：第三次康藏纠纷的源起

大白事件是一场土司与寺庙之间为争夺土地、差民而发生的纠纷。大白事件起于琐事，但经过复杂的演变，最终导致川康军与藏军的冲突。大金寺位于甘孜境内的白利与绒坝岔之间，西距绒坝岔仅 10 里，东距白利村 30 里，距甘孜县城 50 里，有喇嘛 2000 余名。大金寺资产甚巨，掌控着康区北路的对藏贸易。白利村归白利土司管辖，大金寺属朱倭土司辖区。[①]

白利土司辖境内有白利寺、春则寺、亚拉寺等。亚拉寺的一名呼图克图圆寂后，转世于林葱的桑多家。新呼图克图名为亚拉智古，曾在拉萨学佛，后因白利土司之请，前来主持亚拉寺，同时兼理白利寺。[②] 1926 年，白利土司向亚拉智古托付后事，引起春则寺呼图克图的妒忌，遂"乘机命其下人名师本者，暗与白利头人深相结纳，以厚其势"。[③] 白利土司曾有一女嫁给孔撒土司之子孔宜美为妻。宜美死后，"其妇与小娃有染，孔撒老土妇恶之，令其大归"。[④] 1927 年，白利土司病死，春则寺师本等依据传统惯例，

---

① 唐柯三：《大金白利肇事原因及康藏两军启衅之经过》，中国第二历史档案馆、中国藏学研究中心合编《康藏纠纷档案选编》，中国藏学出版社 2000 年版，第 491 页。

② 佚名：《康藏关系新纪元，康藏纷争的症结》，《蒙藏旬刊》第 1 卷第 13—15 期合刊，1939 年。

③ 唐柯三：《大金白利肇事原因及康藏两军启衅之经过》，中国第二历史档案馆、中国藏学研究中心合编《康藏纠纷档案选编》，第 491 页。

④ 陈文瀚：《大白纠纷之始末及收复失地经过》，《康导月刊》第 3 卷第 1 期，1940 年。

拥戴孔宜美之妻承袭白利土司职务。

白利土妇既然由春则寺师本等拥戴而来，在师本与亚拉智古之间发生冲突时，即对师本多有偏袒，亚拉智古遂避居大金寺。后经大金寺调停，于正月亚拉寺跳神期间，迎智古返寺。为了阻止亚拉寺对白利地方的干政，师本与土妇又将以往汉藏官员和老土司给予亚拉寺的凭证及文契收缴，且拒不退还。亚拉智古遂控诉于大金寺，要求师本归还文件，复向甘孜县署起诉。县署将师本管押。白利土妇托人调解，春则寺呼图克图通过贿赂甘孜县知事韩又琦，将师本释放。"于是大白双方恶感益深矣。"① 在这种情况下，亚拉智古将亚拉寺财产及 15 户差民均带往大金寺。于是白利土妇与大金寺再起争执。大金寺派代表请韩又琦秉公断处，又邀甘孜县巨商李德元从中调解。但韩又琦置此案于不顾。大金寺中较为激进的喇嘛主张武力解决，并于 1930年 5 月 21 日攻占白利村。

当时康区的防务由驻扎在康定的川康边防军旅长马骕具体负责。当白利村向甘孜县府请求驻军救援时，马骕见事态日趋严重，函嘱驻甘孜的罗海宽营提前准备，复派参议朱宪文、军法官马昌骧驰赴甘孜调处，又令刘茂森营进驻炉霍，随后委任第四十二团马成龙团长为征甘先遣司令，赴甘孜督办军事。

1930 年 7 月 8 日，川康军占领亚拉寺。大金寺以战端既开，向藏军求援。藏军派得墨色代本进抵德格。随后，得墨色代本函商马成龙和平处理，双方邀请附近各县派代表和解，后在寿宁寺大喇嘛刺利格希的调解下，大金寺表示愿意赔偿白利村的损失。由于刺利格希没有取得谈判的资格凭证，遂向韩又琦请求"发给谕帖作证"，但韩又琦"坚不盖印"。刺利格希"因无以取信于大金，故不愿再往"。② 对于赔偿白利村财物损失一事，大金寺要求川康军先退回甘孜县城，并将增驻炉霍的刘茂森营全部撤回道孚，同时撤退留驻白利乡的僧俗民兵。马骕认为大金寺的要求无理，未予允准。此外，康定商会诉请"将大金在炉城之商人七名管押旅部，追缴贷款"，"大金闻之，愤不可遏"。③

---

① 唐柯三：《大金白利肇事原因及康藏两军启衅之经过》，中国第二历史档案馆、中国藏学研究中心合编《康藏纠纷档案选编》，第 492 页。

② 唐柯三：《赴康日记》，中国第二历史档案馆、中国藏学研究中心合编《康藏纠纷档案选编》，第 455 页。

③ 唐柯三：《大金白利肇事原因及康藏两军启衅之经过》，中国第二历史档案馆、中国藏学研究中心合编《康藏纠纷档案选编》，第 493 页。

事实上，在大白事件发生之初，藏军并不愿卷入纠纷，挑起川康军与藏军之间的军事冲突。1930 年 8 月 1 日，瞻化县知事张楷称：

> 甘孜大金寺僧众于将与白利开衅之先，诚恐衅端之开惹动汉兵打击，曾向藏方请予协助作最后之奥援。藏番方面尚识大体，对于大金寺加以开导，惟该寺宜恪守法纪勿得擅动，理曲直自有公家作主。如果擅行肇衅，甘为戎首，汉官武力雄厚，非我们敢敌。我们应遵守以前条约，不能造次。①

西藏方面的态度是由西藏内部因素决定的。1930 年 12 月 22 日，谭云山在拉萨晋见十三世达赖喇嘛。据谭云山观察：

> 西藏现在大局颇为安定，政权操于达赖一人之手，人民部属均绝对服从，外人在藏亦无何种势力。其政府之组织仍照旧式，无多大变更。从多方面观察，达赖实有倾向中央与希望早日解决中藏问题之意。其政府人物向分亲英、亲汉两派，但现在均略变方向，趋慕中央。至西藏人民，则更一致希望中藏和好，不起纷争，更恐发生战事。社会局面虽安，但经济落后，人民生活甚苦，亦均盼望中藏和好，中央有所救济。总之，中藏问题现已达到解决之时期。②

1930 年 8 月 30 日，进驻白利的罗海宽营与大金寺民兵发生冲突，大金寺民兵将罗海宽营的一名连长、一名排长击毙。③ 随后，川康军以三营兵力向白利乡进击，并将大金寺包围。大金寺派人"怂恿驻昌都噶伦阿丕援助，阿丕仅以少数兵力协助，复以危词控诉于达赖，谓班禅说动康军，将借大金寺为题，兴动大军，护送班禅回藏，请助大批兵械，以便前线抵抗汉军"。④

---

① 中国第二历史档案馆、中国藏学研究中心合编《康藏纠纷档案选编》，第 82 页。
② 中国藏学研究中心、中国第二历史档案馆、西藏自治区档案馆等编《元以来西藏地方与中央政府关系档案史料汇编》第 6 册，第 2536 页。引文中的"中藏"为中央政府与西藏地方政府之意。
③ 管文阶：《大白纠纷始末记》，《康导月刊》第 2 卷第 2 期，1939 年。
④ 管文阶：《大白纠纷始末记》，《康导月刊》第 2 卷第 2 期，1939 年。

西藏地方政府派得墨色代本带兵兼程前进。抵达德格后，得墨色代本将大金寺已拒绝调停的消息飞报达赖喇嘛。达赖喇嘛下令各地征兵，又加派克米代本、琼让代本带兵赴援。同时，西藏地方政府援助大金寺步枪 300 支，连同寺中枪支，共有 1000 余支。①

当时集结在甘孜境内的川康军计有第四十团全团、第二十九团一营、炮连、特务连等，共有士兵 2000 名左右。② 由于当时藏军兵力不济，西藏地方政府致电国民政府，请求川康军撤兵。至 1930 年 12 月，西藏地方政府援军陆续开到前线。此时西康政务委员会鉴于驻康兵力单薄，致电刘文辉，请求"派有力部队来康增援"。③ 同时，达赖喇嘛致电蒙藏委员会，认为"汉番设要调停，非得政府特派通晓汉番情谊之员就近磋商，若再与刘文辉磋商，势难解决"。④ 1931 年正月，藏军乘川康军防务松懈，与大金寺合力攻占甘孜县城，川康军退守炉霍。

第二节　国民政府派员赴康区与藏军谈判

为了查明真相以便调解，国民政府于 1931 年 3 月 25 日派蒙藏委员会委员唐柯三、专门委员刘赞廷赴康区，并致电达赖喇嘛派专员赴甘孜会同处理。5 月 3 日，唐柯三一行到达成都。5 月间，藏军占据瞻对后，分别从甘孜、江卡方向进攻炉霍、巴塘、盐井等处，并由瞻对占领理塘县的穹坝、霞坝。蒙藏委员会意识到一味追求和平处理似难有济，为解决藏事计，要求刘文辉"体察情形，预筹应付办法，以为准备"。⑤ 同时蒙藏委员会电请达赖喇嘛饬令前线藏军退还所占之地，回归原防，并派员会同唐柯三等妥商解决办法。

---

① 孔庆宗：《西藏插手西康大金白利纠纷的真相》，政协全国委员会文史资料研究委员会编《文史资料选辑》第 93 辑，第 100 页。

② 孔庆宗：《西藏插手西康大金白利纠纷的真相》，政协全国委员会文史资料研究委员会编《文史资料选辑》第 93 辑，第 100 页。

③ 《西康政务委员会为请将大金寺不遵中央和解命令情形电呈国民政府径电达赖制止澄清致刘文辉电》，中国第二历史档案馆、中国藏学研究中心合编《康藏纠纷档案选编》，第 22 页。

④ 《达赖喇嘛为藏军复攻康军及派员调停等事复蒙藏委员会电》，中国第二历史档案馆、中国藏学研究中心合编《康藏纠纷档案选编》，第 31 页。

⑤ 《蒙藏委员会为藏军节节进逼连陷甘瞻请预筹应付办法事致刘文辉电》，中国第二历史档案馆、中国藏学研究中心合编《康藏纠纷档案选编》，第 133 页。

1931 年 6 月 11 日，唐柯三在各方催促下抵达康区，准备与藏军谈判。唐柯三一面与驻昌都噶伦阿丕筹商会议地点，一面责令藏军退出甘孜、瞻对。唐柯三行至道孚后，接到噶伦阿丕的信件，得知藏军无意退兵，会议地点及日期亦未提及。唐柯三乃派随员刘赞廷先赴甘孜会晤阿丕的代表琼让，商定会议地点、日期并探听藏军内情。1931 年 6—7 月，双方经过多次交涉，难以达成一致意见。事实上，藏军把占领甘、瞻等地视为收复失地，故在军事胜利后对谈判问题故意拖延不决，意在强占甘、瞻。于是大白事件逐渐演变成康藏界线问题，这超出了唐柯三的调解范围。

国民政府决定先就大白纠纷进行调解，康藏界务问题另案办理。[1] 由于和谈受阻，唐柯三向蒙藏委员会建议以武力解决。刘文辉亦于 1931 年 9 月 2 日、6 日连续向国民政府请求以武力收复失地，并表示"如中央界以筹边全责，补助饷弹，并饬青滇协助，不但收回甘瞻，并可恢复全康"。[2] 蒙藏委员会仍主张和平解决，认为刘文辉再三要求饷弹一事，"事关军备，中央暂时恐难及此，且川军纵得饷械，亦未必即图远略"。[3] 在国民政府的劝慰以及川康军的武力威慑下，1931 年 9 月，西藏地方政府同意办理大白事件。1931 年 11 月 7 日，刘赞廷与琼让在甘孜议定解决大白事件八项条件，其内容为：

（一）甘瞻暂由藏军驻守，俟另案办理。

（二）大白事由琼秉公处理。

（三）双方前防各驻兵二百。

（四）穹霞、朱倭均退还。

（五）大金欠汉商债款速还。

（六）被掳汉军放回。

（七）马骕、琼让互派员致谢。

---

① 《蒙藏委员会为陈康藏纠纷调解近况并妥筹应付方略事致行政院呈》，中国第二历史档案馆、中国藏学研究中心合编《康藏纠纷档案选编》，第 162 页。

② 《唐柯三为商刘文辉同意如中央授以筹边全责可收回甘瞻恢复全康致蒙藏委员会电》，中国第二历史档案馆、中国藏学研究中心合编《康藏纠纷档案选编》，第 185 页。

③ 《蒙藏委员会为径函噶伦询其会商真意并表明调解责任范围事致唐柯三电》，中国第二历史档案馆、中国藏学研究中心合编《康藏纠纷档案选编》，第 190 页。

（八）恢复商业交通。①

此八项条件立即遭到川康当局的反对。刘文辉指出："此案要点，全在藏军退出甘瞻，乃有交涉可言⋯⋯似此撤尽藩篱，甚至道炉两县，亦须共同驻兵，不特亏伤体制，且预伏无穷纠纷，又从而致谢馈物，尤失情理之本。"② 1931 年11 月，当唐柯三将条文略加修改，准备与藏方签约时，青海方面在界古（玉树）增兵，而且格桑泽仁当时在中甸就任"滇康边区宣慰使"一职，琼让遂以上述二事为借口，表示"大白案须再延日期"。③ 12 月 19 日，刘文辉电称："界古方面有骑兵千余，将噶登、毒则两喇嘛寺占领，距昌都不过三日程，藏方大恐。已调德格及巴理边境两代本布防，盛传业已正式开火。"④

面对康青藏边地形势的骤然紧张，唐柯三力催国民政府速决签订协议。蒙藏委员会致电青海省政府主席，要求界古的青海军队和平处理，⑤ 同时电令云南省政府主席龙云"设法制止"格桑泽仁就任滇康宣慰使。⑥ 此外，康案谈判事实上也引起了舆论界特别是旅京康籍人士的大规模抗议。1931 年12 月 21 日，蒙藏委员会以"所订八条，外间颇多非议，旅京康人反对尤烈，本会及执事将为众矢之的"，令唐柯三"暂勿签字"。⑦ 随后，刘文辉着手布置武力，命令驻康官兵进行军事准备。⑧

---

① 《唐柯三报闻与琼让议订解决大白事件八项条件致蒙藏委员会电》，中国第二历史档案馆、中国藏学研究中心合编《康藏纠纷档案选编》，第 221—222 页。

② 管文阶：《大白纠纷始末记》，《康导月刊》第 2 卷第 2 期，1939 年。

③ 《唐柯三为保刘文辉反对原议八条谈判停顿琼让借口结古增兵谓大白案须延期等情致蒙藏委员会电》，中国第二历史档案馆、中国藏学研究中心合编《康藏纠纷档案选编》，第 228 页。

④ 《刘文辉为请电示结古增兵藏兵布防等情确息事致蒙藏委员会电》，中国第二历史档案馆、中国藏学研究中心合编《康藏纠纷档案选编》，第 240 页。

⑤ 《蒙藏委员会为转电结古驻军司令切勿增兵免致藏方借口事致青海省主席电》，中国第二历史档案馆、中国藏学研究中心合编《康藏纠纷档案选编》，第 237 页。

⑥ 《蒙藏委员会为结古增兵事请电饬青海省政府转令结古驻军和平处理致行政院呈》，中国第二历史档案馆、中国藏学研究中心合编《康藏纠纷档案选编》，第 238 页。

⑦ 《蒙藏委员会为所订康案八条暂勿签字致唐柯三电》，中国第二历史档案馆、中国藏学研究中心合编《康藏纠纷档案选编》，第 240 页。

⑧ 《唐柯三为藏方不退朱倭穿霞刘文辉有意武力解决请责其兼办事致蒙藏委员会电》，中国第二历史档案馆、中国藏学研究中心合编《康藏纠纷档案选编》，第 251 页。

1932 年 2 月 10 日，康案谈判宣告破裂。[①] 2 月 29 日，国民政府行政院决定将康藏纠纷交由刘文辉处理。[②] 达赖得知此事后，"殊感骇异"。[③] 西藏驻京代表贡觉仲尼等向蒙藏委员会转陈达赖喇嘛来函称："康藏纠纷，藏方不能违背中藏和好之旨。若交刘文辉办理，深恐调解无望，纠纷益大，藏人不能负责。"[④]

第三节 地方势力主导下的康藏、青藏战事

1932 年 2 月，玉树商人与尕旦寺僧侣因货物价格问题发生商务纠纷，尕旦寺僧侣转请昌都藏军司令砍郡达哇予以支持。3 月 24 日，藏军以千余之众，攻占大小苏莽地方，又于 4 月 4 日占领囊谦，对驻守玉树的青海军队形成包围之势。马步芳（时任陆军新编第九师师长兼青海南部边区警备司令）为了达到称霸西北，扩大地盘，充实军事实力，转移蒋介石、胡宗南对甘青权力的争夺的目的，借此纠纷小题大做，渲染紧张气氛，对青藏战事起了推波助澜的作用。马步芳认为"结古（玉树）若失，青边危急"，下令驻军死守，等候援军，一面报告蒋介石请求拨枪、拨款，一面集结部队，增援玉树。[⑤]

青藏战事发生后，国民政府分电青海、西藏，要求和平处理。康、青军阀则趁机在保卫边疆的口号下，频频向国民政府索要饷械。在玉树岌岌可危的情况下，马步芳以"青海财政困难，饷械两缺"，请求国民政府军事委员会及军政部"火速拨发新式快枪两千枝，子弹二十万粒，军用无线电五部，军需四十万元"。[⑥]

1932 年 2 月，康定发生军事哗变，旅长马骕被杀。川康边防指挥部遂

---

① 《唐柯三为报双方声明解除交涉责任藏局破裂在即等情致蒙藏委员会电》，中国第二历史档案馆、中国藏学研究中心合编《康藏纠纷档案选编》，第 255 页。

② 《行政院为康藏纠纷事件交刘文辉负责办理唐柯三回京报告事致蒙藏委员会指令》，中国第二历史档案馆、中国藏学研究中心合编《康藏纠纷档案选编》，第 255—256 页。

③ 《达赖喇嘛为大白纠纷案委刘文辉办理殊感骇异事致蒙藏委员会电》，中国第二历史档案馆、中国藏学研究中心合编《康藏纠纷档案选编》，第 258 页。

④ 孔庆宗：《西藏插手西康大金白利纠纷的真相》，政协全国委员会文史资料研究委员会编《文史资料选辑》第 93 辑，第 107 页。

⑤ 牙含章：《达赖喇嘛传》，第 286—287 页。

⑥ 《陆军新编第九师驻京通讯处为转马步芳报告藏兵攻占青海苏囊地方请速拨饷械电致蒙藏委员会函》，中国第二历史档案馆、中国藏学研究中心合编《康藏纠纷档案选编》，第 269 页。

派第一旅旅长余松琳（余如海）节制第二旅。余松琳"主进取，建议规复失地"。① 刘文辉增调第十一旅赴康，会同西征，以余松琳主持全局。第二十九团团长邓骧任北路指挥，进驻炉霍；第四十二团团长马成龙为南路指挥，负责由理化取道穹坝，夹攻瞻化。川康军以"恢复甘孜、瞻化两县为第一步，向机收复德格、白玉两县，并向石渠、邓科两县压迫藏军退过金沙江两岸为第二步，第三步解巴安之围，收复盐井。北路为主攻，南路最初为佯攻，后转为积极手段，与北路军合力压迫藏方退出金沙江西岸"。② 当时藏军的兵力部署大致为：甘孜、瞻化、白玉、宁静及同普、察雅、昌都、石渠、邓柯共有九代本，每代本统兵约 500 名，从各处调集的民兵约 3000 名，并在甘、瞻两地屯驻重兵。③

1932 年 4 月底，川康军经过激战，收复炉霍，进至甘孜西郊的牙盖山。5 月，藏军退守白利及牙盖山后，复增调军队和民兵，"力图反攻，时邓指挥骧，将主力渡江出击白利，而以牙盖山一营兵力作佯攻"。但是，藏军以主力猛攻牙盖山，致使"甘孜几陷"。邓骧遂将主力部队撤回，固守甘孜待援，同时咨请马步芳出师夹击。④ 5 月 24 日，刘文辉致电国民政府，以藏军拟反攻甘、瞻，请求国民政府"拨给大批饷械，以壮死节之志，而昭卫士之诚"。⑤ 在向国民政府索要饷械的同时，康、青军队协同展开了大规模反攻。

1932 年 7 月初，川康军依次占领牙盖前山、白利等地，大金寺僧众自焚其寺，随藏军退守德格、邓柯一带。7 月 29 日，川康军直抵金沙江岗拖渡口，藏军大部向金沙江西岸退却。在康区南路，西康党务特派员格桑泽仁在"康人治康"的口号下，解除当地川康军的武装。藏军亦数次派代表到巴塘，以同族、同教相号召，希望与格桑泽仁联合，取道巴塘进攻康定，但被格桑泽仁拒绝。当时马成龙团大部分兵力在康北抵御藏军，只有两个连驻守巴塘，还有一个连驻守在盐井。为了扩大"康人治康"的范围，格桑泽

① 管文阶：《大白纠纷始末记》，《康导月刊》第 2 卷第 2 期，1939 年。
② 陈启瀚：《大白纠纷之始末及收复失地经过》，《康导月刊》第 3 卷第 1 期，1940 年。
③ 陈启瀚：《大白纠纷之始末及收复失地经过》，《康导月刊》第 3 卷第 1 期，1940 年。
④ 管文阶：《大白纠纷始末记》，《康导月刊》第 2 卷第 2 期，1939 年。
⑤ 《刘文辉为保藏方增兵拟反攻甘瞻日内将有激战请速拨饷械等情致国民政府等电》，中国第二历史档案馆、中国藏学研究中心合编《康藏纠纷档案选编》，第 267 页。

仁试图与盐井贡噶喇嘛联手解除驻盐井的川康军武装。但贡噶喇嘛将当地川康军缴械后，拒绝将武器运往巴塘。[①] 格桑泽仁遂派杨朝宗进兵盐井，贡噶喇嘛以巴塘、盐井两县为交换条件，请求藏军代本西哇支援。

1932 年 5 月，藏军派步、炮兵各 1 团，加上民兵 1000 余名，大举进攻巴塘，格桑泽仁兼任康南民军总指挥，组织各地民军及各寺喇嘛进行抵抗。[②] 为此，西藏地方政府认为，"格桑泽仁盘踞巴塘一带，石委员长早已与其通谋，协助格桑泽仁弃西藏据西康之主张，武力对付西藏"，向国民政府行政院抗议，要求国民政府彻查此事。[③] 在巴塘被藏军围困后，刘文辉令余如海接济格桑泽仁弹药。8 月，马成龙部由瞻化取道理化，援救巴塘。在川康军与康南民军的联合攻击下，藏军退回金沙江以西。[④]

在青海南部地区，青海军队于 1932 年 7 月开赴玉树前线，进行反攻。8 月 27 日至 9 月 4 日，青海军队先后克复大小苏莽、囊谦等地，藏军退至昌都、类乌齐一带。10 月，克复毛口斜寺。[⑤] 至此，进入青海境内的藏军被全部驱逐。此外，青海部队还占领了康区的石渠、邓柯等县。[⑥] 藏军撤退到金沙江以西后，马步芳致电蒋介石和刘文辉，提议青、康两军乘胜夹攻，收复昌都。[⑦]

各路藏军的大败令西藏地方政府始料不及。达赖喇嘛下令加紧征集僧兵、民兵，并向英印政府购买军械，但是西藏各大寺喇嘛及部分军政人员对此颇持异议。[⑧] 1932 年 9 月，拉萨三大寺反对征发喇嘛入伍，起兵抗命。[⑨] 连年的战事也让西藏佛教事业遭到严重挫折。"民国以后，中央对西藏之协款撤销，所有军政各费，概由西藏政府自筹，人民负担加重，同时因历年战

---

① 喜饶尼玛：《近代藏事研究》，上海书店出版社 2000 年版，第 363 页。

② 陈文瀚：《大白纠纷之始末及收复失地经过》，《康导月刊》第 3 卷第 1 期，1940 年。

③ 牙含章：《达赖喇嘛传》，第 300—301 页。

④ 陈文瀚：《大白纠纷之始末及收复失地经过》，《康导月刊》第 3 卷第 1 期，1940 年。

⑤ 牙含章：《达赖喇嘛传》，第 287 页。

⑥ 《杨虎城为报击退大小苏莽藏兵并克复囊谦等地情形致军事委员会等电》，中国第二历史档案馆、中国藏学研究中心合编《康藏纠纷档案选编》，第 299 页。

⑦ 牙含章：《达赖喇嘛传》，第 288 页。

⑧ 《刘曼卿为译录达赖喇嘛告全藏官民书致石青阳呈》，中国第二历史档案馆、中国藏学研究中心合编《康藏纠纷档案选编》，第 314 页。

⑨ 作舟：《康藏纠纷解决》，《东方杂志》第 29 卷第 7 号，1932 年。

事，差徭纷繁，人民生活日趋困苦，对于寺庙，无力供应。"[1] 而且，"西藏官吏正以甚大之贿赂以取得权位，彼等认为中藏若有战事，彼等将不能自民间取回已耗巨额贿赂之价值，届时须耗巨资以应付战事矣。故藏官实愿状态正常，不起争战"。[2] 西藏普通民众亦期望康藏战事早日结束。"藏人心理以为中藏旧有关系不能恢复，而康藏纠纷势必扩大，若然则藏内无可战之兵，外无可靠友邦援助，西藏人民又将重加负担。"[3] 由于康藏纠纷尚未解决，金沙江以西的康区民众"昔之日用一切物品仰之内地者，今日因交通断绝，大半仰给于印度贩来货品，物价高涨，收入又减，人民感受无量之痛苦。藏东一带现在人民户口，已较昔大减，可为明证"。[4] 西藏社会内部诸多条件的制约促使西藏地方政府向国民政府提议举行和谈。[5]

1932 年 9 月 29 日，英国外交大臣西蒙（John Simon）指示英国驻华代办应歌兰（Ingram），应该"毫不迟疑地"按照下列原则同国民政府交涉：

> 清楚地表明我们对为西藏合理解决目前争端很感兴趣，需要提醒中国注意英国在藏利益的实质，就是维持外藏地区的完整和自治，维持一个有能力的西藏政府，使之维持印度边界临近地区和西藏毗邻地区的和平与秩序，并免除受到任何列强（该词不包括中国）……你须严肃向中国指出，如果中国挑战外藏的自治，或者以进军察木多或其他方式威胁西藏（此处西蒙未用"Tibet"而用"country"一词）的完整，陛下政府不得不严重加以对待。[6]

---

① 中国第二历史档案馆、中国藏学研究中心合编《黄慕松吴忠信赵守钰戴传贤奉使办理藏事报告书》，中国藏学出版社 1993 年版，第 161 页。

② 《邦达饶干西藏现状报告》（1944 年 2 月），国民政府蒙藏委员会档案（141）1017，《1899—1949 年有关西藏问题历史档案资料汇编》。

③ 中国第二历史档案馆、中国藏学研究中心合编《黄慕松吴忠信赵守钰戴传贤奉使办理藏事报告书》，第 112 页。

④ 中国第二历史档案馆、中国藏学研究中心合编《黄慕松吴忠信赵守钰戴传贤奉使办理藏事报告书》，第 16 页。

⑤ 牙含章：《达赖喇嘛传》，第 288 页。

⑥ Doc. 19 ［F7050/710］, Sir John Simon to Mr. Ingram（Peking）, Foreign Office, September 29, 1932, Kenneth Bourne and D. Cameron Watt, *British Documents on Foreign Affairs-Reports and Papers from the Foreign Office Confidential Print*, Part Ⅱ, Vol. 41, China, July 1932–April 1933, p. 38. 转引自张皓《1932—1933 年中英藏两国三方围绕康藏青藏冲突的争论与交涉》，《社会科学》2015 年第 3 期。

英国政府担心国民政府利用会攻昌都之机一举解决西藏问题，因而声称"不能坐视"。① 国民政府认为时机并不成熟，命令青、康两军停止进攻，等候与西藏地方政府进行和平谈判。② 同时，蒙藏委员会转商达赖喇嘛，先将金沙江沿岸各渡口的部队撤回，以同普、武城、江卡等县为缓冲地带，双方暂不驻兵，避免接触，以利和解。③ 1932年，四川军阀内战爆发，为避免两面作战，川康军与藏军妥协。1932年10月8日，达赖喇嘛派交涉员琼让代本，川康边防总指挥部派邓骧、姜郁文，在德格属金沙江西岸的岗拖签订停战协议，结束了康、藏间的军事冲突。④ 青藏和约也在1933年6月15日签订。

上述和约的签订，国民政府事先并不知情。据国民政府所派监视青海祭海专员陈敬修在1932年10月20日的汇报，康藏双方在此前就已签订和约。陈敬修认为，"力主和战均应由政府统一办理为幸"。⑤ 青藏和约的签订情况直到1933年10月7日才被国民政府知晓。为此，蒙藏委员会还专门请示国民政府行政院应否核准该和约，由于该约的签订"事前并未呈报有案……亦未将所议条文，咨送本会审查，手续似有不合"。⑥ 1934年3月20日，在国民政府的询问下，刘文辉才把1932年签订的岗拖和约文本及其签订经过呈报给蒙藏委员会。⑦ 参谋本部及黄慕松等认为，缔结条约为中央政府特权，并指出，康藏岗拖和约、青藏和约、安置大金寺僧民办法等"呈报政府均在签约之后，以致中央主管机关即略有意见，亦以签订在前，无从补救"。因此，蒙藏委员会建议，"嗣后沿边地方长官如互订地方条款，只能

---

① 张皓：《1932—1933年中英藏两国三方围绕康藏青藏冲突的争论与交涉》，《社会科学》2015年第3期。

② 牙含章：《达赖喇嘛传》，第288页。

③ 孔庆宗：《西藏插手西康大金白利纠纷的真相》，政协全国委员会文史资料研究委员会编《文史资料选辑》第93辑，第108页。

④ 孔庆宗：《西藏插手西康大金白利纠纷的真相》，政协全国委员会文史资料研究委员会编《文史资料选辑》第93辑，第109页。

⑤ 《陈敬修等为康藏和议青海不可除外应由政府统一办理事致蒙藏委员会电》，中国第二历史档案馆、中国藏学研究中心合编《康藏纠纷档案选编》，第305页。

⑥ 《蒙藏委员会为青藏和约应否核准请转院核示事致行政院秘书处函》，中国第二历史档案馆、中国藏学研究中心合编《康藏纠纷档案选编》，第321页。

⑦ 《川康边防总指挥部驻京办事处抄报岗拖和约及签订经过致蒙藏委员会呈》，中国第二历史档案馆、中国藏学研究中心合编《康藏纠纷档案选编》，第350页。

用规约，不得擅用条约字样，并须将所拟条文呈奉中央政府核准后，再行签订，以免流弊"。①

第四节　大金寺僧人的安置问题与康藏纠纷的解决

经过康藏、青藏战事，西藏方面认识到"川青部队未可轻视，尤以青海部队强悍为惧，迥非二十一年前轻视川康军之可比也"。② 战事结束后，藏军加强了对青、康、藏交界地区的防御，"藏军现驻康区者江卡、盐井方面两代本，对青军者有八代本"。③ 同时，积极备战，扩充军队、编练民兵，以做再次反攻，并将驻康噶伦阿丕撤职。此外，厦苏代本、西哇冷巴代本等均因在青海、巴塘等战事中战败而被撤职或降级，新补委一批青年军官。④

1932 年岗拖和约签订后，川康军余、黄两旅长均调回川内，团长邓骧升任旅长，驻扎康区，维持秩序。当时"康区南北两路防军单簿［薄］，粮饷又极支绌，仅就康区收入减缩开支，川中未能接济，故月来盛传藏军行将反攻，实欲于川战期中乘虚袭击"。⑤ 川康军防务"偏重北路，次中路。盖因北路为康藏冲要，对于军事只须北路得手，全局即可解决。中路为南北枢纽，倘中路失利，则南北隔绝。故中路须首重赠科，次重瞻化与古鲁通消也"。⑥ "南路各县仅巴安有防军数营，数十里以外隔江即为藏兵防境，双方时在戒备。"⑦

1933 年 12 月 11 日，刘文辉称，藏军在康区南北两路前线均配置大量兵力，

① 《蒙藏委员会为沿边地方长官互订条款只能用规约不得用条约字样事致行政院呈》，中国第二历史档案馆、中国藏学研究中心合编《康藏纠纷档案选编》，第 372 页。

② 中国第二历史档案馆、中国藏学研究中心合编《黄慕松吴忠信赵守钰戴传贤奉使办理藏事报告书》，第 112 页。

③ 邓骧：《西康建设大计意见书》，1933 年石印本，赵心愚、秦和平编《清季民国康区藏族文献辑要》上册，四川民族出版社 2003 年版，第 189 页。

④ 《刘曼卿一九三二年康藏情况调查报告书》（1933 年 6 月 27 日），国民政府行政院档案（2）2512，《1899—1949 年有关西藏问题历史档案资料汇编》。

⑤ 《刘曼卿一九三二年康藏情况调查报告书》（1933 年 6 月 27 日），国民政府行政院档案（2）2512，《1899—1949 年有关西藏问题历史档案资料汇编》。

⑥ 邓骧：《西康建设大计意见书》，赵心愚、秦和平编《清季民国康区藏族文献辑要》上册，第 189 页。

⑦ 《刘曼卿一九三二年康藏情况调查报告书》（1933 年 6 月 27 日），国民政府行政院档案（2）2512，《1899—1949 年有关西藏问题历史档案资料汇编》。

蓄谋反攻。① 12 月 17 日十三世达赖喇嘛圆寂后，"藏中内情则因达赖之逝而趋复杂"。1934 年 1 月 16 日，藏军并没有因达赖喇嘛圆寂而停止军事行动，南北两路仍在增兵，其中"藏方青年代本，确有挑起汉藏兵行之企图"。② 而大金寺喇嘛所起的"鼓动的作用"是最主要因素。③ 为此，刘文辉致电国民政府，请求令青、滇两省"克日出师袭其侧背，以收合击之效"。④

事实上，流散在外的大金寺僧众逐渐成为影响康、藏交界区域稳定的重要因素。1932 年藏军败退至金沙江以西地区后，"藏方大多数归咎于噶伦阿不不听达赖退兵议兵命令，保持民七旧界，而强占甘瞻，引起汉军大举，失去德石邓白四县，几至昌都不保，阿不羞愤而死于赴藏途中。藏人以大金挑衅之故，引起康藏绝大纠纷，亦不善其所为。而大金以投诚之故，致失汉官信任，破家亡身者，以数百计，流离无归，对藏亦大生怨望"。⑤ 另据刘曼卿称：

> 康藏纠纷中有必须注意者一事，即康北大金寺喇嘛及各喇嘛亲属与本寺佃客属民大小四五千余人一律随藏军西退，现均驻于昌都。该寺喇嘛男丁可以作战者共有一千余人，藏政府现发有英式步枪三百枝，并按发三百员兵之粮饷，另指拨地产供驻。该寺自有枪千数百枝，内部组织亦颇为严密，俨然一大部队。渠等因寺乡被毁，远来异域，自称因效劳西藏政府之所致。其行动亦极跋扈，西藏各长官亦莫可如何。渠等并有许多资财，因当未败退以前将公私财产搬运一空，退回时沿途凡所遇川康边防军所属康区商人肆行敲诈，否则抢劫。渠等团体行动之时，人马物件绵亘三日路程，可见人财之伙。闻该寺喇嘛因思念故土，随时坚请

---

①　《刘文辉为报藏方集兵进逼请示方略事致国民政府等电》，中国第二历史档案馆、中国藏学研究中心合编《康藏纠纷档案选编》，第 332 页。

②　《刘文辉为报藏方南北两路积极增兵不因达赖圆寂停止军事行动等情致国民政府等电》，中国第二历史档案馆、中国藏学研究中心合编《康藏纠纷档案选编》，第 338 页。

③　《蒙藏委员会为拟具恢复大金寺善后办法提案事致行政院呈》，中国第二历史档案馆、中国藏学研究中心合编《康藏纠纷档案选编》，第 354 页。

④　《刘文辉为报藏兵渡河攻击围困邓柯战端重开等情致国民政府等电》，中国第二历史档案馆、中国藏学研究中心合编《康藏纠纷档案选编》，第 341 页。

⑤　陈文瀚：《大白纠纷之始末及收复失地经过》，《康导月刊》第 3 卷第 1 期，1940 年。

反攻，请任前锋。此事影响于康藏和平前途甚大，实有注意之必要。[1]

西藏方面在安置大金寺僧人问题上也表现出积极主动的态度。1934 年初，昌都噶伦真东派人至雅安会见刘文辉时称："藏方达赖新丧，司伦噶厦继续主持政教，现决拥护中央，共防外力之压迫。现决对康让步，已派熟悉康藏情形之琼让代表前赴矮达，与川康军代表交涉，同时拉萨三大寺亦各派代表参预其事。请求刘氏亦派代表前往。"[2] 大金寺亦派亚鲁大阶等为代表到南京向国民政府申述，请求允许该寺喇嘛回寺。由于该寺已成灰烬，喇嘛回寺已无处栖止，故修复寺庙实为彻底解决这一问题的关键。南京国民政府允准喇嘛回寺后，拨给 2 万元，修复庙宇，以安寺僧之心，并分电西康、西藏地方当局妥为商办。[3]

西藏地方政府在解决大金寺僧人安置问题上的迫切愿望实与当时西藏所面临的困局有密切关系。经过长期战争，西藏地方"政府和人民都竭蹶异常。川藏战事，所耗民财，竟达三百万卢比，合藏币九千万之巨。市况萧条，经济陷于非常恐慌的局面中"。[4] 事实上，西藏与内地之间历史上形成的紧密经济联系是西藏政局稳定的重要基础。同时，对藏经济联系亦是加强和改善西藏地方政府与中央政府关系的重要手段。脱离中央政府对西藏的支持，隔绝西藏与甘、青、川、滇等涉藏地区的联系，会对整个西藏的政治经济产生重大影响。

"无畏"称："某札萨克——大约是擦绒——曾经说过：'中央只把结古改县而把握了草地茶路，若再把昌都占领，就不必再进兵而专事封锁三年，我们自然而然就要屈膝听命的。'结古和昌都，不但是茶叶运输必经的口岸，同时也是青康藏新朝佛的大道，所有前清皇室的赏赉，和各地王公、千百户、官商豪族的布施供养，大量的金银物资，都是从这两路流入西藏灌溉而滋长荣茂了喇嘛教。这些金银再流回来购茶，就造成西藏和内地间的一个

---

① 《刘曼卿一九三二年康藏情况调查报告书》（1933 年 6 月 27 日），国民政府行政院档案（2）2512，《1899—1949 年有关西藏问题历史档案资料汇编》。

② 市隐：《达赖逝世后之康藏纠纷》，《东方杂志》第 31 卷第 8 号，1934 年。

③ 孔庆宗：《西藏插手西康大金白利纠纷的真相》，政协全国委员会文史资料研究委员会编《文史资料选辑》第 93 辑，第 111 页。

④ 作舟：《康藏纠纷解决》，《东方杂志》第 29 卷第 7 号，1932 年。

金融经济的循环，这一循环，比较起来是藏方有利。"中华民国建立后，由于中央政府驻藏军队的退出，西藏"每年损失了一个近两千军队的消耗，和维持一个驻藏钦差系统下无数官吏的奢侈费用，再加上额定的每年春季两次攒招的熬茶巨款，这些都是由内地解来协济的专款"。民国时期，康藏战事不断，"阻断了青、康、蒙、新朝佛布施的金银运藏路线"，① 这使得西藏的财政支出漏洞不能及时得到填补。

同时，英印政府对西藏的经济渗透，恶化了西藏的金融经济。自英印政府总督华伦哈斯汀派遣乔治波格尔入藏，到荣赫鹏远征军侵入拉萨，这一段时间也正是自由贸易兴盛的时期。英国通过武力冲破西藏的门户后，布匹、火柴、糖果、杂货等舶来商品逐渐占据了西藏民众的日常生活消费。西藏地区被纳入世界市场，同时也向世界市场供给羊毛等大宗原料。自 20 世纪初以来，"英国以有组织，有计划，有实力后盾的庞大的世界金融经济来操纵垄断西藏市场"。由西藏输出印度者以羊毛、皮革等原材料为主。西藏的羊毛年约 6 万包（每包 60 斤，共 360 万斤左右），每包值卢比 60 元左右，所以西藏每年单纯羊毛一项就可得 360 万卢比。其他如食盐、贵重药材、肉类、皮张，也是西藏输出的大宗商品。②

英国向西藏倾销商品、输入军火，造成了西藏财政支绌。武器成为西藏地方政府财政的最大支出。蒙藏委员会派驻西康调查组组长唐磊、调查员唐人杰等分析西藏经济情势时称："查西藏原为古朴闭塞之区，社会各阶层生活皆极简陋。近二十年来，因贵族阶级习趋奢侈，浪费无度，外货输入，价额逐增，渐至超过输出二倍。近年来，更因受美国收买白银及各资本国倾销货品之二重压迫，至二十八年夏间，全藏现银外溢殆尽，藏币贬值，百物奇贵，民生艰苦，盗匪四起，政局不安，势难终日。"③ 据黄慕松的调查，"藏中明白大局之人，如擦戎、彭康公，亦深以英人经济侵略危机四伏为虑。但以与内地交通未复，日用物品又不能不用，此为藏人一般心理，认英人经济侵略之可畏"。④ 总之，

① 无畏：《西藏经济之危机——拉萨琐忆之一》，《康导月刊》第 6 卷第 7、8 期合刊，1945 年。

② 无畏：《西藏经济之危机——拉萨琐忆之一》，《康导月刊》第 6 卷第 7、8 期合刊，1945 年。

③ 《西康调查组组长唐磊等呈报康藏经济情势并附陈经济方式筹藏意见》，中国藏学研究中心、中国第二历史档案馆合编《民国时期西藏及藏区经济开发建设档案选编》，中国藏学出版社 2005 年版，第 417 页。

④ 中国第二历史档案馆、中国藏学研究中心合编《黄慕松吴忠信赵守钰戴传贤奉使办理藏事报告书》，第 111 页。

英国对藏经济渗透以及西藏地方政府对康藏交界地区的封锁，"把几百年间积存的现金渐渐消蚀而流出，几乎到了枯竭的田地，满清二百年间统治时代为西藏人筑下的坚固的经济基础被破坏得粉碎无余!"①

1934年3月24日，蒙藏委员会向行政院拟具恢复大金寺善后办法。②同时，川康边防总指挥部秉承国民政府旨意，派德格县县长姜郁文为交涉员，与藏方代表琼让会谈于矮达。5月17日，双方在矮达签订安置大金寺僧民办法十二条。③由于在具体条款上存在争议，双方又于同日将安置办法改订为九条。④其后，当大金寺僧民到达甘孜时，却借口安置条款的汉藏文不符，又在逃走途中的松林口（位于绒坝岔与玉隆间）抢劫甘孜县寺庙商旅的货物，并杀害4人。姜郁文离职后，川康边防总指挥部改委邱丽生为德格县县长兼康藏交涉坐办，并在德格成立康藏交涉坐办公署，再议安置大金寺僧问题。"安置大金寺僧，至此演成康藏亲善之唯一问题，而藏方尤极为重视，屡函川康当局，希图诿卸杀人越货之大金寺僧罪恶，而亟谋解决。"⑤在邱丽生抵达德格前，藏方代表崔科就已赴德格坐候交涉。

1934年10月，邱丽生与崔科在德格举行会议。经过多次讨论、磋商，1935年1月9日，双方签订《川康边防总部与西藏协定安置良善大金僧规约》。但是该规约执行期间，因邱丽生离职，停顿数月，后由陈容光接任，继续办理，又因诺那事件、红军过境，大金寺僧安置问题再次搁置。

全面抗战爆发后，蒙藏委员会确定了抗战时期的对藏政策：（1）"中央对藏固有之权决不放弃"；（2）"中央与西藏间尚待解决之政治问题，此时暂缓进行"；（3）"调整近年来各项悬案，消除疑虑，解释误会，以期融洽感情，增进合作。"⑥随着康藏局势逐渐缓和，昌都噶伦索康函请西康当局

---

① 无畏：《西藏经济之危机——拉萨琐忆之一》，《康导月刊》第6卷第7、8期合刊，1945年。

② 《蒙藏委员会为拟具恢复大金寺善后办法提案事致行政院呈》，中国第二历史档案馆、中国藏学研究中心合编《康藏纠纷档案选编》，第354页。

③ 《刘文辉为陈报与藏方签定安置大金僧民办法致蒋介石等电》，中国第二历史档案馆、中国藏学研究中心合编《康藏纠纷档案选编》，第358页。

④ 《刘文辉为陈报藏方坚请删易安置大金僧民办法条文并委曲签字事》，中国第二历史档案馆、中国藏学研究中心合编《康藏纠纷档案选编》，第361页。

⑤ 管文阶：《大白纠纷始末记》，《康导月刊》第2卷第2期，1939年。

⑥ 《蒙藏委员会为拟定达赖喇嘛转世掣签征认办法事致行政院呈》，中国藏学研究中心、中国第二历史档案馆、西藏自治区档案馆等编《元以来西藏地方与中央政府关系档案史料汇编》第7册，第2758页。

对大金寺僧安置问题进行谈判。西康建省委员会对该问题亦甚重视，特派章镇中负责办理，以交涉坐办范昌元协助。由于之前大金寺僧人曾在松林口"杀人越货"，因此在讨论安置问题前，首先应解决赔偿商人的货物损失以及杀害商人的命价问题。大金寺方面对于劫掠后的货品分散、耗损，表示不能照赔。甘孜商人态度坚决，认为非赔不可。而甘孜县境内各寺院及土司头人，如孔撒、白利、阿都等，均与大金寺僧积有嫌怨，不愿其回归，因此，以赔偿损失为借口，拒绝派代表参会。后来经过章镇中详加开导以及范昌元的不断磋商，迁延一年余，关于大金寺僧安置问题的谈判再次开启。

1938 年 9 月，西藏地方政府派代表索康汪钦抵达德格，10 月，章镇中偕甘孜商人代表、地方土司头人以及大金寺代表等共 17 人，陆续到达德格更庆。各方于 11 月 9 日在官寨内开始会议。经过反复商讨，议定安置大金良善寺僧详细办法七条，于 1939 年 1 月 2 日正式签字。① 安置办法出台后，大金寺僧众陆续返寺，修建寺院。原驻金沙江西岸的藏军，除少量维持交通外，其余撤回昌都。川康军也撤回甘孜。扰攘近十年的大白事件，至此全部解决。②

20 世纪 30 年代的康、青、藏战事对于当时相关各方产生了不同程度的影响。国民政府坚持和平解决康藏纠纷的方针，并拒绝英国的"调解"，同时试图利用战事造成的乱局，在康、青、藏进行权力建构。但是国民政府推行的多项边政措施，并没有取得预期效果，反而激发了康、青、藏地方势力的戒备与抵制。民国时期，军阀割据势力在很大程度上主导了康、青、藏界线的演变。刘文辉在康藏战事中收回了金沙江以东的邓柯、德格、白玉、石渠四县，扩大了防地，而且有效抵制了国民政府在康藏地区的权力渗透。西藏地方政府却在付出了更多军事与政治代价、失去部分康区土地之后，才得以实现康、青、藏交界地区的和平局面。

---

① 孔庆宗：《西藏插手西康大金白利纠纷的真相》，政协全国委员会文史资料研究委员会编《文史资料选辑》第 93 辑，第 113 页。

② 孔庆宗：《西藏插手西康大金白利纠纷的真相》，政协全国委员会文史资料研究委员会编《文史资料选辑》第 93 辑，第 114 页。

第 六 章
九世班禅返藏与康藏局势演变

第一节　九世班禅在内地的活动及噶厦政府的反应

　　1928 年，南京国民政府设立蒙藏委员会。蒙藏委员会的对藏第一要务，即消除中央政府与西藏噶厦政府之间的隔阂。国民政府采取了一系列措施加强同西藏的联系，十三世达赖喇嘛和西藏噶厦政府也很重视与南京国民政府的联系。在汉藏关系日趋改善之际，英印政府因尼泊尔"对于印度革命党祖庇甚力，近年印度革命风潮甚炽，英人欲和缓印度革命，故挑拨尼泊尔向西藏侵略，使尼藏交恶，英人可收渔人之利"。① 尼藏冲突发生后，国民政府派蒙藏委员会参事巴文峻、专门委员谢国梁分赴尼泊尔、西藏两地调解尼藏冲突。事件平息后，达赖喇嘛致函陆兴祺，表示要派代表参加国民政府组织召开的蒙藏会议。②

　　1923 年 11 月，九世班禅自后藏出走，1924 年到达内地，受到北洋政府的热情接待。1925 年 8 月，北京临时执政府授予班禅"宣诚济世"封号。③ 南京国民政府成立后，班禅"鉴于国防之颠危，藏民之疾苦，特联合革命立场上之同志，以求西藏民族之解决。近以吾藏同志来京呼号者日益加多，非成立驻京办公处，实不足以资团结，共策进行"，遂于 1929 年 1 月 20 日

　　①　《全亚细亚联盟理事长黄攻素揭露英帝国主义挑拨尼泊尔向西藏发动军事行动函》（1930 年 3 月 19 日），国民政府蒙藏委员会档案（141）2640，《1899—1949 年有关西藏问题历史档案资料汇编》。

　　②　《达赖喇嘛为派代表出席蒙藏会议事致陆兴祺函》，中国藏学研究中心、中国第二历史档案馆、西藏自治区档案馆等编《元以来西藏地方与中央政府关系档案史料汇编》第 6 册，第 2502 页。

　　③　中国藏学研究中心、中国第二历史档案馆、西藏自治区档案馆等编《元以来西藏地方与中央政府关系档案史料汇编》第 6 册，第 2467 页。

在南京设立班禅办事处。①

九世班禅来到内地后，一直试图返回西藏。1929 年 9 月，国民政府表示，"班禅回藏由达赖派员欢迎，中央护送"，"班禅归藏时，拟派国防军随同入藏，以资保护"。"再，拟先为班禅成立卫队数营，以为护送入藏之预备。"② 1929 年，尼藏冲突发生后，班禅拟乘机组织卫队返回西藏，请求国民政府发给武装资饷。③ 国民政府虽没有同意，但还是发给了班禅购买枪械的许可证。1930 年 7 月 23 日，班禅致书蒋介石、阎锡山、冯玉祥，详述其出走内地后的感触，希望国民政府帮助他返回西藏。④

达赖喇嘛和西藏噶厦政府对于九世班禅在内地的活动以及中央政府对九世班禅的尊崇感到不安。事实上，十三世达赖与九世班禅两大活佛系统之间的矛盾由来已久，其主要原因在于：（1）达赖、班禅政治利益冲突。据蒙藏委员会委员格桑泽仁称，"达赖雄才大略，颇欲恢复其前代版图，建立一大西藏国为目的，以图收复与西藏同文同种之附近地方"。⑤ 班禅则希望保持传统关系，由其统治后藏地方。（2）达赖认为班禅争权。罗桑坚赞认为，达赖、班禅"失和主因始自前清末叶，达赖惑于俄人德尔智之言，亲往联俄，事为清廷闻悉，令饬库伦大臣截赴北平，送回西藏，革去其原有封号，并一面令饬敝佛前赴拉萨主持两藏事务。敝佛虽到达拉萨，只暂时维持藏境治安，并未接受此项命令主持前藏任何事务，达赖不察，反疑敝佛为争权，发生意见"。⑥（3）班禅拒付军饷。⑦

为了向中央政府表明达赖喇嘛的政治立场，以抗衡九世班禅的影响，雍和宫堪布贡觉仲尼等向蒙藏委员会声明：（1）"达赖并无亲英之事"；

---

① 中国藏学研究中心、中国第二历史档案馆合编《九世班禅内地活动及返藏受阻档案选编》，中国藏学出版社 1992 年版，第 6 页。

② 《赵戴文为拟条呈蒋介石解决西藏办法九条事致阎锡山电》，中国藏学研究中心、中国第二历史档案馆、西藏自治区档案馆等编《元以来西藏地方与中央政府关系档案史料汇编》第 6 册，第 2480 页。

③ 牙含章：《达赖喇嘛传》，第 290 页。

④ 刘家驹：《班禅大师全集》，转引自牙含章《达赖喇嘛传》，第 290 页。

⑤ 《格桑泽仁与外交部刘明钊科长之谈话》（1933 年 7 月 24 日），见外交部康藏纠纷附解答案原档，转引自王美霞《第九辈班禅回藏始末》，《中国边政》（台北）第 81 期，1983 年。

⑥ 《罗桑坚赞致蒙藏委员会呈文》（1930 年 3 月），外交部收文电字第二七一号附文，转引自王美霞《第九辈班禅回藏始末》，《中国边政》（台北）第 81 期，1983 年。

⑦ 王美霞：《第九辈班禅回藏始末》，《中国边政》（台北）第 81 期，1983 年。

（2）"达赖仇华亦属误传"；（3）"达赖、班禅感情素惬，其始之发生误会，系因班禅部下之人行为不法，达赖逮捕数人，班禅遂惧而出走，非达赖所逼"。[①] 贡觉仲尼等还要求"撤诺那、格桑两委员为重要条件，因藏政府认蒙藏委员会为蒙藏头上之官署，而诺那系西藏越狱之罪人，格桑系班禅左右临时雇用之翻译，以此等人充蒙藏委员，反仇藏挑拨藏政府，认为中藏之大阻碍、大耻辱，中央若不撤此二人，藏人即不敢投诚"。[②] 为此，蒙藏委员会密派熟悉西藏事务的专门委员谢国梁赴北京与达赖喇嘛代表贡觉仲尼等接洽藏事。谢国梁认为，"班禅方面宣传达赖亲英叛华，希望政府用武力解决藏事，庶得攫取全藏政权，故反对和平，忌达赖与中央接近。日来于报纸上极力诋毁，谓国梁勾结达赖亲英叛国，作种种宣传"。[③] 这一点在 1932 年 6 月 15 日西藏驻京办事处致函国民政府行政院时亦有提及。[④]

在西藏噶厦政府看来，九世班禅积极筹划回藏事宜，目的在于夺取西藏政权。在这种背景下，噶厦政府根据搜集到的情报，认为九世班禅在1930 年发生的大金白利事件中有挑拨和煽动行为。据西藏驻京办事处称，大白事件"发生原因，系达结、白茹两寺宗教上之争执，其故甚细，本可依宗教方式解决。无如不肖藏人鉴于达赖拥护中央，藏事即将解决，恐于彼辈不利，遂借两寺争执之机会设计破坏，竟向川军马司令危词耸动派兵帮助。白茹与达结冲突，遂引起康藏衅端，迭动干戈"。[⑤] 大白事件发生后，恰逢"班禅派其旅长靳巴到炉宣传，靳欲扩张其势力，扬言将在康招募成旅，实则班禅并无此项命令与靳也，而大金寺遂据情装点，以靳之行动告于藏，达赖亦微闻靳之行动，信以为实，乃拨借英式枪五百枝，并炮队三

① 《阎锡山为达赖喇嘛令贡觉仲尼等声明无联英仇华等三事致国民政府行政院电》，《元以来西藏地方与中央政府关系档案史料汇编》第 6 册，第 2473—2474 页。

② 《国民政府蒙藏委员会向该会委员长报告西藏驻京堪布贡觉仲尼等至西南接洽情形文电》（1929 年9 月），国民政府蒙藏委员会档案（141）2336，《1899—1949 年有关西藏问题历史档案资料汇编》。

③ 《谢国梁关于解决及研究藏事几点意见致阎锡山呈》，中国藏学研究中心、中国第二历史档案馆、西藏自治区档案馆等编《元以来西藏地方与中央政府关系档案史料汇编》第 6 册，第 2479 页。

④ 《西藏驻京办事处为缕陈班禅及蒙藏委员会谬举五事请派员彻查致行政院呈》，中国藏学研究中心、中国第二历史档案馆、西藏自治区档案馆等编《元以来西藏地方与中央政府关系档案史料汇编》第6 册，第 2637 页。

⑤ 《西藏驻京办事处为遵训令声复大白纠纷案发生原因等情致蒙藏委员会呈》，中国第二历史档案馆、中国藏学研究中心合编《康藏纠纷档案选编》，第 136 页。

队，潜赴甘孜助战，一面电南京国府，要求饬令康军停战，双方退兵，言归于好"。① 1930 年 7 月 16 日，班禅驻京办事处要求派员会同班禅驻成都、康定两地的办事处人员前赴甘孜调解。② 达赖称，"班禅方面专遣桑布喇嘛与干〔甘〕孜驻防汉官处怂恿，是以汉官偏袒白茹寺，攻击达结寺，该寺抵御"。③ 1930 年 9 月 25 日，班禅驻京办事处处长罗桑坚赞还请求松朋呼图克图速来康区调解。④ 因此，西藏方面认为大白事件的升级系"班禅部属挑拨所致"，⑤九世班禅方面则谴责达赖喇嘛发动战争。双方各执一端，互相攻击。

事实上，矛盾的实质在于双方政治观点不同。正如罗桑坚赞所言："顾达赖之所以反对班禅者，非有不共戴天之仇，亦无你死我活之恨。症结所在无非因班禅拥护中央与达赖独立自主之主张不能相容也。"⑥

面对康藏局势的日益紧张，为了核查西藏噶厦政府对九世班禅介入大白事件的指控，蒙藏委员会专门询问了班禅驻京办事处有无怂恿一事。班禅驻京办事处回复说并无此事。⑦ 鉴于西藏地方政府对九世班禅的疑虑，1930 年12 月 11 日，西康政务委员会在致电刘文辉时提出"究用何法打破达赖疑团，并请示国府嗣对班禅取何种态度"。⑧ 为此，国民政府行政院于 1931 年1 月 7 日决定撤销班禅在成都、康定两地的办事处。⑨ 之后在班禅驻京办事

① 管文阶：《大白纠纷始末记》，《康导月刊》第 2 卷第 2 期，1939 年。

② 《班禅驻京办事处为请派员调解白利大金两寺争产械斗案致刘文辉等电》，中国第二历史档案馆、中国藏学研究中心合编《康藏纠纷档案选编》，第 6 页。

③ 《蒙藏委员会为达赖电请撤兵大白纠纷仍希迅速调解事致刘文辉电》，中国第二历史档案馆、中国藏学研究中心合编《康藏纠纷档案选编》，第 13 页。

④ 《罗桑坚赞为请速回康定调解大金白利两寺纠纷致松朋呼图克图函》，中国第二历史档案馆、中国藏学研究中心合编《康藏纠纷档案选编》，第 11 页。

⑤ 《蒙藏委员会委员巫明远为陈解决西藏问题办法致军事委员会等电》，中国第二历史档案馆、中国藏学研究中心合编《康藏纠纷档案选编》，第 289 页。

⑥ 中国藏学研究中心、中国第二历史档案馆、西藏自治区档案馆等编《元以来西藏地方与中央政府关系档案史料汇编》第 6 册，第 2633 页。

⑦ 据《蒙藏委员会为查明班禅是否遣使参与大白案事致班禅驻京办事处训令》《班禅驻京办事处为具复班禅并无遣使怂恿大白两寺纠纷事致蒙藏委员会呈》，中国第二历史档案馆、中国藏学研究中心合编《康藏纠纷档案选编》，第 13、15 页。

⑧ 《西康政务委员会为请将大金寺不遵中央和解命令情形电呈国民政府径电达赖制止澄清致刘文辉电》，中国第二历史档案馆、中国藏学研究中心合编《康藏纠纷档案选编》，第 22 页。

⑨ 《蒙藏委员会为国府会议决议撤销班禅驻蓉炉办事处事致班禅驻京办公处训令》，中国第二历史档案馆、中国藏学研究中心合编《康藏纠纷档案选编》，第 34 页。

处的解释下，蒙藏委员会又向国民政府行政院建议暂缓撤销。

1931 年 5 月 4 日，应国民政府的邀请，九世班禅由沈阳到达南京，并于 5 月 5 日出席国民会议。班禅代表罗桑坚赞等向国民会议提出了《拟请政府恢复西藏行政原状案》。① 5 月 16 日，九世班禅致书蒋介石，再次提出回藏问题："俾班禅得以早日归藏宣示威德，则不惟西藏僧民之幸，抑亦国家无疆之休也。"②

随着大白事件升级为康藏战事，蒙藏委员会打算给予班禅"相当名义"，让其在康藏地区发挥一定的作用。③ 6 月 12 日，国民政府考试院院长戴季陶请求蒋介石批准加封达赖、班禅名号。蒋介石认为"先发表班禅称号，达赖暂缓"。国民政府行政院要求戴季陶先转告蒙藏委员会马福祥"征询达赖意见，再行发表达赖名号"。④ 6 月 24 日，国民政府授予九世班禅"护国宣化广慧大师"名号。⑤ 同时，蒙藏委员会向国民政府建议特派九世班禅为"西陲宣化使"，在青海、西康两地境内选择适宜地点组织行署，以便办理宣化事宜。西陲宣化使成立警卫队，教官由国民政府派充，所需枪械、子弹、无线电台等均由国民政府资助，其职责是"对于各地喇嘛寺庙宣传中央政令及抚慰信仰佛教民众"。⑥

然而，西藏驻京办事处处长贡觉仲尼以九世班禅关于康藏局势的报告失实且对西藏不利为借口，于 6 月 26 日提出辞职。⑦ 据贡觉仲尼称，九世班禅方面这一时期的活动，主要目的在于"倾覆藏局，由中央以武力护送班禅入藏，以圆彼辈乘机攫取西藏政权之迷梦。其办法则分内外两步进行，对内

---

① 牙含章：《达赖喇嘛传》，第 292 页。

② 中国藏学研究中心、中国第二历史档案馆合编《九世班禅内地活动及返藏受阻档案选编》，第 23 页。

③ 《蒙藏委员会为藏军节节进逼连陷甘瞻请预筹应付办法事致刘文辉电》，中国第二历史档案馆、中国藏学研究中心合编《康藏纠纷档案选编》，第 133 页。

④ 《国民政府考试院请加给达赖班禅名号呈》（1931 年 6 月 12 日），国民政府档案（1）2648，《1899—1949 年有关西藏问题历史档案资料汇编》。直至 1933 年 12 月 17 日十三世达赖喇嘛圆寂，国民政府才在当年 12 月 21 日追赐十三世达赖喇嘛"护国弘化普慈圆觉大师"封号。

⑤ 中国藏学研究中心、中国第二历史档案馆合编《九世班禅内地活动及返藏受阻档案选编》，第 28 页。

⑥ 《行政院秘书处为抄送特派九世班禅为西陲宣化使办法请审查事致刘尚清等函》，中国藏学研究中心、中国第二历史档案馆、西藏自治区档案馆等编《元以来西藏地方与中央政府关系档案史料汇编》第 7 册，第 2608—2610 页。

⑦ 《西藏驻京办事处处长贡觉仲尼等为办事备受牵掣陷入困境引咎辞职事致蒙藏委员会呈》，中国第二历史档案馆、中国藏学研究中心合编《康藏纠纷档案选编》，第 147 页。

挑拨煽动，以引起康藏之兵争，业经达赖密探得有确证。对外虚构事实，欲鼓动外交之巨患"。贡觉仲尼认为，九世班禅驻成都、康定两办事处及驻印通讯处"分途奉扬谣风，于外并勾结西康旅京人等沆瀣一气，颠倒是非，淆乱黑白，一切离奇光怪乌有子虚之消息，遂日飞腾于中外之报章而层出不穷"。①

事实上，关于英国在康藏纠纷中的作用问题，时人有各自的判断。1930年，刘曼卿"闲问虾素，'藏中究有英人若干？'彼诧云：'内地恒以为藏地英人充满乎？实则全藏殊少英人踪迹，不惟政府机关无英籍职员，即工厂、兵械厂亦无英国技师。因宗教上之种种歧异，欧西人欲信基督而非毁佛陀，故藏人与英实有根本不相容之点。'……后予所见，果一一如其言。然则，西藏虽为英人所觊觎，藏人内部亦诚不乏倾英者，但因地势与教义之关系，在短时内，总难逞其野心"。②谭云山亦认为，"此次入寇康境，种因甚远。……此次之启衅乃由边民与藏部积不相能，边防军初事压迫，藏兵愤而反抗，驻军衰弱无力，节节溃退，形势遂以扩大，实则藏兵未必怀有雄图。中央若派得力大员前往抚慰，必可内向。……外传内中有英人指使等情，据余个人观察，恐未为事实，盖英人在藏，并无若何势力，达赖亦善于利用之"。③

关于英国援助西藏占领康区问题，据唐柯三称，1931年，在甘孜、瞻对失守后，"外间所传有英帝国主义者之背景，并有英人在前线指挥供给械弹等事，皆驻军故意张大其词，以自掩其失败之咎。或未明康军真象者，见藏军之侵略康地，似有预定计划，遂认为关系国际问题，其实皆非也"。④另外，蒙藏委员会委员长马福祥在与记者的谈话中亦称："此次康藏纠纷，实宗教上争执，与政治毫无关系，外传藏方有帝国主义作其背景，亦恐不确。"⑤

---

① 《西藏驻京办事处处长贡觉仲尼等为办事备受牵掣陷入困境引咎辞职事致蒙藏委员会呈》，中国第二历史档案馆、中国藏学研究中心合编《康藏纠纷档案选编》，第146页。

② 刘曼卿：《国民政府女密使赴藏纪实：康藏轺征》，民族出版社1998年版，第79页。

③ 《谭云山使藏归来·寇康远因》，《蒙藏周报》1931年第77期。

④ 唐柯三：《大金白利肇事原因及康藏两军启衅之经过》，中国第二历史档案馆、中国藏学研究中心合编《康藏纠纷档案选编》，第495页。

⑤ 《又形紧张之藏军侵康》，《蒙藏周报》1931年第72期。

第二节　班禅返藏行程的推进与康藏局势的演变

国民政府积极协助九世班禅返藏，目的在于班禅返藏后，先在后藏地区建立亲国民党的政权，与噶厦政府对抗。因此，国民政府不顾噶厦政府的一再抗议，册封班禅为"护国宣化广慧大师"，继而于 1932 年 4 月 14 日任命班禅为"西陲宣化使"，令其前往青海、西康等地抚慰喇嘛、寺院和信仰佛教的民众。其驻锡地为青海香尔德，同时成立西陲宣化使行署和行署卫队。噶厦政府对此反应十分强烈。西藏驻京总代表贡觉仲尼和西藏三大寺代表于 1932 年 5 月 20 日致函国民政府行政院，请求收回册封及任命的成命，并没收班禅储购的军火，撤销班禅驻各地办事处，取消班禅的工资和招待费。① 在 9 月 18 日召开的川、滇、陕、甘、青五省及班禅、达赖代表参加的西防会议上，贡觉仲尼发表了如下谈话：

> 外间或谓达赖拒绝班禅返藏，斯实不明真相之谈。盖达赖未尝欲侵夺班禅之权，当日班禅与达赖之发生意见，亦由于一般宵小从旁蛊惑，至疑忌互生，乃酿成班禅之出走。予敢言班禅不论何日返藏，不仅达赖决不有不规行为，即民众亦甚欢迎也。但外间传说班禅回藏时，将统大军前往，果尔则予殊不敢担保此后纠纷不再扩大。②

由此可见，噶厦政府在意的是以武力方式护送九世班禅回藏。

1932 年 12 月 24 日，九世班禅在南京举行"西陲宣化使"就职典礼。1933 年春，班禅派安钦活佛赴西藏与达赖喇嘛商量返藏事宜，达赖喇嘛与噶厦政府同意班禅返藏。1934 年 7 月，噶厦政府致函蒙藏委员会，希望班禅走海路。③ 对于西藏方面的要求，驻拉萨的国民政府代表蒋致余致电蒙藏

---

① 中国藏学研究中心、中国第二历史档案馆、西藏自治区档案馆等编《元以来西藏地方与中央政府关系档案史料汇编》第 7 册，第 2619—2627 页。

② 洪涤尘：《西藏史地大纲》，正中书局 1936 年版，第 269 页。

③ 中国藏学研究中心、中国第二历史档案馆合编《九世班禅内地活动及返藏受阻档案选编》，第 86 页。

委员会，认为"班禅在藏确无政权，其亟谋由青入藏者，显系别有用意。值此西藏倾诚内向，藏事却有解决之可能，班禅回藏一节，应由专使统筹办理"。① 在蒋致余看来，班禅返藏一事应该首先被纳入国民政府与西藏地方政府谈判的框架下进行，但是当时正在赴藏途中的黄慕松对此表达了不同的见解。黄慕松指出，班禅"回藏路线及安全自由问题，似应尊重班禅意旨。……班禅只身由海道回藏，在班禅方面断难办到"，"藏方对班禅路线既欲加以限制，意必为政治地位……是班禅回藏时间，苟能延缓一日，则其倾向必可巩固一分"。② 黄慕松表示抵达拉萨后将说服西藏地方政府同意班禅由陆路返藏。

1935年2月8日，九世班禅因西陲宣化事务日渐繁重，于内蒙古阿拉善旗成立西陲宣化使公署。③ 3月19日，班禅在结束内蒙古宣化并赴青海时，致函蒙藏委员会，表示"轻骑回藏，亦无不可"。但考虑到回藏所负的使命，班禅认为"若径行回藏，不特有负中央使命，且令众生失望，亦非我佛普渡宏愿"。于是，班禅向蒙藏委员会提出：（1）"请中央简派得力大员护送回藏"；（2）"班禅无论采取何种方式入藏，必须略备卫队，以资安全，而扬国威。切盼政府选派武装整齐、军纪严明之队伍来青，用壮行色。"④ 对于班禅方面的意愿，国民政府行政院第二一七次会议决议准予通过。⑤ 6月，当班禅一行进入藏地时，噶厦政府致函蒙藏委员会称："除班禅本人及其亲随外，幸勿以随从或护送等名义，任令汉蒙人等同其入藏。班禅所带枪械子弹，只宜限于随身自卫之用，其数愈少愈善。否则械多人众，藏民必生误会，引起将来危机，殊难预测。"⑥ 护送班禅回藏专使行署的西进

———————

① 中国藏学研究中心、中国第二历史档案馆合编《九世班禅内地活动及返藏受阻档案选编》，第87—88页。
② 中国藏学研究中心、中国第二历史档案馆合编《九世班禅内地活动及返藏受阻档案选编》，第91页。
③ 中国藏学研究中心、中国第二历史档案馆合编《九世班禅内地活动及返藏受阻档案选编》，第109页。
④ 中国藏学研究中心、中国第二历史档案馆合编《九世班禅内地活动及返藏受阻档案选编》，第111—112页。
⑤ 中国藏学研究中心、中国第二历史档案馆合编《九世班禅内地活动及返藏受阻档案选编》，第164页。
⑥ 中国藏学研究中心、中国第二历史档案馆合编《九世班禅内地活动及返藏受阻档案选编》，第154页。

引起西藏地方政府的抗拒。蒋致余于 9 月 9 日电称，西藏当局"在布达拉开会，决电中央，表示反对，电不日即发，并决实力拒抗，连日正在运送枪弹赴康中，前、昨二日运去三十驮"，并要求国民政府驻藏官员及无线电工作人员离藏，极力排挤三大寺等亲汉派，同时"对班禅代表邦达昌尤为嫉视"。①

英国政府对班禅仪仗队问题亦其为关注。1935 年 11 月 9 日，驻京英使贾德干（Alexander Cadogan）会晤国民政府外交部次长徐谟，依据西藏地方政府在班禅返藏问题上的异议以及西姆拉条约第三款之规定，对班禅仪仗队问题提出抗议。② 12 月 3 日，蒋致余在致国民政府的电文中认为，"此纯为英藏此次计议虚声恫吓我中央之狡计，一面对我抗议，一面嗾藏反对，以期阻挠我对藏事之进行"，"实际上，英已以不敢援助……现藏方以中央对班禅回藏问题意旨坚决，外援绝望，已渐趋软化其当权之心"。③ 因此，蒋致余建议国民政府"急起直追，以快刀斩乱麻之敏捷手段，迅速解决"。④ 蒙藏委员会也对班禅回藏抱有相当希望。12 月 19 日，蒙藏委员会认为："班禅回藏本为藏中官民所期望，又系班禅大师之宿志，且属西藏内部问题，英人对此亦颇具同情，故实现此事似无问题。至随带卫队一节，西藏当局虽曾一度食言反对，但自院、会去电解释后，迄今未有异议。而英使所引用之森姆拉条约，我政府以未签字承认，亦少法律根据。"⑤ 但国民政府外交部对于此事有所顾虑。1936 年 2 月 6 日，外交部致函蒙藏委员会称："惟英方对于此事既极端重视，自不得不格外审慎考虑，以免引起纠纷。究竟班禅喇嘛

---

① 中国藏学研究中心、中国第二历史档案馆合编《九世班禅内地活动及返藏受阻档案选编》，第194—195 页。

② 《行政院为英使阻派专使卫队护送班禅回藏令筹应付办法事致蒙藏委员会训令》，中国藏学研究中心、中国第二历史档案馆合编《九世班禅内地活动及返藏受阻档案选编》，第 214—215 页。

③ 中国藏学研究中心、中国第二历史档案馆合编《九世班禅内地活动及返藏受阻档案选编》，第222—223 页。

④ 中国藏学研究中心、中国第二历史档案馆合编《九世班禅内地活动及返藏受阻档案选编》，第223 页。

⑤ 《蒙藏委员会为拟定应付英国干涉护送班禅回藏原则和意见致行政院呈》，中国藏学研究中心、中国第二历史档案馆、西藏自治区档案馆等编《元以来西藏地方与中央政府关系档案史料汇编》第 7册，第 2716 页。

之仪仗队应否令其送至藏边为止，相应函请查照妥核办理。"①

1936年8月，国民政府行政院改派赵守钰继任"护送西陲宣化使护国宣化广慧大师班禅额尔德尼回藏专使"。9月21日，行政院重新修正了《特派护送班禅大师回藏专使入藏训条》，并交赵守钰遵照。该训条内容大略为：西藏为中华民国领土之一部分；在中央、地方均权原则下允许西藏自治；允许维持西藏固有之政教制度；西藏之军政、外交及其他有关全国一致性质之重大事项由中央政府处理；达赖、班禅之待遇及在西藏政教上之职权概仍旧制。其中特别提到，"康藏驻军及行政区域，暂维现状，应即恢复交通，所有划界问题，可从长计议"。②

1936年秋冬之际，数千名藏军渡过金沙江，与驻守在德格、邓柯、石渠、白玉等县的青海部队交战。据马步芳汇报，"藏方进犯康北，节节不已"，德格、白玉相继失守，因此，马步芳建议"班禅暂时驻锡西康，或返青海内地再定办法"。③蒙藏委员会要求班禅暂驻青海或西康安全地带，并令青海、西康两地军队妥善保护。关于此次藏军渡河之原因众说纷纭。班禅认为，"此次康北之失于前藏，大因由民心仇汉而起，班禅既负宣化之责，亟愿竭尽棉薄，劝慰军民，俾杜边防不安之乱萌，减政府西顾之隐忧。伏查民众所求，不外切望中央军之救济、减免苛征、确定正税、查办贪污、划清省界而已"。④川康绥靖公署主任刘湘认为，此次藏军渡江，意在占据德格等地，以拒止班禅回藏。⑤然而，据马步芳称：

---

① 《外交部为英国继续反对派仪仗队护送班禅回藏事致蒙藏委员会公函》，中国藏学研究中心、中国第二历史档案馆、西藏自治区档案馆等编《元以来西藏地方与中央政府关系档案史料汇编》第7册，第2721页。

② 中国藏学研究中心、中国第二历史档案馆合编《九世班禅内地活动及返藏受阻档案选编》，第346—347页。

③ 《马步芳为藏军北犯请电班禅暂驻康青事致蒙藏委员会电》，中国藏学研究中心、中国第二历史档案馆合编《九世班禅内地活动及返藏受阻档案选编》，第356页。

④ 《行政院秘书处奉转班禅请派员商洽救济青康民众减免苛征查办贪污等事电致蒙藏委员会笺函》，中国藏学研究中心、中国第二历史档案馆合编《九世班禅内地活动及返藏受阻档案选编》，第364页。

⑤ 《行政院秘书处抄转川康绥靖主任刘湘询中央对班禅回藏计划及处理办法电并行政院复电事致蒙藏委员会笺函》，中国藏学研究中心、中国第二历史档案馆合编《九世班禅内地活动及返藏受阻档案选编》，第381页。

　　查西藏内犯，蓄意已久，远自森姆拉会议巧立内外藏名目以还，即有进行收回三多计划之阴谋，前年达赖圆寂，其遗嘱中亦有将青、康全部划入西藏境内之谬说。去秋，察、绥问题严重，甘、青共匪猖厥，遂借捉拿邦达仓为名，竟越金沙江东岸，挺进至白玉、邓柯、德格、石渠四县，称兵内犯。查邦达仓原系巴安一僧人，初在拉萨为僧，因缘邀得达赖之垂青，执掌财政大权。因财政细故，藏方新旧派人物与伊颇不相能，后以达赖圆寂，藏方新旧派人挖去邦达仓两目，置诸狱中。伊子四人，在藏三人，二人被捕，一人逃逸，一人在德格久未弋获，故借捉拿邦达仓为名，称兵德格，进犯康青。是以康北之失，失于藏人蓄谋不规，非失于民心仇汉也。再查青康边境，藏民居多，汉民间或有之，均系商贾，相处甚善，毫无隔阂。本省为启迪蒙藏知识，联络蒙藏民族感情起见，设立蒙师范、蒙藏小学，大小二十余处；并设蒙藏招待处，凡属学子家属，优予招待。边疆汉藏民族感情极其融洽，更无仇汉之可言。①

　　英国官方文件显示，此次藏军开衅的主要原因是，噶厦政府担心当时已经离开西康的红军会回头转入西藏。同时西藏方面有意借此行动，向国民政府表达抗拒班禅携带卫队返藏的决心。但噶厦政府在致国民政府的函电中却说，藏军进驻德格等地主要原因在于获悉邦达昌家族分子正号召康区不满噶厦政府的人士准备在金沙江以西地区制造骚乱，因此藏军出兵平乱，而无意与青海、西康部队发生冲突。②据拉萨蒋致余电称，西藏"自达赖逝世后，人各一心，士无斗志，平日命令已乏效力，去冬索康乘虚东犯，而事后藏方疑虑交加，反严令其撤回原防，以此驻康藏军更人人自危，今后虽令，恐亦难行"。③

　　至1937年初，西藏地方政府对班禅回藏之态度渐趋强硬，决意拒抗班

---

①　《行政院秘书处奉转马步芳陈述青省废苛杂惩贪污等情呈致蒙藏委员会笺函》，中国藏学研究中心、中国第二历史档案馆合编《九世班禅内地活动及返藏受阻档案选编》，第388—389页。

②　林孝庭：《战争、权力与边疆政治：对1930年代青、康、藏战事之探讨》，《中央研究院近代史研究所集刊》（台北）第45期，2004年。

③　中国第二历史档案馆、中国藏学研究中心合编《黄慕松吴忠信赵守钰戴传贤奉使办理藏事报告书》，第390页。

禅回藏。班禅随从人员多主张武力回藏。1937 年 7 月，赵守钰专使抵达玉树，与班禅商定入藏事宜。七七事变发生后，国民政府改变了对仪仗队入藏问题的态度。7 月 19 日，军事委员会重庆行营对解决班禅回藏问题以及处理藏事的意见提出了看法。重庆行营认为，"藏方虽有如是中变情形，而于此外患方殷、内忧未泯、补苴罅漏、宵旰不遑之会，为持重计，终以避免武力、力图和平送达为宜"。在此形势下，班禅"目前似无取冒难回藏，徒增阢隉，即令回藏，亦有侧重政治与侧重宗教之殊。如回藏之旨在收揽达赖政权，则与原有统系相乖，必招噶厦反抗"。① 有鉴于此，8 月 19 日，行政院决议："抗战期间，班禅应暂缓入藏，先暂住政府指定地点。"②

第三节　九世班禅行辕与"甘孜事变"

1937 年 12 月 1 日，九世班禅在青海玉树的顿珠林寺（don grub gling dgon）甲那拉丈内圆寂。国民政府令班禅行辕将大师灵柩暂移至西康。在具体驻地问题上，班禅行辕主张停留在甘孜。刘文辉则鉴于大白、诺那等事件，力请佛柩移驻康定。几经周折，班禅行辕最终决定暂驻甘孜。1938 年 1 月 18 日，班禅行辕抵达甘孜。5 月 18 日，国民政府撤销西陲宣化使公署，班禅行辕暂予保留，护送专使公署待戴季陶赴甘孜致祭后即行解散，仪仗队即于同时撤回，班禅行辕事务由堪布会议厅处理。③

刘家驹是班禅行辕移驻甘孜的主要策划者。刘家驹曾在美国传教士所办的巴安（今巴塘）华西小学就读，1923 年任巴安华西小学教员，后升任校长。1927 年，巴安驻军马团长将巴安青年编为一连，刘家驹任连部司书。1929 年，刘家驹赴南京，同行者有黄平安、陈兴福、孔达吉村等 9 人。后经格桑泽仁介绍，刘家驹被委任为蒙藏月报社藏文编辑。不久，刘家驹被班禅驻京办事处处长罗桑坚赞推荐为班禅办事处秘书，专做九世班禅的翻译，

---

① 《军委会办公厅为转送重庆行营对解决班禅回藏问题及今后处理藏事的意见致蒙藏委员会公函》，中国藏学研究中心、中国第二历史档案馆合编《九世班禅内地活动及返藏受阻档案选编》，第 426—427 页。

② 《行政院为班禅暂缓入藏致蒙藏委员会训令》，中国藏学研究中心、中国第二历史档案馆、西藏自治区档案馆等编《元以来西藏地方与中央政府关系档案史料汇编》第 6 册，第 2739 页。

③ 李明忠：《刘家驹传》，政协四川省甘孜藏族自治州委员会编印《甘孜州文史资料》第 11 辑，1990 年，第 75 页。

后又任西陲宣化使公署秘书长。1935 年，刘家驹被委任为西康建省委员会委员，1938 年转任蒙藏委员会委员。

九世班禅大师圆寂后，国民政府于 1937 年 12 月 23 日追赠班禅"护国宣化广慧圆觉大师"封号，并发给治丧费 1 万元，特派考试院院长戴季陶前往西康致祭。[①] 刘文辉也指派第一三六师师长唐瑛率部出关致祭班禅大师。[②] 戴季陶于 1938 年 8 月 5 日到达甘孜，8 月 8 日代表国民政府致祭班禅。[③]

在赴甘孜致祭过程中，戴季陶将甘孜孔萨（即孔撒）女土司德钦旺姆收为义女，并与有实力的土司头人加紧联络，施惠于玉隆头人夏克刀登、瞻对土司曲麦志玛、甘孜寺仲萨活佛等。在戴季陶驻甘期间，刘家驹为了扩大班禅行辕在西康的影响力，通过香根活佛和德钦旺姆，请求戴季陶将甘孜、德格、瞻对、邓柯、白玉、石渠六县划为班禅行辕的驻地。为避免与刘文辉公开发生摩擦，从而影响大后方稳定，戴季陶没有同意刘家驹的要求。此外，班禅行辕移驻甘孜后，亦曾派代表前往拉萨，利诱西藏地方政府与之联手，夺取西康政权，并许诺给予藏方种种特权，但被西藏地方政府拒绝。[④] 8 月 23 日，戴季陶一行离开甘孜，护送班禅专使赵守钰及仪仗队等 300 余人也随后离甘。[⑤] 随着护送专使的撤离，甘孜局势日益紧张。

经历格桑泽仁、诺那等事件后，刘文辉加强了对康区地方势力的笼络和控制。孔萨土司在康北地区占有十分重要的地位。1924 年，孔萨土司欧朱丹珍吉美去世后，土司事务暂由老土妇西姐主持。1934 年老土妇病死，继由德钦旺姆承袭土司。德钦旺姆是欧朱丹珍吉美之女，1917 年生，幼年曾延师授汉文。1936 年，德钦旺姆到康定观览，"仪从甚盛"，"壮健有丈夫气"。[⑥] 1937 年，甘孜土兵营改编为康北民兵二营，德钦旺姆任第一营营长。班禅行辕移驻甘孜后，德钦旺姆与行辕卫士伊西夺吉两相爱悦，遂有入赘之

① 《国民政府追赠班禅封号》，中国藏学研究中心、中国第二历史档案馆、西藏自治区档案馆等编《元以来西藏地方与中央政府关系档案史料汇编》第 7 册，第 2745—2746 页。

② 邢肃芝口述，张健飞、杨念群笔录《雪域求法记：一个汉人喇嘛的口述史》，第 72 页。

③ 中国第二历史档案馆、中国藏学研究中心合编《黄慕松吴忠信赵守钰戴传贤奉使办理藏事报告书》，第 527、529 页。

④ 佚名：《藏政府痛斥班辕代表》，《康导月刊》第 2 卷第 8 期，1940 年。

⑤ 李明忠：《刘家驹传》，政协四川省甘孜藏族自治州委员会编印《甘孜州文史资料》第 11 辑，第 75 页。

⑥ 贺觉非著，林超校《西康纪事诗本事注》，第 128 页。

议。当地驻军将此事电告刘文辉。刘文辉回电云："汪母婚事，辉历来关切，此次既引起人民反感，恐将来扩大，又惹政治上之纠纷，准予设法制止，并向班辕说明利害。"① 当伊西夺吉与德钦旺姆的婚事被藏军代本汪钦得悉后，汪钦质问其中缘由。其所担心的是，班禅行辕通过伊西夺吉与德钦旺姆的结合，依仗康北土司势力返回西藏。②

德钦旺姆对于刘文辉的干涉坚决不从。班禅行辕认为两者纯系恋爱结合，不便阻挡。1939 年 12 月 1 日，德钦旺姆将孔萨、麻书头人召集至甘孜城外柳林子开会，宣布将于 12 月 2 日与伊西夺吉举行入赘礼。当地驻军下令严加戒备，刘家驹等要求驻军勿加阻止。后经双方交涉，同意入赘礼暂缓三日举行。③ 由于德钦旺姆的婚事有碍刘文辉本意，在举行婚礼的前夜，刘文辉下令所部软禁德钦旺姆，并将德钦旺姆土职概予撤销，所缴印信计有西康民兵第一营营长官防、甘炉团务督察长兼军粮转运官之钤记、川边北路土兵营长印等，并将其辖地编为二联保，一为孔萨乡联保主任渣络，一为麻书乡联保主任译雍，直属为蒲玉龙保长洛大宗，则色牛厂保长扎马洛布，县长章家麟自兼区长。④

因婚事受到干涉，刘家驹等决定武装起事。1939 年 12 月 6 日，班禅行辕调集民兵，发给大批枪械，向驻军进逼。12 月 7 日，班禅行辕卫队及其召集的民众分别向章镇中团部及县府进攻，章镇中退守官寨子待命。战斗过程中，班禅行辕驱逐汉官，向甘孜、炉霍、瞻化等县任命新县长，分兵向各县进攻，以实现"康人治康"的目标。12 月 13 日，班禅行辕提出如下条件：其一，官兵缴械，章镇中团长与其所属部队以及章家麟县长撤离甘孜；其二，释放德钦旺姆。⑤

1939 年 12 月 14 日，章镇中团缴械，各连官兵被拘于关帝庙，衣物被劫一空。12 月 16 日，章镇中被毒死。消息传到康定后，刘文辉派遣雅安驻军及康南部队同时向甘孜攻击前进，班禅行辕则由军事处处长罗友仁担任总指

---

① 贺觉非著，林超校《西康纪事诗本事注》，第 128 页。
② 杨泽贤：《甘变经过》，《康导月刊》第 2 卷第 8 期，1940 年。
③ 贺觉非著，林超校《西康纪事诗本事注》，第 128 页。
④ 贺觉非著，林超校《西康纪事诗本事注》，第 129 页。
⑤ 贺觉非著，林超校《西康纪事诗本事注》，第 129—130 页。

挥，德钦旺姆副之。1940年1月22日，川康军收复瞻化，龚耕云营长、曾言枢旅长先后到瞻化办理善后。据曾言枢电称，由班禅行辕委任之瞻化县县长计晋美私刻关防，文曰"最高王宫所属瞻化县政府"。[①] 在这次事变中，德格土司泽旺登登遵照刘文辉的命令，组织民兵在毗邻甘孜的地方布防，康南的邦达多吉、包昂武活佛以及其他各县地方势力等亦均表示愿为刘文辉效力。[②] 2月6日，德钦旺姆、香根活佛等随班禅行辕部分人员退出甘孜，班禅灵柩亦一并运走，向北转移到青海玉树。

"甘孜事变"发生后，蒙藏委员会及军事委员会分别电令双方停止军事行动，并派西昌行辕主任张笃伦、军事委员会高级参谋陈冠群及蒙藏委员会参事赵锡昌前往康北，会同查处。1940年2月26日，张笃伦等到达甘孜。3月上旬，流落甘孜的班禅行辕人员被护送出境。[③] 关于"甘孜事变"，贺觉非有如下总结：

> 此次事变起因，固由于班辕之贪求，而德钦汪母之婚变实有以促成之，盖无德钦汪母之事件，必不能招致孔、麻人民，不能招致孔、麻人民为之基础，班辕虽具野心亦无以展其技也。而结束之迅速，又在中央之善于处理。余以为刘氏治康十余年，笃信佛教，有足多者。而尽调康南之兵以靖难，康南安谧如故，不可谓非曾言枢数年诚信所孚。十年中，中央每以素无地位之僧侣，置诸高位，往往因此致祸。此后似应于此多加考虑。中央乃地方之中央，地方乃中央之地方，于疆吏信任则用之唯恐不专，否则易之可耳。[④]

1940年，据吴忠信报告，"班禅灵榇由中央护送至边境，由藏方接奉回藏，已商得藏政府同意"。[⑤] 为杜绝意外，国民政府仍派赵守钰为护送班禅大师灵柩回藏专使，积极筹备回藏事宜。1940年底，班禅灵柩经囊谦、类

①　贺觉非著，林超校《西康纪事诗本事注》，第130页。
②　刘文辉：《庆祝委员长脱险并述甘孜事变经过》，《康导月刊》第2卷第7期，1940年。
③　黄天华：《刘文辉与甘孜事件》，《西南民族大学学报》（人文社科版）2009年第3期。
④　贺觉非著，林超校《西康纪事诗本事注》，第131页。
⑤　《吴忠信为班禅灵榇回藏已得藏方同意等事致蒋介石电》，中国藏学研究中心、中国第二历史档案馆、西藏自治区档案馆等编《元以来西藏地方与中央政府关系档案史料汇编》第7册，第2799页。

乌齐抵达嘉桑卡，交给西藏迎灵代表觉伯代本等恭迎入藏。1941 年 2 月 4 日，灵柩安抵扎什伦布寺。1941 年 5 月，国民政府行政院第五一五次会议决议通过班禅行辕善后办法。其主要内容有：（1）班禅行辕善后与寻访灵童分别办理；（2）"班禅行辕及其驻外各办事处一律裁撤，唯驻京办事处暂予保留。该辕所有人员予以遣散或设法安置"；（3）寻访灵童由罗桑坚赞办理；（4）"俟灵童寻获坐床后，如有必要，再行考虑组织类似行辕之机构。至坐床典礼，另行考虑具体办法"。① 班禅行辕裁撤后，卫队及武器由国民政府军事委员会令甘肃朱绍良派员前往接收。班禅行辕留驻青海的部分人员呈准设立班禅诵经堂，每月拨给经费，以资维持，至班禅转世灵童坐床时即行撤销。至于流落在青海境内的甘孜、瞻对头人及民众等，准其回西康安居，并由国民政府发给遣散费，以示体恤。

第四节　班禅返藏与国民政府康藏边政之检讨

重用康藏僧俗精英是国民政府在康藏地区进行权力建构的重要途径。时人对国民政府支持九世班禅返藏的评论主要集中在两个方面。

其一，班禅是否必须返藏的问题。1932 年 9 月 6 日，蒙藏委员会委员巫明远致电国民政府军事委员会称："为今之计，莫若力阻班禅，罢青海之行，而于藏人迓申要求，择其无损中央威信者，予以容纳，示无偏袒。一面选派公正大员赴藏，谋西藏问题整个之解决。"② 1934 年 2 月 25 日，川康边防总指挥刘文辉在电陈军事委员会"治康睦藏办法四项"中指出："达赖班禅两党如水火，自中央崇班以来，时而传其将带兵至青入藏。今达赖虽逝，闻藏中仍无欢迎班禅情形。若使班禅归藏，应先调解达赖之党。不然，则使留在内地传法，或请入蒙宣化，决定以意旨所在明白宣告，使藏人释杯弓之疑，亦属康藏辑睦之一助。"③ 邓骧认为，"班禅以亲汉之故，为达赖迫而出

① 《行政院为通过班辕善后办法抄发遵行事致蒙藏委员会指令》，中国藏学研究中心、中国第二历史档案馆、西藏自治区档案馆等编《元以来西藏地方与中央政府关系档案史料汇编》第 7 册，第 2750—2751 页。

② 《蒙藏委员会委员巫明远为陈解决西藏问题办法致军事委员会等电》，中国第二历史档案馆、中国藏学研究中心合编《康藏纠纷档案选编》，第 290 页。

③ 市隐：《达赖逝世后之康藏纠纷》，《东方杂志》第 31 卷第 8 号，1934 年。

亡，中国既不能以兵威安定西藏，又不能调和达班之争，而送班回藏，徒唱祖护班禅高调，益起藏疑，而汉藏感情愈益恶劣"。① 事实上，关于班禅回藏问题，正如林孝庭所云：

> 蒋介石与南京高层私底下是否真有强烈的动机，欲实现班禅喇嘛返藏，抑或是倾向于将班禅一行留在青海、西康地区，作为国民政府的一股势力，仍有待进一步推敲商榷；只不过 1934 年以来，南京公开支持班禅回藏的官方态度，也不可避免地成了蒋介石与拉萨之间，建立进一步合作关系的一个阴影。②

其二，国民政府应该如何处理达赖、班禅两派关系问题。20 世纪 30 年代，国民政府对于藏事之处理多倚重以九世班禅为代表的活动于内地的康藏政教精英。当时蒙藏委员会藏事处处长为班禅属下的罗桑坚赞。西藏地方政府对此甚为不满，认为"现在蒙藏委员会藏事处，为班禅一派之藏事处，而非我西藏之藏事处"。至黄慕松卸任蒙藏委员会委员长时，这种情况仍未改变。③

1931 年 7 月 8 日，谭云山在给蒋介石的呈文中提出了对藏政策的三点建议，其中一点即关于如何处理达赖、班禅两派的问题。谭云山认为，"对于西藏内部之争，宜采取大公无私态度，用相当有效方法使双方和好。切不可执言片面之词，偏袒任何一方。否则对于任何一方皆无益处，国事前途及生障碍，爱之反所以害之也"。④ 1936 年吴忠信任蒙藏委员会委员长后，为了藏事的推进，调任参事孔庆宗为蒙藏委员会藏事处处长，"俾资与西藏政府之间渐求调整。同时，西藏驻京代表及由藏来中央人员，均特予优待，彼

---

① 邓襄口述，沪记者川康考察团记录《康事纪略》，《开发西北》第 2 卷第 2 期（西康专号），1934 年。

② 林孝庭：《战争、权力与边疆政治：对 1930 年代青、康、藏战事之探讨》，《中央研究院近代史研究所集刊》（台北）第 45 期，2004 年。

③ 中国第二历史档案馆、中国藏学研究中心合编《黄慕松吴忠信赵守钰戴传贤奉使办理藏事报告书》，第 131 页。

④ 《文官处为抄送谭云山报告随谢国梁赴藏及返京经过呈文和处理藏事建议致行政院公函》，中国藏学研究中心、中国第二历史档案馆、西藏自治区档案馆等编《元以来西藏地方与中央政府关系档案史料汇编》第 7 册，第 2538 页。

此在感情上益日臻密切".①

全面抗战爆发后，国民政府对达赖、班禅两派关系的认识渐趋客观和深入。国民政府军事委员会重庆行营认为：

> 达赖、班禅二系，其初虽有亲英、亲汉之分，然达赖晚年亦已同心内向，热振摄位，诚信有加……我中枢协和五族，力谋复兴，达班二系，功绩并著，优遇从同，或不宜因班禅回藏小有参差，遂外视达赖一方而竟绝之也。

> 藏方表示抗拒，据闻其意不在班禅之归，而在扈从之人。道路流传，班禅左右与护送员兵，人品复杂、言行不谨，时播修怨蔑教之谈，此于多疑畏笃信仰之藏人适相刺谬。证以最近刘总指挥文辉转报玉树仪仗队郭彪等之谋叛，即足以征班禅所率以俱行者之不尽当矣。准此以言，则藏方抗拒之形，乃基于卫身家、卫宗教之心理，尚未可以反对班禅、违逆中央目之。②

南京国民政府的对藏策略有两大显著特点：一是重视对藏施政纲领和有关法规的建设，巩固中央政府对西藏地方的统治关系；③ 二是安抚、联络宗教领袖人物。鉴于蒙藏民众笃信佛教，国民政府对藏传佛教宗教领袖"备极尊崇"。南京国民政府成立"十年来，对于边民信仰之宗教，及宗教领袖，多所维护"，对于地位崇高的喇嘛授以相当名号，如1931年6月，册授九世班禅"护国宣化广慧大师"，并给金册玉印；1932年4月，加给章嘉呼图克图"净觉辅教"名号；1933年12月，追赠十三世达赖喇嘛"护国弘化普慈圆觉大师"，特颁玉册玉印；1934年3月，册授嘉木样呼图克图"辅国阐化禅师"；1934年8月，册授安钦呼图克图"尊静法师"，兴萨班智达

---

① 中国第二历史档案馆、中国藏学研究中心合编《黄慕松吴忠信赵守钰戴传贤奉使办理藏事报告书》，第131页。

② 《军委会办公厅为转送重庆行营对解决班禅回藏问题及今后处理藏事的意见致蒙藏委员会公函》，中国藏学研究中心、中国第二历史档案馆合编《九世班禅内地活动及返藏受阻档案选编》，第427页。

③ 《民国藏事工作报告、藏事纲领则例六件·序》，西藏社会科学院西藏学汉文文献编辑室编《西藏学文献丛书别辑》第13函。

"普济法师"；1935 年 5 月，册授热振呼图克图"辅国普化禅师"；1936 年 7 月，追赠诺那呼图克图"普佑法师"名号。①

为了沟通汉藏文化及增进民族感情，蒙藏委员会于 1936 年 12 月制定《补助汉藏僧侣游学规则》十二条，规定每年由中国佛学会保送汉僧 2 名赴藏，由西藏地方政府保送藏僧 2 名前来内地，研究佛学，其旅费等由中国佛学会予以补助。② 在当时的西藏政治体制下，安抚、联络西藏宗教领袖人物，对于西藏地方的安定以及中央与西藏地方关系的改善起到了重要作用。

同时，国民政府的康藏边政存在两大主要问题。其一，国民政府对藏事的态度较为消极。1943 年，国民政府外交部称："我方对藏二三十年来似亦仅抱消极的抚与慰，且对喇嘛等为对手方，既乏普遍，又不积极，致大多数教育落后之藏民逐渐忘却中原之恩泽，且更无一自主治藏之政策，藏局如斯，非偶然也。"③ 而作为国民政府边疆事务最高主管机关的蒙藏委员会，"十余年来该会所能执行者，不过边疆政治之联系与边民情感之沟通而已"。④ 沈宗濂认为，欲与西藏地方政府进行协商交涉，应先整顿内部，其中西康省最为关键。中央政府应该彻底整顿西康，更换大员，并选拔人才，充实机构，这样对藏方才能有所作为。沈宗濂将上述建议电告蒋介石。蒋介石回电称，主张维持现状，不宜多事更张。电文中有"以无事为大事，以无功为大功"之语，沈宗濂见后大为愤慨。⑤

其二，国民政府缺乏清晰稳定的治藏思路与政策。格桑泽仁指出，"过去边疆最大的缺陷，是没有一个固定的治边政策"。国民政府"主持边政的主管机关，这多年来本身就莫有一个一定的治边政策可资依据。譬如前清专制时代，他尽管施行的是愚民羁縻政策，但他有其一定的一套理论与施行办法可以贯彻到地方，执行不乱。我们今天头痛医头，足痛医足，

①　《民国藏事工作报告》，西藏社会科学院西藏学汉文文献编辑室编《西藏学文献丛书别辑》第 13 函，第 4 页。

②　《民国藏事工作报告》，西藏社会科学院西藏学汉文文献编辑室编《西藏学文献丛书别辑》第 13 函，第 3 页。

③　《国民政府外交部关于调查英帝挑拨汉藏感情留难我国商人情形文件》（1943 年 8 月 12 日），国民政府经济部档案（301）88，《1899—1949 年有关西藏问题历史档案资料汇编》。

④　许公武：《调整边政机构之拟议》，《边政公论》第 6 卷第 1 期，1947 年。

⑤　陈锡璋：《西藏从政纪略》，政协西藏自治区委员会文史资料研究委员会编印《西藏文史资料选辑》第 3 辑，1985 年，第 121 页。

莫衷一是。尤其是中央的决定，到了边省就脱了节，与当地的施政配合不起来"。况且在"边政方面，只看见个人的见解与作风，而没有一个代表党与政府的固定统一的治边政策，为大家所共同依据"。① 国民政府在藏事问题上亦是如此。1944 年春，国民政府委任沈宗濂为驻藏办事处处长。沈宗濂到达拉萨后，发现西藏地方政府与中央政府的关系暧昧不明是一根本的问题。他认为，自 1929 年恢复关系以来，国民政府对西藏迄无明确的方针政策，因此应当积极准备，相机与西藏地方政府协商改进关系。② 时人亦指出，"西藏问题之久悬不决者，吾人可一言以蔽之曰治理西藏之无一贯政策也"。③ 就西康而言，在刘文辉看来，"过去康事之败坏不能尽归罪于疆吏，至为显然，主要的原则仍为中央不能顾及西康，无确实的政策"。④

　　① 格桑泽仁：《边人刍言》，沈云龙编《近代中国史料丛刊续编》第 11 辑，台北，文海出版社 1974 年版，第 41、48、49 页。
　　② 陈锡璋：《西藏从政纪略》，政协西藏自治区委员会文史资料研究委员会编印《西藏文史资料选辑》第 3 辑，第 120—121 页。
　　③ 融：《送黄慕松氏西藏之行》，《康藏前锋》第 2 卷第 5 期，1934 年。
　　④ 刘文辉：《庆祝委员长脱险并述甘孜事变经过》，《康导月刊》第 2 卷第 7 期，1940 年。

第 七 章

康南地区的头人势力
与社会治理

第一节 康南地区头人势力的兴起及其活动

一 康南地区头人势力的主要类型

改土归流前，康南大部分地区属巴塘、理塘土司管辖。两大土司分布在由雅江到巴塘的康南大道沿线，而在距离大道较远的乡城、稻城、得荣等地，土司的统治力量相当有限。清末，赵尔丰首先在康南地区进行改土归流，土司制度被废除，当地"豪强之头人且代土司而兴起，支配民众，把持地方，威权之大甚于土司。康方当局既无过问之能，亦惟羁縻暂系而已"。①

在土司时代，乡城地区有理塘正副宣抚司选派的协敖 1 名，2 名麦色则由当地民众推选，一年一换。② 清末川边改流期间，协敖、麦色均被裁废。民国时期，乡城第一代头人大多依靠自身实力，成为新兴权贵。乡城头人的早期领袖罗松丁真出身贫寒，"少即好斗，斗辄胜人"。在赵尔丰攻打乡城期间，罗松丁真因与清军作战勇敢，"乡人争为延誉，凡有斗争，辄隐听其号令"。③ 罗松丁真的得力干将彭错大吉"为人慷慨不苟，胆识超群，实为

---

① 杨仲华：《西康纪要》上册，第 270 页。
② 集白：《三乡一瞥（续）》，《戍声周报》第 55 期，1937 年 11 月 22 日。
③ 筠山：《乡酋罗松丁真》，《戍声周报》第 47 期，1937 年 9 月 27 日。

乡夷之俊杰者，故乡夷多附和之，邻县来输诚者亦复不少"。彭错大吉曾任乡城土兵营长，"官府多仰仗其力，颇极一时之豪"。扎西充本的财富，"冠于全乡，乡、稻贷出之款不下数十万元，贫穷沾其惠者亦多，自以为众所尊爱"。①

乡城新兴头人虽没有严格的世袭制度，但是相当一部分存在父子相承现象。彭错大吉之父冷龙登巴同样是乡城头人中的佼佼者，至 1938 年，已年过七旬。彭错大吉之子冷龙大洼因吸食鸦片，"信义不守，懦弱无能"，不能继承其父的威望而称雄乡城。扎西充本之子扎西宜马为喇嘛，"守财有余，竞争不足，自不及扎西充本之才干多也，家居下乡黑打村，位于降错宜马与戈洼登巴家之间，因宿仇已深，恐被暗害，不得已，独往贡岭之赤土区依其妹夫赤土保正而避居也"。一般来讲，同一派系的头人势力之间往往具有错综复杂的姻亲关系。其中，扎西宜马与冷龙大洼家族"世谊故厚，姻亲关系尤深，唇齿相依，互为臂助"。②

乡城民众"自有他们愿意崇拜的英雄，作他们的领袖，他们自有他们决不怀疑的社会组织、经济结构、宗教、文化、礼俗、风尚、意识形态和其他的一切，与我们现在所有的完全两样"。③ 清末民初，乡城军事活动频繁发生，在此动荡的社会环境下，"因关外人民尚处于酋长部落时代，一集团民众必有其相当组织为之排解纠纷、抗御外侮，以故数百家或千余家、数千家必有其所拥戴以发挥当地之民意者"。④ 因此，头人势力的兴起很大程度上顺应了当地民众的需求。

同时，掌握地权是乡城头人控制民众的重要基础。稻城的马巫、磨拉、孙波等村毗邻中、下乡城，罗松丁真崛起后，将马巫 80 余户、磨拉 50 余户、孙波 20 余户共计数日路程的土地全部占据，尚未逃走的当地居民为其奴役。乡城头人还通过施放高利贷盘剥民众，雅江的下渡十村、马岩、中钟堂，理塘的墨洼，得荣的东都，火竹的定波，巴塘的红日贡村和白日贡村等地是乡城、理塘等新兴头人施放高利贷的主要区域。头人将茶、粮借贷给民

①　白水：《今日之乡稻三酋》，《戍声周报》第 103 期，1938 年 10 月 25 日。
②　白水：《今日之乡稻三酋》，《戍声周报》第 103 期，1938 年 10 月 25 日。
③　任汉光：《康南的土头世界》，《康导月刊》第 3 卷第 5—7 期合刊，1941 年。
④　集白：《噶布可条约之解剖》，《戍声周报》第 51 期，1937 年 10 月 25 日。

众，按年收取利息，并长期借贷，不许还本，无力付息者，则收其耕地而另雇人耕种。乡城头人亦以保护民众为条件，直接取得土地的收获物。在稻城的大桥、协波、理塘的拉波各村，"比及收获，乡匪前往中分，籽种、劳力不问也，如有事，则乡匪为之捍御"。[①]

拥有大量枪支也是乡城头人势力能在康南地区独树一帜的重要资本。"乡人以其过去所得教训，深知非武力不能自恃，不能掠人，家无贫富，所拥多枪。据前数年之调查，三乡私枪为五千枝，近以暴富者多，稍知敛迹，卖刀买牛以事生产。最近之估计，步枪约一千五六百枝，手枪为六百余枝。"[②]

稻城（包括稻坝与贡噶岭）的头人势力主要是在乡城头人的影响下形成的，且往往依附于乡城头人。稻坝四区（即上稻、下稻、木拉、巨龙）在土司统治时代约有 400 户，[③] 有麦色 3 名主持日常事务，并受理塘正副宣抚司节制。改土归流后，3 名麦色逃往拉萨，后又返回稻坝。民国初年，稻坝"人民而无组织，即有小组团体，亦系少数亲族，势力有限，无势大望重之领袖统驭，全体民众均抱各自称雄之念，偶有统率全部者，登场不久即被推倒"。[④] 因无力抵御乡城头人的袭扰，"弱者有瞻乌爰止之叹，黠者则惟强者是从"。[⑤] 乡城头人义和阳登集众攻劫理塘，提缴驻军武器，并一度统驭稻坝。稻坝民众时常被充作乡城头人的帮手，"出外伙抢，均无本地匪首率领，悉为乡城人民邀约以往，爪牙小卒，分润无多，不似乡匪之抢劫致富也"。[⑥] 时人常"以乡、稻并称，以稻藐法，已类乡矣。不知始有作俑，习俗移人，尚有可矜悯者"。[⑦]

贡噶岭人口约 640 户，[⑧] 境内的赤土到木里、中甸分别约二、三日程。由稻坝至贡噶岭，有高岭相隔。贡噶岭境内耕地以赤土、仲都、昂雍、日

---

① 集白：《不属于土司之西康土地》，《戍声周报》第 37 期，1937 年 7 月 19 日。

② 集白：《三乡一瞥（续）》，《戍声周报》第 55 期，1937 年 11 月 22 日。

③ 1937 年，据康南宣抚司令部派人调查，稻坝有 571 户，其中男 694 丁、女 1115 口，有喇嘛 606 名，快枪 72 支。参见佚名《一周消息·清查户口》，《戍声周报》第 42 期，1937 年 8 月 23 日。

④ 李培芳：《稻坝生活职业习俗之一般（续）》，《戍声周报》第 45 期，1937 年 9 月 13 日。

⑤ 集白：《其实难副之犷悍稻民》，《戍声周报》第 45 期，1937 年 9 月 13 日。

⑥ 李培芳：《稻坝生活职业习俗之一般（续）》，《戍声周报》第 45 期，1937 年 9 月 13 日。

⑦ 筠山：《乡匪蹂践稻城》，《戍声周报》第 42 期，1937 年 8 月 23 日。

⑧ 集白：《贡噶岭之解剖》，《戍声周报》第 47 期，1937 年 9 月 27 日。

墨、日东、克古等村面积较大，村民于溪边山麓较为平展之处就地垦殖。蒙自山势急促，耕地不多。由蒙自向东与木里的噶热连界，南经东义至中甸的染冬，由于此路经常塌方，后改由泥热至中甸，此道已成贡噶岭、中甸往来必经之路。① 改流前，贡噶岭四区（蒙自、赤土、日洼、东义）有麦色 4 名，并由理塘土司派协敖 1 名居其地管理差粮。蒙自麦色因所辖土地、民众较多，地位高于其他 3 名麦色，赤土麦色次之。改流后，蒙自、赤土麦色分别兼管东义、日洼差粮。

　　贡噶岭的情形与稻坝类似，亦多附属于乡城头人。赤土麦色阿依多所属的赤土、仲都、阿思、热洼四村，厚结扎西充本，又与日洼、东义联姻，故能代表东义、左右日洼。日洼麦色罗绒钝登"沉默寡言，其弟为蒙自赘婿，虽去曾遇害，以其子之妻赤土而又惮于扎西也"。其所属四个村落相连，"民尚安分，强能维持其土职也"。东义麦色"僻处偏方，去赤土三四日，所属尚和辑，惟与滇边时多仇杀、互劫之案"。② 稻坝、贡噶岭的麦色普遍与乡城头人势力联姻。至 1937 年，稻坝为甲骨倾珍主持，而贡噶岭实由乡城头人扎西宜马支配。③

　　得荣在改流前为巴塘土司所辖。巴塘土司衙内下设古曹（又称后喜）2 人，作为正副土司的代理人。另设协敖 1 人，为派出地的掌权者，其职责是协同古曹管理所属地区的一切税收、差役和民事。百姓所缴年贡，由本地协敖收齐后，统一交土司。协敖下设协格 1 人，协助协敖开展各项工作。为了便于管理，巴塘土司将得荣分成四保（卡公、奔都、古学、八日），卡公地处定水上游；奔都位于定水下游之右岸；古学跨古学溪两岸，东接东阿绒、南接奔子栏；八日在古学、日雨间。④ 每保设甲本（即土百户）1 人，由协敖奏请土司委任，并直接归协敖管理。每保设上、中、下三大村（八日分为四大村），为管理各村事务，每村设老民 1 人，直接归甲本管理，负责本村的支差纳粮和调解纠纷等工作。麦色由世袭的贵族或本村名望较高者担任。

---

① 集白：《贡噶岭之解剖》，《戍声周报》第 47 期，1937 年 9 月 27 日。
② 集白：《贡噶岭之解剖》，《戍声周报》第 47 期，1937 年 9 月 27 日。
③ 集白：《其实难副之犷悍稻民》，《戍声周报》第 45 期，1937 年 9 月 13 日。
④ 集白：《三十年来之得荣县（续）》，《戍声周报》第 61 期，1938 年 1 月 3 日。

　　光绪三十一年巴塘事件发生后，得荣境内的浪藏寺（当时有喇嘛 1000
余名）逼令得荣百姓不准投诚。宣统三年，赵尔丰令新军分统凤山率兵平
定得荣，设得荣委员，治所在卡公，并征收粮税。同时，将把持庶务的协
敖、甲本、马瑋等名目革除，选举保正、村长任其事。各保甲本（朱刚夫
文作"利本"，集白文作"麦色"）被改委为保正。在得荣四保中，卡公地
面最大。凤山平定得荣时，卡公之日雨头人格松聪在凤山行抵中咱（巴塘
六玉十五村中的一村）时，率所属民众前来投降。凤山以该头人有功，遂
划日雨为一保，与其他四保的地位相当，并委格松聪为日雨保正。保正以
下为村长，每大村各设村长 1 人。[①]

　　民国时期，得荣五保内部尚能相安无事。据朱刚夫 1938 年的调查，八
日、古学、日雨、奔都四保的保正均系世袭。1926 年，卡公保正我莫死后
无嗣，我莫外甥女之丈夫春争以亲戚关系前往卡公担任保正。春争亦为八日
保正丁争之兄。奔都保正彭措之妻系八日代保正许增珍（即保正丁真之弟，
许增珍常代丁真办理八日保务）之妹，而古学保正渣西伯君之弟扎噶古学
之管家，又系奔都保正彭措之兄。再，奔都保正彭措以其次子入赘于卡江保
正家，长子入赘于古学保正家。古学保正之妻与八日保正家室系属亲表姊
妹。因此，八日、奔都、古学、卡江四保或系兄弟或系至亲，关系密切，声
息相通，以当时五保言之，"八日已占其三，而将来又为奔都继其美矣"。
至于日雨保正额木都（格松聪之子）因系新升保正，且家境较为贫寒，得
荣民众"对其观感较各保为弱，然以其为人老实，尚能与四保团结一致"。[②]
总之，得荣五保"以联姻关系，尚属和睦，无党派、无私仇"，[③] 五保"如
一拳，凡事均可一致，似不如乡、稻之复杂"。[④]

二　康南地区头人势力的"夹坝"活动

　　"夹坝"系藏文 jag pa 的音译，意为强盗、匪盗、劫掠财物者。在具体
的史料中，"夹坝"有时亦指抢劫行为。民主改革前，康区的劫掠活动非常

　　① 朱刚夫：《视察得荣的鸟瞰》，《戍声周报》第 156 期，1939 年 10 月 30 日。
　　② 朱刚夫：《视察得荣的鸟瞰》，《戍声周报》第 156 期，1939 年 10 月 30 日。
　　③ 集白：《三十年来之得荣（续）》，《戍声周报》第 66 期，1938 年 2 月 7 日。
　　④ 朱刚夫：《视察得荣的鸟瞰》，《戍声周报》1939 年第 156 期，1939 年 10 月 30 日。

普遍。"西康人民视当'甲棒'（即'夹坝'）为最普通的事，劫人财物可以称曰'武力借款'，将来决有赔偿赃物的一天，可是赔偿的数目与所劫原数目相差甚远，并无受法律裁判以儆后效的情事。"① 事实上，康区劫案的频发与当地所处的社会发展阶段及当地民风习俗、社会环境等有密切关系。贺觉非称：

> 西康境内所发生的杀案或抢案，勿论主犯也好，从犯也好，他们绝不隐瞒，简直是直认不讳，私人谈话如此，公堂质讯亦如此，他们似乎不觉得有如何的严重性。这一点，我们认为与事后处理，有密切的关系。那便是，抢人者固无大罪，杀人者亦无抵命之说。凭人赔偿财物，是西康解决命案，或抢案唯一的办法，往往循环报复不已，一旦有人出而作鲁仲连时，可以把过去一切陈案都搬出来，互相抵销。他们不是不能遵守现代的法律，而是社会的进化落伍了，不曾具备新的意识。②

民国时期，夹坝活动在康南尤为突出。据李培芳调查，康南"现在之拥有势力、家财万贯且现任地方要职的人们，考其过去履历，多是绿林中豪杰，且出身寒贱，困苦不堪，全系抢劫致富，由此足以知其劫案之多了"。1937 年，在康南宣抚部南巡的过程中，民众所呈的案件也以劫案为多。③ 康南的夹坝活动则以乡城最为显著。1914 年陈步三事变后，"定乡失治，无县官主宰、无兵力以镇摄，故乡民各聚人枪数十或百余，据地称雄，任意纵横，赴邻县抢劫，中甸、稻城两县受其蹂躏尤深。因之，贫者变而为富，由是'乡城娃''甲棒''盗贼'之显著"。④ 刘酝泉认为，"乡、稻人民往昔以来，因当'甲巴'而致富者触目皆是，其未作为非者实鲜"。乡城"今之高楼大厦，一方之仰，无一非过去绿林之雄。一般民俗以剽掠为荣，以盗窃为耻，传家教子，共出是途"。慑于夹坝的威力，乡城周边民众"言行服

---

① 李培芳：《当甲棒分赃和赔赃的方法》，《成声周报》1938 年第 108 期，1938 年 12 月 24 日。

② 贺觉非：《西康之政治问题》，《成声周报》第 1—30 期合订本，1937 年 8 月 15 日。

③ 李培芳：《说官司的着眼点》，《成声周报》第 82 期，1938 年 6 月 25 日。

④ 刘酝泉：《定乡富庶之由来》，《成声周报》第 48 期，1937 年 10 月 4 日。

装，悉拟乡俗，以结交乡民为荣"。①

康南头人势力夹坝活动的重要特点是以邻为壑，实施抢劫。民国初年，乡城头人劫掠的范围遍及得荣、大金寺、木里、稻城、理塘、康定所属木哑乡等地，其中以稻城为甚。② 乡城位于川滇接合部，地处理塘与滇属中甸之间，乡城南境的上热窝村至中甸所属巫所只需半日程，乡城之栋松所属绒多村至中甸所属东阿绒亦半日程。乡城民众"以甸税逊于炉关，交通较便，每岁负贩去甸者几无户无之，在理化一带购买虫草、贝母年约百驮，到甸后换取鸦片、蔗糖、茶货运销康境。资短者，经以现金往贸，故金融流通，乡、甸一致，概用滇币铜洋，而藏洋在乡转不易见，且行使较难"。③ 在商贸流通上，若靠"由炉运乡，而道途过远，又以乌拉困难，计成本及运费，已属不赀，较由滇来者更形昂贵"。④ 乡城"喇嘛之营利者尤多，赴西藏之拉萨、云南之中甸、丽江贸易者为最多"。⑤ 集白认为，"从历史、地理、经济、文化、交通、治安、民俗各方面观察，定乡虽属康土，俨若滇民"。⑥

因地缘之关系，云南中甸之东阿绒地区亦时常遭到乡城夹坝的劫掠。在乡城夹坝活动的影响下，理塘、义敦等地"学步乡酋，独树一帜，行劫起家、拥资数十万者不乏其人"。⑦ 东阿绒民众则"转以其道，还之其乡，彼劫其牛，则此攘其羊；彼抢其村，则此毁其舍，久之竟能青出于蓝，为其邻所叹服"。⑧ "东阿绒在三年以内劫乡属开溪村民计三十五次，乡民劫甸亦时有所闻，以暴易暴，固不足道，惟其所师所法，半出其邻。"⑨

东阿绒地区的夹坝势力迅速壮大后，其劫掠范围已不限于乡城一隅，与之毗邻的贡噶岭、得荣等地亦深受其害。得荣东连乡城，东南接滇属东阿

① 集白：《噶布可条约之解剖》，《戍声周报》第51期，1937年10月25日。
② 筠山：《乡匪蹂践稻城》，《戍声周报》第42期，1937年8月23日。
③ 集白：《中甸之影响于乡城者》，《戍声周报》第49期，1937年10月11日。
④ 伯勋：《乡甸交通与康省之繁荣》，《戍声周报》第145期，1939年8月14日。
⑤ 刘酝泉：《定乡富庶之由来》，《戍声周报》第48期，1937年10月4日。
⑥ 集白：《中甸之影响于乡城者》，《戍声周报》第49期，1937年10月11日。
⑦ 集白：《其实难副之犷悍稻民》，《戍声周报》第45期，1937年9月13日。
⑧ 刘曼卿：《国民政府女密使赴藏纪实：康藏轺征》，第144—145页。
⑨ 集白：《中甸之影响于乡城者》，《戍声周报》第49期，1937年10月11日。

绒，南、西两面以金沙江为界，北邻巴塘，与滇西北地区有密切的商业联系。得荣通用云南铜洋，铜洋4元合藏洋3元。得荣各区保正、村长及喇嘛时常赴滇西北购买盐、布、烟、茶等物转售境内民众。民国时期，在得荣五保中，八日因与东阿绒夹坝势力"谋妥协，未受大祸"。[1] 古学与东阿绒仅隔一山，常年派人在各处要隘扼守，日夜巡守，"因设防周密，未遭大劫"。其余三保均深受东阿绒夹坝的劫掠。1937年，东阿绒300余人洗劫奔都40余日，奔都保正居所被焚毁，寄居卡公，定水岸旁"颓垣满目、民不聊生"。[2] 由于受到东阿绒夹坝的连年抢劫，奔都地区"无牛曳耕而代之以人力者，所在皆是，人民穷困于此可见"。[3] 同时，东阿绒夹坝还唆使得荣民众"逐杀官吏"，"盖得民地僻，愚庸者多，易为风说所惑"。[4] 至于康南之雅江、理塘、巴塘等地并未遭到东阿绒夹坝的祸害，其原因在于"乡民之自强远在康南各县之上，且因三乡之障蔽也"。[5]

康南头人势力的夹坝活动多属团体行为，对社会治安影响较大。此外，还有私人的夹坝活动，"系属于某一家的仇怨，邀约少数人为之"。夹坝活动发生后，"被劫杀人则待机图报，因之仇怨日深，相互寻隙，均不相让。故有乡城娃与东阿绒的相互劫掠，各在三十次以上。稻城加波、母底的报仇劫案亦有数十次，双方死亡的人共约七十余人"。[6] 夹坝活动所得财物的分配，一般以枪、马、人三者为入股之股份，视所劫物的多少，以每股分红。据李培芳称：

> 当甲棒的人贫富均有。富者枪、马齐全，贫者难期兼有。有的有枪无马，有的有马无枪，有的枪、马俱无。若有人邀约某甲伙同，抢劫行商或邻封某富户，而甲某枪、马俱无时，则由某甲向某乙借枪一支，又向某丙借马一匹。若同伴五人所抢货物价值六百元时，则以五股分摊，每股得洋一百廿元。枪、马俱系己有者，则本人全得一股。某甲枪、马

① 朱刚夫：《视察得荣的鸟瞰》，《戍声周报》第156期，1939年10月30日。
② 集白：《三十年来之得荣县（续）》，《戍声周报》第61期，1938年1月3日。
③ 朱刚夫：《视察得荣的鸟瞰》，《戍声周报》第156期，1939年10月30日。
④ 集白：《三十年来之得荣（续）》，《戍声周报》第65期，1938年1月31日。
⑤ 集白：《噶布可条约之解剖》，《戍声周报》第51期，1937年10月25日。
⑥ 李培芳：《说官司的着眼点》，《戍声周报》第82期，1938年6月25日。

均系与人暂借，应得之一百二十元以枪、马、人三股均分，各得四十，某甲以四十付某乙以作借枪酬金，以四十付某丙以作借马酬金。但抢劫之际，难免发生战斗，无论枪、马、人有损失时，除应得股金归家属领取外，公众亦不另提恤金，仍照原例分摊。[1]

以人、马、枪作为股份分红的办法，加剧了社会的贫富分化。家拥资财者"有枪、有马、有弹，可得三股"，而冒险参与抢劫的贫民"乃仅得一股"，"以至富者益富，而贫者益贫"。[2] 夹坝赔赃的方法亦如分赃：

被劫之商或某富户为匪洗劫后，当难甘休，势必纠众报复，虽时间迟早不一，但经调查确实后，必开始报复。如对方甘愿和解，请人从中说官司时，结果所赔数目仅及原数之半，仍由原匪负担。其赔偿方法亦照股数摊派，某乙及某丙曾因借枪、马与分得赃款，此际亦应照原来方法共同担负一股，惟于行劫损失枪、马、人全部或一部时，此时赔赃亦可免该股全部或一部。如某甲当场战死，除分赃时应照例分得一部赃款由家属领取外，此时赔赃即可免去赔偿责任，枪、马损失例亦如是。[3]

在土司时代，被劫民众"多有诉于土司之前，从中调和，赔偿解决的"。此外，夹坝案件也可以通过"说官司"的方式调解。譬如，"乙村被甲村团体抢劫后，自知寡不敌众，则待时而动"。当甲村中有人经过乙村境内时，乙村民众则对甲村人实施武力扣留。"被扣的人则通知本村地方首人及亲族等，甲村人民闻讯后，则派人至乙村交涉，此即系说官司。至如何赔偿、如何解决，则视双方之曲直如何耳。""假如甲村只有二三人行劫，乙村受害之家决不能任意扣留甲村不相干涉之人，必须扣留伙抢中之任何一人，方为有效。倘无机会作扣留手段，而派人与甲村说官司，又不为甲村接受时，则采取还劫手段，以为说官司的着眼点。其法以约同亲友人枪数骑，

---

[1] 李培芳：《当甲棒分赃和赔赃的方法》，《戍声周报》第108期，1938年12月24日。

[2] 张子惠：《理化莫拉濯桑两区人民生活状况考察记（续）》，《戍声周报》第93期，1938年8月15日。

[3] 李培芳：《当甲棒分赃和赔赃的方法》，《戍声周报》第108期，1938年12月24日。

秘密至该村，伙同行劫，一俟构成袭劫状况，被劫之家仓皇逃避时，则将所掠牛马赶返本村，此家见损失较重，则派人接洽，开说官司，以为解决的办法。闻被团体抢者，亦有采取此种办法的。"[1]

总之，康南地区是近代康区从"传统王朝"向"现代国家"转型过程中行政体制建设、"属民"身份改革与文化整合等一系列困境的缩影。[2] 康南各地头人势力的不同类型与当地的历史条件、军政统治、地理环境、风俗习惯等密切相关。同时，基层社会权力结构的状况也是重要的影响因素。在土司统治时代，康南各地基层组织严密，民众各安其业。改土归流后，理塘、巴塘正副宣抚司相继被废黜，乡城麦色亦被裁革，桑披寺遭到重创，豪强人士依靠实力迅速崛起，成为新兴头人，填补了乡城基层社会的权力空缺。稻城、得荣的基层社会权力结构在清末改流中未被摧毁，麦色改头换面成了保正，因此大体上能在各自辖区内统驭民众，维持地方秩序。乡城地区一些新兴头人组织实施的夹坝活动对整个川滇毗邻地区影响巨大，且在很大程度上催生、强化了稻城、中甸、理塘等地的头人势力。民国前期，由于康南流官政府施政困顿，被劫民众往往不愿诉诸官府，转而采取互相报复、互打冤家的手段，由此加剧了康南地区的社会混乱和贫富分化，并给当地百姓的生命财产安全造成严重危害。

第二节　统而难治：民国前期的乡城县政

一　县政权力体系对乡城地区的施政

近代以来，乡城成为康南地区治乱的关键性因素，"康南能否治理入轨，亦视乡城之安定为何如耳"。[3] 民国前期，"康南除雅、理、巴三县较为驯善外，其余各县犷悍异常，所委县长多不能到任，勉强到县者，大皆备尝凌辱，盖无驻军戍守，不能解决纠纷，人民毫无政府观念，拒粮抗差、杀官

---

① 李培芳：《说官司的着眼点》，《戍声周报》第82期，1938年6月25日。

② 参见王娟《化边之困：20世纪上半期川边康区的政治、社会与族群》，社会科学文献出版社2016年版。

③ 白水：《今日之乡稻三酉》，《戍声周报》第103期，1938年10月25日。

逐府，劫军夺械，无所不为。纵有到任县长，一概不纳粮税，生活告急，不逐自走"。① 康南政治的乱象以乡城最为显著。"康者，为川之后轮，三乡为康之祸根。"② 陈步三事变后，乡城"县官被杀者二，被辱者数"。③ 因此，通过对民国前期乡城县政施行、乡城政教势力对县政的影响，以及乡城县政存在的主要问题等方面的梳理，可以更深入地理解乡城县政的特殊性及其在康南地区治理中的重要意义。

（一）民国前期乡城县政的困顿

改土归流前，乡城地方政务归理塘正副宣抚司管理。宣抚司委派协敖1名，在乡城加拉村设办公处，专司地粮收支、差徭分配、纠纷调解等事项。协敖之下，设麦色2名，由加拉村周边民众按年推举，秉承协敖之命，办理乡城事务。宣抚司还派结巴1名驻桑披寺，专管民众向桑披寺缴纳差粮。乡城纳粮、支差等办法颇具特点：秋收后，"三乡头人集桑披寺掷骰，以决各村纳粮次第，支差先后亦以掷骰定之，以免争执。其内部分配，廿户为一组，担任乌拉五天。如有事故，支差数大，则以四十户任之。如有大军，六十户、八十户共支一轮，以均劳逸，以免误差。日常事件由头人决议，重大事件则由十户推举老民一为代表，集桑披寺会议，遇有难于解决之问题，讨论结果另置一器于暗空，由列席代表分投鞋带及木枝，次晨检视各代表所投鞋带、木枝数目之多寡，以为表决，如再有纷争则再复议，集思广益，法良意美。此土职时代之地方自治也"。④ 改土归流后，协敖、麦色、结巴等均被裁撤，乡城改为定乡县，全县分设上乡城（学竹）、中乡城（刀学、墨学）、下乡城（青学、然洞松），称为"三乡五路"，共辖77个村寨。县级以下的基层政权由保正（民国以后改路为区，保正相应改为区长）、头人或村长管理。

清朝覆灭后，乡城局势变得相当混乱。1914年发生陈步三事变，大量枪支散落民间，促进了乡城土头势力的崛起。土头"以利器在手"，"啸类呼朋，日事劫掠"。⑤ "纵横西康南北及滇属之中甸、丽江，宁属之木里等

---

① 李培芳：《稻坝生活职业习俗之一般（续）》，《戍声周报》1937年第45期，1937年9月13日。
② 集白：《三乡一瞥（续）》，《戍声周报》第55期，1937年11月22日。
③ 白水：《今日之乡稻三酉》，《戍声周报》第103期，1938年10月25日。
④ 集白：《三乡一瞥（续）》，《戍声周报》第54期，1937年11月15日。
⑤ 集白：《噶布可条约之解剖》，《戍声周报》第51期，1937年10月25日。

地，凡脚迹所到之处无不被其蹂躏，闻乡城娃之名，谁不乍舌。"① 乡城县政亦逐渐陷入困顿。

1916 年，殷承瓛率滇军华封歌一团至打箭炉任川边镇守使，边军的彭日升、刘赞廷分据昌都、巴塘两地，陈遐龄旅驻扎雅安。1917 年，罗松丁真乘川、滇军纷争，率扎西聪本、沙牙登巴、彭错大吉等，以及稻坝、贡噶岭、莫拉、濯桑等地民众 3000 余名，四处劫掠。殷承瓛"无意西图"，对于乡城头人势力"只事羁縻"。② 当时乡城头人势力因围攻康北的大金寺失败，退而群集甄科。乡城头人派甲工喜绕赴理塘，与理化县知事蒋凤祺及理塘寺会商招抚事宜。甲工喜绕提出如下意见：（1）乡城粮税太重；（2）桑披寺被毁后喇嘛无处归宿；（3）军队驻扎寺庙中，导致男女杂处；（4）乡城不能驻扎过多士兵。殷承瓛随后复派白玉县知事古锡钧、义敦县知事杨煜，会同理塘寺堪布擦打呼图克图、传号土基、总保陈国本、宣教师格桑俄色等，以及毛丫土司、崇西土司、曲登土司等，与罗松丁真的代表甲工喜绕等，在距离理塘城约 120 里的毛丫噶布可地方，支帐集议 27 天，官府与乡城头人议定协议，由到场的理化、白玉、义敦三县知事呈奉川边镇守使府。1917年 8 月，川边镇守使殷承瓛批准了《噶布可条约》。③

《噶布可条约》签订后，"乡、稻即未驻兵，即将半粮"，乡城县府所办之事严格遵循条约规定，但乡城头人势力"终不憧悟，于条件之一切义务概不履行，甚至请不设县宰、粮在理化上纳，荒谬绝伦，目无法纪"。④1924 年，袁甫臣就任乡城县知事。赴任后不久，乡城周边的巴塘、中咱、茨乌、得荣等地的军队相继被当地势力缴械。乡城头人沙牙登巴于是率木纽全村 42 户及县府（驻加拉村⑤）附近居民 10 余户共 80 余人，携枪数十支，"蒙首涂面，开劫县署，缚袁令，悬而笞之，几至气绝，署内员司赤手难抗，咸相隐避，县署为之洗劫一空"，袁甫臣"未数日而溘然长逝"。中乡

① 白水：《今日之乡稻三酋》，《戍声周报》第 103 期，1938 年 10 月 25 日。
② 集白：《噶布可条约之解剖》，《戍声周报》第 51 期，1937 年 10 月 25 日。
③ 集白：《噶布可条约之解剖》，《戍声周报》第 51 期，1937 年 10 月 25 日。
④ 集白：《噶布可条约之解剖》，《戍声周报》第 51 期，1937 年 10 月 25 日。
⑤ 清末乡城改土归流后，即于桑披寺左侧，借喇嘛私人房舍以作县署，有楼三层，纯为康式县署。后来，乡城民众因不乐意县署驻于寺中，逼迫县令搬出桑披寺，遂将下乡城加拉村之协敖土寨略加修葺，以作乡城县署。据集白《噶布可条约之解剖》，《戍声周报》第 51 期，1937 年 10 月 25 日。

城头人彭错大吉"素亲汉，迎养惠贞（袁甫臣的藏族妻子）母子及县署员司、夫役于冷龙湾年余，匪稍靖，始遣送回理"。[①] 随后，黄恺任乡城县知事，乡城民众纵火焚毁县署。继任者陈尊泉借住桑披寺内，而"石砾日投，滋扰不堪"，陈尊泉携印回康定后，乡城再次失治。[②] 1927 年，乡城县知事颜虎成在加拉县署恢复县治。1930 年，下乡城民众抗粮，烧毁县署，颜虎成被乡民打死。1932 年，余松琳旅长派齐得胜前往乡城复治，被乡民阻于巴塘的中咱村，后留住冷龙湾彭错大吉家。

1934 年，乡城头人势力抢劫中甸，云南省政府请国民政府明令川、滇会剿。在此情形下，"乡民乃请委县令，并具结不误差粮，请理化县令同喇嘛寺代为担保"。同年，伍进修县长"由理寺之乡城孔村派代表送乡，又由乡民派马队七十余并赍重礼到稻坝欢迎，县令到县后，并无一兵，人民即上粮"，[③] 并在中乡城头人冷龙登巴、彭错大吉父子的支持下，在桑披寺左侧建造县署。1936 年，红军由云南进入乡城。在红军离开乡城数日后，乡民乘乱将县署焚毁。伍进修复任后，由民众租赁奶奶仲的两间民房作为县署。1937 年，曾言枢宣抚康南，乡民重修加拉县署。但因加拉并不适中，曾氏饬令乡民仍建县署于桑披寺左侧。[④]

（二）乡城县政的主要内容

第一，粮税的征收。乡城地区原有人口 900 户，理塘宣抚司可直接管600 户，桑披寺管 300 户。每年由 300 户民众向桑披寺纳银粮。该项银粮由理塘宣抚司派员常驻寺内，经管收支，专作寺庙礼佛供众之需。改土归流后，桑披寺 300 家地户均归国有，一律入官。直至 1917 年，桑披寺仅由民间供给，收入甚少。《噶布可条约》签订后，乡城县知事等规定，乡民夏、秋两季每纳官粮 1 斗，即由粮户缴纳给桑披寺赡粮两批。此项赡给粮至完纳官粮后，即由寺主直接向各村头人索取，每年约有 100 石，其中大部分存储起来以作重建寺庙之用。[⑤] 康区"各县喇嘛寺直辖之佃，土职时代不但毫无

①　培芳：《袁县长财空人尽》，《戍声周报》第 156 期，1939 年 10 月 30 日。
②　集白：《噶布可条约之解剖》，《戍声周报》第 51 期，1937 年 10 月 25 日。
③　集白：《噶布可条约之解剖》，《戍声周报》第 51 期，1937 年 10 月 25 日。
④　集白：《噶布可条约之解剖》，《戍声周报》第 51 期，1937 年 10 月 25 日。
⑤　集白：《噶布可条约之解剖》，《戍声周报》第 51 期，1937 年 10 月 25 日。

担负，各地土司于秋收时对于寺有僧众有一定或不一定之供给，形同内地常熟，此康藏通例也。康省改流，寺产归公者有之，按完额纳粮者有之，各寺慑于赵边使威力，无敢谁何，然而力谋恢复原有权益，或解除新定负担，则无或忌之，此康省各寺内心之共通点也。桑披寺于噶布可条约订后，大减官入地粮，新增寺之岁入，与龙绒寺之欲以己粮摊之各村，固异趣同工，事无足怪。喇嘛寺为一县政治中心，关系甚大，所有各寺粮税应如何办理，以减少政治障碍，此急务也"。①

改土归流后，乡城十三村粮额共计 2300 余石（火竹除外），分大麦、青稞、荞麦、粟米、小麦数种。每年藏历五月纳粮者为上季，以大麦、小麦居多；秋季纳粮为下季，青稞、荞麦、粟米均有。② 乡城民众认为，在土职时代每户年纳糌 20 批（30 批为 1 斗）、青稞 30 批，其次者则年纳 25 批、20 批或 15 批。《噶布可条约》签订后，乡城人便只纳半粮，"不但水地年纳额粮之半，即旱地及火竹方面，亦沿例竟纳半粮，甚至稻城全县起而效尤，毫无根据，亦纳半粮"。绒坝岔和约签订后，"定乡一县有时或官无，粮更何有"。③

第二，差徭问题。百姓供应汤打役、柴草等差徭，仍照赵尔丰所订章程办理，"支用之员自给赏需脚价，士兵、杂役及所配夷妇不得支用"。乡城民众支差系按户分摊，不分贫富一律平均分派，并无等级差异，充任村保者亦需按例支差。此项分配差徭办法，在土职时代即系如此，从未变更，与巴塘、得荣、稻坝、莫拉石、濯桑、墨洼、穹霞等地办法相同，"较之康北及毛丫、崇西各地以人民耕牧土地面积比例分担大异其趣，为一种不合理之分配"。在土职时代，"乡民只支应理化钦差出入大差，并不常有，每户出藏洋二枚，交乡城孔村在理化代办，即可了事"。乡城改流后，"县有驻军，政府日日有差"，民众担负加重。因此，在改良交通、废除乌拉之前，对于康南地区不分贫富、按户均摊之分配乌拉办法，如不加以改善，"则贫民生计决为差徭所累，而逃亡日增"。④

---

① 集白：《三十年来之得荣（续）》，《戍声周报》第 64 期，1938 年 1 月 24 日。
② 集白：《噶布可条约之解剖》，《戍声周报》第 51 期，1937 年 10 月 25 日。
③ 集白：《噶布可条约之解剖》，《戍声周报》第 51 期，1937 年 10 月 25 日。
④ 集白：《噶布可条约之解剖》，《戍声周报》第 51 期，1937 年 10 月 25 日。

第三，成立民团。康区虽"无大集团之组织，而一村一地数十百家或数百千家之内部组织则非常严密，大小头人各有职责，事经众议，形同法定，其主要目的即在自卫，设一旦有警，即裹粮相从，挨户征调，无敢落后，如有伤亡，免差之外有集资相恤者，有共养遗族者，惟平时既无训练又无营垒，概不支饷，不另筹集，即使与匪迫近，长期巡逻，仍按户轮派，所任皆同，不费而事齐，其精神有足多者。如果事出非常，抵抗侦缉为时过久，此项费用率由当地喇嘛寺或土司以寺款或公款开支，事后仍由众集。故在康省而言，保安设常练、筹的款，民皆讶为新异，以其已有其不费不扰之组织而恶闻其他也"。《噶布可条约》要求乡城民众成立民团，队长、什长由众公举，并报知事考查委任，节制调遣。①

第四，调解社会纠纷、民刑案件等。《噶布可条约》规定：（1）乡城各村遇有细微事件，先由本村明理乡老调解，保正、村长、通事人等不准从中播弄，如难以理断，则呈知事讯断；（2）"各村百姓如有暗杀、不法及勾结、窝留匪人等事，查有确据，报请知事讯明，按律惩办，房屋、财产充公"，没收的土地由知事另招人承佃；（3）制定命价赔偿章程，"每命价银着六百两，仍报请县署立案件了息，如不照价赔偿，即禀知事按律惩办"。②

二　乡城县政运行过程中的政教势力

（一）乡城新兴头人势力与县政的关系

土司、寺庙、喇嘛是传统藏族地区维持社会秩序的重要力量。清末改流后，乡城基层权力逐渐被新兴头人势力掌握。1912—1924 年，乡城头人势力由罗松丁真统率。当时"康人以其凌逼无已时，服饰竞拟乡装，门闻乡语则举室寂然，毒焰熏天，不可一世。理化宣抚司之古曹热约家女娇而多金，家拉波，赘罗松以图庇护"。③《噶布可条约》签订后，官府委任甲工喜绕为总保。总保月薪 8 两，散保月薪 6 两，由乡城县署发给。村长月薪由本村民众酌给，另由公家再给杂粮 3 斗。甲公喜绕"为中乡人，通藏文，能策

①　集白：《噶布可条约之解剖》，《戍声周报》第 51 期，1937 年 10 月 25 日。
②　集白：《噶布可条约之解剖》，《戍声周报》第 51 期，1937 年 10 月 25 日。
③　筠山：《乡酋罗松丁真》，《戍声周报》第 47 期，1937 年 9 月 27 日。

划，善说，为乡谋士，辄以之对汉，实则甲工奉委后，并无力维持地方"。①

民国初年，川边当局委任罗松丁真为调查员，以示羁縻。乡城知事"胡、杨各任，乡无一兵而能设署催科，无为干扰者，罗松力也"。② 1920年，夏珊任乡城知事。夏珊曾在滇边为官多年，清末川边改流时，赵尔丰"以夏干练，由阿墩子粮员奏调来康"。民初，因乡城无驻军，县府权力"日形不振，治安、粮赋均难措注"。夏珊"乃厚结罗松丁真，委以土兵营长，月支藏币三百，土兵月饷十元"，"各村刁健，则畀以所收地粮少许"，并时备酒食，以犒乡酋，③"罗松对之亦有相当补益"，④"故终夏之任而乡夷翕服，宾布远越前任，境内亦晏然，其苦心因应，有足多者"。夏珊离任后，1921年冬，杨得锡奉调来乡城，"到任数月，以疾死任所"。总之，1918年以后，"乡令得善去者，首推夏"。⑤夏珊的继任者"效颦者多，动假以夷制夷之名，而行打伙求财之实。其卒也，只为夷用，不能用夷，既损威信，尤须戒备，以其所接近之夷，仇家已多，而无形间，堂堂官府已下身份参加各地私斗"。⑥事实上，正如集白所云：

> 国家名器本不可轻易假人，在新附之异族，官府所恃以为惩奖者，名器所关尤大。康南甫经政流，事变迭生，官府威信扫地，人民黑白难分，统由一般新兴土劣把持操纵，党同伐异，日夜无休，炉方以鞭长莫及，以名位动之，辄委以名义，以冀羁縻，暂图苟安，用心良苦，未可厚非。土劣卒得此，只以另召党徒，苛派弱小，官方所赋予之任务不顾也，故各土劣咸以骗得一头衔为了事。⑦

1924年，罗松丁真为沙牙登巴所杀。⑧罗松死后，乡城土头内部即划分

---

① 集白：《噶布可条约之解剖》，《戍声周报》第51期，1937年10月25日。
② 筠山：《乡酋罗松丁真》，《戍声周报》第47期，1937年9月27日。
③ 筠山：《夏珊御乡夷》，《戍声周报》第49期，1937年10月11日。
④ 集白：《噶布可条约之解剖》，《戍声周报》第51期，1937年10月25日。
⑤ 筠山：《夏珊御乡夷》，《戍声周报》第49期，1937年10月11日。
⑥ 集白：《噶布可条约之解剖》，《戍声周报》第51期，1937年10月25日。
⑦ 集白：《噶布可条约之解剖》，《戍声周报》第51期，1937年10月25日。
⑧ 筠山：《乡酋罗松丁真》，《戍声周报》第47期，1937年9月27日。

为两大派，"普通以上乡、下乡代表之。究其实，上乡之冷龙彭措大吉、下乡之扎西宜马、巴昭巴登、稻之甲骨倾珍、理之彭措堂开为一派；下乡之降错宜马、戈阿巴登、定波之沙牙登巴为一派。上下乡互有勾结、互相仇雠，不得以上乡、下乡概言之也。两派勾心斗角、日夜无休，不顾官府威信，不管地方治安，遇事即争，积不相能"。因此，"宰是邦者，几竭其一生心血以斡旋此类匪盗间，以致庶政之稍展终成幻想，障碍不除，新机罔树也"。①

（二）乡城寺庙、喇嘛势力对县政的影响

民国时期，乡城民众对当地寺庙的态度与康区其他地方有很大的区别。"康属各县，盖可谓神权支配一切，而定乡一隅则异于是，如遇大喇嘛照例必则顶礼者，乡人则漠视之。境内最大之桑披寺，时有断炊之虞，其堪布以不堪欺侮，甚至逾垣逸去。究致此之由，盖由于交通较便，屡经战事，从现实生活中知神不足恃也。神权如此，又素无土头，汉人统治始终未能建立，距离自治程度尚远，故习而为匪，在关外语及乡城娃，大有谈虎色变之势。"② 据集白称，"现任之桑披寺堪布纳瓜古学行持亦佳，除对于经典负责外，其出入寺中，各扎巴（小喇嘛）对之视如路人，并不起敬，堪布下乡，亦须腰藏手铳，以备不虞"。③ 而且，乡城"民间的细巨纠纷都由本村首人开会解决，并未请求过喇嘛寺，不似官法如炉的理化喇嘛寺俨然行使政府职权"。④

近代以来，乡城寺庙戒律废弛。一位当年曾游历乡城的人士称："桑披寺喇嘛大多肆行放慢，既不礼佛，又不诵经，日事嬉游……集党行劫、无端滋事者占十分之七八，而确有德行、专事修行者仅十分之二三，寺僧之不受份实无有逾于此者。"⑤ 1937 年，李培芳跟随康南宣抚部至乡城时，看见乡城一些喇嘛"既不学习藏文，又不研究经典，饱食终日，无所用心"，"喇嘛赌钱输至无有办法时，则邀集同类多人至邻封肆行抢劫，俗人方面则有无赖流氓与之伙同行劫"。总体而言，乡城"喇嘛的行为与理、稻等县的喇嘛

① 集白：《三乡一瞥（续）》，《戍声周报》第 54 期，1937 年 11 月 15 日。
② 贺觉非著，林超校《西康纪事诗本事注》，第 119 页。
③ 集白：《噶布可条约之解剖》，《戍声周报》第 51 期，1937 年 10 月 25 日。
④ 李培芳：《无政权无统驭的定乡喇嘛寺》，《戍声周报》第 49 期，1937 年 10 月 11 日。
⑤ 夷人：《取缔桑披寺喇嘛》，《戍声周报》第 51 期，1937 年 10 月 25 日。

比较，大有天渊的分别"，①以至于民国前期乡城地区"违抗差粮、戕害官吏"之事件，"喇嘛所促成实多"。②

乡城寺庙僧众的种种乱象，主要是由于乡城"党派复杂、枪枝过多，人心之坏由来已久，积习甚深，法律尚且不畏，善言何能生效"，况且乡城寺庙的活佛和堪布等对此也难以统驭，"假如认真干涉和禁止，本身不免有杀身之祸，只好装聋作哑，息事宁人，各行其事罢"。③

三　民国前期乡城县政的主要问题

（一）　乡城粮税过高

乡城气候温和，硕曲河贯穿全境，灌溉较为便利，务农者约占全县人口的 90%，是康定、理塘等地粮食的重要供应地。④

乡城在未改流时，"对理化正副宣抚司年纳青稞斗半、糌斗半，其次则仅稞、糌各一斗或不及一斗，而赵使改流所定粮赋，中路热日仲巴十三户村民，每户年平均担负大小麦、荞粮在三石上，东龚每户在三石七以上，南路波知村二十三户，每户年担负在三石九以上，蕊窝三大村百户，每户年平均纳大小麦、荞粟在二石五以上，入波村三十三户在二石三以上，格杂雍雍二十二户在一石以上。其粮额较轻者……亦在八斗以下、四斗以上。综计定乡六十三村，一千六百二十户，共纳粮二千七百八十五石余。乡之妇孺老弱咸谓甸民岁纳不及乡民之半……同为汉属，待遇悬殊，人民年收须以总额四之三纳粮，而日食无之也"。⑤

而且，"下乡各村垦及峭壁，又乡人形态几类汉籍，狡黠豪滑更过康人，大麦价贱，占粮额多数，如果粮额与地积相当，乡人又何必嗷嗷不已也，此为治乡之根本问题"。⑥由此可见，粮税过重是民国时期乡城劫掠

---

①　李培芳：《无政权无统驭的定乡喇嘛寺》，《戍声周报》第 49 期，1937 年 10 月 11 日。

②　夷人：《取缔桑披寺喇嘛》，《戍声周报》第 51 期，1937 年 10 月 25 日。

③　李培芳：《无政权无统驭的定乡喇嘛寺》，《戍声周报》第 49 期，1937 年 10 月 11 日。

④　刘酝泉：《定乡富庶之由来》，《戍声周报》第 48 期，1937 年 10 月 4 日。

⑤　集白：《中甸之影响于乡城者》，《戍声周报》第 49 期，1937 年 10 月 11 日。

⑥　集白：《中甸之影响于乡城者》，《戍声周报》第 49 期，1937 年 10 月 11 日。

活动频繁的重要原因，乡城民众"抢劫成风，亦有逼而为之之不得已情形"。①

（二）当地驻军问题

民国前期，驻军是康南县政推行的重要保障。康南"各县武力未达到之地，县官既不能到治，即有到治者，政务亦不能推行，百事皆无从着手"。② 乡城驻军一般租用民房作为营盘，而租金则由乡城民众均摊，"譬如部队长驻中乡民宅，每间月租廿藏洋，即由支差之民供凑，代军按月付租"。③ "此项办法惟三乡有之，其用意在使人民担负务求均平，不使附城民居长为军住，纯属义务，以示公允。故官权不振之际，少数部队一经到乡，匪特不能镇慑，而入境之后，住居即生问题。"④ 乡城民众"深知地方一经驻军，平日柴草供应、汤打役派遣、日常公差、来去乌拉均由人民负担"。⑤

事实上，"军吏如果体恤民间，柴草不滥支、汤打役不滥派、不折价、经商不支乌拉、兵舍不扩大，人民当直接拜受其赐。如遇不良军吏毫不恤民，偶有逃兵发见，拐逃械弹，动辄波及民间，倾人家产，其有平时军律不严，以房主或邻宅为可扰之东，不断滋扰，甚或外出者多聚饮赌，时与僧俗发生争执。凡此种种，一面增加人民担负，一面使地方时感不安，故关外人民最恶驻军，三乡尤甚，非无因也"。⑥ 因此，民国前期，当地驻军时常被乡城民众缴械或驱逐。

（三）军政腐败问题

刘文辉认为，"西康是个边省，谈政务即无异边务，谈军事摆明的就是边防。所谓'边务'，所谓'边防'，在形式上，军政系统各别，分之为二，然而，在实际上，不特军事与政治的领袖，同属一人，而且军事与政治的作

---

①　佚名：《治理康区意见书》，赵心愚、秦和平、王川编《康区藏族社会珍稀资料辑要》上册，第365页。

②　徐智东：《整理康南建议》，《戍声周报》第71期，1938年3月14日。

③　集白：《噶布可条约之解剖》，《戍声周报》第51期，1937年10月25日。

④　集白：《三乡一瞥（续）》，《戍声周报》第54期，1937年11月15日。

⑤　集白：《噶布可条约之解剖》，《戍声周报》第51期，1937年10月25日。

⑥　集白：《噶布可条约之解剖》，《戍声周报》第51期，1937年10月25日。

用，也同出一点"。政、军的关系，实际上是"政赖军以治，军倚政而成"。① 民国前期，西康军政腐败常为人诟病。贺觉非认为：

> 西康自清末改土归流以来，渐具行省规模，乃迄今二十余年，无论政治经济文化，皆未有进步，甚且不及初改流之时，果何故哉？余来康地四阅月矣，间常考之，于是深觉西康县行政人员之不能辞其咎，进之，则为此辈县行政人员之上者，吾人亦不能无微疵，盖历来西康之县行政人员可以一语书之，曰："滥竽充数"，或为不学无术之军人，专以包庇匪徒坐地分赃为能事，或为怯懦无能之老朽，以能上粮支差为已足，或为卑鄙贪劣之纨绔，以麻雀鸦片为工作，真能兴利除弊，负责任，守纪律者，殆如凤毛麟角，不获多睹。②

军政腐败亦是民国前期乡城县政困顿的重要原因。1937 年，随康南宣抚部南巡至乡城的刘登礼营长"足践实地，详查过去被逐杀之官吏、被缴械之军队，皆因贪赃枉法、杀辱恣意、纪律不严、奸淫烟赌，狂所欲为……乌得而不为其所乘。每念及此，无任痛心"。③

概言之，自清末改土归流以来，乡城地区经历"数度军事惨祸，政治修明、民各安业，乡人未一受享"。④ 在民国初期康南地区混乱的局势下，乡城县府和驻军的职能主要是征收粮税、摊派差徭等，不仅无法维持社会秩序的稳定，反而增加了当地居民的负担。因此，"噶巫、手枪、马匹为乡民所酷好，官府与军队乃乡民之所厌恶"。⑤ 外出劫掠成为乡城民众的重要谋生途径。乡城县政的施行受制于当地头人、寺庙、喇嘛等势力，面临诸多困难。集白认为，"政府之于人民，在能示以生存之道，此道亦即政府建立之基"。⑥ 民国时期，土地是乡城民众的主要生计来源，而头人、寺庙、喇嘛

---

① 刘文辉：《建设新西康十讲》，赵心愚、秦和平、王川编《康区藏族社会珍稀资料辑要》下册，第 576—577 页。

② 贺觉非：《西康县行政人员任用之我见》，《戍声周报》第 1—30 期合订本，1937 年 8 月 15 日。

③ 佚名：《刘登礼营长饬部属令》，《戍声周报》第 41 期，1937 年 8 月 16 日。

④ 夷人：《由乡民好恶说到戍军》，《戍声周报》第 51 期，1937 年 10 月 25 日。

⑤ 夷人：《由乡民好恶说到戍军》，《戍声周报》第 51 期，1937 年 10 月 25 日。

⑥ 集白：《中甸之影响于乡城者》，《戍声周报》第 49 期，1937 年 10 月 11 日。

等掌握了乡城的大部分土地。因此，只有通过土地改革，废除封建剥削制度和寺庙特权，实行政教分离，发展生产，提高民众生活水平，健全基层组织，才能从根本上解决乡城县政的困局。

第三节　曾言枢宣抚与康南地区社会治理

一　曾言枢宣抚前的康南地区社会局势

清末川边改土归流前，康南主要由巴塘和理塘两大土司统治。改土归流后，土司制度被废除，康南的原有基层组织遭到破坏，头人豪强势力崛起。1918 年，川、藏两军停战后，川边"仅有改编边军一团之众，驻防巴安、盐井，而甘孜、瞻化等处，仅分驻一营，其余悉数内调，驻守雅河，边备既空虚异常"，① 康南局势愈加纷扰，民众对国家与时局的认知也更显隔膜。1929 年，刘曼卿途经理塘时，"访各苏呼图克图，张口即问宣统复行登极有之否。予答以国政再度维新，已改间接之代议制，而为直接之国民政府，何况帝制余孽，彼乃恍悟。康、藏所传谬妄消息，类此者甚多，予均一一为之申说，亦略带宣传意味也"。② 1932 年，西康党务特派员格桑泽仁在康南活动时发现：

> 凡在大道以外各县各乡村间之居民，根本上对于民国无所认识，三民主义更莫明其妙，所以许多村民，常询问当今皇帝是何人，或曰闻连年内地纷乱不堪，皆因真命天子未出所致，渠等所共知者，中国有唯一之皇帝，例系文殊菩萨化身，住于北京城，内地并有一佛地，名五台山，除此以外，对于南京也，上海也，以及国内一般领袖伟人也，均毫无所闻。本来中国以五族共和，地大而交通不便，名为一国，实际上几等异域。③

---

① 王克训：《西康问题的检讨与今后之对策》，《蒙藏政治训练班季刊》1934 年 6 月。
② 刘曼卿：《国民政府女密使赴藏纪实：康藏轺征》，第 30 页。
③ 格桑泽仁：《康藏概况报告》，《民国丛书》编辑委员会 1932 年版，第 15—16 页。

刘酝泉认为，乡城、稻城头人对于政府反复无常、目无法纪的原因在于"边地教育尚未彻底普及，乡、稻人民尚不知地方与国家之关系为何物，目中所及，近则为其毗连之邻县，远则为佛教中心之拉萨，知识低落，所见所闻非常有限，故乡城于民四陈步三叛变杀稽旅长，乡民盲从，劫枪炮、掠财物"。① 1935 年，据中国航空公司副飞机师蔡祖尧、无线电员李文荣的实地调查：

> 自雅江至巴塘，夷民所有枪械，约四五万枝，借以劫掠，为患滋甚，历来驻军均无如之何。康区除康定、甘孜、德格等县外，其他各县，与巴塘情形无异。……此处驻军无衣无食，穷迫不可言状。如此兵力薄弱，夷民更难制服，彼等视汉人势大，则争先顺从；势去则劫杀惟恐不尽。②

在曾言枢开展宣抚前，康南地区若干头人势力"形如脱羁之马，横决全康，历时廿载，综计劫城七，惨杀殴辱县令九，缴戍军械千数百枝，焚毁县府三，人民受其荼毒者无算"。③ 民国初年的康南各县"虽有县政之名，而无县政之实。巴安、白玉政令不出都门，稻城、定乡职权不能行使，得荣、义敦县长且僦居他邑，迨所谓遥领也，雅江、理化较可，但仍不足以语真正之县政。观于此，则康南尚在化外，土司、头人之势力，犹复弥漫，以往之陋习，丝毫未减，更不知现代为何物，建省工作岂易言哉！"④ 贺伯勋认为，西康建省之前有两大任务首先需要完成，即"现有之县政以期彻底；其次，谋收已失之各地，恢复其为整个西康，名以副实。后者系于中央国防计划，暂置不论，仅就前者引而申之。计康省现有十九县（新划宁、雅两属不计），分南北两路，北路人民颇知服从政府，易于治理。至南路则反复无常，好乱成性，尤以乡、稻为最"。⑤ 因此，"在整理西康的初期，就是整

---

① 夷人：《由乡民好恶说到戍军》，《戍声周报》第 51 期，1937 年 10 月 25 日。

② 《交通部密咨》，《民国时期西藏及藏区经济开发建设档案选编》，第 46 页。

③ 张朝鉴：《康南整理途中之荆棘》，《戍声周报》第 1—30 期合订本，1937 年 8 月 15 日。

④ 贺觉非：《整理康南与建省》，《戍声周报》第 1—30 期合订本，1937 年 8 月 15 日。

⑤ 贺伯勋：《康省政治前途困难之解除》，《戍声周报》第 95 期，1938 年 8 月 29 日。

理康南"，① 而"整理康南适为建省工作中一大关键"。②

1928 年，国民政府任命刘文辉为四川省政府主席，兼川康边防总指挥。接手康区防务后，刘文辉"收拾戍边残卒"，改编为第十四旅，并调第十旅移防泸定。川康边防军成立后，第十、十四旅分别改编为第一、二旅，其中第一旅的防地为邛州、雅安一带，原第十四旅团长马骦升为新编第二旅旅长。1930 年大白事件发生后，刘文辉调第一旅第三十九团赴援康区，在道孚、康定一带布防。1932 年，四川军阀内战发生后，刘文辉将第一旅调回。③ 1935 年 7 月，西康建省委员会在雅安正式成立，这标志着西康政治从第二十四军的军管时代进入省政时代。

在当时的情况下，驻军是稳定康南局势的前提。正如邓骧所云："值纲纪废弛之后，人民于政府已失信仰，能力土劣、豪酋乃从而左右之，以至庶政无从敷设，故必将军事妥为筹定，然后庶政乃有次第设计之可能。"④ 红军撤离康区后，1936 年 10 月 5 日，刘文辉在雅安向所部训话，称此次进康系奉国民政府命令，去巩固西康边防、建设廉洁政府，军队要协助西康建委会工作，但不能干涉政治。10 月 11 日，团长曾言枢随第一三六师师长唐英离开雅安，10 月 20 日到达康定，1937 年 1 月 30 日抵达理塘。在曾言枢驻扎理塘期间，刘文辉致电称，"康南人民，迄未就范，伍县长等请兵驻定，未收镇摄之效，反启土酋轻视之心，当地情形，极堪顾虑，兄戍守此间，近情较稳，希详筹平抚康南之方"，并表示"此事必须迅速解决，不能再事搁置"。曾言枢回电云："窃查康南人民犷悍，政府威信堕坠，为日太久，复经匪扰，今又大饥，安抚已感乏术，使有精兵三团，分驻理、乡、巴，一切亦易解决。"⑤

1937 年 2 月 3 日，曾团第一营营长康华尊率步兵 2 连，机、炮各 1 排开赴稻城，定乡县县长伍进修亦随部队赴任。⑥ 3 月 30 日，第一三六师第一旅

① 佚名：《治理康区意见书》，赵心愚、秦和平、王川编《康区藏族社会珍稀资料辑要》上册，第 318—319 页。

② 贺觉非：《整理康南与建省》，《戍声周报》第 1—30 期合订本，1937 年 8 月 15 日。

③ 王克训：《西康问题的检讨与今后之对策》，《蒙藏政治训练班季刊》1934 年 6 月。

④ 邓骧：《西康建设大计意见书》，赵心愚、秦和平编《清季民国康区藏族文献辑要》上册，第 188 页。

⑤ 《新闻·电讯摘要》，《戍声周报》第 1—30 期合订本，1937 年 8 月 15 日。

⑥ 《消息摘要》，《戍声周报》第 1—30 期合订本，1937 年 8 月 15 日。

副旅长兼第一团团长曾言枢升任第一三八师步兵第二旅旅长，并奉刘文辉之令，准备宣抚康南各县。① 曾言枢受命后，成立旅部，副旅长由军部参谋处长魏镛担任，徐耘乌任旅部少校书记。5月初，康华尊（时已任第一三八师第二旅第三团团长）率部由稻城进驻贡噶岭赤土区所辖之仲都村。6月29日，驻军在举行升旗仪式时遭到伏击，前后不到30分钟，阵亡团长、排长各1员，士兵19名，损失步枪30余支。② 此为当时震惊西康政坛的"贡噶岭事件"。该事件的主谋系贡噶岭蒙自区寺庙的甲噶竹青。甲噶竹青"幼为贡噶寺僧，以行为多谬见黜，退居蒙自小寺……多资财，蒙民之向其贷予者至多，故拥有一部分势力"。1936年蒙自麦色遇害后，"甲噶隐有起而代之之势，事变前曾来往于川、滇、乡各地，临变之夕，村民有畏祸股战，拟托词之他者，甲逆强止之，诱以重金，揆其心志，似以劫枪，集众拥己，意图继长蒙事，为倡乱主因"。③

对于贡噶岭事件的善后问题，刘文辉主张"不操切，以设法宁息为佳"。1937年7月9日，龚耕云奉曾言枢之命，抵达赤土。阿衣多保正和扎西宜马等人主动与川康军接洽，助兵平乱，支持阿依多的弟弟降白承袭蒙自麦色，并乘机将降错宜马赶回乡城，占有贡噶岭四区。受该事件影响，"乡城方面不肖聚众要挟政府、侮辱驻军、抗差抗粮，同日并举。稻坝势成观望，团总倾珍素亲汉官，勉强维持现状，然对龚耕云面称，谓如营座此来，于最短时间无有解决办法，则稻城秩序定难维持等语"。同时，"乡、稻头人代表民众，请求县政军队限三日移驻加拉，不然地方治安与粮秣概不负责"。④ 曾言枢认为"此事祸端全曲在彼，若非严酷处决，以张法令，不仅遗官方之羞，则南路必永不可治，康人乘势风靡，将于全康政理何？思余之罪，死难塞责，何言报国家也"，于是"断然戡讨，不顾一切，事用平而乡、稻服。平心而论，曾氏可谓反众议、屏利害、走险着也"。⑤

① 《通讯·家书八》，《戍声周报》第1—30期合订本，1937年8月15日。
② 邓裕金：《罢变志》，《戍声周报》第46期，1937年9月20日。
③ 集白：《贡变发生之前前后后》，《戍声周报》第46期，1937年9月20日。
④ 龚耕云：《戡定志》，《戍声周报》第46期，1937年9月20日。
⑤ 毅公：《康南宣抚工作结束后之评衡》，《戍声周报》第69期，1938年2月28日。

二　曾言枢康南宣抚活动的主要内容

贡噶岭事件发生后不久，全面抗战爆发，康区谣言沸腾，"不曰宣统业已复辟，辄言川军奔败就食"。① 这种情况对康区政局的稳定产生了较大影响。为此，刘文辉委任曾言枢为康南宣抚司令，全权整理康南。1937 年 8 月 1 日，曾言枢在理塘就职宣抚司令。曾言枢认为，"唯查康南各县失驭已久，历史习惯汉夷各殊，当此中央统一之会，西康建省之初，岂容化外自甘漫不为治，本司令为推行政令，整理地方，除奸安良，探求疾苦计"，决定宣抚康南，并要求"所到各县即由各该县长先期调集僧俗头人听候宣抚，并将各该县已往政令推行之程度及今后应兴应革之事项，各就地方情形，熟筹深思，分别拟具详习方案，俟本司令莅境呈候采择为要"。② 8 月 4 日，曾言枢自理塘城出发，开始巡行康南各地，先后途经扎噶寺、茹布村、雄登寺、巨龙区、舍得、热乌寺、勒西通、卡绒、赤土、日洼村、木拉、彭错若几寺、奶奶仲、上乡城、火竹、热打寺、柏松村、卡龚、得荣华教寺、龙绒寺、岩房、下中上茨坞、仁博寺、中咱、小冲坝、山埂子、毛丫坝子等地。1938 年 1 月 27 日，曾言枢一行结束宣抚，回到理塘城。

康南地区的稻城、乡城、得荣、巴塘等地是曾言枢宣抚的重点区域。所谓"宣者，宣达中央及建省委员会优劝边氓、湛恩汪濊之德泽也；抚者，抚慰民间苦疾颠连哀痛烦冤而无所告者也。其于地方之绥辑、人民之态度应如何待遇方不失宜，而曾氏工作乃以差粮团学之整理，其他庶政改革并兼而负责之"。③ 宣抚的主要目的在于"恢复各县旧观，使教育、交通，得因军事之力量而发展；严定章则，遴选头人，使匪徒敛迹；善必赏，恶必罚，言必行，行必果，重立汉官威信"。④ 具体而言，曾言枢康南宣抚活动主要包括以下几个方面。

（一）整顿差粮

乡城、稻城两县自 1917 年以后，"差粮几同具文"，"玩忽国赋……时

①　毅公：《康南宣抚工作结束后之评衡》，《成声周报》第 69 期，1938 年 2 月 28 日。
②　佚名：《康南宣抚司令部令各县政府文》，《成声周报》第 41 期，1937 年 8 月 16 日。
③　毅公：《康南宣抚工作结束后之评衡》，《成声周报》第 69 期，1938 年 2 月 28 日。
④　贺觉非：《整理康南与建省》，《成声周报》第 1—30 期合订本，1937 年 8 月 15 日。

逾廿载，视若法定"。① 1937 年，曾言枢巡行至稻城，催促贡噶岭的日洼、蒙自、东义三区从速缴纳粮课。② 到达乡城后，因整理差粮，曾言枢"乃知有所谓《噶布可条约》者，令出约质之，活佛等大集会议，占卜而后献，约为汉藏文字合订，黄绫楷书"。对于"定乡活佛堪布、各豪酋及老民八百人均称《噶布可条约》之定案有年，只纳半粮"一事，曾言枢与理化县县长张朝鉴用一天时间合力对该条约进行翻译、整理，发现并无缴纳半粮之明文规定，于是召集群众进行为期三日的论辩。"老民称半粮是当日官府口头诺言，迄今二十年皆实践者也，曾氏洞悉当日官府迫于挟持之用心，再辩，则活佛、酋豪、老民俱穷，得恢复定乡粮额。"③ 11 月 3 日，据曾言枢的副官称，"今日在县府监收乡民所完本年实粮，特为净白。盖康民缴粮惯渗沙石渣滓，以敷斗量，已成风气。今该民等拳拳顺良，一旦何至于此"。④

得荣地方于宣统三年改土归流，设得荣委员，所征粮税分为荞麦、粟米、青稞三种。改土归流时，得荣全县定粮额为 913 石余。⑤ 至 1918 年后，得荣地粮的征收相当困难，县令的日常生活甚为窘迫。当地寺庙拥有众多佃民，亦借口不纳粮。⑥ 1937 年，张汝诚县长到任，得荣复治。因正值曾言枢宣抚康南之际，经再三开导，各村民众允诺纳粮，但当时得荣没有驻军，"每次县府催征，头人百姓则一斗或数批（得荣二十二批合一斗）缴纳，倘恶其所纳粮质过差，彼等即携荷回家去矣，不与理论。惟各区头人对县府地粮缴纳虽少，但仍不断，察其用意，使汉官欲饱不能，又饥不死也"。⑦ 1937 年 12 月 14 日，康南宣抚部到达得荣县后，"询以粮额，县府同人民均不能答，失治既久，不但无人纳粮，并额定之数字亦鲜有知之者，在边区为常有现象，在内地则属异闻"。⑧ 后经各头人呈报，遂定得荣东南西北中五

---

① 集白：《贡变发生之前前后后》，《成声周报》第 46 期，1937 年 9 月 20 日。
② 曾言枢：《宣抚康南日记》，《成声周报》第 54 期，1937 年 11 月 15 日。
③ 集白：《噶布可条约之解剖》，《成声周报》第 51 期，1937 年 10 月 25 日。
④ 曾言枢：《宣抚康南日记》，《成声周报》第 61 期，1938 年 1 月 3 日。
⑤ 朱刚夫：《视察得荣的鸟瞰》，《成声周报》第 156 期，1939 年 10 月 30 日。
⑥ 集白：《三十年来之得荣（续）》，《成声周报》第 64 期，1938 年 1 月 24 日。
⑦ 朱刚夫：《视察得荣的鸟瞰》，《成声周报》第 156 期，1939 年 10 月 30 日。
⑧ 集白：《三十年来之得荣（续）》，《成声周报》第 64 期，1938 年 1 月 24 日。

区保及浪藏寺每年征收粮额为 801 石余，其中浪藏寺每年应纳粮额为 129 石余。①

结束得荣宣抚后，曾言枢一行前往巴塘茨坞。茨坞被称为"小巴安"，共有 3 村 158 户，"义敦不治，得荣荒芜，巴安绝远，故茨坞之民恃滇境以为渊薮"。② 曾言枢在到达茨坞后，"刻召全茨坞头人及老民四十余人，深斥过去玩法妄为之非，并宣昭中央及建委会治康大计与历年已著之成效，期其根本觉悟。该头人等俯伏称谢。当即清厘差粮，每年应完粮二百零九石余，均愿具结"。同时，"白松头人来呈粮籍并具结效顺，共三村二百四十三户，每年应纳粮三百四十三石余，所纳实粮在必要时亦愿解送巴安"。③

（二）设立或恢复学校

曾言枢宣抚促成了稻城县第二小学的建立，校址在贡噶岭寺右侧庄内。④ 改土归流后，乡城设有学校 3 所，陈步三事变后办学停顿，曾言枢宣抚乡城，在乡城治所恢复短小、县小各 1 所，又在火竹乡设立第二小学。此外，在曾言枢的督促下，得荣第一短小也得以建立，有学生 21 名。⑤

（三）编练民团、保安队

曾言枢巡行至稻城县，"召集有枪壮丁，将保安队编组成立，并派员办理编查户口、保甲及宣传事宜"。"稻城县民团总队部及保安队照本处计画原定第三期成立，现既提前办竣，实属可贵难能。龚耕云营长及甲骨倾珍等分任总队长各职。"⑥ 1913 年，得荣设县。"此后国事纷纭，鞭长莫及。得荣一县，去炉关廿三站，几同化外矣，各方记载，鲜有论及，旅边游客更少入境。"⑦ "得荣失治多年，地方瘠苦……县宰每多被杀或被逐，故人对其地咸具戒心。"⑧ 得荣县民众的自卫能力较弱，寺庙约有枪 80 支，古学区有枪 70 余支，卡公、八日、日雨、奔都四区有枪总计不到 150 支，因民力有限，购买

① 朱刚夫：《视察得荣的鸟瞰》，《戍声周报》第 156 期，1939 年 9 月 30 日。
② 曾言枢：《宣抚康南日记》，《戍声周报》第 65 期，1938 年 1 月 31 日。
③ 曾言枢：《宣抚康南日记》，《戍声周报》第 65 期，1938 年 1 月 31 日。
④ 曾言枢：《宣抚康南日记》，《戍声周报》第 53 期，1937 年 11 月 8 日。
⑤ 曾言枢：《宣抚康南日记》，《戍声周报》第 64 期，1938 年 1 月 24 日。
⑥ 佚名：《西康省民团整理处铣未电》，《戍声周报》第 42 期，1937 年 8 月 23 日。
⑦ 集白：《三十年来之得荣县》，《戍声周报》第 58 期，1937 年 11 月 13 日。
⑧ 朱刚夫：《视察得荣的鸟瞰》，《戍声周报》第 156 期，1939 年 10 月 30 日。

枪械困难。[1] 1937 年冬，随着曾言枢抵达得荣以及军队的进驻，西康建省委员会派罗锡钦为得荣保安总队队长，成立保安独立分队，委任八郎沙堆为分队长，并召集各区壮丁加以训练，加强自卫力量，保卫地方安宁。[2]

（四）对藏传佛教寺庙及上层僧侣的宣抚

寺庙是康区社会的重心，往往关系到所在地区的治乱，因此曾言枢非常注重对康南地区寺庙及上层僧侣的宣抚和笼络。1937 年 8 月 12 日，曾言枢拜访稻城县最大的藏传佛教寺庙雄登寺，资助 100 元，用作该寺的修葺，并赠给佛像、茶包等。[3] 在稻城县期间，曾言枢"亲到各喇嘛寺礼佛供众，于捐送外，又用丝织品楷书多帧，加盖私章印信，分赠各寺，闻各寺当事喇嘛遍讯保存方法，以便世袭珍藏云"。[4] 9 月 12 日，曾言枢"经热乌寺，喇嘛百数十人鸣法器来迎，入坐小憩，礼佛讫，送洋一百元"。在贡噶岭，曾言枢"同刘营长参观贡岭喇嘛寺。……礼佛毕，交洋二百元"。[5] 9 月 28 日，曾言枢抵达苯教寺庙彭错若几寺，"送洋五十元，茶数包"。[6] 11 月 29 日，曾言枢捐给乡城热打寺洋 1300 元，并题"宣扬正觉"四字赠之。12 月 3 日，曾言枢一行途经宁玛派寺庙圆顶寺，除了送礼物外，捐洋 200 元作为该寺修葺之用。12 月 4 日，曾言枢至宁玛派寺庙宾巴寺，赠洋 100 元。[7] 12 月 10 日，曾言枢赴得荣县最大寺庙龙绒寺，将"带表一只"赠给该寺活佛扎噶。[8]

（五）对康南地区头人的笼络

头人在民国时期康南社会权力结构中处于重要的地位。康南各县地方纠纷的处理、差粮团学的举办等均离不开头人的支持。在宣抚康南的过程中，曾言枢与当地头人有密切联系。1937 年 8 月，稻城团总甲骨倾珍等护送曾言枢至热乌寺，曾言枢除"勉誉外，奖洋五十元"。到达贡噶岭之赤土后，

①　集白：《三十年来之得荣（续）》，《戍声周报》第 63 期，1938 年 1 月 17 日。
②　朱刚夫：《视察得荣的鸟瞰》，《戍声周报》1939 年第 156 期，1939 年 10 月 30 日。
③　曾言枢：《宣抚康南日记》，《戍声周报》第 42 期，1937 年 8 月 23 日。
④　佚名：《地方通讯·各寺忻得题赠》，《戍声周报》第 42 期，1937 年 8 月 23 日。
⑤　曾言枢：《宣抚康南日记》，《戍声周报》第 50 期，1937 年 10 月 18 日。
⑥　曾言枢：《宣抚康南日记》，《戍声周报》第 54 期，1937 年 11 月 15 日。
⑦　曾言枢：《宣抚康南日记》，《戍声周报》第 63 期，1938 年 1 月 17 日。
⑧　曾言枢：《宣抚康南日记》，《戍声周报》第 64 期，1938 年 1 月 24 日。

曾言枢"颁给奖品及题字与扎西宜马、赤土保正，并分别奖协助戡乱地方人士"。① 曾言枢认为，"稻城初复，政令推行尚赖地方力量，闻人扎西宜马从公多年，助戡蒙自有力，劳绩当叙，即由本部予以'乡稻宣导员'名义，并誉扬之"。② 留驻贡噶岭期间，曾言枢还宴请了甲骨倾珍、阿衣多等人。③

（六）调解陈年积案和民间纠纷

稻城县母底与加波两家的矛盾之前经过两任县长、当地驻军营长、头人甲骨倾珍和彭错大吉等多方调解而未果。④ 1937 年 9 月 10 日，曾言枢"公审甲波、母低两家仇雠案，以曩昔官府之判断为原则，参酌地方习惯，将两造命价及劫略牛羊、焚毁房舍、迫勒地荒各项，分别平价抵补外，并令具呈永远和息，不再生事"。⑤ 在贡噶岭期间，曾言枢"处理公文积案三十余通"。⑥ 在当时乡城头人中，最有势力者为彭错大吉与降错宜马。彭错大吉"素对政府较为拥戴，为人慷慨不苟，胆识超群，实为乡夷之俊杰者"。⑦ 降错宜马却与彭错大吉"积不相能，相煎日急，妨害乡政极大"。在曾言枢南下宣抚之际，两位头人"自动相约赴加拉，伍县长一同参加，解释夙怨，既而咸集县府，共商庶政"。⑧

（七）整饬康南地区驻军纪律

据"集白"称，"过去乡、稻驻军一闻他调，如临大敌，恐人民之击其后也，常日夜趱行，或警戒以进"。"夫兵凶器也，战危事也，而人民敢与军仇，其因素不仅民族关系也。故凡戍康南部队、任康南行政官吏，当以廉洁为基本条件。"⑨ 曾言枢认为：

> 康民之对汉人大都恭敬有礼，闻过去军队多不自加检束，以致反招

---

① 曾言枢：《宣抚康南日记》，《戍声周报》第 50 期，1937 年 10 月 18 日。

② 曾言枢：《宣抚康南日记》，《戍声周报》第 52 期，1937 年 11 月 1 日。

③ 曾言枢：《宣抚康南日记》，《戍声周报》第 53 期，1937 年 11 月 8 日。

④ 曾言枢：《宣抚康南日记》，《戍声周报》第 45 期，1937 年 9 月 13 日。

⑤ 曾言枢：《宣抚康南日记》，《戍声周报》第 50 期，1937 年 10 月 18 日。

⑥ 曾言枢：《宣抚康南日记》，《戍声周报》第 53 期，1937 年 11 月 8 日。

⑦ 白水：《今日之乡稻三酉》，《戍声周报》第 103 期，1938 年 10 月 25 日。

⑧ 集白：《贡变发生之前前后后》，《戍声周报》第 46 期，1937 年 9 月 20 日。

⑨ 集白：《噶布可条约之解剖》，《戍声周报》第 51 期，1937 年 10 月 25 日。

藐视，发生恶感。此次抚循工作，应以人格感召，务求一洗康人不良印象之成见，融洽将来攸久之情谊。举凡衣冠言行，均须端严，足资表率，庶不愧为现代军人、戍边将士。①

在宣抚稻城期间，曾言枢于1937年9月10日"齐集部队训话，令在任何景况中，须风纪洽于民情，纲纪纳于严整"。② 1938年1月曾言枢到达巴塘后，随即进行军纪整顿，并宣讲形势政策。③

三　曾言枢宣抚活动对康南地区的影响

曾言枢进驻康南后，积极培育康民的国家认同意识。1937年2月15日，曾言枢在升旗典礼上称："吾人屯戍康地，应特别与日光、空气、水奋斗，升旗尤其重要，因为此地尚属创见，于此可予康民以认识国家之机会。"曾言枢"以边地闭塞，国旗多未曾有，且亦未之见，特电嘱徐团附在蓉购置大批国旗，本日已运抵理化，据徐语：此次购旗凡百余面，共费法币二百元。闻曾旅长云：拟分送各机关、团体、学校，并酌给民众若干，借资灌输国家观念"。④ 总之，曾言枢率部戍康后，"不时宣扬中央德意，说明建委会对于人民之改善事功，及政府与军队对民众之利益，人民对国家应尽之义务。近年来，赋性聪明之喇嘛与乎智识较高之民众已能信仰政府、亲善军队，不像昔日普遍性之恶感也"。⑤

当得知曾言枢即将由理塘南下宣抚，稻城头人以及寺庙、民众代表等"百余骑之众携幕裹粮欢迎于虾须以东，趋候百里，延伫六日，于八月九日得睹曾氏，踊跃欢呼，其愿望款附之诚，见于词色"。⑥ 1937年8月11日，稻城县县长乔雁臣称：

此间（稻城）村保、头人、民众代表及各喇嘛寺所办欢迎本部之大

① 曾言枢：《宣抚康南日记》，《戍声周报》第47期，1937年9月27日。
② 曾言枢：《宣抚康南日记》，《戍声周报》第50期，1937年10月18日。
③ 曾言枢：《宣抚康南日记》，《戍声周报》第68期，1938年2月21日。
④ 佚名：《消息摘要》，《戍声周报》第1—30期合订本，1937年8月15日。
⑤ 夷人：《由乡民好恶说到戍军》，《戍声周报》第51期，1937年10月25日。
⑥ 老农：《抚循乡稻所顾虑于曾言枢氏者》，《戍声周报》第41期，1937年8月16日。

会业已就绪，遂即同部属前往参加，甫出营门，该代表等即纷纷鸣炮，并与吾人尽披红锦，老幼夹道，咸来瞻汛，或合掌鞠躬，或坦手吐舌，或跪地俯首，以示敬意。稻民之知礼，非如未来时所听闻之横暴也。①

跟随曾言枢巡视的刘登礼营长亦云：

此次本营随我司令官南巡宣抚，由理出发，沿途箪食壶浆、焚香支帐以迎送者千数，尤以活佛堪布素尊优庄严而无外交，亦备酒二十里外饯送，临别依依，敦嘱早归，此可见我司令官德惠所加，各层峰之恩施远播，诸夷人亦深明当今国是，有以致之。②

1937 年 8 月 23 日，赤土保正阿衣多会见曾言枢，"详陈贡案经过，并其忠顺公家，特为趋迎之意"。③ 9 月 12 日，曾言枢至勒西通时，龚耕云营长率扎西宜马、赤土保正及寺庙代表、各村村长等 100 余骑来迎。④ 9 月 22 日，曾言枢到达日洼村后，"村保、头人及民众结队来迎，并求摹顶"。对于藏民祈求曾言枢摩顶之事，随行的张朝鉴认为，曾言枢"茹素研经，民间早有所闻，兼此僻壤，自赵边使后，久无显官，民众故有此瞻仰云际之感"，曾言枢"乃顺其舆情，遍为抚之"。⑤ 9 月 29 日，冷龙登巴、降错宜马两家子侄等 30 余人郊迎曾言枢至乡城，到达中乡城时，当地驻军及各大喇嘛、伍进修县长至郊外迎接。⑥ 曾言枢率顾问张朝鉴等宣抚上乡城，"沿途颇费奖资，人民请求摩顶不绝"。⑦ "下乡恣意著名之降错宜马亦望风输诚，顺而易行，次第成效，莫过于此。"⑧ 乡城保正冷龙登巴、民众代表甲工喜绕及乡城全体村保前来谒见曾言枢。上乡城头人琼珠曲渣邀请曾言枢留

① 曾言枢：《宣抚康南日记》，《戍声周报》第 42 期，1937 年 8 月 23 日。
② 佚名：《刘登礼营长饬部属令》，《戍声周报》第 41 期，1937 年 8 月 16 日。
③ 曾言枢：《宣抚康南日记》，《戍声周报》第 45 期，1937 年 9 月 13 日。
④ 曾言枢：《宣抚康南日记》，《戍声周报》第 50 期，1937 年 10 月 18 日。
⑤ 曾言枢：《宣抚康南日记》，《戍声周报》第 53 期，1937 年 11 月 8 日。
⑥ 曾言枢：《宣抚康南日记》，《戍声周报》第 55 期，1937 年 11 月 22 日。
⑦ 佚名：《宣抚上乡沿途摩顶》，《戍声周报》第 51 期，1937 年 10 月 25 日。
⑧ 老农：《抚循乡稻所顾虑于曾言枢氏者》，《戍声周报》第 41 期，1937 年 8 月 16 日。

宿其家中，以示亲近。11 月 29 日，曾言枢离开乡城，"僧俗、民众、县府、学校及驻军分列送饯"，降错宜马"遣其子由加拉奔马而至"。[①] 1938 年初，曾言枢离开得荣时，"军民欢送者，天尚未明，而候途焚香，及至茨乌，欢迎者亦接踵鹄候，所有男妇老幼，多请摩顶，以祈福慧"。[②] 正如理化县县长贺觉非所云，"刘氏治康十余年，笃信佛教，有足多者"，而在 1939 年底甘孜事件发生后，"尽调康南之兵以靖难，康南安静如故，不可谓非曾言枢数年诚信所孚"。[③]

曾言枢南巡宣抚后，康南局势逐渐得到控制。自 20 世纪 20 年代以后，康南各县的民众自卫力量逐渐壮大，"不以交匪、赂匪为自全，转而相互团结，毁家购械，匪来即打，力予穷迫。不久，而洛松丁曾之父为人击毙于喇嘛丫，乡匪之劫濯桑、莫拉者，不但无所获而失利频频。于是，乡城娃之名一落千丈，只能于途间野际，见财起意，无力倾巢，再犯康境也。边宇之廓清，有赖人民之自觉"。[④] 尤其是曾言枢率部进入康南后，随着军事力量和统治力度的加强，乡城的头人派系进一步分化，进入扎西宜马、冷龙达洼等与降错宜马的并立争雄期（1937—1939）。乡城头人内部的争斗虽还在延续，但是其范围和烈度已较之前减弱许多，头人势力的扩张也受到明显制约，趋于式微。[⑤]

义敦县治也在曾言枢宣抚后得到恢复。义敦原名三坝，位于巴塘、理塘的交界处，自理塘西行，经公撒塘、拉尔塘、喇嘛丫、二郎湾等处到达三坝塘，光绪三十四年赵尔丰于该地设三坝厅。宣统三年，据三坝委员杜培祺呈文称，三坝厅分东、南、西、北、中五路，共二十六村。东路有章武、告武、拉日卡、麦于多、窍宗杂、渴坝六村；南路有波密、东迥、敏达三村；西路有勒次、夺打、鱼冗、萨觉、宜台、达西、模龙七村；北路属于曲登土司者有曲登一村，属于毛丫土司者有另西、白圭、卡许、和宣、览巩、呈贡六村；中路有许巴、许木、三坝三村。1912 年尹昌衡西征，改三坝厅为义

---

① 曾言枢：《宣抚康南日记》，《戍声周报》第 63 期，1938 年 1 月 17 日。

② 佚名：《迎送热烈请甲喇嘛摩顶》，《戍声周报》第 60 期，1937 年 12 月 27 日。

③ 贺觉非著，林超校《西康纪事诗本事注》，第 131 页。

④ 集白：《噶布可条约之解剖》，《戍声周报》第 51 期，1937 年 10 月 25 日。

⑤ 王海兵：《乱世求存：民国时期乡城地区的土头统治》，《西南民族大学学报》2013 年第 6 期。

敦县。1918 年，义敦县失治。曾言枢认为，"康南各县，惟义敦最荒僻，得荣最贫苦。义敦削巴、理之赘壤，以设县治，民多畜牧，逐水草而居，毳幕迁徙，漫无定所，村落无聚，行其境辄数日不见人烟，官府催赋、游客涉历，莫不引为畏途"。① 1938 年，曾言枢在康南宣抚结束后，赴康定商讨义敦县复治办法。1939 年夏，彭勋履任义敦县县长。7 月，龚耕云率部到义敦修建县府。11 月，曾言枢来到义敦，受到驻波密之邦达多吉的招待。12 月 4 日，义敦县复治正式完成。②

曾言枢的宣抚活动不足半年，对康南地区政治局势却产生了重要影响。曾言枢宣抚所取得的成效，与他在康南藏民心目中的"甲喇嘛"（即藏文 rgya bla ma 之音译，意为"汉人喇嘛"）形象有密切关系。曾言枢具有军事长官而身兼佛教徒的身份，诵经礼佛等佛事活动贯穿他的日常工作生活。1937 年，曾言枢被提拔为旅长时，曾有记者"特询以就职日期及感想，曾氏答称，本人年来对军人生活，颇感厌倦，且亲老催归，南路工作，荆棘尚多，本拟稍告一段落，即行退职家居，奉亲念佛，乃辞不获准，恐重违上峰意，只好感谢奉命"。③ 部队驻扎在理塘时，曾言枢自 1937 年 2 月 7 日起，"每晨随众绕城一周，名曰转经，城周约三千步"。④ 宣抚康南期间，曾言枢在繁忙的公务活动中亦坚持诵经。据其《宣抚康南日记》记载，1937 年 9 月 10 日，"早起，诵经毕"。⑤ 10 月 15 日，"午后，去桑披寺诵经二时后，与堪布谈昨民众要求事项甚久"。⑥ 11 月 13 日，"晚，理函牍毕，诵经"。⑦ 12 月 19 日，"早起，诵经毕"。12 月 22 日，"诵晚经后，与张、徐两顾问及刘营长商讨到茨坞、中咱时之工作"。⑧

曾言枢对佛教的虔诚信仰，为其赢得了声望。"康音读汉曰'甲'，而康南之民多呼曾司令为'甲喇嘛'，来此佛区，莫不敬重。"⑨ 同时，曾言枢

---

① 曾言枢：《宣抚康南日记》，《戍声周报》第 63 期，1938 年 1 月 17 日。
② 贺觉非著，林超校《西康纪事诗本事注》，第 125 页。
③ 《消息摘要》，《戍声周报》第 1—30 期合订本，1937 年 8 月 15 日。
④ 《通讯·家书七》，《戍声周报》第 1—30 期合订本，1937 年 8 月 15 日。
⑤ 曾言枢：《宣抚康南日记》，《戍声周报》第 50 期，1937 年 10 月 18 日。
⑥ 曾言枢：《宣抚康南日记》，《戍声周报》第 58 期，1937 年 12 月 13 日。
⑦ 曾言枢：《宣抚康南日记》，《戍声周报》第 62 期，1938 年 1 月 10 日。
⑧ 曾言枢：《宣抚康南日记》，《戍声周报》第 64 期，1938 年 1 月 24 日。
⑨ 佚名：《迎送热烈请甲喇嘛摩顶》，《戍声周报》第 60 期，1937 年 12 月 27 日。

也非常重视藏文的学习。1937 年 10 月 13 日，曾言枢"调各连士兵熟康语者到部比赛，共六十六名，分单语、句语、长段谈语三种，甄别、分级奖励"。① 进入康区后，曾言枢在写给其父母的家书中云："男尽有良马一匹，善侍数名，内有两名能讲蛮话，男亦试习康语，学藏文。"② 对此，有人认为：

> 曾团长有鉴于汉夷语言彼此不通，以致感情隔阂，殊于任务上诸多障碍，特于每日抽出时间，就格登格西学习藏文，日来进步甚速——以曾氏之地位，乃能于军书旁午之际，手不释卷，口不辍诵，意者将来出关后，本人可与当地之喇嘛头人直接谈话，俾免通事之舞弊，而增进汉夷之情感也，其用心良苦，其好学，实难能云。③

时人对曾言枢的康南宣抚活动有如下评述：

> 其宣抚工作之总结算为何如耶？其大端如定乡、稻城、得荣、贡岭、次坞、中咱于民国二十三、廿四、廿五年之欠粮均扫解矣（二十三年以前免于追究），白松之来运巴安矣，稻城、定乡、得荣、贡岭、火竹等地学校林立矣，定乡、稻城、得荣之团队成立矣，其他如释地方之嫌怨，破积年之冤狱、纷拿纠错，不可殚数。曾氏随行不过步兵一连，绕数千里，皆险阻凶悍之区，杀官劫军之场，赵边使当之丧气，凤都护至以亡身，然曾氏所至，人民老幼辄千百成群，鞠躬伏地，恳求摩顶，人民称曰"曾甲堪布"，"甲"，"汉"字译音，"堪布"，大德和尚也。或云，以曾氏之才能与权力，方之其宣抚成效，收佛法信仰为居多也。曾氏精研佛理，修持功深，迄二十年，非偶然也。④

---

① 曾言枢：《宣抚康南日记》，《戍声周报》第 62 期，1938 年 1 月 10 日。
② 《通讯·家书七》，《戍声周报》第 1—30 期合订本，1937 年 8 月 15 日。
③ 《消息摘要》，《戍声周报》第 1—30 期合订本，1937 年 8 月 15 日。
④ 毅公：《康南宣抚工作结束后之评衡》，《戍声周报》第 69 期，1938 年 2 月 28 日。

总之，经过曾言枢一行的巡视宣抚，康南各县的差徭、粮税、学校、民团等事务得到整顿，社会矛盾初步化解，当地政府的威信逐渐树立，康南民众的国家认同意识进一步增强。事实上，曾言枢的藏文化本位意识，以及他在康民心目中"汉人喇嘛"的公众形象，在当时情况下确实对维持康南社会稳定起到了重要作用，而这也为后人反思民国时期的康区治理提供了宝贵案例。

第 八 章

红军长征途经康区与博巴政府的建立

第一节 红军长征入康及其在康区的活动

第五次反"围剿"失败后,中共中央、中央军委为保存革命力量,紧急于 1934 年 10 月 10 日率领红军主力及后方机关共八万余人,从江西瑞金等地出发,向湘西转移,开始长征。从 1935 年 5 月起,红军第一、二、四方面军先后经过云南、四川等藏族地区。在长征途中,红军在康区停留时间最长、活动范围最广。途经康区期间,红军进行了广泛的宣传、动员,并与各界人士展开密切互动,制定民族平等、民族团结、宗教自由等民族政策。在实践这些政策的过程中,红军十分注意尊重藏地风俗习惯,争取和团结民族宗教上层人士,并建立起各级人民政府,开始民族区域自治制度的最初尝试。

1935 年 5 月,中央红军主力在毛泽东、周恩来、朱德等的率领下,从冕宁北进,途经大凉山西部,强渡大渡河,翻越夹金山,抵达懋功(今小金),与红四方面军李先念部会师,并在此召开会议,讨论会师后的计划。之后中央红军改为第一方面军。这是红军首次进入藏地。同年 3 月,红四方面军由张国焘、徐向前、陈昌浩等率领,向川西北地区转移。9 月,张国焘到达阿坝后,未执行中共中央沙窝会议的北上决定,与红四方面军第四军,三十军和第九十、九十三、二十五师及红一方面军第五军南下宝兴、名山等地,作战受阻后,转而向西,进入康区北部。[①]

1936 年 2 月,由朱德、张国焘率领的红四方面军陆续撤离天、芦、宝

---

① 相关史实参见刘统《北上:党中央与张国焘斗争始末》,三联书店 2016 年版。

地区，翻越夹金山，从丹巴向道孚进军。在道孚，"西康宣慰使"诺那呼图克图联合灵雀寺喇嘛阻挡红军，最终被击溃。红军进而控制道孚。之后，红军继续向西到达炉霍，在与当地白利寺格达活佛谈判后，签订《中国红军总政治部、甘孜喇嘛寺、白利喇嘛寺互助条约》。① 红军北进的消息引起康北德格土司泽旺登登的注意，遂调集下辖兵力，交给头人夏克刀登②率领，袭击红三十军在甘孜绒坝岔驻地。但随后夏克刀登被红军俘获。在红军宣传教育下，夏克刀登对红军进一步了解，在征得德格土司同意后，代表土司于23日同红军签订互不侵犯协定。③ 协定规定红军不进入德格地区。德格土司不攻击红军，并协助红军筹集牛、马和粮食。④ 红军与德格土司之间关系的变化无形中增强了红军在当地的影响。道孚、炉霍、甘孜等地相继建立县、区、乡各级人民政府。

1936年4月，贺龙等率领红二、六军团从石鼓渡口渡过金沙江，到达滇西北，在格罗湾、吴竹等地短暂休整后，于30日翻过哈巴雪山，到达中甸（今香格里拉）。这是红二、六军团进入康区的首站。在中甸，红军指战员积极争取当地民众的支持，并以贺龙主席名义颁发了《中华苏维埃人民共和国中央革命军事委员会湘鄂川滇康分会布告》。贺龙还在此会见中甸归化寺喇嘛代表夏拿古瓦，⑤ 并致函"八大老僧"：

掌教八大老僧台鉴：

（一）贵代表前来，不胜欣幸。

---

① 周锡银编著《为西藏和平解放而献身的格达活佛》，民族出版社2013年版，第61—62页。

② 夏克刀登（1900—1959）是德格土司四大涅巴之一，1936年4月奉诺那呼图克图之命与红军在甘孜绒坝岔激战后被俘，经红军宣传教育后转变态度，并与红军签订协议，在博巴苏维埃政府中任职，为红军筹措粮草。1950—1959年，先后担任康定军管会副主任、西南军政委员会委员、西康省副省长、西康省藏族自治区副主席、甘孜州副州长等职。参见德格县县志编纂委员会编纂《德格县志》，四川人民出版社1992年版，第525—527页。

③ 《中国工农红军第四方面军战史》委员会编《中国工农红军第四方面军战史》，解放军出版社1989年版，第353页。

④ 中共四川省委党史研究室编《红军长征在四川（修订版）》，四川人民出版社2017年版，第382页。

⑤ 中国人民解放军军事科学院军事历史研究部编《中国工农红军长征史》，山西人民出版社1996年版，第269页。

（二）红军允许人们宗教信仰自由，因此对贵喇嘛寺所有僧侣生命财产绝不加以侵犯，并负责保护。

（三）你们须即回寺，各安生业，并要所有民众一概回家，切不要轻信谣言，自造恐慌。

（四）本军粮秣，请帮助采办，决照价支付金额。

（五）请予派代表前来接洽。①

贺龙将写有"兴盛番族"的锦幛赠予归化寺，并向当地民众宣传中国共产党的民族宗教政策，停留数日后即向北进入川康藏族地区。

5月5日，贺龙率领红二军团离开中甸，翻过得荣境内的扎拉亚卡山口，陆续进驻得荣县城。从得荣的龙绒喇嘛寺②筹得粮食补给后，红二军团随即离开得荣，翻越藏巴拉大雪山，抵达巴安（今巴塘）。6月6日红军到达巴安县城郊，未强攻巴安城。主力部队从城东东隆山绕城而过，到巴安城北二十里的党村休整。14日，红二军团离开巴安，前往白玉。据何辉回忆，"这是个大县城，国民党县部和县政府都在一个大门里，挂两块牌子。官员们都逃走了"。③ 1935年诺那事变发生后，驻防巴安的傅德铨部为应对诺那势力的威胁，特地将驻守白玉的一营兵力抽调回巴安。故白玉实际由德格土司控制。④ 红军顺利进驻白玉县城。贺龙率部在德格五大家庙之一的白玉寺休整数日后，兵分两路，一路沿金沙江向白玉河坡挺进，一路从白玉翻山北进，于25日抵达呷拖。停留数日后，红二军团直属机关、红四师经白玉，翻山到达甘孜绒坝岔。

红六军团由萧克、王震率领，于1936年5月9日从中甸出发，14日到达定乡县城（今乡城），休整七日后，沿硕曲河逆流而上，翻越无名山，⑤

① 《贺龙同志给喇嘛寺的信》，黄维忠、格桑卓玛、王文长编《红色记忆——红军长征在藏族地区及其当代启示》，中国藏学出版社2016年版，第355—356页。

② 龙绒寺位于今四川省得荣县日雨区，原名卡格寺，由五世达赖喇嘛创建。参见李德洙、丹朱昂奔主编《中国民族百科全书》（6），世界图书出版公司2015年版，第492页。

③ 何辉：《千里康巴念故人》，黄维忠、格桑卓玛、王文长编《红色记忆——红军长征在藏族地区及其当代启示》，第463页。

④ 中共四川省委党史工作委员会编写组编《红军长征在四川》，四川省科学出版社1986年版，第298页；文阶：《德格土司之过去和现在》，《康导月刊》创刊号，1938年。

⑤ 中共四川省委党史工作委员会编写组编《红军长征在四川》，第292页。

于 22 日经桑堆村进入稻城，在稻城做短暂休整和筹粮后，北上理化。6 月 3
日，红六军团先头部队第十六师进抵理化的甲洼村，与先期抵达的红三十二
师会师，在甲洼村向阳寺内召开中共西康南路工作会议。会后红六军团与红
三十二师于 9 日进驻理化县城，13 日离开理化，经瞻化县城，沿雅砻江而
上，在 22 日到达甘孜县城附近的普玉隆村，与前来迎接的红四方面军政治
部、藏民独立师和驻扎普玉隆村的红三十八军八十八师会师。[①] 自 1936 年 3
月起，西进的红军相继占领道孚、炉霍、泰宁（今道孚境内）和康北重镇
甘孜，控制东起懋功，西至甘孜绒坝岔，南抵瞻化、泰宁，北接草地的广阔
区域。

　　1936 年 7 月，红二、六军团与红四方面军在甘孜会师后，贺龙率第四军
第十、十一师，第三十军第八十八师和红二、六军团从甘孜出发北上。徐向
前率第九军，第四军第十二师、独立师，第三十一军第九十三师及方面军总
部从炉霍北进。董振堂则率第五军、第三十一军第九师从绥靖（今金川）、崇
化（今金川南）等地出发北上。8 月中旬，红军各部陆续经川西北进入甘肃南
部。从 1935 年 5 月到 1936 年 8 月间，红军三大主力在康区停留长达十五余月，
与康区土司、喇嘛、民众等社会各阶层进行频繁而广泛的接触与互动。在深入
了解当地社会现状基础上，红军通过向社会上层宣传中国共产党民族政策，在
道孚、炉霍等地建立起各级人民政府，从而开创了民族区域自治实践的先河。

第二节　博巴政府在康区北部的建立

一　博巴政府的成立

　　1935 年 8 月，中共中央在毛儿盖会议中首次将民族问题提到决定中国
革命事业成败的层面，把"关于少数民族中党的基本方针"作为政治局会
议讨论研究的七个问题之一，载入决议。会议通过的《中央关于一四方面
军会合后的政治形势与任务的决议》提出：

---

① 中共四川省委党史工作委员会编写组编《红军长征在四川》，第 293—294 页；成都军区政治宣
传部编《红军长征在西南》，四川人民出版社 1996 年版，第 212 页。

在有些民族中，在斗争开始的阶段上，除少数上层分子外，还有民族统一战线的可能。在这种情形下，可以采取人民共和国及人民革命政府的形式。在另外一种民族中，或在阶级斗争深入的阶段中，则可采取组织工农苏维埃或劳动苏维埃的形式……番民中的工作必须有迅速的转变。总政治部应搜集各地番民工作的经验与教训，以教育自己的干部。用一切方法争取番民群众回家，组织番民游击队，发动番民斗争，建立番民革命政府……①

红军长征在藏地停留期间，不断接触藏地民众，进而了解藏地的社会情况，取得藏族民众的支持，也认识到争取藏地民众、实施民族平等的重要性，为巩固革命的成果，在各地建立了各级博巴政府。"博巴"或"波巴"，是藏语 bod pa 的音译，意为藏人。《甘孜州志》载，1935 年 10 月 16 日，红四方面军和一方面军第五、第九军团之一部攻克丹巴县城后，10 月 27 日，连克金汤设治局，康定县孔玉、鱼通区，泸定县昂州等地，并先后组织建立人民政府，受金川省委领导。② 这是红军在康区建立的较早的博巴政府。1935 年 11 月初，红四方面军在泸定岚安召开人民群众大会，成立岚安区苏维埃政府，下辖昂卅、昂乌、乌泥岗、若泥岗、足乌五个乡博巴政府。③1936 年 2 月，红军在康北先后攻克泰宁等地，相继成立泰宁县、道孚县博巴政府。各级博巴政府的主要任务是：

1. 为红军筹办粮食、柴草、羊毛（对地富豪绅的存粮采取征借、清窖的办法，对一般农户、工商户则采取出钱购买的办法，对贫苦户者给予接济）；

2. 领导群众打土豪、分田地；

3. 向逃亡在外的群众宣传党的政策，号召大家回家生产；

4. 帮助群众生产，接济贫苦农民的口粮、种子，政府工作人员帮

①　《中央关于一四方面军会合后的政治形势与任务的决议》（节录），周锡银主编《红军长征时期党的民族政策》，四川民族出版社 1985 年版，第 123—125 页。

②　甘孜州志编纂委员会编《甘孜州志》（上），四川人民出版社 1997 年版，第 452 页。

③　四川省博物馆编印《红军长征过四川》，1978 年，第 154 页。

助群众犁地、打土、播种等；

5. 为红军派向导、通司，并协助宣传党的政策、张贴布告等；

6. 安置红军留下的伤病员（按各户的情况，一家安置一个或几家安置一个）。①

红军一方面从当地获得行军补给，一方面帮助当地民众的生产生活，并广泛在民众中宣传中国共产党的民族政策。1936 年 3 月，红四方面军总政治部在《关于少数民族工作的指示》中明确提出"扩大少数民族中原有的赤区，创造新的赤区"，② 并在炉霍、甘孜、瞻化、雅江县成立博巴政府。在各级博巴政府成立的基础上，红军又在甘孜建立起一个规模更大、范围更广的藏族自治政府和藏地群众革命政权。

5 月 1 日，"中华苏维埃博巴政府"全国第一次代表大会在甘孜举行，宣布中华苏维埃博巴人民自治政府（又称博巴人民共和国中央政府，或博巴依得瓦）正式成立。来自德格、甘孜、道孚、炉霍、瞻化、泰宁、雅江、理化、白玉、邓柯、石渠、同普等十二县代表约七百人参加此次会议。5 月 5 日，会议选举产生博巴人民共和国中央政府，选举德格代表多德为主席，甘孜县代表达结③、孔萨土司德钦旺姆为副主席。大会通过《博巴第一次代表大会宣言》。为争取更广泛发动群众，宣言号召"从城市一直到最偏僻地方的每个波巴人民，从种地的寨子一直到畜牧为生的牛厂中的每个波巴百姓，一致奋斗，为解除过去的一切痛苦，为波巴的真正独立自由共同奋斗"。④ 会议还通过《博巴独立政府组织大纲》《博巴人民共和国国家政治检查处暂行条例（草案）》。为加强中国共产党对博巴政府的领导，中共中央、红军派中共川康省委书记邵式平担任博巴政府党代表，刘绍文担任顾问。博巴政府是具有抗日民族统一战线性质的藏族地方自治政府。主席、副主席及政府机构各部部长均是赞同"兴番灭蒋"的大土司、大头人。⑤

---

① 四川省博物馆编印《红军长征过四川》，第 155—156 页。

② 《中国工农红军四方面军政治部关于少数民族工作的指示》，黄维忠、格桑卓玛、王文长编《红色记忆——红军长征在藏族地区及其当代启示》，第 343 页。

③ 有的文献写作达吉，是甘孜麻书土司大头人。

④ 《波巴第一次全国人民代表大会宣言》，周锡银主编《红军长征时期党的民族政策》，第 132 页。

⑤ 黄维忠、格桑卓玛、王文长编《红色记忆——红军长征在藏族地区及其当代启示》，第 120 页。

红军长征经过康区期间，成立了村、乡、县以及中央一级的博巴政府，同时还建立了游击队、赤卫队等武装组织。其下辖的委员在宣传中国共产党的民族政策以及筹粮等方面发挥了积极作用。

二　博巴政府的组织机构及施政纲领

长征期间，中国共产党在少数民族地区实施的策略是"领导广大番人下层群众的独立解放运动，直至成立完全独立的波巴依得瓦共和国"。[①] 因而波巴政府组织机构在一定程度上吸取了中国共产党建立农村革命根据地的经验，十分重视"争取番民"，[②] 吸收和巩固下层群众基础，设立一套较为完整的组织系统。具体内容如下：

1. 波巴独立政府由波巴全体人民推选代表组织而成，为波巴全体人民的利益和独立自由而奋斗！

2. 波巴全体人民年在十六岁以上者不分贫富、男女、宗教、民族都有选举自己代表组织政府之权和被选举权，并有监督政府行政与服军役之权利和义务。

3. 凡勾结汉官、军阀、外族侵略者与破坏波巴独立，欺压波巴人民的土司及奸细，得由政府剥夺其选举权和被选举权。

4. 政权最下层组织为全体寨民大会，推选一人为寨首，任期三个月。

5. 全乡人民会议每家来一人组织之，推选委员三人至五人，组织乡巴政府，委员分工为主席一人，委员二人至四人，任期三个月。

6. 区全体人民会议（每家一人）或代表大会（每寨代表一人）选举委员五人至七人，组织区波巴政府，委员分工为主席一人，委员四人至六人，任期六个月。

7. 由各区选举若干人（每寨一人）组织全县波巴代表大会，选举

---

① 《张国焘在"中央局"会议上关于少数民族的策略路线的报告》，黄维忠、格桑卓玛、王文长编《红色记忆——红军长征在藏族地区及其当代启示》，第358页。

② 《红四方面军总政治部关于对番民的策略路线的提纲》，黄维忠、格桑卓玛、王文长编《红色记忆——红军长征在藏族地区及其当代启示》，第374页。

委员九人至十三人，组织县波巴政府，内设正副主席各一人，分民政部、农业部、畜牧部、司法部、军事部等五部，每部设部长一人，任期半年至一年。

8. 县政府之上，为波巴人民共和国中央政府，由全国人民代表大会选举委员三十五人至四十五人组织之，统一全国领导，任期一年至三年。中央政府内设主席一人，副主席二人，委员若干人，分为民政部、农业部、畜牧部、军事部、外交部、司法部、民族部、财政部、宗教部等九部，每部设正副部长一人。各部之下得按工作需要设立科、股，另设一总务厅管理本府一切日常事务。中央政府常务委员会以十一人组织之，为执行委员会闭幕后日常行政最高机关。在中央政府内设立国家政治检查处（组织另定），进行肃反工作，保证波巴独立之安全。

9. 居住在波巴共和国领土内的其他少数民族（如回、汉人民）集团居住在五十户以上者，得组织自治区，设立自治委员会，由全体居民大会选举委员三人至五人组织之，分为委员长一人，委员二人至四人。如散居在各地之回、汉人民，则按人数比例推选代表参加当地波巴政府，自治委员会必须受县以上波巴政府的指导。

10. 本组织纲要未尽之外，由中央政府执行委员会决定颁布之，各级政府工作细则另定。①

1936 年 4 月 18 日，道孚成立县级博巴政府，通过《波巴依得瓦革命纲领》，涉及土地、信教自由、寺院、独立军事组织、农业、商业等内容，在此基础上制定更详细的《博巴政府组织纲领》，成为各级人民政府的施政纲领。要点如下：

①推翻汉官（指国民党官僚）、国民党、蒋介石在博巴领土内的衙门官府，打倒英、日帝国主义。

②没收汉官、军阀、英、日帝国主义者在博巴领土内所侵占的全

---

① 《波巴独立政府组织大纲》，黄维忠、格桑卓玛、王文长编《红色记忆——红军长征在藏族地区及其当代启示》，第 361—362 页。

厂、矿山、土地、财产，分给博巴依得瓦（"博巴依得瓦"是藏语"当地的藏族人"之意——引者注）。没收出卖博巴、勾通敌人的奸臣贼子的土地财产，分给穷苦的博巴人民。博巴分得的土地可以自由买卖、出租或典当。

③实行民族平等、自主，"番人独立"，建立博巴自己的政府，博巴坐自己的江山。凡赞助和参加博巴自治的人民，都有选举和被选举到政府办事的权利和义务。

④居住在博巴领土内的汉、回及其他非番族民众，在赞助兴番灭蒋和遵守博巴政府的各种法令的条件之下，可以享受博巴人民的一切权利，可以派代表参加博巴政府及组织自治区。

⑤成立博巴自卫军，保卫博巴独立和博巴人民的利益，镇压反革命捣乱。

⑥实行政教分离，信教自由，还俗自由，保护喇嘛庙及其土地财产不受侵犯。

⑦发展工商业，废除一切苛捐杂税、高利贷；解放农奴，取消乌拉差役，博巴依得瓦人人平等自由，特别要注意保护妇女和儿童。

⑧组织群众生产，奖励改良农具、兴办水利和开办工厂、开发富源；发展畜牧，保护牛厂、牧地，改善牧民生活。

⑨在平等互利的条件之下，欢迎一切外来投资和通商，并特别优待、保护商人和手艺工匠。

⑩与抗日红军订立永远的盟好，并无条件地为抗日红军筹措军粮、马料和羊毛；调派向导、通司（翻译）及其他支前劳力，安置、救护红军的伤病员等。①

博巴第一次全国人民代表大会上通过《波巴人民共和国国家政治检查处暂行条例草案》。其中提出中央设政治检查处，县一级设政治检查分科，区一级设政治检查员，保障博巴民众争取自治运动的顺利开展，巩固各级人民政府的基础。具体内容是：

---

① 周锡银主编《红军长征时期党的民族政策》，第55—56页。

1. 为保证波巴人民的民族独立解放运动顺利的开展和各地番民政府的巩固和发展，严厉镇压侵略国家、国民党、军阀、汉官等破坏番民独立运动以及一切反革命阴谋活动，这一工作必须吸收广大群众参加，同时必须设立专门机关来经常进行与破坏民族独立解放运动者作斗争。

2. 在波巴人民共和国领土内向一切反革命秘密和公开作斗争的机关定名为中央政治检查处。

3. 政治检查处为垂直的系统，中央政府设中央政治检查处，为波巴人民共和国领土内最高肃反机关，县设政治检查分科，区设政治检查员。

4. 中央政治检查处长由全国人民代表大会选举之，经波巴人民共和国中央政府委任，并呈报西北联邦保卫局批准，为波巴人民中央政府当然委员。

5. 县政治检查科长及区政治检查员由中央政治检查处委任，直属于中央政治检查处。但县政治检查科长、区政治检查员为该同级政府当然委员。

6. 政治检查处长、科长代表国家向法庭提起公诉一切反革命案件，在法庭公审时是代表国家原告人。

7. 波巴人民共和国正式加入中华人民共和国西北联邦政府时，中央政治检查处即直属接受西北联邦保卫局之领导和指挥，并由西北联邦保卫局派一指导员常驻中央政治检查处指导工作。

8. 工作细则另订。[1]

会议还通过《博巴自卫军暂行条例（草案）》，规定自卫军性质、任务、编制、政治工作、武器装备、教育训练、休息和替换、卫生、给养、赏罚与抚恤，及其同红军的关系。各类经济建设的相关条例也相继制定出台，如《关于发展农业的暂行条例》《关于商业的暂行条例》《发展交通暂行条例》《关于发展畜牧业的决定》《关于借贷和投资的暂行条例》《关于保护工匠、娃子暂行条例》等。[2] 这些条例规定了博巴政府发展农业、商业、牧业等的

---

[1] 《波巴人民共和国国家政治检查处暂行条例草案》，黄维忠、格桑卓玛、王文长编《红色记忆——红军长征在藏族地区及其当代启示》，第 362—363 页。

[2] 李荣忠、刘君：《波巴第一次全国代表大会述评》，《西藏研究》1986 年第 4 期。

主要指导方针、政策，是在结合地方实际情况的基础上提出的，也是中国共产党在少数民族地区建设人民政府和发展地方经济等举措的早期实践。

三　博巴政府支援红军长征的活动

博巴政府成立后，各级政府主要从人力和物资两个方面给予红军长征不可或缺的支援和贡献。在红军扶持下建立的各级人民政府一方面纷纷成立地方武装，维护新建政权和地方秩序，积极配合红军作战；另一方面开展粮食生产和筹措工作，解决红军的粮食供应短缺问题。各级政府为解决红军与群众的粮食问题，从没收土地、发展农业、筹措粮食三个方面展开，并制定、颁发一系列针对性条规，以保障粮食供应充裕。以道孚县博巴政府为例，1936年4月15日道孚县博巴政府第一次代表大会通过确保粮食供应的数个条例。其中，土地暂行条例规定：

一、没收汉官、天主堂土地，官地、差地、学地，分给波巴回、汉无地或少地的人民。

二、汉官、军阀、洋人、帝国主义侵占的金厂、红山森林等，一律收回为波巴人民所有。

三、喇嘛寺的庙地不没收，可以出租给波巴人民耕种，但须减轻地租。如发生纠纷，由政府召集当地群众和喇嘛会议共同解决。

四、破坏波巴独立的反动头子及民族叛徒的土地财产，没收分给波巴依得瓦。

五、土地给谁，即归谁所有，由特区政府发给土地证（每张收回纸张印费壹角），种地下当差。

六、过去因反抗汉官而被充公的土地，一律退还原主。但如已分给群众耕种之土地，得酌量当地情形和该群众意见公允解决之。

七、因受不了汉官、国民党的压迫剥削而逃避的群众，于最近期内回家，其房屋土地立即还原。如已出外多年无法找他回家者，其土地可分给当地群众耕种。如本人回家，分土地给他。

八、土地卖买、佃当、出租一律自由，佃户只交租不当差，并规定最高地租，保证佃户生活。

九、为增加农业生产，特别奖励波巴开荒地。如属官地，谁开出即是谁的；如属私人山地树林，须酌给地价。

十、药山分给谁即是谁的，外人掘药要给山价。

十一、山林分给各区人民公共采伐，狩猎自由。

十二、水磨分给谁即属谁所有，别人使用，要给磨课。

十三、水磨在放水耕地时，由当地群众公推水首，分配放水，水钗修理由当地群众共同负责。[①]

发展农业的暂行条例规定：

（一）不准杀吃耕牛、母牛、小牛、母羊、小羊和母猪、小猪。

（二）规定最高地租，地租最高不能超过四六分，佃户得六地主得四的比例。

（三）保护水磨，破坏者受重处。

（四）奖励改良肥料，利用人兽粪尿和兽皮、兽骨，□□等等制造肥料。

（五）提倡种树，种树木的寨区或个人，政府给予奖赏。

（六）奖励发明驱除害虫（麻雀等）的方法，政府农业部聘请这种发明人，并予特别优等。

（七）奖励发明与改良农具，和利用风力水力灌溉打麦等。对发明者或改良者，政府给予特别赏金。

关于筹粮的决定：

一、为保证波巴群众粮食起见，宣布废除过去汉官、军阀毫无报酬强派粮食税的办法。

二、红军初到时，因反动造谣破坏，许多群众都不在家，红军吃了

---

① 《道孚波巴依得瓦第一次代表大会所通过的几个条例》（1936 年 4 月 15 日），黄维忠、格桑卓玛、王文长编《红色记忆——红军长征在藏族地区及其当代启示》，"附录"，第 348—349 页。

一部分粮食，其未给价和未给借据者，由各区政府清查确实，呈报特区政府（但不得多报，多报者一经查出应受处罚），由特区政府即补发执据，以后可由粮税中扣还。

三、为要解决群众和红军的目前急需，应采取以下办法：

（一）由群众共同商议，依照存粮多少，筹出一部粮食出来，平价卖给无粮群众和红军吃用。

（二）现在正是打康定的时候，凡我波巴群众都应一致赞助。决定本特区借给红军战粮三千石。有粮的多出，无粮的少出，并决定各区担任借粮数目如下：

革西区六百石，孔色区六百五十石，麻孜区四百五十石，瓦日区六百石，明正区五百石。城区二百石。

从四月十八日起七天内完成一半，再七天全部完成，并发动粮食富裕的应自动捐助战粮。

（三）反对奸商操纵，当此粮食种子比较困难的时候，故意窖藏粮食，运粮出口，屯［囤］积不卖，提高粮食价钱，从中渔利。

（四）粮多的群众应自动匀一部分出来救济无粮或少粮的群众，由双方情愿或换活路，或约定秋收归还。

（五）由政府发起或群众合力开办粮行，群众的余粮，都可拿到粮行公卖，或有余钱的群众合资贩卖粮食及一切日常用品，政府切实予以保护。

（六）迅速号召牛厂回来，恢复贸易，牛厂住民，都可互换酥油、奶渣、粮食。

（七）快快春耕，多种洋芋、白菜、菠菜等快出的食物。[①]

在道孚县博巴政府的有效领导与群众的大力支持下，分配给各区的借粮任务从 1936 年 4 月 18 日起，仅半月内即全部完成。[②] 成功筹措到的粮食解决了红军的燃眉之急。

此外，各县博巴政府为农业生产和筹粮工作对群众进行了广泛动员。

[①] 《道孚波巴依得瓦第一次代表大会所通过的几个条例》（1936 年 4 月 15 日），黄维忠、格桑卓玛、王文长编《红色记忆：红军长征在藏族地区及其当代启示》，"附录"，第 351—352 页。

[②] 李荣忠、刘君：《波巴第一次全国人民代表大会述评》，《西藏研究》1986 年第 4 期。

1936 年为动员春耕，各级苏维埃政府提出"武装保卫春耕""加紧发展生产""不荒废一寸土地"等发展生产的口号，组织"代耕队"。苏维埃政府工作人员亦悉数到乡村修沟、筑坝、耕地。1936 年 4 月，甘孜县成立甘孜博巴政府，委员分别到各村宣传政策、贴告示、筹粮食。① 其下设的青年团（或称青年队）、妇女会（或称妇女支部）到甘孜开会后，回到乡村又组织青年、妇女开会，广泛宣传中央的民族、宗教政策，并到山中动员躲藏的民众返乡，动员群众搞好生产。②

1936 年 5 月 1 日，博巴人民共和国中央政府在甘孜成立，选任了康区多名代表，他们均为红军长征的粮食筹措工作做出了卓越贡献。例如德格土司大头人夏克刀登在博巴政府军事部任职，在职期间留守甘孜，为红军筹集粮草，直到 1936 年 7 月红军离开甘孜，才返回德格。诺那呼图克图亲信、宣慰使公署宣慰组长兼地方武装组长邦达多吉③被推选为博巴中央政府财政部部长后，筹集大量粮食、柴草、羊毛等物资，支援红军北上抗日。④

1936 年 5 月 26 日，中国工农红军第四军、红六军团会师瞻化后，在县城召开瞻化博巴人民代表大会，选举产生瞻化县博巴人民政府。在主席巴登多吉（河西头人），副主席巴金（河东头人）、卡特安戈（喇嘛）的号召与协助下，当地僧俗人士主动筹集粮款，收养红军伤员，帮助红军摆脱困境。⑤

炉霍县博巴政府主席相子·益西多吉则将家中大部分存粮、牲畜馈赠红

---

① 中共甘孜州委党史研究室编《红军长征在甘孜藏区》，成都科技大学出版社 1993 年版，第 201—211 页。

② 中国科学院民族研究所、四川少数民族社会历史调查组编印《红军长征经过藏区及藏区群众反抗斗争史料》，1963 年。

③ 邦达多吉（1906—1974），父邦达·列江（又名尼玛降村，俗称布尼江）经商，以"邦达昌"（"邦达"为地名，"昌"即"家"之意。"邦达昌"是以地名命名家族名的称谓）名义在印度、拉萨、康定等地设有商号。1910 年十三世达赖出奔印度，受邦达·列江供养。达赖回藏后，封邦达·列江为"商上"（商务官）。此后，邦达昌发展到上海、南京、北京、成都、西宁、兰州及印度加尔各答、噶伦堡等地。为此，西藏部分贵族大为不满，派人将邦达·列江刺死。达赖为追念前功，以邦达多吉为藏兵如本（营长）驻守察雅，同时接任宁静县呷本（十八土司之一）职务。1933 年，十三世达赖圆寂后，邦达多吉对西藏地方政府处理土登贡培事件大为不满，因而在次年初起兵反抗西藏地方政府，渡过金沙江投靠二十四军，并赴南京拜见蒋介石。1936 年 6 月，红军北上路经康区时，邦达多吉在巴塘与白玉之间袭扰红军，被击溃，后经动员出任博巴政府财政部长。参见西藏昌都地区地方志编纂委员会编《昌都地区志》（下），方志出版社 2005 年版。

④ 黄维忠、格桑卓玛、王文长编《红色记忆——红军长征在藏族地区及其当代启示》，第 142 页。

⑤ 黄维忠、格桑卓玛、王文长编《红色记忆——红军长征在藏族地区及其当代启示》，第 112 页。

军。觉日寺扎日活佛、灵龙寺曲扎活佛不但率先捐献出寺庙的大量物资（包括藏洋），而且还主动为红军筹集物资。在县博巴政府副主席泽仁贡布的组织下，泥巴沟的各界人士尽全力支援红军。宜木、斯木、仁达等地的民众为红军筹措和提供北进的粮食。[①]

四　博巴政府的历史意义：中国共产党民族区域自治的早期实践

红军通过在民族地区的调查与实践，将民族理论同藏地实际相结合，于1936年协助康区民众在甘孜建立第一个藏族省级自治政权——中华苏维埃博巴人民自治政府，及其所辖的甘孜、炉霍、道孚等县、区、乡各级博巴政府。博巴政府的成立与运行不仅是中国共产党领导康区民众寻求民族权利的一次探索，更是将马克思主义民族理论与康区实际结合后，创造性地进行的民族区域自治的早期尝试，为20世纪50年代以降创建民族自治区提供了历史经验。事实表明中国共产党开始着手探索具有中国特色的民族区域自治政策，始于长征，始于康区。

中华苏维埃博巴自治政府的建立具有重大的历史意义。首先，红军在协助康区民众建立各级自治政权时，充分注意对当地藏族代表（土司、头人、喇嘛、活佛）的吸纳，各自治机关的负责人多数由各族人民民主协商选举产生。甘孜孔萨土司德钦旺姆被任命为博巴全国大会筹备会委员长，白利土司为副委员长，孔萨香根土登罗桑久美嘉措[②]为秘书长。同时，在积极建立政权基层组织过程中，藏族下层民众也占有适当名额，使各级博巴政府名副其实地成为康区民众的自治政权。炉霍县博巴政府十二名成员中，喇嘛、医生各一名，其余全为普通民众。统一战线政策的施行更广泛地团结了康区社会各阶层参加民众运动和自治政权。[③]

其次，博巴政府制定政策的变化表明，中国共产党在康区的民族区域自

---

①　黄维忠、格桑卓玛、王文长编《红色记忆——红军长征在藏族地区及其当代启示》，第187页。

②　孔萨香根，"香根"意为"救星"，源自第五任孔萨土司格绒达吉次子洛绒降泽。洛绒降泽曾被选为十二世达赖喇嘛的转世灵童，被迎去西藏，后在金瓶掣签中落选。而七世班禅宣称其为四手观音的化身，遂施沙弥戒，取名洛绒赤珠，授予"香根"名号。1856年10月，洛绒降泽返回甘孜，成为康北孔萨家族中一世香根活佛。红军经过甘孜时，甘孜寺香根活佛是孔萨土司德钦旺姆的舅舅土登罗桑久美嘉措。参见泽仁翁姆《甘孜孔萨女土司——德钦旺姆》，《四川民族学院学报》2017年第4期。

③　黄维忠、格桑卓玛、王文长编《红色记忆——红军长征在藏族地区及其当代启示》，第187页。

治早期实践随着对少数民族地区的不断深入认知而不断修正和发展。中国共产党最初决定动员藏民组建政府，在汉人聚居区仅组织自治委员会，结果造成两个政权并存的局面。为解决这一问题，博巴全国人民代表大会通过《波巴独立政府组织大纲》，其中明确规定："居住在波巴共和国领土内的其他少数民族（如回、汉人民）集团居住在五十户以上者，得组织自治区，设立自治委员会，由全体居民大会选举委员三人至五人组织之，分为委员长一人，委员二人至四人。如散居在各地之回、汉人民，则按人数比例推选代表参加当地波巴政府。"[1] 各级博巴政府会议通过的各种条例大同小异，但部分内容前后有重大改变。在《关于土地暂行条例（草案）》中，全国代表大会在"不没收喇嘛寺院的庙产"后面加上"赞助波巴独立与遵守政府一切法令的土司土地"。[2]《保护工匠娃子暂行条例（草案）》增加第三条"废除买卖娃子，娃子可以自由脱离主人"。[3] 以上变化都是因为中国共产党在康区开展工作中认识到密切团结少数民族地区各阶层人士的重要性——要发挥统一战线政策的积极作用，必须从制度层面保障当地群众的权利，从而争取和团结各界人士。这些做法既反映出中国共产党实事求是的工作作风是对康区情况不断深化了解的结果，又说明其民族政策日益完善，马克思主义民族理论真正在中国落地生根。[4]

再次，博巴政府的施政纲领和各项具体方针政策提出了一整套有关民族平等、团结、自治和宗教信仰自由的主张。特别是带有自治性质的博巴政府在中国共产党建立的格勒得沙政府[5]经验的基础上，将马克思主义民族理论

---

[1] 《波巴独立政府组织大纲》（1936年5月），黄维忠、格桑卓玛、王文长编《红色记忆——红军长征在藏族地区及其当代启示》，第361—362页。

[2] 《波巴第一次全国人民代表大会宣言》，中共中央统战部编《民族问题文献汇编》，中共中央党校出版社1991年版，第495—496页；中共四川省委党史工作委员会主编《红军长征在四川》，四川省社会科学出版社1986年版，第377页；黄维忠、格桑卓玛、王文长编《红色记忆——红军长征在藏区地区及其当代启示》，第368页。

[3] 《红四方面军总政治部关于对番民的策略路线的提纲》（1936年5月29日），黄维忠、格桑卓玛、王文长编《红色记忆——红军长征在藏族地区及其当代启示》，"附录"，第378页。

[4] 黄维忠、格桑卓玛、王文长编《红色记忆——红军长征在藏族地区及其当代启示》，第122页。

[5] "格勒得沙"为嘉绒藏语音译，意为藏族人民。格勒得沙政府，或称格勒得沙共和国，是红军第四方面军长征途经阿坝，在中国共产党领导和红军协助下建立的藏族历史上第一个人民自治政权。参见陈学志《格勒得沙共和国——红军长征中帮助建立的第一个少数民族革命政权》，《中央民族学院学报》1991年第6期。

与中国民族地区实际相结合，进一步探索民族地区的治理模式。这是一次马克思主义民族理论真正中国化的有益尝试。

最后，红军长征期间在西康、四川、甘肃等藏族地区建立的民族自治政权的实践，对中华人民共和国成立初期民族区域自治制度的顺利实施积累了重要的经验。中国共产党运用长征对康区的深远影响，借鉴红军长征期间在康区建立博巴政府的历史经验，依据社会条件，选择甘孜藏族地区为试点，创建藏族自治区，继续推进民族区域自治的尝试。1950 年 7 月 21 日，邓小平指出："今天我们在西南实行民族区域自治，首先开步走的应是康东，因为各种条件比较具备。第一，藏族同胞集中；第二，历史上有工作基础；第三，我们进军到那个地方后，同藏族同胞建立了良好关系；第四，那里还有个进步组织叫东藏民主青年同盟，有一百多人。有这些条件，就能马上去做工作。"① 中央民族访问团西南访问团团长刘格平也称，西南军政委员会领导"决定首先在西康藏区实行区域自治，作为典型试验"。中共中央也提出，西康省藏族自治区的工作任务"应从当地具体情况择其急要而能够实现者，并照顾对整个西藏的影响"。为遵循邓小平同志的指示，1950 年 11 月 24 日，西康省藏族自治区人民政府在康定正式成立。作为中华人民共和国成立后首个经系统设计、精心架构而建立的地区级民族区域自治机关，西康省藏族自治区人民政府"给西南在建立民族区域自治政权工作方面作了良好的开端"，② 开创并实践了新的政治制度，向解放进程中的西藏地区展示出新的体制模式，为此后其他少数民族地区建立民族自治区提供了基本范例。

民族区域自治政权的建立加快了少数民族地区革命的步伐，为后来制定具有中国特色的民族政策奠定了理论基础。中华人民共和国成立以来，中国共产党为保障各族人民当家做主的权利，一直坚持和不断完善民族区域自治制度。中共中央关于少数民族"自决权"问题致二野前委的指示讲得十分透彻："关于各少数民族的'自决权'问题，今天不应再去强调，过去在内

---

① 《关于西南少数民族问题》，中共中央文献研究室、中共重庆市委员会编《邓小平西南工作文集》，重庆出版社 2006 年版，第 199 页。

② 《一九五一年的工作任务》，中共中央文献研究室、中共重庆市委员会编《邓小平西南工作文集》，第 330 页。

战时期，我党为了争取少数民族，以反对国民党的反动统治（它对各少数民族特别表现为大汉族主义）曾强调过这一口号，这在当时是完全正确的。但今天的情况，已有了根本的变化，国民党的反动统治基本上已被打倒，我党领导的新中国业经诞生，为了完成我们国家的统一大业，为了反对帝国主义及其走狗分裂中国民族团结的阴谋，在国内民族问题上，就不应再强调这一口号，以免为帝国主义及国内各少数民族中的反动分子所利用，而使我们陷于被动的地位。"① 红军长征期间建立的中华苏维埃博巴人民自治政府、格勒得沙共和国等是中国共产党第一次建立带有自治性质的少数民族政权，是其政策从民族自决到自治的重大转变，是对区域自治制度的最初尝试。正是红军长征在康区的经历使得中国共产党深刻认识到对于一个多民族国家而言，"民族自决""联邦制"等并不符合我国的历史传统和民族地区的现实情况，从而在建立新政权后坚决推行民族区域自治制度。因此，具有临时宪法作用的《共同纲领》确认了实行民族区域自治为解决国内民族问题的基本政策。民族区域自治制度最终作为中国特色社会主义制度的一项基本政治制度，成为中华人民共和国现代多民族国家建设的重要指导方针。

第三节　红军的民族政策及其与康区民众的互动

红军停留康区期间，结合少数民族地区的实际，开始实践民族平等、宗教信仰自由、尊重民族语言文字和风俗习惯、团结上层人士等民族政策，获得当地各族民众在政治、经济、军事等方面的积极支持。康区民众通过踊跃参军，壮大革命武装力量，提供粮食物资给养，掩护救治伤病等多种方式为红军长征的胜利提供了保障。

一　破除国民党谎言与聘用通司

红军初入藏地，遇到的主要困难是坚壁清野，亦即任乃强所记叙的

---

① 中共中央文献研究室编《建国以来重要文献选编》第 1 册，中央文献出版社 1992 年版，第 24 页。

"人多闻风避走"。① 原因是当时土司受到国民政府和川康地方政府的恐吓，要求土司严禁民众帮助红军，规定"凡帮助红军引路者，帮助红军当通司者，或卖粮食给红军者，均横加杀戮。若不执行坚壁清野者，则所有财产牛羊粮食一律没收。如不听从土司指挥同红军作战者亦作叛逆论"。② 斯诺在《西行漫记》③ 中对红军初入藏地情形有如下描述：

> 他们（指红军——引者注）走进浓密的森林和跨过十几条大河的源流时，部族的人就从进军途上后退，坚壁清野，把所有吃的、牲口、家禽都带到高原去，整个地区没有了人烟。④

参加长征的红军德国顾问奥拓·布劳恩（李德）也写道：

> 村落和院宅被遗弃了，贮存的粮食都被收藏和搬走了，牲口也被赶走了，周围根本没有可以买到或者可以从地主那里没收到的东西。⑤

不仅如此，红军初入藏地时还常遇到一些不明真相的藏民的袭击。夏洛

---

① 任乃强：《康藏史地大纲》，第 161 页。《康藏史地大纲》最初于 1942 年由建康日报社发行，2000 年西藏古籍出版社再版该书时，因前一版本存在某些时代痕迹，曾由任乃强本人做过一些处理和校订，只是因故拖延，2000 年再版本出版时任乃强已逝世。2009 年中国藏学出版社出版《任乃强藏学文集》也收录有《康藏史地大纲》。此处所引文本在《康藏史地大纲》前后所出的三个版本中文字略有差异，但内容大体一致。同一文本参见任乃强《康藏史地大纲》下册，建康日报社 1942 年版，第 75 页；《任乃强藏学文集》中册，第 543 页。

② 杨定华：《雪山草地行军记》，新华印刷厂 1949 年版（著于 1936 年 6 月），第 9—10 页。杨定华原是国民党第十八师无线电机务员，1930 年被红军俘房，因红军中缺少无线电专门人才，留其在第三军军部任机务员。1935 年红军西征时，他又被调至红军总司令部无线电队第六分队任机务主任，后随红军参加长征。

③ 《西行漫记》原名《红星照耀中国》。斯诺于 1936 年 6 月至 10 月在中国陕甘宁地区进行实地采访，最终写成《红星照耀中国》一书。该书最早于 1937 年、1938 年分别在英国和美国出版，1938 年中译本在上海用复社名义出版，书名改为《西行漫记》。

④ 埃德加·斯诺：《西行漫记》，董乐山译，三联书店 1979 年版，第 178 页。

⑤ 奥拓·布劳恩：《中国纪事（1932—1939）》，李逵六等译，现代史料编刊社 1980 年版，第 172 页。

特·索尔兹伯里[①]记述道："这些山民埋伏在深的树林里，向着前进的'侵入者'袭击。他们爬上了高山，等红军排队走过那深而狭窄的石路的时候，——那里只能一个或两个人并肩走过——蛮子们就从山上滚下大块的圆石头，攻打红军的士兵和牲口。"[②]

因为对红军不了解，加之受到国民党歪曲宣传的影响，藏族民众对红军普遍存在着妖魔化的认识。所以，红军为了破除国民党的谎言，争取广大少数民族群众，以及有效而广泛的宣传影响，采用聘请"通司"的办法，来消除在交流中存在的语言、文字等方面的障碍。《少数民族工作须知》规定："要学会回、番民族的语言文字，遵守他们的风俗习惯、语言文字，细心说服和宣传，加深阶级教育，发动他们阶级斗争，使回、番民族信仰共产党与苏维埃红军……为着将我们的政纲、政策深入回、番民群众中，首先要将'通司'（能翻译回、番文字语言的人）请来，我们要大大优待多给工资（照优待专家条例），使他好好的正确的为我们翻译（如果没有翻译，彼此说话都不懂，工作不能进行）。"[③]红军中的各级政治部门，每到一地都物色挑选当地民族中通晓汉语或汉文的人，或是少数久住少数民族地区，通晓藏语、羌语的汉人充任"通司"。这些人不但熟悉当地的人文地理环境，而且可以担任翻译，在协助红军进行宣传、动员和组织群众等工作中发挥了特殊作用。

红军还请藏族喇嘛将有关民族政策内容的布告、标语、口号等翻译成藏文，开展广泛的宣传工作。《战斗准备时期政治保证计划》中要求"进占炉霍、甘孜及前线各部队，应加紧对少数民族的宣传，注意对番民武装及一般社会情况的调查，派遣代表向外活动，多印藏语宣传品，对番反在其缴械投降后，一律予以优待"。[④]

---

① 夏洛特·索尔兹伯里，美国记者，作家哈里森·索尔兹伯里的妻子。1984年，哈里森·索尔兹伯里与妻子应邀沿当年红军长征路线进行实地采访，沿途采访了很多当年参加长征的亲历者。哈里森·索尔兹伯里写成《长征——前所未闻的故事》一书，夏洛特·索尔兹伯里则写成《长征日记——中国史诗》一书。

② 洛特·索尔兹伯里：《长征日记——中国史诗》，王之希、许丽霞译，国际文化出版公司1986年版，第160页。

③ 《成立西北特委和西北联邦政府·西北特区关于少数民族工作须知》，《干部必读·西北特刊》1935年第2期。

④ 《战斗准备时期政治保证计划》，黄维忠、格桑卓玛、王文长编《红色记忆——红军长征在藏族地区及其当代启示》，"附录"，第347页。

红军不仅尊重少数民族的语言文字，还号召指战员学习使用少数民族语言文字。红军曾提倡汉族指战员认真"学番民语言"，请喇嘛教授藏语、藏文和藏族歌谣，优待通司。发布的文告有的也用藏汉文对照。红军还把尊重少数民族语言文字的政策编成通俗的歌谣传唱。《少数民族工作须知》中提出："要帮助少数民族的文化工作，建立本民族的学校，用本民族的语言文字教授。"[①] 在邵式平的主持下，红军开办甘孜藏民干部学校，前后培训230名藏族青年干部、积极分子和从事翻译、宣传、后勤和群众工作的民族干部。地方党委举办的炉霍党校曾对以少数民族为主的地方干部进行培训。红军在丹巴期间还兴办过列宁学校。一大批优秀的少数民族干部成长起来。[②]

二　尊重民族信仰与寺院的支持

进入藏地后，红军总政治部做出规定："绝对遵从少数民族群众的宗教、风俗、习惯，并将这些习惯向战士说明"，"准许人民信奉菩萨，不愿当喇嘛的准许还俗！"[③] 任乃强称其"所至保护寺院，尊重习俗，爱惜人命，避免摩擦"。[④]

夏洛特·索尔兹伯里也记述道：

> （哈里森）问军队怎样对待喇嘛寺，答复同以前听到的一样，给军队下了命令，不得干涉人民的宗教活动。红军快到时，喇嘛就逃跑了，战士住在喇嘛寺里，但不许动任何东西。[⑤]

在过藏地期间，由于执行保护寺院政策，红军得到寺院的有力支持。1936年3月30日，红军第八十八师顺利翻越海拔4000米的罗锅梁子，向甘孜进发。这时，甘孜寺所派代表呷吉洛朱等也赶到罗锅梁子。红军答应他们

---

① 《成立西北特委和西北联邦政府·西北特区关于少数民族工作须知》，《干部必读·西北特刊》1935年第2期。
② 中共甘孜州委党史研究室编《红军长征在甘孜藏区》，第188—189页。
③ 中共中央统战部编《民族问题文献汇编》，第339、251页。
④ 任乃强：《康藏史地大纲》，第161页。
⑤ 夏洛特·索尔兹伯里：《长征日记——中国史诗》，第175页。

提出的不进驻寺院的要求。部队当天顺利进抵甘孜。红军到达甘孜后，仲萨活佛①主动宣传红军政策，耐心劝说离乡群众回乡生产，积极为红军筹集粮食和物资。

红军初到甘孜时，白利寺堪布格达活佛②误信诺那呼图克图的宣传，对红军产生疑虑，躲进白利寺附近的村庄。但是他在见到红军纪律严明、秋毫无犯、保护寺庙、爱护僧俗群众后，深为感动地说："我作为活佛，是用佛经超度人们的灵魂到极乐世界去；而共产党领导的红军，是为穷人打天下的军队，我们的信仰虽然不同，但都是为了穷人。"③ 4 月 12 日，红军总政治部主任兼红四方面军政委陈昌浩与甘孜寺堪布仲萨活佛、白利寺堪布格达活佛签订协议，发布《中国红军总政治部、甘孜喇嘛寺、白利喇嘛寺互助条约》：

> 兴番灭蒋是中国红军与卜巴民族共同的责任，为了达到兴番灭蒋的很快成功，中国红军总政治部与甘孜喇嘛寺、白利喇嘛寺特订立下面的互助条约：
>
> 第一条　大大宣传兴番灭蒋的政策及红军帮助卜巴独立的行动，号召全西康、西藏所有卜巴一致联合共同兴番灭蒋，建立卜巴独立的卜巴人民共和国；
>
> 第二条　逐渐消除西康甘孜卜巴喇嘛与大金寺、西藏卜巴喇嘛过去的仇恨，实行卜巴民族的团结与一致，以加强民族解放的力量；
>
> 第三条　设法宣传回族与青军对卜巴独立的友好援助与联合；
>
> 第四条　参照卜巴原来习惯建立甘孜卜巴政府，为了加强的政府力

---

① 仲萨活佛（法名仲萨·洛绒巴登，1905—1967），3 岁坐床，1935 年在拉萨色拉寺获得格西学位后，返回甘孜主持甘孜寺。1936 年红军途经甘孜时，仲萨活佛主动宣传中国共产党的民族政策，动员离乡群众回家乡生产，并为红军筹集粮食和物资。仲萨活佛主持的泽尼扎仓为红军征集粮食 36135 千克。参见甘孜县志编纂委员会编《甘孜县志》，四川科学技术出版社 1999 年版，第 444—445 页。

② 格达活佛（1902—1950），7 岁时被认定为甘孜白利寺活佛，1928 年在拉萨甘丹寺获得格西学位。1936 年，红军长征进入甘孜，格达活佛为红军在粮草、安置伤员等方面提供帮助，后被选举为中华苏维埃博巴政府副主席。西康解放后，格达活佛先后被任命为西南军政委员会委员、西康省人民政府副主席、康定军事管制委员会委员、西南民族事务委员会委员等职务。参见邓珠拉姆《格达活佛》，四川人民出版社 1999 年版。

③ 宋凤英：《情系红军将士的"红色活佛"》，《党史纵横》2009 年第 3 期。

量，须参加一些先进勇敢坚决为卜巴奋斗的人民及青年到政府中；

第五条　以甘孜为康藏卜巴独立运动策源地，准备最近在甘孜召集康藏番民代表大会，成立中央政府，完全脱离蒋介石汉官的统治；

第六条　喇嘛寺、土司在执行上面条件下红军负责保护；

第七条　喇嘛寺负责供给红军粮食和一部分物质资财；

第八条　喇嘛寺负责最近号召所有逃到外边未回来的人民及牛羊牲口财物回来安居乐业，红军一定保护；

第九条　红军与卜巴及喇嘛联合到底，如发生争斗和不合问题时则双方商量解决；

第十条　本条约自签订日实行。

中国红军总政治委员陈昌浩、甘孜喇嘛寺佛都督重撒、白利喇嘛寺佛都督格打

公元一九三六年四月十二日　签订①

另外，《红军为保护喇嘛寺的公告》规定："喇嘛寺、土司，在执行上面条件下，红军负责保护"；②　"查白利喇嘛寺，联合红军，共同兴番灭蒋，应予保护。任何部队，不得侵扰，违者严办，切切此布。"③

从此，格达活佛以极大的热忱积极支援红军，动员和组织僧俗百姓为红军做翻译、当向导、筹措粮草，还把红军医院搬进寺院，亲自为红军伤病员疗伤。他还亲自说服亚龙寺、更龙寺，出钱出粮支援红军。最后，格达活佛所在的白利寺向红军提供粮食3500多千克。④ 甘孜地区建立博巴政府时，格达活佛在政府中担任要职。红军北上，朱德总司令临别前在红缎上为格达活佛写下"红军朋友，藏人领袖"的题词，并将自己的八角军帽赠送给格达活佛，对他说："这顶帽子留给你，看到它，就像看到了红军。少则5年，

---

① 重撒即仲萨，格打即格达。中共四川省委党史研究室编《红军长征在四川图志》（下），四川人民出版社2016年版，第513页。

② 《中国红军总政治部、甘孜喇嘛寺、白利喇嘛寺互助条约》规定了一系列喇嘛与土司支持"兴番灭蒋"的条款，并将遵守这些条款视为红军为其提供保护的前提。参见周锡银编著《为西藏和平解放而献身的格达活佛》，民族出版社2013年版，第190—191页。

③ 甘孜县志编纂委员会编《甘孜县志》，第461页。

④ 甘孜州志编纂委员会编《甘孜州志》，第1310—1311页。

多则 15 年，我们一定会回来。"①

1936 年 6 月 19 日，红军先头部队到达白玉县城后，贺龙拜访白玉寺。该寺对红军较为热情，支援一批粮食，并将三匹好马送给贺龙。红军以礼相待，回赠白玉寺许多财物。因为与寺院和睦相处，部队得以在白玉休整五天。②

三　团结上层人士

1935 年 6 月，诺那呼图克图受到蒋介石接见，并被委任为"西康宣慰使"，为国民政府在康区扶植的亲信势力。在红军入康后，诺那呼图克图奉国民党"策动地方武装，围堵进入藏区红军"的指示，纠集土司及寺院僧众在康定、德格、甘孜、炉霍、道孚等地围堵红军，先后在道孚、炉霍一带与红军作战，被红军击溃后又逃到甘孜，联合德格土司泽旺登登进行抵抗。夏克刀登受德格土司之命带兵在甘孜白利寺一带阻击红军，战败被俘。诺那呼图克图逃往甘孜，之后被下瞻对土司拘押交给红军。诺那呼图克图被俘之初对红军十分敌视，称："我为发号施令之人，全署员兵，奉令行事。蒋委员长待我厚，防御共匪，系我天职。速杀我，宽免员兵。"但在红军的优待下，其态度逐渐发生了变化。据其弟子韩大载称："局长王维舟……夫妇俱宽厚……待师善且周。"诺那呼图克图病后，在药品短缺情况下，红军全力为其医治，诺那呼图克图颇为感动地说："我为将死之人，此二针药，殊可惜。"③ 时人也记："红军医务人员在当时的医药物资极端困难之下，尽心竭力为诺那治病。"④

诺那呼图克图被俘后于 1936 年 5 月因病圆寂。红军遵从其生前遗嘱："一，停尸三日不动。二，用火化。三，遗骨送庐山安葬。"⑤ 由于当地没有宁玛派寺院，红军请来绒坝岔折格寺白马丹尊大喇嘛等八人行火化事宜，并

---

① 郭昌平、尹向东：《"红军朋友，藏人领袖"——记甘孜白利寺第五世格达活佛》，《中国西藏》（汉文版）2000 年第 4 期。

② 黄维忠、格桑卓玛、王文长编《红色记忆——红军长征在藏族地区及其当代启示》，第 139 页。

③ 韩大载：《诺那呼图克图行状》，《康藏前锋》第 4 卷第 1、2 期合刊，1936 年。

④ 陈济博：《我所知道的诺那》，政协四川省文史资料委员会编《四川文史资料选辑》第 29 辑，四川人民出版社 1983 年版，第 86 页。

⑤ 韩大载：《诺那呼图克图行状》，《康藏前锋》第 4 卷第 1、2 期合刊，1936 年。

允许韩大载运送遗骨前往庐山。后来韩大载回忆此事云："我负诺那遗骨，行三日至炉霍，见总政治部李富春主任，嘱稍待。第四日，朱总司令约进午餐，同座有李富春主任，徐向前军长及张国焘等五六人，酒后畅谈至深夜始散。次日，朱总司令又约吃饭谈话，翌晨赠我军服一套、川资百元、马一匹，并派勤务员两人送我东返，沿途多承优遇。"[①]

夏克刀登为德格土司属下的大头人，受命抗击红军时被俘。红军将其释放。夏克刀登在写给格达活佛的信中称："此次本人受德格土司格旺邓登（即泽旺邓登——引者注）指派，率骑兵前来甘孜阻击红军，孰料成了红军的俘虏。幸得红军宽宏大量，不计前嫌，放我回玉隆。"[②]夏克刀登有感于红军宽宏大量，之后代表德格土司与红军订立《互不侵犯协定》，允诺"德格土司支援红军一部分粮食和物资"。协定签署后，夏克刀登一次就从德格运送 50 驮（每驮约 70 千克）粮食及牛、马等支援红军。[③]此后，夏克刀登一直留在甘孜县为红军筹集粮食。博巴政府成立之后，夏克刀登当选为军事委员会主任。

以上事件可充分说明，红军不仅执行"保护寺院，尊重习俗，爱惜人命"的政策，而且对于与之为敌的寺院上层和土司头人，在其被俘以后均给予了极大优待。红军这种优待寺院上层和土司头人的做法，显然在当地藏族民众中产生了极大影响，传为美谈。任乃强在入康后从当地民众那里获知此事，故在记述红军情况时特地记下了诺那和夏克刀登事件。

四　筹粮活动与康藏民众的奉献

藏地土地贫瘠，粮食资源十分有限，而红军人数庞大。故任乃强说"然西康骤增 10 余万人，粮食奇缺"。[④]在此情形下，粮食问题即成为红军的首要难题。时任红一军团政治委员的聂荣臻回忆道："这一带人烟稀少，又是少数民族地区，部队缺粮严重，我们几乎天天为粮食发愁。"[⑤]国民党

---

① 韩大载：《我的从政生涯》，政协松滋县文史资料研究委员会编印《松滋文史资料选辑》第 4 辑，1989 年，第 10 页。该文由韩大载先生的小传整理，标题为编者所加。

② 转引自周锡银编著《为西藏和平解放而献身的格达活佛》，第 58 页。

③ 甘孜州志编纂委员会编《甘孜州志》，第 1310 页。

④ 任乃强：《康藏史地大纲》，第 161 页。

⑤ 《聂荣臻回忆录》，战士出版社 1983 年版，第 279—280 页。

的报刊也称红军"日食两餐，均不得饱"。①

　　受国民党的鼓动和宣传，当地民众纷纷逃到山上，并将粮食藏起来。当地土司、活佛也命令民众藏匿粮食："民众都要把粮食藏好，尽快往山上躲避，人往哪里跑牲畜就赶到哪里。不要让红军得到一颗粮食、一头牲畜，红军是天上的云不会长久。"② 这更增加了红军获取粮食的难度。

　　为解决这一生存大事，1935 年 7 月 3 日，中国工农红军总政治部发布关于粮食问题的训令：

　　　　各部队政治部必须发动连队用一切方法，如没收、搜山、收买等等，收集粮食，在收集的时候必须注意发动群众来帮助，严禁侵犯群众尤其是番人、回人的一点利益。绝对禁止强买粮食，私人买粮食，买粮食不给钱，群众不在家不给钱等。搜山所得的粮食，必须切实查明所有者，如系群众和番人、回人的，必须一律给足代价，现钱缺乏时，应以茶叶等物付价，或给卖主以购物凭单开明所买之物，令其到理番或杂谷脑将单换取同样价值之茶叶，或等待将来红军派人持现钱调回该凭单。此种凭单师以上之政治部才有权印发并须保留存根。③

1935 年 7 月 8 日，中央军委发布关于组织别动队筹粮办法：

各军团首长及其政治部：

　　为能确实争取番民回家和收集粮食到手，现特规定组织别动队的办法如下：

　　甲、凡部队在某地有一天停留的都可组织别动队上山，搜索招回番民收集粮食。

　　乙、别动队人数，可从一排至一连，有时可用便装或伪装，人选应

---

　　① 《一周国内外大事纪要（由七月五日起至十一日止）：国内：川省残匪粮弹两缺》，《秦风周报》第 1 卷第 20 期，1935 年。

　　② 炉霍县党史办、方志办编印《炉霍史志资料选辑》第 1 辑，1992 年，第 2 页。

　　③ 《中国工农红军总政治部关于粮食问题的训令》（1935 年 7 月 3 日），中共中央统战部编《民族问题文献汇编》，第 292 页。

择各连精壮战士，配足火力，派遣得力指挥员政治人员及宣传队随队指挥和工作。

丙、别动队要战备活动，遇有番夷群众不论男女老幼人多人少，都应招呼其与我接谈，向其宣传，劝其回家卖我粮食，不听应强迫其随我下山再施劝导，如反抗或先向我动武，应即以武力捕捉其众带回劝导，如遇蛮兵袭击或截杀我落伍疾病人员，应捕杀其头子，以敬示众，但不应过多杀伤，尤严禁烧房屋与捣毁喇嘛寺，撕毁藏经和污辱其信仰，如有犯者亦应严罚示众。

丁、上山搜粮如找得藏粮所在（非土司头子的）而无群众者，应留相当银钱或茶叶以作代价（茶叶设法送芦花卓克基），特别在芦花应用此法，从家屋中搜出粮食，无人在家时可留购粮证。

戊、田中熟麦须经过调查由筹粮机关指定部队往割，统筹分配，不得自由乱割，未熟麦子尤禁早割。

己、各部队须尽力请到通事向导，以便与番民接谈，各级政治部并应指人学番语。

庚、芦花地域由总政负筹粮总责，凡一三军团及四方面军驻在该地域部队，均应依此规定组织别动队，其活动区分由总司令部规定之，九军团在马耳康党坝地域，干部团在卓克基地域，五军团在懋功地域，四方面军在其驻在各地，均应依此规定进行工作，并按时将其结果报告上级。[1]

1936 年 5 月 5 日，红二、六军团在贺龙的率领下，从云南中甸出发进入康区南部后，总指挥贺龙发布《中华苏维埃人民共和国中央革命军事委员会湘鄂川滇康分会布告》：

以扶助番民解除痛苦，兴番灭蒋为番民谋利益之目的，将取道稻城理化进入康川，军行所至，纪律严明，秋毫无犯，幸望沿途番民群众以

---

① 《中央军委关于组织别动队筹粮办法》（1935 年 7 月 8 日），中共中央统战部编《民族问题文献汇编》，第 294—295 页。

及喇嘛僧侣其各安居乐道，勿得惊惶逃散，尤望各尽其力与本军代买粮草，本军当一律以现金按价照付，决不强制，如有不依军令，或故意障碍大军通行者，本军亦当从严法办，切切此布。①

这一则布告沿途张贴，较详细地阐述了党的民族政策、红军铁的纪律，要求沿途僧俗民众安居乐业，代买粮草，同时也警告反动势力不要阻挠红军。

此外，在这一时期，红军各方面军及红军协助建立的各级人民政权也先后颁发许多关于民族、宗教方面的政策及主张。比如红四方面军发布的《告川西北藏彝民族书》《告回番民众》《回民斗争纲领》《共产党红军对番人的主张》《红军对番民十大约法》②，以及李先念关于保护寺庙的布告等。其中，《红军对番民十大约法》《中国工农红军布告》③《到地约法十章》④都提到了公买公卖政策。

红军对寺院征集物资一般是采取乐捐、借贷与购买或赔偿方式，未实行没收。1936年5月20日，红四师途经巴安时，仁波寺喇嘛凭借有利地形，用火力封锁红军前进的道路。红四师采取围而不打的办法，争取和平解决，"仁波喇嘛寺是以其武装顽强固守的，我们对该寺是用炮火威吓了他一下，我们死伤了数人，结果他派人出来接头，我们即向之要求赔偿，他即送了一些粮食、牦牛、大米、苏油等给我们"。⑤

① 《中华苏维埃人民共和国中央革命军事委员会湘鄂川滇康分会布告》（1936年5月），中共中央统战部编《民族问题文献汇编》，第377页。该布告是贺龙率领中国工农红军二、六军团由云南进入西康时为顺利通过藏族地区北上在稻城县颁发的。

② 十大约法包括："一、消灭贼娃子邓锡侯；二、红军不杀一个番民；三、取消一切捐税款子；四、一不拉夫二不抽丁；五、开仓分粮分给穷人；六、增加工钱改良待遇；七、番民自己武装自卫；八、番民自己组织政府；九、买卖自由公买公卖；十、番民自己信教自由。"参见黄维忠、格桑卓玛、王文长编《红色记忆——红军长征在藏族地区及其当代启示》，"附录"，第92页。

③ 布告写道："中国工农红军，解放弱小民族；一切夷汉平民，都是兄弟骨肉。可恨四川军阀，压迫夷人太毒；苛捐杂税重重，又复妄加杀戮。红军万里长征，所向势如破竹；今已来到川西，尊重夷人风俗。军纪十分严明，不动一丝一粟；粮食公平购买，价钱交付十足。"参见黄维忠、格桑卓玛、王文长编《红色记忆——红军长征在藏族地区及其当代启示》，"附录"，第92页。

④ 《到地约法十章》包括："一、不乱杀人；二、保护穷人；三、帮助困苦；四、民族平等；五、取消款子；六、买卖公平；七、发粮分田；八、信教自由；九、增加工资；十、优待士兵。"参见黄维忠、格桑卓玛、王文长编《红色记忆——红军长征在藏族地区及其当代启示》，"附录"，第94页。

⑤ 《中国工农红军二方面军政治部关于二六军团长征的政治工作总结报告》（1936年12月19日），中共中央统战部编《民族问题文献汇编》，第436—440页。

　　在红军因地制宜的民族政策的感召下，广大藏族民众从人力、物力及道义上向红军提供各种支援，为红军取得长征胜利做出巨大贡献。在红军长征经过康区期间，泸定、康定、道孚、炉霍、丹巴等 14 个县共有 3084 人参加红军，共支援红军粮食等 623.6 万千克。其中各类牲畜近 45089 头（只、匹）、腊肉 4000 千克、肉油 25000 千克、酥油 400 千克，以及毯子 800 多条、毛袜 1000 多双、鞋 3000 双、藏装 280 余件、羊毛 200 余千克、柴草 25 万千克、帐篷 32 顶，有 37386 人参加了支前活动，为支援红军牺牲的人士达 258 人。①

　　对红军过藏地的史实，目前主要有三种史料来源：一是红军方面对当年过藏地的种种记述与回忆；二是藏地老百姓对红军的种种记忆与传闻；三是当时报刊上的相关报道与记载。② 多重证据乃是探索历史真相从而使历史的面貌变得更鲜活、内涵变得更丰富的必要条件。是故，通过红军方面种种记述与回忆的"自证"，加上任乃强及其他文本的"他证"，我们可以看到正是红军民族政策的实践，及其与康区民众在军事、经济、政治等方面的互动，团结了康区各界人士，才使数万红军在长期艰苦转战中，渡过了重重难关，得以生存和发展，并为以后解放康区，乃至西藏奠定下民众基础。

---

　　①　数据来源于中共四川省委党史研究室编《红军长征在四川图志》。
　　②　石硕、王丽娜：《本土视角与他证史料：任乃强记叙红军长征过藏区的文本考察》，《民族研究》2016 年第 5 期。

第 九 章

西康建省与刘文辉的治康经边策略

第一节 格桑泽仁的西康省制实践

1928 年 8 月，南京国民政府内政部"以《建国大纲》中仅有省治，并无特别区之规定；况值军事结束，训政开始，更应将特区次第改省，以服划一"。① 为了安定蒙藏地区及周边的局势，9 月，国民政府颁布政令称，"边远地方行政区域，亦应分别厘定，肇起建设宏规。所有热河、察哈尔、绥远、青海、西康各区，均改为省，依照法令组织省政府"。② 西康建省正式提上国民政府的议事日程。

当时金沙江以东的康区地方"既无得力的政治负责之机关，又无得力防守之军队"，金沙江以西之康区民众则遭受藏军的苛虐蹂躏，致使康民"既不能与川民受同等之待遇，复不能与藏民享共同之利益"。③ 在这种情况下，无论是旅外西康人士还是普通康民都表现出对康区现状的不满与担忧。

1929 年 3 月，格桑泽仁首先向国民政府提出西康建省的人员安排建议，即"省政府委员至少亦须七人，其中西康应占四人，按康之东南西北四部各选一人，在此过渡期间，无论僧俗，需择其素有声誉、为人民信仰者，如此，则康之部落易于团结"。④ 西康国民协进会的呈文虽然认为解决康事的

---

① 廖兆骏编著《绥远志略》，中华书局 1937 年版，第 46 页。
② 四川省文史研究馆编《四川军阀史料》第 4 辑，四川人民出版社 1987 年版，第 414 页。
③ 《西康国民协进会及旅京民众等请防止英帝国主义嗾使藏军进攻西康要求成立西康省政府等呈文》（1929 年 6 月 28 日），国民政府档案（1）2618，《1899—1949 年有关西藏问题历史档案资料汇编》。
④ 宁墨公：《西康防务论》，《军事杂志》1929 年第 18 期。

"先决问题"为组织西康省政府，但是在西康防卫问题上主张将西康军队"彻底改编，另组为西康省防军，完全脱离川局影响，俾得专门从事康务"，防守康区的军队"若仍归于川中将领之指挥，则遥遥节制，呼应不灵，终陷过去因循敷衍之覆辙"，对于西康省政府的人员组成，则要求"于西康省政府人选中，参加过半数康人，俾于扶植弱小民族之意中寓康人自理政权之真义"。① 到 8 月 17 日，西康旅京人士刘家驹、格松尼马等在致蒋介石的呈文中说道："西康警报频来，危亡已在眉睫，恳请迅派负责人员组织西康省府，以图挽救。"② 当时处于混乱环境下的康区民众由于饱尝战乱的痛楚，在省籍意识上，除了要求直隶中央，也明显体现出对西康政治的参与意识。

国民政府对于当时西康民众要求建省的呼声极为重视。1929 年 9 月，国民党中央政治会第 197 次会议决议咨请国民政府，迅行规划和督促组织西康省政府。③ 但是，当时国民政府无力实现对康藏地区的真正控制，实际政治影响力较弱。以西康党务为例，1926 年，正当国民革命在全国兴起之时，国民党的影响力开始蔓延到僻处一隅的西康地区。当时的西康屯垦使刘成勋（刘禹九）也开始宣传国民党的三民主义，改树党国旗帜。翌年，刘成勋通令西康各县设立县区党部，党部负责人多为刘氏创办的西康陆军军官传习所、西康陆军军官学校中的康籍学生。其中，在巴安、康定、泸定等地，国民党党务的开展较为活跃，先后成立了县党部。当时先后登记的党员已经达数千人。至 1928 年 4 月，巴安县党部由于与当地基督教团体的土地纠纷而被当时的巴安县长刘明哲明令解散，接着康定、泸定两县的党务也相继停

---

① 《西康国民协进会及旅京民众等请防止英帝国主义嗾使藏军进攻西康要求成立西康省政府等呈文》（1929 年 6 月 28 日），国民政府档案（1）2618，《1899—1949 年有关西藏问题历史档案资料汇编》。西康国民协进会于 1927 年 2 月由巴塘杨朝宗、刘家驹等召组建，其目的与宗旨有三："一增进华藏民族的感情，使中国五族精神上团结一致；二发扬康藏旧有文化，吸收新知识；三维持地方安宁，帮助工商发展。"嗣后协进会深得西康其他各县喇嘛及青年的响应，纷纷派代表来巴塘接洽，在各地设立西康国民协进会分会，彼此联络，守望相助。1928 年副会长刘家驹曾赴京报告该会情形。刘家驹任班禅秘书长后，由于缺乏领导，协进会逐渐消沉。参见《西康青年组织国民协进会：增进华藏民族情感，发扬康藏固有文化》，《藏民声泪》1928 年第 1 期；黄奋生《蒙藏新志》，张羽新主编《中国西藏及甘青川滇藏区方志汇编》第 5 册，学苑出版社 2003 年版，第 363 页。

② 《西康国民协进会及旅京民众等请防止英帝国主义嗾使藏军进攻西康要求成立西康省政府等呈文》（1929 年 6 月 28 日），国民政府档案（1）2618，《1899—1949 年有关西藏问题历史档案资料汇编》。

③ 《中央政治会第一百九十七次会议》，《蒙藏周报》第 1 卷第 3 号，1929 年。

办。① 从西康党务的发展来看，很明显，当时国民党中央在康区的政治影响力是相当薄弱的。因此，国民政府也不太可能对整个康藏问题做出具体有效的计划。加上当时川局未定，因此对于康民要求西康建省的呼声，国民政府也只能示以理论上的指导，暂时不能进入实际的操作阶段。

大白事件的发生为国民政府的康区施政困境带来转机，也使得西康建省的进程变得更加复杂和曲折。1931 年 11 月，唐柯三与藏军代表琼让达成一项临时协议，该协议引起刘文辉的不满。刘文辉利用其控制的新闻媒体大造边疆危机的舆论，强调英帝国主义对康藏的侵略。国民政府遂决定把康藏纠纷处理权移交给刘文辉，同时试图利用康区不稳定的政局，加强对西康的控制，为西康建省做准备。1931 年 4 月 27 日，国民党中央执行委员会第 138 次常务会议决议，派西康籍的蒙藏委员会委员格桑泽仁为"西康省党务特派员"，随后蒋介石亦以康藏国防关系重要，为疏通康藏隔膜起见，又加委格桑泽仁为陆海空军总司令部参议之职，并发给无线电机一架，以方便联系。② 7 月，就在特派员唐柯三尚在西康调解康藏纠纷时，格桑泽仁担负着国民政府中央的旨意从南京出发，前往西康。③

格桑泽仁（1904—1946），出生于四川巴塘，汉名王天化、王天杰等，曾就读于巴安县立小学、巡警学堂、巴安华西学校，1924 年加入中国国民党。1926 年，四川军阀刘成勋为网罗西康人才，在四川雅安开办西康陆军军官学校（前身为西康军官传习所）。格桑泽仁前往投考中榜。步兵科毕业后，格桑泽仁曾担任西康屯垦使署康区宣慰员。刘成勋兵败后，格桑泽仁转入刘文辉的二十四军政治学校第四期学习，后任二十四军边务处参事。

在南京国民政府成立之初，为加强对康藏地区事务的管理，一批移居内地的康藏僧俗人士被吸纳到国民政府的相关部门工作。其中最具代表性的是九世班禅、诺那、格桑泽仁等。他们在 20 世纪 30 年代的国民政府康藏边政实践中扮演着重要的角色。④ 1928 年，经班禅驻京办事处和戴季陶的推荐，

---

① 黄奋生：《蒙藏新志》，张羽新主编《中国西藏及甘青川滇藏区方志汇编》第 5 册，第 244 页。
② 格桑泽仁：《康藏概况报告》，1932 年 12 月，第 13 页。
③ 《如何应付康藏问题》，《蒙藏周报》1931 年第 75 期。
④ 王海兵：《康藏地区的纷争与角逐（1912—1939）》，社会科学文献出版社 2013 年版，第 135 页。

格桑泽仁被任命为蒙藏委员会委员。通过蒙藏委员会，格桑泽仁在中央政治学校内附设一个西康班，并从在南京、北京、东北、太原等地学习的西康籍学生中，挑选熟悉西康情况，有活动能力并忠实于国民党的青年共二十余名集中在西康班受训，以便将西康学生的意志进一步统一起来。西康班的学生中有很多成为此后"康人治康"运动的重要骨干。格桑泽仁"聪敏有能力，又擅长汉藏语言，人咸以为奇货"，[①] 又因与西藏方面交往密切，遂自称"康藏全权代表"。[②]

1931 年，蒋介石为控制西南各省，削弱刘文辉在西康的势力，欲以发展西康党务、建立党组织为突破口，着手与刘文辉抗衡。1931 年 7 月，国民党中央任命格桑泽仁为西康党务特派员，率领部分西康班毕业学生，回康建立国民党组织。就在格桑泽仁出发前往西康的同时，蒙藏委员会的机关报——《蒙藏周报》对西康省府人员的构成提出了设想：

> 省府委员应定七人：由中央遴选二人，西康二人，川滇各一人，此外一人，即班禅活佛是也。理由如何，申述如次：中央遴选二人者，可本中央意旨，辅导地方政务之进行，使藏人尽释隔阂。西康二人者，以其本地情形较熟，信用较著，且符自治之义。班禅赴康者，因其以活佛之尊，西康任何愚蒙之人，均崇拜之，班禅至康，自可收拾全康人心，免堕达赖宣传仇汉之计。川滇各一人者，以两省与西康毗连，西康向来借重于两省也。[③]

上述西康省府人员安排似乎是兼顾各方意见，但事实上也体现了国民党中央试图获得过西康的实际控制权。从此后格桑泽仁在康区的活动来看，这样的政治构想在当时的情况下难以实现。

在途经昆明时，格桑泽仁以党务特派员身份与云南省主席龙云举行过一次会谈。双方都认为云南与巴塘相邻，彼此相互支援对双方有利，于是龙云

---

① 贺觉非著，林超校《西康纪事诗本事注》，第 123 页。

② 贺觉非著，林超校《西康纪事诗本事注》，第 123—124 页；喜饶尼玛：《近代藏事研究》，第361—362 页。

③ 《如何应付康藏问题》，《蒙藏周报》1931 年第 75 期。

授予格桑泽仁"滇边宣慰使"的职衔。① 其目的是通过格桑泽仁向巴塘扩张防区，而格桑泽仁则需要得到龙云的政治声援和军事支持。

1932年2月，格桑泽仁到达巴塘后，先于巴塘成立办公处，并印发各种藏文宣传品，积极派员往康南各处宣传国民党的民族政策，将国民党近年来优待康藏民众事实列举详告，并将优秀康民组织成立党义研究会。其他的人民团体，如喇嘛佛教联合会、妇女协会、商会等均次第成立。② 格桑泽仁的党务活动对驻康二十四军的利益构成了极大威胁，所以其工作从一开始就为驻巴塘川军所阻扰。

为了抵制国民党势力渗透，刘文辉令康区各地驻军监视党部行动，并检查邮政，继而由二十四军主办的康藏通讯社登载侮辱党部的消息，甚至对党部人员实施抓捕。当时正值第三次康藏纠纷爆发，川康军与藏军相持于炉霍，原先驻防巴塘的马成龙团正在炉霍前线，而康定又发生兵变，旅长马骕被杀。格桑泽仁遂于1932年3月提缴了驻巴塘的第四十团武装，并占领乡城、稻城、义敦、得荣及中甸等地，任命巴塘、得荣等县新县长。3月9日，康南各县代表148人齐集巴塘，决定组织"西康省人民自治委员会"，以纳噶活佛为主事，并将西康当局贻误国防、压迫康民以及残杀党员等经过呈报国民党中央及通电全国，并声明不再服从二十四军。同时，请中央根据1928年发表的西康建省令，速派大员来康组织省政府，一面由西康省人民自治委员会推选委员15人，组织"西康建省委员会"，以促成建省，并成立"西康省防军司令部"，将各县原有民兵统一组织训练，当时编制的僧军与民军总数达7800多人。格桑泽仁还提出"康人治康"口号，并宣布五项政纲：（1）实行地方自治；（2）力图民族平等；（3）废除乌拉制度；（4）改进耕牧技术；（5）发展文教事业。③

从1932年4月下旬起，格桑泽仁领导的巴塘民兵与试图渡过金沙江进犯巴塘的藏军发生激战，双方相持近3个月。西藏方面认为，"格桑泽仁公然纠合康南一带藏民，甚至喇嘛，对达赖佛爷教下藏军，加以抵抗，实属空

---

① 《格桑泽仁行状》，云南省档案馆藏，档案号：1080-001-00280-031。

② 佚名：《格桑泽仁代表入京之报告》，《四川月报》第1卷第4期，1932年。

③ 格桑泽仁：《康藏概况报告》，第18—21页；冯有志著，周光钧校《西康史拾遗》上册，甘孜州政协文史资料委员会1994年版，第119页；牙含章：《达赖喇嘛传》，第285页。

前悖逆之事"。十三世达赖喇嘛在圆寂前数月，亦曾向西藏各贵族、官员训话称，"西康一带也有人鼓吹一种危险思想，煽动所谓革命，竟驱使西康僧民疯狂的与藏军作对"。①

刘文辉对格桑泽仁解除其巴塘驻军的武装深感不满，一方面积极向国民政府函电请示，进行军事部署，调动部队入康待命；另一方面，利用其控制的民意机构散布流言蜚语，并发动康定城区青少年学生举行示威游行，高呼"打倒格桑泽仁"的口号，请求国民政府将格桑泽仁调回南京。②

巴塘事态的发展出乎国民党中央的预料。因此，当格桑泽仁于事件发生后请求国民党中央派员主持康事时，蒙藏委员会委员长石青阳及国民党中央执行委员会先后于1932年3月28日、5月13日电复格桑泽仁，令其取消"委员长""司令"名号，回南京报告。③ 国民党中央不愿看到格桑泽仁事件造成与刘文辉的公开对抗，格桑泽仁除了在名义上拥有国民政府的头衔，在军事上并不占优势。因此，国民政府直接接管康区的时机显然尚未成熟，而且不愿看到因为格桑泽仁事件而使康藏纠纷进一步扩大。

事实上，在格桑泽仁事件发生前，刘文辉就以唐柯三与藏方所签协议对四川损失太大、不能接受为由，于1932年2月从国民政府手上取得康藏纠纷的处理权。因此，格桑泽仁在巴塘的活动无疑是在危急时刻趁机挖刘文辉的墙脚。这对当时在康区拥有实际控制权的刘文辉来说是不能容忍的。尽管藏军对康南的进攻迫使格桑泽仁基于防卫考虑，暂时搁置与刘文辉的个人恩怨，双方取得一致，刘文辉甚至派员慰劳奖励格桑泽仁率领的民兵，并接济部分枪弹，但这并不意味着两人已尽弃前嫌。

1932年7月，藏军在康藏战事中全面溃败，川康军与青海军队收复金沙江以东德格、邓柯、石渠、白玉等地。进犯康南的藏军也致函格桑泽仁停战。康南战事告一段落，刘文辉部迅即重新接管了康南地区。9月，格桑泽仁离开巴塘，戴季陶随后令其返回南京。④

---

① 格桑泽仁：《边人刍言》，沈云龙编《近代中国史料丛刊续编》第11辑，第7页。

② 《刘文辉电告格桑泽仁叛乱经过》，《中央周报》1932年第203期。

③ 格桑泽仁：《康藏概况报告》，第23页；《三月二十八日蒙藏委员会电》《五月十三日中央执委会电》，四川省档案馆、四川省民族研究所编《近代康区档案资料选编》，第456—457页。

④ 陈强立：《格桑泽仁、诺那、刘家驹》，政协四川省委员会文史资料委员会编《四川文史资料选辑》第27辑，四川人民出版社1982年版，第120页。

在 1928—1939 年的西康省制化过程中，自始至终交织着多种不同的利益诉求。康区本地民众的建省呼声反映了在社会动荡、安全感缺乏的环境下康民要求保护地方利益的省籍意识的觉醒。格桑泽仁进行的西康省制实践，反映了康区精英试图借助国民政府的力量改良康区政治、扫除地方军阀的愿望。"格桑泽仁事件"在一定程度上推动了西康建省的进程，背后则是国民政府中央与地方军阀刘文辉之间在统一的国家政治建构背景下进行的权力博弈过程。① 最终，国民政府本着从国家安全层面的考虑与刘文辉达成了西康建省的共识。

第二节　刘文辉主政西康与西康省的建立

1928 年 8 月，刘文辉设立"西康政务委员会"，隶属于二十四军军部边务处。在经营西康的初期，刘文辉"目的并非在整顿边政，其最大目标，实欲借经营边政之虚名，以售其扩张地盘增加收入充实军备之计，且西康幅员广大，而刘氏所汲汲经营者，事实上仅川地之雅安、宁远一带而已，平时除抽粮纳税以外，并不闻有何等殖边计划，见诸实行"。② 刘文辉自己也承认，因其主持川政，所以对西康事务"精神不克专注，一切建树未能俱如所期"。③ 国民政府颁布西康改建省制政令后，刘文辉以辖境、财政、人员配备等为由，强调建省困难。④ 国民政府的西康建省之令并未付诸实施。刘文辉在康区的消极统治越来越引起当地民众的不满。

1929 年 2 月 26 日，国民政府派吴醒汉、魏崇元等为视察西康专员，赴

---

① 黄天华：《民国西康格桑泽仁事件研究》，《四川师范大学学报》2009 年第 5 期；彭文斌：《边疆化、建省政治与民国时期康区精英分子的主体性建构》，汤芸译，《青海民族研究》2013 年第 4 期；王娟：《边疆自治运动中的地方传统与国家政治——以 20 世纪 30 年代的三次"康人治康"运动为中心》，《西南民族大学学报》2013 年第 12 期；赵峥：《国民政府的边疆代理人——格桑泽仁的角色扮演与政治行动》，《新史学》（台北）第 26 卷第 2 期，2015 年；王娟：《族群精英与近代中国的边疆秩序——以民国时期的康巴精英格桑泽仁为个案》，《社会学研究》2019 年第 2 期。

② 王克训：《西康问题的检讨与今后之对策》，《蒙藏政治训练班季刊》1934 年 6 月。

③ 刘文辉：《完成西康建省之意义及今后施政之中心骨干》，《康导月刊》第 1 卷第 5 期，1939 年。

④ 《致蒙藏委员会建议西康建省办法建议书》，《边政》1929 年第 2 期。

康调查军政、教育、实业等，并会同四川省政府筹备西康建省事宜。[①] 另一方面国民政府因西康民众要求建省的请愿呈文，曾致电四川省政府主席刘文辉询问建省事宜。[②] 刘文辉回复称，"康区为外交问题所系，世界具瞻，倘徒有恢张之表，而力不足以举之，则诚不若首治川而次及康，为得后先之序。盖西康著名崎岖僻野荒旷贫瘠之区也，欲言整顿，……非四川庶政就理按时予以充分接济，……欲西康省府能副其名，非四川省府已臻健全不可"。[③] 西康建省进程被刘文辉搪塞拖延。

1930 年康藏战事再次发生，西康建省的呼声在康区防务危急关头再次高涨。至 1931 年，康藏纷争呈现胶着之势。西康旅京民众杨仲华、马泽昭等纷纷呼吁中央从速组织西康省政府，以专责成。[④] 更有甚者，西康旅京同乡请愿团分呈国民政府与刘文辉，直接提出以班禅为西康省主席。[⑤] 而诺那驻成都代表熊禹治也于 1931 年 4 月在《解决康藏问题建议书》中主张建西康为康定、昌都两省，任命诺那为昌都省主席。熊禹治的这一主张被任乃强先生称为"规划西康建省诸说之最有价值者"。[⑥]

随着康藏政局的变化，1932 年西康建省进程出现转机。自 1932 年以来，在川康军与青海军队的联合反击下，金沙江东岸四县被收复。1932 年的战事部分解决了西康省境的问题。而西藏地方政府也在这次战争中意识到了川康军、青海军队不可轻视，加上西藏内部反战情绪的高涨，这就为西康建省创造了有利的环境。更为重要的是，在川康军把藏军驱赶至金沙江以西之时，刘湘、邓锡侯、田颂尧的联军反对刘文辉的四川内战发生。从 1932

---

① 《国民政府训令四川省政府派吴醒汉等筹备西康建省文》（1929 年 2 月 26 日），张羽新、张双志编《民国藏事史料汇编》第 4 册，第 360 页。

② 《国民政府文官处询西康近况及组织省府意见阳电文》，《边政》1929 年第 2 期。

③ 《复国府文官处阳电询西康近况及组织省府意见来电文》，《边政》1929 年第 2 期。

④ 《西康旅京民众杨仲华等请中央速电达赖制止藏军侵康并拟四项处理办法致蒙藏委员会呈》《中央执委会秘书处奉转西康民众代表吁恳制止达赖侵犯西康请愿书致国民政府文官处函》，中国第二历史档案馆、中国藏学研究中心合编《康藏纠纷档案选编》，第 92、105 页。

⑤ 周儒海：《西康建省运动的检讨和展望》，《边事研究》第 3 卷第 3 期，1936。早在 1930 年 4 月，班禅以"西康民众近年来备受达赖征敛徭役之苦，倾向敝佛；青海亦久陷于无政府状态中"，而主动要求康、青两地"可由敝佛加以领导，以促成该两地健全之省治"。参见中国藏学研究中心、中国第二历史档案馆合编《九世班禅内地活动及返藏受阻档案选编》，第 15—16 页。

⑥ 任乃强：《西康图经·境域篇》，第 62—64 页。

年冬到 1933 年秋，经过几次大规模战役，刘文辉战败，退守西康。[①]

对于偏居边陲一隅的刘文辉来说，通过建省来确定统治西康的政治合法性显得十分迫切。而对国民政府来说，由于 1932 年 9 月的西防会议并没有真正解决西藏问题和康、青、藏毗邻地区的防务问题，同时青、康军阀无视中央意见而擅签的康藏、青藏停战协议等，也迫使国民政府承认既定现实。而且当时急于控制四川的蒋介石也不愿刘湘势力坐大、兼并川康，因而也情愿让刘文辉暂时保有西康，作为牵制刘湘的工具。[②] 于是在 1934 年 2 月，南京国民政府颁发了西康建省委员会组织条例，任命刘文辉为西康建省委员会委员长，1935 年 7 月，西康建省委员会在雅安正式成立。

对于西康建省委员会的成立，西藏地方政府致电蒙藏委员会称：

> 至于川、康界域，现在尚未划清，乃西康忽已设立建省委员会，所派委员，如诺那等，又均系反对西藏之人。以此观之，汉方对藏表面虽云和平，实则渐图侵夺西藏土地、人民及权利。此诚为最不善之事。兹深望中央在汉藏问题未解决以前，所有驻拉萨办事处及西康建省之举，决定准予一并撤销，是所至幸。[③]

另一方面，自格桑泽仁事件之后，国民政府并没有放弃排挤刘文辉以达到直接控制康区的目的。这可以从诺那事件中得到鲜明的体现。

自 1935 年春到 1936 年 5 月，在国民党部队的围追堵截下，中国工农红军第一、二、四方面军相继进入川、滇、黔、康地区，同时这也为国民党权力进入该地区提供了契机。1935 年 11 月，蒋介石设立国民政府军事委员会委员长重庆行营，加强了对四川各军政势力的控制。同年，追击红军的国民

---

①　陈光藻：《四川军阀的最后一场大混战》，政协全国委员会文史资料研究委员会编《文史资料选辑》第 33 辑，文史资料出版社 1980 年版，第 177 页。

②　张为炯：《西康建省及刘文辉的统治》，政协四川省委员会文史资料研究委员会编印《四川文史资料选辑》第 16 辑，1965 年，第 28—29 页。

③　《西藏驻京办事处转陈噶厦请撤回中央驻藏官员暨对班禅回藏路线等意见致蒙藏委员会呈》，中国藏学研究中心、中国第二历史档案馆合编《九世班禅内地活动及返藏受阻档案选编》，第 154 页。

党第二路军总指挥薛岳的部队到达西康，并驻扎在雅属的天全、芦山等地，陆军第十六军军长李抱冰的部队驻在康定。李抱冰宣称要做左宗棠，经营边区，薛岳所部士兵也在雅安、天全修筑公路，有与刘文辉争夺西康地盘的态势。[1]

为了更有效地围堵红军，国民政府在中央军驻扎康区、钳制刘文辉之际，决定派诺那呼图克图入康"宣慰"，召集康区各地民兵抵御红军，配合政治宣传，联络地方势力，名正言顺地"改良"康区政治环境。

诺那呼图克图于同治四年（1865）生于类乌齐与恩达之间的夏基地方，25 岁时接管类乌齐政教事业。1912 年藏军东进，刘瑞麟奉尹昌衡之命，由昌都进驻类乌齐，诺那呼图克图领兵助之，收复三十九族之地，并分兵戍守。1917 年康藏纠纷发生后，类乌齐被藏军占据，诺那率僧俗 700 名败退至昌都。1918 年，昌都失陷，诺那被藏军押解至拉萨，拘禁于拉萨郊外地牢。1923 年，诺那从地牢逃出，经印度，于 1924 年抵达北京，受到北洋政府的礼遇。1926 年冬，刘湘任川康边防督办，欢迎诺那入川。诺那遂至重庆弘传佛法，各界受业称弟子者人数众多。[2] 1929 年，在刘湘的举荐下，诺那任国民政府蒙藏委员会委员，并在南京设立西康诺那呼图克图驻京办事处，由李公烈任办事处处长。[3]

红军长征给了诺那呼图克图返回康区的机会。1935 年初，国民政府任命时任西康建省委员会委员诺那为西康宣慰使，并拨款设立西康宣慰使公署。西康宣慰使公署是一个临时机构，为期 6 个月，任务是巡视康区南、北两路，向各寺庙、土司、头人等布施、宣慰，宣传国民党中央"德意"。刘文辉对诺那充当西康宣慰使一职持反对态度，担心诺那的特殊身份（国民政府蒙藏委员会委员、康区活佛，又为刘湘所支持）会对其统治造成威胁。因此，刘文辉主张任用刘赞廷，后因种种原因没有办到。刘文辉又建议设立康南、康北两个宣慰使，分别由诺那和刘赞廷担任，以此削弱诺那的权力，

① 张为炯：《西康建省及刘文辉的统治》，政协四川省委员会文史资料研究委员会编印《四川文史资料选辑》第 16 辑，第 29 页。

② 《诺那呼图克图略历》，熊禹治：《解决康藏问题建议书》，1931 年 4 月。

③ 陈济博：《我所知道的诺那》，政协四川省委员会文史资料研究委员会编《四川文史资料选辑》第 29 辑，四川人民出版社 1983 年版，第 78 页。

但仍未成功。① 同时，"四川剿匪总司令"刘湘发兵一营，作为诺那的护卫，"并资以军械饷款甚多"。②

1935 年 8 月，西康宣慰使公署到达康定后，召开"剿匪军民慰劳大会"，"力作康人治康宣传"。③ 会后，诺那把康区各县土司、头人、寺庙堪布等留下，会同公署秘书长韩大载、汉文秘书兼藏文秘书江安西、宣慰组长兼地方武装组长邦达多吉等，举行秘密会议，号召反映地方情况时打破顾虑，揭露刘文辉"暴行"，诋毁刘文辉统治的"合法性"。事后，公署收到控诉二十四军横征暴敛、为非作歹的书面材料 300 余件，公署全数转报国民党中央。此事被刘文辉察知，引起双方矛盾的公开恶化。④ 当时，刘文辉的二十四军"戍康部队不过一旅，分布广泛，防匪不暇，未遑顾及内变，幸康人拥戴政府，明大义者尚多。诺那所诱惑，仅少数康人，各大黄教寺院，皆有鉴于本人'以政翼教'、'以教辅政'之治边政策，适合康情，甚相依赖，自始至终，绝无附和"。⑤ 1935 年 9 月，诺那一行离开康定前往康北宣慰。10 月，诺那进驻道孚。随后，公署先后提缴刘文辉部在道孚、葛卡的武装，收编康北各县二十四军的残余部队，撤销瞻化、甘孜、德格、邓柯等县原任县长，另外委任藏族县长，接管地方事务。

在公署顺利解决刘文辉一个多团武装的时候，刘文辉侦知，邦达多吉已赴巴塘继续解除驻巴塘的傅德铨团武装。刘文辉遂密令驻在康定郊外的张行团长率兵两营避过李抱冰的耳目，赴道孚偷袭公署。此事被公署提前获知，结果张行大败。在巴塘，刘文辉部与公署邦达多吉、江安西的部队于 1936 年 2 月初发生了一场激烈冲突。⑥ 这次冲突使得驻巴塘傅团 400 余人，伤亡

---

① 陈济博：《我所知道的诺那》，政协四川省委员会文史资料研究委员会编《四川文史资料选辑》第 29 辑，第 80—82 页。

② 刘文辉：《建设新西康十讲》，赵心愚、秦和平、王川编《康区藏族社会珍稀资料辑要》下册，第 532 页。

③ 刘文辉：《建设新西康十讲》，赵心愚、秦和平、王川编《康区藏族社会珍稀资料辑要》下册，第 532 页。

④ 冯有志著，周光钧校《西康史拾遗》上册，第 145—146 页。

⑤ 刘文辉：《建设新西康十讲》，赵心愚、秦和平、王川编《康区藏族社会珍稀资料辑要》下册，第 532 页。

⑥ 冯有志著，周光钧校《西康史拾遗》上册，第 152—156 页。

100 人以上，势力大损。[①] 在西藏地方政府看来，西康宣慰公署入康是国民政府有意扶持康人以对抗西藏，因而向蒋介石提出撤销公署的要求。蒋介石在回复西藏地方政府时表示，诺那返康旨在协助宣慰民众，并无他意，希望拉萨方面毋"自生惊疑"。[②]

1936 年初，红四方面军被迫撤离芦山、天全、宝兴，向西康东北部转移。国民政府重庆委员长行营得此情报，命令诺那率领所部，调集地方武装，阻击红军北上。诺那受命后，于 1936 年 2 月在道孚、炉霍一带两次与红军作战，被红军击溃。公署武装退到甘孜，在白利寺一带被红军击败。诺那在南逃巴塘的途中，被下瞻对土司俘获后送往红军甘孜总部。同年 5 月，诺那在甘孜因病圆寂。西康宣慰使公署也随之撤销。薛岳、李抱冰部亦由蒋介石调离川康边地。[③]

关于诺那事件的表现形式和性质，1939 年，刘文辉在报告甘孜事变情形时认为，诺那事件与甘孜事变有其相同之点：（1）都是国民政府组织的机关；（2）都是假借中央名义以煽动康民；（3）都是宣称只反对地方政府及驻军而表示服从中央。[④] 因此，在上述事件的定性上，中央不认其为变乱，社会亦忽视其为变乱，这使得刘文辉在康区的境况显得十分尴尬。加速西康建省的步伐对于刘文辉显得越来越重要。

随着红军北进、诺那圆寂以及国民党中央军的调离，诺那事件引发的政治危机得到解决。1936 年 9 月，刘文辉将设在雅安的西康建省委员会移往康定，并重新对康区的军事做出部署。

1937 年，全面抗战的爆发极大地改变了康藏地区的战略布局。首先，全面抗战的爆发，最终迫使国民政府改变了对班禅回藏的支持，同时也凸显了西康建省的迫切性。由于抗战形势日趋紧张，在国民政府西移后，西康在

---

① 《交通部密咨》，中国藏学研究中心、中国第二历史档案馆合编《民国时期西藏及藏区经济开发建设档案选编》，第 46 页。

② 《蒋委员长致拉萨蒋致余转西藏噶厦公所电》（1935 年 8 月 30 日），编号 42402，《蒋中正总统档案》，《特交档案/政治/西藏问题》第 60 卷，转引自林孝庭《战争、权力与边疆政治：对 1930 年代青、康、藏战事之探讨》，《中央研究院近代史研究所集刊》（台北）第 45 期，2004 年。

③ 冯有志著，周光钧校《西康史拾遗》上册，第 159—162 页；周锡银：《诺那的部分重要史料辑录》，政协四川省委员会文史资料研究委员会编《四川省文史资料选辑》第 29 辑，第 92 页。

④ 贺觉非著，林超校《西康纪事诗本事注》，第 130 页。

经济资源、国际路线、汉藏沟通等方面显示出它的价值，川康地区成为中华民族复兴的根据地。为了加强西南边疆地区国防安全，西康建省实难再缓。其次，就当时的康藏关系来讲，自 1938 年春天起，西康、青海与西藏地方政府间一连串和谈的召开，有效地巩固了康青藏边区局势的稳定，这为西康建省创造了良好的条件。

1938 年 1 月 25 日，国民政府行政院改组西康建省委员会，任命刘文辉、段班级、李万华、任乃强、叶秀峰、周学昌、王靖宇、韩孟钧为西康建省委员会委员，并指定刘文辉为委员长。4 月，刘文辉赴汉口会见蒋介石，力陈西康建省的必要性，蒋除了答应将宁、雅两属划出四川以实西康外，还应允在西康建省后，按省预算由国民政府、四川省政府补助西康省不足的行政和建设经费。[①] 西康建省因四川宁、雅两属的正式划入而达到成熟时期。11 月 20 日，行政院在武汉召开国务会议，经讨论后决定西康建省，并于 11 月 28 日致电刘文辉，定于 1939 年 1 月 1 日正式建立西康省。至此，一个实际管辖 33 个县（不包括金沙江以西尚为西藏地方政府控制但名义上仍属西康省的 13 县）、2 个设治局、1 个县级实验区以及靖化县所属绰斯甲土司之地的西康省终于建立。

西康省的建立，使得从清朝覆灭以来一直处于失序状态的康区被重新纳入一个新的统治秩序之中。这在制度上有效保障了康藏地区的稳定，进一步地巩固了国家主权和领土完整。同时，对于加强西康与西藏之间政治、经济、文化等交往以及康区各项事业的发展都具有重大而深远的意义。

第三节　省制化进程中的西康省界问题

西康筹备建省首先需要面对的问题是如何确定省界的范围，尤其是康藏界务。清末代理川滇边务大臣傅嵩炑较早对西康省界提出看法。他主张以丹达山（shar gangs ri，又音译为沙工拉、斜贡拉、夏贡拉）作为西康省的西界。四川与西康于折多山顶分界，打箭炉、鱼通、沈边、冷边、咱里、巴

---

① 刘文辉：《建设新西康十讲》，赵心愚、秦和平、王川编《康区藏族社会珍稀资料辑要》下册，第 520—521 页；马宣伟：《刘文辉与西康建省》，《文史杂志》2002 年第 5 期。

底、巴旺等土司之地归四川管辖。① 南京国民政府成立后，西康建省重启，各界人士对省界的讨论甚为热烈。

当时西康辖地甚小、人口稀少、赋税收入微薄，难以达到建省规模。因此，刘文辉建议将建南七属（即西昌、冕宁、盐源、昭觉、会理、盐边、越西），四川汉源，云南中甸、维西、阿墩子，青海界谷、隆庆土司辖境划入西康，加上西康原有之地，新的西康省界"东起四川汉源县属大相岭之东，西抵丹达，南与云南丽江接壤，北与西宁交界，西南隅与英属之阿萨密、西藏之工布土司相联。西北隅包三十九族与青海相接，东南隅与四川雷马、屏峨连境，东北隅与四川松潘、懋功为邻。如是，则四维完密，百脉贯通，以之施政则和同，以之裕生则充实，以之施教则不杂，以之御乱则无猜"。②

西康国民协进会认为：

> 建南七属在四川为瓯脱，该地与西康紧接，经济与行政均有密切关系，民国以来同归川边镇守使统制。……爰照河北、甘肃两省划分县地与宁夏、青海、察哈尔办法先例，请明令将建南七属划归西康省区，则就地方之收入亦暂足政费之开支。③

谙熟于西康地理的任乃强认为，西康省域除了由赵尔丰草创之江达以东、飞越岭以西地区外，也赞成将宁远诸属与汉源县及中甸、维西、阿墩子、界古划归西康，此外，西康省还应包括四川之懋功、抚边、崇西、绥靖四县屯与理番县西部梭木、松岗、卓克基、党坝四土司地与云南永宁县。如此划界的合理性在于：（1）"邛崃山脉为康川之天然界线。大渡河、雅砻江、金沙江、澜沧江、怒江诸河流域，完全属于西康。按之自然地理甚为恰当"；（2）"使奉行喇嘛教之民族分隶于西康、青海二省与西藏、蒙古二区，庶易'崇其教不异［易］其俗，因其俗以治其民'"；（3）"归并猓猓、摩

---

①　傅嵩炑：《西康建省记》，第 36—38 页。

②　任乃强：《西康图经·境域篇》，第 70—71 页。

③　《西康国民协进会呈文》（1929 年 6 月 28 日），国民政府档案（1）2618，《1899—1949 年有关西藏问题历史档案资料汇编》。

些、西番三族于一省，使其融和协进，同倾汉化，而摆脱藏方之羁縻"。①

1931 年 4 月，诺那呼图克图驻成都代表熊禹治刊印《解决康藏问题建议书》，主张改建西康为康定、昌都两省，划丹达山以西归前藏，并改建西藏为前藏、后藏两省。熊禹治所主张的康定省疆域在刘文辉的基础上，以金沙江作为划分康定省与昌都省的界线。②

各方面对西康省界的构想，反映了在康藏划界问题上的不同意图和诉求，也折射出西康省界的歧义性和复杂性。民国时期西康省制化的过程面临着纷繁复杂的政治局面。在西康筹备建省过程中，1930 年，大白事件爆发，随后逐渐演变成康藏战事。1931 年 4 月 3 日，西康旅京民众代表马泽昭等在呈给国民政府的请愿书中呼吁，"请电饬达赖，即将从侵占之西康十九县完全交还西康，以清省界而重国防"。③

1935 年西康建省委员会成立后，国民政府宣布将筹建的西康省行政范围扩大到当时西藏地方政府实际控制的金沙江以西地区。部分国民政府官员对此持有异议，认为这会导致西藏地方政府的反感与不满，使得仍微妙、脆弱的汉藏关系蒙上新的阴影。林孝庭认为，国民政府支持刘文辉建省是"以作为对付、制衡并削弱拉萨或其他西南军阀势力这一权力平衡的一着棋。其重要性，从政治现实的角度观之，是要远大于讨好当时国民政府力量所不能及的西藏政府"。④

1937 年全面抗日战争的爆发加速了西康建省的进程。1938 年 5 月，刘文辉向国民政府提请，援引热察绥宁青等划入河北、山西、甘肃诸邻省若干腹县，以建新省的先例，"于四川边缘县份，其历史地理文化诸方面与西康颇有关联者，如西北之松潘、理番、茂县、汶川、懋功、靖化六县，正西雅属之雅安、名山、芦山、天全、荥经、汉源、宝兴七县及西南宁属之越西、冕宁、西昌、会理、宁南、昭觉、盐边、盐源八县，悉行划入西康省，使为

---

① 任乃强：《西康图经·境域篇》，第 73—74 页。

② 任乃强：《西康图经·境域篇》，第 74—75 页。

③ 《中央执委会秘书处奉转西康民众代表吁恳制止达赖侵犯西康请愿书致国民政府文官处函》，中国第二历史档案馆、中国藏学研究中心合编《康藏纠纷档案选编》，第 105 页。马泽昭及丁子沛等为刘文辉派往南京的西康旅京民众代表，初衷是为抗衡格桑泽仁的康藏全权代表地位。

④ 林孝庭：《战争、权力与边疆政治：对 1930 年代青、康、藏战事之探讨》，《中央研究院近代史研究所集刊》（台北）第 45 期，2004 年。

一完整均称之行政区"。① 国民政府批准将雅属（除名山县外）和宁属共 15
县及宁东设治局交西康省管辖。西康建省委员会在接收新划地区的布告中
称，"金沙江以西之疆域问题，牵涉西藏，非一时所能解决，迨抗战军兴，
国府西移，西康建省，势在必行，乃得中央之决议，划四川以实西康"。②

　　随着西康省的建立，川藏边地被整合进新的政治秩序中，完成了从地
理、文化意义上的康（khams）向省级行政区的构建。西康省界争论较多的
是西康与西藏的界线。"西康建省既然是康藏问题的一大关键，康藏的边界
当然是一个重要的问题。"③ 康藏纠纷结束后，西藏地方政府就康藏划界问
题多次与国民政府商榷。

　　基于当时康藏地区的实际情况，对于西康省的西界，即西康与西藏的界
线问题，国民政府采取暂维现状的态度。1934 年，黄慕松赴藏致祭十三世
达赖喇嘛，途经成都时，曾询问刘文辉对康藏划界的意见。刘文辉表示：
（1）希望根据旧制，以丹达山为界；（2）暂以昌都为界；（3）维持金沙江
现状，并表示"三者之中，究以何项为宜，个人绝无意见，惟中央命令
是从"。④

　　西康建省后，康藏界务依然是国民政府持续关注的问题。1939 年 8 月 4
日，吴忠信致函孔祥熙称："中央在藏治权之确立及康藏间之界务诸大端，
为对藏问题之症结。在抗战之现状下，欲求彻底解决，既不可能，如遽予谈
判，反易生枝节，似应暂置不提，以免误会。但若机缘许可，能于因势利导
之中加强与藏之连系。"⑤ 1939 年 9 月，国民政府国防最高委员会第十五次
常务会议议决通过"蒙藏委员会委员长吴忠信奉使入藏谈话要旨十一项"，
其中关于康藏划界问题规定，"西藏与西康边界问题，应由西藏与西康省政
府会商查勘，呈请中央核定，或径由中央根据地理及其他情况从详研讨，秉

　　① 《建南、宁属民众旅京省同乡会代表呈反对划宁属建南归康，川康两省互争绰斯甲布地段与内政
部川省政府西康建省会来往行文》，四川省档案馆藏，全宗号：54，案卷号：7701。
　　② 贺觉非著，林超校《西康纪事诗本事注》，第 38 页。
　　③ 王成组：《西康建省》，《东方杂志》第 31 卷第 23 号，1934 年。
　　④ 中国第二历史档案馆、中国藏学研究中心合编《黄慕松吴忠信赵守钰戴传贤奉使办理藏事报告
书》，第 10 页。
　　⑤ 《吴忠信为拟具入藏任务与组织暨经费意见事致行政院折呈》，中国藏学研究中心、中国第二历史
档案馆、西藏自治区档案馆等编《元以来西藏地方与中央政府关系档案史料汇编》第 7 册，第 2768 页。

公决定之"。① 直到 1946 年，西藏出席制宪国大代表图丹桑批等赴南京后，在其携来的西藏三大寺僧俗民众大会呈送国民政府的文内，提及康藏界务问题。② 国民政府对此十分重视，进行积极的筹措，"蒙藏委员会即与西藏国大代表数度洽商，该代表以限于任务，无权作具体决定。旋经蒙藏委员会奉准，于电复西藏民众大会文内，提明请西藏政府派高级负责官员前来中央，筹商勘画康藏界务"，并列入蒙藏委员会 1948 年度的行政计划，为中心工作之一。③ 1948 年初，蒙藏委员会委员长许世英再次向西藏商务代表夏格巴提及勘划康藏界务问题，请西藏方面"速派员会商"。夏格巴"答以回藏后，当呈报藏政府，并负责商办"。④ 在蒙藏委员会 1949 年的藏事工作计划中，解决康藏界务悬案仍被列入其中，并拟于 1949 年内促请西藏地方政府派员到南京，筹商解决办法。⑤

事实上，西康建省的省界问题不仅关系到由来已久的康藏界务纠纷，也牵连筹建的西康省同四川、青海、云南等内地省份的划界问题。川康两省对绰斯甲归属问题的纷争即是典型的事例。

绰斯甲地处川、康两省之间，清末以来为绰斯甲土司所辖，久为瓯脱之地。1936 年四川省府将崇化、绥靖两屯和绰斯甲土司地方合并，拟新建靖化县，⑥ 旨在完善川西北政治建制，抵制刘文辉提出的将川西北涉藏地区划入新建西康省的主张。以此为导火索，从 1936 年末到 1937 年，西康建省委员会、四川省府、四川第十六区行政督察专署、绰斯甲土司围绕绰斯甲的归属问题三次展开论争，纷纷向国民政府陈述各自理由。西康建省委员会坚称，川康境界"应暂以赵、傅改流与否为断，则赵、傅将绰斯甲改流入边，

---

① 《行政院为抄送入藏谈话要旨十一项事给吴忠信训令》，中国藏学研究中心、中国第二历史档案馆、西藏自治区档案馆等编《元以来西藏地方与中央政府关系档案史料汇编》第 7 册，第 2777—2778 页。

② 《民国藏事工作报告》，西藏社会科学院西藏学汉文文献编辑室编《西藏学文献丛书别辑》第 13 函，第 28 页。

③ 《民国藏事工作报告》，西藏社会科学院西藏学汉文文献编辑室编《西藏学文献丛书别辑》第 13 函，第 18 页。

④ 《民国藏事工作报告》，西藏社会科学院西藏学汉文文献编辑室编《西藏学文献丛书别辑》第 13 函，第 26 页。

⑤ 《民国藏事工作报告》，西藏社会科学院西藏学汉文文献编辑室编《西藏学文献丛书别辑》第 13 函，第 28 页。

⑥ 四川省档案馆编《近代康区档案资料选编》，第 63 页。

铁案现存"，以此为据，力主绰斯甲划入新建西康省内。四川省府则认为，"绰斯甲之土地人民，全为中华民国所领有，属川属康，楚弓楚得，于国家固无所损益"，然"康省主张以曾经赵、傅改流者属康，今于康省自提之证据内，证明绰斯甲并未缴印改流，则其不应属康也明甚"。① 双方争议主要集中在三方面：绰斯甲隶属懋功或道孚的问题；清末收取绰斯甲土司印信与改制是否为改流依据；绰斯甲土司是否暗中向二十军输诚，游移于川康之间。② 川康民众和内地社会舆论纷纷加入论争之中。为占得先机，在四川省府和十六区行政督察专署的迫切推动下，靖化县最终于 1937 年 2 月正式成立。

绰斯甲行政管辖权的归属问题背后在很大程度上实则是川、康两省对绰斯甲矿产资源的争夺。自民初以来，绰斯甲即以二凯、俄热、色尔巴三大金矿资源而著称于世。绰斯甲金矿早期曾由任职北洋政府的梁士诒出资创建的裕华、绰凯公司开采，后遭绰斯甲土司驱逐。长期以来，川康地方势力均欲染指绰斯甲金矿，以便解决地方财政匮乏的窘境。西康省筹建之际，西康建省委员会曾"以唐杰名义呈请立案绰属色耳巴金厂，行将着手开采，并拟派兵一团保护"。③ 新建靖化县府则于 1937 年呼吁开发绰斯甲俄热金矿，以此应对当地出现的连年饥荒，视之为"靖化县劫余人民起死回生之一剂良药"。④ 对此，四川十六区行政督察专署在致四川省府的呈函中直言，"西康之争绰斯甲者为色耳巴也，亦非专为色耳巴也，为俄热也，统而言之，为开金矿耳。愿我政府当局万勿以绰斯甲一块土视为无足轻重"，"此事于吾川财政前途关系极大，望钧座据理力争，勿失主权为祷"。⑤ 因而川康双方争夺绰斯甲归属的纷争直到 1938 年前始终相持不下。

1938 年初随着四川省主席刘湘病逝于武汉，绰斯甲的行政管辖归属问题出现戏剧性的转机。刘湘病逝后，国民政府趁机全面掌控川政，蒋介石极

---

①　《据查议西康建省会两函一案仰使函复并转咨内政部查照由》《为准西康建省会函驳绰斯甲布管辖并检送有关该地文件摄影各案饬核议具复由》，阿坝州档案馆藏，全宗号：8，案卷号：1022。

②　《西康、四川两省争划绰斯甲土司辖地（一）》，台北"国史馆"藏，典藏号：026-010100-0329。

③　四川省档案馆编《近代康区档案资料选编》，第 65 页。

④　张孝忠：《史志摭谈》，阿坝州史志学会 1994 年版，第 214 页。

⑤　四川省档案馆编《近代康区档案资料选编》，第 64—65 页。

力扶持王缵绪接任四川省主席之职。为获取刘文辉的支持，在获得国民政府默许后，王缵绪承诺将雅属、宁属及靖化县所属绰斯甲地方划入筹建的西康省内，予以财政补助。1938 年 8 月王缵绪被正式任命为四川省主席，随后即着手疆域交割和省界划定工作。11 月，国民政府颁令将绰斯甲划归西康省。① 嗣后，西康建省委员会派出专员周楚三等前往绰斯甲接收绰斯甲地方，遭到绰斯甲土司的坚决抵制。双方僵持数月，绰斯甲土司多次赴川省控斥西康省府横征暴敛行径，拒绝划归西康。② 绰斯甲归属问题终成无法解决的悬案。新建的西康省府只是名义上管辖绰斯甲地方，并无实际管辖权力。

西康省制化进程中的省界问题是国民政府、川康青地方军阀、西藏地方政府与康区本地势力之间相互竞逐、博弈和调和的结果。自清末改流以来，康区成了诸多政治力量交织的关键区域。国民政府、川康当局与西藏地方政府均在这一地区积极扩张政治影响力，进行各自心目中的政治空间建构。民国时期，康区复辟土司、寺庙喇嘛、康南新兴头人等本地政教势力亦对西康的政治空间建构造成了很大的影响。西康省界及其政治空间的建构远非一条线性的界线所能区隔和界定，而是需要将之置于多种"关系"的互动与博弈中加以理解，其空间被不同的势力界定和诠释。

第四节　"建设新西康"：刘文辉的治康经边策略

一　刘文辉治康的基本方略与措施

从刘文辉主政西康到西康建省，前后十余载，在此期间，康区历经格桑泽仁事件、第三次康藏纠纷、红军长征入康、诺那事件等各种政治事件和战事冲突。种种遭遇被刘文辉形象地称为"多难兴省"。③ 刘文辉主政西康期间面临的局势迫使其必须采取切实有效的措施，应对来自国民政府、西藏地方政府以及康区本地政教势力、民众舆论等各种挑战。1939 年西康省政府

① 四川省档案馆编《近代康区档案资料选编》，第 68 页。
② 四川省档案馆编《近代康区档案资料选编》，第 65—67 页。
③ 刘文辉：《建设新西康十讲》，赵心愚、秦和平、王川编《康区藏族社会珍稀资料辑要》下册，第 535 页。

成立后，作为中国新的行省，西康省摆脱了四川之附庸的地位，从而具备了行政上的主体性。西康省的建立需要团聚一种新的省籍认同，承载长期抗战、民族复兴根据地的新使命，并赋予国人新希望，因而在此意义上，西康省被称为"新西康"。①

　　刘文辉的康区治理政策和措施涉及面广，事务繁杂，应首先厘清其思路脉络。争取"生存权"是刘文辉治康方略的关键，也是"建设新西康"的根本动机和出发点。建设新西康"一言以蔽之，为的'争取生存权'"。在刘文辉看来，"生存权"是争取生存的主动权和提升生存能力和生存质量的问题。而"争取时间""迎头赶上""加紧建设"为争取生存权的三要件。②可以说，建设新西康的各项措施归根结底均是如何加快发展西康，增强西康的"生存力"问题。刘文辉认为，"'建设新西康'是抗战大时代所逼迫而生的一个'生存'问题，问题之严重，工作之艰巨，不是随随便便做得了的，更不是马马虎虎想得到的"。③增强民众的组织力、知识力、生产力、生存力（即"四力政纲"）是西康建省的施政纲领。在"四力政纲"的指导下，建设新西康有六大具体的任务，即厉行经济建设、改善人民生活、加强民族联系、发展边疆教育、组训民众、彻底澄清吏治。在执行"六大任务"时，又需要统筹兼顾中央与地方、西康与四川、政治与军事、政府与人民等关系。总括起来，刘文辉的治康方略主要包括以下几个方面。

（一）重视民生问题

　　自主政康区后，刘文辉"即感觉本省过于穷苦，民生过于艰难，衣不蔽体，食不果腹，人民有生之苦，而无生之乐。政府愿解除人民之苦痛，民饥犹己饥之，民溺犹己溺之，绝不能坐视人民生活之艰难，而不加以改

---

① 刘文辉：《建设新西康十讲》，赵心愚、秦和平、王川编《康区藏族社会珍稀资料辑要》下册，第516页。
② 刘文辉：《建设新西康十讲》，赵心愚、秦和平、王川编《康区藏族社会珍稀资料辑要》下册，第556、558页。
③ 刘文辉：《建设新西康十讲》，赵心愚、秦和平、王川编《康区藏族社会珍稀资料辑要》下册，第555页。

善"。① 鉴于此，西康政府从以下几个方面着手提高民众生活质量。

1. 免税裁捐。1935—1936 年减免康定、丹巴、道孚、炉霍、甘孜 5 县全年度的地粮牲税，巴塘、理化、瞻化、雅江、德格、白玉、泸定 7 县减免五成，九龙、邓柯、石渠 3 县减免三成。"复恐减免粮税不足以苏民困，更裁撤各地厘捐局卡，实行一税制，改炉关榷税公署为地方税局，减轻进出口税率，蠲免各茶商历年欠课一百四十二万余元，厘削茶引四万余张。犹恐免税裁捐，不够改善人民生活，更先后向中央请得急赈十三万余元，并拨款补充各县农耕籽种。"②

2. 减轻乌拉差徭。刘文辉对乌拉差徭的改善措施主要有：（1）增加乌拉脚价。（2）将康道段原有 5 站，改增为 9 站；康雅段（康定至雅江）原有 5 站，改增为 7 站。（3）"康民支应地方政府机关学校之柴（供燃料）草（供饲料）汤（供茶水）打（供打扫）诸役及其他杂差，较之以牛马支应驮运，尤为繁难，人民叫苦尤深，业已通令废除，不准催支。犹恐一般机关阳奉阴违，更实施差徭监察制度，取缔冒滥，严禁占支过站，及短给脚价等项。"③

3. 发展医疗卫生事业。刘文辉认为，发展医疗卫生事业是新西康增强生存力最主要的一点。④ 1940 年，刘文辉下令在康定北门营盘街建立西康省立医院。1940 年 11 月开工，1941 年 12 月医院建成。医院设有内、外、牙、产、妇、眼、耳鼻喉、化验各科，"业务发达，逐日门诊，均有应接不暇之势。住院治疗，亦时有人满之患。积年工作，已深入康民心理，向之不愿意种放牛痘、预防注射及施行手术者，今皆逐渐信仰，接踵就医"。⑤ 1941 年

---

① 刘文辉：《建设新西康十讲》，赵心愚、秦和平、王川编《康区藏族社会珍稀资料辑要》下册，第 761 页。

② 刘文辉：《建设新西康十讲》，赵心愚、秦和平、王川编《康区藏族社会珍稀资料辑要》下册，第 762 页。

③ 刘文辉：《建设新西康十讲》，赵心愚、秦和平、王川编《康区藏族社会珍稀资料辑要》下册，第 763 页。

④ 刘文辉：《建设新西康十讲》，赵心愚、秦和平、王川编《康区藏族社会珍稀资料辑要》下册，第 690—691 页。

⑤ 刘文辉：《建设新西康十讲》，赵心愚、秦和平、王川编《康区藏族社会珍稀资料辑要》下册，第 762 页。

10 月又在巴安、甘孜两县成立卫生院各 1 所。[①]

4. 发展经济。经济发展是民生改善的物质基础。西康省政府成立后，刘文辉实行以农业发展工业、以民生工业支持国防工业、以计划经济代替放任经济等经济建设方针，设立毛织、制革、酒精、造纸、化工材料等工厂；鼓励移民垦殖，开办泰宁牧场等；开发矿藏，探采康定灯盏窝山金；修筑川康公路，改造泰丹、雅康等旧日驮道；发展合作社事业，保障投资。[②]

（二）加强民族联系

刘文辉认为，西康各民族之间"所以造成不相了解之原因，不外'语文扞格'与'缺乏接触'两项，此两项乃为本省各民族真正不易联系之焦点"。其中，"语文扞格，几乎为一切隔阂之源，确乎够得上为各民族不易联系之焦点。因为从语文扞格，就可以发生政治隔阂和各民族之情感隔阂"。"因语文扞格，官府与人民之情意难通"，"官情民意，皆为舌人、土头所操纵。官吏无从了解民意，人民亦无法了解上官"。"若是语文相通，舌人、土头无从居间作祟，则官民联系，毫无问题。"同时，康区各民族"之所以无坚强的联系，其根本原因在于彼此之间不大相往来，或根本不相往来，既无接触，焉有感情，既无感情，焉有联系"。[③] 因此，刘文辉把"加强民族联系"列为建设新西康的六大任务之一。

为了促进康区民族间的联系，西康政府积极引导族际经济交往，开办藏族小学、边民学校、藏族师资训练班等，为汉藏语文交流奠定基础，鼓励汉人入康考察和康民进入内地观光，"期由人物之接触，发生相互之了解，进于感情之投合、联系之坚强"。[④] 通过筹办五明学院，提倡佛学文化或研究佛学，加强文化交流。刘文辉亦倡导康区汉藏通婚，进行"血液交流"，认为"这种办法是打通各民族扞格最有效的方法。因为各族之间，只要发生

---

① 刘文辉：《建设新西康十讲》，赵心愚、秦和平、王川编《康区藏族社会珍稀资料辑要》下册，第 763 页。

② 刘文辉：《建设新西康十讲》，赵心愚、秦和平、王川编《康区藏族社会珍稀资料辑要》下册，第 696—713 页。

③ 刘文辉：《建设新西康十讲》，赵心愚、秦和平、王川编《康区藏族社会珍稀资料辑要》下册，第 720—721 页。

④ 刘文辉：《建设新西康十讲》，赵心愚、秦和平、王川编《康区藏族社会珍稀资料辑要》下册，第 725 页。

婚姻关系，相互的接触自然频繁，相互的认识自然深刻，相互的情感自然浓厚，相互的关系自然密切，一切隔阂都不容易产生"。① 事实上，促进族际通婚是民国时期国人在边疆政策上的一种普遍思想。丁慕韩认为：

> 民国统一，五族虽曰平等，而边地人民其财产、教育、政治诸端，实尚居不平地位。是岂独西藏为然，举凡西北领土对外关系皆极艰难，而为民国今日至剧之隐痛也。……故今日对于西藏之问题亟宜先之以移民，继之以教养。虑感情之未洽也，设演说会以晓之；患共和之未明也，编浅识报以教之。痛陈利害，沟通隔膜，并使移住之民多娶藏女，婚姻既偕，亲爱自挚，种俗同化，胥于此基。而又兴办学校，奖励游历，推广实业，增设厂所。②

加强民族联系需要树立民族平等和尊重各民族文化的理念，并实施"三化政策"。③ 刘文辉认为，"西康民族复杂，并不是弱点，只要为国家善于运用，反而转成我们的优点。我们谈及建设新西康，这个心理上的大敌，确是必须打破的"。康区民族之间"不易联系的原因，在于'不平等'。所以主持省政以来，首先就标出'民族平等'之主张，无论省内何种民族，一律施以平等之待遇"。刘文辉"对于康、夷文化习惯，均加以尊重。在康族方面，他们信奉佛教，甚于爱惜生命财产，一切思想习俗，乃至日常生活，莫不以佛教之学理为背景；……政府对此宗教文化、美德美俗，概予尽量保存，并助其发扬光大"。④

（三）发展康区边民教育

刘文辉将发展边民教育作为培养民众"知识力"的主要途径。1939 年

---

① 刘文辉：《建设新西康十讲》，赵心愚、秦和平、王川编《康区藏族社会珍稀资料辑要》下册，第 726 页。

② 《藏事条陈·丁慕韩藏事条陈》（1912 年），西藏社会科学院西藏学汉文文献编辑室编《西藏学文献丛书别辑》第 13 函，第 7 页。

③ 刘文辉：《建设新西康十讲》，赵心愚、秦和平、王川编《康区藏族社会珍稀资料辑要》下册，第 714—716 页。

④ 刘文辉：《建设新西康十讲》，赵心愚、秦和平、王川编《康区藏族社会珍稀资料辑要》下册，第 592、714、715 页。

7月，西康省政府在康定成立边民教育委员会，1942年7月1日改组为边疆教育委员会。① 在康区教育中，寺庙僧侣具有十分关键的地位。民国时期，康区有藏传佛教寺庙300余所，僧侣40000余人，他们大都不识汉语文，但在康区社会有广泛号召力。"喇嘛说不可者，官府不能强其可"；"喇嘛说可者，官府不能强其不可。"于是，刘文辉"先行对这大批僧伽，灌输以国家民族意识及抗战建国观念，然后凭他们宣传之力量，传播于民众"。1942年，西康省政府制定推进边地寺庙教育暂行办法，"令饬各省小、各县府，就各寺庙张贴抗战漫画、汉藏文壁报，利用集会、神会、讲演推进汉语运动，并与各大喇嘛寺之格西或堪布等商办汉藏文短期学校"。②

康区教育存在教材与生活脱节、教师不谙藏语文、民众居处不定等情况。③ 为此，刘文辉采取了下列针对性措施。（1）编订特种教材，使教材的内容贴近康民的生活习惯、文化、信仰等，"务求教学内容与实际生活彻底联系，充分利用边区乡土事物和自然环境资料"。④（2）编写汉、藏双语对照课本。（3）在省立康定师范学校附设特种师资训练班，培养康区的特种师资。（4）在中级学校酌设方言课程。（5）实施流动教学制。"康区儿童，或者幼即入寺为僧，或者逐水草转移，均难强其入正式小学读书。兼之人口密度过小，一村之中，学龄儿童多则七八人，少则二三人，设立学校，则深感名额不足，不设学校，又有失学之虞，解决之道，自然只有采取'教育送上门'的办法"。⑤

（四）健全康区基层组织

为了加强对康区土司势力的控制，自1932年起，刘文辉令驻康所部将康区所有的土兵一律改受二十四军指挥，并另委名义，计有人、枪、马匹各

① 刘文辉：《建设新西康十讲》，赵心愚、秦和平、王川编《康区藏族社会珍稀资料辑要》下册，第728页。

② 刘文辉：《建设新西康十讲》，赵心愚、秦和平、王川编《康区藏族社会珍稀资料辑要》下册，第728页。

③ 刘文辉：《建设新西康十讲》，赵心愚、秦和平、王川编《康区藏族社会珍稀资料辑要》下册，第735—736页。

④ 刘文辉：《建设新西康十讲》，赵心愚、秦和平、王川编《康区藏族社会珍稀资料辑要》下册，第737页。

⑤ 刘文辉：《建设新西康十讲》，赵心愚、秦和平、王川编《康区藏族社会珍稀资料辑要》下册，第738—739页。

500 以上者委为营长，各 200 以上者为队长。道孚、炉霍等县土兵较少，均系队长，甘孜、德格系营长，而以德钦旺姆所领土兵力量较大。该措施实行以来，地方安靖，民无惊扰，颇有成效。1932 年川康军、藏军发生冲突，藏军最终败北的重要原因，"殆受此辈土兵传达消息、侧击迂回之功也"。①

1934 年，康区政府"为打破土职头人私有武力常为政府隐患，并破其乡土观念，期其力量收为公用，兼以利禄怀柔远人之计"，② 将土兵营长裁废，另编为民兵 6 营，另设 1 独立营。每营定为 4 连，每连为 100 名，常备、后备各半，后备平时不入伍。康区北路计有泽旺登登、德钦旺姆、邓德杰 3 营，南路有次郎洛松（第 4 营少校营长）、沙牙登巴（第 5 营少校营长）、彭措大吉（第 6 营少校营长）、包昂武（独立营中校营长）等 4 营。营长月支薪俸藏洋 100 元，连长 50 元，排长月领军粮 3 斗，士兵领粮 1 斗 5 升。民兵枪弹、装备自备，民兵营长受所在地团长、县长的指挥与调遣，川康边防军总指挥部委任余松琳旅长兼任民兵指挥。③

1936 年 10 月，西康建省委员会移驻康定后，设置保安科，调整康区各县民间武力，取缔不合法之自卫组织及土兵、民兵等名称，"绥靖地方之责，仍由军队任之"。嗣后，为加强保安机构，设民团整理处，分全省为四个民团指挥区，遴委各区驻军旅团长，兼任各该区民团指挥，各县县长或驻军营长兼任各县民团总队长，复就各区县份遴选公正及负有资望之土司头人，委任区副指挥，及县副总队长，"以收沟通汉康情感之效。盖犹为以军辅政之特殊组织"。1938 年，西康建省委员会改组后，裁废民团整理处，成立西康省保安处，仍就原民团指挥区域分所辖 19 县为 4 个保安区。④

全面抗战爆发后，国民政府决定同时开展建国工作。1938 年，在国民党中央制定的《抗战建国纲领》中规定，"实行以县为单位，改善并健全民众之自卫组织，施以训练，加强能力，并加速完成地方自治条件，以巩固抗战中

---

① 中国第二历史档案馆、中国藏学研究中心合编《黄慕松吴忠信赵守钰戴传贤奉使办理藏事报告书》，第 2 页。
② 《一九三四年西康设置民兵》，四川省档案馆、四川省民族研究所编《近代康区档案资料选编》，第 46 页。
③ 黄奋生编《蒙藏新志》，中华书局 1938 年版，第 1012—1013 页；四川省档案馆、四川省民族研究所编《近代康区档案资料选编》，第 46—47 页。
④ 国民参政会川康建设视察团编印《国民参政会川康建设视察团报告书》，1939 年，第 391—392 页。

之政治的、社会的基础，并为宪法实施之准备"。[1] 1939 年 9 月，国民政府公布《县各级组织纲要》，实行新县制。新县制的主要使命是提倡地方自治，使民众得以自行组织政府，扩大民众参政机会，促使宪政之推进。[2]

据刘文辉称，实施新县制，"其用心在哪里呢？就是看着许多地方，太容易沦为敌区，只要军队一走，地方人民就毫无办法，只好各打各的主意。顺民也、难民也、奸民也，都是无团体组织下的产品，新县制之所以要促成地方自治，就是为了挽救这个失败"。[3] 因此，不搞好地方治安，一切建设均无从着手。

推行新县制是建设新西康的前提。刘文辉认为，"新西康建设能否成功，这一点（指基层组织建设）是具最后的决定性"。[4] 西康省的工作重点就是"以培养生存力为重心之地方自治"。[5] 西康省政府通过推行新县制，完善基层组织，搞好地方治安，扶植康区民众自治能力，以排除土司等封建势力的影响。新县制的目的在于促进地方自治的实现。康区新县制的主要内容包括培养人民的组织力、知识力、生产力、生存力。[6] 改行新县制后，县的各级组织由旧县制的"县""区""联保""保""甲"五级，变成新县制的"县"与"乡（镇）"二级。[7] 在旧县制下，保甲是联保执行政令的工具。新县制下，保甲成了组训民众的方法。[8] 乡镇的地位如军队编制中的"连"，健全乡镇的组织力十分关键。[9]

---

① 《康区实施新县制之研究》，《康导月刊》第 5 卷第 4 期，1943 年。

② 《康区实施新县制之研究》，《康导月刊》第 5 卷第 4 期，1943 年。

③ 刘文辉：《建设新西康十讲》，赵心愚、秦和平、王川编《康区藏族社会珍稀资料辑要》下册，第 865 页。

④ 刘文辉：《建设新西康十讲》，赵心愚、秦和平、王川编《康区藏族社会珍稀资料辑要》下册，第 571 页。

⑤ 刘文辉：《建设新西康十讲》，赵心愚、秦和平、王川编《康区藏族社会珍稀资料辑要》下册，第 865 页。

⑥ 刘文辉：《建设新西康十讲》，赵心愚、秦和平、王川编《康区藏族社会珍稀资料辑要》下册，第 865 页。

⑦ 刘文辉：《建设新西康十讲》，赵心愚、秦和平、王川编《康区藏族社会珍稀资料辑要》下册，第 685 页。

⑧ 刘文辉：《建设新西康十讲》，赵心愚、秦和平、王川编《康区藏族社会珍稀资料辑要》下册，第 687 页。

⑨ 刘文辉：《建设新西康十讲》，赵心愚、秦和平、王川编《康区藏族社会珍稀资料辑要》下册，第 685 页。

"加紧组训民众"是新县制下培养新西康生存力最主要的两点之一，也是建设新西康的"六大任务"之一。① 刘文辉认为，"健全基层机构，使人必归户，户必归甲，甲必归保，保必归乡镇，乡镇必归县区。这就是以行政透过社会，以行政改造社会"。②

保甲之编制以户为单位，户长由家长充任，家长不能充任时，由其指定一人为户长，甲长、保长由乡镇区长召集所属保甲内公民推选。县自治未完成前，甲长由本甲内各户长推选，保长由本保内各甲长推选，保长受乡镇区长监督。保长主要职责是：监督、指挥甲长；执行保甲规约；复查本保户口及统计报告；清理编查船户、寺庙及公共处所；督率及训练壮丁队；保管、支配保中武器。甲长的主要职责为：执行保甲规约；清查甲内户口及编定门牌；抽选壮丁；辅助军警及保长搜捕逃犯；斟酌地方情形，办理互保连坐及监视未经结保的各户行动。户长的主要职责是向甲长报告下列情况：出生、死亡或婚嫁、迁徙等导致的户口变动；查缉窝留逃犯或寄存赃物者；水火灾害或疫病的发生。③

西康省成立初期，理化、稻城、定乡等部分县份建立了保甲组织。其中，理化全县共编 33 保，283 甲，2954 户，10407 丁口。稻城全县共编 14 保，140 甲，1405 户，4185 丁口。定乡全县共编 35 保，132 甲，1483 户，5329 丁口。同时，康区还设置了国民兵组织。按照国民政府规定，国民兵分为地区编组、年次编组两种。地区编组以甲为最小单位，甲内之壮丁编为国民兵班，集合若干国民兵班编为国民兵队，再由若干保的国民兵队编为乡镇国民兵队，层递而上，受国民兵团指挥。④

（五）注重康区干部队伍建设

1. 训练行政干部

"训练行政干部"是刘文辉建设西康省的三个着手点之一（另外两个为

---

① 刘文辉：《建设新西康十讲》，赵心愚、秦和平、王川编《康区藏族社会珍稀资料辑要》下册，第 690—691 页。

② 刘文辉：《建设新西康十讲》，赵心愚、秦和平、王川编《康区藏族社会珍稀资料辑要》下册，第 592 页。

③ 谭志龙：《雅理乡稻实施组编保甲及预备队之训练》，《戍声周报》第 156 期，1939 年 10 月 30 日。

④ 刘文辉：《建设新西康十讲》，赵心愚、秦和平、王川编《康区藏族社会珍稀资料辑要》下册，第 743 页。

"转移社会风气""健全基层组织")。[①] 1938 年，刘文辉在康定开设县政人员训练所，受训学员 613 名，分发各机关服务，大都操守清廉，勇于担当。[②] 1939 年，刘文辉在汉源场创办两期保训合一训练所，训练地方基层干部近 2000 人，充实了乡镇组织，并将之作为推行地方自治的基础，以树立新西康政治建设的基石。[③]

2. 彻底澄清吏治

吏治问题对于涉藏地区的工作至关重要。冷亮认为："藏事败坏之由来，由于英帝国主义之侵略者半，由于吾国边疆官吏之腐败者半。"[④] 在民国时期发生的历次康藏纠纷中，康区吏治及军队的军纪问题成为诸多战事肇衅的重要原因。康区"贪官污吏之重重剥削，实足以激成边民之反响，康藏纠纷历久不解非无故也"。[⑤] 1914 年，北洋政府曾严饬川边军队"恪守纪律，秋毫无犯，保护僧俗人等庙宇房屋及一切财产畜牧，毋得稍有侵损"，"以坚番人倾向之心，并查明不能约束之军官，随时重惩"。[⑥] 但当时川边地区官吏渎职、军士骚扰民众等行径并未能得到有效抑制。杨光锡指出边地用人的重要性："若夫边地，用人尤宜慎重。综观前代治边之已事，皆以官吏贪鄙不材致乱。"[⑦]

1930 年的大白事件则充分暴露了康区吏治的腐败。大金寺为康北五大寺之一，资产丰厚。[⑧] 在大白事件"初起之日，两造（指大金寺和白利土司两方）曾起诉于甘孜县长韩又琦之前，该氏以收贿违法，置事不理，致使

---

① 刘文辉：《建设新西康十讲》，赵心愚、秦和平、王川编《康区藏族社会珍稀资料辑要》下册，第 566 页。

② 刘文辉：《建设新西康十讲》，赵心愚、秦和平、王川编《康区藏族社会珍稀资料辑要》下册，第 779 页。

③ 刘文辉：《建设新西康十讲》，赵心愚、秦和平、王川编《康区藏族社会珍稀资料辑要》下册，第 571 页。

④ 冷亮：《中央对西藏统治权之恢复问题》，《边事研究》第 6 卷第 1 期，1937 年。

⑤ 王克训：《西康问题的检讨与今后之对策》，《蒙藏政治训练班季刊》1934 年 6 月。

⑥ 《政事堂致川边镇守使电》（1914 年 6 月 30 日），北洋政府蒙藏院档案（1045）376，《1899—1949 年有关西藏问题历史档案资料汇编》。

⑦ 杨光锡：《分川改省问题》，赵心愚、秦和平编《清季民国康区藏族文献辑要》上册，第 167 页。

⑧ 据说大金寺内窖藏的金银，可供康区驻军 10 年薪饷之用。据佚名《康藏关系新纪元，康藏纷争的症结》，《蒙藏旬刊》第 1 卷第 13—15 期合刊，1939 年。

双方感情恶化"。① 当时川康边防军旅长马骕事实上是康区最高行政长官。西康政务委员会在军队面前形同虚设。西康当局起初希望以和平方式调处，派朱宪文②赴甘调解，之后又"变更初旨，而驻甘军队，亦思借此邀功，暗阻和议"。③ 大金寺虽"向来以富厚有实力自恃，藐视官府，但无叛乱之意，其与白利土司家之争，本不算一回大事。发当难之初，是可以政治方法解决的。殊马氏与其司谋者，恋大金寺之富有，决意发兵。当时军中的口号是'打破大金寺，我们通统发财了'"。④ 和谈无望后，大金寺遂转求于藏军。由此可见，大白事件在很大程度上"误于康地官吏之不善处理，操切偾事"。⑤ 而"康事之坏，半由地方不肖官吏所酿成"。⑥

康区吏治腐败与军政不分有密切关系。"西康虽昔为边防军事要地，而并非独立之行政区域，故其政治常附属于军事。"清末以来，赵尔丰、尹昌衡、张毅、殷承瓛、陈遐龄等，"皆以专征之将，兼摄康政"。刘文辉经营康区之初，亦以川康边防总指挥名义，兼办康事。"故以西康之过去论，实军事之关系特重，而政治之设施较少也。"⑦ 防区制在四川形成后，每一防区负责民事行政的是隶属于军司令部的政务处或政务委员会，主席是军长本人。在政务处方面，军长有权任命县长和县政府各科室的负责人，这是军司令部把权力扩大到防区内下级组织的一个重要办法。防区制的这种特性使得防区内的文官制度窒碍难行。特别在物资给养贫乏的康区，"行政官吏多出自防军旧故或书录参副，专以搜刮为是，不知其他"。⑧ 因此，澄清吏治的一个重要前提是民政与军事的分离。但由于康区军事活动频繁，"其不能不

<hr>

① 黄举安：《康藏问题之史的检讨与今后实施方针》，《开发西北》第 2 卷第 1 期，1934 年。
② 朱宪文于清末随赵尔丰入康，历任营、团、旅长及甘孜县知事，在川边 20 余年，颇为康民爱戴。
③ 唐柯三：《赴康日记》，中国第二历史档案馆、中国藏学研究中心合编《康藏纠纷档案选编》，第 428 页。
④ 闻：《康藏问题的三个罪魁》，《康藏前锋》第 1 卷第 10、11 期合刊，1934 年。
⑤ 唐柯三：《赴康日记》，中国第二历史档案馆、中国藏学研究中心合编《康藏纠纷档案选编》，第 428 页。
⑥ 唐柯三：《赴康日记》，中国第二历史档案馆、中国藏学研究中心合编《康藏纠纷档案选编》，第 456 页。
⑦ 西康省政府秘书处编印《西康概况》，第 17—18 页。
⑧ 冯云仙：《目前西康兴革之要点》，赵心愚、秦和平编《清季民国康区藏族文献辑要》上册，第 181 页。

趋于武人政治者，势也。军人政治之结果，其才不才不问也，其贪墨虐民不问也，其成绩何如不问也。民不见德，为贪是闻"。①

同时，吏治、军纪问题也与治边经费密切相关。自清末改土归流以来，"经营川边，向资库款。故欲军有纪律，则须饷足，欲吏兼廉，则须俸足。查全康所出，仅足供给政费，概移军食，尚感不足。故须内地酌予协济军政各费，始克稍举国防之责"。② 赵尔丰经边时，行政费用由四川协款项下开支。1914 年改设川边镇守使以后，镇署俸公改由边地自给，各县政费亦由县款坐支。后因兵灾频繁，军费不足往往挪移政费，行政俸公时有拖欠。

至陈遐龄时，川边行政经费仅按四成开支，"知事养廉不足，不能不诛求于民"，陈遐龄"虽以峻罚严绳各县知事，而贪婪之事，仍层出不穷"。③据查骞称："川边饷源，政费收入，各县粮赋，足敷经度，军饷必专恃四川接济。四川有变，边局立为枯鲋。政费补助有限，边饷磊〔累〕积无穷。只三四月欠缺，饷项即不能清厘。以故边军逸乐游惰……估支乌拉，强领储粮，蹂践夷民，凌辱官吏，视为常态，成为习惯。饷源未清，积恶有至也。"④ 管文阶亦认为康区"边政之败，率由官邪，官之失德，俸给过薄"。⑤

吏治的清廉与否关系到人心的向背。刘文辉相当重视西康的吏治问题，他认为，"西康目前之最关重要者，除防务外，厥为吏治"。⑥ 而"要建设人民康乐的新西康，首先就要解除西康人民所受的三重压力。哪三重压力？一是土劣的流毒，一是员吏的压榨，一是喇嘛、土头的压迫"。⑦ 据刘文辉称：

康属东区十九县中，藏人居其什九，迭经变乱，僧俗民众，以至乡、稻匪首，其所以不响应，或甚至不表同情者，其原因全在三十年来康、藏离立，双方政治比赛之结果。藏官尽都贪虐，汉官较胜一筹，康

---

①　杨光锡：《分川改省问题》，赵心愚、秦和平《清季民国康区藏族文献辑要》上册，第 166 页。

②　市隐：《达赖逝世后之康藏纠纷》，《东方杂志》第 31 卷第 8 号，1934 年。

③　杨仲华：《西康纪要》上册，第 171 页。

④　查骞：《边藏风土记》卷 3，西藏社会科学院西藏学汉文文献编辑室编《西藏学文献丛书别辑》第 6 函，第 15 页。

⑤　文阶：《德格写真》，《康导月刊》第 2 卷第 4 期，1939 年。

⑥　刘文辉：《西康现况及赵尔丰治康之失得》，《西北问题季刊》第 2 卷第 1、2 期合刊，1936 年。

⑦　刘文辉：《建设新西康十讲》，赵心愚、秦和平、王川编《康区藏族社会珍稀资料辑要》下册，第 765 页。

人认定不贤之汉官，犹贤于中庸之藏官，所以康人无不乐受汉官管理，而西藏从此失其引诱煽惑之魔力。今后本省吏治，如果更加彻底澄清，则民国七年所失金沙江以西之十四县民众闻风归慕，将来收复，当然不成问题，此关建省前途，殊属不小。①

（六）加强西康与中央及四川的联系

中央与地方的一致力、政治与军事的互助力、政府与人民的团结力、西康与四川的联合力是建设新西康的四大着力点。② 对于"中央与地方的一致力"问题，刘文辉认为：

> 清廷对于赵氏信任如此其深，爱护如此其切，实由认清康藏问题的严重性。大计既决，目标自定，故能不顾一切趋赴其理想的目的。清季政治本甚腐败，清廷对于康事改弦易辙，特别如此的重视，实在是难能可贵的事情。转入民国时代，国内政争激烈，中枢主持人每顾目前，不计将来，以为边疆细微之事，非属切身利害，往往忽略敷衍，结果遂造成不可挽救的损失。③

事实上，"西康问题，决非西康本身所能解决，必须邻近省区之彻底合作，加以中央能有具体方策之指导，则成功庶可期也"。④ 西康与四川在历史、地理、人事诸方面均有紧密联系。自赵尔丰至殷承瓛，可以说是以四川经营西康。建设新西康离不开四川援助，"最主要的还是我们建设的两个基本条件不够——一是'人'，一是'财'，把四川联住，才能补救我们这两个缺点。就人才来说，如果把西康的门户关着，这无异封锁西康的建设，窒息西康的生命"。⑤

---

① 刘文辉：《建设新西康十讲》，赵心愚、秦和平、王川编《康区藏族社会珍稀资料辑要》下册，第777页。

② 刘文辉：《建设新西康十讲》，赵心愚、秦和平、王川编《康区藏族社会珍稀资料辑要》下册，第572页。

③ 刘文辉：《建设新西康十讲》，赵心愚、秦和平、王川编《康区藏族社会珍稀资料辑要》下册，第573页。

④ 王克训：《西康问题的检讨与今后之对策》，《蒙藏政治训练班季刊》1934年6月。

⑤ 刘文辉：《建设新西康十讲》，赵心愚、秦和平、王川编《康区藏族社会珍稀资料辑要》下册，第585页。

二　刘文辉治康经边的民族、宗教政策

（一）实施"三化政策"

"三化政策"即德化、同化、进化之政策，"德化政策，在提高其人格；同化政策，在提高其知能；进化政策，在提高其地位。而唯一的要求，则在人尽其才，同为国家出力是也"。①

"三化政策"是刘文辉"从中国几千年来经边政策失败的教训中，加以十余年来治边的经验，所研究出来的一部经边方案"。② 自接防康区开始，刘文辉即在思考："为什么名震一时的赵季和的赫赫经边之功，会一败至此呢?"这个问题引发了刘文辉对威服政策的反思。刘文辉认为，赵尔丰的经边政策"偏重武力，操之过急"，"忽视康藏人民之心理、宗教风俗习惯，没有在康民精神上生根"。因此，在筹备西康建省时期（1935—1938），刘文辉"就很尊重康人的文化与宗教，本'为政以德'的原则，与康人相见，并尽量发展边民教育，期其发生同化作用，得到逐渐进化之目的"。③

"三化政策"既是加强民族联系的重要途径，也是治理康区边民的新方案。边民特指生活在边区的少数民族，边民中的"民"字系为承认少数民族是中华民国的国民之意。④ 据刘文辉称，"三化政策"的"最高理论就是'仁'的哲学——对'边民'一视同仁，同我们自己一样"。"边民本是同为人类，同为国民，同为康人，为什么我们不拿出仁爱的心理爱之、护之、教之、养之，使各族融为一体，各人各尽其才。"⑤

---

① 刘文辉：《建设新西康十讲》，赵心愚、秦和平、王川编《康区藏族社会珍稀资料辑要》下册，第 609 页。

② 刘文辉：《建设新西康十讲》，赵心愚、秦和平、王川编《康区藏族社会珍稀资料辑要》下册，第 602 页。

③ 刘文辉：《建设新西康十讲》，赵心愚、秦和平、王川编《康区藏族社会珍稀资料辑要》下册，第 610—611 页。

④ 刘文辉：《建设新西康十讲》，赵心愚、秦和平、王川编《康区藏族社会珍稀资料辑要》下册，第 599 页。

⑤ 刘文辉：《建设新西康十讲》，赵心愚、秦和平、王川编《康区藏族社会珍稀资料辑要》下册，第 600 页。

德化政策侧重于"攻心"。① 德化的反面是威服。"威服政策，纵然得到一时成功，转瞬就会一败涂地，功亏一篑。"② 对于"德化"问题，刘文辉列举了西康宁属地区的例子加以说明：

> 西人也有传教至夷巢里面去的，为夷人改善生活礼俗，并用英文字母将夷语译成文字，而夷人不特不仇视西人，而反尊重西人如父母一般，问其祖国，甚有说是英伦者，有说是伦敦者。我从这个事实当中，启发出三个要点：（一）不患边民之"不怀德"，而患我之"无德可怀"。（二）不患边民之不与我"同一"，而患我之不去"化"。（三）不变边民为国民，边民可能为他国之民；不变边土为国土，边土可能变为他国之土。③

同化的反面是分化。"以夷制夷"的传统治边政策"在良心上有所不安，在道德上有所不许，在国法上亦所不容"。④ 进化的反面是羁縻，"若仍用羁縻政策，则今日之羁縻政策即成为愚民政策中之至愚者"。⑤ 鉴于此，刘文辉指出：

> 以往的经边政策，在整个政治思想都是消极的大前提之下，因此也就无不消极，如威服政策在求其不反，分化政策在求其不和，羁縻政策在求其不动。而共通作用，在求其不为汉人之患也！今日之政治趋势，已由消极的变为积极的，如仍沿用以往的消极政策，绝不能适应时代的需要，绝不能解决当前的问题。⑥

---

① 刘文辉：《建设新西康之理论与实际》，《康导月刊》第 5 卷第 10 期，1944 年。
② 刘文辉：《建设新西康十讲》，赵心愚、秦和平、王川编《康区藏族社会珍稀资料辑要》下册，第 602 页。
③ 刘文辉：《建设新西康十讲》，赵心愚、秦和平、王川编《康区藏族社会珍稀资料辑要》下册，第 612 页。
④ 刘文辉：《建设新西康十讲》，赵心愚、秦和平、王川编《康区藏族社会珍稀资料辑要》下册，第 602 页。
⑤ 刘文辉：《建设新西康十讲》，赵心愚、秦和平、王川编《康区藏族社会珍稀资料辑要》下册，第 603 页。
⑥ 刘文辉：《建设新西康十讲》，赵心愚、秦和平、王川编《康区藏族社会珍稀资料辑要》下册，第 608—609 页。

（二）采取"因教制宜"策略

藏传佛教在康区社会中有着不可替代的影响力，佛教"几乎成了康人血系中遗传的因素。它的势力是非常之大，不但民众要听其支配，即土头也要听其支配，不但精神生活受其支配，即日常生活也要受其支配。以言经济，人民生前之余财，死后之遗产，大部奉献于寺庙；以言教育，优秀之男丁，大部遣送寺庙，学习喇嘛；以言军事，寺庙拥有强大武装，居民内忧外患，均赖其保障；以言政治，则喇嘛作之师即作之君"。[①]

长期以来，清政府对康区格鲁派采取扶持政策。至清末川边改土归流前夕，康区部分土司的权力已经被寺庙势力或西藏派来的堪布压制。光绪二十八年，理塘寺堪布与理塘土司争权，堪布声称要消灭土司，夺取理塘土地，献于达赖，不归汉官管辖。[②] 驻藏帮办大臣凤全到达巴塘后，因有限制寺庙人数等举动，引起当地宗教势力的不满，导致巴塘事件的发生。马维骐、赵尔丰等率清军平乱，丁林寺被焚，巴塘正副土司被诛杀。[③] 光绪三十二年乡城之役后，为了声援西藏，整理川边，使川滇边藏声气相通，联为一致，赵尔丰对土司（呼图克图）、"野番"、"赏藏"之地分别通过改流、"纳降"、收回等方式进行了处置。赵尔丰建议"将边兵所到之地，皆收归边务大臣管辖"。[④] 同时，基于应对藏地边疆危机的考虑，赵尔丰在论及宗教时指出：

> 今仍保存其教，不过以向归驻藏大臣管辖者隶属其边务，又仅止数处地方，矧其中有并非藏地，而为彼所攘窃者，及此收回，亦为名正言顺。若虑藏地褊小，而拉萨以西，壤地正复宽广，皆待经营。或有谓黄教为蒙蛮所迷信，我朝即借其教以范围彼族之心，若待藏过严，则蒙蛮皆将震惊不安，于大局深有关系。殊不知此说在国初容或有之。盖当日

① 刘文辉：《建设新西康十讲》，赵心愚、秦和平、王川编《康区藏族社会珍稀资料辑要》下册，第649页。

② 《陈瑢奏陈平定理塘寺堪布聚众滋事折》，四川省民族研究所编《清末川滇边务档案史料》，第85页。

③ 《赵尔丰致电锡良、绰哈布陈报理塘土司暗不支差情形》，四川省民族研究所编《清末川滇边务档案史料》，第59页。

④ 《边、藏情形时殊势异亟宜将紧要地方收回折》，四川省民族研究所编《清末川滇边务档案史料》，第594页。

圣心仁爱，不欲以干戈多杀生命，故顺其习俗，抚而治之。而朝廷深仁厚泽二百余年，虽草木昆虫咸沾德化，岂复借彼虚无之教以为经世之猷。且臣在蛮地，悉知蛮俗，亦未尝无诵经之人，而一言藏番，无不痛心疾首。其所信者神佛，非敬信藏番达赖也。蛮地如此，蒙人可知。然其帖耳俯首无敢逆犯之者，固为积威之渐，亦以无保护之故，不得不隐忍服从也。试观前次英兵入藏，阿旺郎结潜逃，未闻蒙蛮之人奔走呼号，以为宜救藏番，保护达赖，义旗西指，与英人为难者；亦未闻有愁苦咨嗟，以为黄教将灭，而恨不欲生者。不惟蒙蛮中不闻有此人，即前藏、后藏亦不闻有是人也。岂有朝廷欲整理藏务敢有起而相抗者，此可断其必无之事。况已颁明诏，仍以保教为宗旨，不过因其不能保护百姓，遗弃地方，将为外人有，仅将从前赏给之地收回，以示薄惩。保疆索而顺民心，此又不可失之机也。①

在改土归流的推进过程中，据巴塘、理塘等地头人、百姓称，"大兵自到巴、里，革去两处土司，免去多少摊派苦差，我等皆蒙大皇上福庇，情愿归汉官管理"。② 光绪三十四年，赵尔丰办理德格土司改土归流时，饬令边军员弁"加意抚绥，一体宣布朝廷德意。仓猝之际，加惠于民者尚不及内地万分之一，而蛮民已视为旷古未有之典，感戴皇仁，其有泣下者。则其平日为暴政之摧残，亦可悯矣"。③ 宣统元年，赵尔丰途经德格之登科时，高日土司所管百姓"齐来叩见，声称该土司年年惟知收取差粮，不知体恤百姓，一任百姓任人欺侮，眼见土地人民将尽为人攘夺，情愿归汉官管理"。④ 当赵尔丰至昌都时，贡觉、桑昂曲宗等地"头人等且到察见臣，求为设官，从此仍为朝廷百姓，勿再还藏。不惟此也，洛隆宗、硕般多、边坝亦皆远来输诚，

---

① 《边、藏情形时殊势异亟宜将紧要地方收回折》，四川省民族研究所编《清末川滇边务档案史料》，第594—595页。

② 《札谕西藏僧俗员弁、百姓等所呈公禀各节》，四川省民族研究所编《清末川滇边务档案史料》，第289页。

③ 《德格土舍多吉生格纳还土地人民改土归流折》，四川省民族研究所编《清末川滇边务档案史料》，第419页。

④ 《请将春科、高日两土司改流及灵葱土司之朗吉岭设官管理折》，四川省民族研究所编《清末川滇边务档案史料》，第447页。

备言藏中苛虐情形，愿我将地收回，面求禀恳，词极敦诚"。① 同年十二月，据江卡九地头人称，"窃自藏官到江以来，民等辄受酷虐之刑，常遭磕索之害。……只得恳乞转邀帅恩，救民等于水火之中，庶民等无困厄之苦"。②

概言之，"康境改流，乌拉给价、地粮有定额，不类土酋之诛求无厌，故地方纵有特殊情形，人民尚不以隶汉为苦"。③ 但赵尔丰"用夏变夷"的思路以及在康区宗教方面的一些措施却屡为后人诟病。其中，"没收各寺土地，一律归公，几使珈蓝深锁、贝叶远庋，康人心理固已深恶痛恨，誓不两立也，故赵使甫去，事变遽生"。④ 据贺觉非称：

> 纵观赵氏在边六年，先得锡良支持，后以乃兄为实援，人事、物力、经营，均予便利。赵本人亦明敏廉洁，办事公正，犯法者虽亲近不稍恕，康人多信服之。其后三十年之汉官，未尝非有赖于赵之余威也。惟仅恃用夏变夷一端，而昧于"修其教不变其俗，齐其政不易其宜"之古训，且近世治民秘诀，常示以最善之动机，若非人民之所欲，则终害多利少，必激起愤恨，庆古又未能谐于今，且违反一般人崇尚佛教之心理，强迫以不适用之汉化，人亡政息，固其宜也。⑤

事实上，佛教有其存在发展的客观条件。康区佛教的盛衰消长与地方政治及人心趋向息息相关。民国时期，历届康区地方政府对于宗教均采取较为谨慎的态度。西康屯垦使公署"以佛教与国防有密切关系，无论汉藏人民类多跋涉险阻，躬至拉萨大招为传度顶礼之举，则佛化中心犹在布达拉寺，而为人民倾心之点，因有西康佛教院之筹备，为将来全康汉夷传招膜拜之所。俾移向日之葵倾集中于康，用意深远，未可厚非"。⑥

---

① 《边、藏情形时殊势异亟宜将紧要地方收回折》，四川省民族研究所编《清末川滇边务档案史料》，第593页。

② 《张其昌等禀诉江卡九地头人禀诉藏官苛虐》，四川省民族研究所编《清末川滇边务档案史料》，第508页。

③ 集白：《噶布可条约之解剖》，《戍声周报》第51期，1937年10月25日。

④ 集白：《噶布可条约之解剖》，《戍声周报》第51期，1937年10月25日。

⑤ 贺觉非著，林超校《西康纪事诗本事注》，第22页。

⑥ 《一九二八年西康特区政务委员会呈》，四川省档案馆编《近代康区档案资料选编》，第323页。

1928 年，西康临时政务处呈报称，康区"喇嘛各寺既属舆情之所趋向，斯应由政府加以维持，庶几威德所及，畏怀兼全"。[①] 西康特区政务委员会认为，对康区寺庙要"因势利导，潜移其内向之忱，以趋于党的训练。迩来汉人经商到康，以及军政界人士已多皈依佛法，从事集会研究，非特阐扬如来三宝，抑足联络汉藏情愫，不过私人组织力稍薄弱耳"。为此，西康特区政务委员会建议刘文辉筹办相关机构，"寓党义训练于宗教之中，渐谋以党化代佛化，较之西人传教既顺且易，而对于舆情之趋向，边地之收复，亦有莫大之关系也"。[②] "因教制宜"是刘文辉在总结清末赵尔丰治康经验教训的基础上提出来的。据刘文辉称：

> 其本人（赵尔丰）既因达赖之亲英而隐恨之，并及于若干喇嘛。其所罗致之人才，虽多热心殖边之士，而独少对于西康宗教具有真知灼见之人。……诸如此类，皆忽视康藏人民间之宗教性与宗教力量而然也。其结果黄教固痛恨，即红教亦恨之，西藏喇嘛固极端反对而务使其去位，即西康喇嘛亦无人恋系之而幸其去。夫使一地方一民群之生动力与政治力不相融合不相调协，则不但发生离心趋势而已，且将进而发生反动趋势。[③]

刘文辉主政西康期间，对康区佛教"既不恃武力，亦不假权术，惟知开诚布公，因势利导，力谋政教之协调合作，以纳民于轨范"。[④] 西康建省委员会成立后，刘文辉以维护佛法、整饬教规为重要政策，明令取缔违反教规的各项行为，厘定整理寺庙办法。召集僧伽代表会议，宣布治康政策。西康省政府成立后，刘文辉遴选康区南北两路高僧大德充任宣化师、辅教师，负责督导，以收民族团结、政令易行之效，并筹备成立五明佛学院，特意在汉藏教理院聘请阿旺堪布担任五明佛学院院长。五明佛学院通过培植康区各

---

① 《一九二八年西康临时政务处呈》，四川省档案馆编《近代康区档案资料选编》，第 323 页。

② 《一九二八年西康特区政务委员会呈》，四川省档案馆编《近代康区档案资料选编》，第 323—324 页。

③ 刘文辉：《西康现况及赵尔丰治康之失得》，《西北问题季刊》第 2 卷第 1、2 期合刊，1936 年。

④ 刘文辉：《对西康省临时参议会的希望及本人治康简单经过》，《康导月刊》第 2 卷第 12 期，1940 年。

教派的佛教人才，借此统一西康省境内佛教，以便为政治服务。① 同时，刘文辉设立西康佛教整理委员会，处理各教派、寺庙、僧俗间的纠纷；拨款修建寺庙，广发布施；对在拉萨学佛的汉僧和来康定学佛的各族人士给予经济上的照顾。他还通过西藏一些高僧大德，同拉萨政教上中层人物建立广泛联系，几度派人到三大寺布施，借以加强政治联系。②

理塘寺在康南地区具有特殊的宗教、政治、经济地位，控制理塘寺是康区地方政府经营康南的重要步骤。1926 年，西康屯垦使刘成勋委任理塘寺传号娃仁措为理塘、巴塘、乡城、稻城、雅江五县的"五路团总"，统率地方武装。③ 1940 年，西康省当局委任二世香根活佛为西康省参议员，之后又任命其为西康省佛教整理委员会副主任委员及"九县佛教宣化师"。1941年，曾言枢报请西康省政府核准，在理塘寺内成立"调解委员会"，使该寺获得了合法的司法权。

这些措施改善了西康省政府与康区寺院、喇嘛、土司、头人之间的关系。任乃强曾对刘文辉"因教制宜"的成效有如下之总结：

> 刘文辉被刘湘联合的军阀们打得一败涂地，只剩下川边十几县的藏区地盘。他的政治生命已到垂危的时候了，但他玩出一套"宏扬佛法"的花招，便能稳住阵脚，慢慢又爬起来。他到康定后，首先在自己住宅布置一座经堂，迎请阿旺堪布、格聪活佛、日枯古学等名望喇嘛为他讲经修法。自己随时也拿着手摇转经幢旋转，口念"唵嘛呢叭咪吽"不绝。那几个喇嘛替他宣扬出去，说他是真正的护法韦陀转世。他的旅长曾言枢，首先带兵出关，更是完全的一套喇嘛装束和行动，军士们叫他做"曾喇嘛"。这样一来，于是西康几十年不能到任的县官，也次第随军到任了。抗粮几十年的县，也自动迎官输粮了。素来不肯出寺见官的高僧活佛，都枉驾来到康定，参加刘氏召开的佛教宏扬法会了。西藏政

---

① 邢肃芝口述，张健飞、杨念群笔录《雪域求法记：一个汉人喇嘛的口述史》，第 79 页。

② 刘文辉：《走到人民阵营的历史道路》，政协全国委员会文史资料研究委员会编《文史资料选辑》第 33 辑，第 25—26 页。

③ 四川省编辑组编《四川省甘孜州藏族社会历史调查》，四川省社会科学院出版社 1985 年版，第290 页。

府也派代表来商谈和平相处的条件了。由于地方人民拥护他，他未用一兵一卒就把康区局面稳定下来，使蒋介石无法把他吞下。这是我亲身看到的事实。刘文辉这一作法，虽然是不足为训的，但用来说明"因势利导"的效果，却是很有益的。[①]

三　刘文辉治康经边过程中的对藏策略

刘文辉的治康经边方略中还包含着"对藏"工作。"治康"与"治藏"的关系密不可分。清末民国时期，康区政治在很大程度上可以被视为围绕康藏关系发生的一系列相互勾连的事件而形成的一段曲折动荡的边疆政治过程。[②] 对于治康与治藏孰为先后的问题，王克训指出：

> 盖治边必有一定之步骤，今日一般谈边事者，多重在经济，自然治边之目的，固不外开发天然之富源，借以充实国家之力量，然而政治问题，还未解决，则经济条件，决不会成立……所以边疆问题，第一步是政治问题，即此可知经济问题是政治问题解决以后的事，吾人对于西康问题的一点贡献，纯是循着政治途径，以求第一步解决方法之施行无阻，因此吾人便要求诸西康本身问题以外的与西康有密切关系的种种问题，其最重要者，便是治西康必先顾到西藏，吾人要明白赵尔丰的政策，不是经营西藏以解决西康，而是经营西康以向西藏推进，其路线是由内而外，且现在西康环境，远非赵尔丰时代可比，内无安全之四川，以作外府，外有强邻之伺隙，以助长内忧，以故吾人必欲先安西藏，以屏蔽西康，因地理历史种族宗教上之关系，西藏问题解决，而西康问题，势如破竹！[③]

邓骧认为，"康与藏邻，治康而不先筹藏，则外患时乘，而内治无由设

---

①　任乃强：《回忆贺老总召谈解放西藏》，《中国藏学》2001 年第 4 期。
②　朱金春：《边疆政治：主体、行为与过程》，《华西边疆评论》第 1 辑，四川大学出版社 2014 年版。
③　王克训：《西康问题的检讨与今后之对策》，《蒙藏政治训练班季刊》1934 年 6 月。

施，且康与藏为同族，藏事不宁，则康事必受其影响"。① 另外，陈东府
（陈启图）亦云："夫西藏乃中国之边防，西康之屏蔽，故欲治康必先
安藏。"②

同时，也有人认为在"西藏问题"的解决遭遇到诸多掣肘时，不如先
从建设西康着手，成立西康省政府，切实巩固康区防务。据刘文辉称：

> 因对西藏问题始终决策不定——一面运用班禅，一面拉拢达赖，
> 而班禅与达赖又绝不相容，所以中央一片宽大为怀的好意，反高涨了
> 西藏夜郎自大的气焰。因对西藏问题未决，在西康的作法，也就举棋
> 难定。在当时我的认识，运用班禅可，拉拢达赖亦可，可是，不把西
> 康的力量建树起来，运用班禅不会成功，拉拢达赖更不会成功。因为
> 西康是本，西藏是末，建设西康是经营西藏的前提。西康真有办法，
> 要解决西藏问题，这是很容易的。假设想把西藏问题先行搁平，再回
> 头来说建设西康，结果必然会两事俱败，或使问题更加严重，也有可
> 能！好在在抗战发动以后，西康改建行省，中央才算确立了建设西康
> 的政策，到此时，中央与地方的意志，也才算打成一片，这确是个很
> 好的现象。③

事实上，康藏之间的诸多问题需要全盘考虑、统筹兼顾。"西康与西藏
因地理、历史、宗教、种族之关系，以故一言西康问题，自然牵涉西藏问
题。"④ 近代西藏问题与康区政治"久已形成密切有机之关联"。清末傅嵩炑
的西康建省之动机，"纯为对藏，也不为过"。⑤ 也可以说，"经康即所以对
藏，对藏即所以经康，要经营西康，就不能不谋适当的合理的对付西藏"。⑥

---

① 邓骧口述，沪记者川康考察团记《康事纪略》，《开发西北》第2卷第2期，1934年。
② 陈东府：《治康筹藏刍议》，《康导月刊》第1卷第5期，1939年。
③ 刘文辉：《建设新西康十讲》，赵心愚、秦和平、王川编《康区藏族社会珍稀资料辑要》下册，第573—574页。
④ 王克训：《西康问题的检讨与今后之对策》，《蒙藏政治训练班季刊》1934年6月。
⑤ 刘文辉：《建设新西康之理论与实际》，《康导月刊》第5卷第10期，1944年。
⑥ 刘文辉：《庆祝委员长脱险并述甘孜事变经过》，《康导月刊》第2卷第7期，1940年。

因此，经营康区不是单纯的"建省"，还应包括"经边"与"对藏"。^①其中，建省实施"四力政纲"，经边实行"三化政策"和"因教制宜"策略，而对藏工作则存在以下困难：（1）前方作战易，后方勤务难；（2）速战速决易，苦战求胜难；（3）军事发动易，宗教运用难；（4）军事结束易，政治收拾难。^②基于此，刘文辉在对藏工作上主要采取以下措施。

第一，政治吸引。通过澄清吏治，将西康的政治影响扩大到金沙江西岸，增强西藏民众的向心力。

第二，宗教联系。刘文辉所采取的积极宗教政策不仅巩固了其在康区的统治，而且由于康藏两地共同信仰之关系，"尊重西康之佛教者，同样尊重西藏之佛教"，"宗教的信仰在今天已成康、藏密切联系之桥梁"。^③

第三，经济运用。边茶为汉藏贸易之大宗商品，亦为汉藏经济联系的纽带，边茶贸易是刘文辉对藏工作的有力手段。据蒙藏委员会派驻昌都调查员唐磊报告：

> 职等久留边区，略明康藏大势，对于目前汉藏僵局，几经研讨之后，认为唯一可以一针见血之策，仅有以经济方式之康茶筹藏一道。……查西藏地广土瘠、民贫人少，军政经济各方，无一具有现代模型。如从表面筹之，诚无一足堪一掷，但西藏民族于宗教、风习、语文诸端，皆具有其特殊之因素，实非任何浮力所能一旦摧服，因之筹藏之策，首重结铸汉藏二民族内层之联系，故如着重于政治或军事方式之浮策，则无论为联络、为宣传、为怀柔、为羁縻、为威压，皆适足以添划二民族间之裂痕。反之，如能建立汉藏之同一经济机构，暗中扶助其经济与文化之发展，则立可利用其域内之财，初以补助办法，渐谋深入其政治、军事、宗教、文化、实业诸内层，从而结成汉藏不可分之密切联系。此尚就筹藏之根本出路而言，即从战时康缅、印藏交通与商业之展望以谋，亦唯有首先采用此种商业政策，打开汉藏数十年来貌合神离之

---

① 刘文辉：《建设新西康之理论与实际》，《康导月刊》第5卷第10期，1944年。
② 刘文辉：《建设新西康之理论与实际》，《康导月刊》第5卷第10期，1944年。
③ 刘文辉：《建设新西康之理论与实际》，《康导月刊》第5卷第10期，1944年。

局面后，始有进谈其他之基础。[①]

第四，军事戍防。刘文辉认为，"经边是个政治问题，同时也是个军事问题"，应"以政治为主，以军事为辅"。[②] 而"政治才是国防的基本工作"。[③] 因此在整个对藏工作中，军事戍防仅作为一种辅助手段。[④]

刘文辉治康经边理论的主要来源为：一是对历史上经边思想，尤其是对赵尔丰治康得失的反思；二是刘文辉在治康实践中不断总结经验教训的结果。作为新生的边地省份，由于民族、宗教、地缘等因素，刘文辉的治康方略包含建省、经边、对藏三个层面，三者构成一个有机联系的整体。与传统的封建王朝治边思想不同，刘文辉的治康经边理论重视政治手段的运用，具有鲜明的民族国家品质，其目的是建成"三民主义的新西康"，化边地为腹地，复兴中华民族。刘文辉认为，解决西康民族问题的"答案只有一个，就是争求民族主义之彻底实行"。民族主义之要义，第一，"在求各民族之融和妥洽，加强其团结，促进其同化"，使各民族凝聚成一个中华民族的整体。第二，"实现国内各民族一律平等"。第三，"提高各族文化水准，使能形成一完整优秀之国族，进而自由独立于世界"。[⑤] 总体而言，刘文辉的治康经边方略基本切合康区实际，把握住了当时康区治理的关键问题。这些政策措施的实行，有效巩固了刘文辉在康区的统治，促进了康区社会经济发展和康藏关系的改善，对于维护国家统一、巩固西南边防以及建设抗战大后方起到了重要作用。

---

① 《西康调查组组长唐磊等呈报康藏经济情势并附陈经济方式筹藏意见》（1941年1月20日），中国藏学研究中心、中国第二历史档案馆合编《民国时期西藏及藏区经济开发建设档案选编》，第419—420页。

② 刘文辉：《建设新西康十讲》，赵心愚、秦和平、王川编《康区藏族社会珍稀资料辑要》下册，第613—614页。

③ 刘文辉：《建设新西康十讲》，赵心愚、秦和平、王川编《康区藏族社会珍稀资料辑要》下册，第536页。

④ 刘文辉：《建设新西康之理论与实际》，《康导月刊》第5卷第10期，1944年。

⑤ 刘文辉：《建设新西康之理论与实际》，《康导月刊》第5卷第10期，1944年。

第　十　章

刘文辉主政西康期间的
建设举措及其成效

第一节　军政整饬与制度建设

一　地方行政机构的健全与军事建制的完善

民国时期，特别是民初，康区地方政治建制因时局的变化而频繁改动，长期无一定制，政务紊乱不堪。地方政治建制经历了从特别行政区到省制化的漫长过程。到 20 世纪 30 年代西康建省提上议事日程，省制化进程促使康区地方政治制度不断完善和健全。但是在康区基层社会中，不少地方的政治实权掌握在各地旧有传统势力手中，往往造成土流势力并存的双重政治制度架构。地方行政体制建设试图将"土著精英"改造为"国家精英"，成为国家力量进入边疆地区的必然选择。①

1928 年刘成勋战败下野，二十四军刘文辉以川康边防总指挥职兼领全康，行署设于康定，设临时政务处，代理地方行政，之后增设西康财务统筹处。8 月，改设西康政务委员会，直接隶属于军长刘文辉，处理全区民政事务，对全区行政官吏均有监督指挥之权。该委员会由军长任命政务委员五人，设主席委员一人，承办各事。政务委员会内分秘书，负责撰拟、

---

① 王娟：《流官进入边疆：清初以降川边康区的行政体制建设》，《中南民族大学学报》2014 年第 1 期。

保管机要函电暨总核各科文件；第一科掌理内务、司法、财政；第二科掌理外交、"夷务"；第三科掌理教育、实业、交通；第四科掌理屯垦、矿务。庶务管理会内经费及公物购置暨一切杂务；收发管理来往文件登记、分发；管卷管理文卷档册；译员、通事分任翻译文字语言；司录事分任各科处杂务及缮写文件。[①] 二十四军军部权力完全凌驾于政务委员会之上。委员会重要事务决策、人员委任、函电用词、关防刊发、办事细则改订、职员薪俸、公费预算等均需由军长或军部裁定查核。委员会各科需每月分按职掌，摘要汇报军长。

　　1931 年西康政务委员会裁撤，由第二旅旅长兼摄行政，设机要处，承办其事。1933 年秋刘文辉在四川军阀混战中败北，退至西康，逐渐转向全力经营西康政务。9 月，在康定设西康屯殖总司令部，兼理康属民政，以第二旅机要处隶属之。1934 年设立西康行政督察专员公署，隶属于川康边防总指挥部。次年 7 月成立西康建省委员会，由委员七人组成，下设秘书处及民政、财政、教育、建设、保安五科，另设公务员铨叙委托审查委员会、公务员惩戒委员会、义务教育委员会、赈务委员会、禁烟委员会等。行政机构渐趋完备。行政督察专员区仍划分为三区：第一区专员驻巴安，第二区专员驻甘孜，第三区专员驻泰宁。1938 年，改组西康建省委员会，委员增至九人，以刘文辉为委员长，内设政治、经济两组及秘书、保安两处。

　　1939 年西康省正式建立，省府委员九人，设民政厅、财政厅、教育厅、建设厅、保安处、秘书处、会计处、统计处等。各厅处下设科室，分掌各事。如秘书处设三科两室，第一科主管人事，第二科主管总务，第三科典守印信、保管档案等。两室为秘书室（设秘书若干）及会计室——主管岁计、会计、出纳等工作，设会计主任一人。此外，原西康建委会保安科扩建为西康保安司令部，由刘文辉兼任保安司令，下辖雅属、宁属、康属、康南、康北五区保安司令部。1943 年增设康定警备司令部（见图 10-1）。[②] 因而西康省府建立后，政治机构规模渐形庞大和繁杂，政务分工协作更为细化和合理。因政治形势的需要和政务事宜之繁简变

---

① 四川省档案馆编《近代康区档案资料选编》，第 29—30 页。
② 李亦人：《西康综览》，第 68—72 页；启图：《廿年来康政得失概要》，《康导月刊》创刊号，1938 年。

化，西康省府政治机构也有所更改。为应对粮食供应及粮价变动，稳定问题，先后于1940年和1943年在康定设粮政局、田粮处及其附属机构军粮局和公粮站等。①

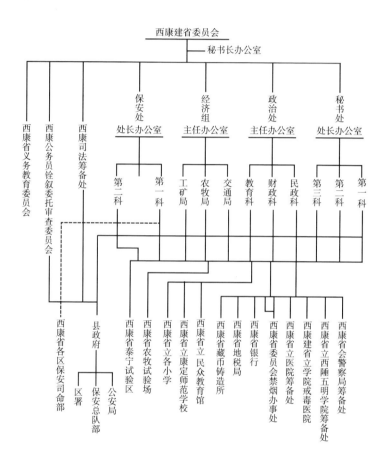

图 10-1　西康建省委员会组织机构示意

资料来源：李亦人《西康综览》，第71页。

户政事务是民政工作的重要组成部分。民国时期康区人口的统计数据驳杂，大多是依据旧有粮册或各县自行填报，敷衍塞责，丁口数目残缺之处过

多，颇不可信。到 1942 年西康省府始于民政厅下设户政机构，策划推进户政工作，并多次开办户政干部人员训练班，培养从事户政工作的人才。康定、泸定两县首设户政室。次年 7 月西康省府遵照国民政府颁发的各省市办理户籍及人事登记实施程序，首先通饬在宁属、雅属各县局及康定、泸定两县先行办理，以为康属推行户政之先导。1945 年起，因社会环境特殊，康区各县局陆续办理户口调查，由省府统制汉藏文户口调查表及户口异动、出生死亡、迁入迁出等报告表五种，分发各县局，饬令切实办理，按期完成。但是因经费短缺、人才匮乏、政治环境恶劣等种种因素，西康户口调查实未在康区全面实施。直至 1947 年西康关外金沙江以东康属各县的户政工作才以户籍登记工作竞赛、户政讲习和户籍示范等方式勉力启动。[①]因此，近代川康政府始终未能对康区人口数量完成全面、彻底和细致的户口清查工作。

　　至于康区各县县政，刘文辉主政西康后，开始陆续颁布训令，制定章程，对各县政府改组完善，巩固行政基础。1934 年，川康边防总指挥部依据中央颁行的县政府组织法、县政府办事通则整顿县政，训令各县机关一律改局为科，组织未全者暂缓增设。各科及保卫团移入县政府联席办公。各项政务依法划归各科办理。各科员额依组织法设定。各科薪工公费由县政府开支，须造具预算呈报核定。司法暂由县长兼理。县长有监管各科主办事务之权等。[②] 1937 年，西康建省委员会颁布《西康各县政府组织规程》（以下简称《规程》），并通过县训和任用审查方式配置行政人才。《规程》规定，县府设县长一人，由西康建省委员会提名，委员长任命，综理县政、监督所属机关及职员。设秘书一人，分设三科，分别职掌民政、财政、文教及公共事务。各科置科长一人，下设科员、办事员、警佐、技士、督学等。县长兼办司法案件，设县政会议等。[③] 1938 年西康建委省委员会又在康定开办县政训练所，结业者分派各地，继而在 1941 年开设西康省地方行政干部训练团，

　　① 徐仕林：《西康省政府户政工作报告（附表）》，《县政》第 4 卷第 11、12 期合刊，1945 年；《各地通讯：关外各县开展工作》，《西康户政通讯》第 1 卷第 6 期，1947 年；陈宗严：《户口调查工作简明手册》，《西康户政通讯》第 1 卷第 6 期，1947 年。
　　② 四川省档案馆编《近代康区档案资料选编》，第 42 页。
　　③ 四川省档案局（馆）编《抗战时期的四川——档案史料汇编》（上），重庆出版社 2014 年版，第 9—11 页。

培养干部，充实各县乡机构。为保障县乡办公人员奉公执法，西康省府依铨叙法规及任用标准对各级公务人员按期审查，1939 年后又推行公务人员年考制度。

事实上，县府具体组织机构常依照各地情形有所增减，而不必完全遵依《规程》。以巴安县为例，20 世纪 40 年代初巴安县府设县长 1、秘书 1、科长 2、科员 2、技士 1、办事员 3、雇员 3、政警 20、工务兵 4，共管民政。承审员 1、看守所所官兼监长 1、书记 1、录事 2、所丁工务兵 2，负责司法。全县分为 5 区，第二区设区长 1 人，其余四区无区长，共编为 25 保，每保设保长 1 人，共有 256 甲，每甲设甲长 1 人。县府内另设保安总队部、国民兵团部、动员委员会、新生活促进会、义教社教两教育委员会、赈济会、粮税清理委员会、粮食管理委员会、文献委员会、国民体育会等。办事人员多系兼任，或无公职的临时人员。[①] 县级以下基层组织最初为：区设保总；区以下为村，村设村长；村以下为牌，牌设牌头。新县制推行后，保甲制度在各县广泛建立起来。县府政治机构通常分为县、区、保、甲四级。区改设区长（辖区较小者或改称保，设保正）。村改称保，设保正。村以下为小村，设小村长、甲长或俄巴。以后，区及辖区大的保，改称联保，再改为乡，先后设联保主任、乡长。因基层组织结构和名称时常变动，区、乡更迭互换，或不同区域具体设置有所不同。[②]

但是各县财政收入支绌拮据，办事人员匮乏，"凡中央、省级、县级三类机关应有尽有，然大多只见其吊牌而已。各县不特人才缺乏，即房屋亦感困难。除少数数县外，每只有县府一座房屋。故各机关办公处借土头官寨，或租寺庙僧房或民房"，[③] 仅能勉强维持县政运作。

土司、土劣（以土头为主）及寺院势力则趁势而起，担任乡村各级官员（见表 10-1），纷争不断，掌控县府下辖的基层政权，致使县府权限极受制约，政令难以推行。例如距离康区政治中心——康定较近的雅江，"交通之困难，诚属难于上青天，因此之故，致使一县政治不能统一，县令仅及于

① 白尚文辑《巴安县志资料》（1942 年），巴塘县志办公室译，1989 年，第 18 页。
② 西康公安厅编写《旧西康省康属概况（初稿）》第 3 卷，1953 年，《甘孜藏族自治州概况》编写组 1981 年 5 月翻印。
③ 《西康省康区政务考察团总报告书节要》，台北"国史馆"藏，典藏号：014-010200-0068。

较近村落，雅属如马岩、拉日巴、木拉石、崇喜等地，民俗刁悍，加以僻边，官厅无权过问，纵有政令，亦置若罔闻，稍有不遂，则与县府对抗，县府亦莫可奈何"。[1] 因而法国人古纯仁称："在政治方面，中国之威权，渐渐坠落，以成为黯淡减色。"[2]

依县政情势之别，县政运作模式大致分政府主导、土司主导、寺院主导和土劣主导四种。政府主导的县制集中于康定、泸定、丹巴、炉霍等地，因设治已久，政令推行较易。土司头人势力较弱，多已名存实亡。土司主导的县制大多在德格、白玉、甘孜、道孚等康北地区。土司掌握地方实权，凭借土地所有权、司法裁定权、行政支配权和武装后盾，暗中操纵县政，视县长能力及政府统治力度强弱来应对县府。寺院主导的县制以理化为典型。寺院势力凌驾于县长和驻军之上。为维持县政，县长不得不寻求寺院的合作。土劣主导的县制区域在康南大多数县份均有存在。土劣依靠武力与县府相抗衡，以强压弱，为民国时期康南问题之根源。[3]

民国初年，康区驻军编制随政局之变化而几经改动。新旧驻康军分防各处，故军制驳杂繁乱。1927 年，刘文辉率二十四军入驻西康，刘成勋旧部被收编，以第十旅第二十九团驻守康定。次年刘文辉组建川康边防总指挥部，第十旅改设为川康边防军第一旅，以原驻防康属、宁属的川康军第十四军为川康边防军第二旅，下辖第十四团奉调康定驻防。至 1932 年康藏战事再起，刘文辉调第二旅旅长余松琳入康，主持军务，将驻防宁属的第十一旅所部四十六团两营，第一、二十九、五十三团全团调往康藏前线作战。事后五十三团内调，余部留防。次年春，川康边防军再次改编，十一旅裁撤，将四十六、四十八两团并入川康边防军第三旅编制，留四十八团番号。第二旅下辖十九团全团、四十团两营、四十二团一营、四十八团两营，及特科机炮迫击三连，分驻西康各地。

到 1934 年，因康藏战事之需，驻防康区的边防军增至步兵四团、骑兵

①　笑棠：《西康雅江县风情记（续）》，《康藏前锋》第 1 卷第 3 期，1933 年。
②　李哲生译《康藏民族杂写》，《康藏研究》第 28、29 期合刊，1949 年。
③　陈沛杉：《民国康区县制研究》，《四川师范大学学报》2014 年第 5 期。

表10-1　西康省各县旧有土司头人及新委职衔姓名

县别	旧有职衔	姓名	性别	族别	新委名义	现有武力	备注
康定	明正土司	甲联升	男	康	运输队队长		新名义系本军①委任
	鱼通土司	甲安仁	男	康	民兵营营长	能调快枪二十支，土枪二百五十支	余、邓两旅长②及西康屯殖司令均有委任
		邱文质	男	汉	第一区区长	城区壮丁三百联队，快枪三三十支	康定县委任
	团总	康将秋	男	康	第二区区长	能调人枪二百五十支	
	团总	甲恩丹珍	男	康	第三区区长	能调人枪七八十支	
	团总	阿曲	男	康	第四区区长	同上	
	团总	洛桑彭错	男	康	第五区区长	能调人枪二百余	
		李光前	男	汉	第六区区长	能调土杂枪五六十支	
		李海建	男	汉	第七区区长	能调人枪百五六十支	
炉霍	寿宁寺堪布	格聪喇嘛	男	康	佛教会会长		邓旅委任
	总保	易西次德	男	康	土兵营长		邓旅委任
丹巴	巴旺土司	王福元	男	康	总保	能调快枪三百余支，土枪二百余支	
	巴底土司	王寿昌	男	康	总保	能调快枪五十支，土枪四百支	
	丹东土司	登坤山	男	康	总保	能调快枪六十支，土枪三百余支	余旅委任。该员此次同新委县长到，县赞助尚多

① 即二十四军。

② 即余松琳、邓骧。

续表

县别	旧有职衔	姓名	性别	族别	新委名义	现有武力	备注
理化	毛丫土司	张根生	男	康	理化团务督察长兼军粮转运官	能调人枪千余	该土司尚恭顺
	曲登土司	然登汪巴	男	康	理化团务督察长兼军粮转运官	能调民兵六百余,快枪二百余	余、邓两旅长及西康屯殖司令部均有委任。该员对汉极恭顺
	总保	彭错唐开	男	康	宣导员	能调土枪八百支	余旅委任
	前理寺①传号	莫拉降错	男	康	宣教师	能调土枪五百支	余旅委任
	宣教师	洛桑降迫	男	康	宣教师	能调土枪八九百支	人民有相当信仰
	理寺堪布	火竹香根	男	康	堪布		
瞻化	穷穷公布之弟、河东总保	汪青	男	康	中瞻土兵营营长	能调快枪土枪三百余支	邓旅任内经章团②请委
	河西总保	巴登夺吉	男	康	河西土兵营营长	能调快枪二百余	同上
	上瞻总保	翁须夺吉	男	康	上瞻土兵营营长	同上	同上
	下瞻总保	杜呷	男	康	下瞻土兵营营长	能调快枪土枪一百六十支	公布汪青乃县府所委。夷务谓查贝地面属河东区,而接近理化、雅江。该员能写能言,现颇就范
	河东总保	穷穷公布	男	康	总保	能调快枪土枪二百余支	
	村首等职	更庆(河西)	男	康	古鲁通肖土兵营营长	能调土枪百余支	
	村首等职	纵巴南(河东)	男	康	中瞻河西土兵独立队队长	同上	
	村首等职	噶闪(下瞻)	男	康	下瞻土兵独立队队长	同上	
	村首等职	泽里(上瞻)	男	康	大盖乡导官	对人民有相当信仰	

① 理寺即理塘长青春科尔寺。
② 章团即章镇中团长。

续表

县别	旧有职衔	姓名	性别	族别	新委名义	现有武力	备注
巴安	六玉九村总保	次朗洛绒	男	康	西康民兵第四营营长	能调快枪七八百支	总指挥部委任
	康宁寺堪布	包昂武	男	康	佛教整理委员会委员	能调全县民兵快枪约千余支	总指挥部曾委为康南民兵独立营长
	六玉九村总保	沙牙登巴	男	康	西康民兵第五营营长	能调快枪百余支	
	七村沟保正	桑巴登木	男	康	保正	能调快枪百余支	
	孔撒土司之女	德钦旺母	女	康	康北民兵第二营营长	能调孔、麻两区①民兵，约快枪千余支	总指挥部委任
	孔撒土司之子	香根活佛	男	康	打箭炉团务督察长兼军粮转运官	同孔撒土司实力	余旅委任。该喇嘛对诺那不赞成。对本军尚恭顺
甘孜	白利土司	邓德杰	男	康	康北民兵第三营营长	能调白利民兵及快枪五百余支	总指挥部委任。该喇嘛对诺那本军忠诚不二
	白利土司之子	哲央清增	男	康	德格八邦佛都督		白利人民颇信仰，去年诺那造通电，该喇嘛未署名盖章
	阿都土司、绒坝岔总保、康北民兵第七营营长	翁嘎	男	康	绒坝岔土兵营营长	能调本地民兵快枪二百余支	余、邓两旅长及西康屯殖司令均有委任
	白利土司	邓朱翁家	男	康	白利土兵营营长	能调白利民兵快枪五百余支	同上
	东谷土司	赐德登子	男	康	东谷土兵营营长	能调本地民兵快枪三百余支	余、邓两旅长均有委任
雅江	崇西土司	阿曲	男	康	雅江团务督察长兼粮务转运官	能调人枪七百余支	余旅委任

① 孔、麻两区指孔撒、麻书。

续表

县别	旧有职衔	姓名	性别	族别	新委名义	现有武力	备注
道孚		江启鹏	男	回	民兵第二营营长	能调汉阳快枪一百余支	
	村保等职	其札	男	康	土兵第一队队长	能调土杂枪百四十支	
	村保等职	鹅母夺吉	男	康	土兵第二队队长	能调土杂枪一百四十支	余旅委任
	卓克基土司	索观瀛	男	康	总保	能调快枪三百余支、土枪三百余支	余旅委任
	炉霍寺堪布	麻倾翁	男	康	佛教委员		邓旅委任
定乡	定德游击队队长	彭错大吉	男	康	康南民兵第五营营长	能调快枪千余支	总指挥部委任
	夷情调查员	甲骨倾贞	男	康	康南民兵第三营营长	能调快枪六七百支	总指挥部委任
稻城	头人	四郎登末	男	康	康南民兵独立中队中队长	能调快枪三百支	余旅委任
德格	德格土司	泽旺登登	男	康	德格县土兵营营长	能调快枪千余支	总指挥部委任。该营数受人撤弃,时与"藏番"勾结
	头人	高中卜松	男	康	玉隆土兵营营长	能调人枪二百余	邓旅委任。该员对汉极恭顺
邓科	里噶总保	彭错格乃热登	男	康	里噶土兵营营长	能调人枪三百余	

资料来源:《西康省各县旧有土司头人及新委职衔姓名表》,《西康旧政权各县局长、参议长名册一览表》 康藏地理图 土司头人心委职衔姓名表及西康最高行政沿革纪略》,四川省档案馆藏,全宗号:205,案卷号:77。

一团、特务一营又二连、特科一营又一连及两司令部，兵员共计 8000 余名。[1] 1937 年，戍康各部重新编定，以一三八师第一旅杨学瑞部所辖章镇中、余伟仁两团驻防甘孜、雅江、康定、泸定，旅部设在康定；一三八师第二旅曾言枢部所辖傅德铨、康华尊两团驻防巴安、定乡、稻城等地，旅部驻理化。到 1942 年，二十四军一三六师下辖的 2 个旅、4 个团、12 个步兵营的近 7000 名官兵中，有 8 个步兵营、17 个部队单位驻防康区（见表 10-2），其驻防及马匹情况见表 10-3。

表 10-2　1942 年第二十四军驻康区部队编制

部队			主官姓名	驻地	任务
一三六师师司令部			唐英	康定	
四〇六旅	八一二团	团部	郑善成	康定	清剿
		第二营	刘崇湘	康定	清剿
		第三营	曹培莹	炉霍	震慑边地
四〇八旅	旅司令部		曾言枢	理塘	
	八一五团	团部	魏蒲	甘孜	
		第一营	贺伯勋	甘孜	维护交通,震慑边地
		第二营	杨仁山	色咀巴	保卫边地
		机炮连		甘孜	维护交通,震慑边地
		迫击炮连	闵秋炳	甘孜	震慑边地
	八一六团	团部	傅德铨	巴塘	震慑边地
		第一营	闵玉泉	新龙	维护治安
		第二营	章宗摇	理塘	
		第三营	曹绍容	乡城	
		机炮连			
		迫击炮连	赵楷	巴塘	
	独立团	第一营	谢文芳	康定	维护交通
		通信营	屠仁治	康定	负责通信

资料来源：四川省甘孜军分区编印《甘孜藏族自治州军事志》，1999 年，第 4 页；《西康军制沿革》，《川边季刊》第 1 卷第 2 期，1935 年；启图：《廿年来康政得失概要》，《康导月刊》创刊号，1938 年。

---

[1]　沪记者川康考察团陆诒供给材料，王文萱整理《西康之经济概况》，《开发西北》第 2 卷第 2 期，1934 年；《川康军军政经费穷窘之实况——据二十三年沪记者川康考察团报告》，《川边季刊》第 1 卷第 1 期，1935 年。

表 10-3　1947—1949 年二十四军驻康官兵及马匹情况统计

单位：人，匹

区分	部队番号	主管姓名	驻地	军官	士兵	合计	马匹编制	马匹实有	马匹合计
1947年二十四军（驻西康官兵编制人数及马匹数）	团部通信炮连	傅德铨	巴塘	23	229	252	111	29	29
	独立团一营	冈玉泉	炉霍	24	552	576			
	独立团二营	杨仁山	理塘	24	552	576			
	独立团三营	王仲良	乡城	24	552	576			
	独立新闻室	徐之福	巴塘	17	4	21			
	一三六旅辎重营	刘文虎	甘孜	30	472	502	137	93	93
	一三七旅通信连	显成孚	康定	9	229	238	41	26	26
	四○七团输送连	郭澄霖	理塘	11	432	443			
	四○九团输送连	袁志旅	邓柯	11	432	443			
	四一○团输送连	张怀	炉霍	11	432	443			
	四一○团三营	张永国	康定	50	718	768			
	四○六团输送连	赖伯举	九龙	11	432	443			
	四○六团二营机枪连	杨俊成	新龙	20	287	307			
	补充团部及直属	傅德铨	巴塘	48	930	978	50	40	40
1948年西康军管区（补充团编制人数及马匹数）	补充团一营	冈玉泉	炉霍	50	718	768	49	22	22
	补充团二营	杨仁山	理塘	50	718	768	49	22	22
	补充团三营	王仲良	乡城	50	718	768	49	22	22
	补充团新闻室	徐之福	巴塘	17	4	21			
	团部迫炮连通信连	傅德铨	巴塘	23	229	252	45		45
1949年西康军管区（补充团编制人数及马匹数）	一营	冈玉泉	炉霍	24	548	572	22	22	22
	二营	杨仁山	理塘	24	548	572	22	22	22
	三营	王仲良	乡城	24	548	572	22	22	22
	新闻室	徐之福	巴塘	16	4	20			

资料来源：四川省甘孜军分区编印《甘孜藏族自治州军事志》，第 105 页。

民国以来，康区戍军军纪大多窳败不堪。所有驻康部队、机关及公差人员行进于康区，需向藏民雇用乌拉。日常所需柴草、食物等，亦需取自民间。然而驻军官兵常趁势对藏民索要无度，"兵士对于供应差役者，不肯给资。惟此来应差役者，若腼颜要索不已，乃给以资。纵有所给，为数亦微。在腹地之戍兵营中，则差役者在戍兵威力之下，须为军队负柴、汲水、取草料养马，扫除房屋。及献以廉价之肉类、酒、鸡卵与牛乳等物。此种诛求，自足以说明藏军进逼时，人民所以背离而去之故，而边地全区所以常起叛变也"。[①] 刘文辉入据康区后，虽一再对军队在康区购买藏民物品与雇用乌拉需给资价做过规定，仍无法杜绝少数官兵以公差名义，私自贩卖货品，沿途支派乌拉，不给运费的现象。因而藏民对驻军官兵常持疑惧、痛恨的心态，对汉藏关系影响恶劣。

历经清末短暂的改流建制后，在整个民国时期康区的政治格局中，复辟残存土司在不少地方仍保持着不容忽视的政治实力。而土兵武装是复辟土司维系政治影响力的军事基础。民国时期康区的土兵武装依然沿袭清代旧制。刘文辉主政康区后，"为打破土职头人私有武力常为政府隐患，并破其乡土观念，期其力量收为公用，兼以利禄怀柔远人计"，颁布《西康民兵设置章程》，一律裁撤现有土兵营长，将辖区内的土兵武装编制为民兵16营（参见表10-4）。编制由民兵指挥部颁发，呈报川康边防总指挥部。民兵分常备、后备两种。枪弹装具自备。胸章标帜由总指挥部颁发。常备民兵照常支给粮饷。后备民兵唯有战事时支给。每营下辖独立队三四队，拥有快枪200—500支不等。民兵营长大多由旧有土司及大头人出任，受所在地县长调遣。[②]

表 10-4　民国时期康区土兵营长一览

职衔名称	姓　名	驻　地
炉霍县土兵营营长	益四次德	炉霍县城
甘孜县土兵营营长	德钦旺姆	甘孜县治
甘孜白利土兵营营长	邓德杰	甘孜白利

①　李哲生译《康藏民族杂写》，《康藏研究》第 28、29 期合刊，1949 年。

②　四川省档案馆编《近代康区档案资料选编》，第 46—47 页；《西康政治军事之今昔》，《四川月报》第 5 卷第 1 期，1934 年。

续表

职衔名称	姓　名	驻　地
甘孜东谷土兵营营长	赐汝登子	甘孜东谷
绒坝岔土兵营营长	翁　噶	甘孜绒坝
邓柯重噶土兵营营长	彭错乃登	邓柯林葱
德格县土兵营营长	泽汪登登	德格县治
德格玉隆土兵营营长	高中卜松	德格玉隆
白玉赠科土兵营营长	白　郎	白玉赠科
瞻化河东土兵营营长	穷穷工布	瞻对河东
瞻化河西土兵营营长	巴登多吉	瞻对河西
瞻化上瞻土兵营营长	多吉郎加	瞻对上瞻
瞻化下瞻土兵营营长	杜　噶	瞻对下瞻
雅江崇喜土兵营营长	阿　曲	雅属崇喜
理化毛丫土兵营营长	张根生	理化毛丫
理化曲登土兵营营长	然登其巴	理化曲登

资料来源：《西康政治军事之今昔》，《四川月报》第 5 卷第 1 期，1934 年。

二　司法制度改良

1928 年，西康特区政务委员会在康定成立后，所有司法事务统归委员会第一科掌理，拟筹设康定地方法院及高级法院，暂由政务委员会附设审判处兼理上诉案件。因康藏纠纷连年未决，设置法院决议遂遭搁浅，拖延多年。

西康建省前后，国民政府开始参与和推动川康边区的司法制度建设，于1937 年由司法行政部批准，在西康建省委员会内附设西康司法筹备处，以苏法成充任筹备处主任，掌理全省司法行政及第二审民刑案件，成为康区设立司法机关之嚆矢。直至 1939 年西康高等法院始设立于雅安，次年又在康定、西昌设高等法院分驻庭，内设院长、检察官、推事、书记长各 1 名，书记官 4 名，检验员 1 名，录事、执达员、法警 10 余名。[1]

各县则依据当地实际情形，保持县长兼理行政和司法的制度，由西康当局补助司法经费，设承审员，改善司法境况。在经费相对充裕、条件成熟的康定、泸定两县成立司法处，由西康建省委员会委任审判官处理第一审诉讼。但是各地无财力修筑监狱或看守所，唯康定、泸定有新修监狱。其余各

---

[1]　萧文哲：《改进西康司法之检讨》，《中央周刊》第 1 卷第 16 期，1938 年；《司法部设立西康高等法院》，《蒙藏旬刊》新 1 卷第 7—9 期，1939 年。

县"旧监狱看守所，例系附设于县政府内，以极少数之地方项款，供作因粮及其他经费，或竟毫无经费，因之监所设备之不周，房屋之破陋，对于犯人待遇之恶劣，各县如出一辙"。① 因此，近代康区司法机构及其附属设施多极简单、粗陋，而与国家法律在地方实施时屡受阻滞的窘境相对应。

西康高等法院康定分驻庭设置后，每月受理民刑案件不过一二十件，至多不过40件。各县地方司法实施状况更为糟糕。1937年苏法成的一项调查显示，在西康建省委员会治下的康属14县中，仅康定、泸定两县每月可受理20余件民刑诉讼案件。其余12县每月仅受理数案。德格、白玉、石渠、理化、定乡、得荣、瞻化等地每月不足1案。② 次年郑独嵘对5—7月间17县受理民刑诉讼案件的统计表明，道孚、炉霍、甘孜、邓柯、德格、白玉、石渠、雅江、理化、巴安、定乡、稻城、得荣等县府在这三个月间竟然基本没有受理任何案件。③ 地方司法系统大多处于闲置状态，就其司法功能论已名存实亡。究其缘故，是政府在地方的权力衰弱不堪，县府缺乏司法权威。习惯法仍存留深厚的社会文化基础，各地处理案件遂逐步回归以往参酌地方习惯法的传统状态。土司头人及寺院重新掌握了司法审判的权威。④ 此诚如时人所言，"除汉人纠纷或汉夷纠纷始向汉官起诉外，康人与康人争，很少由汉官解决，故关外各县署，确有讼庭花落，囹圄草生之慨"。⑤

为挽救康区司法制度建设的颓势，西康当局在建省前后采取适用原则，致力于司法改良措置的推进。司法筹备处立后不久，筹备主任苏法成以司法调查为先务，于1938年8月遴选司法系统之骆盟雪、邱怀瑾等六人分赴康南、康北实地考察。调查内容涉及各地司法机关及其权力，办理民刑案件详情，汉藏民众及喇嘛纠纷之解决，司法经费问题和特殊的民商事习惯，征收讼费标准和数额，监所及囚犯待遇，各地土司头人及寺院擅自受理诉讼程序，办理诉讼承审员资历及办案能力，诉讼当事者对承审员之态度诸事宜。调查为期四个月，完毕后向司法院呈具详细报告。司法筹备处还利用同年

---

① 骆盟雪：《最近一年来之西康司法》，《康导月刊》第2卷第6期，1940年。
② 苏法成：《西康司法近况》，《康导月刊》创刊号，1938年。
③ 嵘：《西康各县二十七年五六七三月受理民刑案件统计》，《康导月刊》第1卷第3期，1938年。
④ 扎洛：《清末民族国家建设与赵尔丰在康区的法制改革》，《民族研究》2014年第1期。
⑤ 蕴智：《西康推行新政困难之检讨与一般注意事项之商榷》，《康导月刊》创刊号，1938年。

12 月间西康县训人员毕业分发各县实习之机，委托其依照表册所列，逐一详查具复。康定、泸定、丹巴等 14 县陆续列表具报。同时筹备处又委托县训各员遍访康区南北各大喇嘛，详询各地司法情形及其对司法改进的意见。之后，司法筹备处综合 14 县报告及相关调查，以之为据，对各项司法制度陆续进行因应改良。

司法改良是以国民政府法令规章为准则，审拟办法，通令各县斟酌办理。具体改良事宜如下。

（1）规范司法审判、查核和备案程序及相关事宜，杜绝各项司法弊病。包括制发各县受理民刑案件，结案或未结案及监所人犯的各种月报表式，令各县按月填报，以备查核；向各县颁发由司法行政部印制的民刑状纸，令各县遵照部颁定价出售，依法征收诉费，贴足印纸，按月报解，以杜流弊；禁止违章需索，革除乱收铺堂、开单、草鞋等费；各县所有罚金应一律按月报解，不得任意挪用。

（2）健全和完善具体的司法审判流程，慎重执法，维护司法正义性和权威性。规定死刑、无期徒刑案件将专案呈报核准，始能执行。其他刑事案件宣告刑期为三年以上者，须报请审核；各县受理民刑案件，不得任意拖延，非法羁押，以重民权；详尽记载诉讼笔录，经当事者确认后画押，由县长、承审员、股书签名，以明责任；民刑案件须出具正式判决书，不得概以堂谕代判。[①]

（3）向藏民培养和普及法律意识和常识，翻译和运用藏文法律条文，重视语言在推进司法改良中的作用。在国民政府川康视察团的强烈建议下，西康高等法院选派明法理、识边情的司法人员亲赴各地，向民众宣传相关法律常识和司法审判机构及其程序，并择要节译成藏文，印发传单或小册子分送土司头人、寺院及区保长，召集土司头人及民众进行演讲等。另外，高等法院将现行法令译为藏文，布告各地，要求各县审讯时，需另派通晓藏语职员监督，以杜流弊。

---

① 苏法成：《一年来之西康司法》，《康导月刊》第 1 卷第 8 期，1939 年。但是 1947 年初巴安县司法处主任审判官周俊卿称，"康区各县司法机构，中央早拟分别设置，惟因康刘从中阻挠，迄至现在始克实现"。又据雅安高等法院李院长函告，刘文辉向其透露，因西康省办公经费短缺，"拟请将派出各县司法人员遣返，司法业务仍由各县长遵办"。参见《军统局巴安组省政务视察团视察康境各县情形详查明报核》，全宗号：255，案卷号：18。可见，西康司法权力分配背后潜藏着国民政府与西康省刘文辉势力之间的博弈。

（4）因应现实需要，简化诉讼程序。当时按照国民政府有关诉讼程序的规定，从原告正式起诉到移付执行，最快需时两月。由于藏民不解繁杂的程序，大多转向土司头人及寺院求调解。针对此种情景，1941年司法行政部拟定西康省民刑特别法草案，在征求各方意见后，对诉讼程序、裁判及各类文书制作方面务求简化明了，以省时效，而解藏民之困。

实际上，面对传统习惯法在基层社会的复苏和广泛流行，以及康区特殊的政治社会环境，西康建省前后推行的司法改良越来越朝向灵活、机动和因俗制宜的方向转变。特别是各县司法实践和制度建设，开始被动或主动地尝试调和国家法与习惯法之间的矛盾和冲突。

首先，针对地方司法机构建设不健全、前往高等法院二审上诉困难的问题，西康高等法院康定分驻庭依照法院组织法相关规定，在距离较远的理化、巴安、甘孜、德格四县，开设临时开庭地点，受理当地及临近各县的上诉、抗告和复判案件。各县开庭日期在预定后将提前通知开庭地的司法机关或县政府，向当地民众布告公示。临时开庭审判的做法有效弥补了司法制度建设的缺陷，对解决基层社会的民间纠纷起到了一定作用。

其次，对于传统司法权威和习惯法的潜在社会影响力，西康司法部门在某种程度上予以认可并加以利用。除向各地大喇嘛征询司法改进意见的举措外，西康当局还试图在不违背国家法的前提下，适当利用地方传统权威调解民间纠纷和冲突，尊重民间习惯，将国家法与习惯法相调适。部分地方县府在审理、判决案件乃至监督判决执行时，因其司法权威在基层社会民间的有限和缺失，往往需设法使寺院喇嘛等民间权威参与到审判过程中，以官府和地方权威的相互妥协，借助民间权威的影响力，达到有效解决民刑案件的目的。至于国家法与习惯法之间关系的协调方面，司法院授权西康高等法院组建解释会议，对现行法令做适用西康的司法阐释。地方民刑案件审判，需一面斟酌地方习惯，一面参酌民法刑法程序办理。起诉后定期审讯，即行判决执行，甚至将部分民间习俗或习惯法融入司法审判中。例如部分地方保留赔命价制度，以罚金废除死刑，默认一妻多夫婚制和部分地认可传统财产继承的习惯等。①

---

①　苏洁：《论民国时期边疆司法改革原则——以西康司法改革为例》，《贵州社会科学》2014年第11期。

尽管康区司法系统仍弊病重重，国家法与习惯法冲突不断，司法制度建设进程迟缓，但是随着西康建省后，康区政治局面和社会秩序的逐步稳定，各县地方行政、司法制度建设的不断完善，以及西康当局对司法制度的建设和变通处理，县府的司法权威在地方基层社会中逐渐获得民众一定的认可。康定、九龙、炉霍、瞻化、巴安、理化等地民众已逐步形成放弃械斗方式，直接向县府诉讼，或不服传统司法权威审判结果而再向县府诉讼的习惯。①这至少表明作为地方多重司法权威的一极，官方司法制度的改良和实践使得地方藏汉民众感受到国家法的存在，而开始出现通过司法程序寻求权利保护的模糊意识。

第二节　经济建设与改善民生

一　农牧业改良：从农事试验场到农业改进所

民国之初，川康战事不断，社会秩序紊乱。由于缺乏官方的政治庇护，垦户逃亡严重，新垦地大量抛荒。清末举办的各地农事试验场大多名存实亡。农事改良的延续唯赖少数县域为政者的独力提倡，仍以试种和推广菜蔬、马铃薯等作物为主要事项，收效不大。②多数区域农事不举，唯保持旧态而已。

农事改良的复苏和重启是随着川康政局的逐步稳定后才开始。刘文辉全力主政西康后，成立川康边防总指挥部，着力经营西康，部分官员曾多次就西康农业问题提议恢复农事试验场。1928年，西康特区政务委员会委员胡人纲、陈启图建议"恢复西康区各属旧有农事试验场，并饬以前未设之县一律试开，且拟提康定官产试办康边农事试验场一所，附设苗圃"。刘文辉以之为"重民生事"，③予以批准和支持。5月，西康农事试验场开办于康定城内明正土司衙署旧址驷马桥，又称驷马桥农场，陈启图兼任场长。试验

---

① 郑独嵘辑《西康各县司法实况（续第四期）》，《康导月刊》第 1 卷第 6 期，1939 年。

② 刘赞廷：《宁静县志略》《武城县志略》，西藏社会科学院西藏学汉文文献编辑室编辑《西藏地方志资料集成》第 3 集，中国藏学出版社 2001 年版，第 42、124 页。

③ 《指令西康特区政务委员会呈请恢复西康农事试验场附设苗圃文》，《边政》1929 年第 1 期。

场从内地及泸定、巴塘等地采购种子，试种山菜、芥蓝、红花、茄子、辣椒等各种菜蔬，以马铃薯、莲花白为主，且选雇场员、场丁，专门收售菜蔬，收储肥料，刈薅，灌溉，定期施肥，以小块田地为试验田，大部种植主要作物，借以资补经费。[①]

西康农事试验场开办不久，在西康政务委员会主席委员龙守贤的推动下，各县陆续恢复清末所设农事试验场，由县长兼任场长，并颁布《西康各县农事试验场暂行条例》及《各县农场每月经费支配表》，要求各县在县治附近公地划拨地段或租佃农田组建试验场。试种有效的作物须尽量在辖境内宣传推广种植。[②] 各县试验场收获效果尚佳。为改善种植，各地试验场需负责记录并呈报气候变化，应对灾情。

西康当局重视康区农牧资源的调查工作，从1929年起，先后选派任乃强、董兆孚、万腾蛟、冯云仙等赴康详细勘查各地气候、土壤、地形、农作物品种、产量及可垦荒地数量等。陈启图曾亲赴各地实地调查，考察病虫害及向内地高校研究机构寻求防治办法。[③] 1931年，西康政务委员会督令各县县长及农事试验场共同负责招揽闲散无业游民试垦荒地，对垦户加以保护，将之作为考核官员业绩的依据之一。又下令各地整顿刚刚恢复的农场，渐次扩充规模，互换优良种子，并将其列为施政任务。[④] 农事试验筹建之际，刘文辉还在雅安筹设种子仓库，在荥经筹办农具制造厂，意图大力改进农作物品种及农具。试办农村场圃，改良农产作物和农具均被列入川康边防总指挥部拟定的1934年施政大纲。[⑤]

农业建设工作最初统一由西康省委员会建设科设计办理。1938年应重庆国民政府行政院之令，增拨政费，改组建省委员会，分设政治、经济两组。农业建设工作由经济组农牧局办理，筹划经营各种农牧事业。西康建省后，改由建设厅管辖。在国民政府行政院、农林部多次致函催办下，1940年西康省府在康定北门外成立西康省农业改进所（以下简称"康农改

---

① 《指令西康政委会转呈西康农事试验场呈报十八年份工作报告书一案文（附原呈暨报告书）》，《边政》第4期，1930年。

② 《西康各县农事试验场暂行条例》，《边政》第2期，1929年。

③ 陈启图：《安抚差内工作报告书》，《边政》第9期，1932年。

④ 《西康特区政务委员会拟定十九年度施政纲要》，《边政》第5期，1931年。

⑤ 四川民族调查组编印《北洋军阀与国民党统治下的西康藏区档案资料》第1册，1962年，第11页。

所"），由省建设厅厅长叶秀峰兼任首任所长，下设农艺、畜牧、兽医、森林、园艺、农业经济及总务等组。农艺组在康定驷马桥设农事试验场，试验高寒地带食用作物，期以良种良法推广。畜牧兽医组在头道桥设乳牛场，畜养由中央大学赠送的荷兰公牛一头，致力于牛种改良和乳产加工试验及家畜病疫调查。森林园艺组引种良种树木、蔬果及繁殖推广。农业经济组负责农情报告，搜集各地农情及农村经济动态，举办农情通讯网。1942年西康省所有农建机构悉归康农改所统筹管理。内部机构扩充为农艺、森林、园艺、经济、农艺化学、蚕桑、畜牧兽医和气象测候七科，及秘书、会计两室，员工55名，统管西康省立、县立各农林畜牧机构及经费支配等事务。

1945年康农改所在全盛期统辖10余处农场、牧场、林场和办事处，从业者265名。六任所长大多属于技术型官员，具备丰富的农牧发展和经济建设的相关知识和实践，专业造诣较高，且颇热衷于康区农牧产业的改进事业。同时，康农改所通过从省内机关选调和省外选任的双重渠道，延揽了一批农科专业出身的技术人员，各执所长，分理事务，是推进近代西康省农业改良的重要专业力量。由于农业人才齐集，西康大学筹委会曾于1946年函请康农改所拟设农学院和林学院。

举凡农林牧垦之调查统计、技术改进、种畜改良、灾害防治、技术培训和推广及产品加工等有关事项，皆属康农改所的职责。地域范围涉及康属、宁属和雅属。作物选种的试验改良及农业技术推广是康农改所改进西康省农业工作的重心。康农改所成立伊始，即组织人员从成都采购农业改进仪器及农作物种子，并向国民政府经济部及农产促进委员会申请拨补经费。各县及设治局应康农改所函请，依法选购作物种子寄送，以备试验改良。巴安县三次寄出青稞、小麦、红萝卜、冬萝卜、热萝卜、南瓜、葱等各种粮菜种子。丹巴、瞻化、甘孜、道孚、义敦、九龙等均先后寄来数量不等的各类品种菜蔬种子。康农改所随时关注各地农业特产，致函各县调查、选购、试种。巴安县的苹果和无核葡萄，以及试验成功后的小麦、马铃薯、青稞、燕麦、豆类等皆在康农改所的推广之列。1940年，康农改所引进四川冷水稻，在康定农场试验成功后，引种到九龙沿雅砻江一带产麦区，以山泉灌溉试种，又在康定试验种植抗风、抗病的小麦良种。麦作冬播和两熟试验相继见效。到1942年，康农改所在康区已试植良种700余种。康定试种的耐寒黑麦引入泰宁一带。康区部分作物因农业改进所试验冬播成功和指导施肥及轮作，而在康定实现一年两熟。

自 1945 年起，康定、稻城、甘孜、巴安等县依照康农改所及建设厅之令，成立县农业推进所，作为康农改所下属机构，连同所属各主要农牧场、各地农业推进所成为从事农业改进的主要力量。其中康定农场下设农艺、森林两课。农艺课专事优良牧草培育，推广试验小麦、马铃薯、青稞、荞麦、豆类等。森林课从事繁育白杨，选植薪炭用材及行道树苗等工作。泰宁农牧场由西康建省委员会时期建立的泰宁垦牧试验场于 1939 年改组而成。农牧场初隶属于建设厅，办理畜牧及牧草之繁育，改良牲畜饲养和管理，及畜产加工与高寒地带农作物改良工作。1942 年农牧场改归康农改所，总场设于八美（今道孚），占地面积 14.62 亩，分设畜牧、兽医、垦殖、总务四课股，主要从事畜种选择繁殖、畜牧技术研究、畜产制造运输、饲料作物栽培、兽疫防治实施、荒田耕种等 6 项事务。其中，垦殖课整理耕地、建设沟渠阡陌及路道、播植春作物及堆肥、蓄积液肥等，举办小麦、青稞品种鉴定，选种泰宁四五号良种小麦和泰宁一一七号良种青稞。到 1947 年，农牧场拥有熟地 2400 余亩，荒地 2500 亩，草原达 12000 余亩。[①] 1948 年更名为省立泰宁农牧场，继续从事牛羊品种改良和牧草栽培引种工作。

康定农场前身是康农改所农艺课办理的驷马桥农事试验场，1942 年调整农业机构时，改隶康农改所，而具有独立预算之单位，内设技术、推广、总务、会计四股，仍以高寒地带食用作物试验改进及繁殖推广为中心工作。因负有育苗造林、繁育推广之责，该农场又被称作康定林业试验场。1947 年农场有熟地 1200 亩，山地 5500 亩。1948 年农场成立康定西城镇合作社合作农场和康定瓦斯乡合作农场两个下属机构，从事食用作物的栽培育种。

畜牧方面，康农改所聘请炼乳及畜牧兽医专家赴泰宁、道孚、炉霍、鱼科等地调查畜牧情形及牛乳产量，以作为改进畜牧及发展乳品加工事业的依据。继而康农改所邀请畜牧兽医专家参加西康科学考察团，成立畜牧组，赴泰宁、道孚、炉霍、甘孜等地考察。康区各农场亦侧重畜牧，改良品种，

---

① 《西康农业改进所报告书》，《西康省农业改进所三十六年度各场业务纲要》，四川省档案馆藏，全宗号：249，案卷号：142。

繁殖优良牧草，加工酪品及毛革，健全驮运经营，向康定供应杀菌消毒全乳。康定乳牛场前身为康农改所畜牧兽医课办理的康定头道桥乳牛场，1942年与驷马桥农场同时改隶康农改所直管且有独立预算之单位，改址于康定城南洗毛厂旧址，借用原有房舍，设技术、推广、总务、会计四股，购备有炼乳、制酪等器具，出售炼制乳制品。1948年，康农改所进一步扩展乳牛场规模，通过与泰宁牧场合作交换方式，常备乳牛20头、山羊10头，保障鲜乳供应，且购置管理用具6种、挤乳用具3种、消毒器材等，场设技工2名，旨在提升鲜乳产量、品质和卫生水准，可最多供应200户市民鲜乳汁饮用。防治畜疫是康农改所的另一重要业务。因人力、物力有限，康农改所对家畜疫病防治工作，仅仅限于外伤和轻疫。1943年，青海牧区畜瘟蔓延至康北石渠、德格等地，康农改所派技正梁建新出关指导牛瘟流行区域消毒、焚尸、深埋及隔离等防治办法，颇见成效。1947年康区畜疫猖獗，康农改所组织兽疫巡回防治队，赴各地治疗家畜共计750余头。[①]

康定乳牛场和泰宁牧场先后引用纯种荷兰公牛与犏牛杂交，又引入美利奴羊与当地绵羊杂交，纯种盘克县猪与土猪杂交，以此培育优良畜种，并鼓励康属各县牧民前往牧场免费配种。西康农桑改进所还呈请省府函商青海省府转饬当地县府协助，拨款派专员赴玉树洽购种牛（牦牛、黄牛）、种羊（绵羊、山羊），同时引进西宁种马、种骡，改进马种和乳用牛种，由泰宁农牧场饲养管理、繁殖推广，以利畜产加工和驮运。至1948年，仅泰宁牧场有黄牛4头、犏牛35头、牦牛9头、阿果牛10头、马9匹、美利奴杂种绵羊26头、土种绵羊108头、山羊49头和猪29头。[②]

从农事试验场到农业改进所，刘文辉主政西康后，康区农牧业的一系列改良举措，起到一定的技术指导和示范作用。在改良农作物、举办育种试验、增加粮食产量、改良畜种及防治兽疫和栽培牧草、培育果蔬、农牧产品加工等方面，受到康区民众一定程度的欢迎和青睐。但是因经费短缺、技术

---

① 《西康省农业改进所乳牛场计划及预算》《为赍呈本所乳牛场计划及预算请予鉴核示遵由》，四川省档案馆藏，全宗号：249，案卷号：142；《西康省农业改进所农业史料》，《西康省农改所试验总场、蚕丝场、泰宁农场、雅安区林场呈送史料、农场调查表及农林部电送征集国史资料计划大纲》，四川省档案馆藏，全宗号：249，案卷号：147。

② 《西康省农桑改进所卅七年度事业计划及预算书》《西康省农业改进所三十七年度引进优良种畜计划》《西康农业改进所报告书》，四川省档案馆藏，全宗号：249，案卷号：142馆藏。

人员匮乏等多重原因，这些成绩大多停留在试验阶段，未能得到广泛的推广，影响范围极为有限，主要限于康定、九龙等部分区域，同康区农牧业的整体发展缺乏基本的衔接。而且农牧业改良事业屡屡受制于康区的高寒环境、经费支绌、专业技术人员缺乏、严重的官僚作风等因素，实际成效相当受限。不过，农业与畜牧业的改良毕竟开启了康区农牧业的近代化进程，形成有组织、有规模的，以近代科技手段，对传统农牧业实施改进的尝试性活动，在中国农牧业发展史上有不容忽视的地位。[①]

二　近代化工矿业、金融业与交通建设

近代化工业在康区的展开大抵是在 20 世纪 30 年代，尤以西康建省后当局重视扶持新式工业的创建发展为契机。早在 1922 年美国基督教安息会传教士安德烈到康定传教，创办教堂，曾装设过一台水利发电机，专供教会医院使用。到 1930 年当地绅商乃有设立电灯公司之议，在安德烈的帮助下购置机械，积极筹备，中经两度挫折，终于 1932 年试灯成功，成立美明电灯公司，供市民照明用电，为近代康区民用电气业之始。西康建省后，为改善电力设施，从事经济建设，西康省府牵头将美明电灯公司、启康印刷厂、裕边实业公司和新康合作社合并，组建康裕实业股份有限公司，下设建筑材料部、印刷厂、电器材料部和水电厂，专门设立协康水力发电厂工程处，聘任留美水力发电学专家王志超为总工程师，选定康定东郊外大升航兴建电厂。电厂几经周折，从美国和内地购得机械，于 1944 年建成供电，定名为协康水电厂。[②] 水电厂的建成，在保障民用供电的同时，更多是为当时康区新兴工业提供电力能源。

20 世纪 30 年代初，曾有商绅倡议在康区创办毛纺和制革工厂。商办私营毛织厂一度在康定开办建厂，终因经费问题及战事阻扰，办厂年余即告破

①　本部分内容参考了刘贻燕《西康省之农业建设》，《中农月刊》第 4 卷第 1 期，1943 年；刘贻燕《五年来西康农业建设之回顾》，《西康经济季刊》1944 年第 8 期；王川《民国时期"西康农事试验场"的设置及其实际成效》，《西藏大学学报》2004 年第 1 期；王川《民国后期"西康省农业改进所"的设立始末及其历史意义——四川藏区农业近代化起源研究之一》，《西藏大学学报》2005 年第 1 期。

②　冯有志：《西康史拾遗》，第 290—293 页。

产。① 西康建委员会移驻康定后，拟利用西康省丰富的自然资源和工业原料，发展经济建设，先后试办毛纺、酒精、造纸、制革、机械、化工材料、木材加工、陶器玻璃、农具制造、碱皂、丝织等省立工厂。除西康省立康定制革厂外，康区以康定省立毛织厂经营规模最大。

羊毛为康藏出产大宗货物，传统手工业技艺拙劣，所织羊毛成品颇不合用，难以满足社会需求。为改良手工业、利于民生、供应抗战所需，在相关从业者的吁请下，由西康省府拨款，国民政府经济部补助，西康省立毛织厂于 1939 年在康定南门外飞机场旁建立，占地 27 亩，又在康定城内中山街购置街房 10 余间，设立营业处，自行销售成品。毛纺厂直隶西康省建设厅，机械从内地购置或自行设计制造。因销路日增，康定生活成本日益高涨，招募技工困难，省府于次年派技正张志远赴内地考察后，在雅安设分厂，扩充毛纺织业，作为生产重心。康定总厂专司洗毛及整理工作，又设洗毛厂，由康定本地购入羊毛、棉纱、染料，助染剂则运购自成都。总厂聘日本京都帝国大学理化系毕业的陈雅琴为技师，职员 10 名，工人 39 名，常年运营经费由省府补助划拨。初建厂以毛织品为主产，兼营棉织品，后扩大为制作呢绒类（军服呢、制服呢、大衣呢及刷绒 4 种）、毡毯类（军毯、藏毯、椅垫、床毡 4 种）、杂品类（毛絮、毛袜、棉袜、面巾、毛线）等，行销川康两省，毡毯曾为国外订购，经营粗具规模。② 但是西康省府主办各厂均存在经营成本过高，技术设备提升颇受限制，产量偏低，负债过大，盈余有限等问题。

为摆脱新兴工业发展瓶颈，西康省府有意引入外界资本，通过招商承股的方式，将省立工厂转型为官商合办性质。1943 年，川康兴业公司以注资方式，出资 800 万元，同西康省府合作设立西康毛革特种股份有限公司，由

---

① 汪席丰：《西康创办毛织和制革等工厂的商榷》，《新亚细亚》第 2 卷第 2 期，1931 年；尊泉：《西康毛织工厂之回顾》，《康藏前锋》第 1 卷第 3 期，1933 年。

② 《西康省立毛纺厂概况》，台北中研院近代史研究所档案馆藏，档案号：18-22-01-299-01；《西康省立毛织厂二十九年度业务报告》《西康省立洗毛厂、毛织厂调查报告》，台北中研院近代史研究所档案馆藏，档案号：18-22-01-299-02；戴士煜、张志远：《创办西康纺毛工厂计划书》，《西康建省委员会公报》1937 年第 3 期；张志远：《西康省立毛织厂两年来之概况》，《西康经济季刊》创刊号，1942 年；《推广扩充毛纺织业》，《康导月刊》第 2 卷第 7 期，1940 年；《西康省立康定毛织厂组织章程》，《西康省政府公报》第 4 期，1939 年；韩笑鹏：《西康新兴工业》，《科学》第 24 卷第 9 期，1940 年。

省府将洗毛、毛织、制革三厂原有资产折合做底。双方合作范围包括购销康属羊毛、牛羊皮，及雅属土布、茶叶和木材等。具体购销方式为"以茶易毛"：鉴于康区物物交易的惯例，在名山、雅安、荥经等地采购茶叶，运送到康定关外换取羊毛。制革厂原有磨光机等两三部机器，因无适配马达，无法使用，只能自成都招募技术工人整理鞣制。合作后，毛革公司所制皮革及毛织品等一律改为机器生产。康定洗毛厂得以继续经营运作，可随时由川康兴业公司借贷款项，以资周转。① 抗战结束后，西南边疆建设热潮渐渐退却，随之而来的内战导致物价成本节节攀升，康定毛织厂和洗毛厂经营资本严重短缺，仅能勉力维持。

由于康区交通、成本等劣势，在西康省府推动的新兴工业发展蓝图中，以宁属为重工业中心，以雅属为轻工业中心。② 康区的近代工业数量较少，规模偏小，且工业布局极不均衡。1938 年西康建省前夕，国民政府经济部、实业部曾转饬西康各县设立民生工厂，并拟划分为三区，由康定、甘孜、巴安三县限期先行开办，余县依次成立。但多数县份普遍反映当地民力凋敝，财政枯窘，生产薄弱，招股困难，根本无力兴办。③ 因而除矿业开采外，近代工业主要集中在康定，对康区工业的整体发展影响力极为有限，不过仍可视为近代康区经济变革的直接体现。

在矿业开采方面，民国初期，政务素乱，康区矿业开采缺乏统一规划和相应管理制度。各处皆见滥采滥挖之事。矿产开采随矿脉贫富程度及社会环境之变动而时起时落。西康建省前后，针对康区矿务混乱无序的状态，国民

---

① 《川康兴业公司、西康毛革公司业务合作计划说明》《川康兴业公司、西康毛革公司业务合作办法要点》，四川省档案馆藏，全宗号：35，案卷号：381；《川康兴业公司为西康毛革公司洗毛事业制革厂概况报告鉴注意见的函并附制革事业调查事项》，四川省档案馆藏，全宗号：35，案卷号149；刘贻燕：《调整西康省立工厂述要》，《西康经济季刊》创刊号，1942 年；《康境工业概况》，《工业月刊》（西安）第 1 卷第 4 期，1944 年；《西康企业公司即将成立》，《经济汇报》第 10 卷第 3 期，1944 年；杨及玄：《省营公司发展声中的川康兴业公司》，《四川经济季刊》第 1 卷第 4 期，1944 年。创建于 1942 年的川康兴业公司实有官方背景，董事长为四川省主席张群，公司设立目的在于"吸收民间游资，从事生产建设，开发宝藏，以利抗建大业"。参见《川康兴业公司成立》，《中国工业》（桂林）第 3 期，1942 年。

② 李亦人：《西康综览》，第 338 页。

③ 《据甘孜县呈为请从缓设立民生工厂咨请核示由》《据九龙县长王昭文呈报设立民生工厂困难情形请予缓办一案咨请查照由》《据白玉县府呈报设立民生工厂困难情形咨请查照由》，台北中研院近代史研究所档案馆藏，档案号：18-22-01-299-01。

政府和西康当局曾拟制定相关法规，统筹规划，分区管理矿业，从事税收管理、技术指导及产品统制收买工作。1935 年，国民政府实业部就已将西康划为国营金矿区，派员调查，拟定整理办法，筹划开采。1938 年，西康建委会成立之初，撤销矿务管理局，改设工矿局，增聘专家，赴康实地调查研究。随后由建委会同国民政府经济部资源委员会合组西康金矿局，在雅拉沟、泰宁等地进行金矿开发和管理。西康建省后，矿业事宜统归建设厅管辖，制定工矿施政大纲及印制矿业呈请书样式及小册分发各县，以便指导矿商，依法呈请，避免乱采乱挖现象。

1939 年，国民政府经济部颁订川康铜业管理规则，同年 2 月西康省府颁布铁矿工业管理处组织章程，并建立铜矿铁矿管理处。接着，西康当局商请经济部及中央地质调查所协助办理西康省矿藏调查，先后延请地质学家程裕祺、徐克勤等入康调查西康省各县矿产。[①] 但就总体来看，西康省府整顿和管理康区矿务的效果并不理想。诚如地理学家蒋君章在 1943 年评价西康金矿开发问题时所言，"西康金矿之开采，向来缺乏指导和监督的中心机构，采金业的盛衰，一任幼稚的智识和技术，与命运相搏斗，资本的缺乏和治安的维持，以及金夫的招募，一切必需品的供应，都是听其自然发展"。[②]

由于欠缺技术、资金支持和统一监管，以及康区各处政教势力的种种阻挠，西康省各矿局大多采取自采和包采两种方法。包采制以 1944 年泰宁区属渣坝（今道孚扎巴）包采工作为例，由泰宁设治局出面派遣警卫士兵，负责维持地方治安。矿厂管理由西康金矿局泰宁办事处主持。矿区内包采工人所采黄金，由金矿局办事处按照当地市价收购，并供给工人用品。但包采工人需按名每月缴纳租金二分五厘，由设治局派员连同金矿局办事处会同经收。课金 1/3 作为设治局警员薪金开支经费，2/3 由金矿局办事处用于开发矿区资金。若设治局另行在矿区内采挖沙金，也应按照包采规定缴纳租金。[③]

康区各地矿业开采方法普遍因循土法，设备陈旧落后。如沙金淘洗工具大多仅有被称作"金床"的木槽、木盘、铲等，缺少淘金机械，几乎皆为

①　李亦人：《西康综览》，第 424—426 页；《实部划西康为国营金矿区》，《川边季刊》第 1 卷第 1 期，1935 年。

②　蒋君章：《西康金矿开发问题》，《边政公论》第 2 卷第 1、2 期合刊，1943 年。

③　《西康全矿局产金及收砂数量》，台北"国史馆"藏，典藏号：003-010303-0594。

手工淘洗。直到 1945 年，整个西康金矿局也仅有手摇抽水机两部。淘金不分区段，除灯盏窝金矿洞较为固定外，"所有砂金井洞均系挖毕即弃"，"各矿厂均系临时工棚或帐幕，并无房地产之购置"，[①] 杂乱无章，随地淘取。淘法唯知引水反复淘洗置于木槽内的矿砂。木槽长不过 6 尺，宽约 8 寸。具体淘法"系采用具有档格之短木槽，将富厚砂汇聚后，以淘金木盘淘洗后混以水银将金质提出。其辗轧方式以无正式设备，仅施以锤击之粗笨工作，将其击碎"，或者"用材柴将矿脉烘焙，使其疏松以利采取，再以手选方法将含金脉取出选洗"。[②] 器陋法简，淘遗金粒颇多，时人甚而估计"每冲淘一次，至多能收获百分之二十，淘废砂者又获此剩余之中百分之二十"。[③]其说虽略有夸张，亦可见资源浪费的严重程度。

矿夫身份复杂，除瞻化麦科等部分矿厂外，大部分为迫于生计的川北籍穷困汉人，从未受过矿务开采方面的技术传授和培训，多数仅凭传统经验从事矿产采掘。规模较大的矿厂依循赵尔丰时代颁定的金厂章程规定，以棚为单位，10 余人为一棚，将矿夫组织起来，以能力和工作时间为衡量标准，月给壮年矿夫藏洋 20 元。金夫合伙经营者依获利多寡，按成均分。绝大多数矿夫每月所得，只能糊口，不堪温饱。[④]

民国时期康区矿业从业者数量，远超出手工业及新兴工业从业者。矿产开采又以金矿为重，采矿技术滞后。矿区开采多无统筹规划可言。矿务受制于交通和社会治安问题。这些现象说明矿业在将康区同内地近现代经济体系联系起来的同时，实际呈现出畸形发展状态，决定了康区以资源和原料产地的面貌出现在转型中的近代西南地区，乃至全国的经济版图中。

在金融发展层面，因工商业发展之凋敝与滞后，近代康区金融业极不发达。仅有的少数金融机构偏于康定等东部地区。关外各地尚处于以物易物的状态中，不仅银行、字号等绝无，旧式钱庄、典当等亦寥若晨星。康定等地新兴银行等金融业大多有政府注资、扶持的背景，而关外各地广大城乡区域金融枯竭，但是民间借贷业颇为流行。

---

① 《西康全矿局交接情形》台北"国史馆"藏，典藏号：003-010101-0676。

② 《西康金矿局奉命结束工作报告》，台北"国史馆"藏，典藏号：003-010301-0614。

③ 蒋君章：《西康最有希望的矿产——金矿》，《川康建设》第 1 卷第 2、3 期合刊，1943 年。

④ 程裕祺：《西康剪影》，独立出版社 1945 年版，第 53 页；李亦人：《西康综览》，第 423—424 页。

通行于康区商贸市场的货币种类驳杂，银锭、生银、藏洋、大洋（分四川新旧大洋、新疆省银元、外省龙洋三种）、制钱、云南半元、钢洋、半夹（即藏洋宰割成两夹之银币）、线币、铜元、法币、甘肃中锭、印度卢比等皆有，主要流通于城镇内，僻远乡间绝少。由于"藏币来源久缺，金融日渐枯窘，几有大量交易，每以物易物行之，致使全康社会经济，萎缩日深"，西康省银行不得已呈请国民政府财政部核准发行藏币券二百万元，以期日后禁行藏币，通行法币，统一币政。① 但是效果并不理想。国民政府发行的法币、金圆券、银元券因在康区缺乏社会和经济信用基础而极少使用。银锭、银元、铜元仅流通于金沙江以东。云南半元则在康滇毗邻区域使用。金沙江以西则流通银锭、藏钞、章噶、轻质藏铜元等。②

西康建省前，康区向无银号、银庄，一般金融活动依赖商业借贷和汇兑周转，借贷利率和汇兑率极高。借贷率在三四分以上，借款须熟人引介，以殷实商铺为担保。汇兑由商铺代行，凭票兑款，汇费高者达 20%，故金融状况颇形枯窘。③ 1936 年，西康建省委员会移驻康定。为解决货币周转及军政各费解发之困难，西康省银行于 1937 年 8 月呈准开业，实据资本仅 25 万元，由省库拨资，直隶于财政厅，属于官办地方银行。西康省银行之设旨在调剂地方金融，促进边区产业。营业范围为定存款、汇兑、贴现、放款、代办收交等项，并负统制康区生金银收换之责，代理省金库及各种税款收入。通汇地点为成都、雅安、甘孜、理化、西昌、富林、泥巴东等处。省内外各大商埠与四川聚兴诚银行特约转汇。1943 年增加巴安、会理、白盐井、荥经、天全、重庆、乐山、昆明等通汇处，另设雅安、西昌两分行。1938 年西康省银行存款额已达 500 万元，存款来源以省内税收为大宗，机关学校活期存款次之，居民及商业存款为数有限。放款额度约 300 万元。放款对象多

---

① 四川省档案局（馆）编《抗战时期的四川——档案史料汇编》（上），第 1349—1352 页。

② 《西康货币种类》，《川边季刊》第 1 卷第 1 期，1935 年；陈一石：《卢比侵淫康藏及其影响》，《中国钱币》1990 年第 1 期；游时敏：《四川近代贸易史料》，四川大学出版社 1990 年版，第 41—42 页；杨仲华：《西康纪要》上册，第 224—227 页；王维栋：《康藏》，霞光印刷社 1938 年版，第 43—44 页；钟穆：《民国时期的藏洋铸造》，政协甘孜藏族自治州委员会编印《甘孜州文史资料》第 14 辑，1996 年。章噶，西藏地方政府设厂铸造之币名，大小厚薄与内地制钱略同，唯无孔，上印"西藏政府克胜八方"藏文字样，3 枚章噶合银币 1 元。参见刘家驹《康藏》，新亚细亚月刊社 1932 年版，第 101 页。

③ 天：《西康康定金融近况》，《康藏前锋》第 2 卷第 2 期，1934 年。

系以物抵押，如进口茶叶，出口山货、药材、金香等，信用放款仅限于省府透支。汇兑业务以西康省银行为大，约100万元，设有办事处者，均可通汇。[①]

西康建省后，地方各项事业之推进及康省财政支出，实有赖中央补助，故中央银行在1939年3月开行于雅安，以其代理国库而又设康定三等分行。农民银行为促进康省农贷事业，先后在雅安、康定、西昌等处设立行处，并成立各县合作金库，随时与西康省合管处派员会同赴康区关外各地进行农村合作贷款事宜。官办银行另有中国银行、交通银行、康定县银行等，相继在康定设行或分行。各地邮政在执行传递邮件包裹业务之外，亦介入金融事业，兼办小额储蓄和汇兑，与内地相似，办理小款汇票、定额汇票、高额汇票和电报汇票等。

官方主导的金融业之外，纯商业性金融组织也在建省后陆续将业务拓展至康区。省会康定商业一时繁盛，既有中央倡导扶持，又有地方政府提供资源利润保证，各商业银行遂竞相来康开业。重庆银行是最早入康设分行的商业银行，资本高达200万元。重庆银行康定分行所营业务为定期存款、活期往来存款、活期存款、暂时存款等项，利率略与省行有别。存储款以商店及居民存款为主，且作大额抵押放款。通汇地点为重庆、成都、昆明、上海、万县、嘉定（今乐山）、泸定、叙府（今宜宾）、新都、自流井、内江、西昌、太和镇、遂宁、香港等地，天津、北平、南京、汉口等地均设有特约代理处。另1942年成立的济康银行由津康银号发展而来，同川康商业平民银行、和成银行、其昌银号、济康银行、汇通银行、和成银行、正和银行、豫康银行等，总行设于雅安或成都，均在康定设有分行或分号。[②]

为挽救衰败破敝的农村经济，以纾民困，西康省府成立前后，电陈重庆

---

① 张玉润：《西康金融货币与财政》，《政治建设》第1卷第4、5期（合刊），1939年；张玉润：《西康金融货币与财政》，《实业通讯》创刊号，1940年；《西康省之货币与金融》，《经济汇报》第2卷第10期，1940年；四川省档案馆编《近代康区档案资料选编》，第284页。

② 李亦人：《西康综览》，第324—325页；《康定邮局汇业发达》，《西康经济季刊》创刊号，1942年；曾文甫：《西康之金融事业》，《西康经济季刊》第2—4期，1943年；刘仕权：《三、四十年代康定城区"金融货币"、"商品价格"的简述》，政协甘孜藏族自治州委员会编印《甘孜文史资料》第11辑，1990年。

行营，依照四川前例设立农村合作委员会。委员会在康定办公，并与成都中国农民银行洽商合作贷款事务。但是西康农贷推行、合作金库储建只限于雅安、芦山、荥经、泸定、西昌等少数地方。合作事业及农业贷款在康区多数区域内，始终仅停留于考察、筹备和拟定的阶段，[①] 缺乏实质性实施的政治和社会基础。因此省府主导的农业金融改革影响力十分有限。

在交通建设领域，民初路政废弛，交通窳败，关外沿途台站旅店破败不堪。中渡钢桥毁于陈步三事变。川藏构兵，金沙江以西为西藏地方政府盘踞，加之各地盗匪横行，劫案迭起，康区交通大受影响。刘文辉入主西康后，曾于1928年续修荥经至泸定段年余，工程艰险，惜未通车。

西康筹备建省前后，康区交通有所起色。1934年，西康政务委员会曾有开辟西康交通四年计划，首重修筑康雅、康宁、康南、康北四大干线。先是划款辟修雅康新路，取道荥经，转经汉源富林、泸定，至康定，避开时有断路之虞的二郎山。1938年成立川康公路工程处，由国民政府拨专款修筑川康公路雅安至康定段，至1941年完工通车，全长218.5千米，另培修康泸旧道及整理南北干支线旧道、驮道。

全面抗战期间，为应对滇缅公路的中断，疏通外援物资内运通道，扩大在西部边陲的影响力，国民政府于1941年2月拟定开辟中印国际交通线，"路线自西昌起，经盐源、永宁、中甸、德钦、盐井、察隅入印度，与阿萨密省铁道终点之塞的亚站相接"。[②] 因受英印政府暗中怂恿，这一计划遭到西藏地方政府的阻挠而搁置。[③] 但国民政府加大了对西康交通运输事业的支持和资助力度。国民政府饬令西康省府勘查选定康定以西的营官寨，修筑机场，调集民工千余名，费时3月余，在1941年2月建成，并修筑由康定至营官寨机场间71千米长的公路。同时，国民政府交通部极力推动赶筑川康、康青等公路。西康省府与青海合建康定至玉树的康青公路，于1944年全线通车。

---

① 郭华五：《西康省合作事业与农业金融》，《中农月刊》第1卷第3期，1940年。

② 中国藏学研究中心、中国第二历史档案馆、西藏自治区档案馆等编《元以来西藏地方与中央政府关系档案史料汇编》第7册，第2838页。

③ 陈谦平：《抗战前后之中英西藏交涉（1935—1947）》，三联书店2003年版，第144—146页。

但是因诸多原因，此类新筑公路试车后即废弃，并未发挥多大的实质性作用。[①] 西康当局和国民政府亦曾多次有拟定疏浚水道、续建川藏铁路、筹辟康藏航线、测量筹筑滇康公路（康定至昆明）、康泰公路（康定至泰宁）、康俄公路（康定至东俄洛）、康印公路（康定至塞的亚）等的计划和动向，因政局动荡、战事迭发、经费拮据，均流于空谈，未能成行。

关于乌拉制度问题，西康省政府称，"查本省康区乌拉制度历时已久，病民实深，虽迭经设法改善，弊端仍未完全剔尽。前准行政院秘书通知，嘱彻底废除，以苏民困"。但因乌拉制度事关交通，西康当局召集熟悉康情人士研讨废差后的替代办法，历经数月之缜密规划，拟订了《西康省康区各县民营运输办法》《西康省康区各县剿匪及非常时期征用临时乌拉办法》两种，分别函令戍康各部队及各县政府自 1947 年 4 月 1 日起遵照规定办理实行，将平时之乌拉以及所有军、公旅运一律改差为雇。各县组设民营运输机构，承担军、公运输，代替乌拉制度，"仅剿匪及非常时期仍援旧例，临时征用乌拉，以利戎机"。[②]

据西康省民政厅的报告称，康区乌拉制度源于卫藏地方，"民间牛马服役原为纯差制度"，土司无偿征用，相沿已久。清末川边改土归流时，赵尔丰"鉴于康区地广人稀，无工可雇，大道牛马供不应求，乃沿康地习惯，采取半差半雇，征雇民间牛马，便利运输。惟彼时政简徭轻，行之较易。民元以后，边地多乱，乌拉弊窦随之而生，民间不堪其苦，或辗转避差，或弃地逃亡。近年以来，虽经本厅迭加改善，旧弊仍未尽除。兹为彻底改善计，由各县迅组民营机构，实行改差为雇，借符中枢旨意"。[③] 但如此改革后，康区各队运输费用势非西康省政府所能负担，又因康区南北两路村落甚少，并无宿站，拟建台站 18 所，并在台站建成后设置台丁。因此，西康省

---

　　① 冯有志：《西康史拾遗》，第296—298页；杨仲华：《西康纪要》上册，第122页；徐揩五：《现代西康交通之改进》，《新亚细亚月刊》第10卷第1期，1935年；李亦人：《西康综览》，第273—276页；中国藏学研究中心、中国第二历史档案馆合编《民国时期西藏及藏区经济开发建设档案选编》，第129—134页。

　　② 《国民党政府内政部函件》（1947年5月17日），国民党政府蒙藏委员会档案（141）临1，《1899—1949年有关西藏问题历史档案资料汇编》。

　　③ 《国民党政府行政院文件》（1947年8月16日），国民党政府蒙藏委员会档案（141）临1，《1899—1949年有关西藏问题历史档案资料汇编》。

政府请求国民政府行政院予以补助。① 对此，行政院表示，建筑台站所需费用，准由中央酌予补助。台站管理经费应由西康省政府自行制定办法，酌征商旅寄宿费，以资维持，无须由中央政府补助。②

至于邮政事业，1932年康藏战事后，道路阻隔，康南邮政仅能通巴安、盐井，以至云南，康北仅至甘孜。因信息迟缓，有误战事，川康边防军旅长余松琳设南北两路骑递哨44处，限定传递往来公私文函时段，设管段督察员，消息一时灵便。战事结束后，为节公帑，南北两路干线骑递哨于1933年3月一律裁撤，改为递步哨，以甲县递乙县之法，间日发递，经费由各县正粮项下支出。为规范和严密传递事项，余松琳饬令颁行《改设公文递骑哨办法》十二条如下：

一、置公文递骑哨，递送军政财各机关有印公文公函，以便利全康交通为宗旨。

二、递骑哨递送及丁马之选用及监督事项，责成各县知事任之。

三、递骑哨递送公件由甲县公署直送乙县公署交替，以免中途延搁稽迟之弊，传递时间，另表定之。

四、炉城二旅部设总哨，置督察员一人，司稽查干枝路各哨递送事项，遇有事项发生，报由旅部转行各县，其细琐事项得由该督察员以信函往返商酌。

五、康定暨各县为分哨，知事为督察员，由署中派一人兼哨书，司传递及稽查事项，月支津贴藏洋拾元。

六、各县分哨应置丁马之数及饷乾数目，按距离之远近另表定之。

七、南路雅江、理化、巴安为南干路，稻城、定乡、得荣、九龙为枝路；北路道孚、炉霍、甘孜、德格为北干路，瞻化、白玉、邓柯、石渠、丹巴为枝路。

八、干路按日发递一次，枝路按两县距离干路县治远近，规定每月

① 《国民党政府行政院文件》（1947年8月16日），国民党政府蒙藏委员会档案（141）临1，《1899—1949年有关西藏问题历史档案资料汇编》。

② 《国民党政府行政院秘书处公函》（1947年11月26日），国民党政府蒙藏委员会档案（141）临1，《1899—1949年有关西藏问题历史档案资料汇编》。

递送次数。

九、南北干路递送时间，每小时以行程十里为限，其上行下行时间，另表定之。

十、递丁按规递送上行公文到达指定县治转身时，即带回下行公文，仍照规定时间递回，不得违延。

十一、丁马饷乾照规定额数金数，由各县正供项下作正报支，按月发给，取据呈报。财务统筹发核准列数报备。

十二、本办法令到日实施。①

在余松琳的建议和推动下，经西川邮务管理局允准，康定邮政局开通九龙、瞻化信柜，改升甘孜邮寄代办所为三等乙级邮局，增加邮差和班次。次年，添设石渠、邓柯、德格、白玉等县信柜。邮政事业渐有改善。递步哨裁撤后，统一由各县支用乌拉，协助邮差骑马传寄。西康建省后，增辟邮局及邮政路线。省辖之康属地区共设有康定一等邮局1所，理化、巴安、泸定、甘孜三等邮局4所，邮政代办所18所。到1935年，据国民政府邮政总局报告西康邮政状况，"自康定起，北路经道孚，炉霍，可通至甘孜；南路经雅江、理化通至巴安，再由巴安经德荣，通至滇属阿墩，再与云南邮政衔接"。②

西康建省后，为便于声讯相通，相继采取增辟邮路和局所，添设寺院信箱，招揽藏文邮务等措施，到1946年底设康定一等邮局，巴安、雅江、道孚、甘孜、邓柯、瞻化等三等邮局，代办所16处，信柜21处，开辟康定至玉树、康定至甘孜、邓柯至石渠、康定至木里等马差邮路11条，雅安至康定的驮班邮路，理化至德格、巴安至德钦、巴安至德格等步差邮路7条。③但是康区邮政仍归西川邮务管理局统管。经费仅可勉力维持开支。邮政运作系统依然迟缓，设施陈旧。康定以东邮运重班用骡马，轻班则全用人力背

---

① 《关于台站交通、公文传递、支应乌拉情形》，四川省档案馆藏，全宗号：24，案卷号：2。

② 中国藏学研究中心、中国第二历史档案馆合编《民国时期西藏及藏区经济开发建设档案选编》，第215页。

③ 中国藏学研究中心、中国第二历史档案馆合编《民国时期西藏及藏区经济开发建设档案选编》，第226—227、268—272页。

运。关外各地专赖乌拉支应。① 全面抗战期间，国民政府曾派员赴藏，接洽康定至拉萨的通邮事宜，以便与西藏加强联系，因英印政府干涉、阻挠，最终未能实现。

经历民初政局动荡，西康电政仅余康定局，专营联通内地之电讯。1930年，川康边防驻军曾着手修复康雅（康定到雅江）电报，次年又拟安设康九（康定到九龙）电线，均因大白事件而中断。西康建省后，除军事电报外，康区有线电报由国民政府交通部川康藏电政管理局办理，改作邮局代办，设有电政局者仅康定、泸定，化林坪有报房一处，亦未实现交通部规定的邮电合办计划。

康区无线电报最早是从1931年国民政府党务特派员格桑泽仁携带中央发放的无线电机入康开始。该无线电机由南京运滇，转送到巴安，后移归二十四军所有。次年康藏纠纷战事间，旅长余松琳呈请刘文辉拨派电报队到康，分驻于康定和康北前线。乱事敉平，随军电机永设于甘孜，又设一台于巴塘，以资联络。1934年，交通部将全国通信网划分为九大区域，康区归隶第五区，由交通部接办。康定电报局装设短波无线电台一座，又在甘孜、德格、巴安、理化各设分台。电台所需电机、干电池、煤油等设备由成都电报局自上海等地选购运入康区。各分台须由康定转电。康定无线电局西可通昌都、拉萨，东可通成都、重庆、南京，南可直通云南等处。至1940年，西康省内各地共设有无线电台、电局及报房共计24处。②

康区交通邮电事业在波折起伏中艰难行进，开始局部性地引入近代化的交通信息方式，在极为有限的程度上助益和强化了内地、西藏和康区之间的交流往来和信息沟通。但是受制于诸多因素，近代康区交通和信息基础设施建设的发展依然严重滞后。即使在全面抗战期间边疆国防建设的短暂繁荣阶段，交通邮电业的落后状态并未在整体上出现较大改观，对近代康区各项社

---

① 杨仲华：《西康纪要》上册，第126页；李亦人：《西康综览》，第288—292页；陆治讲述，洪瑞涛整理《西康之交通事业》，《开发西北》第2卷第2期，1934年。

② 李亦人：《西康综览》，第293—295页；高警民：《西康交通之现状》，《西北问题季刊》第2卷第1、2期合刊，1936年；徐戡五：《现代西康交通之改进》，《新亚细亚》第10卷第1期，1935年；《电知康台运康电料木箱五只布包三个可向中桥吉泰亨提取并将七月份报销速为造寄由》《为转饬康台具报购用煤油数量以凭转报由》（1935年），《交通部成都电报局关于购发康定、甘孜、巴安、丹巴电台器材、油料、文具的代电》，四川省档案馆藏，全宗号：144，案卷号：727。

会经济事业的推动极为有限。而且，步履维艰的交通邮电近代化进程对康区，尤其是关外社会生活的触及和影响相当有限和微弱，主要局限于军政学各界。无论是国民政府，还是西康当局，进行交通通信网络的建设时，均侧重于其政治意义和军事价值。国民政府在 20 世纪 30 年代介入和干预康区交通事业，意在逐步将康区建设为联络内地与西藏之间的桥梁。① 而在康区当地社会中，以交通乌拉为代表的传统交通通信方式仍然占据主流地位。

第三节　整理佛教与兴办教育

一　五明学院的创建

20 世纪 30 年代刘文辉全力经营西康后，通过开展广泛的实地调查和汲取过去的施政经验，愈加意识到寺院势力和宗教问题在康区社会中的重要性。为此，刘文辉在康区采取相对温和的宗教策略，在"以政辅教，以教翼政"的原则下，有意密切同寺院势力的关系，对寺院教育加以适当扶持。② 早在 1928 年西康特区政务委员设立之初，刘文辉就曾提议筹办佛学院。1935 年西康建省委员会成立，针对整理佛教事宜，提出设立省县佛教会及奖励辩论两项办法。省县佛教会的设立旨在办理僧俗公断事务，以备政府咨询。奖励辩论则突出寺院教育中辩论性相的意义。官方首次将性相辩论作为泯除康区藏民迷信的方法，以旧有学术的名义，同提倡科学相提并论。刘文辉授意黄隼高组织省县佛教会，因窒碍过多，转而采纳康定日库寺呼图克图的建议，设立五明学院。

经刘文辉允准，五明学院一面电请拉萨商聘院长，一面延聘格聪、日库两位呼图克图担任筹备主任。1938 年 5 月 14 日，以康定安觉寺为驻地。③ 12 月 23 日，刘文辉在安觉寺组织召开全康僧伽大会，商讨五明学院建制及宗教改善问题。孔萨香根、伙珠香根、日库、格聪、甲绒格西、包昂武、大

---

① 《蒙藏委员会开发康藏交通邮电计划》，《民国档案》1992 年第 3 期。
② 王川：《刘文辉与西康地区藏传佛教界关系述论》，《中国藏学》2006 年第 3 期。
③ 《西康筹设五明学院》，《海潮音》第 19 卷第 7 期，1938 年。

刚法师等康区藏汉佛教界重要宗教领袖皆参加，改聘伙珠香根为筹备主任。[①]

康定五明学院全称西陲五明学院，采取寺院制，内设内明、因明、声明、医学明、工巧明等五系。每系设导师 1—3 名，由院长选聘康区各地高僧大德充任。招收学僧 300 名，由各县寺庙选送，以藏僧为主，汉僧、居士、公务人员可附学，由各县寺庙选送。学期 3 年。[②] 刘文辉致函拉萨大德，延聘拉萨阿旺堪布为院长。五明学院之设既作为研究佛学的学术机构，也是为减轻政府施政阻力，强化同宗教界的沟通。佛教界各方人士颇为重视。

五明学院规定分区整顿西康佛教。各处酌设"宣化师""辅导师"。此类"宣化师""辅导师"由西康省府特派专员，遴选深孚众望的高僧大德充任，负责各分区佛教指导整理考核之责，规范各寺院戒律，严禁私藏枪械、营私牟利行为。

1942 年，刘文辉将康定西陲五明学院改组为西康佛教整理委员会，兼任主任委员，拟定整理办法及组织规程等。在佛教整理委员会的主持和组织下，石渠、理化、巴安、甘孜、德格、得荣、康定等地均相继设立佛学院（五明学院），延聘高僧喇嘛及精研教乘人士，充任委员，督导各区，切实整理。

五明学院主要强调显宗的修习，重视僧人佛学理论及大小五明的学习和提高。以康定木雅日库寺佛学院为例，佛学院设于藏文研究会之下。藏文研究会由堪布和藏文水平较高的喇嘛组成，属于寺院会议机构。五明学院的设立是为培养和提升寺院的藏文教育水准。负责学院教育的经师由游学西藏的甲央洛珠担任，以日库寺格楚中藏文水平和戒律修为高者为教习，专门研习经典。[③] 1943 年，由伙珠香根活佛创建的理化长青春科尔寺五明学院，则基本依照拉萨三大寺的寺院教育模式。

五明学院的创建和运作是在西康当局认可和支持下，以寺院力量为主导，对康区传统寺院教育模式的沿袭和改良。五明学院的出现一定程度上体

①　贺觉非著，林超校《西康纪事诗本事注》，第 49—51 页。

②　《康建会兴办五明学院》，《四川月报》第 12 卷第 2 期，1938 年；四川省档案馆编《近代康区档案资料选编》，第 332—333 页。

③　《甘孜康区社会调查资料汇编》，四川省民族事务委员会编印《藏传佛教寺院资料选编》，1989 年，第 103 页；《康属喇嘛教寺庙》，《西康统计季刊》创刊号，1944 年。

现出西康当局对康区寺院文化主体性地位的承认，对于缓和近代康区政教关系，提高寺院的教学能力，起到了一定的积极作用。

二　学校教育的恢复与发展

民初政治秩序的长期混乱与恶化瓦解了川边学校教育兴办的社会基础，导致清末开设的大量学校被迫关闭，教育资源迅速流失，兴学成就荡然无存。在刘文辉入主康区后，民初学校教育停滞衰退的窘境逐步得到改观。1927年川康边防总指挥部在康定成立后，随即着手调查康情，锐意兴办学校，先后开设西康师范传习所、女子师范传习所，训练师资，致力恢复康区各地的学校教育。

1928年西康特区政务委员会组建后，特别是1933年兵败退居雅安后，刘文辉转而全力经营康区。康区社会秩序渐趋稳定，教育事业提上日程。各县设教育局，康定设立教务总局，总揽各县教育。各地小学陆续恢复或重建。平民识字学校、团务学校、"化夷"学校、中央政治学校康定分校及附设简易师范部（1934年）等相继在康区东部社会环境平稳的地区创建。西康师范传习所改设西康师范学校（1931年）。尽管其间康区时有战事发生，学校教育仍在主政者的扶持下稳步恢复。至1935年前，康区已重建中等学校2所，初等小学校45所，民众学校7所，官话学校18所。在读学生人数从1931年的944·名增至1934年的2468名。[①]

1935年西康建省委员会在雅安成立，标志着西康建省议程的正式启动。康区政务进入过渡阶段。为筹划建省，刘文辉对政务进行一系列大刀阔斧的革弊政策，包括整顿行政区划、财政收支，着手经济恢复与建设，为学校教育的进一步发展廓清外部环境。初等教育和师范教育受到优先重视。西康建省委员会明令各县恢复旧有学校，整理关外各县原有小学，推广义务教育和民众教育。康定、甘孜、巴安、丹巴、泸定、九龙、瞻化设省小7所。炉霍、甘孜、道孚、雅江、巴安开办藏小5所，小学增至42所。14个县开办了58所短期小学。学业改为两年，作为升入县立小学或省立小学的预备。

---

① 张为炯：《西康康区教育之今昔及其改进之意见》，《康导月刊》第2卷第10期，1940年；刘绍禹：《西康教育史之略述》，《康藏前锋》第4卷第1、2期合刊，1936年。

西康师范学校升为省立康定师范学校，附设藏族师资训练班和简易师范班，充实设备，改聘教师，扩充班次。藏族师资训练班毕业学员 80 余名，分拨各地任教。

1937 年，西康建省委员会教育科长赴康北各县视察督办，责令各县迅速恢复原有学校，开办短期小学，并建议整合稀缺的教学资源，合并藏族小学与其他小学，将县立小学并入省立小学，调整和优化学校布局，合理统一利用有限的教育经费。诺那事件一度重挫康区教育。各地学校大多中断或停顿。但是因西康当局于事后积极补救推进，学校教育渐次恢复。至 1938 年，整个西康（宁、雅两属未计入）已设中学 2 所，小学 55 所（中政附小和私立小学在内），短期小学 63 所，民众学校 30 余所，在校学生 6000 余人。[①] 只是教育资源分布不均衡，康定、丹巴、九龙等地始终是整个康区学校教育的重心所在。

经过数年筹备，1939 年西康省政府成立。刘文辉将发展边地教育列入建省后西康六大施政中心工作之一。边地教育的发展方向被定位在：改定学制，编订适合康区需要的课程内容；注重职业教育和民众教育；举办干部学校以及省县政府着力调整发展区内学校教育。[②] 为此，西康省政府首先致力建立和健全省、县、乡三级教育行政机构，迎合 1940 年新县制的实施，强化各级教育部门建制，进而完善教育视导制度，划定学区，改设各级视导员制，加强学校教育工作监管，提高教师待遇，变通假期、学期，全面清查康区学校教育现状，制订教育发展规划。时值抗战军兴，教育发展经费愈形缩减，但是西康省府整合各方力量，通盘筹措规划，使康区教育在恢复中获得有序发展。1939 年新设康定中学，省立康定师范学校附设特殊师资训练班。理化、定乡、稻城、得荣增设省立小学。康定、九龙、义墩各增设短小 1 所，新设民众学校 40 所。1940 年康区仅小学就有 122 所，在校生 6518 名。[③]

进入 20 世纪 40 年代，西康学校教育转向全面统筹规划和建立完善的学校教育体系。1944 年，西康省府构思分区设立中等教育机构，分部推进师

---

① 程慕宗：《改良西康教育刍议》，《康导月刊》第 2 卷第 10 期，1940 年。
② 四川省档案馆编《近代康区档案资料选编》，第 75—76 页。
③ 梁瓯第：《民国以来的西康边民教育》，《边政公论》第 1 卷第 7、8 期合刊，1942 年。

范教育和职业教育，实现合理布局和发展，将康区划分为以省立康定师范学校为中心的第一师范区（包括东部六县局）和南北两路 15 县在内的第二师范区，以及第四、五、六职业教育区，[①] 新设省立康定商业职业学校，康定中学增设高中一班，定期考核奖惩及补助县立和私立中等学校，充实中等学校设备。因应国民政府的国民教育计划，选定甘孜、瞻化、道孚、理化、九龙为据点，发展边疆教育，健全国民教育体系，改短期小学为国民学校，服务边民生活。到 1945 年，增设或改设中心国民学校 17 所，保国民学校 62 所。[②] 较其他区域，国民教育推进总体上相对迟缓，但是康区小学教育实现了从官话学堂、初等学堂、两等学校、省立小学、县立小学、短期小学、藏族小学到中心国民学校、保国民学校的转型。

抗战胜利后，在汲取过去办学经验基础上，康区学校教育得到进一步改善和发展。督学机制健全，增设驻区视导员。地方教育经费及补助独立化。教学设施得到拨款培修。九龙、巴安增设 5 所国民学校，师范学校增至 2 所，职业学校增至 4 所。[③] 中等师范教育形成师范学校、简易师范学校（班）、乡村简易师范学校（班）三个层次。为提升教育水平，1947 年西康省府拟筹建高校，将国立康定师范学校改办为国立西康师范专科学校。至此，康区初步建立起幼稚园、小学、中等等学校、大学的学校教育体系。普通教育和职业教育并重。官办学校和私立学校共存。截至 1946 年，整个西康省（宁、雅两属在内）仅中等学校（包括省中、县中、私立中学、省师、县简师、省职校、私职校等）共设 44 所，240 个班，教职员工 865 名，在

---

① 第四职业教育区（简称职教区）包括康定、泸定、巴安三县，以省立康定商业职业学校为中心。第五职教区包括康区北部各县局，以拟设省立甘孜初级职业学校为中心。第六职教区包括康区南路各县，以拟设之省立巴安初等职业学校为中心。参见《西康省发展职业教育划全省为六职教区》，《教育与职业》第 201 期，1946 年。

② 苏自强：《西康省国民教育概况》，《西康教育》创刊号，1939 年。

③ 西康省教育厅：《三十五年度成绩比较表》，四川省档案馆藏，全宗号：228，案卷号：94。2 所师范学校为国立康定师范学校（1934 年创建中央政治学校康定分校简易师范部，1938 年改建为省立康定师范学校，1947 年升为国立康定师范专科学校）、国立康定师范学校巴安分校（1942 年 8 月筹建，1945 年 2 月更名国立巴安师范学校），4 所职业学校为省立康定农业职业学校（1944 年设）、省立康定医事职业学校（1945 年设）、省立甘孜初级职业学校（1946 年设）、省立康定商业职业学校（1943 年设）。参见教育部编《第二次中国教育年鉴》，商务印书馆 1948 年版，第 1247 页。

校生 7204 名，当年毕业生 1976 名，经费数达 37283830 元。[①]

学校教育的发展，伴随着主政者对康区特殊教育模式的大量探索和尝试。刘文辉主政初期，在对学校教育进行整顿和恢复过程中，当局已对课程内容同当地社会现实脱节的问题有所认识，并着手解决。民初颁布的《小学课程标准纲要》和《初级中学课程标准纲要》等，对初等、中等教育的学制、学时和课程设置做了统一规定。但是国民政府成立后，教育部考虑到蒙藏边疆地区的特殊社会和文化状态，要求对边疆教育课程做出相应的更改和调整，编订教材参酌使用和添加当地语言文字和历史文化内容。[②] 到 20 世纪 30 年代初，康区学校教育的教材除少数沿用赵尔丰时期编写的课本外，大多采用商务印书馆出版的内地版课本，内容与康区社会背景极不协调，对入学孩童而言晦涩难懂。[③] 为此，西康省教育厅将边地教材建设视为历年工作重心之一。课程改革的基本设想是依据 "教育生活化、生产化" 原则，[④] 注意与边地社会发展相结合。

1934 年川康边防总指挥部向各县小学征集各年级课本，以便加强各县各教科书内容的实用性。但是最终审送的学校用书中，仅实用教科书稍具特种教材特征。这种教材由川康边防军第一师第二旅编印，适用于初等小学，包括实用国语教科书、实用三民主义教科书和实用常识教科书三种。教材内容大量融入康区民众日常生活的基本元素，尽量与生产生活相契合，并引入国家意识、现代文明和民主平等观念。如常识教科书中的 "喇嘛寺修得很好看，里面供有佛像，又有喇嘛念经"，"我是西康人，汉人是中国人，西康人还是中国人"。[⑤] 此次教材改革的主要问题是课本全用汉文撰写，缺少生动的图文并茂形式。不久，汉康语文传习所以汉藏语合璧的方式编纂汉文千字课本三册。

1935 年，康区小学教材编订委员会成立。西康建省委员会聘请精通藏

---

① 《西康省县公私立中等学校历年统计比较表》，《本厅关于留学经费留学生补助费以及清寒优秀师范生奖学金等问题》，四川省档案馆藏，全宗号：228，案卷号：94。

② 教育部蒙藏教育司编印《边疆教育概况》，1943 年，第 150—151 页。

③ 涤暇：《改进西康关外小学教育的商榷》，任汉光：《今日康区学校教育应采之途径》，《康导月刊》第 2 卷第 10 期，1940 年。

④ 刘文辉：《西康教育建设的理论与实践》，《康导月刊》第 2 卷第 10 期，1940 年。

⑤ 梁欧第：《民国以来的西康边民教育》，《边政公记》第 1 卷第 7、8 期合刊，1942 年。

语的谢国安等六人为委员，根据部颁小学课程标准及西康特殊环境，编订汉藏文对译的特殊教材。1936 年 9 月，课程教材编委会遵照中华民国教育宗旨及其实施方针，参酌西康自然环境、历史风俗，编纂汉藏文合璧西康初级小学教科书，编写西康国语教科书（包括公民、党义、文学、历史、地理、自然、卫生等内容）、西康常识教科书（社会、自然、卫生三类）各八册及活页本公民教科书（系用内地教本，加译藏文），于次年 1 月出版，先后在康区各藏族小学试行使用。此次编纂的教材在课程内容和表现形式上采取双语，配以大量插图，丰富直观，突出教材内容的边疆民族特色，将藏传佛教编入教材中。①

由此，康区小学课程设置除按教育部要求外，还特设国语和藏语。国语班增设公民训练及生活常识等。高级班设有中华民族史纲、帝国主义侵略史大要、康藏史地大要、佛学浅说等。中等教育课程特设藏文、中华民族史、康藏史地、帝国主义侵略史、康藏社会问题、佛学大纲及国际形势等。② 师范教育教学尤重藏文，西康当局甚至规定西康师范学校毕业生藏文生疏者，不准毕业。③

西康建省后，教材的不断改定和长期摸索依然是教材编委会的重要职能。1945 年，编委会启动乡土教材编修议程，令各地搜集风土人情、宗教文化及有关教材之资料，征集乡土教材方案。乡土教材在国定国语常识课本之外，由各地方分别编辑，主要应用于小学和民众教育。乡土教材内容详列地方历史、地理、宗教、经济、文艺、社会风俗等，旨在培养学生的地方乡土意识。④

针对主体课程倾向基础性、同现象生活脱节的缺陷，教育部蒙藏教育司强调国立边疆学生应积极提倡和参加生产训练。在此号召下，康区

① 西康建省委员会秘书处编印《西康建省委员会工作报告》，1937 年，第 3 页，四川省档案馆藏，案卷号：1·35—1/3；梁瓯第：《民国以来的西康边民教育》，《边政公论》第 1 卷第 7、8 期合刊，1942 年。

② 《西康教育方案（续）》，《边事研究》第 2 卷第 2 期，1935 年。

③ 《西康教育注重藏文》，《边事研究》第 5 卷第 3 期，1937 年。

④ 《事由：令搜集有关本省教材资料》，巴塘县档案馆藏，全宗号：3，档案字 11 号，伪政 3 号，国师校卷 4 号；《西康省教材编纂委员会征集乡土教材方案》，巴塘县档案馆藏，全宗号 3，档案字 11号，伪政 3 号，国师校卷 7 号；《巴安县乡土教材》，巴塘县档案馆藏，全宗号 3，档案字 11 号，伪政 3号，国师校卷 4 号。

各级学校注重教学的实践性，通过参与各类社会活动，强化学生的社会实践能力，将学校教育同社会生活联结起来。学校课程开设社会实践课，并在学校附近开垦数亩农场，栽种花草、果蔬等，[①] 培养和训练学生的农事技能。

为减轻学校教育推行的社会阻力，因地制宜地发挥宗教影响力，助推学校教育在地方的发展，西康省府及各地方政府还试图借助寺院的力量来扶助和兴办学校教育。1934 年川康边防总指挥部颁布寺院兴学通令。办学的原则是不妨碍喇嘛的宗教活动，尊重寺院宗教精神及褒奖设学喇嘛。具体办法 15 条，包括小学增设藏文，请喇嘛教授，聘请喇嘛为劝学员，在寺院内设学校，课程添设藏文和佛学，聘任高僧讲授，兼请汉语教师讲授汉语文，由政府定期向学校拨款、入学喇嘛酌免差粮等。次年西康行政公署修订办学十款，对以上原则和办法予以认定。寺院办学的建议很快得到各地响应。康定南无寺设学，由寺院拨校舍，百姓负担办学费用，招收学生24 名。炉霍县在寿宁寺设学，招收 7—12 岁小扎巴 40 名。石渠县菊母寺设藏文初级学校，聘汉文教员、喇嘛教员各一，讲授汉语、藏文和佛教等。虽然寺院办学的策略因部分寺院的抵制而一度中断，这种将寺院教育同近代学校教育糅合的尝试，却一直延续到 20 世纪 40 年代后期，并取得一定成效。[②]

与清末相比，刘文辉主政时期康区学校教育无论是规模、体系，还是办学理念和策略，均取得长足发展和跨越式的突破。康区初步构建起相对体系化的层级式地方教育框架，在办学模式方面出现不少颇富创意和开拓性的尝试。课程教学内容部分地实现同康区本土社会文化衔接。办学形式在兼顾康区宗教文化传统基础上趋向灵活和多元化。学校教育无疑是康区新型本土精

---

　　① 《教育部蒙藏教育司致国立巴安师范学校函》，巴塘县档案馆藏，全宗号：3，档案字 11 号，伪政 3 号，国师校卷 22 号。

　　② 梁瓯第：《民国以来的西康边民教育》，《边政公论》第 1 卷第 7、8 期合刊，1942 年。1946 年巴安县竹瓦寺开办小学为典型案例。有关 1946 年巴安县政府令竹瓦寺开办学校的往来函件，可参见相关档案资料，巴塘县档案馆藏，全宗号：3，档案字 11 号，伪政 3 号，国师校 7 号。竹瓦寺小学开办后，改设为省立竹瓦寺小学，当年招收学生 52 名，教职员 3 人，由竹瓦寺活佛段象贤主持，内聘汉僧 1 人，教汉文；铁棒喇嘛 1 人，讲授藏文。参见巴塘县档案馆藏巴塘档案资料，全宗号：3，档案字 11 号，伪政 3 号，国师校 32 号。

英群体成长和壮大的主要源头，对康区社会的发展和近代化转型的推动作用是可以想见的。

不过，这些教育成就无法掩盖近代康区学校教育固有的缺陷，不应过分夸大其对康区社会的影响力。民国时期康区学校教育的合格师资缺乏、经费短缺、教材偏于内地化、行政管理欠完善等问题依然严重。一份 1935 年的实地考察报告披露，整个康区除泸定、康定教育事业较为发达，关外教育几乎为零。一般藏民普遍视读书为差徭。[①] 这种现象实则贯穿于整个近代康区学校教育发展脉络中，成为横亘于学校与藏民之间的障碍。学校教育同藏民"学差"观念的内在矛盾，应归结为不同教育和文化价值观的碰撞与冲突。"雇读"现象的普遍流行及其集体化、职业化的趋势，也颇能反映在康区学校教育实施过程中政府对藏民教育话语权和选择权的漠视。[②] 由于学校教育开设课程内容，仍然主要照搬内地版课本，无法满足康区社会现实生活的需求，所以得不到藏民的普遍认同。而且教育的行政化和强制性[③]也导致藏民对学校教育心存芥蒂，隔阂愈深。故近代康区的学校教育资源主要集中在汉人移民相对聚居的县城及其邻近区域，在更为广阔的康区社会中，学校教育的推行依然举步维艰。

三　康籍学生赴内地求学

1935 年西康建省委会成立之后，迟滞的康区学校教育逐步转入复兴阶段。教育事业的大力推进，军政及建设人才的储备，愈加需要借助内地的教育资源。南京国民政府成立后，蒙藏委员会颁布了《待遇蒙藏学生章程》，

---

① 中国第二历史档案馆编《中华民国档案资料汇编》第 5 辑第 1 编《教育》第 1、2 册，江苏古籍出版社 1994 年版。

② 严奇岩：《近代西康藏族"雇读"现象探析》，《民族研究》2006 年第 6 期。鉴于官府强迫入学的政策，藏民对学校教育自始至终心存抵触，富裕者不得不出钱雇用贫家子女入学，即"雇读"。到刘文辉主政康区期间，藏民对学校教育的抵制心态犹胜清末，视学政为苛政，畏办学人员为猛虎。参见许何人《读书也叫当差吗?》，《康导月刊》第 3 卷第 8、9 期合刊，1941 年。

③ 学校教育是由官府主导和扶持的，特别是西康建省推行新县制后，"管、教、养、卫合一"的体制使教育进一步附属于行政。1948 年，西康省政府甚至通过由省参议会提请将边远地方省级学校采取政教合一方法的提案，将教育大权置于地方行政指导之下。参见《准本省省参议会提请将边远地方省级学校采行政教合一办法以利教育推进一案令仰遵照由》，巴塘县档案馆藏，全宗号：3，伪政 3，国师校 63。

旨在对蒙藏边疆地区学生赴南京及各省求学者加以规范和给予相关优待，鼓励蒙藏学生赴内地求学深造，以此作为联结内地与边疆地区关系，增强内聚力的重要途径。[①] 在获得制度性保障后，康区学生通过西康当局筛选保送赴内地求学者人数逐步增多。1930 年先后赴京求学的康区学生多达 60 余名。除西康当局申送外，西康诺那呼图克图驻京办事处、班禅驻京办事处等最初也相继向蒙藏委员会陈请和保送求学者，令西康当局选送。中国教育学会上海分会边疆教育委员会等机构同样参与资助康区学生赴沪求学。保送生员数量从 1 名到 10 余名不等，其中包括少数女生，年龄在 20 岁左右。学生的来源地起初主要是康区教育水准相对较高的康定、泸定、巴安等区域。[②] 南京、上海和北平是康区求学者的早期目的地。

对于求学者的入校去向，一般由蒙藏委员会或西康驻京办事处接洽和联络接收学校，考核求学者的学历和知识程度，安排进入合适的中学或高校就读或投考。一些国立高校或中学如中央大学、北平大学、南京中学等则被教育部训令免费收录选送的康区学生入学就读。内地各学校先后或设蒙藏班，或于旧有班级酌收蒙藏学生。赴京旅费则概归自备，或由选送机关发给。中央政治学校在 1929 年就已添设预科特科，专收康藏学生；1930 年 9 月，又设蒙藏地方自治班，学科注重地方自治，三年毕业。之后经格桑泽仁、诺那呼图克图呈请，在中央政治学校附设西康训练班，收容北平蒙藏学校、山西党政学院北方军官学校等处毕业的康区学生 34 名，入党部训练，以为收复康藏之准备，培养党治建设人才。《待遇蒙藏学生章程》颁布之初，国民政府教育部首先选择中央大学和北平大学两所国立大学筹设蒙藏班。国立中央大学在 1931 年附设蒙藏班，由教育部拟定办法，拨款 5 万余元，招收初中或同等学校毕业生，首批康藏青海学生 20 名，连同蒙藏地区学生共计 43

① 《训令西康政委会查照蒙藏委员会规定待遇蒙藏学生章程转饬所属一体知照文》，《边政》第 3 期，1930 年。

② 马福祥：《令西康诺那呼图克图驻京办事处：呈一件呈请保送西康学生孙如煌等十六名入中央军校第九期入伍生附送相片履历一表请鉴请由》，《蒙藏委员会公报》第 17 期，1931 年；马福祥：《令班禅驻京办公处：呈一件呈报青海学生刘福祥等四名西康学生万腾蛟一名来京求学请予招待由》，《蒙藏委员会公报》第 14 期，1931 年；《西康蒙古学生亦将来沪求学》，《江苏学生》第 8 卷第 1 期，1936 年。

图 10-2 漫画《蒙藏周报》1931 年第 57 期

名，入校肄业。① 此后，为适应蒙藏边疆地区赴内地学生教育事业发展的新形势，1933 年蒙藏委员会将中央政治学校西康训练班和蒙藏班合并为中央政治学校附设蒙藏学校。学生主要来自蒙藏及新疆等地区，籍贯以青海、西

① 《训令中央大学及江苏教育厅应转令南京中学免费收录青海西康学生》，《教育部二十一年一月份工作报告》1932 年 1 月；《中央政校添设预科特科：专收康藏学生》，《安徽教育行政周刊》第 2 卷第 26 期，1929 年；《南京中央政治学校设立蒙藏地方自治班之好音》，《蒙古旬刊》1930 年第 1 期；《对于西康学生之训练设备》，《中央党务月刊》1930 年第 27 期；《令教育部部长蒋梦麟：呈送蒙藏学生就学国立中央北平两大学蒙藏班办法草案请鉴核由》，《行政院公报》1929 年第 56 期；《中央大学蒙藏班学生已编级上课》，《蒙古周刊》1931 年第 47 期；《中央大学蒙藏班十九年度招生章程》，《西藏班禅驻京办公处月刊》第 2 卷第 5、6 期合刊，1930 年。

康占多数。1936年中央政治学校又附设蒙藏学校，增设师范专修科。在各方推促下，康区等边疆地区学生就学深造的相关内地教育教学机构规模粗具，成为造就和形塑康区等边疆知识精英阶层的主要实施主体之一。

西康建省委会启动高等教育计划，在地方高校兴办前，奖励和咨送康区学生留学省外各大学校或各专科学校。求学者往返路费由西康当局资助，每年酌予津贴。[①] 1943年，西康省政府对报送康区学生赴内地求学事宜进行了相应的规范，由省务会议通过出台《西康省政府保送省籍学生升学办法》。该项办法将保送生分为甄选保送和优待保送两类。前者以培养西康所需建设人才为目标，又划分为工、农、医、教、理五种，保送对象为不分汉藏的成绩优异毕业生，由毕业学校核转申请。后者以鼓励语言文化具有特殊性质之子弟升学为目的，具体办法遵照教育部颁待遇边疆学生暂行规则办理。所谓特殊性质之子弟系指籍隶西康，语言文化确具特殊性质者，即康族、傈族及其他族群，由在籍县府核转申请。保送各生，视情形可举行个别考试。保送生毕业后，须返归西康报到，听候任用。[②] 这项办法的制定和实施，既是西康省府以地方法规形式为赴内地求学提供法律和制度保障，提升了康区高等教育的水准，也在一定程度上对少数族群的主体性地位给予了认可，从法律层面保护了少数族群学生受教育的选择权利。

办法颁行后，西康省府陆续选派康区学子赴内地乃至海外深造。仅1944年间，保送到国内专科以上学校学习者达90名，皆由西康省财政中拨专款资助。[③] 而且，康区学生赴内地求学的途径和渠道变得更为多元。接收学校也从开始局限于中央政治学校、中央大学等少数高校，扩大到内地不同类型的学校。以1946年为例，西康省赴保送学生72名，由教育部分发学校肄业者45名，国立边疆学校函准保送者10名，保送肄业西南联大者3名，朝阳学院者6名，中央劳作师资学校者1名，川康农工学院者2名，中央测量学校者5名，另有自行向各大学及专科学校投考者尚不在内。[④] 康籍学生在外求学情况见表10-5、表10-6。

---

① 《西康教育方案（续）》，《边事研究》第2卷第3期，1935年。
② 《西康省政府保送省籍学生升学办法》，《西康省政府公报》1943年第146—147期。
③ 《西康省教育厅1945年度施政计划》，四川省档案馆藏，全宗号：228，案卷号：90。
④ 向理润：《西康省最近一年来教育设施概况》，《新西康》第4卷第5、6期合刊，1946年。

表 10-5　1939 年西康省政府考送中央军校第十六期边区学生姓名册

姓名	年龄	籍贯	学历
马隆康	19	西康康定	中央政治学校康定分校简易师范部修业
夏福群	18	西康理化	同上
唐祝唐	18	西康康定	西康省立康定师范修业
吴明昭	21	西康康定	西康省立康定之师范藏师班修业
宁望杰	18	西康康定	中央政治学校康定分校简易师范部修业
王德全	20	西康康定	犍为县立中学肄业
金廷傅	20	西康康定	泸定县立师范毕业
韩铮	18	西康康定	成都志诚初中肄业
李裕光	18	西康康定	西康省立康定师范毕业
郭焕清	24	西康康定	前期高等两级学校
邵平安	24	西康康定	西康师范校毕业
周朝聘	20	西康越嶲	西康省立康定师范毕业
周介平	24	西康康定	成都培英中学初级部毕业
陈兆麟	20	西康康定	西康师范校毕业
王载春	20	西康康定	雅安明德中学肄业
郑文德	18	西康康定	广西柳江军校修业

资料来源：刘文辉、王靖宇《公函中央军校：准代电为培植边疆军事人材嘱查照选送康藏学生入校受训，案照章考送本省学生四十名函请查照收录以宏造就并希见复由》，《西康省政府公报》1939 年第 2 期。

表 10-6　1948 年康籍旅京学生在校名单

学校	姓名	性别	籍贯	系别	年级	总计
国立中央大学	黄声孚	男	汉源	农经	四年级	
国立中央大学	张国仁	男	荥经	社会	四年级	
国立中央大学	徐建芳	男	荥经	教育	二年级	
国立中央大学	张本昉	男	康定	建筑	三年级	8 人
国立中央大学	陶大镕	男	荥经	边政	三年级	
国立中央大学	王启芳	男	汉源	司法组	二年级	
国立中央大学	邓显亲	男	冕宁	边政	二年级	
国立中央大学	余椿	男	西昌	边政	一年级	

续表

学校	姓名	性别	籍贯	系别	年级	总计
国立政治大学	张秉国	男	泸定	法政	四年级	10 人
国立政治大学	郭淡	男	天全	法政	四年级	
国立政治大学	胡璧光	男	西昌	法政	四年级	
国立政治大学	晏代恩	男	泸定	新闻	四年级	
国立政治大学	郭玉瑶	女	汉源	新闻	四年级	
国立政治大学	胡长生	男	天全	政治	一年级	
国立政治大学	黄修	男	汉源	政治	四年级	
国立政治大学	秦翠芳	女	荥经	新闻	一年级	
国立政治大学	邓宇良	男	冕宁	地政	一年级	
国立政治大学	姜大椿	男	荥经	地政	一年级	
金陵大学	胡世康	男	雅安	经济	四年级	2 人
金陵大学	张国桢	男	西昌	电机	二年级	
国立边疆学校	王永康	男	会理	文组	五年级	44 人
国立边疆学校	万光楚	男	会理	文组	五年级	
国立边疆学校	张永昌	男	荥经	文组	五年级	
国立边疆学校	王文荣	男	越嶲	文组	五年级	
国立边疆学校	赵儒章	男	会理	文组	五年级	
国立边疆学校	张竟成	男	巴安	理组	五年级	
国立边疆学校	陈家浩	男	会理	文组	四年级	
国立边疆学校	穆安邦	男	汉源	文组	四年级	
国立边疆学校	朱崇道	男	巴安	文组	四年级	
国立边疆学校	李文秀	女	康定	文组	四年级	
国立边疆学校	张蜀光	女	雅安	文组	四年级	
国立边疆学校	王伯蓉	女	荥经	文组	四年级	
国立边疆学校	周朝觐	男	越嶲	文组	四年级	
国立边疆学校	贾文海	男	天全	文组	四年级	
国立边疆学校	董仲泉	男	越嶲	文组	四年级	
国立边疆学校	王有光	男	荥经	理组	四年级	
国立边疆学校	魏文成	男	会理	文组	三年级	
国立边疆学校	李应煊	男	盐边	文组	三年级	
国立边疆学校	范鸿庆	男	会理	文组	三年级	
国立边疆学校	何洪焕	男	盐边	理组	三年级	
国立边疆学校	罗开荣	男	盐边	文组	二年级	

续表

学校	姓名	性别	籍贯	系别	年级	总计
国立边疆学校	郭洪范	男	荥经	文组	一年级	
国立边疆学校	李正鑫	男	越嶲	文组	五年级	
国立边疆学校	曹焕樑	男	汉源	文组	五年级	
国立边疆学校	戴鉴儒	男	越嶲	文组	五年级	
国立边疆学校	张鹏翔	男	天全	文组	五年级	
国立边疆学校	柳自华	男	芦山	理组	五年级	
国立边疆学校	但启勋	男	汉源	理组	五年级	
国立边疆学校	夏文高	男	盐边	文组	四年级	
国立边疆学校	周定兴	男	越嶲	文组	四年级	
国立边疆学校	李质钧	男	天全	文组	四年级	
国立边疆学校	罗桑降错	男	巴安	文组	四年级	
国立边疆学校	王安栋	男	巴安	文组	四年级	44 人
国立边疆学校	格桑益刚	男	巴安	文组	四年级	
国立边疆学校	谢顺成	男	盐边	文组	四年级	
国立边疆学校	罗桑扎西	男	巴安	文组	四年级	
国立边疆学校	王文光	男	汉源	理组	四年级	
国立边疆学校	姚和恩	男	雅安	理组	四年级	
国立边疆学校	董祖贞	女	泸定	文组	三年级	
国立边疆学校	马开祥	男	德昌	文组	三年级	
国立边疆学校	李培濂	女	康定	文组	三年级	
国立边疆学校	陈新一	男	雅安	理组	三年级	
国立边疆学校	刘家媛	女	会理	文组	二年级	
国立边疆学校	汪学渊	男	金汤	理组	一年级	
市立第一中学	赫敔朗吉	男	巴安	高中部	二年级	1 人

资源来源：《为恳请发给康籍旅京清寒学生寒衣救济金及书籍补助费以免苦寒而利学习由》，《本厅关于留学经费留学生补助费以及清寒优秀师范生奖学金等问题》，四川省档案馆藏，全宗号：228，案卷号：94。

西康省在 1947 年又另行由省库划拨 7000 万元作为基金，以每年全部存息，奖助西康籍就学省外专科以上学校之清贫学生 40 名，规定其中 6 个名额专门奖助西康省肄业专科以上医学院系学生，其余名额奖助西康籍专科以上学校学生在校成绩优异者。奖学金审核、保管、发放等事宜另设清寒奖学金保管委员会办理，由保管委员会将奖学金交所在学校，由学校分发给受奖学生。申请奖学金的清寒学生需出具由所在地保甲长或县府开具的清寒证明书。同年，西康省府还增拨专款，用于资助康籍毕业生返康的一切旅费，以期吸引学生返康服务。不过，到 1948 年底，因通货膨胀严重、物价飞涨、法币贬值，有限的奖学金数额对于清苦青年学生而言已属杯水车薪，乃至无力购置必需的书籍衣物和返乡路费。西康旅京同学会或个人屡次致函西康省府，恳请参照川省定例，发给康籍旅京清寒学生寒衣救济金、书籍补助费及增加返乡旅费。然西康省府财政拮据，增拨奖学金数额 5 亿元，所拨款项难抵物价猛涨，仍于事无补，更称无款增益旅费。① 清寒学生资助情况见表 10-7。

　　总体而言，国民政府时期，从中央到地方，康区学生赴内地求学一系列举措、规章的制定和推行，有助于深化康区近现代化教育的程度，助推社会近现代化的进程，向康区知识精英传输国家和民族意识，增强其向心力和凝聚力，在国家与边疆地方之间搭建起一道文化交流的桥梁。

表 10-7　西康省籍青年肄业专科以上学校清寒奖学金历次受奖学生姓名

次	学校名称	受奖学生姓名
1	国立四川大学	王定川、诸世镛、何秉文、杨承樑、杨先达等五名
	国立清华大学	钱佩兰
	私立铭贤学院	陈爱华
	国立边疆学校	王有光、张永昌
2	国立四川大学	刘德琼、张延熙、郭忠惠、陈正炳、罗云华
	私立华西大学	张延嘉
	国立边疆学校	匡嘉镇
3	北京大学	扶斌
	国立四川大学	王道章、单德生、周镜、周镕、杨昌华、王富钧、廖震华、郭玉贞、杨辅国、胡会问、王定川、罗荣顺、陈正炳、诸世镛、何炳文
	国立武汉大学	韩家栋、李玉淑
	国立边疆学校	高明星
	国立重庆大学	刘立宽、孟芝兰
	国立中央大学	王杰、陈永熙、孙玉华

---

① 《本厅关于留学经费留学生补助费以及清寒优秀师范生奖学金等问题》，四川省档案馆藏，全宗号：228，案卷号：94。

续表

次	学校名称	受奖学生姓名
4	国立边疆学校	万光楚、李德坤、姜连富、董天保、李正鑫、谢吉
	国立四川会专	张体英、曹正祺、梁蕴朴
	私立华西大学	罗汉超
5	私立华西大学	张延嘉
	国立康定师专	孟功模
	国立北京大学	尹彦辉、邱塈
	国防医学院	李光源
	国立中央大学	张国仁、刘洪裕
	国立四川大学	陈铭新、陶文伟
	国立边疆学校	王伯容、刘汉修、王有光
6	国立重庆大学	吴兴楼
	社会教育学院	刘元树
	国立同济大学	洪光铨
	国立女子师范	罗畹青
	国立华西大学	唐开正、崔世本
	国立昆明学院	李永祥
	四川会计专校	曹正祺、梁蕴朴、张体英
	国立边疆学校	刘怀玉、高日洁
	国立四川大学	周镜、杨昌华、陈铭新、张延熙、刘德琼、郭景泰
	国立康定师专	孙惠儒、王德俊、胡兴成、刘福全、李崇恩
	国立边疆学校	王文光、罗桑扎西、姚和恩、夏文高
7	南京政治大学	郭淡、卫明钟、胡璧光、黄修、晏代恩、张秉国
	南京中央大学	陈永熙、张本昉、曹宏、刘洪裕、孙玉华、徐建芳
	四川大学	何秉文、陶文伟、诸世镛、陈正炳、胡会文、汤炎铮、王定川、宋金龙、杨文生、童宗贤、郭玉贞、杨辅国、罗荣顺、宋元芳、刘康东、韩士奇
	浙江大学	王道全
	中央工专	齐天有
	武汉大学	陈德林、胡应堃、李淑玉、高一凤
	重庆大学	景信贵、廖常泽、刘立宽、吴兴楼、刘蕴祥、孟芝兰、黄进光
	国立边疆学校	匡远镇、张永昌、王文光、曹焕文
	西昌技专校	尹灿华、王荣禄、廖德明、彭启才、吴锡玛、杨嘉材

资料来源：《本厅关于留学经费留学生补助费以及清寒优秀师范生奖学金等问题》，四川省档案馆藏，全宗号：228，案卷号：94。

四　社会教育事业的开展

刘文辉入政康区后，在整顿各项政务之余，鉴于官方同普通藏民之间隔阂重重、政府权威难期深入广大的藏民社区、政令实施乏力，决议利用集会形式，以通俗演讲、广泛宣传，树立政府威信，沟通官方与民情，提高民众智识，移风易俗，以俾益政治。1933 年 7 月，川康边防军第一师步兵第二旅司令部颁发有关设立讲演所的规定，要求各县设立讲演所，印制讲演词及劝告民众上粮、纳税、当差、向学、劝垦、筑路、办团、护佛等讲词八种。依照讲演所实施办法，讲演所选择适宜地址建立，受各县政府监督，设讲演员一名、通事一员，每周讲演一次。讲演内容以印制讲词为准。讲词由县署译为藏文，四处张贴。闲暇时，讲演员需在县城繁盛区域做巡行演讲，将听讲者姓名逐日记明。凡听讲半年以上、深切明了演讲词意者，由县署考核后发给听讲毕业证书。听讲优异者可分派各乡，担任讲演员。愿入校就读者，申送入县或至省内外学校读书。讲演成绩以听众多寡及效果为评判标准，相应加以奖惩。规定颁行后，各县根据实地情态采取举措。巴安县县长陈容光下令在国庆、国耻纪念日，会同军学各界，详细讲演，并就城内图书馆，附设通馆讲演，于每周六召集汉藏民众听讲，反复讲解。届满一月，举行考核讲演员成绩，半年总试一次，以为奖惩依据。[①]

作为近代学校教育的有益补充，1937 年西康省府针对失学民众制订补习教育计划，首先在康定、泸定等条件充裕的地区建立民众学校，开设国语（包括公民）、算术、音乐、体育等，强迫汉人入学，劝导藏人就学。经费由西康建省委员会向教育部承领筹集。[②] 同年康定民众教育馆成立。西康建省之际，该民教馆经整顿后重开，更名为省立康定民教馆，首任馆长黄秉衡，职员五人，内分设总务、教导两部，注重固定讲演的举办。随后，各县县立民教馆相继建立。

全面抗战爆发后，社会教育事业同抗战宣传运动紧密结合，关系到抗战

---

① 《川康边防军第一师步兵第二旅司令部训令：有关设立讲演所的规定》、《西康屯殖司令部指令：令巴安知事陈容光呈报成立讲演所各情形由》（1933 年 11 月），巴塘档案馆藏，全宗号：3，档案字 11 号，伪政 3 号，国师校卷 18 号。

② 《西康省实施失学民众补习教育六年计划大纲》，《西康建省委员会公报》第 2 期，1937 年。

大后方社会的稳固及激发和动员民众的抗战力量，因而日益受到西康当局的重视，社会教育工作获得蓬勃发展。结合康区特殊社会情况与施教模式的探索，刘文辉将西康教育建设的实践定位为"以社会教育为中心"，力推流动式教育和生产教育，在实施过程中应特别关注康区的社会环境、民族关系和宗教关系，[①] 为康区社会教育的开展界定了努力方向和指导思想。康区教育模式趋于多元化，学校教育兼顾社会教育，城市教育和乡村教育并重，从注入式教育转向启发式教育，提倡"教育社会化"和"教育实践化"。[②] 1939 年西康省府颁布《西康省各级学校社会教育机关实施抗战教育大纲》，令各级学校利用原有自治组织及团体，在各种集会场合宣传抗战，举办竞赛和演习等。各社会教育机关编订抗战绘画、图表，辟室陈列，组织抗战演讲、戏剧、音乐演奏等，在通衢要道及其他公共场合随时发布抗战消息，积极增办民众学校等。[③] 政府利用近代教育宣传设施开展的社会教育活动也在西康建省前后于康区东部地区开展起来。遵照教育部颁的相关社会教育规范，西康当局派员参加教育部举办的电化教育人员训练班，由教育部领回抗战教育影片，在康定、泸定等地放映，由放映员逐片讲演。教育部配发的交流收音机被分发给康定省小、县小及民众学校，由学校组织收听教育播音。当局还在康定市内每晚播放时事消息、抗战演讲等，进一步增购类似的电教器材。[④] 由此，抗战时期的社会教育实践逐步形成政府、学校、民教馆三方合力推动的局面。

西康省社会教育是由教育厅第三科掌理，下置两股，以一股管理社会教育事业，又设电化教育队，推行电教工作等。县社会教育工作由县教育科掌理。县督学及视导员负责督导考核。县乡镇社会教育推进委员会负责督导成人失学民众入学补习，经费从西康教育经费中拨给。省教育经费则由中央补助、省府补助、地方筹集三部分组成。社会教育经费所占比例相对较低。[⑤]

省立和各县县立民教馆是全面抗战时期康区组织社会教育的中心机关。到 1941 年，康区民教馆数量已达 20 所，遍布 20 个县局。民教馆的工作分

① 刘文辉：《西康教育建设的理论与实践》，《康导月刊》第 2 卷第 10 期，1940 年。
② 黄应南：《办理民众学校的商榷》，《西康民教季刊》第 1 卷，1941 年。
③ 《西康省各级学校社会教育机关实施抗战教育大纲》，《西康省政府公报》1939 年第 6 期。
④ 《一年来之西康教育》，《康导月刊》第 1 卷第 9 期，1939 年。
⑤ 程其保：《西康省社会教育实施概况》，《社会教育季刊》（重庆）第 1 卷第 4 期，1943 年。

为两方面：一是综合办理社会教育，馆内附图书、体育等设施；二是协助和辅导其他机关兼办社会教育，由民教馆统一购置电影机、幻灯机、戏剧道具、广播和图书等设备。民教馆具体组织的活动形式多样：举办国民月会、通俗演讲会及各种纪念会，混杂各种游艺节目或电影放映；成立民校同学会；编制时事简报、二道桥特刊、纪念日特刊，张贴于游人聚居的闹市区；印制白话歌，办理民校壁报；组织乡村宣传队，深入乡村宣传抗战；召集训练各地讲评书、打金钱板的民间艺人进行宣传；统计各地文盲数量，推行识字运动，开办夜校；宣传妇女参政，提倡妇女福利；征求谚语、童谣；在阅报处、图书馆内购置大量图书，供民众借阅，另设巡回书车；开办民众学校，组织民众读书会；视导公私民众教育馆及其他社会教育机关，编制各种辅导刊物，分发各社会教育机关参考；对民众进行卫生健康教育，开展清洁卫生运动和宣传；组织各种体育竞赛、民众剧团、儿童歌咏训练班和歌咏队、音乐演奏会，协办跑马会和西康省国民体育运动会；建立民众茶园，提供娱乐场所；组建乡区镇改进会，协助壮丁训练或自卫训练；组织生计教育，提倡垦荒，发展家庭副业及向民众讲授借贷资本经营知识，介绍小额贷款，提倡国货及节约储蓄；设立询问代笔处及职业指导介绍部。

因政府大力扶持和民众教育者热情投入，围绕民教馆进行的各项社会教育工作成绩斐然。仅省立康定民教馆从1939年底到1941年就开办通俗演讲会92次，听众多达35276人次；召开国民月会21次，出席者达8591人次；先后出版壁报146期、二道桥特刊120期，贴出木板标语200张，出版画报71期。举办民众学校5期共10班，结业学员138名。开设特约民众茶园3处，组织乡村施教队1次、小学校长教员座谈会2次、辅导会3次、馆务会议及社会教育研究会23次，办理图书巡回阅览37次，组织巡回宣传队2次。① 民教馆活动触及民众生活的方方面面，全方位的同社会公共和个体家庭生活相衔接。社会教育形式多样，逐步趋于系统化、组织化和社会化（参见表10-8）。

---

① 《西康省立康定民众教育馆二十九年工作报告纲要》，《西康省民教季刊》第1卷第2期，1941年；《西康省巴安县卅六年度民教馆工作计划》，巴塘档案馆藏，全宗号：3，档案字11号，伪政3号，国师校卷40号；车莉：《抗战时期西康省的民众教育馆》，《西南民族大学学报》2011年第11期。

表 10-8　西康省立康定民众教育馆 1940 年 1—12 月国民月会概况

日期	讲题	讲演者	报告题	报告者	游艺节目	人数
1 月 1 日	节约储蓄可以打倒日寇以战养战毒计	黄秉衡	民国成立之历史	王东星	新剧《除奸杀敌》、电影《防毒、养牛》	382
2 月 1 日	革除旧习创造新精神	黄秉衡	汪日密约协定	吕冰岩	讲故事	180
3 月 1 日	我们要怎样救国	黄秉衡	乡村康人生活	周光华	电影	486
4 月 1 日	惩治汪逆卖国办法	黄秉衡	植树须知	张彬沉	新剧、电影	486
5 月 1 日	不做汉奸和敌国的顺民	黄秉衡	康区生产方式公民与救国	高水才萧镇国		226
8 月 1 日	精神总动员定可打倒日寇	黄秉衡	时事报告	何仁	武术、歌唱、魔术	312
9 月 1 日	二期抗战中政治重于军事，精神重于物质	周世明	领袖的生活	胡元章	歌咏、魔术、双簧	342
10 月 1 日	怎样改正醉生梦死的生活	何仁	法律常识	吴毓鳞	新剧、旧剧、歌舞	428
11 月 1 日	节约储蓄与建国	林天雨	康定的气候	董毓钟	川剧、电影	516
12 月 1 日	怎样实行国民公约	何仁	时事报告	高子君	双簧、金钱板	452

资料来源：《西康省立康定民众教育馆廿九年一月至二十年十二月国民月会概况表》，《西康民教季刊》第 1 卷第 2 期，1941 年。

　　社会教育工作成为各县政府部门政绩考核的重要组成部分。重要节庆假日往往是各县政府推进通俗宣传和实施社会教育的时间。政府善于把握和利用社区人群集会的重大仪式场合来推进社会教育，有条件地修建剧场、纪念广场等公共建筑，或借用寺庙等集会场所，供公共讲演及音乐、戏剧、电影演放之用。社会教育各项措施推行一般由县政府督导，连同党政军学各机关、邮局电台及各团体，特别是民教馆、各级学校等协同进行。宣传内容极为广泛，从抗战宣传到科学化运动，从风俗改良到政令推行。[①] 社会教育将政治的社会改造理念以藏汉民众喜闻乐见的活动形式搬入社区生活，既是中央政府的力量向基层社会渗透的表现之一，无形中也将近代的生活和文化价

---

　　① 《为呈报三十七年国庆日办理纪念周情形由》，巴塘档案馆藏，全宗号：3，档案字 11 号，伪政 3 号，国师校卷 73 号。

值观或多或少传输给汉藏民众。

　　依照教育部颁法令及 1942 年西康省府制定的《康区各小学办理社会教育要项》《康区各小学办理社会教育施行简则》的规定，康区各级学校开始兼办社会教育，学校教育同社会教育逐步结合起来。各级学校由省府补助办理社会教育的经费，自行拟定实施办法和步骤，并编制办理报告书呈报教育厅。学校开展的社会教育工作与民教馆大抵相仿，如举行国语演讲比赛、乡村访问、学生家庭访问、歌咏班、识字运动、通俗讲演、卫生运动及同乐会、恳亲会、民众补习班、民众卫生指导等，协助保甲，提倡副业，改进技术，宣传协助地方自治，协助党部宣传。[①] 以学校为社会教育推广者的活动形式，重在深入藏民社区，由县城向周边的乡村扩展和辐射，尽量将公共卫生、语言、实业生产、社区娱乐等内容融入藏民熟悉的风俗习惯。因学生大多来自当地，熟悉当地人文风貌，且同藏民更具亲近感，由富于激情和活力的学生参与组织社会教育活动更易得到藏民的认同和接受。

　　抗战胜利后，社会教育工作日益突出国民政府在全国倡议推广的新生活运动。各级学校因教育资源相对充沛，在各项社会教育活动中的作用日趋凸显出来。1945 年“师范学校及社会教育机关辅导及协助学校办理社会教育办法”出台，要求师范学校及各级学校利用已有的设备及技术，如电影、幻灯、播音、话剧、讲演等方式，巡边各校所办之民众学校及家庭教育班，以辅导其教学。次年，西康省政府教育厅颁布推行教育部边疆教育委员会马鹤天委员“边疆各地应以各级学校为改造该地社会之中心，并促进各地政治经济文化等事业之发展”提案的训令。[②] 学校转化为社会教育推行的基础力量。各校承担兼办民众学校的职事，由各地县府通令饬办并组织巡回教育队，分期前往各乡，召集民众教学。讲演报告、张贴消息、巡回讲学、举办常识展览、放映影片及提倡洁净卫生等仍是学校社会教育的常用方法。社会

---

　　① 《西康省政府训令：康区各小学办理社会教育要须》，巴塘档案馆藏，全宗号：3，伪政 3 号，国师校卷 93 号。

　　② 《奉发边教委员会提议“边疆各地应以各级学校为改造该地社会之中心，并促进各地政治经济文化等事业之发展”一案令遵照具报由》，巴塘档案馆藏，全宗号：3，档案字 11 号，伪政 3 号，国师校卷 4 号。

教育的内容集中在卫生、教育和娱乐、运动等方面。[①] 学校社会教育充分发挥其优势，将学校教学生活引入民众公共生活和家庭生活，试图在交往和互动中以温和、迂回的劝说形式，改造当地传统文化和生活方式。

　　刘文辉主政西康期间，社会教育的次第展开，潜移默化中对改良社会风尚、改善民众生活、提高民众文化素质、培养国家观念和民族意识、稳定抗战后方社会秩序等起到了一定作用。犹如 1932 年赴康的格桑泽仁所言，"查西康僧民，向无所谓国家观念，昔闻内地被列强压迫之惨案，如庚子联军等役，康人闻之，均漠然不相闻，此次可谓进步多矣"。[②] 但是社会教育工作受制于康区总体的政治和文化格局，缺陷亦颇为显著，各项措施主要集中在康定、巴安等教育基础相对深厚的县城及其周边区域，影响范围甚为局促，对广阔的康区乡村社区的影响力较为有限。而且，社会教育是由学校、政府各机关及民教馆三方为主要施动者和执行者，在公共场所的展演和宣传也非常态。以精英文化自上而下尝试改造康区传统文化的做法对藏文化的主体性地位也有所忽视。社会教育向藏汉民众传输价值观念的方式主要局限于说教范围，实未调动藏民自身对近代文化自觉的能动性，故而社会教育效果在藏民聚居的社区较为有限。

---

　　① 《为奉部令各级国教研究会于卅五年五月以前将各次国民教育研究问题研究结果按期具报为凭核转由》，巴塘档案馆藏，全宗号：3，档案字 11 号，伪政 3 号，国师校卷 109 号。
　　② 格桑泽仁：《康藏概况报告》，第 17 页。

第 十 一 章
民族区域自治制度在康区的建立

第一节 西康省藏族自治区的成立与康区民主改革

1949 年 12 月 9 日，西康省主席、二十四军军长刘文辉与西南军政长官公署副长官邓锡侯、潘文华等在四川彭县通电起义。1950 年 3 月，第二野战军第十八军近 3 万主力部队分康北、康南两路进入康区。1950 年 7 月，康区民族协商筹备委员会成立，康定地委和军分区派出代表分赴各县开展建政协商工作，康区从此开始了社会转型的实践。

改造康区社会的两大任务是实行民族区域自治和民主改革。[①] 1949 年 9 月，中国人民政治协商会议第一届全体会议审议通过的《中国人民政治协商会议共同纲领》正式确定民族区域自治制度。民族因素与区域因素相结合是"民族的区域自治"的重要特点，其中"区域"是落脚点，且"民族"指"区域"内的所有民族而言。[②] "建立自治区目的是保障和提高少数民族的权利，帮助其建立政权，实现当家作主，参与政治生活，着眼点在于国家统一、民族团结。"[③]

康区解放伊始，夏克刀登联络格达、邦达多吉、格桑悦西等致函西南军政委员会主席刘伯承，表示拥护共产党、接受中央政府的领导，请求在西康省涉藏地区实现民族自治，自我管理。夏克刀登等在信中称：

---

① 郎维伟：《1950—1955 年在民族政策治理下的四川康区社会》，《西藏研究》2008 年第 3 期。

② 秦和平：《从反对土司到接受民主改革——关于夏克刀登的研究》，《中国藏学》2014 年第 1 期。

③ 秦和平：《关于民族区域自治由来、建设及健全的研究》，《民族学刊》2015 年第 5 期。

自从一九三六年朱总司令亲自领导下组织"博巴政府"以来，我们始终一贯的坚持着。现在我们藏族统一的"民主自治同盟"谨提出我们共同的意见：从根本上在中央人民政府最高领导的原则下，请赐给我们将整个西藏民族组织一个统一的自治政府。但在目前，原西康省内由康定起，将语言文字、风俗习惯、宗教信仰相同的康属藏民请单独划在一个行政区域里，与过去宁、雅两属实不能相处。马和毛（牦）牛拴在一起，彼此只有害而无益，这是一定的，敬祈注意。这里一切情形，我们与共产党、康藏边区党的组织有着密切联系，详情已托清凭措旺阶面报。①

1950 年 4 月 17 日，刘伯承、贺龙、邓小平回信夏克刀登、格达和邦达多吉，表达了中央政府的要求与主张：（1）根据《共同纲领》规定，将在金沙江以东地区首先建立藏民自治政府，实行区域自治；（2）西康省是多民族杂居区，政府委员名额按各族的比例安排，但副省长中必须有藏民，②代表民众的意愿；（3）请夏克刀登等三人出任西南军政委员会委员，商议建设事宜；（4）解放军进军西藏途经康区时，请给予帮助。③ 时任中共中央西南局第一书记的邓小平通过汪嘉等，向夏克刀登等提出九项建议，其中关于民族区域自治的内容有：（1）西南军政委员会除预留金沙江以西委员名额五名外，拟请夏克刀登、邦达多吉、格达活佛为委员；（2）西康省人民政府拟以藏族一名担任副主席，人选由廖志高主席与前述三委员共同商议推荐；（3）西康省人民政府委员会委员名额依照全省藏、彝、汉三族人口比例分配，人选由廖主席与有关方面协商，提请中央批准任命；（4）在西康藏民聚居地区成立自治政府；（5）汉藏人民杂居地区，由汉藏人民选出相当名额的代表，参加人民政府或自治政府。④

---

① 四川省档案馆藏 1950 年 3 月 28 日夏克刀登等致西南军政委员会刘伯承亲笔信，转引自秦和平《从反对土司到接受民主改革——关于夏克刀登的研究》，《中国藏学》2014 年第 1 期。

② 1950 年 4 月 26 日，西康省人民政府在雅安成立，廖志高任主席，格达、夏克刀登等担任副主席。

③ 四川省档案馆藏 1950 年 4 月 17 日刘伯承、贺龙、邓小平致夏克刀登、格达、邦达多吉的亲笔信，转引自秦和平《从反对土司到接受民主改革——关于夏克刀登的研究》，《中国藏学》2014 年第 1 期。

④ 四川省档案馆藏 1950 年 4 月藏族三代表由京经渝返康刘伯承、邓小平与其谈话要点，转引自秦和平《从反对土司到接受民主改革——关于夏克刀登的研究》，《中国藏学》2014 年第 1 期。

1950 年 7 月 21 日，邓小平在欢迎中央民族访问团大会上称：

> 今天我们在西南实行民族区域自治，首先开步走的应是康东，因为各种条件比较具备。第一，藏族同胞集中；第二，历史上有工作基础；第三，我们进军到那个地方后，同藏族同胞建立了良好关系；第四，那里还有个进步组织叫东藏民主青年同盟，有一百多人。有这些条件，就能马上去做工作。这是一个很大的问题，如果解决得好，可以直接影响西藏。[①]

随后，西南局民委主任王维舟在西南军政委员会第一次全体委员会议上阐述了区域自治的重要作用：

> 迅速试行区域自治，以推动整个民族工作……区域自治在各少数民族心目中始终是一个最关心的大问题，因此我们必须在西南很快选择一个适当地区首先试行起来，由一点做起，取得经验，然后逐步推广。有了区域自治，他们的信心提高了、觉悟增强了，群众的积极性发挥起来了，那么整个一套的团结少数民族的工作就能循序推进，我们从而加以协助，收效就愈益迅速。[②]

1950 年 8 月，邓小平提出，"自治区范围现以金沙江以东之康属为准，中心设在康定。康定虽偏东但系一重镇，且经济较为发达，与内地接近，于将来发展也较便利。区域自治的名称，拟定名曰'东藏人民自治区域政府'。区域自治政府的正副主席，拟以格达、夏克刀登、天宝、昂旺格桑等担任，以格达为正主席，其他副之，因格达是活佛，在宗教上又有威望，对康南、康北的团结更有利"。[③] 经过充分细致的筹备，1950 年 11 月 24 日，

---

① 《邓小平文选》第 1 卷，人民出版社 1994 年版，第 166 页。
② 王维舟：《在西南军政委员会第一次全体委员会议上的发言》，转引自秦和平《关于民族区域自治由来、建设及健全的研究》，《民族学刊》2015 年第 5 期。
③ 四川省档案馆藏 1950 年 8 月 1 日邓小平、刘伯承、贺龙会见夏克刀登的谈话，转引自秦和平《从反对土司到接受民主改革——关于夏克刀登的研究》，《中国藏学》2014 年第 1 期。

西康省藏族自治区宣告成立，桑吉悦希（天宝）任自治区主席。"该自治区是新中国首个经过系统设计、反复协商、全面构建的地区级自治区，并提供了创建民族自治区的范式与步骤。"①

西康省藏族自治区建立的重要意义主要体现在以下几个方面：（1）康区传统的封建农奴制度和权力体系在一定范围内被新的政权形式取代；（2）民族区域自治制度的推行，促进了汉藏团结，藏民把当地汉族干部和人民解放军称为"嘉色巴"（rgya gsar pa，意为"新汉人"）；（3）康区政治制度的初步转型，为和平解放西藏奠定了基础。② 总之，西康省藏族自治区是中华人民共和国成立后第一个专区级的民族自治区域。这一政治制度顺应了历史潮流，体现了人民的意志。1953 年 7 月，全国统战工作会议高度评价了民族区域自治：

> 我们实行民族区域自治，这是因为民族区域自治是我党解决中国民族问题的基本政策。帝国主义和国民党反动统治过去用民族压迫政策剥夺了少数民族的自治权利，不容许他们建立自己的政权，而我们必需实行民族的区域自治，使少数民族有自己的政权，有管理自己内部事务的权利，这是一个极其显明的对照。这表明我们对于任何少数民族是完全信任的，各民族之间也是能够互相信任，并能够在这个基础上互相合作的。……应该设想：如果我们不这样做，那末我们怎样去建立在巩固中央和边疆各民族间的关系和联系呢？如何建立各民族间的互相信任呢？如何实现聚居的少数民族在各方面的权利呢？用什么事实来说服或驳斥民族分裂主义倾向和打击帝国主义的分裂阴谋呢？如何使落后的民族从当前发展阶段逐渐跻于先进民族的行列，从而使他们有可能发展为社会主义的民族呢？很明显，不实现和不经过民族区域自治，都是做不到的。③

---

① 秦和平：《关于民族区域自治由来、建设及健全的研究》，《民族学刊》2015 年第 5 期。

② 郎维伟：《1950—1955 年在民族政策治理下的四川康区社会》，《西藏研究》2008 年第 3 期。

③ 《中共中央批发全国统战工作会议〈关于过去几年内党在少数民族中进行工作的主要经验总结〉》，中共中央文献研究室编《建国以来重要文献选编》第 5 册，中央文献出版社 1993 年版，第 652—653 页。

在民族区域自治制度的架构下，康区的经济状况和所有制结构开始转变，基层政权亦逐步建立，但是严重阻碍康区社会发展的封建农奴制度仍然存在，因此康区民主改革成了历史的必然。民主改革"是指共产党领导广大民族群众及上层人士实施以土地改革为中心的全面社会改造。通过改革，从经济上废除不合理的占有制，实现劳动人民所有制；从权利上解放奴隶或农奴，获得自由，实现平等，享受基本人权；在文化上，推行及建设社会主义新文化、新观念；在政治上，进行民主建政，重构基层政权，党的权力指臂要插进底层社会，改变旧的社会形态"。[1] 1953 年的全国统战工作会议指出了实施民主改革的必要性：

> 我们在各少数民族地区实行各种社会改革，特别是在封建制度统治下的少数民族农业区实行土地改革，这是因为解放少数民族旧社会制度对生产力的束缚，对于改变社会各方面的旧面貌，都是完全必要的，也是不可避免的。只有民族解放和民族平等，只有先进民族的帮助，并不能彻底解放少数民族，因为不进行社会改革，少数民族广大的劳动人民所受的压迫就还不可能最后获得完全的彻底的解放，社会不可能向前发展，过渡到社会主义也就不可能。[2]

从 1955 年开始，康区逐渐开展了民主改革。"民主改革坚持慎重稳进的方针，以和平协商的方式进行，而且按照中央的统一部署，民族地区的民主改革分两步走，即先农区后牧区。"[3] 农区民主改革政策主要有废除封建土地所有制，废除封建农奴主阶级高利贷和封建债权债务关系，废除乌拉差役，解放和安置娃子。改革的目的是使广大农牧民获得生产、生活资料，获

---

① 秦和平：《关于 20 世纪 50 年代中国共产党终结土司制度的认识》，《北方民族大学学报》2014年第 1 期。

② 《中共中央批发全国统战工作会议〈关于过去几年内党在少数民族中进行工作的主要经验总结〉》，中共中央文献研究室编《建国以来重要文献选编》第 5 册，第 655 页。

③ 郎维伟、张晓红、郎臻：《1955—1960 年四川康区民主改革与社会结构变迁》，《西藏研究》2009 年第 1 期。

得人身自由，确立社会主义制度，解放生产力，实现人民当家做主。① 随着康区民主改革的启动和推行，1955 年 3 月，西康省藏族自治区更名为西康省藏族自治州，同年 10 月西康省被撤销，金沙江以东的康属地区并入四川省，改称甘孜藏族自治州。

民主改革从根本上触动了封建农奴制度，引起了康区地方封建统治阶级的恐慌。1956 年 2 月中旬，色达出现了局部武装叛乱，随后白玉、新龙、稻城、巴塘、乡城、邓柯、理塘等地的武装叛乱亦相继发生。② 在平叛过程中，毛垭、曲登、雅江等地牧区的民主改革完成。到 1958 年春，康区东、北两路 12 个县基本完成了民主改革。1958 年底，康南地区的改革也基本结束。③

康区寺庙和牧区的改革自 1958 年开始全面展开。1958 年，中央统战部发出《关于废除喇嘛教中的压迫、剥削制度的指示》，甘孜州委根据这一指示制定了反叛乱、反违法、反特权、反剥削的"四反"政策。④ 事实上，"四反"触动的不是宗教信仰，而是附着在藏传佛教上的浓厚政治、军事及经济等成分，即寺庙掌握的土地、债务、差役、枪支以及与之相关的剥削压迫制度等。⑤ 1958 年牧区的民主改革在"边平叛、边改革"，"平息一块、改革一块、巩固一块"的方针指导下全面铺开，1960 年 2 月完成了对石渠、色达等牧区的改革。⑥

民主改革使康区社会实现了结构性变迁，广大农牧民翻身做主人，建立人民民主政权，民族区域自治制度真正得到确立。民主改革的一个重要成果

---

① 郎维伟、张晓红、郎臻：《1955—1960 年四川康区民主改革与社会结构变迁》，《西藏研究》2009 年第 1 期。

② 甘孜州档案馆藏，州委 1956 年 116 卷，档号 227，转引自文艳林《甘孜藏区叛乱对周边地区尤其是西藏的影响》，《康定民族师范高等专科学校学报》2002 年第 1 期。

③ 郎维伟、张晓红、郎臻：《1955—1960 年四川康区民主改革与社会结构变迁》，《西藏研究》2009 年第 1 期。

④ 郎维伟、张晓红、郎臻：《1955—1960 年四川康区民主改革与社会结构变迁》，《西藏研究》2009 年第 1 期。

⑤ 秦和平：《区别对待宗教信仰和宗教社会制度——甘孜州民主改革中对藏传佛教制度的认识》，《西南民族大学学报》2010 年第 1 期。

⑥ 郎维伟、张晓红、郎臻：《1955—1960 年四川康区民主改革与社会结构变迁》，《西藏研究》2009 年第 1 期。

即通过民主建政、"'土'离土"、"枪换肩"等，在康区基层社会消除了土司制度残存的"土壤"，于是彻底根除了延续数百年的土司制度。[①] 经过民主改革，民族压迫和民族歧视的制度性因素消除，康区的民族关系发生了质的变化，社会主义民族关系得以建立。康区藏族上层进步人士孔萨益多在亲身经历了这一历史事件后，总结了民主改革的"三个了不起"：

> 一是在那么短的时间里就推翻了阻碍社会生产力发展的、落后的封建农奴制度了不起；二是从政治上、经济上铲除了造成藏汉民族和民族内部对立的根源，在一个新的基础上使藏族人民同祖国各族人民紧密团结起来，这是了不起；三是能使我们这些上层人士转变过来为社会主义建设服务了不起。[②]

总之，中华人民共和国成立后，中国共产党充分借鉴历史上的治边政策和民族工作的实践经验，回应少数民族上层人士和普通民众的诉求，以马克思主义民族理论为指导，准确把握中国是一个统一的多民族国家这一基本国情，坚持民族平等、民族团结原则，尊重民族差异，选择各方合意的民族区域自治作为康区的制度架构。经过民主改革，康区在政治制度、所有制结构、民族关系等方面实现了转型，并最终确立了民族区域自治制度以及以人民民主为建政基础的社会主义制度。

第二节　西藏昌都总管府在康区西部的统治及其终结

一　西藏昌都总管府的设立

（一）康区西部政治格局的演变

康区西部约占康区总面积的 2/3，政治形态相当复杂。金沙江以东的康

---

① 秦和平：《关于 20 世纪 50 年代中国共产党终结土司制度的认识》，《北方民族大学学报》2014 年第 1 期。

② 孔萨益多：《民主改革是我们藏族地区进入社会主义初级阶段不可逾越的历史进程》，四川省民族事务委员会、《四川省志·民族志》编委会编印《历史发展的新纪元——纪念四川民族地区实行民主改革三十三周年专辑》，1989 年，第 30 页。

区多为各土司分辖，金沙江以西的澜沧江、怒江上游地区大多是昌都、察雅、类乌齐、八宿四大呼图克图的封地，如昌都的帕巴拉、察雅的扎巴中错、类乌齐的济众、八宿的达萨，"皆历受中央封号，地位崇高，总揽政教两权，除对中央输奉例贡外，并未受藩镇之节制"。[①] 各呼图克图辖境，以类乌齐最大，昌都次之，察雅又次之，八宿最小。

类乌齐辖境北抵青海二十五族，南至白马岗中部，西界丹达山，东连昌都，西北与三十九族接壤，东南与八宿、察雅为邻。昌都为康区西部第一重镇，东 200 里与同普之觉雍交界，西 210 里至类乌齐之恩达，南 150 里连察雅之巴贡，北 180 里至囊谦之甘达寺。[②] 昌都地区原归闸教呼图克图与萨工德巴管辖。15 世纪中叶格鲁派兴起后，工布大喇嘛德青夺吉东来传教，自工布以东、丽江以北、昌都以南一带僧俗争相崇奉，后被昌都大寺尊为教主，并认定为帕克巴拉（帕巴拉）化身。帕克巴拉呼图克图的封地为昌都全区。昌都地区政务由昌都大寺帕克巴拉呼图克图委任仓储巴一人，副仓储巴三四人管理。其办事处曰"仓"（意为"商上"）。寺内分八大扎仓、十二家公行，掌理内务，所属大小寺庙 50 座，派有娴习经典的喇嘛前往讲经，每三年更换一次，政教势力极大。[③]

康区西部的其他地区，如同普属于德格土司；波密三区则为土头噶纳家所管；三十九族由理藩院管理；桑昂、左贡、江卡、贡觉等地隶属达赖喇嘛，由江卡台吉管辖；而三岩（武城）则被视为"野番"之地。"故在当时之'康'区在地理上，虽有此共同名称，然在政治上则有如秦越各不相谋。"[④] 就宗教而言，康区西部的呼图克图之地在教权方面享有相对自主性，"前后藏各大呼图克图之呼必勒罕，亦令驻藏大臣，监同达赖喇嘛照例掣签，方可定准。其余如察木多、类乌齐等处呼毕勒罕，距藏较远，所出之呼毕勒罕，非大呼图克图可比，向来不由藏地吹忠指认，

---

① 蒙藏委员会调查室编《昌都调查报告（附杂瑜调查报告）》，1942 年，马大正主编《民国边政史料汇编》第 17 册，第 475 页。

② 《昌都调查报告（附杂瑜调查报告）》，马大正主编《民国边政史料汇编》第 17 册，第 471 页。

③ 《昌都调查报告（附杂瑜调查报告）》，马大正主编《民国边政史料汇编》第 17 册，第 501—503 页。

④ 《昌都调查报告（附杂瑜调查报告）》，马大正主编《民国边政史料汇编》第 17 册，第 475 页。

仍照旧令其徒众自行寻觅"。① "缘卫藏地方，虽皆属达赖喇嘛管辖，如察木多、类乌齐、乍丫、萨喀等处，各有呼图克图管理，一切事件，从不关白藏中。而各呼图克图中，又有红黄黑三种，各行其教，各子其民。"②

清末川边改流前，清朝虽在昌都设有粮务、游击、千总、把总、外委等文武官员，但"其职权仅限于管理东西台站汉土官兵转递谕旨奏折及解运粮饷等事，其在政治上所有之作用，亦不过对土酋之行动暗加监视而已"。③川边改土归流后，赵尔丰拟将康区西部各地收归清政府直接管辖，改为府厅州县。西藏噶厦政府下令江卡台吉鼓动昌都、乍丫两大寺调兵撤站，进行抵制。于是，赵尔丰由巴塘进兵江卡，并于宣统二年到达昌都，在昌都留戍重兵。宣统三年，傅嵩炑代理川滇边务大臣，饬令帕巴拉呼图克图"专念经典，不得干预地方政事，粮税由官征收，军粮由官办理，不再由呼图克图采购"，并拟设昌都府，④分昌都全区为五路保正，计有32个大村落，居民3800余户。⑤

察隅东界门空，西、南两面与洛瑜毗邻，北界八宿，全境海拔1500—2300米，"气候温和，人烟稠密，村落栉比，溪流交错"。⑥察隅向为桑昂曲宗（川边改流时设为科麦县）属地，傅嵩炑继赵尔丰经边，规划县区，设有设治委员1名。西藏噶厦政府亦在该地派有营官1名，与设治委员协理县务。因该地物产丰富，给养便利，边军有新军一营驻戍，以资防守。彭日升任边军统领后，将察隅戍军营长调回昌都，仅留兵一哨，由哨官蒋鸿禧统率防守。⑦

（二）昌都总管府的设立

辛亥革命后，随着康藏局势变化，康区西部各地相继被西藏地方政府

① 《西藏研究》编辑部编《西藏志、卫藏通志》，西藏人民出版社1982年版，第264页。

② 《西藏研究》编辑部编《西藏志、卫藏通志》，第270页。

③ 《昌都调查报告（附杂瑜调查报告）》，马大正主编《民国边政史料汇编》第17册，第475页。

④ 《昌都调查报告（附杂瑜调查报告）》，马大正主编《民国边政史料汇编》第17册，第475—476页。

⑤ 《昌都调查报告（附杂瑜调查报告）》，马大正主编《民国边政史料汇编》第17册，第471页。

⑥ 《昌都调查报告（附杂瑜调查报告）》，马大正主编《民国边政史料汇编》第17册，第506—507页。

⑦ 《昌都调查报告（附杂瑜调查报告）》，马大正主编《民国边政史料汇编》第17册，第506页。

控制。1912 年，西藏所派察隅营官调集土民袭击边军，察隅设治委员苟国华、哨官蒋鸿禧及士兵 100 余名全部殉难，麦科县县长夏荫梧逃走，藏军占据桑昂、门空、察隅等地。随后，西藏地方政府在桑昂曲宗设置宗本①二员（一僧一俗）协同管理政务，在左贡属的札夷设朵马本一员，专管征调各区民兵及税务，在察隅、门空各委土著一员为协敖，令统辖各该区俄巴，办理地方事务。但是由于藏人"不耐暑湿，且以该地蛇蝎甚多，瘴疠侵人，一般流官视为畏途，争相趋避"。② 1912 年，边军击败昌都仓储巴和波密、察雅民众的围攻后，废除仓储巴，由驻军设昌都县长，管理昌都全县事务。同年，尹昌衡所率西征军抵达昌都，与当地边军会合，将藏军驱逐至硕般多。正拟乘胜西进，英使朱尔典在北京出面干涉，袁世凯电止西征军前进。③

"朵麦基巧"的设立是西藏地方政府应对民国初年康藏局势的结果。1913 年，十三世达赖喇嘛任命噶伦喇嘛强巴丹达（byams pa bstan dar）为"朵麦基巧"（又称"朵思麻基巧"，mdo smad spyi khyab，简称"朵基"，mdo spyi），行辖临时驻扎在洛隆宗的硕督（sho mdo）。④ 1915 年彭日升任边军统领时，边军防守线为同普、贡觉、武城、宁静、盐井、察雅、昌都、恩达一带。1917 年，因类乌齐割草事件，边、藏两军发生冲突。至 1918 年，彭日升统率的边军战败而降，昌都遂为藏军占据，藏军复乘胜渡过金沙江，占领邓柯、德格、白玉、石渠四县，再由南路进据江卡。从此金沙江以西的康区（除盐井外）为藏方占据。朵麦基巧行辖也随之由洛隆宗迁到昌都。故此后，"朵麦基巧"又被称为"昌都总管府"。

据黄慕松称："西藏官制，仅有噶伦四人，向例三俗一僧。达赖在时增加一人，以贞冬充任。因贞冬直辖代本七人，驻防康境，不惟军事受其指挥，而凡军事所及各县之政治等事，亦由贞冬处理，为专职权起见，特增设

---

① 宗是西藏地方政府行政机构中相当于内地县一级的地方行政区划，宗本（rdzong dpon）相当于内地县长。

② 《昌都调查报告（附杂瑜调查报告）》，马大正主编《民国边政史料汇编》第 17 册，第 506—507 页。

③ 《昌都调查报告（附杂瑜调查报告）》，马大正主编《民国边政史料汇编》第 17 册，第 476 页。

④ 土呷：《"朵麦基巧"沿革考》，《中国藏学》2009 年第 1 期。

噶伦一人，以统领西藏东境之一切军政事务。"[1] 由此可见，昌都总管府的噶伦是西藏东部地区的最高军政首领。昌都总管府实际上是西藏噶厦政府的重要派出机构，一切军政措施等，（如军事、财务、司法）均秉承西藏噶厦政府意旨办理。在武职官员方面，昌都总管府设有僧、俗二扎萨（"扎萨"意为西藏边务督办），兼有"舵米喜杰"名称，官阶三品，年俸60秤，直接受噶厦政府节制。[2] 1918—1939 年，历任驻昌噶伦情况如表 11-1 所示。

表 11-1　1918—1939 年驻昌历任噶伦简况

历任噶伦姓名	驻昌时间（左仁极文）	驻昌时间（昌都档）	驻昌时间（西藏档）	驻昌时间（毕达克文）
噶伦喇嘛降巴邓达/强巴丹达（byams pa bstan dar）	1918—1920	1918—1920	1913—1921	1918—1922
赤迷噶伦/诺尔布旺杰（nor bu dbang rgyal）	1921—1925	1921—1925	1922—1926	1922—1926
满堆噶伦/美堆多吉南杰（rdo rje rnam rgyal）	1926—1930	1926—1930	1926—1927	1926—1929
昂批噶伦/阿沛巴（nga phod pa）	1931—1932	1931—1932	1931—1932	1929—1932
真东噶伦/哲通居美嘉措（bkras mthong vgyur med rgya mtsho,1890-1938）*	1932—1935			1932—1935
扎萨喇嘛索康/旺钦才旦（dbang chen tshe brtan,1891-1953）	1936—1939			1936—1939

　* 1932 年阿沛巴死后，土登贡钦（thub bstan kun mkhyen, 1893-1941/额希德赛 dngos gzhi sde sras）曾在新任朵基哲通到达昌都前主管康区数月。

　资料来源：左仁极《今日之西康》，《边疆通讯》第 1 卷第 1 期，1942 年；毕达克《1728—1959 西藏的贵族和政府》，沈卫荣、宋黎明译，中国藏学出版社 1990 年版；王川《西藏昌都近代社会研究》，四川人民出版社 2006 年版，第 65 页。

　　昌都总管府噶伦以下，设噶中（四品衔）一员掌理机要事务，噶专（四品衔）一员执掌接待宾客与对外交涉事务，另设堪穷（四品僧官）二至四员、四品仲科（俗官）二到三员、五品僧俗官员各若干员，办理普通事务及审理民刑诉讼等。根据惯例，如临时发生事件，即以会议形式，指派专

---

　　① 中国第二历史档案馆、中国藏学研究中心合编《黄慕松吴忠信赵守钰戴传贤奉使办理藏事报告书》，第 15 页。
　　② 《昌都调查报告（附杂瑜调查报告）》，马大正主编《民国边政史料汇编》第 17 册，第 483 页。

员负责处理。会议可分两种：一为普通会议，一为重要会议。普通会议由一名堪穷任主席，全体职员皆可参加。所有决议事项，概由噶伦批准后施行。至于重要会议，则在噶伦私邸举行，出席人员限于四品官及以上，以噶伦为主席。①

昌都总管府之外尚有一相对独立的机关，名曰颇康（军粮处），直隶于拉萨则康，不受昌都总管府噶伦节制。其职责是专管收领钱粮，发放本区官兵薪饷。颇康设堪穷一员、仲科一员，任期三年。在昌都总管府举行会议时，两名颇本亦可出席。康区西部各县粮赋全部征实，有驻军的县份可就地支拨。其余则由各宗本负责用乌拉载运，交纳昌都颇康。牛厂牧民亦须上缴酥油。②

昌都总管府噶伦及全体官员任期一般为三年。"各任噶伦及所属员司，全为藏族之贵族及僧侣，绝少康人，因康中无贵族，有之，亦不过为喇嘛出身，又曾为藏人立功驱逐汉人者，如现在之堪穷达瓦一二人而已。"③

昌都总管府统辖区域为金沙江以西之康属全境（丹达山以西之嘉黎、太昭两县除外）；加上 1932 年占有的盐井县，共计 15 个地方行政单位，即三十九族地区（设有总管 1 员）、波密（分上中下三部，设总管 1 员，宗本 2 员）、八宿、类乌齐、昌都、察雅（上述四地为四大呼图克图管理，唯其所属之仓储巴，须由达赖加委）、左贡（设宗本 1 员）、洛隆宗（设宗本 1 员）、桑昂曲宗（设僧、俗宗本各 1 员）、江卡（设角拉业 1 员）、盐井（由朔和寺贡噶喇嘛管理）、贡觉（设宗本 1 员）、三岩（设宗本 1 员）、同普（设总管、宗本各 1 员）、邓柯（指金沙江以西部分的邓柯，设宗本 1 员）。其中，宗本统由西藏噶厦政府直接任命。④ 此外，1932 年以前，昌都总管府还辖有金沙江以东的邓柯、德格、白玉、石渠 4 县。

事实上，占据康区西部各地后，西藏噶厦政府"仍未打破封建割据状态，政令还是不能上通下达。这里依然保存着既有政教合一、自成一体的地方政权势力，又有非政教合一的世俗部落、土司统治的领地；既有西藏地方

① 《昌都调查报告（附杂瑜调查报告）》，马大正主编《民国边政史料汇编》第 17 册，第 477 页。

② 左仁极：《今日之西康》，《边疆通讯》第 1 卷第 1 期，1942 年。

③ 左仁极：《今日之西康》，《边疆通讯》第 1 卷第 1 期，1942 年。

④ 左仁极：《今日之西康》，《边疆通讯》第 1 卷第 1 期，1942 年；《国民政府蒙藏委员会调查室编昌都调查报告》（1942 年 9 月），国民政府蒙藏委员会档案（141）918，《1899—1949 年有关西藏问题历史档案资料汇编》。

政府管辖的宗一级地方政权机构，又有所谓'无官无法'、以父系血缘纽带组成的'帕措'等宗族势力控制的三岩等地"，"之所以存在这种多样性的社会组织，主要是由昌都半农半牧的经济决定的，同时受封建割据的地方势力所制约"。①

（三）昌都总管府的军事防卫职能

西藏的军事组织为"马基康"（即军备处），设马基（即总司令，为十三世达赖喇嘛时增设）二员，统辖西藏军队。"马基"官阶三品，受西藏噶厦指挥、监督。西藏军队编制以代本为单位，每代本辖兵 500 名，亦有增至 1000 名者。代本辖如本 2 员，每名如本辖兵 250 名。如本辖甲本 2 员，每名甲本辖兵 125 名。甲本辖定本（又名协敖）5 员，每名定本辖兵 25 名。定本辖久本（班长）3 员，每名久本领兵 8—9 名。② 西藏军官的委任非常重视等级出身。据《昌都调查报告（附杂瑜调查报告)》载：

> 西藏社会分僧侣、贵族、平民、奴隶四等。按旧制，非僧侣、贵族不得任四品以上之官职。故在藏军中，其由平民出身者，虽具有劳绩战功，亦只能升至"如本"。至高级军官"代本"之职，均由拉萨噶厦于僧侣、贵族阶层中，遴选委任之。惟用人标准，向不重才而重家产，意即衡量其财产是否相当于所部领用之器械价值（向例，在战争中器械有损失须照价赔偿），有等量资产者则授予之。至于其人是否熟谙军事，殊少置意也。各队"如本"亦系由拉萨噶厦委派，此为最接近士兵之中级官，平时甚少更动，因而有任职十数年之久，年龄多在四十岁以上者。"甲本"以下，各"代本"有自由升擢及贬降之权。其有升擢贬降，半由己身之功罪，半由长官之好恶。由是下级军官及士兵，则有以其妻妾颜色奉承上峰而视为荣幸者，此亦藏军中之一特异现象也。③

---

① 土呷：《昌都历史文化的特点及其成因》，《中国藏学》2006 年第 1 期。
② 中国第二历史档案馆、中国藏学研究中心合编《黄慕松吴忠信赵守钰戴传贤奉使办理藏事报告书》，第 75 页。
③ 《昌都调查报告（附杂瑜调查报告)》，马大正主编《民国边政史料汇编》第 17 册，第 484—485 页。

民国时期，西藏士兵的来源概为征兵制度，除喇嘛外，对民众实行三丁抽一、五丁抽二的办法。[1] 此外，西藏的预备兵役是从三大寺及寺院中选出喇嘛。此种兵役"平时不能召集训练，但在现备兵役受敌重创应增加预备兵役时，方可补充，数目约有一二万人。但训练毫无，军事知识浅薄，仅凭血气之勇、符咒之术，实不合近代军事之要求"。1932年康藏战争期间，藏军败退金沙江西岸，达赖喇嘛拟调寺庙喇嘛参战，结果遭到三大寺喇嘛反对而止。[2]至于藏军的训练，据《昌都调查报告（附杂瑜调查报告）》载：

> 西藏各队之下级军官，如"甲本""协敖"等，多不谙明操法，士兵术科训练皆由"结贡"（译为教官）担任。此辈教官，多系拉萨噶厦从平民中选出之优秀份子曾经派往印度学习军事者，故操法均师英国，口令亦用英语。……"结贡"因系平民出身，地位仅等于"协敖"，素不见重于人。故对于士兵术科训练，殊难尽其任务，而士兵亦仅于入伍时，略经一度操法训练后，即不再有所操练或演习。且在升平无事时，一般士兵往往遣回原籍，根本不受管训，甚至有不着军服，任意在外嬉戏者。军纪不存，于此可见一斑。至于学科训练，更无成效之可言。带兵官多不明战术战略及治军要点，而士兵亦不见有军事常识之灌输及精神教育之训练。军事学既无专著，即选择之军事书籍亦所罕见，由此可知藏军之训练，关于术科、学科、军纪三者，均与近世军训相去甚远矣。[3]

藏军"士兵军风纪，颇不严肃。军人动作自由，军队礼节随便，服装不整（西藏向无规定服装，想因经济缺乏之故），士兵夜不归营，视为常事。最可笑者，卫兵在守卫时，将守卫之枪悬于门上，自己则离卫界，或回家，或远游，往往一二小时始回卫岗"。[4] 藏军士兵薪俸为钱、粮并发。士

---

① 中国第二历史档案馆、中国藏学研究中心合编《黄慕松吴忠信赵守钰戴传贤奉使办理藏事报告书》，第72页。
② 中国第二历史档案馆、中国藏学研究中心合编《黄慕松吴忠信赵守钰戴传贤奉使办理藏事报告书》，第72—73页。
③ 《昌都调查报告（附杂瑜调查报告）》，马大正主编《民国边政史料汇编》第17册，第484页。
④ 中国第二历史档案馆、中国藏学研究中心合编《黄慕松吴忠信赵守钰戴传贤奉使办理藏事报告书》，第77页。

兵入伍后，家属即不摊派乌拉，以示体恤。[1] 代本年俸从 28 品至 36 品（每品藏银 50 两，约合法币 11 元）不等。僧、俗二马基年俸 60 品。[2] 总体来看，西藏"士兵待遇极低，钱与粮各半发给。即此亦往往延至数月之久，且于粮缺时，则一并折合藏银，折价既低，而又付以跌水之纸币及桑松。待遇既如此微薄，自难语乎生养教训，更遑论乎作战能力力哉"。[3]

西藏军队以步兵为主，"骑兵系由民间乌拉召集，平时毫无训练，马匹亦未加调教，战时仅供代步，不合骑兵战术之要求，故骑兵功用等于步兵。至炮兵，现虽有炮十九门，但炮弹甚少，缺乏炮兵人才。机关枪仅有堪用四架，不过壮藏军之声威，资官兵之壮观耳"。[4] 藏军的武器装备来源十分复杂，其中以英式步枪为多。清末驻藏陆军及驻康边军所遗之汉阳枪 2000 余支，均储存于昌都未用。德式马枪 100 余杆，日造马枪数十杆。西藏噶厦政府虽设有小规模的兵工厂一所，但仅能制造步枪子弹而已。[5] 另外，据黄慕松在拉萨时的调查："西藏官民所有枪支虽有三四万，但因不善修理、保存不良关系，堪用者甚少，且枪之口径不一，子弹补充困难。例如川军败退被缴枪弹及由俄购来枪弹，现等作废物。所堪用为虾扎噶伦于民七、民十三两次共一万五千支而已。"[6]

民国时期，西藏税收支出较大者为军备和寺庙修缮两项。噶厦政府虽将微薄的税收投入军队建设，但因被贵族政治、农奴制经济及佛教三大势力束缚，[7] 西藏军队仍旧处于非常落后的状态，无法对付西康、青海军阀的正规部队。

昌都总管府作为西藏东部地区的边府，主要职能是防范康、青、滇等地方军事势力，保障西藏安全。因此，昌都总管府的军事职能是首位的。西藏

————————

① 中国第二历史档案馆、中国藏学研究中心合编《黄慕松吴忠信赵守钰戴传贤奉使办理藏事报告书》，第 72 页。

② 《昌都调查报告（附杂瑜调查报告）》，马大正主编《民国边政史料汇编》第 17 册，第 485 页。

③ 《昌都调查报告（附杂瑜调查报告）》，马大正主编《民国边政史料汇编》第 17 册，第 488 页。

④ 中国第二历史档案馆、中国藏学研究中心合编《黄慕松吴忠信赵守钰戴传贤奉使办理藏事报告书》，第 77 页。

⑤ 《昌都调查报告（附杂瑜调查报告）》，马大正主编《民国边政史料汇编》第 17 册，第 486 页。

⑥ 中国第二历史档案馆、中国藏学研究中心合编《黄慕松吴忠信赵守钰戴传贤奉使办理藏事报告书》，第 75 页。

⑦ 仲纯：《西藏军情概述》，《康导月刊》第 5 卷第 9 期，1943 年。

地方政府在藏东地区部署重兵。至黄慕松入藏时，西藏的十三代本连同地方民兵实计兵员在 1 万名左右，其中驻扎在康境的即有 7 个代本之多。[①] 驻康境藏军的主要防区为：（1）邓柯、岗拖、降达；（2）贡觉、武城一带；（3）炮兵 100 名分驻察雅；（4）喜松公、竹巴龙、江卡、盐井各地；（5）昌都南雄有卫队 100 名。上述地区的兵力总计为 1700 人。[②]

据另外一份调查报告记载，藏军在康区西部的防务情况如下。（1）第二营卡当驻地在黑河，兵种为步、骑结合，兵员 1000 名，由两代本统辖，不相隶属，有机枪 7 挺，高炮 2 门。第六营恰当原驻色集，后北调青海交界处，兵员 500 名，系炮兵部队，实有大炮 6 门、步枪 100 支。第七营甲当驻地为类乌齐，兵员 600 名，步、骑结合。上述藏军主要防卫来自青海方面的进攻。（2）第三营喀当驻地为降达，兵员 500 名，步、骑结合，驻防金沙江各渡口，有机枪 1 挺。第三营的另一驻地为察雅（原驻昌都的纳宗），兵员 500 名，步、骑结合。第八营涅当原驻江卡，后调昌都，兵员 500 名，步、骑结合。第九营打当原驻昌都，后调江卡，兵员 500 名，步、骑结合。上述藏军主要防范西康的军事威胁。[③]

二　昌都总管府在康区西部的统治实效性

西藏地方政府派往昌都总管府任职的官员"多视西康为外府，不独对康民意存鄙弃，即对汉民亦甚歧视，因此苛派滥支，弊政百出。人民生活之惨痛，有非笔墨所可形容者"。[④] 康民所受的最大痛苦为名目繁多的差徭：

其令人民支应牛马者谓之"乌拉差"，役使民众执炊汲水者谓之

① 中国第二历史档案馆、中国藏学研究中心合编《黄慕松吴忠信赵守钰戴传贤奉使办理藏事报告书》，第 73 页。

② 《昌都调查报告（附杂瑜调查报告）》，马大正主编《民国边政史料汇编》第 17 册，第 487 页。

③ 《国民政府重庆行辕民事处编印的"西南边务大事记"所载关于在英国直接参与下西藏打扎毒杀热振的经过》（1947 年 5 月 1 日—11 月 1 日），国民政府蒙藏委员会档案（141）2523，《1899—1949 年有关西藏问题历史档案资料汇编》。

④ 《昌都调查报告（附杂瑜调查报告）》，马大正主编《民国边政史料汇编》第 17 册，第 480—481 页。

"汤役",役使民众负薪割草饲养马匹者谓之"打役",藏人行乐令妇女侑酒侍寝者谓之"娜役",此外尚有所谓"五通""阿包"等差,系专供藏官磨糌粑、磨麦粉、舂米、涂房顶、缝制衣履,人民支应此项徭役不惟毫无所获,且须有所赔累,如代磨麦粉及糌粑,稍粗即责令赔偿,而斤头折耗,亦必勒令照数补足,苛役种种,民间苦累无穷。[①]

在各种差徭中,尤以乌拉差役劳民最甚。金沙江以东各县自清末改土归流后,乌拉差役支应历经政府改善,民众痛苦已有所减少。藏军占据康区西部各地后,清末民初设立的有线电报与邮政悉被破坏,而原有塘站又无力恢复,从此投递公文或运输公物,遂不得不征集民间乌拉差役支应。[②] 金沙江以西地区乌拉差役的支应情况有如下之记载:

> 差民派役期间,一岁之中平均在半年以上,且所定脚价特低。差马一匹日给"学巴"(铜圆)四枚,差牛一头日给"学巴"二枚。如此代价已属低微,而一般不肖之下级藏官与士兵不惟并此不给,且视出差为发财之唯一机会,多方敲诈差民,手段毒辣已极,例如藏官出差,自备有马,原可不必支用乌拉,因此头人征来马匹,总以恶劣为词,横加鞭挞,直至头人自动请求折价,方肯罢手。通常每差马一匹折价至十两左右,倘马牌上尚征有差牛,即使无公物可驮,亦必照数折价,绝不放松。此种情形已习为惯常,不足为异。且尚有甚于此者,如在途中乌拉偶相碰撞,致箱笼略有破损时,则必勒令差民以高价赔偿。甚至妙想天开,故以破损之一瓶,裹藏于箱笼之中,然后指为乌拉撞毁,任意敲诈。如是一而再、再而三,沿途勒索,可获巨额偿金。最近过去有藏兵某甲,偕普超和尚同行,即以破铁壶一具藏诸箱匣之内,由拉萨至昌都,沿途讹诈共获藏银三百余两。如此勒索成风,差

[①] 《昌都调查报告(附杂瑜调查报告)》,马大正主编《民国边政史料汇编》第17册,第481页。

[②] 《昌都调查报告(附杂瑜调查报告)》,马大正主编《民国边政史料汇编》第17册,第497—498页。

民将何以堪？①

除各种差徭外，昌都总管府还在税收、司法等方面剥削和压榨康区民众。昌都总管府的经费及戍康军队的薪饷均仰给于昌都颇康（军粮处）。昌都颇康的收入来源主要是税收和罚款。② 税收委托昌都总管府代为征收。每年所得税款统由噶中、噶专二人保管，定例每年结算一次，直接解缴拉萨。但税款"多为藏官分据，营私自肥，而噶厦亦放任之，且含有调剂之意"。而且藏官"所蓄仆从甚多，往往用度浩繁，无以弥补，于是政府乃谋调剂之方，即按官职之大小，准其分据一二税关，借资挹注。故各关所有之税收，几有十分之八尽入私囊，其归公者仅十分之一二耳。行之既久，视为正常"。③

罚款则主要靠行使司法权而获得。藏人"每遇诉讼案件，即按原、被告两方之财产而科以极重之罚金"。昌都总管府每年必派四品官二三人，分赴各县办案，每人外出一次至少向昌都总管府解缴罚款七八百秤，以至于"讼事未了而已流为乞丐者比比皆是也"。④ 据统计，1941年"各税官来昌缴解清算结果，各关所有税收一万四千余秤，合藏银七十万两，罚款约七千余秤。至粮赋酥油收入多少，则尚无确数可考"。⑤ 昌都总管府通过办案敛财的方式大致如下：

> 审理案件，动辄数次或数十次始能了结，在候审期间，不准他往，每审讯一次，原、被两造均须献给哈达一方，并视资产之多少，限缴讼费五两至百两不等。因此，审讯之次数愈多，则当事人所受之损失亦愈大。审讯时，审判员辄任两造辩论，供词随堂录下，待下判决书时，则舞文弄墨，故事挑剔，如谓原告某点不合，罚款若干，某事违法，又罚款若干；复谓被告某点不合，应罚款若干，某事违法，又罚款若干。如

---

① 《昌都调查报告（附杂瑜调查报告）》，马大正主编《民国边政史料汇编》第17册，第498页。
② 《昌都调查报告（附杂瑜调查报告）》，马大正主编《民国边政史料汇编》第17册，第488页。
③ 《昌都调查报告（附杂瑜调查报告）》，马大正主编《民国边政史料汇编》第17册，第489页。
④ 《昌都调查报告（附杂瑜调查报告）》，马大正主编《民国边政史料汇编》第17册，第490—491页。
⑤ 《昌都调查报告（附杂瑜调查报告）》，马大正主编《民国边政史料汇编》第17册，第490页。

是原、被两造均有损失，结果无一幸免。倘两造贿赂之数额相当，审判员未便有所偏袒，而又因其他关系不能再事拖延时，则令双方在神前敬香，以掷骰而定曲直胜负，一经神明判断，不得再翻前案。此外，如涉讼者为一富商，群官有所觊觎争相受理时，则由噶伦首先审讯，贿赂既得，即依官阶尊卑，顺序移交，如堪穷、如噶中、如噶专，辗转审讯，直至全体官员均有所获，然后始予结案。如不服上诉，即使翻案，但原审机关不论判决如何悖谬，亦不见有申斥或责难。此盖以藏方政府视审理诉讼案件为各官应享之权利也。①

西藏僧俗文武官员、士兵薪俸过低是造成政治腐败、统治苛虐的重要原因。西藏"官员薪俸金额甚少，因之官员贪污过甚"。② 据邢肃芝称，"在西藏全境没有一个宗本不对人民敲诈勒索的，每一个宗本在他一任之内，都会搜括到二三千秤的藏银"。③ 一些戍守康区的藏兵认为，"我们当兵的在康地戍边，每月的饷银只有三两，怎么能维持生活？所以必须另外找些外快"。④

封建农奴制度下统治方式的残酷性，严重制约了昌都总管府在康区西部的统治。1920 年 1 月 16 日，英国驻成都总领事特别助理路易斯·玛格拉斯·金（Louis Magrath King）在一份发自昌都的公文中称：

> 当前西藏政府的执政比以前的汉人统治还糟糕。常见的弊政，诸如敲诈勒索钱财，卖官鬻爵，在案件诉讼过程中实施贿赂，对先前在汉人统治下的官员进行打击报复，强迫的劳役差役，无偿提供的乌拉，……士兵们的野蛮暴行，虐待妇女，等等，如此猖獗的肆意妄为令人们开始转而支持汉人，尽管汉人的统治也很糟糕，但比起西藏的统治好多了。⑤

---

① 《昌都调查报告（附杂瑜调查报告）》，马大正主编《民国边政史料汇编》第 17 册，第 491—492 页。

② 中国第二历史档案馆、中国藏学研究中心合编《黄慕松吴忠信赵守钰戴传贤奉使办理藏事报告书》，第 85 页。

③ 邢肃芝口述，张健飞、杨念群笔录《雪域求法记：一个汉人喇嘛的口述史》，第 241 页。

④ 邢肃芝口述，张健飞、杨念群笔录《雪域求法记：一个汉人喇嘛的口述史》，第 129 页。

⑤ L/P&S/10/716, King to Jordan, 16 January, 1920. 转引自梁俊艳《20 世纪初英国官员路易斯·金及其涉藏活动》，《中国藏学》2016 年第 2 期。

因此，路易斯·玛格拉斯·金认为，"西藏根本不值得大不列颠政府以巨大的外交代价为自己确保其成为更广阔的边疆"。① 与此同时，康区西部民众反抗西藏地方政府统治的事件时有发生。1928 年，下波密噶朗木部落头人顿堆称王，率众反叛西藏噶厦政府，爆发了"波密战争"。后来噶朗王失败，西藏地方政府于 1931 年重新划分波密政区，建立了波堆宗，将下波密归属该宗。西藏地方政府委派僧官土丹旦达任该宗第一任宗本。②

西藏昌都总管府的苛虐统治导致其治下的康区民众人心思治、倾心向汉。1923 年，据盐井县属甲宜顶村长等报告，"现有藏员协敖率兵一排驻札甲宜顶地方，每杂货一驮抽洋数元，每盐一驮抽洋贰元，又在邦木塘驻兵多名并有骚扰勒索情事"。为此，盐井县知事王炳炎当即通告江卡藏官，务将上述各处驻兵撤回，各守条约，免开衅端。然而，江卡藏官马康提吉函复王炳炎称，官府能免除盐井地方的盐税，方允撤兵。另外，据密探报告，"驻江卡番官马康提吉嗾使夷匪南康喇嘛纠党四出抢劫，恃众拒捕"。1923 年 4 月 25 日，南康喇嘛在盐井属宗岩与边军激战五昼夜，马康提吉暗派藏兵负枪援助，边军奋力猛攻，击毙 200 余名，始行溃退。又据康区北路藏商等向驻防陆军指挥官朱宪文、甘孜县知事苟萃珍呈报，"藏官在邓柯地方加抽百货税率至十倍以上，异常苛虐，商民不胜其累"。另外，"又探得近日藏番在杂科地方增加番兵三百余名，又于玉隆添驻番兵，似有意开衅"。1923 年 8 月 1 日，川边镇守使陈遐龄向蒙藏院呈报称，在藏军所占据的康区各县，"选据人民等先后来炉伸诉受其苛虐，不惟派饷、派粮、供应乌拉，以及柴草、食物、马料等类几于无物不派、无派不苛，甚至奸淫、占夺，备极横暴。前三十九族赴京呈诉俱属实情，亟思内附。又白玉、登科、石渠、昌都、察雅、德格各县均先后派人秘呈，请速进攻"。③

1931 年，唐柯三自康定"出关以后，沿途接见人民，痛述历年疾苦，声泪俱下，柯三为之恻然。甚至民七失陷各县之人民，亦皆改装易服间道来

---

① L/P&S/10/716，King to Jordan，16 January，1920. 转引自梁俊艳《20 世纪初英国官员路易斯·金及其涉藏活动》，《中国藏学》2016 年第 2 期。

② 拉乌达热·土丹旦达：《波密地区情况简介》，政协西藏自治区委员会文史资料研究委员会编印《西藏文史资料选辑》第 3 辑，第 41 页。

③ 《川边镇守使陈遐龄呈》（1923 年 8 月 1 日），北洋政府蒙藏院档案（1045）403，《1899—1949 年有关西藏问题历史档案资料汇编》。

谒，力陈藏人苛虐，民不聊生，渴望汉兵早日救援，出民水火"。[1] 1934 年，致祭十三世达赖喇嘛专使黄慕松途经康区时，受到康区各地僧俗、官民的热烈欢迎。据黄慕松称："论者有以康藏本属一族，宗教、风俗、语言均相类似，倘藏不我附，必连带及康。经职实地观察，恰成相反。盖康民自民国六年康藏战事发生以后，康民凡属于藏军之地域者，其所受痛苦，实百倍于川军，即如今之河西昌都、类伍齐、三十九族各地之康民、藏民，均无日不思脱离藏属，归顺中央，此实为职之耳闻目见。故行抵一处，即受一处人民之欢迎。"[2] 黄慕松西渡金沙江后，"沿途僧俗、民众及当地宗本、头人，均按站迎接，其欢迎热烈之状况，倾诚内向之表示，实不逊于河东也。尤以经同普、昌都、洛隆宗、边坝各地时，其人民诉苦及盼中央派人治理藏地之请求，无日无之，无地无之"。[3] 黄慕松认为：

> 西藏人民以自达赖对中央携贰以来，政治黑暗，战争频仍，苛捐负担太重，双管齐下，困顿流连，民不堪命，年来人口减少，生计维艰，均为中藏失和重要原因。沿途见闻所及，大抵人民希望中央对藏关系早日恢复，以期战争停息，政治改良，压迫苛政可以免除。……谚有"一好藏官不如一坏汉官"。两相较之，其欢迎汉官之心可以见也。惟其知识不开，畏藏官如虎之心尚未减除，一旦生计再感恐慌，则西藏革命势必暴发。瞻念藏事，不禁生无限之隐忧也。[4]

为了缓和康区民众对昌都总管府的不满情绪，巩固康区西部地区的统治，达赖喇嘛破格提拔在康区颇具声望的邦达昌家族成员邦达多吉（spom mdav stobs rgyal）为芒康、察雅两宗的总管，准许其在当地征兵千名，责令

---

① 《唐柯三报告奉派赴康调解康藏纠纷经过情形致蒙藏委员会呈》（1932 年 5 月 28 日），中国第二历史档案馆、中国藏学研究中心合编《康藏纠纷档案选编》，第 270 页。

② 中国第二历史档案馆、中国藏学研究中心合编《黄慕松吴忠信赵守钰戴传贤奉使办理藏事报告书》，第 10—11 页。

③ 中国第二历史档案馆、中国藏学研究中心合编《黄慕松吴忠信赵守钰戴传贤奉使办理藏事报告书》，第 15—16 页。

④ 中国第二历史档案馆、中国藏学研究中心合编《黄慕松吴忠信赵守钰戴传贤奉使办理藏事报告书》，第 72 页。

其防范西康、云南方面对昌都南部地区的威胁。① 另外，由于昌都总管府的催征牛马乌拉、强销强购、贪赃枉法以及派差不公等种种劣行，康区民众不断向国民政府或川康地方当局控诉昌都总管府残酷统治的行径。面对这种情况，十三世达赖喇嘛于藏历土蛇年（1929）8 月 5 日颁布了《土蛇年文告》，要求以昌都噶伦为首的昌都总管府各级僧俗官员等不得私自滥派乌拉、强销换货等，并对部分违纪者予以惩罚。② 但是该文告颁布后，成效甚微，昌都总管府的各种弊政并无多大改善。

三　昌都战役与昌都地区人民解放委员会的成立

随着金沙江以东的康区各地相继解放，和平解放西藏成为中央人民政府对藏工作的重心。1950 年 1 月 20 日，针对西藏地方政府试图向国外派遣"亲善使团"，寻求支持"西藏独立"的举动，中央人民政府外交部通过新华社正式向外界宣布和平解放西藏的方针，呼吁西藏地方政府派出代表赴北京商谈西藏和平解放事宜。但是西藏地方政府派出的"西藏代表团"转经印度时，极力拖延，迟迟不赴北京与中央人民政府谈判，并试图阻止人民解放军进军西藏。在多次催促和商讨无果的情况下，中央人民政府决定军事与政治并用，以政治为优先，筹划实施昌都战役，促成西藏和平解放事业的实现。③

为适应高原行军作战，进藏部队开展短期的"高原化"训练，并认真学习党的民族宗教政策，了解和熟悉藏区的地理、人文等。1950 年初，第二野战军第十八军组建前进指挥所，由十八军副政委王其梅、第二参谋长李觉负责，同时又先后派出南北两路先遣支队，分别于 4 月、7 月首先进驻康北甘孜、康南巴塘，提前为战事做准备。为应对解放军进藏，西藏地方政府于 1950 年夏季，以阿沛·阿旺晋美取代拉鲁·次旺多吉，充任昌都

① 仲麦·格桑扎西：《爱国人士嘎然喇嘛和邦达多吉与原西藏地方政府的摩擦始末》，西藏自治区政协文史资料委员会编《西藏文史资料选辑》第 18 辑，民族出版社 1999 年版，第 27 页。有关邦达多吉的详细情况，参见美郎宗贞《近代西藏巨商"邦达昌"之邦达·多吉的政治生涯与商业历程》，西藏人民出版社 2008 年版。

② 夏格巴·旺曲德典：《藏区政治史》下册，刘立千、罗润苍等译，中国藏学出版社 1992 年版，第 163—165 页。

③ 宋月红：《争取和平解放西藏与昌都战役问题研究》，《中国边疆史地研究》2011 年第 2 期。

总管，将藏军扩充为 17 个代本，调动藏军主力 7 个代本，陈兵昌都、岗托、生达、类乌齐、丁青、宁静、盐井等金沙江西岸一线，试图阻止解放军。①

1950 年 8 月 26 日，西南军区、西南局根据中央精神，下达《昌都战役的基本命令》，明确提出"歼灭藏敌主力于昌都及其以西之恩达、类乌齐地区，占领昌都，打下明年进军拉萨解放西藏之基础"。② 9 月，十八军军长、西藏工委书记张国华等率部抵达甘孜，组建统一指挥昌都战役的前方指挥所。③ 随后西藏工委在甘孜召开第一次扩大会议，讨论昌都战役的作战计划和战后工作事宜，确定以北路为主攻方向，由此拉开了昌都战役的序幕。

经过 9 月底 10 月初短期内调集、抢运参战部队和大批作战物资后，十八军进藏部队陆续集结于金沙江东岸，完成战前的准备工作。10 月 6 日，昌都战役正式打响。十八军南北两路进藏部队强渡金沙江，相继歼灭或驱逐沿途防守的藏军。北路部队一五四团、青海骑兵支队等突进至恩达，堵住藏军西逃路线。南路经事先争取，由藏军第九代本率部在宁静起义。云南第十四军一部则进占盐井等地，策应昌都作战。至 10 月 19 日，北路先头部队已进入昌都城区，迂回部队则从西向东，堵截撤离昌都的藏军，对昌都形成合围之势。经联络协商，10 月 21 日，弃城撤至昌都西南的阿沛·阿旺晋美率昌都总管府官员、藏军、民兵等放下武器，停止抵抗。10 月 24 日，西南军区、西南局发贺电庆祝昌都战役胜利。

昌都战役围歼藏军 5 个代本全部、3 个代本大部，促成第九代本起义，俘虏代本以上官员 20 余名，以及在藏军中服务的英国人福特、柏尔和 2 名印度人，缴获大量武器辎重等。昌都战役消灭了藏军主力，粉碎西藏上层统治集团借助外国势力阻挠解放军进藏的企图，被誉为"解放西藏的淮海战役"。昌都战役的胜利结束促成西藏地方政府派出以阿沛·阿旺晋美为首席代表的西藏地方政府全权代表团赴北京商议和谈，最终于 1951 年 5 月 23 日

---

① 中共昌都地委、昌都地区行署编《昌都战役文献资料选编》，西藏人民出版社 2000 年版，第 65 页。

② 中共昌都地委、昌都地区行署编《昌都战役文献资料选编》，第 65 页。

③ 李觉：《回忆和平解放西藏》，《中共党史资料》1990 年第 3 期。

签订《中央人民政府和西藏地方政府关于和平解放西藏办法的协议》（简称《十七条协议》），标志着西藏和平解放的实现。[①]

昌都战役后，中央人民政府在昌都建立中华人民共和国昌都地区人民解放委员会。昌都地区人民解放委员会直辖 13 个宗（后来增加盐井和察隅两个宗），昌都地区人民解放委员会第一办事处（三十九族地区）辖 10 个宗，昌都地区人民解放委员会第二办事处（波密地区）辖 3 个宗，共 28 个宗。[②] 1952 年 12 月，昌都参观团团长格桑旺堆向中央人民政府提出，请求将昌都划归西藏。12 月 17 日，中央统战部部长李维汉答复：

> 昌都地区的人民及其领袖人物，有赞成合起来的，有不赞成合起来的，据我们所知，不赞成合起来的人还很多。去年西藏地方政府的谈判代表曾提出昌都划归西藏的问题，当时中央答复他们说，要等到西藏军政委员会成立，做了一些得人心的事，取得了昌都地区人民的信任，那时我们愿意帮助说服昌都人民及领袖人物将昌都与西藏合并。现在和平解放西藏办法的协议还没有完全实行，军政委员会还未成立，因此，还须根据当时中央的答复办理。[③]

当时三十九族地区的民众因历史上的统辖沿革以及西藏地方政府的高压政策等原因，不赞同昌都划归西藏。三十九族地区界于青海与西藏之间，东连类乌齐，南连洛隆宗、边坝、江达等地，西接黑河，北临青海玉树。[④] 三

---

① 阴法唐：《昌都解放打开了西藏和平解放的大门》，《中国藏学》2000 年第 4 期；王贵：《和平解放西藏中先头人藏部队的战斗历程》，《中国藏学》1988 年第 4 期；宋月红：《昌都地区人民解放委员会的创建及其宗级行政治理》，《当代中国史研究》2011 年第 2 期。

② 王小彬：《"中华人民共和国昌都地区人民解放委员会"隶属关系的历史沿革》，《中国藏学》2010 年第 3 期。

③ 王小彬：《"中华人民共和国昌都地区人民解放委员会"隶属关系的历史沿革》，《中国藏学》2010 年第 3 期。

④ 《国民政府军事委员会抄发关于藏属三十九族千户四郎隆布表示拥护中央政府文件》，国民政府蒙藏委员会档案（141）2400，《1899—1949 年有关西藏问题历史档案资料汇编》。关于三十九族之范围，另有一说为：三十九族"地段在青海苏鲁克土司西南、喀喇乌苏河之南、类乌齐之西、江达之东北"。据《藏事条陈·北洋政府国务院公函及附件》（1922 年 5 月 30 日），西藏社会科学院西藏学汉文文献编辑室编《西藏学文献丛书别辑》第 13 函，第 22 页。

十九族地区于雍正九年（1731）拨归驻藏大臣管辖，并设有夷情章京一员。宣统元年，三十九族请求划归川边管理，但并未设治。1913 年藏军占据三十九族地区（辖有丁青、巴青、比如、聂荣等地）后，西藏地方政府于 1916 年将三十九族地区划归西藏管辖，设置"霍尔总管"（又称"霍尔基巧"），并任命堪穷扎巴朗杰为三十九族总管，总管府设在丁青。[①]

1924 年，西藏地方政府设立藏北总管（羌基），驻那曲（Nag chu），辖区范围为西至类乌齐拉聂，东至朗如、那仓、杰顿拉日果在内的 16 个宗。[②] 1940 年，西藏地方政府将三十九族地区划为 6 个宗，即火尔札钦宗、阿杂白所宗、哲曰宗、火朗赤堆宗、色杂宗、登庆宗。每宗各派宗本 2 员，将原有千户、百户等土官权力完全废除，导致"差徭繁苛，人民怨愤"。[③] 1942 年，西藏地方政府撤销"霍尔基巧"，将三十九族划归"羌基"管辖。[④]

由于受到西藏地方政府的残酷剥削与压迫，近代以来三十九族民众屡次向中央政府或川康地方当局诉苦，向汉之心最切。1913 年 3 月，三十九族"全族总管噶日家所属百姓以及喇嘛寺、各牛厂一并被藏番侵占，失去地方，生命不保，财产抢尽，人亡家败"。5 月，噶日家派头人彭错赴康定呈诉于川边镇守使张毅，"请给族中合总管以下一百零七人口食、衣服并抚恤众民藏洋三万元，豁免差徭一十二年，更准发快枪一二千杆防守地界，免受藏番之祸"。[⑤] 1918 年康藏纠纷期间，三十九族民众屡受藏军凌辱残害。1922 年，三十九族代表彭错等向北洋政府呈诉，"恳照以前旧案，我族仍划归川边"，并请发给奉准抚恤款藏洋 30000 元。[⑥] 对此，北洋政府蒙藏院认

---

①　冯智编著《西藏通史清代卷编撰参考资料选辑》，中国藏学研究中心历史所 2004 年版，第 213 页；格杰巴·丹增多杰：《撤销原藏北霍尔总管设立藏北总管及索宗军饷处史略》，政协西藏自治区委员会文史资料研究委员会编《西藏文史资料选辑》第 17 辑，民族出版社 1995 年版，第 69 页。

②　冯智编著《西藏通史清代卷编撰参考资料选辑》，第 215 页；格杰巴·丹增多杰：《撤销原藏北霍尔总管设立藏北总管及索宗军饷处史略》，政协西藏自治区委员会文史资料研究委员会编《西藏文史资料选辑》第 17 辑，第 70 页。

③　《国民政府军事委员会抄发关于藏属三十九族千户四郎隆布表示拥护中央政府文件》，国民政府蒙藏委员会档案（141）2400，《1899—1949 年有关西藏问题历史档案资料汇编》。

④　土呷：《昌都历史文化的特点及其成因》，《中国藏学》2006 年第 1 期。

⑤　《藏事条陈·北洋政府国务院公函及附件》（1922 年 5 月 30 日），西藏社会科学院西藏学汉文文献编辑室编《西藏学文献丛书别辑》第 13 函，第 20 页。

⑥　《藏事条陈·北洋政府国务院公函及附件》（1922 年 5 月 30 日），西藏社会科学院西藏学汉文文献编辑室编《西藏学文献丛书别辑》第 13 函，第 20—21 页。

为，三十九族"倾向中央之心始终不渝，殊堪嘉许。所请收回管理及委代本彭错为总管各节，应请贵镇守使体察情形，如实际能归川边管辖，自应准。如所请用复旧制，并即委该代本彭错为总管，至所称赏恤之三万元既为张镇守使所允许，亦应查照旧案如数发给，以资劝励，而昭诚信"。①

1931 年 5 月 17 日，三十九族民众代表彭错向国民政府主席蒋介石呈报称："藏军所占之三十九族及甲学十八村，将族内之各首领一律处以死刑，属下执事分别断锯手足，剜眼剁鼻，惨不堪言。差徭之累，民不聊生。是以西康、西藏及我三十九族甲学十八村，无一不遭前藏之侵略与压迫。故近来人民多流离于印度、布丹、尼泊尔等国，老弱者虽衣食不瞻，但只有屈居隐忍于前藏暴虐政治下。"② 三十九族在清朝时每年征银仅 391 两 1 钱 2 分。西藏地方政府占据此地后，"其官吏之苛索暴虐，与昔日中央之宽大自不可同日而语。且千户之权完全被夺，故其怀怨西藏，思念中央，乃情理之所必然"。③ 据左仁极称，三十九族"政权虽被藏方剥夺，但各族民众仍服从原管头人，全部落有枪数千枝，彼能号召之民众武力有精良步枪千枝以上，中枢如有驱策，当为效命"。④

1950 年昌都战役时，三十九族民众主动奋起阻击藏军。当时三十九族比如宗彭盼部落的民众对酋长称：

> "我们经历过满清驻藏大臣的统治，那时税役轻微，对比眼下藏政府的高压政策，这不堪重负的乌拉差役，我们不能再忍受了，找汉族去！你是我们的头人，你去找。"⑤

---

① 《藏事条陈·北洋政府蒙藏院咨文》（1922 年 7 月 1 日），西藏社会科学院西藏学汉文文献编辑室编《西藏学文献丛书别辑》13 函，第 22 页。

② 《西康三十九族民众代表彭楚为遭受前藏暴虐压榨事致国民政府主席呈》（1931 年 5 月 17 日），中国第二历史档案馆、中国藏学研究中心合编《康藏纠纷档案选编》，第 116—117 页。

③ 《国民政府军事委员会抄发关于藏属三十九族千户四郎隆布表示拥护中央政府文件》，国民政府蒙藏委员会档案（141）2400，《1899—1949 年有关西藏问题历史档案资料汇编》。

④ 《国民政府军事委员会抄发关于藏属三十九族千户四郎隆布表示拥护中央政府文件》，国民政府蒙藏委员会档案（141）2400，《1899—1949 年有关西藏问题历史档案资料汇编》。

⑤ 那曲地委党史研究室：《昔日酋长话沧桑——访那曲行署副专员普布顿多》，《西藏党史资料》1995 年第 3 期，第 33 页，转引自王小彬《"中华人民共和国昌都地区人民解放委员会"隶属关系的历史沿革》，《中国藏学》2010 年第 3 期。

事实上，中央人民政府不仅同意昌都划归西藏，而且还坚持整个西藏地区将来是要统一的。前藏、后藏、阿里、昌都都应该成立统一的西藏自治区。[①] 只是考虑到当时"昌都地区有一部分人赞成，有一部分人反对，因此，中央不能下命令勉强合并，只有暂时委托西南行政委员会代管"。[②]

1954 年 3 月，西藏工委报告西藏地方政府准备调整行政区划，将属于昌都地区的三十九族部分宗划入那曲的"羌基"辖区。1954 年 10 月 14 日，李维汉与阿沛·阿旺晋美谈话时指出："西藏要搞区域自治，分开还是统一？中央的意思是要统一。所以昌都还未实行自治，等着。因此，班禅方面也不要独立搞自治。这是中央的方针。要搞统一的自治区。"[③] 1956 年 4 月 22 日西藏自治区筹备委员会成立后，中央政府将昌都划归于西藏自治区筹备委员会。平息 1959 年叛乱后，西藏自治区筹备委员会代行西藏地方政府职权，昌都三区以及后藏地区统归于西藏的行政区划范围内。[④]

第三节　西藏和平解放进程中的康区

1950 年初，中央人民政府在确定和平解放西藏的决议后，康区在解放西藏以及之后昌都战役中扮演着保障后勤、宣传政策、争取西藏上层人士等重要的角色。西康藏区民族区域自治政权的酝酿、筹建和巩固与全力支援解放西藏的工作同时进行和完成。支援工作也是康区民众从心理到实际行动拥护和支持中央人民政府及其和平解放西藏政策的具体体现。

为团结和调动康区民众支援西藏解放的力量，中央人民政府、西南局、西南军区和十八军在部队入康前后均十分重视进藏的民族宗教政策宣传和动员准备工作。进藏准备工作极为繁重，但政策制定和宣传被置于关键位置。

---

① 王小彬：《"中华人民共和国昌都地区人民解放委员会"隶属关系的历史沿革》，《中国藏学》2010 年第 3 期。

② 中央档案馆编印《西藏民族问题文献汇编》第 3 册，1991 年，第 430 页，转引自王小彬《"中华人民共和国昌都地区人民解放委员会"隶属关系的历史沿革》，《中国藏学》2010 年第 3 期。

③ 中央档案馆编印《西藏民族问题文献汇编》第 4 册，第 255 页，转引自王小彬《"中华人民共和国昌都地区人民解放委员会"隶属关系的历史沿革》，《中国藏学》2010 年第 3 期。

④ 王小彬：《"中华人民共和国昌都地区人民解放委员会"隶属关系的历史沿革》，《中国藏学》2010 年第 3 期。

1950 年 6 月，十八军政治部在有关进军西藏政治工作的指示中提到，"正确执行解放西藏的政策策略，并善于团结新区群众藏族人民，以顺利完成解放西藏的光荣任务"，为此，"新区群众工作、藏民工作，就要放到重要地位"。① 事实上，在进军西藏前后，十八军已开始尽可能调查和搜集藏区各类情报资料。

1950 年 1 月 24 日，中央人民政府批准成立的中共西藏工作委员会（简称"西藏工委"），主要由十八军军政领导层以及老红军天宝（藏名桑吉悦希）等组成。因天宝熟悉藏区情况，特地从内蒙古调来开展藏区工作。西藏工委成立伊始的首要任务正是调查藏区，制定进军藏区的方针政策。为此，西南军区、西藏工委等寻访熟悉康藏问题的华西大学教授李安宅、于式玉夫妇，及藏学家谢国安等人士，成立政策研究室，编写相关资料和制发传单等。进藏部队同时被要求集中学习中国共产党的民族宗教政策、学习藏语和了解康藏社会形势等，严格遵守《进军守则》，切实执行三大纪律八项注意，尊重藏民的风俗习惯等。②

1950 年 2 月 15 日，西南局、西南军区和第二野战军发布向西藏进军的政治动员令。3 月以后，十八军先后派出的南北两支先遣支队，分别进驻康北甘孜、康南巴塘。先遣支队的主要任务是在进入和接触康区民众后，宣传民族和宗教政策，通过严格执行行军纪律，树立人民解放军的良好形象，争取当地民众力量支持解放西藏，进一步搜集藏区情报资料，为主力部队进军西藏做交通、粮饷等事前准备工作。而先遣队入康之初的另一重要任务就是开展上层人士的统战工作，吸纳和训练藏族青年，③ 同康区社会各阶层建立起广泛、密切的合作关系。这些很快成为西康藏区民族自治政权顺利建立、发动民众支援解放西藏等工作的强有力保障和社会基础。

吸收藏族青年和通司是十八军先遣支队入康后的重要任务。先遣支队入康途中，巴塘东藏民主青年同盟（简称"东藏民青"，1950 年 4 月改组为"中国新民主主义青年团"）成员是最先被直接吸纳进部队或地方工作中的

---

①　《十八军政治部进军西藏政治工作指示》（1950 年 6 月 6 日），成都军区政治部编研室、西藏昌都军分区编《解放昌都》，四川人民出版社 1991 年版，第 5、7 页。

②　中共西藏自治区委员会党史研究室编《天宝与西藏》，中共党史出版社 2006 年版，第 62—71 页。

③　中共西藏自治区委员会党史研究室编《天宝与西藏》，第 73—74 页。

康区本土力量之一，在入康部队与基层社会之间起到关键的纽带作用。

东藏民主青年同盟是 1949 年 10 月成立的中共巴塘地下党康藏边境地区工委会的外围公开组织。最初以国立巴安师范学校学生为主，经早期成员的鼓励和动员，大量接纳民兵、僧俗和贵族精英参加，人数迅速增加到数百名，并在德格、理塘、康定建立支部。[①]

1950 年初，东藏民主青年同盟部分成员与十八军先遣支队在康定汇合，随同入康的先遣支队赴巴塘，平措汪阶担任先遣队党委会副书记，研究进藏部队渡江作战方案实施中的各项准备工作。巴塘先遣支队在支队党委领导下，成立藏干班，吸纳他新、协绕郎加、协敖郎吉、祥秋、品康、甲波曲批、曲批当汪钦、群觉等加入藏干班，具体工作"主要是围绕接收国民党残余部队的武器、支援部队进藏的物资运输、参加和平解放西藏等任务而进行"。[②] 巴塘地下党和东藏民主青年同盟绝大部分成员也由康定地委组织学习后相继参加十八军。西藏工委将其与中央民委、中央统战部组织的北京藏民研究班合组为中央西藏工作团（前身为西藏问题研究会），由天宝任团长，在短期政治、军事训练后，分配到机关、部队和兵站等处，承担藏语文翻译和基层干部工作。[③] 西藏工作团成员成为之后进军西藏、建设西藏和康区的藏族干部骨干力量。

无论是东藏民主青年同盟的成员，还是从北京征调而来的 30 余名藏族青年，均被赋予部队进藏前后的大量繁杂而又重要的准备工作。具体而言，首先是负责组织进藏部队的运输驮队，保障物资运送的畅通。巴塘先遣队邀请德格大头人夏克刀登、邦达多吉、玉茹本等康区重要政治领袖赴康定，共同商讨解决办法。根据解放军的进军动向，商讨决定夏克刀登负责北路（甘孜到德格）的供给运输，巴塘先遣队负责南路（理塘到巴

---

①　陈乃嘉措：《回忆巴塘"东藏民主青年同盟"》，政协甘孜州委员会文史资料委员会编印《甘孜州文史资料》第 12 辑；格桑泽仁：《"巴塘地下党"及其外围组织"东藏民主青年同盟"的成立》，四川省巴塘县志办公室编《巴塘志苑》1988 年第 1 期。

②　陈竞波：《南路先遣进藏到昌都》，群觉：《我们是南路进藏部队藏干班》，成都军区政治部编研室、西藏昌都军分区编《解放昌都》，第 80—84、190 页。

③　《解放西藏史》编委会：《解放西藏史》，中共党史出版社 2008 年版，第 87—88 页。

塘）。① 随后，巴塘先遣队动员当地藏族干部、土司头人、寺庙僧人、民众支援运输，组织木工在工兵连协助下用竹巴笼制造木船，为部队渡过金沙江做准备，组织皮工、农户制作靴鞋、加工粮食、砍柴草等，并派人赴义敦、康定等地采购牛羊马匹、牛皮、日用品等给养。其间，巴塘先遣队多次派人赴理塘等地，协调和解决当地土司头人、寺庙支前中的问题，疏通物资运输通道。他新等又被派往理塘等处，协同兵站同土司头人、寺庙等做好支援运输工作。②

先遣支队入康后的另一重要任务是联系和争取西藏上层人士，侦察和搜集情报资料。昌都战役前，巴塘先遣支队党委曾拜访邦达多吉、邦达绕干等，期望通过邦达昌兄弟设法说服和影响驻守昌都的新任噶伦拉鲁·次旺多吉。巴塘先遣支队还通过巴塘医生祥秋，给驻守宁静的藏军第九代本德格·格桑旺堆寄去西南军政委员会、西南军区司令部颁发的进军西藏各项政策的布告，以及宣传三大纪律八项注意的传单等。③ 此外，藏族干部协同先遣队侦察敌情，实地查看地形、渡口等，通过各种途径在昌都战役前后向主力部队提供重要军情信息。东藏民主青年同盟成员陈乃嘉措就被分配任职于十八军军直统战部，担任争取上层人士的统战和敌情侦察工作，之后又奉命在昌都战役后化装为商人赴拉萨搜集情报。④ 由此，藏族干部原有的人际关系网络被巧妙地运用到和平解放西藏的事业之中。

大力宣传共产党的民族宗教政策，投身解放和建设西藏的各项工作是康区藏族干部的另一项重要使命和突出贡献。东藏民主青年同盟曾在巴塘举行三次盛大的宣传活动，以讲演、歌唱、演出街头剧、张贴壁报、组织妇女会、创办盟立小学等形式广泛宣传共产党的民族宗教政策。部队入康后，藏

---

① 梅·戈尔斯坦、道帏喜饶、威廉·司本石初：《一位藏族革命家——巴塘人平措汪杰的时代和政治生涯》，黄潇潇译，香港大学出版社 2011 年版，第 131 页。

② 《巴塘支援十八军进藏工作回顾——正师级离休干部曾却扎谈支前工作》，四川省巴塘县志办公室编《巴塘志苑》1997 年第 1—2 期；群觉：《我们是南路进藏部队藏干班》，成都军区政治部编研室、西藏昌都军分区编《解放昌都》，第 191 页；李刚夫：《访巴塘支援前线委员会》，《巴塘志苑》1990 年第 20—21 期。

③ 德格·格桑旺堆：《我率部起义经过》，成都军区政治部编研室、西藏昌都军分区编《解放昌都》，第 259 页；四川省巴塘县志办公室：《康南星火——巴塘地下党》，《巴塘志苑》1984 年第 1 期。

④ 陈乃嘉措：《回忆巴塘"东藏民主青年同盟"》，政协甘孜州委员会文史资料委员会编印《甘孜州文史资料》第 12 辑。

族干部加入组成文工队，随军赴昌都等处，召集民众，通过表演巴塘弦子等，宣传部队进藏的十大政策。由于兼通汉藏两种语言，藏族干部更是成为沟通、维系和密切解放军同基层民众关系的重要媒介，被广泛分配于机关、部队、兵站等，充任翻译、联络等基层工作。到1951年底，仅巴塘地下党和东藏民主青年同盟就先后向十八军、各级地方政府输送130余名藏族干部，从事翻译、宣传、情报、统战和卫生等工作。①

与康区南路相比，北路的物资运输和民众支援活动主要通过争取和调动康北上层人士的力量来完成。进藏前，中共中央、西南局就将争取和团结上层人士作为进藏工作的重中之重，视为藏区工作的特殊之处。当时德格大头人夏克刀登、女土司降央白姆等在康北具有举足轻重的政治影响力。夏克刀登曾参加过红军长征期间于1936年在甘孜建立的博巴苏维埃政权，对中国共产党有着良好的合作基础和政治感情。中华人民共和国成立之初，随着青海玉树和平解放，夏克刀登、甘孜白利寺五世格达活佛洛桑丹增等闻讯后，曾派柏志、汪甲、泽郎三人携格达活佛信函远赴北京献旗致敬。② 进藏部队入康后，夏克刀登、格达活佛等纷纷表示赞同中央人民政府和平解放西藏的方针政策，拥护和支援部队进藏。之后，夏克刀登、降央白姆等均在西康藏区的临时行政机构——康定军管会中担任副主任职务。为推进和平解放西藏进程，西南军政委员会委员格达活佛于1950年7月毅然主动赴拉萨，劝说达赖喇嘛以和平谈判方式解决西藏问题，遭昌都总管府扣押遇难。夏克刀登则向藏军第九代本德格·格桑旺堆致函，劝告切勿与进藏部队为敌，③ 对于昌都战役中第九代本的起义之举起到一定作用。

昌都战役前，军粮物资的供给和输送是保障战役顺利进行的关键所在。西南局在1950年8月20日致毛泽东的报告中明确指出，"这次支援入藏的物资准备是充分的，只是运输条件尚无最后把握，不少高级干部都亲自到前

① 《巴塘支援十八军进藏工作回顾——正师级离休干部曾却扎谈支前工作》，四川省巴塘县志办公室编《巴塘志苑》1997年第1—2期；四川省巴塘县志办公室编《康南星火——巴塘地下党》，《巴塘志苑》1984年第1期。

② 柏志：《代表格达活佛上北京》，政协甘孜州委员会文史资料委员会编印《甘孜州文史资料》第12辑。

③ 德格·格桑旺堆：《我率部起义经过》，成都军区政治部编研室、西藏昌都军分区编《解放昌都》，第259页；王贵：《藏族人民支援解放军进藏》，《西藏研究》1991年第2期。

面督促指导修路和运输。修路及运输部队是极端困苦和努力的，只要最近半月内的大雨不出乱子，是可以保障如期进军的"。① 由于康北是昌都战役的主攻方向，北路先遣支队进驻甘孜后，严格执行毛泽东提出的"进军西藏，不吃地方"的政策，短期内曾出现过严重的缺粮困境。

为有效保障进藏部队的粮食运输，争取康北土司头人、上层喇嘛的大力合作和协助成为实施昌都战役的重要前提条件，十八军军政领导人、西藏工委等多次专程拜访夏克刀登、降央白姆等。夏克刀登等积极响应，明确表态将以合理价格向部队售粮，并出动 15000 头牦牛确保粮食运输畅通。降央白姆、孔萨土司、麻书土司和邦达多吉等纷纷表示答应售粮，协助调动大批牦牛，向前线运输粮食。② 再次征得夏克刀登的允诺后，十八军军长张国华满怀信心地称"回去就可以下达实施昌都战役的命令了"。③ 昌都战役前后，夏克刀登、降央白姆等通过既有的政治影响力，积极向进藏部队组织和输送军粮物资，到 9 月底向部队出售牦牛数千头，累计达到 1.44 万余头。仅德格、白玉、石渠、邓柯等地在一年多时间内组织牦牛、骡马 6 万多头，为部队驮运物资 26 万多驮。1950 年 11 月，在西康省藏族自治区第一届第一次代表会议上，夏克刀登在支前报告中称：

> 七个月来，在军管会的领导下，藏族人民热烈支援解放军进军西藏，现已解放了昌都和附近一些地区。我们自动支援的有柴禾 1500 万斤，草 500 万斤，粮食 200 万斤，代买牛马 2 万余头（匹）。经常运输酥油 2 千斤，物资 7 万多驮。解放军都按照地方习惯给价，并且脚价也很公平。因此，军民关系逐渐加强和亲密起来。④

直到 1951 年底，夏克刀登再次在玉隆、石渠、邓柯等地组织牦牛万头，

---

① 《西南局关于昌都战役实施计划向毛主席的报告》（1950 年 8 月 20 日），成都军区政治部编研室、西藏昌都军分区编《解放昌都》，第 2 页。
② 王贵：《和平解放西藏中先头入藏部队的战斗历程》，《中国藏学》1988 年第 4 期。
③ 中共西藏自治区委员会党史研究室编《天宝与西藏》，第 122 页。
④ 资料来源于甘孜州档案馆所存档案。参见政协甘孜州委员会文史办公室《甘孜州解放初期支援解放军进军西藏简介》，政协甘孜州委员会文史资料委员会编印《甘孜州文史资料》第 13 辑，第 155—156 页。

由其侄抢运和押送急需军用物资到拉萨，大大缓解了进藏部队后勤供运的困境。[①] 因此，在康区支援西藏解放的过程中，特别是甘孜以西的康北地区，夏克刀登等土司头人势力在售粮、运输物资、维持治安、疏通道路、保障部队后勤供给等方面起到难以替代的作用。[②]

在以东藏民主青年同盟成员和康北土司头人势力为代表的本土力量的衔接、沟通、协调和推动下，康区民众受到政策宣传及进藏部队良好军纪的感召和影响，越来越积极和主动地投入支援西藏解放的进程中，成为解放西藏的社会基础和重要基石。诚如昌都战役后十八军五十二师的战后总结所言："藏胞对我们热情的支援（收容、护送个别掉队落伍人员、送情报、带路、运输、搭桥、准备柴草等）都说明了我们战前认真执行政策的影响和西进中给予藏胞的实际好处。这是我们以往的一点成就，是今后解放建设西藏最主要的一个指针。"[③]

昌都战役前，在康定军管会的统一领导下，乾宁、道孚、炉霍、甘孜、邓柯、石渠、德格、白玉、瞻化、雅江、理塘、巴塘等县纷纷成立各族各界人士支援委员会。支援前线很快演变为一场康区民众力量空前调动的社会动员活动。对于民众支前的热情程度，一位参与过昌都战役的解放军指战员回忆道：

（1950 年）5 月中旬，先遣支队进入邓柯县时，5000 多名藏族同胞从各地运来柴草 40 多万斤。有一个时期，由于内地多雨，粮食运不进山，先遣队缺粮，战士们靠挖地老鼠和野菜度日。藏族同胞知道这个消息后，立即集中了 800 多石粮食和 300 多头牛羊卖给部队。9 月中旬，金沙江东岸的藏胞，集中了牦牛 600 头、皮口袋 2500 个和藏毡 400 床支援先遣队。为了能亲眼看到部队使用这些东西，护送牲口和物资的藏胞们在供应站等了 20 多天。大部队进入金沙江沿岸时，藏族人民像当

---

①　邓俊康、李昆璧：《人物春秋：降央伯姆、夏克刀登、刘家驹、格桑泽仁传略》，政协甘孜州委员会文史资料委员会编印《甘孜州文史资料》第 15 辑。

②　秦和平：《从反对土司到接受民主改革——关于夏克刀登的研究》，《中国藏学》2014 年第 1 期。

③　《十八军五十二师昌都战役总结详报》（1950 年 11 月），成都军区政治部编研室、西藏昌都军分区编《解放昌都》，第 22 页。

年华东人民支援淮海战役一样支援部队。他们提出了"解放军打到哪里，我们就支援到哪里"的响亮口号。①

昌都战役后，昌都地区于 1950 年 12 月成立人民解放委员会，帕巴拉·格列朗杰胡图克图、察雅寺胡图克图罗登协饶均表示积极拥护和支援部队进军西藏。随后，昌都地区仿照金沙江以东支援委员会形式，组建支援运输总会，各宗成立支援运输分会。察雅宗支援运输委员会自成立至 1951 年 4 月 12 日顺利完成从妥坝向昌都运送 2.5 万驮物资的运输任务。芒康宗从 1950 年 10 月 13 日到 1951 年 4 月中旬，共向部队售卖牦牛 1100 头、羊 2000 只，向察雅驮运物资 1000 多驮。据不完全统计，从 1950 年至 1952 年，康北地区民众为支援进藏部队，先后动员牦牛近 20 万头次。昌都地区民众从 1951 年到 1954 年运送进藏物资达 50 万驮。②

支援解放西藏是中央人民政府接管康区，初步建立民族区域自治政权后不久发生的重要历史事件。康区在解放西藏进程中起到政治联结、军事调动和后勤保障的战略后方作用。社会各阶层的支前活动成为推动西藏和平解放过程中不可忽视的力量。康区支援解放西藏的活动充分团结和调动起社会各阶层的力量，也为中央人民政府逐步建立和巩固起政治威信、社会声誉和民众基础。康区历史随着西藏和平解放、民族区域自治政权建立以及之后民主改革开展揭开新的一页。

---

① 张子植：《打开进军西藏的门户——昌都》，成都军区政治部编研室、西藏昌都军分区编《解放昌都》，第 73 页。

② 杨一真：《艰苦的进藏历程》，魏克：《万头牦牛下昌都》，成都军区政治部编研室、西藏昌都军分区编《解放昌都》，第 169、253 页；周元顺：《康定军管制度的建立及作用》，政协甘孜州委员会文史资料委员会编印《甘孜州文史资料》第 8 辑，1989 年。

第 十 二 章
康区：近代汉藏交流的纽带

第一节　"留藏学法团"与康区高僧在内地的
讲经传法活动

一　"留藏学法团"入藏及其影响

汉藏佛教文化交流源远流长，延绵千余年之久。大规模的佛教文化交流可上溯到吐蕃时期汉地禅宗在藏地的传播。康区毗邻内地佛教一向兴盛的巴蜀地方，早在唐代，剑南禅宗即可能经康区传入卫藏地区。但是康区被推至汉藏佛教文化交流主舞台应始于民国时期。

自清末民初以来，受佛教全球化潮流的影响，以杨文会（1830—1911）及其弟子太虚法师（1890—1947）为代表的内地汉传佛教界有识之士开始重视其他佛教教派传统，以资挽救汉传佛教衰微之势，争取佛教的生存和发展。日本佛教和藏传佛教是当时汉传佛教徒求法的主要对象。求法内容以学习密宗为主，旨在圆融日密和藏密，复兴失传的内地密教，以为推动内地佛教体系改革和实现佛教近代化的重要动力。① 到 20 世纪 20 年代，内地掀起学法日本高野山密宗和藏传佛教密宗的热潮。负笈东渡日本学法后，一些佛教徒发现藏密在教派传承和经典保存方面远较日密精深、严整。时值蒙古喇嘛白普仁（1870—1927）和西康喇嘛多杰觉拔格西（1874—?）在北京等地弘扬藏传密宗，自日本求法归来的大勇法师听闻，从武汉赶赴北京拜谒求

---

① 滕华睿：《建构现代中国的藏传佛教徒》，陈波译，香港大学出版社 2012 年版，第 65—77 页。

教，意识到入藏学法为振兴汉传佛教之正途，遂倡议组织"留藏学法团"赴藏求法。

大勇法师（1893—1929），俗名李锦章，原籍重庆巴县，早年曾任职于四川军政界，1918 年皈依佛源法师，后依从太虚法师出家，法号传众，字大勇。1921 年大勇法师随觉随阿阇梨东渡日本专修密法，获大阿阇梨学位，回国后应邀先后在上海、杭州设坛传法。1924 年大勇法师抵达武汉，在太虚法师改革佛教根本道场的武昌佛学院开坛传法。[1] 到北京后，大勇法师敬谒白普仁喇嘛和多杰觉拔格西，并随之学修藏密。与日本所习密法体悟相较，大勇法师开始认识到学习佛教密宗应从藏密入手，"发了一个'融和日本、西藏的密教而创设中国密教'的大愿，并且预备学习藏文、藏语，想到西藏留学"。[2]

1924 年阴历九月，受汤铸新、胡子笏、但怒刚、刘亚休、陶初白等名流居士资助，大勇法师在北京西城阜成门大街慈因寺开办藏文学院，"专习藏文以为将来入藏研究佛法之预备。其有不能入藏者，亦可在内地翻译经论"。[3] 学院先后招收青年学员 30 余名（僧人占大多数），延聘康定跑马山慈愿大师弟子充宝琳教授藏文和西藏佛法。多杰觉拔格西为导师，为学僧讲授藏传佛教传承规模、学法习定、修持浅深及成就过程等。次年 3 月，藏文学院全体学员在北京瀛台觐见了离藏赴京的九世班禅喇嘛，赴藏求法决心大受鼓舞。[4] 因忧心时局恶化，入藏阻力增大，大勇法师以为应先行入藏，再谋学习。藏文学院在 5 月停办。赴藏学员被改组为"留藏学法团"，推定大勇法师为团长。全团共有 23 人。学法团内部采取股辖组和责任分担制，分为总务股、事务股、法务股，下辖伙食采购组、行李组、医药组、悦众组、侍者组、香灯组等。[5] 入藏路线选取经四川进藏的川藏线。

1925 年 6 月 4 日，留藏学法团一行从北京出发，先赴汉口，经湖北西行入川，途中先后增入 7 名成员。[6] 由于学法团沿途停留多处，传法修习、

---

① 丁凌波：《民国高僧传三编》，台北，慧明出版集团 2001 年版，第 339—342 页。
② 《记留藏学法团》，《海潮音》第 6 卷第 6 期，1925 年。
③ 《北京藏文学院之发起》，《世界佛教居士林林刊》第 7 期，1924 年。
④ 《佛教藏文学院全体觐见般禅记》，《海潮音》第 6 卷第 3 期，1925 年。
⑤ 于凌波：《民国高僧传四编》，台北，慧明出版集团 2002 年版，第 344 页。
⑥ 《佛教藏文学院在康改组及抵藏分住修学之规约》，《海潮音》第 7 卷第 9 期，1926 年。

讲经答疑，又受阻于战事、匪盗，直至 10 月才转经峨眉、成都、雅安等地，抵达康定。不久康藏战事再起，路途阻滞，学法团被迫居留于康定格鲁派安却寺内。其间，学员因不满藏文教师充宝琳的教授水准，求法心切，纷纷亲近依从康定的喇嘛格西学法。次年初，因北方政局动荡等缘故，北京留藏后援会居士胡子笏等寄送经费减少，已难敷学法团之用。学法团先后在川康等地举债 4000 余元，仅赖各处募款勉力维持，债台高筑，生活艰窘。加之康区边地气候环境恶劣。部分团员或因破根本戒依律辞摈，或返归内地退学出院，或脱团自行前赴甘孜学法。延至 9 月，学法团仅余 17 人，在重订规约 7 条后，决议次年春天入藏。①

1927 年春，大勇法师率部分学法团学员，在官兵护送下沿川藏线北路向西藏进发。法尊、朗禅法师搭甘孜拉瓦仓的商帮骡队前行。部分学员则续留于康定。大勇法师一行至甘孜，为藏军所阻，不得不停留在甘孜，致函达赖喇嘛，期望允准西行入藏。众法师移驻甘孜札迦寺，跟随札迦大师及其弟子俄让巴、格托朱古等穷研密宗。大勇法师后得札迦大师传授阿阇梨法位。但是达赖喇嘛回函称，"汝等和尚，谓有寺院之规矩，及沙弥居士之戒律等，今为剃度学法等来……但路票因中藏交涉未清，藏民甚多疑意，故未寄来"。学法团赴藏的法愿破灭。此后坚留康区各地学法修习的学员尚有 22 名。② 1929 年，因积劳成疾、心忧志阻，大勇法师"于八月初十寅时示寂"于甘孜。③ 次年大刚法师迎大勇法师灵骨回康定修塔。

西康佛学研究社在康定安却寺举行追悼大勇阿阇梨道场，聚集康定八大藏传佛教寺院藏僧 270 余名，及留康汉僧 20 余名，做佛事一日。④ 事后，其余学法团学员大多继续西行，先后抵达拉萨，多在哲蚌寺甲绒康村学法。

---

① 《佛教藏文学院在康改组及抵藏分住修学之规约》，《海潮音》第 7 卷第 9 期，1926 年；传众：《留藏学法团来函》，《海潮音》第 7 卷第 8 期，1926 年。

② 留驻康藏学法 22 名法师为：大刚、法尊、恒演、密悟、广润、密慧、朗禅、恒明、天然、圆住、超一、智三、密严、密吽、观空、严定、恒照、能海、永光、普正、密圆、乐让。参见《大勇法师致胡子笏杨明尘两先生书》，《世界佛教居士林林刊》1929 年第 23 期。

③ 《大勇法师在甘示寂》，《海潮音》第 10 卷第 11 期，1929 年。

④ 慈航、胡汝严：《参拜大勇法师道场记》，《海潮音》第 11 卷第 1 期，1930 年。大刚法师效仿藏传佛教活佛转世制度，寻找转世灵童，于 1934 年在康定寻访到灵童。参见梦大勇《大勇法师乘愿再来》，《慈航画报》第 42 期，1942 年；邢肃芝口述，张健飞、杨念群笔述《雪域求法记：一个汉人喇嘛的口述史》，第 81 页。

其中，大刚、观空、严定、密咔、密严、密悟、密慧、恒演、广润诸法师，驻康学法长达近十年。朗禅法师在 1931 年 4 月抵拉萨。密悟法师先在大金寺钻研佛经，后同恒演法师于 1932 年入学哲蚌寺。密悟法师后考取格西学位。密慧法师居留甘孜东谷寺多年，在 1940 年入藏。法尊法师扮作商人，先后于 1931 年、1935 年两次进藏。能海法师与永光、果瑶、传品等法师早于 1926 年启程进藏，在理塘受阻，次年抵那摩寺修习六加行法，冬季返归。1928 年能海又偕同永光、永轮、永严装扮为朝圣者，经甘孜、昌都，于 9 月抵达拉萨，入驻哲蚌寺，1932 年返归内地，1940 年再次入藏。观空、严定、密咔等法师在 1935 年东返。前两者受聘于汉藏教理院。后者受聘于北京法源寺。[①] 留藏学法过程中，朗禅法师弃世于拉萨，智三法师殁于康定。

留藏学法团的坎坷求法之路开启了近代内地僧人自发游学和求法于西藏的序幕。而康区成为沟通和衔接西藏和内地之间佛教文化交流的桥梁和纽带。在滞留康区期间，大多数学法团学员各自随从康区高僧大德，开始系统地接触和研修藏传佛教经典，特别是格鲁派经律论典籍、显密修持方法及仪轨教制等，体验藏地寺院宗教生活，为入藏后在拉萨各大寺院长期学法奠定了基础。

从 1926 年始，大勇法师先后依止格西洁尊、札迦大师等修学藏文经典。法尊、朗禅法师依从跑马山慈愿大师"先学藏文文法《三十颂》《转相论》《异名论》《一名多义论》《字书》等关于藏文的初级书籍。次学宗喀巴大师讲的《苾刍学处》《菩萨戒品释》《菩提道次第略论》等佛教正式典籍"。[②] 1928 年后，法尊法师又长时间随从安多格西江热（1888—1935）学法。能海法师在康定从降巴格西、杂哇格西、降阳清丕仁布切等修学藏文、《比丘戒》、《菩萨戒》等，受度母等密法灌顶等。晤一、果瑶、传品三法师从安却寺大喇嘛乐壤土登格西研读藏文佛典。超一法师随从康定南无寺将杨确柏格西研修菩提道次第等，赴藏途中又求学于昌都俄罗喇嘛，驻留昌都寺

---

① 尘空：《民国佛教纪年》，张曼涛主编《现代佛教学术丛刊》第 86 辑，台北，大乘文化出版社 1978 年版，第 167—232 页；法舫：《欢迎藏文学院诸师东返宏法》，《海潮音》第 17 卷第 8 期，1936 年。

② 《法尊法师自述》，《法尊法师佛学论文集》，中国佛教协会佛教文化教育基金委员会 1990 年版，第 373 页。

内。恒演法师等亦设法师从善知识，各有专学。① 可以说，滞留康区期间的宗教活动和学法生活使学法团学员初步领略和熟悉藏传佛教博大精深的教法仪轨，更加坚定入藏求法的决心。

而且，通过康区高僧大德及商贾的协助和引荐，部分滞留康区的学员得以借助藏地的社会关系网络，实现入藏学法的法愿，顺利抵达拉萨，进入哲蚌寺等高等宗教学府进修深造。法尊法师跟随札迦喇嘛弟子格托朱古修学佛教经典。通过格托朱古的关系，法尊认识另一位主要导师安多格西江热。能海法师利用相似的方式，通过理塘喇嘛降阳清丕仁布切，前往拉萨，拜喇嘛康萨仁布切（1888/1890—1941）为师。超一法师经西藏商人姜公的介绍，结识土登易玛，同行至昌都，又在昌都帕巴拉胡图克图的帮助下，随从两名扎巴向导，抵达拉萨。相文法师能够与寺庙充本（商贾）喇嘛同行入藏，并受到甘丹寺甘丹赤巴的热情款待，接受其为弟子学法，皆因甘孜朗照喇嘛的协助交涉。②

学法团学员翻译藏传佛教经典，向内地佛教界推介和传播藏传佛教显密教法，沟通汉藏佛教文化信息，实现近代汉藏佛学交流对话，是在滞留康区期间开始的。在与内地佛教界的往来书函中，学法团不时传递有关藏传佛教和藏地社会的初步信息。如观定在致善公法师的函文中称，"近将西藏经论目录查阅，西藏译得印度经论，甚为完备，中国未有者甚多，如《分别瑜伽论》弥勒著，《四百论》提婆著，《释诸量论》法称著，《大无畏论》即《中论释》龙树著，《正理经释》世亲著。兹就其大略呈之及余目录未暇详告"。③ 与之相似，恒演、晤一和严定法师对学法团在甘孜接触和学习的藏传佛教经典、戒律、次第和轮回转世等教理，及朝谒舍利佛塔寺院，目睹念

① 《晤一师上太虚法师函》，《海潮音》第 7 卷第 6 期，1926 年；法尊：《著者入藏的经过》，《法尊法师佛学论文集》，第 362—363 页；释定智法师：《能海上师传》，台北，方广文化事业公司 1994 年版，第 16—17 页；释果瑶：《大喇嘛乐壤土登法师传略》，《海潮音》第 7 卷第 5 期，1926 年；恒演法师：《留藏学法团致陈圆白王理成两君书》，《净业月刊》第 2 期，1926 年；超一法师讲，慧松记《留学西藏之经过及藏教盛衰》，《慈航画报》第 38 期，1934 年。

② 滕华睿：《建构现代中国的藏传佛教徒》，第 103—106 页；超一法师讲，慧松记《留学西藏之经过及藏教盛衰》，《慈航画报》第 38 期，1934 年；相交和南：《秘教相文法师与超一法师述入藏学秘函》，《慈航画报》第 32 期，1934 年。

③ 《留藏学法团来函》，《三觉丛刊》第 2 卷，1926 年。

经转经和喇嘛诵经弘法等场景的记述，同天然法师有关康区社会风土人情的描写，[①] 均有助于以后入藏学法的内地僧侣对藏传佛教社会现状的了解和认识。

基于内地佛教界对藏传佛教显密教论的知识渴求，学法团在康区学经期间已尝试翻译格鲁派为主的佛教经典。大勇法师早在 1926 年就在洁尊格西帮助下，将宗喀巴《菩提道次第略论》译为汉文。[②] 法尊法师在札迦寺研修期间"试译了宗喀巴大师的《缘起赞》并略加解释，摘译了《宗喀巴大师传》和《阿底峡尊者传》，俱在《海潮音》上发表"。[③] 此后入藏学法僧从事的译经工作成为汉藏佛教文化交流的重要组成部分，促成了现代佛教哲学思想体系的建立和内地佛教改革的具体实施。[④]

留藏学法团宗教活动的另一直接影响是促使和推动地方政府和国民政府意识到宗教信仰是维系汉藏关系不容忽视的重要传统纽带，开始从官方层面介入和大力扶持赴藏学法的活动。1928 年刘文辉主政西康后，开始重视康区宗教势力的重要性，采取"以政辅教，以教翼政"的治康原则，意图密切与康区宗教界的联系。针对留藏学法团宗教活动困于经费拮据的问题，川康当局在 1930 年提出"为增进汉藏情感，发扬川康佛乘，洵于边政前途关系甚巨"，指令四川省佛教会呈请补助留藏学法僧众学款，制定《川康边防总指挥部暂定留康学法僧众补助费简章》。简章规定，川康当局将向有志于留学西康的僧众酌给补助费，每月补助大洋 100 元，由西康财务统筹处支给。补助僧众名额暂定为 12 名，由西康政务委员会监督实施。凡受资助学僧应于每月领费后填报留学月报详表，并负有接受西康政务委员会咨询委托之义务。由西康政务委员会指定正副学长各 1 人专司管理僧众汇呈月报表，领取并分配补助之事项。[⑤]

---

① 恒演：《西域行小记》，《海潮音》第 7 卷第 5 期，1926 年；恒演：《晤一师上太虚法师函》，《海潮音》第 7 卷第 5 期，1926 年；《留藏学法团严定上人致粹华上人书》，《海潮音》第 10 卷第 3 期，1929 年；天然：《西藏行》，《海潮音》第 7 卷第 8 期，1926 年。

② 于凌波：《民国高僧传四编》，第 344 页。

③ 《法尊法师自述》，《法尊法师佛学论文集》，第 374 页。

④ 王海燕、喜饶尼玛：《"留藏学法团"与民国时期汉藏文化交流》，《中国边疆史地研究》2010 年第 2 期。

⑤ 《指令四川省佛教会呈请补助留藏学法僧众学款以宏佛化一案文》，《边政》第 3 期，1930 年。

继西康当局实施补助学僧计划后，在蒙藏委员会委员长黄慕松的推动下，国民政府逐步调整对藏施政策略，转而试图从宗教入手，解决西藏问题。留藏学法团自发赴藏求法的活动引起国民政府的高度重视。国民政府决议制定政策资助汉僧游学西藏，推动汉藏关系的改善。1936 年，经黄慕松建议，蒙藏委员会特别颁布《补助汉藏僧侣游学规则》，旨在资助汉藏僧侣分赴西藏和内地游学，以沟通汉藏文化。从 1937 年到 1939 年，蒙藏委员会先后以官费补助隆果、满度、圣聪、碧松法师 4 人赴藏学法。鉴于内地游学的藏僧极少，1942 年国民政府修订公布《蒙藏委员会派遣和补助内地僧侣赴藏游学规则》，将资助对象集中于内地僧侣，分为公费僧和自费僧两种。从 1940 年到 1949 年，先后受蒙藏委员会资助的赴藏公费汉僧和补助自费汉僧共有 30 余名。[1] 到 1949 年为止，内地赴藏学法的汉僧多达 54 人，其中学法团学僧 11 人。54 人中在哲蚌寺学习者 37 人，色拉寺 5 人，甘丹寺 2 人，不详者 10 人。[2]

尽管当时经康区进藏，屡受藏军和战事阻滞，法尊等法师之后赴藏多从海路绕道印度，但是受资助的汉僧中仍有不少是从四川经康区入藏，尤以碧松法师为著。1937 年，碧松法师只身赴藏，沿途得到戴季陶、刘文辉及昌都藏军司令索康札萨和军粮官阿沛·阿旺晋美的赞助和支持。其间，碧松法师遍访途中康区各地高僧大德，在德格宗萨寺学法长达 10 个月，随从宗萨钦哲活佛修习萨迦派密法 167 种，又在江达菊泼寺闭关修习噶举派密法。[3] 由此可见，康区依然被视作赴藏学法的起点和中介，并贯穿 20 世纪三四十年代的内地僧侣赴藏学法历史。

从 20 世纪 20 年代留藏学法团赴藏起，众多赴藏汉僧前仆后继，历尽艰辛，穿梭往来于西藏与内地。康区是这些汉僧踏上赴藏学法之路的跳板。通过在康区的宗教修习和社会生活，赴藏汉僧开始与藏传佛教界发生直接的接触和互动，以此为契机，将宗教联系延伸到西藏宗教界。康区无疑在汉藏佛

---

① 徐百永：《从宗教上推动政治：国民政府对藏宗教政策视野下的汉僧事务》，何明主编《西南边疆民族研究》第 10 辑，云南大学出版社 2012 年版，第 82—83 页。

② 杨嘉铭：《民初游学西藏的汉僧及其贡献》，张骏逸主编《欧阳无畏教授逝世八周年纪念论文集》，台北，蒙藏委员会 2000 年版，第 56—88 页。

③ 邢肃芝口述，张健飞、杨念群笔述《雪域求法记：一个汉人喇嘛的口述史》，第 76—150 页。

教文化交流过程中扮演着重要的角色。另外，历次康藏纠纷和战事严重影响和阻滞了汉藏之间的正常交往。而赴藏学法活动为当时关系紧张的汉藏关系注入了一股弥合与改善的宗教力量。

二 康区高僧在内地的讲经传法活动

民国时期，藏传佛教高僧频繁赴内地各处传法讲经，引发了内地学习藏密的热潮，推动了藏传佛教的传播。九世班禅喇嘛、白普仁喇嘛、七世章嘉活佛、根桑活佛、阿旺堪布、东本格西等藏传佛教高僧通过授法释经、译介经典、传授藏文，以及参与组建佛学机构、协助内地学僧赴藏等，将藏传佛教显密教法引入内地，促进了汉传佛教的复兴和汉藏佛教文化的广泛交流。其中，多杰觉拔格西和诺那呼图克图是康区高僧在内地传法早期和晚期的代表人物。

多杰觉拔格西原籍康定，俗姓李，早年出家于安却寺，后入拉萨哲蚌寺学修显密达 12 年，获格西学位，又在久多巴密宗院修行密法 3 年，是一位受过系统显密教法寺院教育的高僧。清末格西远赴甘、青朝圣，1911 年转入蒙古弘法，后 5 次朝觐五台山，皈依和尊奉者多达数万众。1925 年，格西赴北京，拜谒刚到内地的九世班禅喇嘛，驻锡雍和宫内。他曾在大勇法师开设的藏文学院向学僧开示密宗两月余，并为学僧灌顶。多杰觉拔格西根据藏密历史和现状讲授密宗的完整体系及其印度传承的正源，并与白普仁喇嘛一同向大勇法师传授密法，促使大勇法师决意赴藏学法。[①] 留藏学法团的组建得益于格西的启示和激励，而且得到其大力支持。多杰觉拔格西可以说是内地汉僧入藏求法，同藏地宗教界建立直接联系的重要推动者。他为大勇法师引荐的康定安却寺，成为留藏学法团入康后的第一个落脚地和修习地。

1925 年 7 月，应北洋政府执政段祺瑞之邀，多杰觉拔格西开绿度母道场 15 天，修法息灾，被授予"诺们罕"名号。[②] 冬月间，格西应邀赴杭州传法，设坛灌顶，先后为信众举行过十种不同的藏传佛教密宗开光仪轨。1926 年，格西与白普仁喇嘛等前往汉口传法。吴佩孚、赵恒惕、程安宅等

---

① 郭又生：《诺们罕大喇嘛多杰觉拔格西事略》，《西南和平法会特刊》，1931 年。
② 《蒙藏院训令》，《西南和平法会特刊》。

政界和社会名流先后皈依。在汉口，格西译出诸尊仪轨 51 种，并开办密乘法会，传法祈祷。多杰觉拔格西是早期藏密在内地译介和弘传的代表，早在北京雍和宫驻锡期间已翻译藏乘仪轨 20 余种，被后世认为是"民国时代汉译藏密仪轨之始"。① 在传法过程中，经格西译出的密乘传法仪轨多达 108 种，由川籍居士程安宅、张星若等汇集刊行，以《密称法海》为题发行于世，被赞誉为"近代汉译藏密典之嚆矢"。② 密宗佛经的翻译为内地汉传佛教认识和研究藏密奠定了坚实的经典基础，为复兴的汉传佛教振兴佛教传统的研究提供重要借鉴。多杰觉拔格西的译经事业功不可没。

此后，多杰觉拔格西在内地宗教界的声誉日隆，各地及各界人士纷纷邀请其修法禳灾、传法讲经。1927 年初北京亢旱，格西受邀祈雨。山东济南佛教正信会派代表赴北京，接受格西传法 7 日。1928 年 5 月，格西又远赴东北奉天（今沈阳），参与东北和平法会，修法 49 日。③ 藏传佛教高僧之所以受到内地各界的普遍欢迎，与当时内地政治动荡、战乱不断、民生凋敝等社会现状有关，藏密恰好迎合了内地民众在现实困境中对宗教抚慰的追求，也与多杰觉拔格西等早期藏传佛教高僧的传教努力密不可分。

为了使佛教在现实社会中获得广泛的支持，多杰觉拔格西不仅借助传法授道、宗教仪轨等传统方式，还注重与当时内地流行的科学主义和实用主义思潮展开对话。1927 年，格西驻锡五台山之时，北京大学张怡荪、罗庸中教授欲用科学来实验佛法，"经尊者说明：佛法较科学精明逾万万倍，以科学为五明中工巧明，如不依持内明，则成为残害众生之利器。西藏的工巧明，是利益众生；西方的工巧明，乃是残害众生者"。格西继以文殊和药师法向两人传授修法，"二人均有异感，身心洞彻，智慧顿增。修法圆满后，自觉前后判若两人，自此皈依尊者，深信佛法"。④ 经过多杰觉拔格西、白普仁喇嘛等的早期传法努力，藏传佛教的影响已初步遍及内地南北各处。藏密引起内地社会各阶层的广泛兴趣和敬奉，为此后藏传佛教在内地的进一步

①　于凌波：《民国高僧传四编》，第 315 页。

②　佛日：《近今密宗热之反思》，《法音》（北京）1996 年第 1 期；《多杰格西在重庆翻译密宗经轨》，《威音》第 21 期，1930 年。

③　郭又生：《诺们罕大喇嘛多杰觉拔格西事略》，《西南和平法会特刊》。

④　于凌波：《民国高僧传四编》，第 315—316 页。

传播营造出良好的氛围和环境。

从 1926 年起，四川的佛教徒曾屡次盛情邀请多杰觉拔格西和白普仁喇嘛前往饱受战火之苦的家乡，举行消灾仪式。在多次婉拒之后，多杰觉拔格西最终应成都佛学社彭鉴清居士迎请，于 1930 年初同意动身赴川。重庆佛学社做了周密的迎接安排，并联络四川的刘湘等军政要员给予支持，令沿江严加保护。格西在刚刚建市的重庆停留一年。其间，他参与和主持盛大的西南和平法会持续 49 天，为其赢得巨大的宗教声望。为纪念格西的到来，重庆市府在市区修造了一座"全国创见之金刚菩提塔"，内装盛藏文经文。之后，受重庆市长潘文华的资助，佛学社从北平"请领藏经数万部，又造铜质白度母一尊"，一面请格西致函，派员从康定迎请 16 位喇嘛赴渝襄助法会。格西又在佛学社传法，多次举行息灾止战法事。至 1931 年初，在四川要员刘文辉、邓锡侯、田颂尧等来电催请和西南和平法会成都筹备处的敦促下，多杰觉拔格西自重庆乘轮西上，途中往朝峨眉山。①

4 月，多杰觉拔格西抵成都。成都佛教界和社会名流共同发起成都西南和平法会。格西在成都文殊院设坛传法灌顶。社会各界与会者数千。四川省主席刘文辉亲自率数百人入坛习法，"开绿度母长寿佛药师道场，广度阵亡将士，开金刚狮王佛母道场以降魔。继之传咒灌顶，学者先后九百余人，自此川中密法大兴"。② 格西偕同康区等 20 余位高僧喇嘛修持密宗仪轨近两月。修法圆满后，格西随即返回康定安却寺。驻锡安却寺期间，格西向川康当局函请永免安却寺的粮税，以解寺院之困乏。因格西的宗教声望，刘文辉又重视沟通宗教界关系，川康当局训令康定知事连同南无寺的粮税一并豁免。③

1933 年 9 月，多杰觉拔格西受成都佛学社之请，再次赴蓉，为信众传授密法。④ 次年，格西偕同张世德、张注汪喇嘛，及赴藏学法之汉童三人、康人一名，经广东、香港，中转印度入藏。途中格西在香港短暂停留，应谢

---

① 郭又生：《诺们罕大喇嘛多杰觉拔格西事略》，王汝梅、李奎安、曾鼎勋：《重庆各机关致多尊者函》，《西南和平法会特刊》。

② 于凌波：《民国高僧传四编》，第 316 页。

③ 《川中迎多杰格西修和平法会》，《威音》第 30 期，1931 年；《西南和平法会成都筹备处致多尊者函》，《西南和平法会特刊》《西康消息·本周短讯》，《西康公报》第 28 期，1931 年。

④ 《多杰格西传法盛况》，《四川佛教月刊》第 9 期，1933 年。

若谨等居士邀请，传授显密教法。① 返回西藏后，格西宣传内地佛法弘传盛况及内地汉僧对藏传佛教的敬奉，并向哲蚌寺献上"内地佛学团体并各大居士等诚供之现金、哈达等物，以及北平所请之千尊佛像"，"并宣传国内之盛德，内地佛法之兴盛，对于西藏佛法之信仰等情，于是各大德长老以及各大小寺院僧众，均合掌欢赞叹欢喜无量，稽颡中国之佛法昌明"。经格西奔走努力，哲蚌寺甲绒康村同全体僧众决议，"特别欢迎汉人来藏学法，对于一切公差事务，概行罢免，令其自由学习修持，其条例，已于六月十五日施行矣"。法舫法师建议，"可否用汉院学社名义，通知各省佛学团体相劝来藏学习，有此殊胜招待之处，非常自由，将汉藏佛法团成一家，由此即可实现"。而此条例的颁布，"固多杰格什宣传有方，实亦内地佛教同仁近年来对西藏佛教真诚信仰之所致也"。② 多杰觉拔格西回藏后着力宣传和推动，促进汉藏佛教界的相互认识和交流，进一步摒除了内地汉僧前往西藏学法的限制和障碍。1942 年，多杰觉拔格西圆寂于拉萨。③

多杰觉拔格西是近代汉藏佛教文化交流的早期重要宗教人物和先行者。他是内地汉僧赴藏学法的启蒙者和推动者，藏传佛教密法在内地传播的导师和践行者，藏密经典的重要翻译者和传播者。诚如南怀瑾所言，"现代开藏密先声者，即以民初西藏大德多杰格西、白尊者等，来北京弘法开其端。汉僧相率留学西藏者，为僧大勇等随多杰入藏为始"。④ 多杰觉拔格西又是民国时期疏通和修复汉藏关系的参与者和实践者。他与白普仁喇嘛联络内地佛教界，同太虚法师等共同组建"中华佛教联合会筹备处"等佛学组织，参与策划浙江、湖南等地佛教联合会的建立。⑤ 因各类法会的举办，他又同内地各处佛教界人士、军政要员和社会名流保持密切的社会关系，并且促使康区宗教人士在内地的宗教活动中发挥更为重要的影响力。返回西藏后，多杰觉拔格西向西藏宗教界大力宣传内地崇佛之状，竭力融通汉藏感情，无形中

---

① 多杰谢若：《多杰觉拔尊者香港传法记》，《佛学半月刊》第 77 期，1934 年。
② 法舫：《西藏特别欢迎内地僧人学法》，《海潮音》第 17 卷第 1 期，1936 年。
③ 《多杰觉拔在拉萨圆寂》，《佛化新闻》第 233 期，1942 年 5 月 7 日。
④ 南怀瑾：《显密优劣之商榷》，《禅海蠡测》，复旦大学出版社 2002 年版，第 201 页。
⑤ 东初：《中国佛教之重建》，张曼涛主编《现代佛教学术丛刊》第 86 辑《民国佛教篇》，台北，大乘文化出版社 1978 年版，第 60—61 页。

增加西藏与内地之间的宗教亲缘感。

继多杰觉拔格西之后，不少康区高僧相继赴内地传法授经，尤以诺那呼图克图为著。诺那呼图克图原名格热·索朗列旦，或称为格热喇嘛，出生在昌都类乌齐县龙桑地方的格热仓家族。7 岁时入类乌齐寺荣共拉章①宁玛扎仓为僧，师从七世吉仲·赤列强白久乃、苯噶喇章巴威色及噶举派堪布仁青达吉等，法号逞列匠错，之后依从金刚上师贝雅达纳，修习密宗。24 岁时，诺那就任类乌齐寺荣共拉章管家喇嘛。因此，诺那主要受过宁玛派教法的系统寺院教育。

清末川边改流期间，诺那代表类乌齐寺荣共拉章立誓支持清政府，协助清军平定波密全境，获封西康大总管。第一次康藏纠纷爆发前后，诺那仍一如既往地襄助川康当局。藏军进据昌都，类乌齐寺荣共拉章遭到西藏地方政府严惩，诺那被监禁流放。之后诺那奇迹般地逃离西藏，经过尼泊尔、印度，于 1924 年开始流亡内地。在北京，起初因"言语隔阂，形服殊异，无人知敬礼"，②经多杰觉拔格西引荐，诺那与北洋政府咨议李玄相识。③经李玄推荐，诺那受到执政段祺瑞的礼遇。诺那希望借政府之力返回康区，恢复旧业，得到段氏的应允。但是内地政争不断，诺那的期许随着段祺瑞在 1926 年辞职而破灭。

政治上碰壁后，诺那在九世班禅处结识四川驻京代表李公度，结为福田与施主关系。刘湘获知诺那事状，将之礼迎入川。1926 年冬，诺那抵达重庆。刘湘迎请诺那"再修川康祈祷法会，以求和平。诺那言为两省祈祷，乃我至愿。惟须大密宗大秘法。此法中国只元朝时北京曾修一次，余均未见未闻。诸君能虔诚大舍，我亦愿尽平生所学最高秘法，以回向两省。乃定造莲师像十万尊，建大塔三座，造大像三尊。诺那个人诵经一百二十日，计自十四年十二月修法起，至次年四月竟功"。④自此，诺那在内地的宗教声誉

---

① 与夏仲拉章为类乌齐寺两大拉章。

② 徐少凡：《昌都诺那呼图克图传略》，《边政》第 5 期，1931 年。

③ "殊知诺那师傅之来，溯其原因，亦由多师。闻多师云，川人李居士玄，在北京时，舍利遗失，求师推算。师自告以诺那有法，可以查知。李玄往叩诺师。而诺师来川，即原于此。"参见郭又生《诺们罕大喇嘛多杰觉拔格西事略》，《西南和平法会特刊》。郭又生或是将李玄与李公度两人混淆，但是多杰觉拔格西显然曾大力帮助初到内地的诺那呼图克图。

④ 徐少凡：《昌都诺那呼图克图传略》，《边政》第 5 期，1931 年。

日隆，于 1928 年组织成立"世界佛教大同会"。① 该会的目的是弘扬佛法，利济人群，促世界大同。内部建各分支，处理讲经、诵佛及研究和实践密宗事宜，并建立佛教图书馆和办事处，负责印刷经文和资料流通。诺那在四川驻锡三年，多次举行祈祷大法会与和平法会，"屡灌顶，并传红教无上密宗，僧俗敬服"。② 四川受业弟子数以万计。

诺那在四川的传法活动引起刚刚成立不久的南京国民政府政要的注意。经刘湘的引荐，诺那在 1928 年到达南京，起初从事宗教活动和行医。不过，诺那很快就同在南京的康区巨商邦达多吉会面商谈康藏政局，开始重新关注其未竟的政治事业。在蒋介石、戴季陶等的赏识和重视下，诺那于 1929 年被委任为刚刚组建的蒙藏委员会委员，兼任立法委员，并被赐封"呼图克图"称号。③ 同年 11 月，国民政府批准诺那呼图克图设立驻京办事处，按月拨给经费。次年 2 月办事处正式成立，主办宣传康藏事宜的《新西康》月刊，轰动一时。此后，重庆、成都和康定等地相继建立诺那呼图克图办事处。在内地传法之际，诺那呼图克图多次呼吁国民政府扶助和支持图治西康、规复西藏的计划，资助其返康，宣慰康藏，④ 深深地介入有关康藏的政治事务。

国民政府的赐封和授职大大提升了诺那呼图克图的宗教声望，而仅次于九世班禅喇嘛。1931 年九一八事变后，诺那呼图克图与达赖喇嘛驻京代表、班禅喇嘛驻京代表等内地康藏人士发起成立"康藏旅京同乡抗日救国会"。同年，诺那两次赴上海闭关修法、传法和灌顶，修息灾祸，祈祷和平。在内地传教期间，诺那"先后在北京、天津、重庆、上海、杭州、广州、南昌、武汉、长沙、莫干山、牯岭等处，受众请，传法讲经，禳灾祈福。执弟子之礼者，率百千万人，平等兹愍，不收供养，病者求诊，虽寒暑深宵，极忙迫时，

---

① 《诺那活佛组织佛教大同会》，《海潮音》第 10 卷第 3 期，1929 年。

② 《诺那呼图克图行状》，《康藏前锋》第 4 卷第 1、2 期合刊，1936 年。

③ 诺那呼图克图的名号由来是由原来的格热喇嘛改为奴拉，后被蒋介石召见，封为"奴拉呼图克图"，并发给薪金，在经济上给予支持。参见吉仲·江白坚参《类乌齐寺吉仲活佛和格热喇嘛简历》，政协西藏自治区委员会文史委员会编《西藏文史资料选辑》第 6 辑，西藏人民出版社 1989 年版，第 89 页。奴拉（或格热、额拉）即诺那之同音异写。

④ 《宣慰康藏：诺那之提案》，《绥远蒙文半月刊》第 21 期，1930 年；《文官处为诺那呼图克图请回康宣慰奉谕暂缓事致蒙藏委员会函》，中国藏学研究中心、中国第二历史档案馆、西藏自治区档案馆等编《元以来西藏地方与中央政府关系档案史料汇编》第 6 册，第 2496—2497 页。

必满愿，盖为一大事因缘，作不请之友，以至教神髓，流畅东土，何其盛也"。[①] 特别是 1933 年，九世班禅喇嘛赴内蒙古传法后，诺那呼图克图成为当时在内地最具宗教影响力的藏传佛教高僧。从这一年的 4 月到次年 4 月，诺那受邀往来于上海、南京、杭州、广东各地，举行传法法会、修法消灾仪式等。诺那因此在 5 月被加聘为中国佛学会名誉会长。佛学会还补祝诺那六旬大寿，恭请其传授无量佛大法等。[②] 为便于传播教法，诺那呼图克图早在 1929 年已授意弟子将其口授教义译成汉文，编纂为《开示录》。在内地传法期间，诺那呼图克图先后为两万名弟子灌顶，加持密宗教义，其弟子遍及内地各省。南京密乘修学社还资助讲授和翻译宁玛派祖师莲花生的传记。部分弟子甚至成立诺那学生会，捐助支持诺那的起居旅行及出版讲义的费用。[③]

1934—1935 年，诺那呼图克图继续应邀在广州、香港、汉口、长沙、南昌、庐山、杭州、北京等地举办法会，为劫难者禳灾祈福，讲授显密要义，传授灌顶法。1935 年，诺那的上海弟子建立诺那精舍，作为宁玛派的道场，修持密法及筹办冬季赈济、施药等事业。[④] 直至 1935 年 3 月，受任为西康建省委员会委员的诺那呼图克图离京赴川，希冀借助国民政府的力量，实现其重返康区、恢复旧业的政治意图。诺那在内地的传法活动就此中止。诺那呼图克图卷入国民政府、川康地方实力派及入康红军等多方势力的周旋博弈，最终在 1936 年 5 月 12 日圆寂于甘孜。火葬后遗骨由弟子韩大载带回内地，归葬于江西庐山。国民政府专拨治丧费，迎请康区贡噶喇嘛主持建造诺那喇嘛塔，并在牯岭建诺那庙。四川信众则在重庆北碚修建巨大的经堂，

---

① 《诺那呼图克图行状》，《康藏前锋》第 4 卷第 1、2 期合刊，1936 年。

② 灯霞：《中国佛学会欢迎诺那呼图克图》，《海潮音》第 14 卷第 10 期，1933 年；《诺那活佛修息灾法会》，《海潮音》第 14 卷第 6 期，1933 年；《诺那呼图克图传授密法》，《威音》第 49 期，1933 年；《诺那活佛莅林启建息灾法会功课记录》，《佛学半月刊》第 10 期，1933 年。

③ 韩大载：《诺那金刚上师开示录》，1937 年，台湾大学图书馆藏本；滕华睿：《建构现代中国的藏传佛教徒》，第 169—170 页。

④ 吴平：《藏传佛教在近代上海的流传与发展》，《中国藏学》2002 年第 3 期；《诺那活佛抵粤》，《广东旅沪同乡会月刊》1934 年第 7 期；《诺那赴湘说法》，《蒙藏月报》第 2 卷第 3 期，1934 年；《诺那喇嘛在京临别传法》，《佛学半月刊》第 76 期，1934 年；多杰谢若：《诺那活佛过港弘法记》，《佛学半月刊》第 82 期，1934 年；周文澜：《汉阳佛教正信会请诺那呼图克图启建法会》，《佛学半月刊》第 93 期，1934 年；元元：《诺那活佛到广州的前后》，《人言周刊》第 1 卷第 20 期，1934 年；尘：《诺那活佛在汉传弥陀法》，《净土宗月刊》第 5 期，1935 年。

命名为"诺那精舍"。[①]

诺那呼图克图在内地的传法活动与其一向执持的政治事业密不可分。国民政府及各地政要对诺那的推崇和委任，对诺那呼图克图在内地的传法活动起到推动作用。借助政治权威的扶持，诺那呼图克图在内地的传法，无疑极大推动了藏传佛教密法在内地的传播和汉藏佛教文化交流。

与多杰觉拔格西和诺那呼图克图有别，其余康区高僧在内地的传法活动具有强烈的地域性特点，主要集中在毗邻的四川境内，而且其宗教影响力相对微弱。康定贡噶喇嘛于 1936 年赴川，后受居士林礼请，前往宜昌、重庆等地传授密法。[②] 1938 年应佛学会之请，自渝至蓉城，驻锡少城公园成都佛学社内，传授金刚亥母大法，入坛受法者百余名。全面抗战期间，贡噶喇嘛一直驻锡陪都重庆。1941 年贡噶喇嘛诞辰之际，成都徐少凡等灌顶弟子为喇嘛祝寿，举行放生、施食、护摩及专修上师瑜伽、无量寿佛诸法等，专函敬致供养。1947 年因贡噶喇嘛"终年修法祈祷，护国息灾，厥功甚伟，国府特册封辅教广觉禅师"。[③] 1941 年 4 月，雅江县南真寺堪布降巴银德驻锡少城公园佛学社，专供萨迦寺募缘。6 月，阿旺南杰堪布率喇嘛数人，经康定抵蓉。次年 4 月，董本格西由康定至蓉，在城堭做演讲，宣传抗战。抵重庆后，董本格西受到蒋介石、白崇禧、戴季陶、吴忠信等国民政府政要的接见、款宴。应佛学社之请，格西在陕西街钱公会讲演佛学，又在太虚法师和戴季陶的礼请下，为宗教徒联谊会讲经传法。1943 年根桑活佛在成都状元街宝慈佛学社设坛传授破瓦法，又以复兴夺宝寺作为五明学院院址。次年，阿旺堪布、仁登噶哇、亲尊活佛、督噶活佛等相继抵蓉传法讲经。3 月，根桑活佛在成都传授大圆满胜慧灌顶法。至 1945 年 1 月，金川广法寺堪布阿汪巴登由拉萨抵蓉，驻锡于少城公园佛学社内。[④] 尽管这些康区高僧的传法活动影响力已远不及多杰觉拔格西在川渝的弘法，也无法与九世班禅喇嘛、

---

① 王川：《诺那活佛在内地的活动及对康藏关系的影响》，《中国藏学》2008 年第 3 期。

② 《西藏贡噶活佛游览四川》，《边事研究》第 4 卷第 1 期，1936 年；《居士林礼请贡噶大喇嘛传授密法》，《佛海灯》第 2 卷第 8 期，1937 年。

③ 《贡噶活佛册封典礼即将择期举行》，《觉有情》第 185、186 期合刊，1947 年。

④ 吴华、段玉明：《凝聚与发散：成都佛教在民国汉藏交流中的中转效应》，《西南民族大学学报》2015 年第 1 期。

诺那呼图克图在东部地区传法产生的全国性影响相媲美，频繁的佛教界往来互动却始终不断地在川渝与康区进行。这成为康区乃至西藏与内地之间佛教文化交流的重要渠道。

康区无疑在近代汉藏佛教文化交流史上占有不容忽视的地位。藏密在内地的广泛传播，推动了内地佛教的改革和复兴，沟通了汉藏文化，融洽了汉藏民族感情。汉僧游藏学法和藏僧内地传法是促成藏密在内地宗教界深入人心的双重动力和实现途径。康区在汉僧游藏学法过程中起着重要的衔接和中介作用。以多杰觉拔格西和诺那呼图克图为代表的康区高僧的内地传法活动，则表明康区在整个藏密传播内地过程中已不限于单纯的媒介和通道功能，而是主要的推动力量之一。在毗邻康区的川渝地方，汉藏教理院、西陲文化院、近慈寺"护国金刚道场"、重庆佛学社、四川佛学社等一系列重要佛学社团组织和学校的组建，正是源于康区与川渝之间的宗教地缘优势。这些均说明，在近代汉藏民族关系交往史、文化交流史上，康区扮演着越来越重要的角色。

第二节　康区的商业贸易及其发展

一　近代康区的中转贸易

近代康区商业的肇兴与发展同历史上的汉藏茶马贸易密切相关。唐宋以来兴起的茶马互市到明清时期达至繁荣。至清初，官营茶马贸易逐步让位于开放式的民间贸易，藏地市场获得较大拓展。从事内地与西藏转运贸易的各族商贾数量增多，康区与西藏、内地市场逐渐连为一体，各类商品经过康区流通于内地与西藏之间，形成富有民族特色的中转贸易。[①] 但是直到 19 世纪末叶，以茶商为主的绝大多数汉商仅止于打箭炉，同藏商做大宗茶货交易，并不深入康区从事贸易。[②]

自清初以来，打箭炉是茶叶为主的内地商货向藏地流通的运销枢纽。乾隆末年成书的《雅州府志》载："炉不产茶，但系西藏总会，口外番民全资茶食，

---

① 张莉红：《论明清川藏贸易》，《中国藏学》1993 年第 3 期。
② A. De Rosthorn, *On the Tea Cultivation in Western Suuch'uan and the Tea Trade with Tibet via Tachienlu*, London: Luzac & Co., 1895, p. 40.

惟赖雅州府属之雅安、名山、荣经、天全、直隶邛州等五州县商人行运到炉，番民赴炉买运，至藏行销。"① 五州县商人即俗称的"五属茶商"，以陕西籍汉商为主，控制着从雅安到打箭炉的茶货运销。茶商在产茶区领取茶引，将茶叶制为砖形篓包，雇募背夫贩运至打箭炉，有时茶包上会附带少量其他内地商货。为便于存放和销售，从事大宗茶货交易的大茶商在打箭炉设有专门的货栈茶店。此类茶店在清末多达36家。小资本的茶商则付费，将茶货存于放货店中。其余无资本的小商会将领取的茶引转让给小资本茶商，从中渔利。② 茶商并不与藏商直接接触和交易，而由锅庄主充当汉藏贸易的牙行歇家。

每年由藏商转运的大宗茶货多销往西藏，部分分销康区各地。由于寺庙商、土司头人商是藏商的主体，分销康区的茶货除极少量由藏商在沿途零售外，多数可能流入寺院和土司阶层手中。在清末川边新政前，内地茶货分销交易主要由寺院垄断经营。1868 年入康的英人库柏（T. T. Cooper）就发现，康区藏人对茶叶的需求量巨大，"藏人生活中的整个商贸活动似乎是为获取充足的茶叶"，"对喇嘛而言，他们控制着零售业，正如汉人垄断着批发贸易"。③ 1878 年奉命入康考察的英国领事官贝德禄（E. C. Barber）也注意到，兼具商人、借贷者多重身份的喇嘛为了追求更大更稳定的利润，将他们垄断的交易活动限定在寺院周围可控的地域范围内，而不愿在远离寺院的地方开设新市场。④ 寺院利用宗教地位和政治特权，对民间贸易活动的参与和操控贯穿整个近代。

至 20 世纪初川边改流期间，为鼓励和招揽内地商贾前往康区贸易，官府采取轻捐税等扶持和推动政策，加上改流后政治和社会秩序大体稳定，商道畅通，潜在的市场促使大量追逐经济利润的汉商前往康区经商，民间商贸日趋繁荣。民国时期的一位观察者回顾清末康区短暂的商贸盛况称：

① 曹抡彬、曹抡翰等纂辑《（乾隆）雅州府志》卷 5《茶政》，台北，成文出版社 1969 年版，第 137 页。

② A. De Rosthorn, *On the Tea Cultivation in Western Suuch'uan and the Tea Trade with Tibet via Tachienlu*, pp. 31-32.

③ T. T. Cooper., *Travels of a Pioneer of Commerce in Pigtail and Petticoats*, London: John Murray, 1871, p. 409.

④ E. Colborne Barber, *Travels and Researches in Western China*, London: John Murray, 1882, p. 199. 1892 年 9 月柔克义（William W. Rockhill）旅行到汉人相对聚居的巴塘。他在日记中写道："这里几乎没有任何贸易，在城内只有两家汉人店铺做买卖。喇嘛从事所有贸易，并借钱给汉人，但汉人并非其代理商。"参见 William Woodville Rockhill, *Diary of Journey through Mongolia and Tibet in 1891 and 1892*, Washington: Smithsonian Institution, 1894, p. 345。

西康商业，以清末民初为极盛时代，盖当赵季和氏经营川边，对于政治之改进，交通之建设，文化教育之振兴，大刀阔斧，突飞猛进，蓬蓬勃勃，真有一日千里之势。在如斯情态之下，商业遂亦得伸张发展之机会，边僻荒徼，草莱初开，商业需要，备觉迫切，故各地来康经商家日益在多。当时陕川滇籍之商人，在康南之巴安，康北之甘孜，及东路之康定等地设号经营者，不下数百家，资本总数，将及千万，而供求之间，仍感不逮，是见当时商业之盛，可称为西康商业之黄金时代。[①]

民国初期，政治纷争与兵燹之灾不断，社会秩序极度混乱，商路梗阻，商旅裹足，苛捐厘税繁重，物价上涨，商品滞销，形成商业发展的恶性循环状态。印茶入藏，川茶业衰落，更是雪上加霜。康区商业顿时萧条，一落千丈，陷入低谷。大量商号、货栈歇业或停业，市场严重萎缩。不过，因内地乃至国外市场对康区药材、皮货等土特产的需求量依然较大，而康区对内地输入的茶、绸布等日常生活用品的需求尚称可观，民国初期的康区中转贸易仍可勉力维持。

全面抗战爆发后，国民政府西迁，东部沿海大量工商业设施、人员和物资流向西南地区，包括康区在内的西南腹地成为战时经济和国防建设的大后方。此时刘文辉主政西康及西康建省筹建前后，康区政治和社会环境渐趋平稳。国民政府为接收西方盟国的援华物资，愈加重视贯穿康区的传统汉藏商贸通道的战略价值。

西康建省后，社会秩序趋于稳定，交通条件得到改善。西康省府致力于康区的各项经济建设，康区商贸由此出现复苏迹象。但是由于中转贸易大宗商品——边茶的滞销及滇茶入藏新贸易路线的开辟，康区的商贸枢纽地位受到冲击。而且官府发起实施的经济措施，尤其是边茶贸易复兴计划和措置成效甚微。同时英货侵销和走私现象严重，占据康区部分市场。加之抗战结束后西南边疆战时地位的衰落和经济发展的边缘化，所以康区的商业始终未能恢复到清末民初的发展水平。

在近代康区中转贸易的各类商品中，茶叶是输入的大宗商品，边茶贸易

---

① 仲康：《西康商业之现状及其前途》，《康藏前锋》第 2 卷第 2 期，1934 年。

是康区商业的主要构成部分。在分销康区各地同时，大量边茶过境转销西藏各地。近代输入康区的边茶主要有川茶、滇茶和部分印茶。川茶主要产自雅安、邛崃、天全、名山和荥经等地，又称南路边茶或康茶，可分为荥经、雅安、名山、邛崃产的大路茶（粗茶），天全的小路茶（细茶）。依品质又可分毛尖、芽细、砖茶、金尖、金玉和金仓六级。运销拉萨者为毛尖、砖茶、金尖等细茶，销往金沙江以东之康区者为金玉、金仓两种粗茶，销于各地寺院者为玉茶及少量毛尖细茶，售予各地土司头人及富有家庭者纯为毛尖细茶。民国年间川茶销往康区的数量起伏较大。每年运赴康区各地的川茶五六十万包，值银130余万两，[①] 之后在滇茶和印茶的竞争冲击下，渐呈下降趋势，抗战后骤降至10余万包。

销藏滇茶以紧茶[②]为主，另有少量饼茶（又称筒子茶）、圆茶和砖茶。民国初年，滇茶多以古宗藏商为中间转销商，经滇藏线运入西藏。具体运销状况如下：

> 思茅茶号，向江内（倚邦易武）江外（车里佛海南峤）等地购运原料，集中思茅拣制，运至大理、下关、阿墩子，售与藏人，或古宗人。藏族之古宗队商，每年由滇西北丽江、中甸、维西等处驮运药材粉丝诸物，至滇西南出卖，或兼卖马匹，以货购茶。于阳历十一月中，由中甸南下驮运茶叶数十担，北运至德钦（阿墩子）解卸或出卖，谓之春盘；丽江卸存，谓之冬盘，次年二月下旬又南下驮运。[③]

康藏冲突数度发生后，滇藏交通亦大受影响。因途中盗匪横行，治安失宁，商旅裹足。1918年滇商增辟滇缅印藏商路，途经缅甸、印度转入西藏，利用先进的运输工具，运费成本大为降低，时间大为缩短。1926年以后，云南知名茶商大多改道缅印商路。自此，滇茶藏销路线分为北路和南路。[④]

---

① 游时敏：《四川近代贸易史料》，四川大学出版社1990年版，第38页；《西康茶业调查》，《四川省立农学院院刊》1934年第5期。

② 紧茶又称"蛮茶"或"古宗茶"，主要以云南大山茶或原山茶为原料，粗茶七成为心，细茶三成为表，压制为心脏形紧团，每团重旧秤七八两，称为"紧团茶"，简称"紧茶"。

③ 谭方之：《滇茶藏销》，《边政公论》第3卷第11期，1944年。

④ 徐方幹：《滇茶产销之研究》，《经济汇报》第11卷第6期，1945年。

　　北路藏销滇茶主产于双江（勐库）、景谷、景东、缅宁（今澜沧）、顺宁（今凤庆）等地（又称"下关紧茶产区"），属于小山茶。大部分在大理下关揉制，转运丽江、阿墩子入藏销售，是滇藏边茶贸易的传统路线。但是因川滇藏交界处战祸不断，道路不靖，下关紧茶茶质又较劣，北路藏销滇茶销量不多。据估计，直到 1943 年，每年经丽江销往藏地的紧茶仅有 4000 余担。① 南路藏销滇茶产于佛海（今勐海）、南峤（今勐海西部）、车里（今景洪）等地（又称佛海紧茶产区），属大山茶（或称原山茶）。多数在佛海集中，沿新商路运销西藏。南路藏销滇茶销量增长迅速，远远超过北路。到 1937—1939 年，仅佛海县藏销紧茶一项每年已达万余担。② 南路无疑是滇茶藏销的主要运销路线。到全面抗战期间，因中缅印藏交通一度遭日军封锁，滇藏贸易转入滇藏线或滇康线经营。大商号铸材及永昌祥、达记、茂恒、福昌兴等年可运销进藏滇茶千余驮。

　　印茶产于印度大吉岭一带。1925 年前后，印茶已占据西藏中部和东部大部分消费市场。每年包括茶叶在内的外部商品需求价值额和西藏产品输出价值额的总和，已基本等同于亚东商路的印藏商品贸易额，总计达 500 余万卢比。③

　　匹头绸缎是川藏贸易中仅次于茶叶的输入商品，产自四川成都、夹江、洪雅、丹棱、眉山、仁寿等地，年销土布 10 余万匹为大宗，另往销有丝绸及哈达、印经布、幔绸等丝织品。洋广杂货又次之，包括四川内江糖、雅安铁器、夹江纸、金堂烟和汉源米及瓷器、铁器、颜料、广（东）货、广（东）药等。由云南输入康区的商品有丽江铜器、红糖、藏靴、腰带、皮绳、藏刀鞘、刀柄、皮鞍、马饰和汉人吸食的鸦片。由西藏输入康区的商品谓之藏货，除氆氇、红花、藏香外，大多是转销的英印杂货，如藏呢、藏绒、喜绒、斜纹布、灯芯绒、珊瑚、珠宝、象牙、器具等，雅砻江以西多有之。食盐来自青海，部分产于盐井。

　　输出贸易的大宗货物以药材、皮毛居多数。药材数量最大、种类最多，

---

① 《紧茶调查报告》，云南省档案馆藏，档案号：1080-002-00061-001。
② 《为佛海县请暂准自行放销紧茶给该县的指令》，云南省档案馆藏，档案号：1077-001-03763-097。
③ 董志勇：《关于"印茶入藏"问题》，《中国藏学》1993 年第 3 期。

占输出总值的 2/3 左右，以麝香为主，另有虫草、贝母、知母、大黄、鹿茸、羌活、秦艽等。产量从数万斤到数十万斤不等。麝香年产可达 3000 斤，价值百万以上，以上海为输出总汇，销往欧美等海外市场。康区所产麝香输出量几占世界总量的 1/3。[①] 皮毛主要是羊毛和牛羊皮。羊毛年产约 200 万斤，输出十分之六七。牛羊皮之外又有鹿皮、狐皮、豹皮、獐皮、猞猁皮、狼皮等，占输出总值的近 1/3。年产六七千两到两万两不等的赤金，以及各类山货如石渠白菌、九龙花椒、巴塘和盐井黄木耳等，年产从数千斤到数万斤，皆为近代康区的输出商品。

可以看出，近代康区的中转贸易商品大多具有过境商贸性质，因日用品需求量大，对外界市场具有较强的依赖性。西康边关税局的一项统计显示，从 1938 年 11 月到 1941 年 12 月，康区贸易入超为 28 个月，总额达千万元以上。[②] 而本土特产缺乏深加工处理，致其转沦为外界市场的原料产地。

从事近代康区中转贸易的商人为数众多，1933 年统计约为 12000 人，其中陕商 7000 人，川商 3000 人，藏商 2000 人。[③] 依据民族、行业、籍贯和社会身份的差异，商人群体可划分为不同类型，主要有汉商、藏商、回商、滇西北纳西族商贾等。汉商依籍贯之别又可分为陕商、川商、滇商、青商和甘商等。川陕商人数量最多，尤以陕商资本雄厚，经济实力最强，康区商业命脉多操于陕商之手。以行业划分，汉商内部可分类如下。

（1）茶帮：在康区经营者分雅安、荥经、天全、名山、邛崃五帮，称五县茶商，系私人经营，自四川领票引，垄断川康边茶的生产与销售。

（2）金香帮：经营赤金、麝香，大多是山西、陕西商人，以德泰合业务最盛，康南、康北各县均设分号，申、港、川、汉亦有庄号，资本雄厚。集义生、积庆隆等次之。

（3）药材帮：以云发、大兴两行及康宁公司规模最大，系川陕商人开办，专营药材之外兼营羊毛、茶叶。

（4）杂货帮：又称府货帮，以采办四川出产之绸缎匹头及收买康藏之

① 《西康麝香业概况》，《川边季刊》第 1 卷第 1 期，1935 年；《西康麝香出口统计》，《中国实业》第 1 卷第 3 期，1935 年。

② 转引自刘君《康区近代商业初析》，《中国藏学》1990 年第 3 期。

③ 游时敏：《四川近代贸易史料》，第 40 页。

毛皮、土产为业，多为川陕商人，各设总号于康定，也有在青海玉树，四川道孚、甘孜、炉霍及北平等地设立分号者。

（5）成都帮：以专办川、广、苏、杭杂货匹头为业，并收买康藏土特产。

（6）川北帮：以经营零星杂货、玻璃、铁器等为业，多属小贩，大多来自川北安岳、遂宁、梓潼等地。

（7）云南帮：以云南鹤庆、丽江、阿墩子等地商人为主，内中多有纳西族、回族商人，以鸦片贸易为大宗，茶及杂货次之。

（8）邛布帮：为四川邛崃、大邑等处商人，专营四川土布、哈达、旗布等。

（9）重庆帮：专营收买康藏所产药材、皮毛，转销内地。另有资本规模较小的干菜帮、草烟帮、制革帮、汉源帮、银钱帮、零茶帮、纸瓷帮、猪屠帮、牛屠帮等，营业范围大小不一。

行帮之兴是汉商从事康区中转贸易发展之必然结果。行帮又是内地传统商业组织向康区的移植和延伸，而与地域认同、经商传统等密切关联。

藏商泛指康区本土及西藏赴康经商的藏人商贾，大抵以地域划分，冠以地域或家族之名称，称为某某娃，如德格商人称作德格娃。康区北路甘孜、德格、昌都及西藏的藏商商业实力最强。南路则大多属商贩，以贩卖牛羊、杂粮、药材为业。依据社会身份的差别，藏商有如下分类。

（1）喇嘛商：又称寺庙商，康区各大寺院皆经营商业。以甘孜大金寺、理塘长青春科尔寺最为典型。资本由喇嘛凑集，公推熟悉商情喇嘛，担任充本，负责经营，两三年一换。经商盈利统归管家大喇嘛，充作念经、祀神、祈年、禳灾之费。大寺设商号数家，以茶叶、宗教用品为主要经营对象，大多自炉城（即康定）运茶至藏，又运绸缎、布匹、皮毛、药材及日用物品回康，兼营借贷生息。

（2）土司商：集中于土司复辟的康北地区，各土司大多经商，委派头人任涅巴经营，两年一换，商业盈余缴归土司，作为念经祈祷之用。著名土司商如北路的夏克刀登家、孔萨家、白利家、桑都仓（Sa 'du tsang），南路的安朱仓（A 'brugtsang）和甲那仓（rgya nag tsang），尤以邦达仓（spom md' tsang）的商业资本雄厚，经营规模最大。

（3）平民商：富裕藏人家庭亦有从商者，或独资或合资经营，资本规模较小，大多转运本地土特产至康定或邻近城镇集市，换购茶、布、杂货等日用品。①

　　其中，喇嘛商和土司商凭借传统的政治和社会优势地位，基本垄断康区的本土商业。汉藏商人的群体构成情况见图12-1。

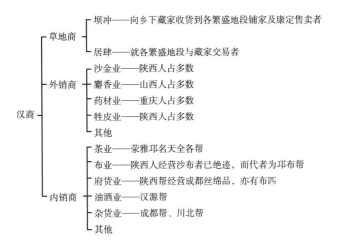

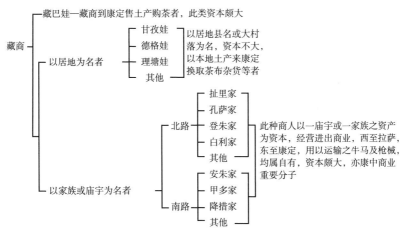

图 12-1　近代康区汉藏商人群体构成

资料来源：王维栋《康藏》，第34—35页。

---

　　①　李亦人：《西康综览》，第343—346页；杨仲华：《西康纪要》上册，第217—224页；来作中：《解放前康区商业简述》，政协甘孜州委员会文史委员会编印《甘孜州文史资料》第7辑。

康区社会重视、尊崇商贾的习气，或多或少同藏商群体的特殊构成有关，有利于营造良好的经商环境。但是藏商群体因主要脱胎于康区本土社会的传统力量，欠缺商业竞争的推动力，商业资本的转化和再利用程度偏低，对康区商业的发展制约较大。

甘青地区的回商是西北与康区之间中转贸易的主要中间商，经营范围遍及甘青川康等藏族地区，规模大小不一，方式灵活，内部分工细致。每年回商牛马商队主要经甘肃洮州（今临潭）深入草地，南下川康两省贸易，以茶、布等日用品换购皮毛，在拉卜楞、河州（今临夏）等地转手销售。①

近代康区各种中转贸易商品沿着传统的贸易路线在内地、康区与西藏之间流通。商道犹如密布的血管交织成一张交通和商贸网络。川康道是连接康区和四川的重要商道，由雅安，经荥经、汉源、泸定到达康定，计程495里，为边茶及其他日用品的输入、输出主要通道。由康定出关②至昌都分南、北两路。南路即康南道，经理塘、巴塘抵昌都，向称官道。民初，南道沿路台站破坏，道途不靖，转改北路。北路即康北道，民国时期取代康南道，成为主要的商道，路线经道孚、炉霍、甘孜、德格至昌都。由德格又分出西北支线，经石渠、玉树，可达甘青，为甘青及西藏商贾往来商道。雅江经瞻化至甘孜的驮道，为康北道辅运商道。连通云南与康区的滇康道分东道、中道和西道。东道由康定南下，经泸定、汉源、石棉、冕宁、西昌、德昌、会理入云南；中道由康定出发，向南路经九龙、木里，入云南永宁境内；西道由康定至巴塘、盐井入云南阿墩子，是滇藏贸易的主要商道路线之一。康定北上经泰宁、丹巴可至大小金川，是连接川西北市场的重要驮道。

民国时期西康省府曾修筑川康、康青（康定至玉树）之间的公路，试图改善康区交通环境。但是公路保养不佳，对商业运输作用不大。康区商品的流通仍然主要依赖民间自发组织的驮帮代商运输。驮帮牛马多至一两千头，至少数百头，组织严密，宜于长途旅行，③ 或由喇嘛商、土司商、滇西

---

① 马平：《近代甘青川康边藏区与内地贸易的回族中间商》，《回族研究》1996年第4期。

② 由康定出南门或北门到藏地，称为出关；由康定出东门到内地，称为入关。参见冯有志《西康史拾遗》，第6页。

③ 杨仲华：《西康纪要》上册，第119页。

北纳西族商人出资自行组建驮帮运输。驮帮驮运商货速度极慢，由康定运茶至甘孜，费时月余，至拉萨则需一年。[①] 交通不便对康区商贸的负面影响较大。

以物易物是近代康区贸易的重要特征。茶叶、青稞和酥油往往作为等价交换物，充当交易媒介。这种贸易特色贯穿整个近代，特别是城镇以外的乡村地区。农牧产品的物物交换是主要交易形式，大多存在于农区与牧区之间的垂直贸易中。德格色普卡（Ziphukhog）牧区有足够畜力（至少6头牦牛）的牧民，每年组成临时性商队，运载土陶器和畜产品，花费月余或更长时间，来往于与之毗邻的甘孜农区绒坝岔，换购豌豆、大麦等农产品而返。色普卡牧区的商队总是落脚在固定的农户家，由该农户向周邻推销牧区的商货，从中获取一定报酬。[②] 交换的比价约定而成。1959年德格更庆乡热巴村的比价是一包青稞换取六七斤酥油，两升青稞换一斤盐巴，一包青稞换一腿牛肉等。货币仅起到辅助作用。[③]

总体而言，近代康区的商业贸易在维系内地、西藏及青藏高原东缘之间经济联系方面扮演着举足轻重的作用。但是因康区社会大多属自给自足的自然经济，社会内部的商品经济发展滞后，物物交换的简单价值观念占主导。商贸的繁荣程度视中转贸易的发展状况而定，而同本地社会内部经济发展有所脱节，并非本地区经济发展、社会分工的结果。过境中转贸易的支配地位决定了近代康区商业发展对外部市场的极大依赖性。而且，康区中转贸易无论是输出、输入商品种类份额，还是商人群体的特点及其经商运作模式，以及流通货币等，均存在明显的结构性缺陷。

二　近代康区的商业贸易网络

近代康区的贸易路线表明，其商业网络的基干框架由三条重要的商贸路线交织构成。由三个重要商业枢纽和中转站向康区延伸的商贸通道，将西

---

① 柯象峰：《西康社会之鸟瞰》，正中书局1940年版，第50页。

② Rinzin Thargyal, *Nomads of Eastern Tibet：Social Organization and Economy of a Pastoral Estate in the Kingdom of Dege*, Leiden/Boston：Brill, 2007, pp. 95-98.

③ 四川民族调查组德格小组：《德格县更庆乡热巴村调查》，四川省编辑组编《四川省甘孜州藏族社会历史调查》，第114页。

北、西南和青藏高原的广阔市场联结起来。这三条商贸路线分别是：从四川内地行经川藏线到西藏的川藏贸易，康定是其贸易枢纽；从云南内地向西北沿滇藏线至西藏的滇藏贸易，滇西北阿墩子、丽江是其贸易衔接点；由甘青地区南下经青藏线向康北地区辐射的青藏贸易，青海结古多（今玉树）为其贸易汇合点。[①] 受川藏边茶业衰落及滇茶销藏，平绥铁路和陇海铁路开通后市场向西北的转移等因素影响，滇藏贸易和青藏贸易在近代康区整体格局中渐有后来居上的发展态势。而且三条主干贸易路线分别为汉藏商人，滇西北纳西族（俗称"藏客"）、白族商人和汉商，以及甘青回商操控和把持，形成富有地方特色的多民族跨区域的民间贸易网络。

在中转贸易份额占主导的近代康区贸易中，依据商贸半径和经商策略等，各族商人群体之间总体上存在区域性的贸易分工和协作关系，对贸易区域进行了大致的约定划分。康区与西藏之间的中介转销主要由藏商运作控制。大宗的货物交易通常在康定、阿墩子或丽江等商业枢纽城镇完成，接着大多由藏商将交易得来的货物分销康区及西藏各地。汉商或滇西北纳西商人则以转销内地商品入藏，及将藏地土特产输入内地为主，大宗交易同样多在川藏或滇藏交界处的商业城镇内实现，是内地与藏地的中介商。[②] 甘青回商则主要活跃于康青交界区域，是同西北农牧区间商贸的中间商。三者分别掌控着近代康区的东、西、北三大市场。

绝大多数藏商依赖汉商、纳西商和回商转运内地商品入藏。三类商人群体是从事内地与藏地商贸的藏商的主要供应商。而三类商人群体在康区商贸的货物运输存储、资本借贷、交易销售等方面需借助寺庙、土司头人的社会权威及提供相应的协助。因地处贸易路线交会处，部分牧区部落则掌控着商货的运输资源（包括畜力、人际关系和有关当地环境、路线的知识），在很大程度上左右着商贸运作，并从中渔利。[③] 各族商人群体在具体的零售环节上也有大致分工。来自康定、丽江的批发商和零售商一般是汉商或纳西商。

---

① Oliver Coales, "Economic Notes on Eastern Tibet," *Geographical Journal*, Vol. 54, No. 4, 1919.

② 四川省志民族志编辑组：《清代四川藏区的边茶贸易》，政协四川省委员会文史资料研究委员会编印《四川文史资料选辑》第 11 辑，1979 年，第 52 页。

③ 比如地跨金沙江上游（Dri chu）和雅砻江上游（Dza chu）的杂曲卡（Dza chu ka）牧区，处于德格、岭地（Ling）通往结古多的多条贸易路线上。参见 Wim van Spengen, *Tibetan Border Worlds: A Geohistorical Analysis of Trade and Traders*, London and New York: Kegan Paul International, 2000, p. 113。

在各交通干线贩卖的行商或各主要商业城镇的铺面坐商，多半是汉商中的陕商和藏商中的寺庙商，及甘青、松潘的回商和滇西北的纳西商。而在广大的农牧区乡间的销售中介则由各藏商或部分汉商充当。[1]

商业枢纽城镇是近代康区商业网络的内外贸易窗口，通常位于地理、民族或农牧区的天然分界处，如康定、阿墩子等地。较早的一批固定商品交易场所随着族际贸易的发展最先出现在这些商业枢纽城镇中。每年夏秋时节，来自西藏、康区各地藏商组成的商队，用牦牛驮运着皮毛、药材、金银制品和印英洋货，沿途一路交易，最终抵达商业枢纽城镇，同等待在此的汉商、纳西商或回商接洽，进行大宗货物的交易。

交易是由独特的商业中介协助完成的，也就是康定的锅庄或滇西北的马店。藏商并不直接同汉商或纳西商接触，而是固定地选择入住熟悉的锅庄或马店内。由锅庄或马店主人从中牵线，负责联络交易对象，完成大宗货物的交易。锅庄或马店主人收取一定数额的中介费（康定称"退头"）。

锅庄或马店是集食宿、货栈、商贸中介于一体的传统交易场所，充当着族际贸易的媒介及商业担保的角色，属于典型的歇家牙行模式。[2] 作为康定汉藏商贸运作的主要模式之一，锅庄贸易的源起同当地政教权力网络密切相关。锅庄主人起初充任明正土司的管家、仲译等职务，专责公差杂务。清代川藏商务繁荣后，锅庄逐渐衍生出商业中介的功能。藏商对锅庄的定向选择是将血缘和地缘关系融入商业活动，大多同锅庄主存有姻亲或同乡关系。[3] 锅庄主是藏商的商务代理。锅庄贸易最为繁盛时期，整个康定共有 48 家锅庄。招待的藏商主要是来自康区南北两路的行商。[4] 边茶贸易衰落及边茶引岸制度于 1942 年废除后，锅庄贸易受到严重影响，亦渐趋没落。

滇西北丽江的马店主要由纳西商或汉商开设。丽江为滇藏商贾云集之地，从滇西驮运紧茶的马帮和远道而来的藏商，每年必经丽江，络绎不绝，极盛期来往丽江至拉萨的马帮牲口可达万余匹，运输量千余吨。为因应民族

---

① 查骞：《边藏风土记》卷 3《俄洛野番纪略》，西藏社会科学院西藏学汉文文献编辑室编《西藏学文献丛书别辑》第 6 函，第 30 页。

② 胡铁球：《"歇家牙行"经营模式的形成与演变》，《历史研究》2007 年第 3 期。

③ 谭英华：《说"锅庄"》，赵心愚、秦和平编《清季民国康区藏族文献辑要》（上），第 637—643 页。

④ 任汉光：《康定锅庄调查》，《四川月报》第 11 卷第 6 期，1937 年。

贸易，服务商务的马店应运而生。十余家马店专门接待藏商，每年来往、食宿、交易于此的藏商达千余名。[①] 锅庄与马店经手货物交易多属大批量、成规模的批发性商贸活动，形成茶农→茶贩→营运人→锅庄→藏商→小藏商→消费者的商业营销链条。商业枢纽城镇是整个康区商业网络中联结内外市场的重要贸易桥梁。

　　数百年来的茶马互市贸易逐步在康区形成由内地向青藏高原延伸的数条商路。商贸活动由商业枢纽城镇沿主要商路向康区腹地辐射开来。因清代治藏政策的完善和管理体系的建立，川藏线沿途设有大量塘汛、粮台。因食宿、驿传和商贸的刺激和需求，早期的商业城镇即脱胎于粮台处所，围绕粮台形成最初的市场集镇。沿途商业城镇因之兴起和繁荣，发展出一些以商贸为中心的较大城镇，如理塘、巴塘、甘孜、昌都、中甸等。[②] 商业城镇或主要村堡内的固定交易场所——街市是区域性的货物交易集散地。货物通过零售的形式由城镇向乡村输送。街市主要由临街开设的店铺构成。邻近村镇的藏人为获取所需的茶叶等日常用品，时常到街市上与商贩或店铺进行物物交换。有的藏人则效仿汉回商贾沿街摆设摊位。因多数村镇的商铺混杂在住宅区内，汉藏商贸活动被引入社区生活。

　　以部分村镇为中心，尤其是在寺院周围，盛大的宗教节日、传统节庆等，常演变为各类定期的日中市、贸易集市，乃至庙会的举办日，吸引各地商贾和周邻各族民众会集交易，以物换物，各取所需，商贸活动形成一种常规性的民间经济利益和日常所需品的互补机制。规模较大的集市如青海结古多，一年之中集市数次，"四五六七八九十等月，有商会，蕃汉诸商，云集雾合，各携货物帐篷，摊贾成市。川茶尤为大宗。蕃商利于兑换边茶，来聚界古（结古多）"。[③] 规模略小者若滇康贸易中转市场的永宁，"主要是汉、藏和丽江纳西族小商贩。汉族商贩一般贩卖盐、布、针、线等日用百货，多来自四川盐源一带。藏族主要运来藏式衣服、毛织品和酥油等，一部份来自

---

　　① 陈泛舟、陈一石：《滇藏贸易历史初探》，《西藏研究》1988 年第 4 期。

　　② 周毓华、彭陟焱：《试析茶马互市对川滇藏边城镇发展的影响》，《西藏民族学院学报》1999 年第 4 期。

　　③ 查骞：《边藏风土记》卷 4《邓柯随笔》，西藏社会科学院西藏学汉文文献编辑室编《西藏学文献丛书别辑》第 6 函，第 64 页。

西藏和中甸，一部份来自木里以北藏区。丽江纳西族商贩，则主要运来各种工具、用具以及茶、糖等"。[①]

早期内地商贾前往康区的经商活动主要固定于打箭炉、丽江等地，借助锅庄或马店的引荐关系同藏商进行批量贸易。清末改土归流期间，在官府的鼓励扶持和交通条件的不断改善下，商贸活动在康区大为拓展，商业格局为之一变。更多资本雄厚的商贾不再局限于商业枢纽城镇内的批发性贸易，而开始将经商的场域延伸到广阔的康区各地。

汉商活跃于康北炉霍、甘孜，以及康南的巴塘、理塘，以善于"文化经商"策略的陕商最为突出，如集义生、德泰合、利盛公等著名商号，俗称陕商为"炉客"或"老陕"。滇西北则以纳西族"藏客"最为重要，如聚兴祥、铸记、仁和昌、恒盛公等实力商号，行商范围从丽江、中甸、昌都，远至拉萨，善于同大藏商长期保持良好的商业合作关系，内控滇西北及康南地方市场，外连印缅等货物输入总汇。[②] 甘青回商则游弋于西北牧区与康区农牧区之间，控制着青康之间的大宗货物交易。庄铺、商号陆续在主要城镇内开设，定期向康定、丽江等商业枢纽城镇运货，或将商品转销到其他商业城镇，或直接在当地采取以物易物的方式换购药材等土特产。

关外各城镇的商铺和业商者并不多，主要是汉商。[③] 设有店铺或商号的汉商部分是由康定等地商铺派驻各城镇的分店商贾，多半则是兼营商贸的大庄客，"最初大多皆小资本经营，贩卖零用物品饮食之属，后渐获利致富，为大庄客，即收买鹿茸、麝香、虫草、贝母、秦艽、大黄等药材，或贩运关外土产、兽皮等于内地"。[④] 因而商贾因交易方式之不同大抵分为三种：一是居肆的坐商，一是被称作"坝冲"的散商，一是从事长途贸易的行商。坐商的经营规模较大，以寺庙商和汉商中的陕商最具代表性，商业实力占优

---

① 云南省编辑组：《宁蒗彝族自治县永宁纳西族社会及其母系制调查》，云南人民出版社 1988 年版，第 198 页。

② 石硕、邹立波：《近代康区陕商在汉藏互动与文化交流中的角色》，《四川大学学报》2011 年第 3 期；周智生：《商人与近代中国西南边疆社会——以滇西北为中心》，中国社会科学出版社 2006 年版。

③ 谭英华：《康人农业家庭组织研究》，赵心愚、秦和平编《清季民国康区藏族文献辑要》（上），第 585 页。

④ 腾蛟：《开发康藏与三殖政策（续本刊第三期）》，《康藏前锋》（第一卷）第 5 期，1934 年。

势。为应对康区多数地区缺乏固定交易市场的缺陷，坐商的销售方式有两类。第一类是居肆而商，预付现金或茶叶，坐待长期保持交易联系的藏人或采药者自行前往商铺，以物易物，以茶叶、布匹等换购药材、金香等。第二类是商铺派熟悉业务的商贾，或雇觅可靠的散商，分往各大村堡中收购黄金、麝香等。这些散商熟知藏语，富有经商经验，寄居在民户或寺院内，擅长利用人际资源，春去秋回，直接同藏人交易，同藏人结为类似锅庄贸易的关系，备受藏人尊重。① 藏人散商多属自发性商贾。牧区藏人春夏牧畜，秋冬贸易，将牧区所产之皮毛、药材，运往康定，或其他城镇交易场所换购日常必需品。② 商号将收购的各类土特产，通过雇用牦牛或骡马等驮脚，一站站地输运到康定或滇西北，再将内地货物转销回藏地。

长途贸易是行商有组织性的集体商贸活动，货物运载量和规模较大，大多是由藏商组建驮帮，自藏地各地分赴各商业枢纽城镇，或由商业实力雄厚的汉商、纳西族"藏客"等自行组织，定期往返，可解决因交通不便造成的货源短缺、货运不畅的困境。如青海玉树经康区输出的货物多由陕商垄断。甘肃、青海等地行商常贩运皮货等前赴康定销售，再购买名贵药材，转销外省。③ 滇西北的"藏客"控制着滇藏线的大宗贸易，在各商业城镇设商号，每年众多"藏客"自丽江长途远赴拉萨经商。

与商贸活动相对集中的城镇对比，康区广阔的乡村商业气息淡薄，自给自足的自然经济占据主导地位。大村镇贸易场所的实际商贸辐射范围依然有限，特别是人烟稀少、地域广袤的牧区。为尽力拓展康区潜在的商业市场，主动发掘商机，有雄厚实力的商号会定期组织商队深入牧区腹地，换购当地土特产品。另一类商贸经营者则属于流动性极强、数量众多的小商贩。这些走乡串户的小贩，可凭借极微薄的经营资本，赚取贸易差价，勉强维持生计。康区南部小商贩的族群身份呈多元化态势。而东部则以川北籍汉商为多，当地民众将此类商贩称为"买卖人"，"营此小利，为四川川北人，彼

---

① 刘赞廷：（民国）《稻城县志》，《中国地方志集成·四川府县志辑》，巴蜀书社 1990 年版，第804 页；冯有志：《西康史拾遗》，第 285—286 页。

② 柯象峰：《西康社会之鸟瞰》，第 48—49 页。

③ 台克满：《西藏东部旅行记》，高上佑译，《康藏前锋》第 2 卷第 4、5 期合刊，1935 年；冯有志：《西康史拾遗》，第 288 页。

等在城市中，贩买少许之货，如头绳、棉线、茶叶、盐等，深入四乡'做买卖'"。①

总之，近代康区的商业网络大抵是以商业枢纽城镇—商业村镇（街市/集市）—农牧区乡间的区域等级市场体系，及商号—分号（独立庄号）—坝冲（散商）的层级贸易架构，辅以跨区域的长途贸易和连通城乡的流动商贩穿插交织，共同构筑而成。从小商小贩到资本雄厚的大商号，为应对康区独特的商业交易环境衍生出树状的商贸网络，是推动近代康区贸易发展的主要动力之一。这种沟通内地与西藏商贸往来的多民族独特商贸网络，在近代又同更为广阔的国内，乃至海外市场联络起来。特别是在全面抗战期间，从营销范围到销售商品种类，各类商贾有意或无意中被卷入国内或国际贸易体系，或多或少皆受其影响。著名的藏商邦达仓就以拉萨为转运中心，在玉树、昌都、芒康、甘孜、巴塘、义敦、理塘、康定、雅安、成都、重庆、中甸、丽江和昆明等地开设流动或固定的商铺或转运货栈，向藏地和内地市场运销印度所产棉纱、染料、皮革、毛料、布匹、药品、香烟、盘纸及麝香、克什米尔红花等，从印度噶伦堡向康定、丽江直发，再转运成都、昆明等地。② 近代康区商业发展的外源型特征同其中转贸易的性质直接关联。这一特性在边茶销藏贸易中表现得尤其显著。

三　近代康区商业贸易的新形势

明代以来，边茶贸易分为西北和西南两大区域。早期西南边茶贸易属于官营茶马互市，严禁私茶，以川茶换取康区、松潘等地所产马匹。到清代初期，西北茶马互市衰败，汉藏贸易重心开始南移，转向西南地区的康定和松潘两大边茶贸易中心。官营茶马最终取消，引岸制度得到全面推行，转由商贾自由营运，由固定的封闭式官办专卖市场向开放式的民间贸易市场转变。③

① 笑棠：《西康雅江县风情记（续三期）》，《康藏前锋》第 1 卷第 8 期，1934 年。
② 美朗宗贞：《"邦达昌"在康定设立商号后的第二次复兴》，《西藏研究》2007 年第 4 期。
③ 陈一石：《清代川茶业的发展及其与藏区的经济文化交流》，马大珩、马大正主编《清代边疆开发研究》，中国社会科学出版社 1990 年版。

作为藏地一项主要生活消耗品，茶叶依然是从内地输往康区的大宗货物和最重要商品。据粗略估计，清末光绪年间销藏的川茶量每年尚可达 1400 余万斤，[①] 设引征课，多至 11 万引。由雅安五县茶商承领引票运茶至康定出售，每引征茶课，全年可征税银 15 余两。但是清代后期的西南边茶业危机四伏，官督商销的引岸制流弊丛生，茶政腐败，体制僵化；边茶消费萎缩，茶不敷引，茶商赔累破产；茶户备受官府盘剥挟制，茶产凋敝。边茶伪劣现象严重，劣茶泛滥；茶风日益败坏，边茶声誉受损。[②] 种种弊病对于清末印茶销藏冲击下川茶稳固藏地市场的形势颇为不利。

早在 18 世纪后期，英印政府已觊觎巨大的藏地茶叶消费市场。道光初年，东印度公司试种茶树成功，着手茶叶生产，随后在大吉岭以印茶仿制川茶口味，以期拓开藏地市场销路。1890 年《中英藏印条约》签订后，英印殖民当局在西藏通商问题上执意要求清政府允许印茶免税运销西藏。印茶入藏遭到四川官府和西藏地方政府的一致反对和抵制。中英两国政府就此问题的谈判互不相让，始终未达成最终协议，成为当时藏印通商的焦点之一。而西藏开埠对印通商后，英印茶商已于 20 世纪初叶大量向西藏非法运销印茶，并贱价冲销，竭力排挤川茶。四川边茶销藏量呈逐年下降态势。这对以川茶输藏繁荣起来的康区中转贸易影响极大。茶户、茶商不仅营销受损，贩运脚夫、苦力失业，官府茶税收入亦减少。

为抵制印茶销藏，保存利权，振兴茶务，川滇边务大臣赵尔丰于 1907 年力主整顿茶务，设立"商办边茶股份有限公司"，招商集股，与印茶"商战"。边茶贸易改为"官督商办"，于 1910 年联合五县茶商成立商办边茶股份有限公司，统一管理边茶，在雅安设总号，于打箭炉、理塘、巴塘、昌都及结古多各处各设售茶分号，劝招股本 30 余万两，严惩力禁假伪茶，选员赴印藏调查商情，规范引岸旧制。[③] 一时间边茶贸易略有新气象，在复兴四川边茶、抵制印茶方面起到一定作用。但是因公司内部矛盾重重，数量众多

①　中国近代经济史资料丛刊编辑委员会主编《中国海关与缅藏问题》，中华书局 1983 年版，第 162 页。

②　鲁子健：《清代藏汉边茶贸易新探》，《中国藏学》1990 年第 3 期。

③　《致外务部整顿茶务电》《致雅州道府县清溪县速筹抵制印茶入销办法电》，吴丰培辑《赵尔丰川边奏牍》，第 89—90 页；《雅州知府武瀛陈边茶公司筹办情形》，四川省民族研究所编《清末川滇边务档案史料》，第 427—431 页；汪席丰辑《清末边茶股份有限公司之章程》，《边政》第 9 期，1932 年。

的小茶商被边缘化，边茶产量反而有所下降。清朝覆亡后，公司随即自行解散停业，恢复到清代设引征课、自由贸易的旧态。

辛亥革命爆发后，国内政局动荡，无暇顾及边陲。1914 年签订的"英藏通商章程"又未对印茶入藏及征税事宜做出明确限定。加上四川军阀连年混战，边茶采购和输运商路时有中断，茶税重课，强征捐税，边茶生产大受影响。且川茶输藏路途遥远，成本原本较高，茶价昂贵，伪劣茶大量掺杂，印茶遂伺机侵销藏地市场。四川边茶销量逐年减少。① 清末至 1935 年边茶引额尚可维持在 10 万张，但是印茶已占西藏市场份额的 80% 以上，川茶仅销康区，少量细茶入藏。1930 年边茶销量为 1173970 担，1931 年为913470 担。1936 年边茶引额减至 6.9 万张。全面抗战爆发后，因边茶换购的康区土产无法销往沪汉，边茶贸易几形停顿。在西康省府扶持下，边茶仅可勉力维系，销量减少 1/3 以上，呈现边茶减产、资金匮乏、市场缩小的恶性状态。1939 年减至 70400 担，1940 年为 65000 担。至 1945 年数量更少，仅销 3 万余担。1948—1949 年，边茶产量进一步锐减至 17 万包，仅 340 万斤。川康边茶"运销多数系销在康区关外各县，其真能运过金沙江西或直达西藏拉萨者，不过十分之一二而已"。② 边茶贸易的衰败影响到整个川藏的传统商贸。到 1925 年前后，印藏贸易取代了汉藏贸易，占有主导地位。西藏与内地的直接贸易处于停顿状态，包括印茶在内的英印商品基本占据整个西藏市场。③

全面抗战期间，印茶趁势进逼青藏高原东部，川茶边销市场萎缩。同时英印商品向东倾销和泛滥于康区及西南数省，四川传统商品屡受排挤，纷纷退出川康市场。譬如四川销藏的匹头绸缎"自洋布输入以后，川人渐不衣土布，其影响即渐西移。民初全康尚衣川布，后则巴安、甘孜以西，英国布渐行畅销，川布几已绝迹"。④ 在英货侵销等因素的强势打击下，边茶业没

---

① 陈一石：《民国时期川藏茶道的阻滞和边茶业的衰落》，《藏学研究论丛》第 2 辑，西藏人民出版社 1990 年版，第 295—309 页。

② 《西康省政府建设厅三十六年度改良增产边茶计划》，四川省档案馆藏，全宗号：234，案卷号：0072。

③ 董志勇：《关于"印茶入藏"问题》，《中国藏学》1993 年第 3 期；钟毓：《西康茶业》，重庆建国书店 1942 年版，第 28—29 页。

④ 周太玄：《西康通志·工商志》，四川省档案馆藏，历史资料其他类，分类号：11（121-1/1）111，第 28 页。

落，百业萧条。康区大宗土特产中转贸易西移至印度出口。抗战后，又经洋货价格惨跌，牵连边茶销售疲滞，四川茶商及其他行业商铺纷纷破产倒闭，甚至波及康定的锅庄业。传统川藏贸易遭受重创，民国后期已呈一蹶不振之态。

为挽救川藏商贸的颓局，重振四川边茶业，民初北洋政府曾授意雅安大茶商孚和号组建川藏茶业公司。该公司采用股份有限公司组织，作用在于统制买卖价格。股东除数十家茶商外，还有许多非茶商。公司成立后，经营尚佳。民国成立之初，账据现款遭劫掠一空，即告倒闭。此后兵连祸结，边茶业荒废。

直至1935年底，南京国民政府意图通过增强西藏与内地经济联系，强化西藏地方政府同中央政府的关系，有意介入康区商务。1939年，中国茶叶公司（以下简称"中茶公司"）开辟西南新茶区业务，"拟在雅安设立实验茶厂外，复拟与该地茶商领袖共同筹设西康边茶贸易公司，借期以茶砖交换鹿茸、麝香、贝母、红花及羊毛等货品，以增进康藏间之经济关系，并扩充我国对外贸易之资源"。[①] 刘文辉为加以抵制，抢先于同年5月组织西康20余家茶商成立康藏茶业股份有限公司（以下简称"康藏茶业公司"）。公司援引清末边茶公司旧例，就雅属五县茶商集股组织，由官商注资合办，设总公司于康定中正街，分公司设在雅安，并在雅安、荥经、天全等地开设9处茶叶制造厂，聘请专家改良茶叶生产，设转运店于汉源宜东、雅安观音堡等地，设收发店于康定，设办事处于泸定，设采购处于乐山、犍为。康藏茶业公司采取认销全部引额的统制方式，在雅属各地采购茶叶，运销康区，利用引课制，将边茶的营销权统制收纳，强迫茶商参股或迫令歇业改行，独家营销边茶，获利甚丰。[②]

但是因康藏茶业公司生产和运输边茶能力有限，康定茶货长期供应不足。另据1941年蒙藏委员会派驻金川兼喀木调查组组长唐磊报告，公司内部由大茶号和官僚操控，"遂私相议定，将现康垣存茶，由各有力股东分购囤积，暂不出售，使市面货缺价涨，俟至秋凉，再行高价专卖，

① 《雅安茶叶产销调查》，云南省档案馆藏，档案号：1080-001-00249-016。
② 《康藏茶业股份有限公司章程》，台北中研院近代史研究所档案馆藏，18-23-01-63-04-002；夏仲达：《康藏茶业公司概况》，《西康统计季刊》第1期，1944年。

以图黑市厚利"。[①] 西康商民对康藏茶业公司统制边茶种种作为强烈不满，多次联名致电蒙藏委员会和国民政府财政部，请求取消茶叶包案制度，准许自由买卖。[②] 1942 年，财政部改征统税，茶课改由中央征收，引岸旧制被废除。各茶商从公司撤资，大多恢复旧业，独立经营。康藏茶业公司仍继续承担边茶贸易的主要角色，营销业务却渐趋不景气，产销边茶数量大幅下降。

引岸制取消后，中茶公司欲极力插手藏销茶业，联络西康部分军商界人士，于 1943 年在荥经共建官商合股的藏销茶叶精制厂，在雅安设办事处和分厂，另在康定设营业处。1946 年该厂转由复兴公司接办，不久复兴公司被裁撤，由中央信托局接收。由于营销能力较弱，精制厂运作的三年业绩不佳、成效甚微。[③]

康藏贸易公司（Khams sjang mong yis kong sri）是由格桑泽仁、邓珠朗杰、夏克刀登、邦达多吉、麻倾翁等康藏知名人士和部分西康省府官员倡议和筹资，在 1942 年 8 月组建的另一重要的近代康区商业组织。公司整合军、政、商及宗教各界的经济资源，股东几乎囊括当时康区所有重要藏汉商贾（如锅庄商、寺院商、桑都仓、康藏茶业公司、康裕公司）及地方军政势力（如李先春、包昂武、黄正清、彭措达吉、庄学本）等。该公司宗旨在于"本政府开发边疆之意，经营康藏进出口贸易，以发展并增进中藏经济之关系"。[④] 总公司设于康定中正街，资本总额为国币 2000 万元，在拉萨、江孜、亚东、昌都、玉树、甘孜、理化、印度加尔各答等地设分公司，从康区至西藏、印度沿线均设办事处和运输站，自备骡马驮帮，主要从事营运购销康藏特产，国内外重要物资之输入、输出，代办国内外工商原料制品之购销及中、印、康、藏运输，代办康藏各地款项划拨等业务。

---

① 《关于西康茶叶运藏的意见》，四川省档案馆藏，全宗号：234，案卷号：32。
② 四川省档案馆编《近代康区档案资料选编》，第 250—252 页。
③ 中国藏学研究中心、中国第二历史档案馆合编《民国时期西藏及藏区经济开发建设档案选编》，第 379—382 页。
④ 《康藏贸易股份有限公司章程草案》，台北中研院近代史研究所档案馆藏，档案号：18-23-01-63-18-002。

全面抗战时期，康藏贸易公司与国民政府高层保持密切而良好关系，曾对康藏经济建设，如边茶换取土产、组织驿运机构、羊毛收购储销等提出过许多建设性的建议，并与国民政府经济部门通力合作，开采后藏仰宗硼砂、合组康藏驮运公司及代办西藏汇兑等，在川康藏贸易交往中扮演着重要角色。①

官商合营新型康区商业组织的兴起既潜存中央与地方、官府与商贾、汉商与藏商之间的利益纠葛，背后也暗含国民政府试图借助经济方式，联络西藏与内地关系，达到"康茶筹藏"的目的，② 具有深刻的政治意涵。但是国民政府试图通过筹办茶叶营销机构，促进康区边茶贸易的努力并不理想。故1946年以后，国民政府对边茶贸易的工作转向以扶助为重心的茶贷政策。以茶贷补助和扶植当地茶商曾起到积极效果，四川边茶产量确有所增加。不过终因内战，全国经济形势的急剧恶化，而归于失败。③

就在传统的川藏边茶贸易萎靡不振之时，以滇茶为主的滇藏贸易逐步发展和繁荣起来。滇茶销藏历史悠久，最初数量有限。部分滇茶须经滇康线，转运至康定后销往藏地，故未纳入引岸制度。至清末，川茶销藏颓势渐显，滇茶凭借特有的多样品质和低廉的价格，渐受藏民喜好，产量和烘制技术皆得到较大发展和提升。滇茶起初大多由云南思茅（今普洱）等地，行经丽江、中甸、阿墩子，转销至拉萨，逐步显现出强劲的市场竞争力，销量渐渐超过川茶。1910年川边流官已深知"印茶、滇茶羼入西藏，川茶因之滞销"的边茶贸易新形势。④ 赵尔丰川边改流期间，滇商大量沿滇藏线进入康区南部经商。滇商以行商"藏客"著称于西藏，昌都、拉萨的商贾即以滇商居

① 《股份有限公司变更登记换签执照稿底》《康藏贸易股份有限公司股东名簿》，台北中研院近代史研究所档案馆藏，档案号：18－23－01－63－18－002；中国藏学研究中心、中国第二历史档案馆合编《民国时期西藏及藏区经济开发建设档案选编》，第8—10页。曹必宏：《民国时期内地与西藏的边茶贸易——以档案史料为中心的考察》，《思想战线》2015年第1期；曹必宏：《抗日战争时期的康藏贸易公司》，《中国藏学》2006年第3期。

② 中国藏学研究中心、中国第二历史档案馆合编《民国时期西藏及藏区经济开发建设档案选编》，第419页。

③ 徐百永、萨仁娜：《试析国民政府的"康茶筹藏"政策》，《西北民族论丛》第8辑，中国社会科学出版社2008年版，第124页。

④ 《白玉委员禀请增科照旧抽收茶厘》，四川省民族研究所编《清末川滇边务档案史料》，第726页。

多数，且最具商业实力和影响力。① 康南商业的短暂繁荣被后世认为应归功于滇商的经营。

滇茶价廉于川茶，品味优于印茶，迅速在藏地市场立足。在西藏茶叶市场形成三足鼎立之势，印茶占 4/10，滇茶占 5/10，康茶（即川茶）仅有 1/10。康区南部亦有滇茶销售，与四川边茶争夺市场。② 中国茶叶公司云南办事处在 1942 年初的调查显示："下关所揉制紧茶，下关至拉萨沿途自维西以上陆续可销，尤以中节自阿墩子以上销售最广，及至上节江打以上居民多饮川茶，紧茶销量又减。"③ 恒盛公紧茶、永昌祥藏庄茶、洪盛祥紧茶和砖茶等享誉西藏。滇茶销藏有力钳制了印茶向西藏的大肆侵销，④ 以滇茶拓展的滇藏贸易随之扩大到其他类型的商品交易。尤其是全面抗战期间中缅印藏交通被日军封锁后，滇藏贸易转归滇藏线，一度出现贸易繁荣景象。铸材、达记、永昌祥、茂恒、福昌兴等大商号年可销藏滇茶千余驮，滇省红糖年销西藏五六百驮，各类手工制品和饰品远销康区和西藏。滇商每年从西藏运出羊毛约 2 万包，羊皮多达 4 万张，另有各种毛织品、名贵中药材等。⑤

近代康区中转贸易的变化突破了川藏商贸传统的垄断地位。在印茶、英货侵销的情势下，因新辟交通路线开通等因素的推动，滇藏贸易及甘青回商主导的青康贸易的日益崛起，改变了康区整体的商业格局。尽管印茶、英货

---

① "回忆清末当赵季和主持康政时代，康南巴安商业曾极度繁荣，时人并有苏杭称谓。因为气候物产民情风尚均冠于他区，其商业繁荣、社会进步，我们都可归功于滇籍商人。因为当时康南经济基础全为滇籍商人所支持，而昌都之桥亦以云南为名至今日，滇籍商人对国防上的贡献可知。"参见黄举安《滇康边区新形势》，《边疆通讯》第 2 卷第 1 期，1944 年。清末驻拉萨内地商贾 2000 余户，以滇人最多，川陕人次之。参见洪涤尘《西藏史地大纲》，第 43 页。

② 钟毓：《西康茶业》，第 29 页。对于销藏滇茶的确切数量，因统计数据来源有别，说法不一，或称在 1 万—2 万担。参见游时敏《今后之川康边茶》，《四川经济季刊》第 3 卷第 2 期，1946 年；李尚坚：《西藏的商业和贸易》，《西藏的商业与手工业调查研究》，中国藏学出版社 2000 年版，第 17 页。据中茶公司 1942 年调查，每年仅云南佛海紧茶经缅甸进藏者计 15000 担。滇省茶商的统计，则称佛海砖茶每年销藏量在 3.5 万—4 万包。参见曹必宏《民国时期内地与西藏的边茶贸易——以档案史料为中心的考察》，《思想战线》2015 年第 1 期。

③ 《为将滇藏紧茶运销情形呈中茶公司》，云南省档案馆藏，1080-002-00055-009。

④ "我记得有人这样说过'西藏所需茶叶，自来都是由川输入，近来被印度茶将销场夺去了'。其实这种茶就是由车里、猛海运去之普洱茶，真正印度产之茶叶，藏人是不欢迎的。"参见李拂一《西藏与车里之茶业贸易》，《新亚细亚》第 2 卷第 6 期，1931 年。

⑤ 陈一石、陈泛舟：《滇茶藏销考略》，《西藏研究》1989 年第 3 期；陈泛舟、陈一石：《滇藏贸易历史初探》，《西藏研究》1986 年第 4 期。

的侵销严重损害了内地和西藏的利权和经济利益，中国西北、西南及西藏、东南亚、南亚市场却因之紧密地联为一体，使传统的汉藏边茶贸易与西南丝路贸易重焕生机。川藏、滇藏、青藏及印藏贸易在近代的起落沉浮，最终将康区推向广阔市场的十字路口。

第三节　康区的汉藏互动与文化交融

一　汉人移民入康：近代康区民族迁移格局的主流

自清初以后，清朝改变了明代主要借助宗教和经济力量控制藏地的治藏策略，转而通过直接建政立制，强化中央对藏地的政治统治。贯穿康区的川藏线成为清代沟通西藏和内地联系的官方通道。为保障其畅通，清朝在川藏线沿途及重要隘口设置塘汛和粮台，驻守官兵主要以四川绿营汉兵充任，数量维持在 1000 余名。清代绿营军政人员进驻康区，是汉人大量涌入康区的开端，由此开启汉藏民族在康区各地直接接触和交融的局面。① 长期驻守川藏沿线的官兵与当地藏民通婚者颇众，或开店经商，或垦荒耕种，"三年瓜代，乐此不归者甚多。大凡康藏大道沿线汉民，十分之九，皆军台丁吏之遗裔也"。② 清代军务繁兴时期，汉商、官员及其随从、夫役、船工、内地流民、矿工、土司雇募的汉人文书、通事等各类身份的汉人接踵而至。因汉藏贸易的进一步拓展，移驻康区的汉人以汉商数量居多，大抵呈点线状分布于川藏线沿途。到清末以前，随着清朝对康区政治控制的强化，在汉藏商贸交往日益繁荣和内地人地关系紧张等多重因素的推动下，以大批绿营驻军入驻康区为始，汉人通过官府组织与民间自发迁徙的双重方式逐步迁入康区，成为康区的早期汉人移民。

在近代边疆局势演变与中央治边政策调整的促使下，汉人移民入康的进程出现了三次高潮。清末巴塘事变后，清朝将川边纳入经边新政，移民开

---

① 邓少琴：《西康建省沿革考》，《邓少琴西南民族史地论集》，巴蜀书社 2001 年版，第 816 页；陈志明：《西康沿革考》，拔提书店 1933 年版，第 61—63 页；邹立波：《清代前期康区塘汛的设置及其作用与影响》，《西藏研究》2009 年第 3 期。

② 伍非百编《清代对大小金川及西康青海用兵纪要》，1935 年铅印本，第 163 页。

垦，广设州县，全面改革川边的政治、经济与文化，推进边疆与内地的一体化进程。川边新政具体表现为赵尔丰提出的"经边六事"。其中屯垦、练兵、开矿与通商举措的实施直接推动大量汉人拥入康区，成为汉人移民入康的重要开端。据亲历川边新政的黄树滋之父回顾，当时"移民开垦，裹粮出关者以万计，皆安居乐业，与蛮人耦俱无猜"。①

在川边新政的推动下，清末汉人移民入康的最大特点在于以官府主导与组织为主。自光绪三十一年起，大批四川、湖北等地的汉人垦夫借助官府的组织和资助，陆续被招集、分派康区各地。仅光绪三十四年，各县就招募垦夫 800 名，有眷属者 370 余人，皆由各县领单陆续前往，分发至乡城 200 名、稻城 200 名、巴塘 200 名、雅江 200 名。② 经由清末官府的统筹调度，汉人垦民被安置在离内地较远、适宜农垦的乡城、巴塘等地。汉人移民在康区的分布区域从康区东部向西扩展到金沙江流域。

受官府主持与组织汉人大规模移民入康的影响和推动，民间自发迁徙的汉人移民在同一时期深入康区。《四川官报》1910 年的一则报道称，"川边德格等处向无汉商踪迹，自赵大臣驻节后，陕商不时贩货往售"。③ 清末理塘粮务查骞也指出，康定附近的"折多塘、毓灵宫、东俄洛诸地，寒暖合宜。汉民颇有往开垦土地者。北关外如王木、新店子、鱼子石诸地，亦多汉民垦关地"。④ 川边新政引发大量汉人向康区迁移，打破了自清初以来商贾等身份的汉人自发进入康区的缓慢节奏，开启了汉人大规模向康区迁移的浪潮。

清朝覆亡，清末在康区刚刚建立的新统治秩序随即瓦解。民国初年，康区政局一度失控，陷入政局动荡、战祸频发的混乱状态。这对汉人移民入康特别是从事垦殖活动造成巨大冲击。时至 20 世纪 30 年代，"内地人民，谈及赴边垦耕，视为畏途"。⑤ 川康执政者无暇和无力全面、彻底整顿边事，也严重影响了政府组织的移民活动。这一时期，因时局所需，大量自四川调

---

① 黄树滋：《梦轩遗稿》，《开发西北》第 2 卷第 6 期，1934 年。
② 四川省民族研究所编《清末川滇边务档案史料》，第 278 页。
③ 《本省近事·德格商业》，《四川官报》第 2 册，1910 年。
④ 查骞：《边藏风土记》卷 1《川边疆域》，第 10 页。
⑤ 沪记者川康考察团陆治供给材料，王文萱整理《西康之垦务》，《开发西北》第 2 卷第 2 期，1934 年。

拨的驻防官兵及其眷属成为汉人移民入康的主要来源之一。民初尹昌衡西征和刘文辉二十四军入康是内地军队调防康区规模最大的两次，都与康藏局势密切相关。故军队驻防地主要集中在康定、巴塘、理塘、甘孜等地。仅尹昌衡西征出关的军队即达 5000 余人，[①] 其中多数驻留康区各地。

直到 1938 年，刘文辉在西康推行兵役制以后，驻守康区的常备军仍一律由四川征集入伍。[②] 加上戍康官兵可自由携带眷属，出关官兵眷属在刘文辉执政西康时可按例领粮，借助军队载体，入康汉人移民大量增加。政局的间歇性短暂稳定和驻军的到来刺激和吸引大批汉商前赴康区寻求商机。仅民国最初的 10 年间，川人入康经商作工及为赘婿者达七八万人，分布于康定、安良、雅江、甘孜、理化、巴安、稻成、盐井、宁静、昌都、硕督、太昭、石渠、怀柔、丹巴、邓柯、道孚等处，"而尤以巴安、康定为最多也"。[③] 通过军队和通商等，形成近代汉人移民入康的第二次迁移浪潮。

延至西康建省前后，刘文辉锐意经营西康，康区政治形势趋于稳定，政府继续实施移民垦殖活动，致力于开发康区矿业和发展商贸。全面抗战爆发后，康区战略大后方的地位确立、汉藏商贸的复苏与西康建省等因素，直接刺激康区汉人移民人口的增加。人口的增长情形以康定表现得最为突出。据《西康通志》载："康定人口自抗战以来已年有增加。据最近调查，实已超过二万，其中汉人约占十分之六七。"[④] 人口激增的盛况甚至被《申报》归结为康定气候转变，"不似往岁之奇冷"。[⑤] 康定人口总数在 1939 年为 24000 余人，到 1946 年一度达到 36000 多人。之后驻康汉人或举家内迁，或公务人员内返，两年后又回落到 28000 余人。[⑥] 但是与清末相比，政府主导的移民活动逐步让位于民间的自发移民。

进入康区的汉人移民身份呈多元特点，包括采药夫、工匠、政府官员及杂役、背夫、无业流民、考察人员等，其中又以垦夫、矿工与商贾为主。垦

---

①　台克满：《西藏东部旅行记》，高上佑译，《康藏前锋》（第 1 卷）第 10、11 期合刊，1934 年。

②　四川省甘孜军分区编印《甘孜藏族自治州军事志》，1999 年，第 149—150、152 页。

③　陈重为：《西康问题》，中华书局 1930 年版，第 90 页。

④　周太玄：《西康通志·工商志》，第 37 页。

⑤　《西康新省会之现状》，《申报》1939 年 4 月 10 日，第 7 版。

⑥　四川省康定县志编撰委员会编《康定县志》，第 77 页。

夫、商贾、矿工的迁入目的各异：前者以土地为生存基础，在社会稳定的状态下居住地域固定，渐成康区世居汉人，成为名副其实的移民；后两者流动特征明显，属于典型的流动人口，向内地"回流"的现象较为突出。

由于近代户籍制度和人口统计机制不完善，加之迁入康区的汉人流动性较强，故难以对近代康区汉人移民的数量做确切统计。对康区人口进行全面普查最早始于清末川边改流期间。以刘赞廷撰著的各县图志户口资料，参酌有关巴塘、九龙两地汉人移民数量的相关记载，① 粗略统计清末康区汉人移民户数为六千七八百户，占总户数（75800 余户）的 9%左右。若仅就金沙江以东的康区而言，汉人户数占康区总户数的 12.4%。民国时期，有关康区汉人移民人口数量的统计较多，但是均为估数，其中以任乃强的记述最为详尽。据任氏的估计，西康 32 县共有汉人 115000 人，泸定之外各县共计汉人45000 人。② 但是任氏的调查数据颇令人质疑，时人已指出"原表不近理之处太多，此数颇难为据"。③ 其实，时人对康区汉人人口数量的统计分歧较大，数据难以统一，相差最多者竟至 20 倍以上。因而李亦人曾言："西康汉人之数向无精密统计，难言之矣。"④

近代康区汉人人口空间分布格局的总体特征是极为不均衡。东部康定、九龙、丹巴等地是汉人分布最为集中的区域，仅康定汉人数量就占总数的一半；石渠、白玉、得荣、乡城、稻城等地汉人数量则少至可忽略不计的程度。汉人空间分布整体上呈现东部多、西部少的特点。对此，社会学家柯象峰曾以数据为证，做如下精当、翔实的论述：

　　据该县府报告，康定人口为一八〇四〇人，其中康人计一〇三五三

① 《中国地方志集成·四川府县志辑》第 67 册，巴蜀书社 1992 年版；《中国地方志集成·西藏府志辑》，江苏古籍出版社、上海书店出版社、巴蜀书社 1995 年版；四川省民族研究所编《清末川滇边务档案史料》，第 277—278 页；邱述钤：《西康三大民族缩影》，《康导月刊》第 1 卷第 3 期，1938 年。

② 任乃强：《西康图经·民俗篇》，第 472 页。以此推之，泸定县汉人当在 70000 人左右，但是冯云仙 1930—1931 年的调查数据显示，泸定有 6289 户，人口 20400 余，汉人占 60%，为 12240 余人。此与任氏统计出入太大。参见冯云仙《西康各县之实际调查》，《新亚细亚》第 2 卷第 5 期，1931 年。此处所言西康，为西康建省后之属部，"康属，即原来的西康"。参见吴文晖、朱鉴华《西康人口问题（上）》，《边政公论》第 3 卷第 1 期，1944 年。

③ 张化初：《西康之民族》，《西北问题季刊》第 2 卷第 1、2 期合刊，1934 年。

④ 李亦人：《西康综览》，第 91 页。

人，占总数百分之五六·八三。汉人计七七八七人，占总数百分之四三·一七……总之，就康定全县而言，谓汉康人民数量相若，则大致可信。自康定迤西，则愈往西行，汉人愈少，康人愈众。如以北路为例，至泰宁，则该区人口总数（另一种报告，为三万七千四百人）为一五九八人。其中汉族为三一〇人，占总数百分之一九·四〇。康人为一二五八人，占总数百分之七八·七二（其中余三十人未注明，不知是否遗漏），已为一□□之比。道孚人口为四五五七人。其中汉人为六四五人，占总数百分之一四·一六。康人为三九一二人，占总数百分之八五·八四。汉人更少。至甘孜则全县人口为一二一七五人，其中汉人计二百八十三口，仅占总数百分之二·三二。余全为康人，占总数百分之九七·六八。瞻化全县人口为一万六千口，其中汉人不过百余人，仅占全县人口百分之一左右。其余百分之九十九，均为康人。愈向西行，更属如此。[①]

大抵言之，汉人主要分布在川藏线南北两路沿线的主要城镇或村落内，呈点线状，犹如串联起来的珍珠般分布。这种分布格局早在清代初年已基本成形，只是到近代表现得尤为突出。而在康区东部汉人相对聚居的区域，汉人分布还具有大分散、小聚居的特点。在1938年庄学本调查的丹巴境内，"汉人占数弱，共一〇四一户，零星散布于各村各寨，而集中于县城附近，及小金川河谷，为纯属外来的移民"。[②]汉人点状聚居在城镇及其附近，而散布于周边各村落的现象较为普遍。

另外，汉人空间分布受自然地理、社会、经济和历史等多重因素的制约。首先，高原环境和适应能力是影响汉人分布的重要因素。入康的汉人移民往往会选择温暖的河谷或台地居住，所以时人已屡次发现"汉人概居于低谷，藏人（亦称番人）之纯粹者皆住高坡"。[③]这种民族分布格局在康区东部高山峡谷地貌特征鲜明的区域是相当常见的。

职业构成是与汉人空间分布密切相关的另一重要因素。由于在康汉人从

---

① 柯象峰：《西康社会之鸟瞰》，第17页。
② 庄学本：《西康丹巴调查》，《西南边疆》1939年第6期。
③ 张其昀：《中华民族之地理分布（续）》，《地理学报》第2卷第2期，1935年。

事纯粹农业者较少，商贾、军队、政府官员和矿工的比重较大，而此类人群的职业特征显著，流动性较强，多数集中在城镇及其附近或矿产区，从而对汉人空间分布面貌影响较大。

总之，近代汉人移民康区是一个持续不断的过程。从移民规模与数量来看，可分为三次移民高潮。从清末川边新政时期以官府统筹与组织移民为主，到民初的军事移民，再到此后的民间自发移民占主导，呈现出显著的阶段性特点。近代汉人移民入康改变了当地民族构成与分布格局，汉藏民族交融与互动不断发生于康区社会，直接影响到近代康区区域社会和文化的总体面貌。由此，康区成为近代汉藏民间互动与文化交汇的代表性区域，也是考察和理解汉藏之间复杂互动关系的理想场域。

二　近代康区贸易中的汉藏民族互动

近代康区藏人经济生活以农牧业与家庭手工业相结合的自然经济为主，能够生产出所需的大部分生活资料。但是茶叶等生活必需品主要仰给于内地的输入。[1] 茶叶作为一项主要生活消耗品，藏人对其需求量较大。20 世纪 30 年代中期，康区每年输入的茶包多达 134600 包，每包平均以 17 斤计，合计可至 2288200 斤，价值共 1336500 元。[2] 可以说，茶叶是康区社会经济生活和饮食文化的重要组成部分，数百年来甚至被藏人当作货币使用。因此，一位美国研究者声称，茶叶贸易是汉藏经济、政治、军事与社会交往领域不可分割的一部分。[3]

在茶叶大量输入的同时，康区药材、皮货、金银矿产等是内地市场购入的主要货物，甚至远销至东部沿海和国外。资本雄厚的康区汉商大多在康区和内地广设店铺、货栈，主要从事中介转销贸易。由此，康区汉藏贸易形成汉商赢其利润、藏人取其所需的良性互动的局面。民间经济贸易的活跃无形中成为协调汉藏互动的有效方式，犹如时人所说："因茶而交易

---

① 刘君：《康区近代商业初析》，《中国藏学》1990 年第 3 期。

② 仲康：《西康商业之现状与前途》，《康藏前锋》第 2 卷第 2 期，1934 年。原文作 8553600 斤，误。

③ Douglas A. Wissing, *Pioneer in Tibet: The Life and Perils of Dr. Albert Shelton*, New York: Palgrave Macmilian, 2004, p. 57.

盛，因交易盛而汉藏接触频繁，因汉藏之接触频繁，而汉藏之感情易生。"①

而且，康区大多数普通藏人并无经商的观念和意识，亦无可资经商的本钱。成书于清末的《清稗类钞》载："川边番夷嗜好利，锱铢不遗，然贪细微而昧远大，习商业者绝少。"② 由于气候、环境与文化差异的制约，藏人大多不愿轻易地进入湿热和陌生的内地，即便是以寺庙商和土司头人商为主的藏商，也难以直接前往内地交易茶叶等物品，而是在康定借助锅庄的引荐，同汉商做批量交易。这使得居间转运的汉商拥有广阔的市场。对此，署名蓝铣的作者称："产茶者川也，而有陕商之贩运，织布者鄂也，更赖秦晋之转输，且有金三品之币制以平衡物价，辗转数千里，以供双方之需求。"③ 因而汉商转销内地物品入藏，又因商贾籍贯的不同，分别掌握汉藏贸易中某一类货物的供求事宜，各取其利。

在汉藏贸易中，汉商始终被丰富的经济利润吸引。英国人巴德禄在1878年做过一项粗略的统计，川茶由四川雅安、荥经运抵康定后，汉商获利可高达75.63%。④ 而在基层社会的零售环节中，仅边茶一项，商贾一般获利达50%—200%。⑤ 所以，康区的汉人移民稍具资财者大多从事规模不等之商贸活动，借此积累财富，或维持生计。在近代康区数量庞大的汉商队伍中，大部分汉商是落籍当地从事零售或中介转销贸易的汉人移民。20世纪20年代末，任乃强在康区考察后曾指出经商对汉人移民生计的现实意义："除炉城外，无关税厘卡。故其利率，较内地经商为胜，每年每家，贩运数次，如无劫掠，终岁温饱有余矣。"⑥ 较高的利润回报是汉商甘冒风险进入康区经商的主要驱动力。

从康区整体的汉藏贸易活动来看，汉商与藏商并无根本的利害冲突，相反，相互之间存在千丝万缕的经济依存关系，从事经济贸易的空间较大。在

① 金飞：《南路边茶与康藏》，《新西康》第1卷第2期，1938年。

② 徐珂：《清稗类钞》，中华书局1984年版，第2337页。

③ 蓝铣：《西康小识》，《边政》第1期，1929年。

④ E. Colborne Barber, *Travels and Researches in Western China*, London: John Murray, 1882, p.197.

⑤ 四川省志民族志编辑组：《清代四川藏区的边茶贸易》，政协四川省委员会文史资料研究委员会编《四川文史资料选辑》第11辑，第52页。

⑥ 任乃强：《康区视察报告第四号——道孚县》，《边政》第3期，1930年。

中转贸易份额较大的汉藏贸易中，康区藏商主要经营康区与西藏之间的中介转销贸易，控制康区本土商业运作，汉商则以行销内地商品及将康区土特产输入内地为主，两者分别掌控东西两大市场。就商品种类和数量而言，藏商与汉商之间利益上的冲突不大。[1]　况且，多数藏商依赖汉商从内地转运货物，汉商是其经营商品的主要供应商。而汉商在货物的运输、资本的借贷方面需得到寺庙、土司头人的支持和协助。[2]

而且，康区社会向来有优崇商贾的传统。商贾的社会地位仅次于土司、喇嘛，优于农牧百姓，享受不当差、不纳粮的特权。此诚如任乃强所说，"川、陕商人入康，皆在中央武力张扬之后，番敬汉人，故敬汉商。康藏商人，大都为喇嘛、头人与汉人，此其所以尊贵也"。[3]　藏人既优崇商人，汉商又借助政治权威，在康区独特的社会分层中占据了有利的位置，进而助益其经商活动。

汉商的经商和社会活动客观上能够起到协调汉藏政治关系、传播汉文化的作用。其中，以陕商在汉藏贸易中对推动汉藏经济与文化良性互动所起到的作用最具典型性。陕商是较早进入康区经商的汉商群体之一。陕商凭借自身积累的丰富经商经验，长期在汉藏贸易活动中占据优势地位。据任乃强的统计，民国时期"全康商业资本，十分之五为陕商所有"。[4]　这不仅因为陕商在汉藏贸易中占得先机、经营时间较长、有独特的经商与管理方式，还与陕商为打破族际通商的文化阻隔所采取的措施有莫大关系。

与内地商贸活动不同，进入康区的内地商贾面对的是在文化与生活习为方面与自己迥然有别的藏民。康区的商贸活动中穿插、渗透着许多藏地独有的文化习俗，收益和回报往往并不是当地藏民做交易时唯一需要考量的因素。一位民国时期在巴塘实地考察的调查者发现：

乡间人如牛厂娃等携物（如麝香狐皮）入城出售时，不把东西现

---

[1]　周太玄：《西康通志·工商志》，第 23 页。

[2]　《清代四川藏区的边茶贸易》，政协四川省委员会文史资料研究委员会《四川文史资料选辑》第 11 辑，第 52 页。

[3]　任乃强：《西康图经·民俗篇》，第 243 页。

[4]　任乃强：《西康图经·民俗篇》，第 431 页。

露出来，收藏在服内，直接到他相识而有往来的蛮商或汉商地方去讲生意，暗中交涉。以致一个新到此的人，想从生产者的手中买到东西，那是不容易的事（粮食除外），何况还有言语不同的隔阂呢。因此，一般经营关外商业的人，一定要学会康语，多跑锅庄（康人的旅馆及交易所），结交一些如经纪人的蛮家，树立商场信用，然后你才能活动于商场之中，应付裕如。[①]

可见，康区民间稳定的商贸关系构筑在人际关系网基础上。而其前提则是对当地文化习惯的熟识与适应。为克服族际通商的障碍、赢得藏民的信任、保证获取丰厚的利润，在有效的经营管理模式基础上，陕商还意识到在康区特殊的社会文化环境中，交易双方的关系不能只停留在经济交往的层面，需要充分发挥各类文化与社会资源的作用，以便有助于其在康区的商贸活动。

陕商将在深入康区之前集中在康定学习简便适用的藏语藏文视为入康行商的基本条件之一。为此，专门编有易于记忆的对译韵书《藏语会话》，由"先生"早晚传授，令学徒习读："天叫朗，地叫撒。驴叫孤日，马叫打。酥油马〔去声〕盐巴擦〔上声〕大人胡子喀苏嗦〔上声〕。却是你，可是他。喝茶樌统，饭热妈。来叫火，去叫嗦〔入声〕，番叫白米，汉叫甲。"学徒熟读以上口诀后，便可直接与藏民接触、交谈，纠正发音，悉心揣摩，经数月后，即可进行简单的会话。[②] 语言是沟通人际关系的重要媒介，尤其是在不同民族交往中，善意地习用对方的语言，可以缩小双方心理上的距离，增强亲切感，有利于经商活动的顺利展开。这是陕商重视学习藏语藏文的初衷。

除善意地习用藏语外，陕商还注意尊重与效仿藏民的生活习惯，穿藏装、吃藏餐，同藏民一起露宿，赢得藏民的信任。如一位民国时期的地质学家描述那样："当一个学习成熟的学徒，骑着马带了货物到乡村去，大都穿上康人的衣服，到了目的地，晚上就睡在买主的房间里或牛毛帐篷里，和他

---

① 罗昌平：《巴安经济调查》，《西康经济季刊》第 7 期，1943 年。

② 任乃强：《西康图经·民俗篇》，第 418 页；格勒：《甘孜藏族自治州史话》，四川民族出版社 1984 年版，第 76 页。

们一起吃饭，一块儿谈笑。"① 从衣食住行等生活方式上尽量消除因族别不同而产生的文化与心理隔阂，这是一种极为有效的交流机制。将商贸活动巧妙地融入当地的社会生活与交往，不仅可以获得普通藏民的认同、赢得良好的社会口碑、促使其乐意与陕商交易，超出商贸往来的日常交往，还能够使陕商较快适应与内地相异的康区生活环境，充分熟悉与利用康区本土的社会文化，保障商贸活动的顺利开展。

面对广阔的藏地市场，陕商在经商过程中十分重视与当地各阶层的社会交往，以便结成广泛的社会联络网，发挥各种人际关系的作用。资本雄厚的陕商常常是当地社会上层的座上客，出席地方官员、土司等参与的各类重要活动。民国时期特派西康考察员冯云仙至炉霍，当地设宴款待，"席上有格充呼图克图和另一年长之呼图克图，另有三人，陕西籍，系此间巨商，藏话很流利"。② 有的陕商甚至与土司私交颇深。光绪二十年前后，炉霍陕商张锡台与章谷土司振基及土妇往来稔熟。振基殁后，土妇一度想让张锡台承继土职。③ 陕商作为外来者，通过参与社交活动，保持与当地寺院、土司等上层人士的密切社会接触，已经在当地社会生活中寻求到自身的位置，并在一定程度上获得了当地社会上层的认可。其活动甚至超出经商范围，介入政治生活。

陕商与当地藏民最为直接和有效的互动方式是通婚。为更好地融入当地社会和解除经商的后顾之忧，不少陕商选择在康区娶妻生子。民初，道孚境内"汉商颇多，饶裕者皆陕客。当炉文君，罔非蛮妇，非特乐尔妻孥，兼赖交通蛮侩耳"。④ 国民政府实业部编纂的《经济年鉴》称："陕人初到康地，多半孑然一身，数年之后，即成富商，遂在其地娶妻生子，因而成家。"⑤ 入康考察的地质学家程裕淇也写道："（陕商）在康属住得久的，还常有娶康属妇女做太太的，因此他们在西康的商业基础，更甚坚固，并且还

---

① 程裕淇：《西康剪影》，独立出版社 1945 年版，第 24 页。

② 冯云仙：《西康关外日记（二）》，《蒙藏月报》第 6 卷第 5 期，1937 年。

③ 刘绍伯：《炉霍史轶》，炉霍县史志办编印《炉霍县史志资料选辑》第 1 辑，1992 年，第 210 页。《炉霍史轶》撰写于 1944—1946 年。

④ 朱增鉴：《川边屑政》，赵心愚、秦和平、王川编《康区藏族社会珍稀资料辑要》（上），第 161 页。

⑤ 实业部中国经济年鉴编纂委员会编《中国经济年鉴续编·康藏》，商务印书馆 1935 年，第 67 页。

能促进当地两族的感情。"① 通婚结成的姻亲关系，不仅增加了陕商发展商业的社会资源，还使得陕商直接参与当地社会生活圈，获得与藏民认同和互动的衔接点。

从学习藏文藏语到主动接触藏民，效仿其生活方式，陕商从事的经商活动，已经超过单纯的商业运作范畴，虽然仍然立足于商业利润，却深受藏民的欢迎，无形中以经济为纽带，与藏族社会形成良性互动，促进了汉藏之间的理解与沟通。

三　汉藏通婚与近代康区的"扯格娃"

清代初期，川藏线作为连接内地与西藏的官道地位正式被确定下来。川藏线沿途驻守的戍军和粮台职官大多从四川绿营、下层文官中抽派。按照清代规定，进入藏地戍守的驻军、官员均不得携带家眷。但是因一时难以适应藏地高原生活，戍军不得不自行雇用藏人女子照顾家务。久而久之，自打箭炉以西的不少绿营官兵纳藏人女子为妻。光绪年间理塘粮务同知查骞就注意到，"游惰闲散附和军营、丫头蛮妇从嫁军士"，"且军士驻边久者，多半娶夷妇"。② 尤其是清代后期，轮戍之制败坏，驻军长期戍守康区，"承平之世，番境宁谧，官弁员丁，静居无事，多娶番妇，营生业，或设商店，或垦荒土，渐次兴家立业，繁衍子孙。三年瓜代，乐此不归者甚多。大凡康藏大道沿线汉民，十分之九，皆军台丁吏之遗裔也"。③

自清末以来，各类汉人移民接踵而至，拥入康区。汉人移民范围不断向川藏线南北路两侧纵深扩展，散处各地。落籍汉人出于各自目的，娶藏人女子的通婚事例已经比比皆是。20 世纪 30 年代的一则有关康区族群面貌的文章就此问题做过较全面的评述：

> （康区——引者注）山险路遥，行商不易搬移家室，在官者例不许携眷偕往，于是婚姻漫无畛限，不分种族，任意配合，益以官商兵卒，在西康各地，安家落业，娶夷为妻者，尤指不胜计。近今三十年，西康

---

① 　程裕淇：《西康剪影》，第 25 页。
② 　查骞：《边藏风土记》卷 1《边地转运至难》，第 37、38 页。
③ 　伍非百编《清代对大小金川及西康青海用兵纪要》，出版社不详，1935 年，第 163 页。

之歧种人（歧种人，即蛮娘汉父之称谓），已遍布于城市村镇各地。真
正夷族，则须深山内地，始能寻觅矣。盖清末之数万边军，及各地垦
民，无不在西康娶妻生子，川陕各地商民，在村镇经营商业者，亦多娶
夷女辅助。[1]

举凡落籍之官、商、兵、民皆与藏人女子通婚，数量之众，已不再局限
于川藏沿线，足以逐渐改变康区各地村镇之族群构成。

近代康区汉藏通婚呈现出来的地域性特征，主要取决于汉人移民的分布
区域。其分布规律诚如社会学家柯象峰所言，"汉兵汉商留居及与康人通婚
者，颇不乏人。故谓今日之康人早已非一纯血种族……其中尤以各市镇区居
民，及各农村之'庄房娃'，其血统之复杂及汉化之程度更深。其能保持较
纯一之血统与原有之文化者，厥为在草原仍度其游牧生活之'牛厂娃'"。[2]
汉人移民畏避高寒的牧区，且不擅牧业，无以为生。因而以兵商为主的汉人
通婚群体集中在商贸相对繁荣的城镇、气候温和宜农耕的农区等定居点。特
别是川藏沿线各村镇和康区东部，汉藏通婚数量最为密集。从各类游记、旅
行日志的描述来看，游历康区者在旅途中碰到汉藏合璧的家庭，皆属常见
之事。

汉藏男女性比例的严重失衡是汉藏通婚普遍出现的主要原因。在以藏传
佛教为社会文化根基的藏地，不少男子出家为喇嘛，造成大量女性无适龄婚
配对象。汉人的性别比例也存在类似的失衡现象，以男性移民为主。当时，
社会学家柯象峰在康定的一项粗略人口统计很能说明这种性别比例失衡的情
况：藏民的"男女性之比例为九六·一对一〇〇·〇，即康女稍多于康
男……至于汉人……男女之性比例为一五〇·〇对一〇〇·〇，其悬殊之
故，多因汉人来此贸易及工作者，多为孤身男子，以致造成此种悬殊情
形"。[3] 一份康定县城厢公共机关附属家属户口统计表显示，在 3433 名丁口
（藏人 5 名，余为汉人）中，男性 3172 名，女性 261 名。男性数量竟是女性

---

[1]　佚名：《西康之种族情形》，《四川月报》第 9 卷第 4 期，1936 年。文中"西康"指西康建省后
之康属范围。

[2]　柯象峰：《西康社会之鸟瞰》，第 31 页。

[3]　柯象峰：《西康社会之鸟瞰》，第 12 页。

的 12 倍之多，由此可见男女性别比例严重失衡之一斑。① 加上汉人的分布
格局呈大分散、小聚居的特点，聚居的汉人规模较小，而小群体的通婚率一
般高于大群体，② 从而迫使汉人选择族际通婚。

　　由人口结构性失衡所造成的通婚推动力与汉藏社会文化的自我调节机制
相互迎合。近代康区汉藏通婚大抵分作入赘婚和迎娶婚两类。前者的汉人移
民以流动性较强的矿工、手工业者、流民为主，后者大多是定居的商贾或垦
户。入赘婚在藏族社会中是十分普遍的婚姻形式。藏族社会自古就存在注重
双系血统世系继承制的传统习惯，男女均可继承财产，接续家业。③ 当家业
延续因后嗣人数过少、男性子嗣出家为僧时，藏族家庭往往采取招赘的方
式，填补家庭角色的空缺，平衡家庭结构，因而康区招赘之风盛行。为解决
因宗教关系，近代康区藏人家庭普遍存在的未婚女性无法从藏人中选择婚配
对象的问题，任乃强观察到，藏人家庭主要是"平民之无子者"，采取招赘
汉人的方式，"因番中男子缺乏，庄房又须人承做，故番酋能宽此禁也"。④
为避免民户减少而影响赋税差役，土司、土头也不得不允许藏人家庭以招赘
的形式，招揽汉人移民上门，承顶门户。

　　汉藏通婚也为汉人移民融入藏人家庭与基层社会生活、获得栖身之所提
供了势所必然的路径。汉人移民在康区扎根，真正融入藏人社会，为藏人所
认可，也不外乎这两种方式。特别是缺乏谋生之本的独身汉人移民，单纯依
靠自身的力量想在康区获得安身立命的土地，并非像政府宣传的那样容易。
通婚将汉人移民与藏人结合在一起，使两者共享各类资源成为可能。依照康
区藏人的传统家庭财产观念，不论外来的赘婿还是儿媳，凡家庭成员对家庭
经济均有所有权。⑤ 通婚所赋予的家庭成员身份为汉人移民分享康区有限的
经济资源提供了突破口。英国传教士叶长青注意到，赵尔丰时代迁入上乡城

---

① 《康定东西城镇：关于户口统计整理》，甘孜藏族自治州档案馆藏，全宗号：2，目录号：42，
案卷号：93。

② 马戎编著《民族社会学——社会学的族群关系研究》，北京大学出版社 2004 年版，第 435 页。

③ 杨恩洪：《藏族妇女口述史》，中国藏学出版社 2006 年版，第 44、55 页。

④ 任乃强：《西康图经·民俗篇》，第 330 页。"边地男子缺乏，事业需人承管，故招赘汉人曾宽
其禁也。"参见李亦人《西康综览》，第 434 页。

⑤ 谭英华：《康人农业家庭组织研究》，赵心愚、秦和平编《清季民国康区藏族文献辑要》（上），
第 614—615 页。

的汉人移民生存空间有限，通过迎娶藏人女子或入赘到藏人家庭，可以获得安身立命之所。[①] 此种现象在康区南北各地较为常见。不少汉人移民入赘藏人家庭，得以顺理成章地继承藏人家业和土地，即俗称的"坐锅庄"。[②] 从近代康区社会藏汉所处的特殊境遇可以看出，藏人家庭对汉人婚配对象的考察，抑或汉人移民以血缘关系融入藏人社会的做法，均体现出汉藏在双向互动中的自愿结合与理性选择。通婚既可以保障藏汉正常的社会繁衍，也可弥补两者在家庭传承、社会和经济地位等方面的缺失。

作为族际的自发性民间互动行为，近代康区汉藏通婚对于汉藏关系产生了深刻的影响。首先，汉藏通婚是汉藏文化深度交融的主要途径之一。汉藏通婚将汉人移民与藏人妻子置于同一家庭生活中，朝夕相处，无形中加速了汉人移民文化生活样态本地化的进程，使其从外在表征到内心世界逐渐趋近藏人。早在清代中叶，姚莹前往察雅途中，见"打箭炉外，汉民娶番妇家于其地者，亦多从其俗"。[③] 到民国时期，纵观整个康区，"汉人娶康人之妻，一二代后，往往数典忘祖，反有融化于康人的情形"，[④] 已是习以为常之事。康区的旅行者在沿途民家休息时，常遇到入赘或娶藏人女子的汉人移民及其后裔，除偶尔会说几句残缺的汉话，几乎完全可被视作藏人。

当然，藏汉个体婚后家庭生活方式的形成是双向适应和选择的过程。在汉人移民相对聚居或靠近内地的康区东部汉藏通婚家庭中，藏人妻子部分地改习汉俗者，也不乏其人，例如"昌都、巴安之妇女，素号食面高手，亦只限于随嫁汉人之妇女"。[⑤] 上海记者搜集的风俗材料中也有"康人无姓仅有名，与汉人通婚者有之"的记录。[⑥] 生活在同一屋檐下的双方潜移默化中接纳对方的文化因素，又因地域间的差异在生活习为方面逐渐与藏民或汉人

---

① J. H. Edgar, "Hsiang Ch'eng or Du Halde's 'Land of The Lamas'," *Journal of the West China Border Research Society*, Vol. VII, 1935, p. 18.

② 吴振：《今日之九龙》，《康导月刊》第 1 卷第 2 期，1938 年。任乃强在《西康札记》中写道："夷汉不互赘，汉女亦不出嫁夷民；惟汉男得娶夷女。谚云：'汉不入夷。'"参见任乃强《西康札记》，第 28 页。此与民国文献中屡屡出现汉人入赘藏家的记载相悖。

③ 姚莹：《康輶纪行》，《康輶纪行·东槎纪略》，黄山书社 1990 年版，第 55 页。

④ 吴文晖、朱鉴华：《西康人口问题（下）》，《边政公论》第 3 卷第 2 期，1944 年。

⑤ 杨仲华：《西康之概况》，《新亚细亚》第 1 卷第 5 期，1931 年。

⑥ 沪记者川康考察团陆治诒供给材料，黄举安整理《西康风俗丛谈》，《开发西北》第 2 卷第 2 期，1934 年。

趋同，原有的生活习惯却不会因通婚而完全泯灭。所以在汉藏组合的家庭中，汉、藏两种文化因素时常交织在一起，形成人们常说的"倒藏不汉""汉人不纯，藏人不藏"的生活情景，[1] 由此淡化了汉藏之间的文化差异。

其次，通婚将汉人移民与康区藏人社会真正联系起来，是汉人移民构筑新的社会关系网的方式之一。在近代康区的移民潮中，大多数汉人移民只身前往康区谋求生计。空间距离使远离故土的汉人移民基本上断绝了与原有乡土社会的联系。移民要在康区社会中立足和生存下来，需要在落籍地建立新的社会关系网。通婚成为汉人移民拓展社会关系与生活领域的主要途径之一。如部分汉人官员与藏人社会上层联姻，曾任团长的甘孜保安司令张我戎娶瞻化属超爱头人之女，以此作为社会权力资本，得以在当地开办金矿、处理刑事案件等。[2] 通婚本身就是将两个家庭及其所处的社会圈联结起来。姻亲是汉藏合璧家庭社会交往的重要对象与媒介。第一代汉藏合璧家庭与藏人姻亲家庭一般能够保持较为密切的日常交往，即使两者居住地相对较远。

通婚对汉藏的影响是相互的。当汉人借助通婚的渠道真正融入康区的社会生活时，汉人的家庭理念、文化逻辑也不可避免地嵌入当地的家庭结构和社会观念，与藏人传统的社会文化观念相互杂糅。历史学家谭英华探讨康定各锅庄因通婚发生的结构与观念变迁时写道：

> 近数十年首受汉文化影响，当推康定各锅庄与各方面接触的机会最多……为这一文化融流的先驱的是血缘的混合——通婚。康人对上门婿的待遇素来苛刻，而且锅庄是从不与汉人联姻的。但这些年来，成群的小商人、土人和无业者，从四川、云南、陕西各地跑来，凭着他们的智慧和技术，竟打破"汉不入夷"的口号，突入了康人的家庭。以笔者所知目前三十多家锅庄中，即有十家招有汉婿（混血种尚不在内）……婚姻范围扩展的结果，家庭结构随之动摇，而被诱导□趋于汉化的倾向。这一倾向表现的方面很广，第一没有姓氏的康人开始使用姓氏……其次，家内主权的推移，亲属待遇的改变。家内父亲的势力逐

---

[1]　伍呷：《九龙藏族社会的历史考察》，李绍明、刘俊波编《尔苏藏族研究》，民族出版社 2007 年版，第 268 页。

[2]　程裕淇：《西康剪影》，第 23 页。

渐膨大，先祖的观念也渐渐萌芽。①

家庭主权向汉人赘婿一方的转移，为汉藏通婚家庭植入了汉人传统的父系观念，并有意忽视与淡漠母方因素。因此，在某些地区，汉藏通婚冲击了原有的家庭结构和社会观念，对近代康区社会与文化生态进一步向多元化发展产生了深刻影响。

"扯格娃"，又作"扯盖娃"，是近人对康区汉藏通婚后裔的特有称谓，最早见于清代乾隆末年。乾隆五十六年（1791），时任幕僚的周霭联跟随四川总督孙士毅入藏，详记沿途风土人情，绿营官兵与藏人女子之后裔亦为其所关注，称："或生子女呼曰'尺盖哇'，子可携归，女则不能，盖重男轻女习俗使然也。"② "尺盖哇"是"扯格娃"的同音异写词，是对汉藏通婚男女后裔的统称。民国时期，在群体规模不断扩展的状况下，"扯格娃"因兼具汉藏双重文化的特征，逐步演变为民间层面汉藏民族和文化整合的代表性群体。

有关近代康区汉藏通婚后裔的文化面貌，近人留下不少相互矛盾而又含糊不清的描述。学者任乃强长期在康区从事考察与研究，曾对汉藏通婚后裔的体貌与文化特征做如下描述："汉族遗传力较番为强，故扯格娃之性情体格，恒七分似汉，三分似番；其学习汉文汉语，亦特容易。"③ 任氏的说法得到其他亲历者描述的佐证。清季民初，驻防巴塘的分统刘赞廷注意到，昌都"驻防绿营于此安家者，生有子女，半蛮半汉，混合成人，喜供关公、灶王爷，凡有此者，不问而知为汉人。故游此，沿途不用翻译，可知言事，系由此也。自设治以后皆喜读书，遵从汉礼"。④ 其时，昌都尚未为西藏地方政府所据，汉人定居娶妻者颇众。子嗣的成长环境同时受着汉藏文化之熏陶，而"混合成人"，文化礼教仍蔚然成风，遵从汉人礼仪，信奉汉人传统神祇。

---

① 谭英华：《说"锅庄"》，赵心愚、秦和平编《清季民国康区藏族文献辑要》（上），第648—649页。

② 周霭联撰，张江华、季垣垣点校《西藏纪游》卷1，中国藏学出版社2006年版，第8页。

③ 任乃强：《西康图经·民俗篇》，第421页。

④ 刘赞廷：《（民国）昌都县图志》，《中国地方志集成·西藏府县志辑》，第100页。

不过，社会个体承袭与接纳传统的生活习惯，既然始于家庭教育，便不可避免地要受到汉父藏母双方潜移默化的双重影响。汉藏通婚后裔的行为举止往往显露出两种不同习为的痕迹。更多地接纳汉文化，抑或藏文化，要视不同地域的具体社会环境、个体家庭差异而定。据法国传教士古纯仁的观察，关外汉人聚居较多的巴塘县城内"边军多数皆娶土著妇女，而定居于此。所生子女，称曰巴甲，义曰'巴之汉人'，迄于今日，其藏化较汉化为甚"，[1] 而"在炉霍、里塘、巴塘等地，有前代戍边兵士所遗留之后裔，亦藏化甚深而汉化甚浅"。[2] 可见，"扯格娃"并不是整个康区对汉藏通婚后裔的通用称谓，不同区域的称法有别。"巴甲"，即藏文'ba'rgya，应为藏人对巴塘汉人及其后裔之泛称。尽管称其为"汉人"，其文化面貌却更接近藏文化。同样是清代戍边官兵相对聚集区域的通婚后裔，不同作者观察视角和关注面向有异，其记述的通婚后裔的生活面貌展现出较大的差别，亦体现出其外在文化表征的复合型特点。

此种复合型的特点在语言使用和姓名取用上表现得十分突出。雅江的汉藏通婚后裔通行一种混合语言，俗称"雅江倒话"，与藏语、汉语颇为不同。对此，民国时期曾任雅江县县长的陈治荣叙述称：

> 本县（指雅江——引者注）夷民及汉人，除各原有其汉康两种语言外，汉夷之间，产生一种"浑血"语言，甚为流行。"浑血"者，汉人娶夷妇，所生子女称"浑血"种，俗又呼为"扯格娃"。其语言于汉康语外，另成一派。如说："你不要去"，"妈妈在家"，"拿一个洋钱"，"我的心子痛"等语，彼等说为"你去的不是"，"妈妈家中有"，"洋钱一个拿"，"我痛一个心"，即以汉文用藏文法者是也。其语尾音调，又都习用蛮腔。骤聆之，实难解悟，不伦不类，莫不咄咄称怪焉。[3]

---

①　古纯仁：《里塘与巴塘（续）》，李哲生译，《康藏研究月刊》第 20 期，1948 年。

②　古纯仁：《川滇之藏边》，李哲生译，《康藏研究月刊》第 15 期，1948 年。

③　陈治荣：《今日之雅江》，《康导月刊》第 1 卷第 4 期，1938 年。有关倒话的研究，参见意西微萨·阿错《倒话研究》，民族出版社 2004 年版。

无独有偶，甘孜、道孚泰宁等地汉藏通婚后裔及部分藏人内部也流行类似的语言。"倒话"是一种糅合汉语、藏语的混合语：依照藏语文法的语序，以汉语词表达出来，语尾音调均以藏音结束。使用"倒话"的人群主要是汉藏通婚后裔和部分藏人。不同的是，藏人对汉语使用的语境、语意不太熟悉，常常出现滥用词语的现象，[①] 在无法表达某些汉语词时可能会掺杂少量藏语词。

与之相似的是汉藏通婚后裔姓氏与名字的取用。姓氏是汉人传统社会中父系血缘延续与单系继嗣制度的外在体现之一，是将父辈与子嗣直接联系起来的社会符号。与汉人相比，普通藏人的血缘和宗族观念要淡薄得多。藏人的名字仅是个体身份的代码，无法反映出个体背后以血缘维系的社会关系。因普通汉人对姓氏的重视和普通藏人缺乏姓氏意识的差别，汉姓与藏名可以共存。民国时期的一名调查者在对康区婚俗习惯的考察中了解到，"真实的康民，俗称之谓'蛮家'，即藏族也，纯系有名无姓，亦有十足康民而有姓者，皆系汉男康女结合同化所致"。[②] 部分藏人及其通婚后裔从"有名无姓"到"有姓者"的转换，是汉人传统观念在汉藏合璧家庭中文化碰撞、交融中被坚守下来的遗留物。

因此，汉藏通婚的后裔大多继承父辈的汉姓，而保留藏名，将两者连缀起来，如张达瓦（krang zla ba）、刘次仁（li'u tshe ring）等，汉姓则被音译为藏文。此种现象早在清末民初已经较为普遍，[③] 特别是在汉藏通婚较多的巴塘、雅江、道孚、炉霍、昌都、康定等地。

汉藏通婚后裔双重的文化表征令不少学者产生不同甚至前后矛盾的看法。任乃强有时就将汉藏通婚后裔与"纯汉族""纯蛮族"分别开来，因其从外在文化表征上看，与藏人更为相近。另一位民国时期的考察者干脆视汉藏通婚后裔为"'扯格'康人"。[④] 无论在汉人还是藏人眼中，汉藏通婚后裔与两者不同之处主要在于血缘和文化面貌的"杂"与"纯"的差异。因而

① 任乃强：《西康图经·民俗篇》，第 400 页。
② 李培芳：《康民婚姻访问记》，《戍声周报》第 1—30 期合刊，1937 年 8 月 15 日。
③ 1916 年 5 月 26 日雅江县造报的《八角楼、崇喜村户口丁粮及牛羊数目清册》中记录了不少汉姓藏名的住户名字，如傅扎喜、傅甲米、李甲米、胡赤称、苏丹贞等。四川省档案馆编《近代康区档案资料选编》，第 172—177 页。
④ 赵留芳：《道孚县浅影》，《康导月刊》创刊号，1938 年。

有人亦将汉藏通婚后裔称作"歧种人"。[①] 民国时期，政府官员、学者和普通汉藏民众对汉藏通婚后裔的族群身份普遍存在模棱两可的认识，无法将其与汉人、藏人等同，却认可存在千丝万缕的联系。

尽管文化表征的复合型模糊了汉藏通婚后裔的族群身份，汉藏通婚后裔却可借助习得的双重文化优势和独特的族群身份，在近现代康区现实社会生活史中占据重要的一席之地。因承袭汉父藏母的双重文化面貌，跨越于汉藏之间，而构成跨族的社会关系网，汉藏通婚后裔在谋生方式上远比普通藏人多样，又兼具汉人缺失的本土身份和文化习性。因此，其职业结构趋于多元化，社会活动半径更为广阔。针对汉藏通婚之文化个性和社会角色，邓少琴依据切身观感指出："近世有称为'扯格娃'者，其在清季为汉人与康巴婚姻出生之子女，其体魄强健，天生聪俊，过去多任翻译、文书之职，今更多军政人才。"[②] 汉藏通婚后裔跻身军政要职，源于政府须借助其与藏人之间的血缘、文化联系，加强与藏人的交流联系。

语言交流受限，汉藏之间易生隔阂。兼通汉藏双语的汉藏通婚后裔可作为翻译，将信息较为准确地传递给藏人家户及其社区，尽量避免误解发生。因而在20世纪30年代前后任乃强实地调查过的康区境内，"担任通司，翻译之人，什九皆扯格娃也"。[③] 少数汉藏通婚后裔进入清末民国时期政府举办的学校，接受西式教育，逐步成长为熟识康藏边情、初步具备现代文明理念的社会力量。其中一部分在国民政府和川康地方政府开办的国民党中央政治学校蒙藏学校、西康陆军军官学校等继续深造，成为中央和地方政府极力笼络的康区本土政治精英，从而在康区历史中扮演着重要的角色，如格桑泽仁、江安西、刘家驹等。

另外，汉藏通婚后裔风俗习惯与藏人相仿，崇信藏传佛教，虽不及藏人虔诚，文化相似性足以增进其与藏人之间的亲切感。藏人各社会阶层也要依赖其作为与政府沟通的中介。文化与心理的亲近使汉藏通婚后裔比汉人更易于融入康区社会，乃至升入社会上层，即便是在西藏地方政府控制

---

① "西康之歧种人，名曰扯格娃，盖西康山路奇险，不易携室偕往，是地婚制甚宽，不限种族，故西康泰半皆歧种人。"参见蓝铣《西康小识》，《边政》第1期，1929年。

② 邓少琴：《西康建省沿革考》，《邓少琴西南民族史地论集》（下），第815页。

③ 任乃强：《西康图经·民俗篇》，第421页。

的昌都地区也不例外。如原是汉人后裔的顿珠扎西是民国时期昌都公所的三位涅金之一，总管昌都宗内寺庙以外的一切政事。① 另一位昌都政治人物边坝宗（今西藏边坝县）大头人博登顿的祖父李昌是清末赵尔丰属下的军官。②

　　族际通婚是近代康区汉人移民与藏人双向互动中最为深入、影响深刻的渠道。汉藏通婚的普遍实现延续着两者历史关系的亲缘感，显露出汉藏族际边界的模糊及其相互包容的族际关系。而近代康区人口的结构性失衡以及深层次的社会文化原因，恰可与汉藏的社会自我繁衍和调节机制相互契合，共同成为汉藏通婚大量出现的社会客观条件与主观因素。通过联姻，汉藏之间以姻亲关系搭建起密切的社会关系网，使得汉人移民与藏人社区借助血缘纽带维系起来。而汉藏通婚后裔兼容汉藏双重文化习俗的禀性，承继与延续着某些汉藏文化因素糅合而成的复合性风俗习惯。可以说，汉藏交融与文化整合集中体现在康区汉藏通婚后裔这一特殊社会群体中。

四　康区汉藏互动中的文化抉择与交融

　　族群的迁移过程也是文化传播的过程。汉人的迁入无疑给康区带来汉文化的全面影响。但是汉文化向康区的传播，并非一个简单的汉文化在康区再复制的过程，其中还伴随着文化的抉择、交融与创造，以及文化本地化的趋势。一般来说，汉人数量的多寡与距离内地的远近往往关系到汉文化传播的广度与深度。因此，普通藏民受汉文化影响的情形存在地域性的差异。总体来看，越靠近内地的藏地，汉人移入的数量越多，经济生活方式越接近内地，因而各主要城镇及交通主干线一带受汉文化影响更为突出。

　　即便是某一地域范围内，藏民受汉文化的影响也有所差别。县城较乡村明显，农区较牧区显著。对此，《西康概况》一书总结道："凡汉人密集之地，番族有被同化者，政教设施，易于推行。"③ 在这些地区与汉人杂居的

---

① 《西藏昌都地区地方志参考资料》，西藏昌都地区地方志总编室、西藏昌都地区档案馆编《西藏昌都地区社会调查资料选》，中国藏学出版社 2004 年版，第 6 页。

② 王川：《西藏昌都近代社会研究》，第 202—203 页。

③ 西康省政府秘书处编印《西康概况》，第 169 页。

藏民受汉文化的影响较早，程度相对较深。民国时期九龙县境内的汉人数量超过藏民，"康人大半汉化，司法案件，完全实用现行法律"。[①] 而康定、丹巴等地汉人数量少于藏民，当地藏民"和兼有康汉血统的人民，他们的风俗习惯，服装，饮食起居等，大半和标准的康族相像，可是汉化的程度已相当深，并且常有汉姓"。[②] 一县之地因地理环境、汉人移民数量及经济形态等因素的不同，也各有差异。康定的东部峡谷区域内农矿业较盛，藏汉杂处，习俗与泸定、丹巴相近；中央盆地区域商业较发达，康定城内藏民受汉文影响较深，但城外藏汉杂处，与东部峡谷区域类似；西部高原地区农牧混合，藏民受汉文化影响较浅。[③]

尽管如此，藏民接纳汉文化因素的具体情形相当复杂。从衣食住行方面来看，藏民可以接受某些汉式饮食，如汉酒（"甲酿"）。[④] 部分藏民也接纳大米、素菜，甚至属禁食之列的鸡鱼之肉等食物。但是一份调查报告显示，即使受汉文化影响较深的康定"土民富者，生活亦颇优裕，家中用具多同汉人，惟食只糌粑酥油茶，鲜食饭"。[⑤] 坚持藏式饮食习惯的做法可能在多数地区较为普遍和持久。

服饰是身体的延伸，与周围的自然环境息息相关，藏族服饰与高原环境相适应。在与汉人的交往中，藏民也有改着汉装的。民国时期汉藏接触频繁的康定县城内的藏民"至与汉人交易接近者，多着内地装束，剪发者，仅百分之一二而已"。[⑥] 但就总体而言，藏民改穿汉服的人数较少，仅限于靠近内地、经常与汉人接触的人群，而且其服饰是有所保留地改变。

与物质层面的变化相比，藏民对汉语的接纳程度超过对汉人饮食、服饰等的适应。在汉人来往多的地方，藏民因与汉人接触频繁，多懂得汉话，只是所讲汉语具有十分突出的藏汉语言混合的特点。藏、汉语词语的混合使用与藏语语法的保存，表明多数藏民使用汉语时更多停留在

① 吴振：《今日之九龙》，《康导月刊》第 1 卷第 2 期，1938 年。
② 程裕淇：《西康剪影》，第 36 页。
③ 任乃强：《西康图经·境域篇》，第 183—184 页。
④ 任乃强：《西康图经·民俗篇》，第 281 页。
⑤ 《调查·西康康定县》，《康藏前锋》第 2 卷第 9 期，1935 年。
⑥ 李笑田：《康定》，《国闻周报》第 3 卷第 31 期，1926 年。

借用汉语词语的层面，经常出现语法错乱、语音误读或者含糊难辨的情况。对此，西康社会调查团考察康定后撰写的报告中提到"语言文字方面除一六两区外，各区通行藏语藏文，鱼通、孔玉另有其方言，间亦掺杂不纯粹之汉语及康语"。[①] 署名"靖唐"的作者在谈到甘孜藏民讲汉话时也指出："一般侨居之汉人，通常操四川官话，侨居既久者，其子孙之语言及康人之操汉话者，往往受康语语法之影响，颠倒错乱，新缔听之，极为可笑。"[②]

如果说多数地区藏民坚守传统的物质生活与特殊的高原环境有极大的关系，在受汉文化影响极深的某些地区，汉文化的因素却已经渗透到藏民的节庆、习俗，甚至影响到思想观念。民国时期，康定的藏民"渐染汉俗者，亦有春秋扫祭之事"。[③] 炉霍一带的藏民则模仿汉人移民张贴春联、门神等。[④] 康定包家锅庄包太太期望晚年有儿孙相伴，对其家中屡出活佛却不以为然。[⑤] 鱼通藏民则"从前请喇嘛做佛事，现在则请道士做道场，从前不兴烧钱化纸，现在亦兴烧钱化纸了，从前请客吃糌粑馍馍酸油，现在则红白喜事，兴设总管、安知客，吃九大碗，从前害病请喇嘛击鼓念经，不效则听他死，现在则有汉医兴看脉吃药"。[⑥] 无论是春联、门神、包太太的态度，还是改请道士做道场、请汉医治病、红白喜事吃九大碗、上坟祭拜等，都显示出部分藏民不仅在形式上接纳汉俗，还表现出对藏传佛教信仰的日趋淡漠，在精神领域日益趋近汉人。不过，从总体来看，藏民受汉文化影响不及汉人对藏文化的接纳程度。

实际上，康区汉藏文化交融是一个复杂的动态过程。就互动的过程来说，汉藏文化的相互影响具有阶层化的差异，汉藏不同阶层对异文化的反映和接纳程度差别明显。藏人受汉文化影响程度大致存在社会上层与普遍民众之间的差异。

---

① 西康社会调查团搜集编纂《西康省社会经济调查报告》，西康省建设厅编印《西康省建设丛刊》第 1 辑第 4 类，1939 年。

② 靖唐：《康北的重镇——甘孜》，《康导月刊》第 5 卷第 1 期，1943 年。

③ 蓝铣：《西康小识（续）》，《康藏前锋》第 1 卷第 3 期，1933 年。

④ 冯云仙：《西康关外日记（二）》，《蒙藏月报》第 6 卷第 5 期，1937 年。

⑤ 梁瓯第：《打箭炉》，《文讯》第 3 卷第 2 期，1942 年。

⑥ 邱怀瑾编《西防纪实》，国西电讯社 1933 年版，第 10 页。

相对而言，包括富裕家庭在内的藏人社会上层与内地的接触和交流机会较为频繁，倾慕汉文化的心理更为强烈，具有接纳汉文化的社会优势，因而受汉文化影响相对较深。早在清代乾隆末年，康定的明正土司已经"率先为父母建立坟茔，并延师课其子侄，习读汉书"。① 百余年后的光绪二十九年，驻藏大臣有泰暂居康定时，曾亲见明正土司祖茔，"以土墙围之，有碑碣，竖以番经布幡，各处皆然"。② 这表明汉人事死如生与祭礼中体现出的祖先崇拜的观念已逐渐被明正土司接纳，并与其原有的文化与信仰混合。

到民国时期，土司或头人聘请汉人师傅教习子嗣、取汉姓的做法更为普遍。康定鱼通境内的土司头人甲安仁、杨维周、包继昌等"不特可谈流利之汉语，即较深之汉字书报，亦能浏览无滞"。③ 藏人社会上层也较早依靠其社会地位，率先效仿汉式建筑和饮食习惯。《西康图经》就明确指出藏人土司获取汉文化资源时所具有的优先权："康地规矩，惟有官爵者之住室，如土司官寨，汉官衙门，与台站等，始得用汉楼梯〔即内地通常之木板楼梯〕。"④ 参与川康考察团的上海记者陆诒也发现普通藏民日常饮食多席地而坐，"至少数贵族阶级和较近汉人者，大都备置矮桌及杯筷"。⑤ 可以说，藏人社会上层往往是藏人接纳汉文化的先导者。此种现象出现的重要原因是由于在汉藏文化互动中汉文化处于强势地位，藏人社会上层需要借此文化资源提升和巩固自身的社会地位，凸显自身的特殊性。

不过，藏人土司或头人接受汉文化的程度也存在地域差异。康定明正土司早在乾隆末年已效仿汉式丧葬方式与习读汉书，而丹东土司的生活直到民国时期尚坚持浓厚的藏人习惯。⑥

普通藏民是在清末民国时期国家力量的强制干预下和通过与汉人的民间交往中受到汉文化影响。其对汉文化的接纳态度显得相对保守，保留原有文

---

① 佚名：《（乾隆）打箭炉厅志》，张羽新主编《中国西藏及甘青川滇藏区方志汇编》第40册，学苑出版社2003年版，第20页。

② 吴丰培整理《有泰驻藏日记》卷3，全国图书馆文献缩微复制中心1991年版，第47页。

③ 蒋五疆：《鱼通缩影》，赵心愚、秦和平《清季民国康区藏族文献辑要》（上），第319页。

④ 任乃强：《西康图经·民俗篇》，第252页。

⑤ 沪记者川康考察团陆诒供给材料，黄举安整理《西康风俗丛谈》，《开发西北》第2卷第2期，1934年。

⑥ 岷真：《记青年土司邓坤山》，《康导月刊》第3卷第5—7期合刊，1941年。

化的倾向显著。从清末川边新政开始，官府试图通过一系列社会文化习俗的改造与革新，改变藏民的传统社会生活，实现边疆地区与内地文化的一体化，主要体现在推行学校教育和改革藏人的风俗习惯。清末推行的新式学校教育在传播知识文化、开通风气等方面起到一定作用，"当时办学的结果，一般贫穷子弟反而因是受了实际的惠益"，[①] 造就一批熟悉汉藏文化的藏人精英人士，实现藏区教育向近代新式教育的转变。[②]

但是官府主导的学校教育缺乏同藏人社会结合的文化与社会衔接点，与社会现实脱节严重，无法满足社会需求，得不到藏民的认同，以至于藏民普遍认为，孩子"因为进了几年学校要变成在藏区无用的废物了"。[③] 因此，藏民普遍视学校教育为"学差"，极力抵制和排斥，在清末兴学过程中便出现有钱人家雇用贫家子弟入学的"雇读"现象。到民国时期，雇读现象愈加普遍，出现雇读集体化、雇读价格市场化和雇读生职业化的趋向。[④] 与此同时，清末革新藏人社会风俗的举措也因单纯以汉文化为革新的准绳和出发点、具有明显的强制性等弊端，忽略藏民自身的社会需求与文化价值观，造成藏民对此类举措的消极抵制。

背井离乡的汉人一旦踏入藏地，首先要面对的是与内地迥异的高原气候。这几乎是所有汉人移民必须解决的问题——进行文化调适，以适应藏地独特的自然环境。只不过这种文化调适也具有鲜明的地域差异。靠近内地的九龙、丹巴、康定等地的汉人保持着固有的文化习俗，受藏文化的影响并不明显。越往西行，汉人文化表征的改变越加显著。而且，汉人的分布有散居与聚居之分。散居汉人大多居住在藏民聚居村落，与藏民交错杂居，其中不少汉人通过入赘的方式直接进入藏民家庭。他们日常交流的对象一般是藏民，生活方式也以藏式为主，潜移默化之中从外在表征到内心世界逐渐融入

---

① 佚名：《治理康区意见书》，赵心愚、秦和平、王川编《康区藏族社会珍稀资料辑要》（上），第361页。

② 刘绍禹：《西康教育史之略述》，《康藏前锋》第4卷第1、2期合刊，1936年；王笛：《清末川边兴学概述》，《西藏研究》1986年第2期；宋德扬：《试论赵尔丰在经营川边中以兴学为先的思想》，《社会科学研究》1988年第6期；徐君：《清末赵尔丰川边兴学考辨》，《西南民族大学学报》2006年第12期。

③ 谢天沙：《康藏行》，工艺出版社1951年版，第51页。

④ 严奇岩：《近代西康藏族"雇读"现象探析》，《民族研究》2006年第6期。

藏人社会生活。散居汉人的子女也大多被"藏化"。故散居汉人是与当地藏人最为密切的群体，社会与文化角色的转换也实现得最为彻底。而生活在聚居社区内的汉人能够保留更多的原有文化习俗。可以说，这些汉人聚居的社区是汉文化向藏地传播的一个个桥头堡。但是这些社区并非完全封闭的，通过通婚与贸易等，生活在这些社区中的汉人也不可避免地接触与吸纳某些藏人的文化元素。

汉人的文化调适一般从与其生存息息相关的衣食住行开始。自清代后期，进入康区的汉人以川籍居多。川人俗食米谷。但是因自然环境的限制，康区除巴塘等个别地区外均不产米谷。藏人以糌粑、酥油茶、牛羊肉为主食。汉人食用的米谷皆需自外地运入。民国时期，运入康区的大米的消费群体主要是当地汉人和驻军。[①] 但是康区米谷的价格昂贵。20 世纪 30 年代初，康定的白米每升银 7 角。而西昌、冕宁等产米区，半元便可购米一斗。[②] 至1938 年，米在西昌 5 角一斗，运至汉源价值 2 元，运至康定则价值 5 元。[③] 关外米价又要比康定高数倍。许多普通汉人难以承受高价米谷，遂改食面食或玉米等杂粮。

康区玉米作物分布的最高海拔在 3200 米处，小麦（春小麦、春大麦）为 3500 米。绝大多数的农耕区在海拔 4000 米以下的河谷与山间盆地，这些地区多数是适宜汉人居住之地。[④] 高于此的地方情形多与之不同。据1929 年调查员董兆孚的报告，在海拔 2980 米的道孚县城内，"其（指汉人）饮食起居多同夷俗"。[⑤] 20 世纪 40 年代，梅幼云经过海拔接近 4000米的炉霍县城时称："炉霍街上全系汉人，衣着饮食都已与蛮子同化。"[⑥]在此之前，冯云仙曾调查海拔超过 4000 米的理塘县城，当地"汉民服装多被土民同化"。[⑦] 自康定越往西行，汉人受藏人风俗影响越强烈，已不

---

① Oliver Coales, "Economic Notes on Eastern Tibet," *The Geographical Journal*, Vol. 54, No. 4, Oct., 1919, p. 243.

② 任乃强：《西康蕴藏的富力与建设的途径》，《西北问题季刊》第 2 卷第 1、2 期合刊，1936 年。

③ 柯象峰：《西康纪行》，《边政公论》第 1 卷第 3、4 期合刊，1941 年。

④ 孙敬之主编《西南地区经济地理》，科学出版社 1960 年版，第 95 页。

⑤ 董兆孚：《道孚县土地人民调查录》，《边政》第 3 期，1930 年。

⑥ 梅幼云：《打箭炉到甘孜》，《旅行杂志》第 20 卷第 4 期，1946 年。

⑦ 冯云仙：《西康各县之实际调查》，《新亚西亚》第 2 卷第 5 期，1931 年。

为海拔所限。不少普通汉人食用糌粑，或半年，或年余，即可逐渐习惯。

至于衣着，原有的汉装难以抵御高原凛冽的寒风，不及肥腰、长袖、大襟藏装保暖与便利。况且康区不产布匹，自外地运入，价格昂贵，因而普通汉人改穿藏装的不在少数。① 康区定居汉人的居所也大多与藏式建筑相仿。西康省建立不久，关注康区境内民居的地理学家严钦尚实地考察后写道："出关之汉人，因自然环境与生活方式之需求，其所建房屋亦渐采石屋之型式，故石屋几有超越民族界限而上之势，而成自然环境之附属体。"② 20 世纪 50 年代初旅行康区的苏岚也说："在康定，一般房子还是汉人的样式，但一过东俄洛，房子的式样几乎全是藏族的样式了。"③ 康区的藏式碉房是在长期与高原自然环境的适应与磨合中形成的，注重保暖与避风，也可应对各类自然灾害。因此，汉人特别是居住在乡间的普通汉人的居室多为藏式碉房。民族学家林耀华在经过炉霍虾拉沱时，就曾指出当地定居汉人"惟房舍建筑一概藏式，盖为适应高原寒冷的环境"。④

普通汉人"吃糌粑，吃酥油"、"面目黧黑"、穿着藏装、住藏式建筑均由外部的高原自然环境促成，多半是出于求生存的本能调适。这是进入康区的多数汉人在面对康区特殊的自然环境，必须经历的转变过程。此诚如长期驻防理塘的二十四军一三六师师长曾言枢在日记中所说：

> 动植物均有适其环境，以图生存之自然性，以此理感觉汉人每每存意同化康人，入康久居，娶妻生子，亦自不觉间，装、靴、带、剑、语言、皮肤，俱康化矣。入其环境，有其环境之需要，所以理想不胜事实，固有其必然性在。⑤

与之不同的是，汉人对汉语的保留程度一般要视汉人数量的多寡与社会等因素而定。首先，汉语的保留程度要视汉人数量的多寡而定。在汉人较多

① 程裕淇：《西康剪影》，第 22 页。
② 严钦尚：《西康居住地理》，《地理学报》第 6 卷，1939 年。
③ 苏岚：《康藏行》，《旅行杂志》第 27 卷第 3 期，1953 年。
④ 林耀华：《民族学研究》，中国社会科学出版社 1985 年版，第 359 页。
⑤ 曾言枢：《宣抚康南日记（续）》，《康导月刊》第 5 卷第 6 期，1943 年。

且相对聚居的城镇，汉藏双语并行。相反，在汉人数量较少、相对闭塞的地方，汉语日益处于弱势地位。汉语逐渐被接纳藏人习俗的汉人弃用和淡忘，至迁入康区汉人的第二代后裔已经大多不能以汉语言谈。① 一般而言，城镇汉语的保留程度要优于乡村。此外，汉语的使用大体呈现出自东向西弱化的趋势。康区东部汉人普遍使用汉语，由康定西行，至雅江一带村落的汉人尚可使用汉语交谈，北行至道孚，居住在乡村的汉人的汉语能力已不及前者。柯象峰总结川西高原与西藏东部的汉藏语使用情况，认为大抵可以康定作为划定藏汉语使用区域的分界线："关内系汉语。康定以西，多习用康语。不但康人均用康语，即留康较久之汉人，亦多习用康语。"②

面对一个与内地社会截然不同的藏地社会，汉人若固守原有的身份和文化，很难在藏文化占主流的社会中扎根。炉霍汉人陈某与蒋某"各以二三子送灵寿寺学习喇嘛，一为生计，一则对该寺有优先借贷权，该寺对学喇嘛之家庭，间日一送茶盐糌粑，喇嘛寺之可以左右康汉民众，实由挟有雄厚资产"。③ 舍弃子嗣原先承担的绵延后代的职责，正是为了最大限度地换取寺院的经济扶持。但是这种现象在康区东部较为少见。

汉人的此种选择也与长期生活在康区特殊的宗教氛围中有关。藏人社会文化与内地迥异的特点之一在于浓厚的宗教氛围，以藏传佛教为主流的宗教因素几乎渗透到藏人社会生活的各个领域。生活在这种社会环境中，部分与藏民杂处的汉人逐渐有信奉藏传佛教的倾向。1887年，美国人柔克义在甘孜发现"事实上在甘孜以东，在我们所到过的每个城和每个村子都有汉商，他们多是四川人。有许多人在举止上，在服饰上，甚至在宗教上都已彻底藏化了"。④ 这说明早在清末，长期生活在藏地的汉商在行为举止与服饰等方面吸收藏文化因素，精神世界也已经渐渐倾向藏传佛教。

---

① 1929年受川康当局委托调查社会情形的社会学家徐益棠写道："十二时抵（道孚——引者注）将军梁子麓，在加拉柱一汉人家尖，老翁年六十余，尚能勉强汉语，其子若孙，均已不能汉语矣。"参见徐益棠《西康行纪（下）》，《西南边疆》第9期，1940年。

② 柯象峰：《西康社会之鸟瞰》，第22页。

③ 张伯颜、唐尚炯：《调查道孚甘瞻矿产日记（续）》，《康导月刊》第1卷第12期，1939年。

④ William W. Rockhill, *The Land of the Lamas: Notes of A Journey through China Mongolia and Tibet*, New York: The Century Co., 1891, p. 258.

其实，汉人主动舍弃固有的文化习惯，接纳藏人风俗，并不只是反映在宗教信仰与家庭继嗣方面。社会学家柯象峰就发现："汉人过少之处，及各自为求安全及保护财产计，多习康语，着康装，婚康妇，反被康人同化，或康化者，固亦屡见不鲜。"① 在数量居于劣势的区域，汉人移民有意识地改造自身传统文化，"求安全"和"保护财产"是其主要目的。不管是主动接纳，还是被动接受，不少汉人从外在的文化表征到内在的精神信仰均体现出融入藏人社会文化生活的倾向，从文化面貌来看，已经是非藏非汉，介于汉与藏之间，以至于梅幼云在道孚听到当地居民将生活方式受藏文化影响颇深的汉人称作"汉蛮子"。②

文化的互动是双向的、相互影响的。近代康区汉藏对自身文化的固守与改变也是相对的。因此在汉藏文化互动的过程中，两者的日常生活中既保留汉文化的因素，也蕴含着藏文化的成分，有时难以将两者严格地割裂开来。某些文化因素便是汉藏文化整合的结果，体现出汉藏文化互动的复合性特点。

---

① 柯象峰：《西康社会之鸟瞰》，第 17—18 页。
② 梅幼云：《康藏途中》，《旅行杂志》第 19 卷第 7 期，1945 年。

第 十 三 章
近代康区的社会文化变迁

第一节 "利美运动"与康区苯教的新发展

一 "利美"：康区的无分教派运动

自 8 世纪佛教正式传入藏区，教派纷争始终贯穿于藏地宗教发展的脉络中，与教派融合并行，共同构成理解藏地多元宗教文化格局形成过程的两条主线。10 世纪以降，后弘期（bstan pa phyi dar）佛教分别在上部阿里、下部多康复兴，因教法系统（chos lugs）的不同，逐步衍生出旧译密续（rnying ma，宁玛）和新译密续（gsar ma，萨玛）两种传统。围绕内密文本的真实性和权威性，两种传统发生激烈的争论和冲突，由此形成教派之间的藩篱。宁玛派的教法遭到其他教派的猛烈批判和抨击。坚持纯洁化佛教的各派重要宗教领袖纷纷将宁玛派的教法和经本斥为藏人伪造。[①] 教派纷争在卫藏和阿里地区尤为严峻，对宁玛派、苯教的教派偏见在藏传佛教界蔓延开来，逐步根深蒂固。

为回应和反击其他教派对自身教法的污名化，宁玛派寻求和构建起伏藏（gter ma）传统，作为证明其教法源于印度的有利手段。但是对伏藏传统和大圆满法（Rdzogs chen）的共同接纳和认同，反而在一定程度上造成宁玛派与苯教的互动融合。伏藏的神秘性和奇异之处逐渐触动其他教派虔诚的高

---

① 沈卫荣、侯浩然：《文本与历史：藏传佛教历史叙事的形成和汉藏佛学研究的建构》，北京大学出版社、中国藏学出版社 2016 年版，第 160—184 页。

僧。16 世纪以后，发掘伏藏的活动开始出现在非宁玛派的高僧大德事迹中，其中包括五世达赖喇嘛。另外，不同教派高僧频繁互访求法的做法成为藏传佛教僧人追求修法精进的惯例。14 世纪宁玛派大师隆钦饶绛巴（Klong chen Rab 'byams pa）、格鲁派大师宗喀巴（Tsong kha pa）就是最好的例证。在求法道路上，他们均不是狭隘的宗派主义者，而是分别依止于所处时代各派的重要高僧。

但是宗派间的分歧和对立越来越卷入世俗政治领域的纷争。16 世纪甘丹颇章（Dga' ldan Pho brang）建立后，五世达赖喇嘛和第悉桑结嘉措开始对之前意图借助藏巴汗、不丹力量不断压制格鲁派的噶玛噶举派、觉囊派、主巴噶举派等进行清算和严厉的惩罚。苯教寺院也受到牵连。尽管经噶举派扎巴却央（Grags pa mchog dbyang，1618–1658）巧妙地周旋，使噶玛噶举派免遭灭顶之灾，但是一些噶举派寺院被迫改宗，寺院数量受到严格限制。觉囊派的主寺则改宗格鲁派，多罗那他的著作刻版遭到封存，严禁印制传播。第悉桑结嘉措甚至公开宣称，噶玛噶举派、主巴噶举派和苯教是威胁佛法的匪徒和窃贼。在甘丹颇章的鼓动和助推下，新的宗派主义思潮在整个藏地传播开来，并很快影响到康区。①

五世达赖喇嘛并不是纯粹的宗派主义者。他在宁玛派大圆满法和旧译密咒方面造诣极深，并且犹如萨迦派、噶举派一样，部分地接受以往颇具争议的普巴金刚系统（Vajrakilaya）教法，并对萨迦派、达波噶举派（dwags po Bka 'brgyud pa）、热隆噶举派（rwa lung Bka 'brgyud pa）等高僧礼敬有加，关系密切。在五世达赖喇嘛、桑结嘉措及颇罗鼐的允准和扶持下，宁玛派在17—18 世纪获得复兴。敏竹林寺、多吉扎寺得以重建。康区则新建噶陀寺、白玉寺和佐庆寺。宁玛派在伏藏和大圆满法传统上取得新的突破和发展，涌现出一批颇具影响力的高僧。吉美林巴（Jig med ling pa，1730–1798）是最为突出的代表。吉美林巴继承和发展了隆钦饶绛巴的大圆满法传承，特别强调瑜伽修行的自律，而非寺院教育的外部戒律；强调大圆满法的空性与无垢，而超越传统观念的逻辑思维限制。这为近代康区的"利美运动"奠定

---

① E. Gene Smith, *Among Tibetan Texts：History and Literature of the Himalayan Plateau*, Boston：Wisdom Publication, 2001, pp. 237–244.

下思想基础。

吉美林巴的宗教声誉和影响很快从卫藏传播到康区，特别是德格地区。他的著作在 1790—1798 年被广泛印制，所传隆钦宁提（Long chen Nying thig）教法的两条主要法脉传承是德格土妇的上师吉美成勒沃色（Jig med 'phrin las 'od zer，1745-1821）和活动于青藏高原东部的吉美嘉韦努古（Jig med rGyal we Nyu gu）。吉美林巴圆寂后，以其身、语、意衍生出三个转世系统，即多钦则（mdo mkhyen brtse，1800-1866?）、绛央钦则旺波（'Jam dyangs mkhyen brtse dbang po，1820-1892）和杂·巴珠（rdza dpal sprul，1808-1887），他们均是隆钦宁提教法的传承者，并不同程度地参与了"利美运动"。绛央钦则旺波更是"利美运动"的发起者之一。①

19 世纪格鲁派在康区的影响进一步增强。趋于僵化的寺院教育和宗教实践为康区各派照搬和盲从。经卫藏地区格鲁派主要寺院设定的经论和教学大纲（yig cha）成为考取和晋升寺院学阶和位阶的必备书籍。逐渐固化和死板的体制约束致使学经和修行活动流于形式。而在战胜对手后，强势的格鲁派在其他教派面前的优越感尽显无遗。② 各教派之间的隔阂与纷争依然笼罩于宗教环境相对宽松的康区。"利美运动"重要代表人物之一的工珠·云丹嘉措（Gong sprul yon tan rgyal mtsho，1813-1899）进入萨迦派八邦寺后，寺院管家活佛登曲丹增（Teg mchog bstan 'dzin）要求工珠退还在宁玛派协庆寺所受比丘戒，依照噶玛噶举派戒律重新受戒。因宁玛派遵循上路弘传传出的"下部戒律传承"（smad 'dul），而噶举派、萨迦派、格鲁派等遵依 13 世纪班钦释迦室利所传的"中部戒律传承"（bar 'dul）。这令工珠内心极为不悦，他在自传中写道，"此次因相续受阻于原戒，无法产生获取的认识"。③ 之后因八邦寺对伏藏的排斥，工珠不得不将其之前掘得的伏藏付之一炬，并放弃发掘伏藏的活动。④

---

① Geoffrey Samuel，*Civilized Shamans：Buddhism in Tibetan Societies*，Smithsonian，1995，pp. 529，533-536.

② E. Gene Smith，*Among Tibetan Texts：History and Literature of the Himalayan Plateau*，Boston：Wisdom Publication，2001，p. 245.

③ 工珠·云丹嘉措、嘎玛·扎西群培：《工珠·云丹嘉措传》（藏文版），四川民族出版社 1997 年版，第 89—90 页。

④ 工珠·云丹嘉措、嘎玛·扎西群培：《工珠·云丹嘉措传》（藏文版），第 49—50 页。

19世纪60年代娘绒（Nyag rong，即瞻对）地区工布朗结（Mgon po rnam rgyal）的崛起及其对康区政治秩序和佛法构成的严重威胁，令邻近土司、西藏地方政府和清政府极为震惊。1866年，由驻藏大臣和西藏地方政府调集的藏军，在周邻土司的协助下，剿灭工布朗结。事后，清政府以娘绒赏予达赖喇嘛管理。[1] 瞻对赏藏后，驻瞻藏官迅速介入土司和寺院的利益纠纷，肆意干涉地方的政教事务，"凡不降者皆以兵征服之"。[2] 西藏地方政府意图借此将康区纳入其政教秩序中。这可能造成格鲁派与其他教派之间的紧张和纷争。因而"利美运动"的发起者或许希望以此抵制西藏地方政府对康区的控制企图，斥责教派之间因世俗利益而引起的纷争冲突。[3]

"利美"（Ris med）全称"珠塔利美"（Grub mta' ris med），可译为"宗派无偏向""教派无分别"，是19世纪康区以德格为中心形成的一场藏传佛教复兴运动。其目标是在恪守各自教派教义、教法和仪轨的同时，摒弃教派偏见和论争，"佛教教派断除自身与其他教派间的亲疏好恶偏见……不应持有偏见而对其他教派加以蔑视、破立，应持自身清净见行"。[4] "利美运动"的代表人物包括萨迦派绛央钦则旺波，噶玛噶举派工珠·云丹嘉措，大伏藏师却居德钦希波林巴（Mchog 'gyur bde chen zhig po gling pa，1829-1870），宁玛派百科全书式的学者米庞嘉措，文法家俄巴·温洛阿旺勒珠（Ngor pa Dpon slob Ngag dbang legs grub，1811-?）、拉桑坚赞（Lhag bsam rgyal mtshan）、堪钦扎西沃色（Mkhan chen Bkra shis 'od zer，1836-1910），伏藏师堆绛林巴（Bdud 'joms gling pa，1835-?）、仁增白玛多巴措（Rig 'dzin Padma 'dus pa rtsal，1810-1872）、勒然林巴（Las rab gling pa，

① 张秋雯：《清代嘉道咸同四朝的瞻对之乱——瞻对赏藏的由来》，《中央研究院近代史研究所集刊》1993年第22期（上）；Yudru Tsomu, *The Rise of Gönpo Namgyel in Kham: The Blind Warrior of Nyarong*, Lexington Books, 2014。

② 工珠·云丹嘉措、嘎玛·扎西群培：《工珠·云丹嘉措传》（藏文版），第221页。

③ Alexander P. Gardner指出"利美运动"的缘起并非如同既往观点，即为应对教派之间的日益紧张的矛盾和冲突，而是对来自西藏地方政府的威胁做出的回应。因此，他认为"利美"与其称作一场运动，还不如说是"一群长期坚持教派之间互补、互敬的宗教学者发起的一场特殊的宗教和历史实践"。"利美运动"的代表人物也并不完全是"无分教派"者，只是部分地无教派偏见。参见Alexander P. Gardne, The Twenty-five Great Sites of Khams: Religious Geography, Revelation, and Nonsectarianism in Nineteenth-Century Eastern Tibet（Ph. D. diss., University of Michigan, 2006），pp. 109-165。

④ 东嘎·洛桑赤列：《东嘎藏学大辞典》（藏文版），中国藏学出版社2002年版，第1917—1918页。

1856-?），苯教学者夏尔杂·扎西坚赞（Shar rdza Bra shis rgyal mtshan，1858-1934）等。

　　"利美运动"代表人物时常频繁往来，互为师徒，相互传授各自教法。其教法修习兼纳各派所长。故而绛央钦则旺波兼习宁玛派大圆满法传统。工珠则以噶玛噶举派混融苯教、宁玛派教法。两者又均为伏藏师，同却居林巴被分别认为是吐蕃时代无垢友（Vimalamitra）、毗若杂那（Vairocana）和牟如赞普（Mu rug btsan po）的转世。① 工珠·云丹嘉措和绛央钦则旺波于工布朗结之乱后在德格地区树立起宗教威望，很快获得驻瞻藏官的礼遇，且共同成为德格土司及属民的上师。两者的关系颇为紧密和微妙。在1840年首次会面后，两人互相以师礼相待。工珠将绛央钦则旺波视为最亲近的上师，尊称为"遍知大宝"（Kun gzigs rin po che）。而绛央钦则旺波认为工珠是其随从学法的120余名上师中最重要的三位之一。工珠与绛央钦则旺波在宗教事业上相互扶持和合作的活动，可反映出"利美运动"的某些重要特征。

　　全力搜集、保存和传承"非主流"教法是工珠、绛央钦则旺波合作的重要事业。工珠与绛央钦则旺波的首次合作是同夏鲁日布朱古（Zhwa lu Ri sbug sprul sku）、洛色丹迥（Blo gsal bstan skyong）复兴觉囊派的"他空见"（Gzhan stong）教法。因与格鲁派"自空见"中观理论抵触，觉囊派教法遭到全面封禁。工珠在1848年造访嘉绒时从当地觉囊派寺院中获取不少教法传承。经绛央钦则旺波的大力支持和推动，工珠在宗萨寺（Rdzong gsar）向大批高僧传授多罗那他的时轮密续。之后绛央钦则旺波又从工珠处获觉囊派《宝生成就法》（sgrub thabs rin'byung）全部灌顶和口诀，并向工珠赠送收藏的全套多罗那他文集印版。1852年，工珠又邀请绛央钦则旺波前往岭地传授萨迦派擦尔系教法、宁玛派敏珠林伏藏传承、噶当派和香巴噶举派教法、大手印及那若六瑜伽、希解派教法、宁玛派北藏传承等。其中擦尔系教法等均属小宗派不传密法。

　　从事和支持发掘、整理伏藏是工珠、绛央钦则旺波的另一共同追求，从而与却居林巴等伏藏师共同掀起一次伏藏发掘和传承的高潮。在绛央钦则旺波的鼓励和帮助下，工珠恢复早年进行的发掘和保存伏藏法的事业，并于

---

① Eva K. Dargyay, *The Rise of Esoteric Buddhism in Tibet*, New York：Samuel Weiser, 1978, p. 190.

1867 年由绛央钦则旺波在伏藏圣地宗雪（Dzong shod）举行宗教仪式，赐予工珠"取藏"的法名，正式确立其伏藏师的地位。同时经工珠、绛央钦则旺波的努力，却居林巴在康区的宗教和社会地位最终被承认。其发掘的伏藏法本及其注疏、仪轨等形成的 39 卷"却岭新藏"（mchog gling gter gsar），受到康区，乃至卫藏地区宁玛派、萨迦派、噶举派等的认可和修习传承。在此基础上，工珠决定"以著名的掘藏师为主，将他们流传稀少的伏藏法汇集，连同灌顶、传承内容，与小伏藏法编纂起来"。① 钦则将其搜集的 4 卷伏藏法本交予工珠，令其以此为基础收录、整理大伏藏师的伏藏法。在全面搜集著名和稀有伏藏法的基础上，从 1856 年底到 1857 年初，工珠开始编写工作，最终汇纂为约 60 卷本的《大宝伏藏》（Rin chen gter mdzod），共收录以宁玛派为主，兼纳噶举派、萨迦派、觉囊派、苯教、格鲁派、噶当派、香巴噶举派，从 11 世纪桑吉喇嘛（Sangs rgyas bla ma）到却居林巴等 150 余位伏藏师的伏藏法。《大宝伏藏》将所录伏藏法依照宁玛派"内三乘"顺序重新编排，根据修法中依次观想对象做分类。从 1868 年起，工珠先后五次完整传授《大宝伏藏》。不分教派的伏藏法集中传承的方式，有利地推动了伏藏传统在 19 世纪的复兴和繁荣。

汇纂各派教法，加以保存和传承，以此挽救濒危教法是参与"利美运动"各派高僧的另一重要宗教活动。"利美运动"的经典文献是工珠编纂的五部文献合集——"五大藏"（Mdzod chen lnga），即《噶举密咒藏》（Bka' brgyud sngags mdzod）、《大宝伏藏》、《所知藏》（Shes bya mdzod）、《教诫藏》（Gdams ngag mdzod）和《不共秘藏》（Thun mong min gsang mdzod）。诚如工珠在自传中所言，"对于《五大藏》典籍，应寻求各派灌顶传承法，皆重新找寻"。② 其中《所知藏》最能体现工珠的无分教派思想。后世通常将之列为"五大藏"之首。《所知藏》撰写的缘起是撰写一部阐释三律仪（Sdom pa gsum）的著述。工珠最初在 1862 年写成偈颂体的根本文《知识总汇》（Shes bya kun kyab）。该书将佛教所有知识传统压缩进只有 78 叶（folia）的诗体文中，共分 10 部分（gnas）40 章（skabs）。之后在绛央钦则

---

① 工珠·云丹嘉措、嘎玛·扎西群培：《工珠·云丹嘉措传》（藏文版），第 181 页。

② 工珠·云丹嘉措、嘎玛·扎西群培：《工珠·云丹嘉措传》（藏文版），第 94 页。

旺波的督促下，工珠在 1864 年完成《知识总汇》的自注，对根本文的关键词做详细阐述，从无分教派角度诠释藏传佛教文化传统，重点在于强调宁玛派大圆满法无上瑜伽（atiyoga）的价值和优势，由此提出其"他空见"和无分教派的立场。[①]

"利美"传统的教法学习方式与以往的寺院教育有所不同，即强调对印度原著的阐释。在经本的藏译中，一些印度佛教的权威著作会被教授。学僧需要通过口头阐释和版本学习掌握这些著作：不仅要熟知关键词和内容提要，也要理解教义内涵。以印度原著为基本定位的教学模式，消除了因不同藏人注释家对同一文本的不同阐释所引发的诸多争议。也就是说，许多"利美"传统的上师均反对教法传承中"标签化"（labels）的做法。宁玛派杂·巴珠（rdza dpal sprul）的事例颇能反映这一点。巴珠向挑衅的几位学者嘲讽式地声称，他是佛陀（Lord Buddha）的皈依者，根本上师是三宝（Three Jewels），密名（gsang mtshan）是他的生殖器（藏文"阴茎"的敬语是 gsang mtshan），以此反对将自己的教派身份"标签化"。[②] 因而"利美"传统的上师不愿死板地遵循某一种教法传承方式，而是向学僧因材施教地提供所有可供选择的、适合的修行途径。例如 20 世纪初著名的"利美"上师萨迦释（Sakya Sri，1854−1919）向部分学僧传授大手印法（Mahamudra），同时向另一部分学僧传授大圆满法，依据在于学僧个人的需求和根器。

而且，"利美运动"绝非局限于宗教领域，还通过将佛教修证途径以通俗方式表达，向康区民间社会传布"利美"思想，并关注康区社会的民俗文化。杂·巴珠就曾以一名游方瑜伽僧的身份撰写一本阐释成佛之道的简易文本，对"隆钦宁提"基本修法做指导性的介绍，同时广泛向俗人教授噶举派那若六法及引导死后"中阴"阶段的破瓦法（pho wa）。杂·巴珠还擅长将"利美"和大圆满法的精深教法，以简洁、流行的道歌方式表述出来。对民间口头传承的重视和运用是"利美"传统的另一重要面相，尤其是流行于康区的岭地格萨尔史诗。多钦则·益西多吉（mdo mkhyen brtse ye shes

---

① 参见李晨升《工珠与伏藏》，《青海民族研究》2014 年第 4 期；李晨升《利美运动中的工珠和钦则》，《中央民族大学学报》2015 年第 6 期；E. Gene Smith, *Among Tibetan Texts：History and Literature of the Himalayan Plateau*, Boston：Wisdom Publication，2001，pp. 250−251。

② E. Gene Smith, *Among Tibetan Texts：History and Literature of the Himalayan Plateau*, pp. 246−247。

rdo rje，1800—1866）曾以史诗的语句和风格写过有关大圆满教法的书。八世工珠仁波切、东玉尼玛（Dong yud nyi ma，1929－1980）、噶鲁仁波切（Ka lu Rin po che）等晚期"利美"传统上师均曾创作史诗内容的传说故事。而米庞嘉措尤为关注史诗，也曾以史诗措辞和形式撰写上师瑜伽文本、一系列将格萨尔视为长寿保护神的祭祀供文、格萨尔箭卜及乐舞的说唱文本。

不过，由于对格鲁派将教法传承标准化、"标签化"做法的强烈反感和抵制，"利美"传统的上师实际上缺乏统一化的共同宗教哲学立场，甚至在瑜伽修行中也有独身或拥有明妃（gsang yum）的不同选择。我们不应将其视为具有确定教义的教派。比如工珠是觉囊派"他空见"理论的强烈支持者，将之看作整合藏地各种宗教传统的基础性概念，但是米旁嘉措反对"他空见"的观点，以中观应成派（Prasangika-Madhyamaka）为正确的宗教哲学，尽管其理解同宗喀巴及其追随者有所不同。因而直至今日，"利美"传统并没有形成一个有寺院秩序的严密组织。主张"利美"思想的高僧来自萨迦派、宁玛派、噶举派等不同教派，继续以各自寺院为立足，传承其独特的法脉和修行方式，并兼纳通行的"利美"修证途径。[①]"利美运动"在19世纪末20世纪初的康区开创出各教派互动、调和与对话的包容宗教环境，对边缘、弱势教法的保存传承及本土文化的重新发掘，更是赋予其"文化复兴"的内涵。尽管"利美运动"在当时对卫藏地区的直接影响极小，但是其宣扬的"无分教派"思想对后世藏传佛教界的影响相当深远，亦折射出近代康区在宗教信仰领域的文化包容性和宽容的态度。

二　夏尔杂·扎西坚赞与康区苯教新发展

自吐蕃时代以后，在漫长的佛苯论争过程中，苯教为改变理论体系和实证次第上的缺陷，开始不断吸纳佛教内容，积累和重构苯教自身的思想体系和实践经验。15世纪以后，在保留自身理论核心和修习次第的同时，苯教的内容与形式越来越佛教化，与佛教逐渐合流。延至近代，在"利美运动"影响的推促下，康区佛教与苯教界高僧大德共同营造出一种无分彼此、尊重

---

① Geoffrey Samuel，*Civilized Shamans：Buddhism in Tibetan Societies*，Smithsonian，1995，pp.537-543.

推崇、交流互补的相对融洽、宽松的宗教氛围。这为苯教在康区的发展创造了难得的外部宗教环境。在此背景下，作为"利美运动"的重要代表人物之一，近代最著名的苯教大师和学者夏尔杂·扎西坚赞通过长期的理论阐释和修行实践，集各家之大成，将佛教理论和实证次第创新性地融入苯教的大圆满法（rdzogs chen）等理论实践及密法验证中，成为"新苯"（Bon gsar）传统的代表人物之一。[①]

夏尔杂·扎西坚赞在藏历土羊年（1859）8月诞生于雅砻江（Rdza chu）上游德格的杂廓（Rdza khog）地方。早年在杂廓地方的丁青寺（Steng chen，重建后全称为"圣辛教显密雍仲兴旺林"，dpal gshen bstan mdo sngags gYung drung dar rgyas gling）依止雍仲林寺（gYung drung gling）苯教高僧噶桑尼玛托吉坚赞（Bskal bzang nyi ma tog gi rgyal mtshan）受居士戒（dge bsnyen）和比丘戒（rab byung），成为丁青寺的常住僧人。苯教大师德钦林巴（Bde chen gling pa）路经丁青寺时，曾预言其将获殊胜成就。[②]扎西坚赞自幼潜心学法和修行，不问世事。21岁时，因厌倦寺院生活，扎西坚赞向丁青寺扎氏（Dbra）上师丹增旺嘉（Bstan 'dzin dbang rgyal）发誓未来将不会因生计问题而行宗教仪式，在50岁以前将徒步旅行，并在其有生之年创建一处修行地。因丁青寺活佛尼玛沃色（Nyi ma 'od zer）的阻挠，未能成行。[③]1891年，扎西坚赞决议实践誓言，离开寺院后，在寺院背后、洁萨（Gyer za）山旁的德钦地方修建一处修行地，名为德钦日绰（Bde chen ri khrod）。因洁萨山又被称为"夏尔杂雍仲伦波"（Shar rdza gYung drung lhun po）圣山，修行地又被称作"夏尔杂修行地"（"夏尔杂"意为东部杂廓）。因其勤奋修学，在苯教教义、密宗修行和大圆满法等方面日益精进，颇有见地，逐渐声名远播。随着娘绒地方白马洛卓（Pad ma blo gros）和措成曲嘉（Tshul khrims mchog rgyal）的到来，扎西坚赞开始在夏尔杂修行地授徒

---

① 法国苯教学者 Achard, Jean-Luc 认为，夏尔杂·扎西坚赞实际上兼有新苯和外苯（如雍仲苯）两种教法传统。参见 Achard, Jean-Luc, "Kun grol grags pa and the Revelation of the Secret Treasury of the Sky Dancers on Channels and Winds-An Inquiry into the Development of the New Bon Tradition in Eighteenth Century Tibet," *Tibet Journal*, Vol. 30 Issue 3, Fall 2005.

② 扎敦·格桑丹贝坚赞:《夏尔杂·扎西坚赞传》（藏文版），中国藏学出版社1990年版，第41—42页。

③ 扎敦·格桑丹贝坚赞:《夏尔杂·扎西坚赞传》（藏文版），第159页。

传教。

由于博学多识与严守戒律，扎西坚赞不仅在杂廓地区的苯教寺院中赢得了声誉，也受到了康区部分宁玛派、噶举派和萨迦派僧人的赞誉和推崇。20世纪初，噶当派（Bka' gdams pa）等佛教学者时常造访夏尔杂修行地。扎西坚赞也不断受到宁玛派、萨迦派等佛教上师的邀请，前往各处寺院传法讲经。扎西坚赞一生的多数时间待在夏尔杂修行地修证教法，在苯教传播和修行方面获得极大成就。其间，扎西坚赞曾多次出外朝圣、传法。早在1882年，扎西坚赞的首次朝圣之旅是前往卫藏，造访了琼波（Khyung po）、工布（Kong po）、曼日（Sman ri）、温萨卡（Dben sa kha）、康那（Mkhar sna）、雍仲林和拉萨等地的苯教圣山、著名寺院等。在1902年丁青寺被格鲁派寺院关萨尔寺（Dgon gsar）僧众焚毁后，扎西坚赞被迫离开前往娘绒，于次年访问多所苯教寺院，声誉日隆，之后在理塘协萨尔（Bzhag gsar）地方的卓贡寺（'Gro mgon）、道孚扎（'Dra）地方的曲弥寺（Chu mig）授法，并于鲁密章谷（Rong brag）的嘉佐寺（rgyal gtso）与数位曼日寺的格西讨论苯教旧伏藏（gter rnying）与新伏藏（gter gsar）的异同，随后前往嘉绒墨尔多神山（Rgyal mo Dmu rdo）朝圣，沿途造访绰钦（Khro chen）、扎登（Brag steng）、革什咱（Dge bshes）等地（今金川、丹巴）的众多苯教寺院，最终于1908年返回丁青寺。三年后，受扎果（Brag mgo）和娘绒的苯教寺院邀请，扎西坚赞又在1911年经扎果前往娘绒，同年返回夏尔杂修行地。1914年，扎西坚赞做第四次旅行。这次是应德格赞廓（'Dzin khog）地方苯教寺院之邀。1920年，扎西坚赞的最后一次旅行是前往阿坝（Rnga pa）的托丹寺（Rtogs ldan）传授教法，在当地停留的七个月间，还造访了松曲（Zung chu，今松潘）的噶毛寺（Dga' mal）和仁邦寺（Rin spungs），返回托丹寺途中再次访问绰钦、扎登和革什咱。[1]

在康区、嘉绒和安多地区的广泛游历和传法进一步扩大了扎西坚赞的宗教影响力。扎西坚赞在近代苯教新发展中的重要贡献在于：其一，其撰著的18卷本著述，特别是五部大藏（mdzod）在苯教乃至佛教界颇具盛名，受到普遍的接纳和认可。五部大藏的木刻版本在杂廓、娘绒、赞廓、嘉绒、阿坝

---

① 扎敦·格桑丹贝坚赞：《夏尔杂·扎西坚赞传》（藏文版），第172—176、236、297—307页。

等地印制，现今则见于藏地的所有苯教及部分佛教寺院中，属于苯教教法修习的必备书。其二，坚持苯教与佛教教法融合的主张至今在康区、安多等地受到普遍的接受和认同。宗萨寺的塞尔巴活佛（Gser pa mchog sprul）就曾经声称扎西坚赞的著述《空智藏》（Dbying rig mdzod）表明佛、苯之间并没有实质性的区分。① 其三，改变以往苯教寺院世俗僧人的生活方式，终生厌离俗世生活，严守戒律，将所得供奉用于刊刻经书。其清苦、简朴的僧侣生活成为苯教僧徒效仿的榜样。其四，修行苯教密宗和大圆满终成正果，圆寂后虹化而归（'ja' lus），又被称为嘉鲁巴夏尔杂·扎西坚赞（'jd lus pa Shar rdza Bkra shis rgyal mtshan）。因此，扎西坚赞与萨迦派五祖、噶举派三祖和格鲁派宗喀巴大师的塑像被共同供奉在一些寺院中。

夏尔杂修行地在康区、安多地区苯教界声名卓著，成为一处新的颇具影响力的苯教密法、大圆满法修习、新伏藏中心和朝圣圣地。康区、安多地区的苯教寺院均派僧人前往进修苯法。以往丁青寺与邻近的塞尔绰寺（Zer 'phro）、奔麦寺（'Bum rmad）同属满金寺（Smon rgyal）的属寺，由于夏尔杂·扎西坚赞的影响，丁青寺获得新发展，使塞尔绰寺、奔麦寺和盘雪寺逐渐变为其属寺。丁青寺之后也发展为康区苯教唯一一所可考取格西学位的寺院，每年限额 10 名。②

1934 年扎西坚赞圆寂前，任命其侄洛卓坚赞（Blo gros rgyal mtshan，1915–1952）为夏尔杂修行地的继任者（rgyal tshab），主持教学和修行事务。在夏尔杂·扎西坚赞之前，由于 15 世纪以来协饶坚赞（Shes rab rgyal mtshan，1356–1415）等创建和发展的苯教戒律（'dul ba）传统，曼日寺成为当时藏地唯一授戒的重要苯教寺院。苯教寺院普遍派僧徒前往后藏的曼日寺授戒、进修苯法和修行。一些寺院甚至规定，只有前往曼日寺求法者才能担任堪布或高阶僧职。曼日寺的求法经历也使求法者获取极高的宗教声誉。故而曼日寺又被称作扎萨（grwa sa，意为僧侣之所）。20 世纪初以来，夏尔杂修行地在康区、安多逐步取代了曼日寺的宗教角色。尽管其无法完全代替曼

---

① 扎敦·格桑丹贝坚赞：《夏尔杂·扎西坚赞传》（藏文版），第 478—479 页。当然，并不是所有的苯教徒都能够接纳夏尔杂·扎西坚赞融合苯教与佛教的主张。

② 西康公安厅编写《旧西康省康属概况（初稿）》第 6 卷，1953 年，《甘孜藏族自治州概况》编写组 1981 年 5 月翻印。

日寺，但是更多的苯教僧徒，尤其是康区的苯教徒愿意前往邻近的夏尔杂修行地，将之视为朝圣圣地，在此受戒、修行，接受大圆满法和苯教密宗。[①]

第二节　康区传统文化艺术的传承与发展

近代康区的传统文化艺术内容包罗万象，包含歌谣、史诗、绘画、戏曲等，既与其他藏地有相仿之处，也具有鲜明的地域特色。已趋成熟的各种传统文化艺术以历史的积淀为基础，在近代康区新形势下获得新的发展。以下仅就康区歌谣、绘画、诗歌、小说及藏戏等较具特性者略述之。

（一）康藏歌谣

康区的歌谣同藏族传统民间民歌相似，依据刘家驹在《康藏滇边歌谣集》中的分类，可划分为山歌（鲁）、锅庄（卓）、弦子（谐）、杂曲、民谣等。山歌大多属于行歌互答，歌词质朴，贴近康区藏民的现实生活，内容多与日常生活感受、歌咏大自然有关。部分唱词略带格言性质，显现出藏民对生活的体悟和智慧。行唱山歌的场合较为随意，大多在劳动时。歌词不定，或成一句，或不成句，发抒胸臆为宜。妇女、孩童皆可随时歌咏。

　　大恩的父母教诲，如天鸟雪鸡的鸣声，超过九重山水，那声音仍如前面听到一样。[②]
　　急忙忙的嘛呢旗，你再急终是静坐在岭头的；
　　缓洋洋的绿玉江，你再缓终须流动到他乡。[③]

滇边山歌由刘家驹游访云南西北部5年之久搜集所得，多为两句头，间或有四句头。滇边山歌唱词朴实直白，由各族乡间民众于劳役或娱乐时随意唱和，意在抒发内心情感。山歌以情歌居多。内容和用词受到内地汉文化影

---

① 本部分内容参考 Tsering Thar, "Shar Rdza Hermitage: A New Bonpo Center in Khams," *Khams pa histories: Visions of People, Place and Authority*, Lawrence Epstein (ed.), Leiden: Brill, 2002；才让太《杂廓地区的苯教与夏尔杂修行地的形成及其影响》，《中国藏学》2009年第4期；才让太、顿珠拉杰《苯教史纲》，中国藏学出版社2012年版，第275—290页。

② 梁瓯第：《西康的民歌》，《民俗》第1卷第4期，1942年。

③ 刘家驹译注《康藏山歌》，《国防月刊》第1卷第4期，1946年。

响较深，这同滇边特有的人文地理环境相关，同康藏山歌有别：

　　　　哥弹弦子妹押弦，点点押着妹的心。[1]

　　锅庄唱词颇有韵律，有每首四句、八句、十二句、十六句之别，均为口传，大多在集会场合，如祀神、结婚、节庆、乡会等欢跳锅庄舞时演唱，一唱一和，舞步依词而和。锅庄唱词内容涉及广泛，以讴歌本土风光、民俗为主：

　　　　杂隅满康结塘三，杂隅地方出产好。
　　　　白羊五千五百头，织成毛布穿不愁。
　　　　满康地方出产好，奶牛五千五百头，奶子酥油吃不愁。
　　　　中甸地方出产好，马儿五千五百头，赛走赛跑赛不愁。[2]

　　跳锅庄的地域及族群极众，康、藏、滇、青等涉藏地区皆有锅庄集会。滇西北丽江、维西、中甸、德钦等多族群杂居区，"一般僳、摩边胞，虽不解西藏语文，而村村所跳之锅庄，其歌词完全与康、藏同，且酬和之意亦能了解，歌词之多反胜康、藏"，"此足证明滇西与康、藏文化之交流也"。[3]

　　弦子被刘家驹视作"近世纪的产物"，尤以巴塘弦子最为著称。巴塘弦子是一种流行于巴塘一带的独特民间歌舞形式，又称巴谐。作为歌舞艺术，巴塘弦子形成时间甚早，但是早期并无乐器伴奏。清代后期，尤其是清末川边改流后，汉商云集巴塘，弦子逐渐成为藏汉民众喜闻乐见的民间歌舞。胡琴被吸纳为弦子的常用乐器。弦子唱时须配以胡琴或横笛、相铃。琴有四弦，略似内地二胡，音质纯正、音色深沉，易于拉奏和制作。弦子歌调有数十种之多，曲调可通用，配合相应的舞姿。唱弦子大抵分两种场合：一种是聚众而唱，大多在年节时分或春秋佳日，打平伙、耍坝子、逛柳林，盛装而舞，相互唱和；一种是单独清唱，乞丐和唱妓多操此业，也有组成小班，随

　　①　刘家驹：《康藏滇边歌谣集》，第89、90页。
　　②　刘家驹：《康藏滇边歌谣集》，巴安孔大公知止山房1948年版，第18—19页。
　　③　刘家驹：《康藏滇边歌谣集》，第17页。

地卖唱者。① 依据场景的差别，弦子唱词可分为七类，内容与藏地传唱的情歌略有相似处：

> 心中喜之又喜，白色帐栅高撑；栅檐随风飘荡，心中无有安宁。
> 夫婿要往北方，不能劝其弗去；夫婿所到之地，宁愿携我一路。
> 桃味香而可口，桃花十分悦目；在此桃树之下，主人借我一宿。
> 你在怒江彼岸，我在江这边住；我俩只要同心，江水亦可得渡。
> 天空无有片云，只是青青一色；我乃无妻之汉，俨然是一上人。
> 向前行了三步，已到花园里呀；美丽鲜红之花，心里总不想摘。②

杂曲是弦子的一种，但是杂曲的曲调各别，各地词调不同。唱词的内容驳杂不一，颇能表现出康区各地人文风貌的差异性：

> 我虽不是昌都人，梭牙，昌都装饰我知道，昌都装饰要我讲，梭牙，钢带环腰口琴吊。
> 我虽不是理塘人，梭牙，理塘装饰我知道，理塘装饰要我讲，梭牙，发系银盘叮当闹。③

民谣与锅庄、弦子的最大不同点是没有曲调，并不出现在歌舞的场合，而是广泛流传于民间。民谣具有一定的韵律，内容通俗易懂，大多为藏民或汉人编造口传，以描述各地居民人文特点者最具特色，颇能反映出近代康区社会文化的地域性和时代性特点。瞻对热洛藏民民谣一则：

> 热洛女儿像丝线，察乡女儿百灵样。
> 布日女儿乱石涧，仲巴女儿像沙罐。

---

① 任乃强：《西康图经·民俗篇》，第385页；黄德权：《史话巴塘弦子》，泽波、格勒主编《横断山民族文化走廊：康巴文化名人论坛文集》，中国藏学出版社2004年版。
② 蓝景春、伍尚猷合译《西康弦子之二》，《戍声周报》第37期，1937年8月18日。
③ 刘家驹：《康藏滇边歌谣集》，第58、59页。

波惹女儿老鸦旋，热格女儿牙巴烂。①

康区关外汉人民谣一则，由歌词提及地名可知，该民谣应是在清末川边改流期间大量汉人移民拥入康区的时代背景下出现的：

河口闲话听不得，（谓河口汉人，多喜播弄是非也）
理塘糌粑吃不得。（谓理塘风大，糌粑多尘灰）
巴塘丫头坐不得，（康地汉人，称娶为坐，番女为丫头。巴塘女子
多染汉习）
江卡门楼站不得。（江卡即宁静县，地高多风，门额甚低）
乍丫蛮子惹不得，（乍丫民俗犷悍）
昌都戥子称不得。（昌都银秤粗劣，分两以藏秤计算，每两约合汉
制 2 两余）②

从 20 世纪 30 年代起，因受歌谣运动的广泛影响，刘家驹、梁瓯第、田炳生、钱梦超、王恩铭、任乃强等开始关注康藏的民间歌谣，借前赴康区实地考察的机会采风，搜集整理的部分歌谣以汉藏合璧体的形式发表出版。③其中以刘家驹的康藏民歌整理研究最值得称道。刘家驹精通汉藏语文，在将歌谣译为汉文后，注出藏语音译，尽力保留康藏歌谣的原始读音和韵律，并加以旁注，对方言方音进行考订。1948 年继《西藏情歌》后，刘家驹编撰的《康藏滇边歌谣集》在巴安孔大公知止山房出版，收录翻译山歌 30 首，锅庄 12 首，弦子 160 余首、杂曲 5 种，滇边山歌数百首及歌谱 12 种。④ 透过刘家驹广泛搜集的歌谣及其相关研究，康藏特别是康区南部的民间歌谣面貌得以部分地呈现出来。这些歌谣资料是现今深入了解和认知近代康区寺院

---

① 任乃强：《西康图经·民俗篇》，第 374 页。
② 任乃强：《西康图经·民俗篇》，第 374 页。
③ 创刊于 1937 年的《戍声周报》就曾连载了乔雁臣、彭错勒巴、蓝景春、伍尚猷、徐为之、伍进修、齿村吉华、陈范儒、刘文达等整理、合译稻城、定乡、得荣、巴安等地的弦子、山歌的藏汉文合璧唱词及部分曲谱。
④ 刘波：《刘家驹的康藏民歌研究》，《中国藏学》2013 年第 4 期。

精英文化之外普罗大众社会史和文化心态史的重要资料来源之一。

（二）绘画

噶玛噶孜画派与卫藏的勉唐画派、钦则画派并称为藏族传统的三大画派。噶玛噶孜画派与噶玛噶举派关系密切，以兼容并蓄的画派风格，特别是对内地青绿山水技艺的吸纳著称。该画派兴起于 16 世纪，盛行于 17—18 世纪，先后涌现出十世噶玛巴曲英多吉、司徒·却吉迥乃、郎卡杰、却吉扎西、噶雪·噶玛扎西等重要绘画大师。

进入 20 世纪，噶玛噶孜画派的绘画创作和传承机制进入一个新的阶段。近代最具影响的噶玛噶孜画派人物是通拉泽翁。通拉泽翁（1902—1999），法名噶玛洛珠俄色，1902 年夏生于德格县白垭乡阿扎村。13 岁时入噶陀寺出家为僧，广修五明，尤重绘画，师从阿库·扎葱学习旧勉日画技。次年随昌都竹巴·次仁普布和增拉·绛央续修勉日画技。白玉陀拖寺斯登活佛见其聪颖好学，颇具绘画天赋，将其介绍给噶陀寺大画师绛拥色。习画三年间，参与噶陀寺唐卡组画的绘制。1919 年返回八邦寺，潜心修习佛法的同时继续随画师娃若从事绘画。1922 年在著名画师麦贡占夏的悉心指导下，完成寺庙大经堂壁画的绘制。之后八邦寺扩建，作为玉树著名画师呷珠的助手，协助壁画绘制，掌握噶孜画法及造像量度理论，兼学泥塑、木雕等。其间任八邦寺活佛司徒·白马旺秋杰波的仲译，监督、负责一些重要壁画的制作及绘制多幅唐卡。1932 年赴拉萨朝拜，入色拉寺学经，任十六世噶玛巴仲译。1940 年以后，在八邦寺集中绘制唐卡，与青海画师四郎尼玛创造噶举派大师传记唐卡 40 幅。20 世纪 40 年代，通拉泽翁的绘画造诣精湛，被宗教和社会各界公认为噶玛噶孜画派的一代宗师。

通拉泽翁的绘画综合钦则和勉唐旧派的优点，着力于噶玛噶孜画派的刻画创作，将之融会贯通。画风在借鉴和吸收内地青绿山水、花鸟画表现技法，兼纳西方现实主义的"域外风格"等方面独具创意。绘画作品颇具汉风意蕴，画面背景色彩崇尚清爽、明丽的意境表达，形成独特的个人绘画风格，将噶玛噶孜画派推向一个新的发展阶段。通拉泽翁在绘画创作方面建树颇丰，早年绘有八邦寺《千尊金刚萨埵》《金刚大持》系列壁画，《噶举高僧世传人物篇》系统组画唐卡 41 幅及《释迦牟尼神变》15 幅组图等。在其传艺授徒带动及历代寺院法座的支持下，八邦寺成为近代康区噶玛噶孜画派的重要传承中心。

　　噶玛噶孜画派画风流行于整个康区，以西藏昌都噶玛、四川德格八邦和青海玉树囊谦三地为绘画传承基地。传统的噶玛噶孜画派传承方式以师徒传承为主。由于该画派代表性人物大多来自噶玛噶举派，因而师徒传承同传统寺院教育相结合。在通拉泽翁的倡导和实践下，寺院教育和师徒传承并行交叉，民间绘画艺人的传承得到发扬。这种传承方式一直延续到 20 世纪 50 年代，特别是在刘文辉主政西康期间，倡议在康区各重要寺院建立五明佛学院，对于强调绘画在内的工巧明技术的培养和提升起到一定推动作用。师徒传承以画师带数名或数十名弟子，弟子或为僧人，或为俗民。绘画传承并不局限于寺院内部，也面向民间招收徒弟。世俗弟子因农事，学习时间较不连贯。但是学习内容统一，主要是绘画工具和画布的制作，颜料识别、研制及图像造型布局、作色等技能。①

　　以噶玛寺为中心的昌都噶雪地区是噶玛噶孜画派最早形成的传承中心。噶雪是以噶玛寺为中心的部落古名。当地向来以民间手工艺著称于世，尤以绘画唐卡、打制铜佛像、雕刻玛尼石最为有名。这同历史上噶玛寺引导和鼓励下形成的绘画传统，以及家族式的绘画传承息息相关。噶玛德勒是当代公认的噶玛噶孜画派大师，生于 1932 年，8 岁跟随舅舅贡布多吉学习造像量度，之后从父亲喜绕洛松学色彩和勾线技法。16 岁随舅舅、父亲到玉树、拉萨等地寺院绘制唐卡。17 岁时为囊谦土司绘制 5 幅一套的《米拉日巴》而声名鹊起，获翁则和绘画堪布头衔。噶玛德勒的画风遵从古意传统，严格遵照造像量度，色彩自然，以青绿山水为主背景，突出高僧、大成就者头光的明丽效果。② 距离噶玛寺不远的拉多乡属拉多土司管辖。土司信奉噶玛噶举派。噶玛噶孜画派的绘画也对当地有深刻影响。据称拉多土司境内左宗寺曾存藏百余幅 20 世纪初期噶雪地方画师绘制的唐卡。十余幅为莲花生大师题材。拉多土司与噶雪布仓家族为世交。20 世纪 40—50 年代，布仓家族的

---

　　① 康·格桑益希：《藏传噶玛噶孜画派唐卡对汉地青绿山水技艺的吸纳》，《西藏大学学报》2010 年第 1 期；杨环：《噶玛噶孜画派的传承与变迁——以德格八邦寺为中心》，《西南民族大学学报》2007 年第 12 期；通拉泽翁口述，邓登翻译，杨健吾整理《记著名藏画家通拉泽翁自述》，政协四川省甘孜藏族自治州委员会编印《甘孜州文史资料》第 8 辑，第 151—153 页。
　　② 刘冬梅、霍守义《西藏昌都地区藏族民间美术资源调查》，《中国藏学》2011 年第 2 期。

布仓·才加曾受拉多土司邀请，到土司家庙嘎乃寺绘制大量唐卡。嘎乃寺至今仍珍藏众多噶玛噶孜画派唐卡，以《噶举色称》组画和《莲花生大师》组画最为出色，均为噶雪画师绘制。[①]

与噶玛噶孜画派并行于康区的另一主要画派是勉萨画派，即新勉唐画派。该派创始人为藏巴·曲英嘉措（1620—1665），先源于后藏，后传布至整个藏区。昌都擦楚河谷（今噶玛沟柴堆乡一带）为该画派在康区的主要传承地。核心传承者为主巴仓家族成员。突出代表是 19 世纪下半叶的普布泽仁（又称主巴普布）。[②] 普布泽仁家族中共有八位艺术家，主要从事绘画和金属造像制作。其弟索南次仁为绘画大师和面具制作大师。他的另外两位兄弟拉泽和布珠也精通绘画。普布泽仁及其家族成员的多数时间花在在德格土司境内从事绘画和塑像工作。应噶陀寺之请，普布泽仁绘制了该寺拉康钦莫大殿的壁画及《莲花生八相》《噶举派传承》等唐卡。后来他和弟弟索南次仁应德格土司之邀，为德格印经院绘制大量版画样稿，代表作是《释迦牟尼十二行仪》《释迦牟尼十五神变图》等白描线稿，被奉为最出色的唐卡画范本。

昌都勉萨画派在题材上以佛经典故、高僧大德形象为主，受到内地青绿山水画影响，与噶玛噶孜派近似，但是在背景样式、着色上具有自身特点，更为繁复和华丽。神像的比例以临摹为准，并不刻板因袭传统，更具柔性，姿态生动丰富。整个布局技巧纯熟。此后该画派在昌都噶玛沟及白玉河坡一带流行。普布泽仁弟子众多，颇富名望，以往嘎·增拉绛央最为杰出，代表作《大威德金刚众神》《佛陀与二圣》《绛央钦则旺波》等组画保存于德格印经院内。其数量仅次于通拉泽翁和普布泽仁。勉萨画派在康区影响深远，"甚至对康区那些依循占主导地位的噶智派的大部分画家都产生了影响。许多人放弃了他们最初学习的流派，转向这种与新勉日画派更为接近的流派"。[③]

（三）诗歌

诗歌是藏族传统文学作品的重要组成部分，内容形式多样，分为格言哲理诗、道歌体诗、"年阿"体诗和谐体情歌等。近代康区诗歌在继承传统格

---

①　刘冬梅：《藏族传统绘画嘎玛嘎赤画派传承历史与现状研究》，《西藏艺术研究》2013 年第 4 期。

②　有关普布泽仁生活年代，存有争议，一说为 18 世纪，另一主要说法是 19 世纪。

③　大卫·杰克逊：《西藏绘画史》，向红笳、谢继胜、熊文彬译，西藏人民出版社 2001 年版，第 26、206、261 页；杨嘉铭：《康区藏传绘画派别和系统初探》，《西华大学学报》2007 年第 6 期。

律形式的同时，在内容和表现手法上又有新发展，出现一些在藏族诗歌史上颇具分量的诗歌作品，如扎呷洛松巴（1866—1928）等的诗歌体著述《佛教传承史》、格达活佛的红军诗等。

　　学者米庞嘉措（'jam mgon Mi pham rgya mtsho，1846-1912）的《国王修身论》（rgyal po lugs kyi bstan bcos）是格言哲理诗在近代藏族诗坛发展的代表作，与萨迦班智达《萨迦格言》、索南扎巴《格丹格言》和贡唐·丹贝准美《水树格言》合称为藏族四大格言名著。米庞嘉措生于雅曲（Ya chu）定琼（Ding chu）地方（今甘孜德格境内），自幼聪颖，依从父叔辈习藏文，12岁入久（'Ju）地方的宁玛派寺院莫霍尔桑欧曲林寺（Me hor Gsang sngags chos gling）出家为僧，之后游学西藏年余。因其在久农（'Ju Nyung）的修行地修行长达18个月，因而又被尊称为久·米庞（'Ju Mi phan）或绛衮久·米旁嘉措（'Jam mgon 'Ju Mi pham rgya mtsho）。返乡后遍访名师，先后依止杂·巴珠、嘉贡旺钦·吉热道吉（Skyabs mgon Dbang chen dgyes rab rdo rje）、绛央钦则旺波、工珠·云丹嘉措、久本·吉美多杰（'Ju dbon ' Jigs med rdo rje）、崩萨格西·阿旺迥乃（'Bum gsar Dge bshes Ngag dbang 'byung gnas）和俄巴·本洛卓德旺波（Ngor pa Dpan slob Blo gter dbang po）等为师，潜心攻读显密佛学经典及五明等，兼通显密，畅晓五明，获"玛哈班智达米庞嘉措"（Ma haw Pandita ta Mi pham rgya mtsho）称号，曾长期担任白玉噶陀寺讲经院堪布。米庞嘉措精于医道，是"止康二派"藏医药传承者，享有"医圣"之称，在工艺、医药和文学等领域造诣极深，曾撰写有关工巧明、《诗镜》、藏梵哲学词汇对译词典等著述，著有《久·米旁全集》（由弟子古朗仓·邬坚久哲却央多吉等整理）、《〈四部医典〉释难汇集之如意宝明镜》《藏族各种实用工艺宝箧》（1906）等。1912年米庞嘉措在德格噶莫达仓寺圆寂。①

　　《国王修身论》成书于光绪二十一年（1895），全称《国王修身论之护地庄严》，是藏族格言诗中的长篇巨著。全书共21章，1102节，5000余行。内容以论述"为君之道"为主旨，大抵分为治国事项、国王修养、宣传佛教教义三方面。长诗内容庞杂但主题鲜明、脉络明晰，涉及谨言慎行、修身

---

① 道吉才让：《康区宁玛派著名学者——居·米旁嘉措》，《四川民族学院学报》2014年第6期。

养性、分辨是非、区别愚智、取舍之法、用人之道、学法执法、对待百姓、攻读经典、处理政务、制定政策、弘扬佛法等，表现出强烈的现实关怀，对当时统治阶层的残暴行为有所揭露，直接劝告和警示统治阶层对民众百姓应持"民为贵""民为邦本"的爱民态度，遇事须求教智者，与他人商议，对待属下臣民应一律平等，不分亲疏远近，不能有所偏袒。诗中多处流露出对贫苦百姓辛勤劳作的赞美和悲惨处境的同情，试图宣扬以佛法治国，借助佛教因果报应的观念约制国王的行径，力劝国王应谨慎自持、努力求知的主张。不过，部分诗句中亦掺杂有歧视民众、倡言遵从传统旧制的保守观念。米庞的这部格言长诗旨在社会的传统框架内寻求实现对社会现实的改良。而改良的途径仍是借助贤明国王以佛教教义为戒，对百姓施以仁政。如其对收税及其方式的主张如下：

> 对于差税压身百姓，根据地区收成实情，
> 征税注意无害庄园，力不能及不要强征。
> 挤奶不可一滴不留，采花不可连根拔掉，
> 若将老底全部搞光，以后国王无处寻找。
> 黎民依靠自己辛劳，得来一点生活资料，
> 衣食虽然不需操心，但是财富总是很少。
> 很多城市都要纳税，取之虽少也能积累，
> 所以国王对于百姓，收税应该多发慈悲。
> 贫苦差民办事人员，都是为了国王而干，
> 大家都是同样尽力，臣民应该同苦共甘。①

在艺术表现特色上，《国王修身论》综合参酌《萨迦格言》等13种著述，大体以《萨迦格言》为写作模本，主题层次鲜明、条理清晰、论证严密，多用直叙手法。语言通俗易懂、简约自然。写作技巧上大多采用四句七音节的格律，但又不拘泥于以往格言诗七字为句、四句为首的旧格式。诗歌形式依随内容而定，运用八句、十二句及四句九音节等格律，开创出新的活

---

① 久·米庞嘉措：《国王修身论》，耿予方译，西藏人民出版社1987年版，第121—122页。

泼多变的格言诗创作形式。^① 因而，《国王修身论》在藏地广为流传、家喻户晓，在藏族文学史上占有重要地位。

格萨尔史诗是康区最具代表性、流传最广的英雄史诗。在近代，康区格萨尔史诗的传播因循传统方式，由走乡串户之说唱艺人以说唱形式向民众传诵，同时又出现两个较为重要的发展趋向。

一是口传格萨尔史诗的书面整理或文字化。比如米旁嘉措曾试图将数部格萨尔口传史诗加以文本化和标准化，并撰写了一些祭祀格萨尔的仪轨文本，以便将格萨尔作为战神（dgra lha）供奉。^② 不过，这方面的代表人物当数格萨尔掘藏艺人仲堆·尼玛让夏。尼玛让夏生于甘孜县大塘坝普通牧民家庭，20 世纪 30 年代末前往色达色尔坝地方依止玉柯喇嘛秋央让卓为师。其间，在玉柯喇嘛的鼓励和参与下，尼玛让夏着手撰写《格萨尔王传》，三年间先后整理出《门岭之战》《大食财宝宗》《朱古兵器宗》《列尺马宗》《阿扎财宝宗》《汝域银宗》《辛巴和丹玛》《红岩大鹏宗》等 10 余部。1942 年玉柯喇嘛圆寂后，尼玛让夏返乡继续从事《降生篇》的写作，成为近世最为著名的格萨尔掘藏艺人之一。

二是格萨尔史诗受到藏传佛教界知识精英和早期藏学界的普遍关注和研究。由于汉人移民的迁入及汉藏民族互动的影响，格萨尔史诗逐步同内地有关三国的民间传说合流，而多被称为"藏三国"，在汉、藏民众间传播开来。从 17 世纪起，藏族学者洛桑楚臣、松巴·益希班觉、绛巴热杰等已对格萨尔史诗有浓厚兴趣，大多认定格萨尔为真实的历史人物。米庞嘉措曾提出格萨尔 1038 年生于石渠，终年 81 岁。^③ 近代国内外不少早期藏学家如任乃强、大卫·妮尔、石泰安等对格萨尔史诗做过相关研究和整理，其素材渊源地即从康区开始。

康区落籍汉人亦知格萨尔故事，因叙事情节、人物形象、故事主旨等相

---

① 编写组编《藏族文学史》，四川民族出版社 1985 年版，第 458—468 页；李钟霖：《藏族格言诗文化审视》，《青海民族研究》1993 年第 3 期。

② E. Gene Smith, *Among Tibetan Texts: History and Literature of the Himalayan Plateau*, Boston: Wisdom Publications, 2001, p.231.

③ 格桑曲批：《格萨尔与甘孜州》，泽波、格勒主编《横断山民族文化走廊：康巴文化名人论坛文集》，中国藏学出版社 2004 年版，第 156 页。

仿，遂以格萨尔史诗同三国故事相比附。任乃强在德格八邦寺见关帝、关平、周仓三尊小雕像，系自内地运入，"最初听说格萨尔故事之汉人，就其人物性情，随意比附，遂谓格萨尔为藏关公，贾察为藏关平，超同为藏周仓，格噶为藏曹操"。连八邦寺喇嘛也"指关帝云'贾格萨'，指关平曰'贾贾察'（贾察为汉人），周仓曰'贾超同'"。① 故格萨尔史诗同内地三国故事的糅合与混同，是近代康区汉藏民族长期互动与交往的结果，也是格萨尔史诗在近代康区发展演变过程中出现的独特变异体。

（四）寓言小说

19 世纪以后，在藏族传统文学基础之上，小说创作衍生出一种新的体裁，即以动物等为主人公的寓言体短篇小说。寓言小说一般篇幅短小，语言凝练，情节生动，采取辩论的形式，艺术形式独特，深受民众喜爱。由巴珠·邬坚吉美却吉旺布（dPal sprul 'jigs med chos kyi dbang po，1808–1887）创作的《出世法言·莲苑歌舞》《猴鸟故事》《牦牛、绵羊、山羊和猪的故事》并称为藏族寓言小说的三大名著。

巴珠·邬坚吉美却吉旺布生于杂曲卡（今石渠），幼年依从仁增·绛曲多吉出家为僧，被多珠庆晋美赤乃俄色认定为巴珠·桑登彭措的转世，天资聪颖，广学博采，曾任甘丹第九十任法台，终生闻习及修行诸经论，弟子颇众，著述甚丰，在《诗镜论》即小五明诗学研究方面颇有造诣，熟稔传统文学理论，著有《诗论释例》《音韵纲要》《酒之罪愆》《道歌》等。

《出世法言·莲苑歌舞》（Lha chos dang mthun pa'i gtam pdam'i tshal gyi zlos gar）以金蜂、玉蜂的遭遇为情节，隐喻和假托现实社会，杂以大篇幅的直接说教，宣扬世事无常，唯有求法修佛以得解脱的佛教观念，以及对恶浊的现实社会的揭露和批判。在语言风格上，《出世法言·莲苑歌舞》遵从《诗镜论》写作模式，频繁使用叠加式结构，以回环反复的手法渲染浓厚的感情色彩，因而构词丰富，语言感染力强，情感表达饱满，文笔简练，语言传神。而且，作者凭借对日常生活细致入微的观察，注重对人物内心活动、动物特性等的刻画描写，故而描述细腻动人：

---

① 任乃强：《"藏三国"的初步介绍》，《任乃强民族研究文集》，民族出版社 1990 年版，第 182 页。

可心的情侣哪里去了？

宽瓣所爱的哪里去了？

唱悦耳歌的哪里去了？

说恩爱话的哪里去了？

含笑的丽人哪里去了？

欢乐飞翔的哪里去了？

玉叶媚眼者哪里去了？

六足美肢者哪里去了？

明艳斑点者哪里去了？

乌亮发髻者哪里去了？

我的心头肉哪里去了？①

作为一部情理交融的寓言体小说，《出世法言·莲苑歌舞》透过平实的言语，以轻松自由的表达方式，展现出藏族独特的生命价值观和文化理念，是近代康区文学的经典著作之一。②

（五）藏戏

藏戏是藏族一个集文学、音乐、舞蹈、杂耍、服饰、工艺美术和宗教仪式于一体的综合性艺术种类。表演技法融合说、唱、歌、舞、剧、技等多种形式。自17世纪以后藏戏真正发展为一种完整的表演艺术形式，逐步形成不同风格的流派，有白面藏戏、蓝面藏戏、昌都藏戏、德格藏戏、安多藏戏等。各流派在唱腔、韵白、歌舞动作、乐器及剧目表达等方面各具特色和风格。

康区地方藏戏传承主要源于卫藏地方的藏戏形式，又融入各地方的歌舞艺术特色，创造出众多富有地方性文化特征的独创剧种。延至近代，藏戏在康区获得发展、完善和规范，衍生出一些新的地方藏戏剧种。寺院藏戏表演和新剧目的编创是推动藏戏发展的主要动力。

① 编写组编《藏族文学史》，第518—519页。

② 周炜：《藏族寓言小说研究》，《民族文学研究》1989年第6期；康定民族师专编写组编《甘孜藏族自治州民族志》，当代中国出版社1994年版，第136—137页；编写组编《藏族文学史》，第513—520页。

昌都藏戏被称作"拉姆羌"（意为仙女舞）或"朗他羌"（意为跳传记舞）。1919 年，十世帕巴拉胡图克图罗桑土登·米旁次称江村在拉萨三大寺求法返回昌都后，受卫藏藏戏的影响，在昌都强巴林寺内组建阿却扎仓藏戏班。在十世帕巴拉胡图克图的资助和扶持下，藏戏班购置服装道具，并以昌都扎下觉恩木寺作为排练和演出藏戏的场所。最初的剧目是由强巴林寺高僧协松·格来江村依据西藏传统八大藏戏①剧本改编而来。不久以后，高僧绛若又根据佛教故事新编《拉鲁普雄》等剧目。昌都藏戏唱腔含有昌都宗教锅庄和山歌曲调，节奏大多散板，人物不戴面具，反面人物和武士绘脸谱。脸谱造型、服装和虚拟武打场面多与内地戏剧近似。

察雅香堆藏戏流传于察雅香堆、荣周等地，应是 20 世纪初叶由嘎登西珠曲科岭寺的香堆康村派遣五位喇嘛前往拉萨觉木隆习得引入。演出剧目多属八大藏戏，在演出程式、唱腔、表演形式及舞蹈动作等方面，较多地继承了拉萨觉木隆派藏戏，又受江嘎尔流派的影响。

察雅新康乡民间藏戏以凸显康区地方特色著称，剧本、唱腔、动作和服装皆尽力突出康巴式的表演形式，故被称作"朗他康鲁玛"（意为康巴表演形式的藏戏）。该藏戏由察雅拉章大冬孔·土登德来江村（1894—1972）组织和领导。剧目多是将传统八大藏戏改编为"朗他康鲁玛"。1927 年，土登德来江村将察雅活佛罗登协饶（blo ldan shes rab）的传记改编为藏戏，大量融入地方民情民俗和歌舞曲调，地方生活气息浓厚，在当地民间广受欢迎。②

康巴藏戏流派在近代康区各地的流布和演变是以巴塘藏戏为始，借助宗教力量，向各地传播。巴塘藏戏始于 17 世纪中叶康宁寺的藏戏首演。清末改流期间一度中断。宣统末年，巴塘上德房沟阿磋等筹金重演。1921 年康宁寺活佛昂旺洛桑登必真美饶次列嘉措自西藏返巴塘后，接管藏戏团，将西藏江嘎尔流派风格同当地"羌姆"和歌舞特点相糅合，发展出地方藏戏特色，先后改编传统八大藏戏的剧本，成为近代康区演出剧目最多的流派。

① 八大藏戏指《文成公主》《朗萨姑娘》《智美更登》《苏吉尼玛》《卓娃桑姆》《诺桑王子》《白玛文巴》《顿月顿珠》。

② 土呷：《浅谈昌都藏戏及其特点》，《西藏艺术研究》1988 年第 2 期。

康定木雅藏戏以 1904 年营官寨居里寺演出江嘎尔和扎西雪巴流派藏戏为始。1909 年，巴塘康宁寺纳卡活佛出任道孚惠远寺堪布，倡演藏戏，排练剧目，形成道孚藏戏。不久，居里活佛格桑云登从道孚惠远寺习得巴塘藏戏表演技法，取材木雅山歌，编创唱腔和《国王冉玛拉》剧本，编演传统藏戏剧目。

甘孜藏戏在 1780 年以前的甘孜寺、白利寺、大金寺等已有演出。其初创阶段基本沿用"迥巴派"传统剧目和唱腔程式等。1947 年，泽日喇嘛在泽尼扎仓创建剧团，对藏戏表演进行改编，吸收当地山歌、踢踏曲调，依人物角色设计唱腔，形成地方剧种流派。

与各处康巴藏戏流派有别，色达藏戏由安多引入。1948 年，色达夺珠寺活佛日洛率僧徒专程赴甘肃拉卜楞寺求取安多藏戏表演技法，仿照拉卜楞寺剧团购置道具、乐器、服饰等，在次年藏历一月首演。之后，日洛活佛相继改编《智美更登》《卓瓦桑姆》两部传统剧目。

德格藏戏剧种创始于 17 世纪中叶的更庆寺，是由寺院"羌姆"和当地民间歌舞音乐、俚曲，以及藏传佛教艺术金刚神鬼之舞乐等结合而创，流行于德格和昌都江达一带，剧目以《诺桑王子》《狮王故事》等为主。唱腔中宗教特色浓重，乐器多样，正戏中穿插着清兵舞、狮子舞和猎人舞等。[①]

近代是多数藏戏地方剧种在康区形成和发展的重要阶段。藏戏依托寺院宗教性表演，不断圆融各地方歌舞特色，在康区呈现出异彩纷呈的局面。

第三节　近代康区社会的日常生活

近代康区经受了政治、经济体制的巨大转型和社会的剧烈变革，城乡、农牧之间的社会生活因受到时代变迁的冲击程度不同，而日渐显现出较大的差异。这种差异还表现在社会阶层和不同地域之间。在城镇内新旧社会生活元素不断碰撞、杂糅和融合的同时，远离城镇和交通沿线的乡

---

① 康定民族师专编写组编《甘孜藏族自治州民族志》，第 139—143 页；土呷：《浅谈昌都藏戏及其特点》，《西藏艺术研究》1988 年第 2 期。

间，尤其是牧区的社会生活核心部分则基本上延续着千百年来的传统模式。

（一）农牧混合区的乡间社会生活

康区地域广袤，人口稀少，以高山峡谷地貌为主，社会组织结群形式相对松散，所以农牧混合区缺乏西藏溪卡式的人口相对集中的庄园制聚落。3000公尺以下的宽阔河谷台地是定居的村落家户分布的集中区域，定居在茂密森林区者极少。相对而言，定居区域往往交通便利、气候适宜、土地肥沃、邻近水源，远离沼泽、绝壁等。3400米—4000米高度区域为森林区，是村落居民建筑取材、取暖用料及采药狩猎等的来源地。森林区以上是高山草原地带，为村落牧场所在或纯牧区。村落居民以农为主，牧业为副，汉人称之为"庄房娃"。牧场大多远在十余里外的高山顶部，分派家人轮流牧放，取乳油、毛皮等以供家用。康区村落内的家户房屋居处受地形限制明显，较为分散，依耕地位置而定，多数居于零星的耕地旁。耕地因森林所隔或地形所限，分为数段，家户之分布亦因之常绵延数里，相距较远，呈稀疏聚落的特性。[①] 由于河谷地带土地面积有限，难以供给大量人口所需，故而村落规模极小，家户数量不多。唯河谷越开阔，人口越多，或河流交汇处为大村落之所在，因而"所谓村落亦不过居户二三家而已，较大之村落，其形成则由于特殊之地方原因。如泥马宗、东俄洛等十余家之大村落，盖皆附近金矿之存在有以致之也"。[②] 旅行康区者，一旦西行关外，旅途中数十里间不见人烟，实属常事。

村落内，每家户有独栋碉式房屋，因贫富之别而大小不一。房屋大多建在岩石上或山腰处，以节约农地。房屋建筑普遍为平顶，多为三层方形，亦有两层或四五层者。最底层为畜圈。第二层是起居饮食之所。第三层通常作经堂，精致整洁。经堂旁或上层有晒台，以为打麦、晒麦场地。室内陈设极简陋，仅有短桌。富裕者另有长矮凳、床等。贫家均睡火塘旁地上。土司或大头人官寨为数幢碉房合围而成，建筑高大，倍于常寨。贫者房屋仅两层，多无经堂。建筑乱石叠砌而成，或用土石夯筑。叠石砌墙技艺高超，以高碉

---

①　严钦尚：《西康居住地理》，《地理学报》第 6 卷，1939 年。
②　朱炳海：《西康山地村落之分布》，《地理学报》第 6 卷，1939 年。

为著，康定、雅江道中及九龙、木里境内多有八角碉，坚固异常。丹巴林卡南街百余年的 18 层高碉，历经数次大地震未圮。近人誉之为"奇技""西康建筑物之极品"，称"番俗无城而多碉"。①

服饰相对简单，一般由皮毛和毡子制成。各社会阶层的衣服形制大致相同，只是衣料和缝制质量有别。皮毛可制羊裘。毡子由牛羊毛织成，羊毛可同牧民交换得来，由妇女手捻成线而织，再以皮和毡子缝制成长袍。但是在近代康区，因差役赋税负担的加重和战乱不断，农村经济普遍呈凋敝、破产状态，农户贫困化和社会分化趋势加剧。在康区北部，大部分的农户无力饲养羊群，超过一半的农户缺乏羊毛衣服。② 农户无羊裘者，则穿毡子制成的单衫。单衫的样式大抵有三类：毡子制者是毡衫，为普通农户所穿；氆氇制者是氆氇衫，一般贵族穿着；绸缎或布匹制成的布衫、绸衫或缎衫，只有土司、大头人等少数统治阶层穿着。绸缎和布匹大多转运购自四川、云南等内地。土司、僧侣和富户还仿照汉人习惯，穿用藏绸制成的汗衣，在领缘装饰金丝缎一围。普通农户有能力穿汗衣者，男子以白布制，妇女用红布制。衣服多为袍状，圆领，大袖，不开衩，身长大多四尺，袖两尺余，腰以带束紧，向来无穿裤习惯。在汉藏混居社区，男子亦有仿汉人着裤者，以四川土布制，大多由汉裁缝缝制。皮靴以生牛皮作底，靴身以红毡子为之，饰以氆氇，内贴毡里。贫者唯有赤脚。男子辫发，盘于头，以帕裹之。女子发辫类型繁杂。康定女子大多以红鹅羽松软头绳一大把搭编辫端，盘于头。甘孜、瞻化、道孚、理化等处女子分梳数十条垂于肩，缀以银片、锁链、珠玉等。唯嫁汉人者则照康定辫发，俗称汉头。巴塘女子亦多辫汉头。男女皆戴戒指、领扣、告乌（银质或金质空盒，内装佛像及护身符箓或法物等）、吊刀、火镰等。唯贫富之家在配饰的材质、数量和精美程度等方面差异较大，如富家戒指为金质，内嵌蜜蜡、琥珀、珊瑚、绿玉、红蓝宝石、砗磲等；贫者银质，镶嵌假珊瑚，无镂花，唯宴会歌舞时佩戴。③

---

① 任乃强：《西康图经·民俗篇》，第 249—255 页。

② Chen Han-Seng, *Frontier Land System in Southernmost China: A Comparative Study of Agrarian Problems and Social Organization among the Pai Yi People of Yunnan and the Kamba People of Sikang*, New York: International Secretariat Institute of Pacific Relations, 1949, p. 137.

③ 任乃强：《西康图经·民俗篇》，第 291—306 页；谭英华：《康人农业家庭组织的研究》，《边政公论》第 3 卷第 6 期，1944 年。

依据任乃强描述之近代康区饮食：

> 糌粑、酥油、牛肉与茶，为番民四大食品。盐，为唯一调和。古代番族，似只有此五种食品。其后渐增，直至今日，普通番人食物亦不过十余品耳。就余所知，约举如下：谷之属：糌粑……小麦粑……扒孤为连麸面馍馍之包牛肉者，亦名"猪洛可"……油果子……乳之属：酥油……奶渣……酸奶子……肉之属：生肉……肉松……肉汤……鸡卵……茶之属：酥油茶……咸茶……清茶……此外如蔬菜、果类、糖类诸食品，大抵皆汉、藏商人自域外输入，非康地所固有，亦非康人所惯食，不过豪贵之家，沾染汉习之人，偶一用之而已。①

因此，谷物、茶、油、牛肉为农户日常饮食消费的大宗必需物品。但是依据陈翰笙在 20 世纪 40 年代对甘孜 9 个村落的 547 户农户调查显示，大约 3/4 的农户在饮食方面严重匮乏，需依赖借贷或乞讨为生。一般而言，每家差巴（Tse-ba）户的年消费青稞至少为 2 或 3 袋，每袋重 58.3 升。大约 28%的差巴户和 29%的塔都（Ta-du）户可达到这一消费水准。大部分的农户每年只有 1 或 2 袋青稞。而且谷物的拥有量可显著体现出贫富差距和分化程度。9.14%的农户毫无谷物储藏。69.27%有少量谷物储藏，但远不够消费所需。2.93%被视作中等阶层，可勉强度日。18.66%拥有的谷物储量远超过所需。一些富裕的差巴户每年谷物消费量甚至多达 20 袋。康人需茶甚于汉人需盐。为充分利用茶叶，普通农户可反复熬煮茶叶三次，以茶渣喂养牲畜。富裕家庭每年消费茶叶超过 100 磅。但是 38.14%的农户无力购买茶叶。其中 18.18%的拉达（La-da）户、32.68%的差巴户、62.5%的塔都户和 84.21%的科巴（Ko-ba）户饮用不到茶叶，只能代之以一些饮料植物，甚至一些农户连替代性饮料也无力负担。而且，农户对茶叶的消费能力在近代康区明显呈现出下降的趋势。至于油类和牛肉，因为大部分的农户并没有产牛乳的奶牛，既无法自产油乳制品，也无法购买，比例占被调查户的 50.7%。而牛肉的消费更加低，大约 60%的被调查农户无牛肉佐餐，其中塔

---

① 任乃强：《西康图经·民俗篇》，第 272—273 页。

都户达 91%，科巴户高达 97%。康北甘孜农户的贫困面貌是显而易见的，而事实上康区其他区域的境况与甘孜类似。^① 因此，近代康区农牧混合区的多数农户终年处于贫困潦倒、饥寒交迫的处境中。

因政治和社会制度及宗教因素的影响，近代康区农户的家庭规模普遍小型化，每户家庭 2—3 人。^② 繁重的乌拉和家庭的日益贫困化是家户规模小型化的主要原因。12.2% 的差巴、36.84% 的科巴、36.6% 的拉达和 53.57% 的塔都家庭内只有一个劳力，劳动力严重不足的现象十分突出。多数家庭无力供应乌拉，以致两百年前每家户平均可送 2 人入寺，而在近代，5 个家庭只能合送 1 人入寺为僧。寺院僧侣数量较 18 世纪剧烈下降。大多数的喇嘛不得不时常返回家中，为家庭分担劳役或乌拉负担。而且，男女的未婚比例相当高，单亲家庭较为普遍。这主要是因男子大量出家，适婚男女性别比例失衡，以及单身女性同样能够肩负家庭经济重担和大量劳役。李安宅将在德格调查的 1678 户家庭分为四种类型：第一种家庭是单身男子，为数不多；第二种是单身女子家庭，如母女、姊妹、三代母女等，为较普遍家庭形式；第三种是有男女而无结婚夫妇者，如母子、父女、兄弟姊妹组合家庭；第四种是有结婚夫妇或与亲属同居或无亲属同居者，此类相对完整家庭仅占被调查家户的 41.3%。总体而言，农牧混合区婚媾家庭的比例还远不及牧区。未婚率在不同阶层的农户间的区分明显。甘孜的差巴和拉达家庭经济状况优于科巴和塔都户。所以 68.3% 的差巴户和 45.48% 的拉达户属于第四种类型。而塔都和科巴户中第四种类型仅占 34.54% 和 31.2%。

康区婚姻形态为多夫制、一夫一妻制、一夫多妻制并行。一夫一妻制最为普遍，但是兄弟共妻、姊妹共夫的多偶婚制较为流行，或从夫居，或从妻居。婚制状况又因地域和阶层而有别。康区东部盛行一夫一妻制。一妻多夫制在康区各处可见，以甘孜、德格以西最多。一夫多妻为数不多，

---

① 拉达即寺院属民；差巴为交税农户；塔都意为从属农户，多数无地，靠作雇工为生；科巴为佃户或种地奴仆。Chen Han-Seng, *Frontier Land System in Southernmost China: A Comparative Study of Agrarian Problems and Social Organization among the Pai Yi People of Yunnan and the Kamba People of Sikang*, New York: International Secretariat Institute of Pacific Relations, 1949, pp. 135-137.

② 据谭英华对康定、巴安、理化、甘孜、道孚与雅江 35 个农户的调查所得，每户以 4—5 人为最普遍。李安宅对德格的人口统计表明，农区每家平均人口为 2.8 人。与陈翰笙的调查所得每户为 2—3 人的结果相仿。参见李安宅《西康德格历史与人口》，《边政公论》第 5 卷第 2 期，1946 年。

主要出现在土司、贵族和富裕农户，或者无子家庭中。其中，一妻多夫制备受瞩目。据英人贝尔（Charles Bell）的粗略估计，藏东一妻多夫制的比例约为15%。在此类家庭中，通常以长兄为主体，婚礼由长兄出面，诸兄弟成年后可共享长兄之妻。妻以长兄为夫，直呼其余人名字，所生子女以长兄为父，余人皆被称作"Aku"（即父之兄弟）。康区北部以一年为周期，兄弟依次轮值，与妻共同生活。其余兄弟则出外经商或放牧。康区南部略不同，若与妻同宿，以自身用品如腰带或卧具等事先放于妻寝处，其余人见之，自行回避。妻子对诸兄弟一视同仁，不分伯仲。另有非兄弟共妻者，如年龄相仿的叔侄共妻，盛于理塘、甘孜等地的朋友共妻，及盐井的主仆共妻等。①

有关一妻多夫制流行的原因，美国学者柔克义依据其考察，认为耕地少，仅可维持小家庭运行，若分家势必导致家产分割，无法维系生活，"故欲解决此问题之唯一办法，即使数子合娶一妻。如此，祖产可以不分，而又能免去浪费金钱"，又称"东藏之一妻多夫制度，大都盛行于农民间，而不行于牧民间"。英人贝尔亦极力主张防止财产分割之经济说。学者徐益棠则从文化和社会心理分析入手，指出"康藏一妻多夫制之产生，以余观之，不在于耕地之狭小，不在于人口上性比例之不平衡，亦不在于聘金之繁重，而在于宗教势力之伟大"。藏传佛教的影响使康区民众之家族传承和血缘观念淡薄，以"备受苦难"为人生观，家庭生活兴趣极淡及宗教地位高于一切，"故康藏平民，平日不事生产，置家事于其妻之手……多夫合娶一妻，所以减轻其责任"。② 徐氏之说另辟蹊径，而注重文化层面，但是其观点与柔克义、贝尔主张均失之偏颇。学者马长寿综合一妻多夫制的产生根源为"地瘠财穷之环境，每家所受于统治者之耕地与牧场又皆有限；而统治者或地主对之诛求无厌层层剥削"。③ 从近代康区现实社会之状态来看，马氏的观点得到陈翰笙在康北实地考察所得资料的有力印证，以至陈氏称，多夫制是农户为逃避沉重的乌拉而采取的生活策略。多夫制是土地和家户不可分割

---

① 徐益棠：《康藏一妻多夫制之又一解释》，《边政公论》第1卷第2期，1941年。
② 徐益棠：《康藏一妻多夫制之又一解释》，《边政公论》第1卷第2期，1941年。
③ 马长寿：《康藏民族之分类体质种属及其社会组织》，《民族学研究集刊》1946年第5期。

的结果。①

至于丧葬之俗，近代康区多数区域仍沿用清代旧俗，变化不大。唯汉藏杂居社区，藏人农户多受汉俗影响，多行火葬。康定等地土葬或用棺木，或不用棺木，以泥土石块叠盖埋之，在毗邻汉人处较多。且每逢清明时节，农户多有携酒到郊外野祭者，即受汉俗濡染之故。②

（二）牧区的社会生活

康区多数牧区因远离城镇和交通要道而较少受到近代文明的冲击和影响，基本上仍固守原有的传统生活模式。汉人俗称牧民为"牛厂娃"，任乃强略述其社会生活面貌称：

> 所居地曰牛厂。无房舍，亦无定处：春暖草长，则率其牛羊群向高山放牧；秋风起，又渐驱向河谷饲养；所至撑牛毛帐而居，故呼曰"帐房娃"。其人男子皆戴毡帽；穿羊皮袄，褶束腰部，使衣长及膝，背襟即为腰囊，可收藏其全副日用物品；裸足着番靴。四时如一，贵贱亦如一。女子穿长袍，头戴银饰甚繁：腰与项绕系珠贝银饰，累累如璎珞；虽在牛羊厮混中不废。自生迄死，不剃头，少洗脸，不加减衣服。③

牧民普遍以牛毛帐房为居所，形若覆筐，长圆形，以两根丈长木柱撑起，再用牛毛绳数十条系在帐顶周围，向四方牵引，四角及边缘用火铁钉插入土中。帐房的中央以石块和泥土砌灶台。牧民围灶而睡。灶内终日以牛粪燃火。帐顶留空隙，散放灶烟。辟一门通出入，有牛毛布制成的护幕。帐房四周常用碎石或草砖垒成短墙，以便抵御寒风。迁徙时，将帐房拆卸卷叠后置于牛背，即可远行。普通帐房较为矮小，便于驮运迁徙。土司、头人帐房以数段木柱支撑，高大宽阔，可容纳百人围坐。色达俄洛大土司的帐房可分数十间屋，全帐及木柱铁环等须用 30 头牛驮运。

---

① Chen Han-Seng, *Frontier Land System in Southernmost China：A Comparative Study of Agrarian Problems and Social Organization among the Pai Yi People of Yunnan and the Kamba People of Sikang*, pp. 127-129.

② 谭英华：《康人农业家庭组织的研究》，《边政公论》第 3 卷第 6 期，1944 年。

③ 任乃强：《西康图经·民俗篇》，第 239 页。

皮袍是牧民的主要服饰，男女老幼皆可穿戴，圆领大袖，腰系长带，昼以为衣，夜以为被，适合高原草场高寒风大的气候。皮袍以羊裘为多。牧民所穿羊裘多无面，以羊皮连缀而成。富裕者以獐皮为面。头人则在獐皮面的四周缝制一掌宽的蓝布作为修饰。土司或大头人则以昂贵的蓝布为面。大土司更以织金红摩本缎为面，在领缘、襟缘、脚裾缘处饰獭皮、豹皮或狐皮，以示其社会身份之尊贵。帽子式样繁多，或金边毡帽，或狐皮小帽。身上随带物甚多，如火镰、包烟小刀、鼻烟壶、告乌银盒等。贫困的牧民四季皆着羊裘，且一生仅一件，别无他饰。

牧民饮食结构与农牧混合区相似，以糌粑、酥油、牛羊肉和茶为主。唯贫苦牧民生活境况凄惨，每年以野菜、草根充饥时间竟达两三个月，无牛羊肉可食，只能用野菜与干牛骨合煮度日。[①]

据李安宅在德格的实地调查，牧区每户牧民家庭人口为 2.18 人。其家庭类型与农牧混合区近似。但是农区单身男子比例（2.89%）较牧区（1.37%）为多。单身女子（21.55%）与无夫妇关系之男女家庭人口比例（24.64%）亦较牧区（分别为 16.45% 与 17.23%）为多。婚媾家庭人口数量比例（50.92%）则不及牧区（64.95%）。婚媾家庭在牧区的户数百分比（48.92%）也高于农区（41.3%）。[②] 以兄弟共妻为主的多夫制同样流行于牧区各地。

（三）城镇的社会生活

城镇是近代康区社会生活剧烈变迁的主要场所，尤其是汉人移民相对聚居的城镇内。康区城镇的兴起本身就与宋明以来汉藏茶马贸易的推动不无关系。数百年来的茶马互市和汉藏贸易在康区形成由内地向藏地辐射的数条商业通道，自东向西横穿康区。加之清代在川藏沿线大量设置塘汛、粮台。在商贸和政治的双重推动下，川藏线、滇藏线等主要商路沿途，逐步发展出一些以商贸为中心的较大城镇，如康定、理塘、巴塘、甘孜、结古、中甸、阿

---

① 任乃强：《西康图经·民俗篇》，第 264—266、289—291 页；《青海玉树之风尚》，《新青海》第 2 卷第 9 期，1934 年；四川民族调查组德格小组：《德格县玉隆牧区格工村调查》，四川省编辑组编《四川省甘孜州藏族社会历史调查》，第 282 页。

② 李安宅：《西康德格历史与人口》，《边政公论》第 5 卷第 2 期，1946 年。

墩子、昌都等地。①

　　近代康区的城镇类型大致分两种，即商贸型和商贸兼宗教型。商贸型城镇的发展是以商贸交易场所为基础。如康定居民中十分之七八从事商业活动。商贸始终是城镇发展的基础和原动力。因而商贸场所是近代康定城镇的主要组成部分。20 世纪 30 年代的康定城内有街市两条，连接商路，因商贸而兴，横跨在折多河上，各长一二里，中有木桥四座，连通南北，中桥在北岸的老陕街和南岸的蜂窝街之间，商务最为繁盛。② 商贸街市是城镇的重心，街市沿商路而建。商贸兼宗教型城镇的最初形态是围绕着某一寺院形成固定的贸易市肆。寺院的选址大多在交通要道附近和人口较为稠密地区，往往是某一区域的社会、文化和宗教生活的中心。贸易市肆的兴起和发展常常同寺院的宗教活动密切相关。各类定期的宗教性集会是交易集市发展的重要推动力。如甘孜处在川藏线北路的通衢要道处，是康区北部汉藏贸易的必经通道。清末，麻书土司请招汉兴商，建立市场。汉人云集，商业渐盛，炉城各大商号争相设立分店，渐成康区第二大商埠。城镇以寺院和市肆为主体部分，"喇嘛寺占全市之半，依山建筑，金顶碧栏，辉耀百里。寺南为商肆，巷街参差，粪秽狼藉，商人各就所居，以行交易，无所谓市场也。又南为麻书土司官寨，坚碉突起，俨如小城。土司已亡，充作为县署，20 年来，未经培修，业已倾圮过半。又南稍下，为孔撒土司官寨，崇宏坚固，过于县署"。③ 寺院同市肆街区共同构成城镇的主体部分。

　　不过，近代康区多数城镇的发育不完善，规模较小，尚不及内地一大村落，简陋低矮的藏式平顶房和汉藏形制混搭的房屋沿一条主干道而建，构成街市。城镇的区域性功能往往没有分开。居民区同商业区混杂，宗教与世俗空间相互渗透。

　　在多数城镇的房屋建筑中，寺院、官寨建筑规模宏大，占据突出的位置。清末改流期间，藏传佛教寺院的发展受到官府的强力压制。但是到民国时期国民政府和西康地方政府不得不正视和默认藏人传统的宗教生活，对寺

---

　　① 周毓华、彭陟焱：《试析茶马互市对川滇藏边城镇发展的影响》，《西藏民族学院学报》1999 年第 4 期。

　　② 任乃强：《西康图经·境域篇》，第 72 页。

　　③ 任乃强：《西康图经·境域篇》，第 75—77 页。

院改持相对宽容、温和的态度。1946 年 5 月，西康省府教育厅就国民政府行政院政令颁布训令，规定"人民有信仰宗教之自由，若财产非依法律，不得查封或没收，业经约法明文规定，并迭经通令保护"。[①] 寺院建筑的存留和保护，既是官方对康区社会文化特殊性认识的加深，也是宗教界在康区基层社会持续影响力的反映。因而在近代康区城镇建筑中，寺院相当醒目，乃至如同甘孜县城一样占据城镇空间的一半。而在城镇街市，与藏传佛教相关的佛塔、焚香炉、转经筒等分布在城镇的各个角落。各类定期的宗教活动常在城镇街头上演。

清初以来设置的粮台、塘汛建筑在近代大多被挪用为县署驻地。部分县署建筑为新建，或借租、占有没收寺院、土司官寨等。清末赵尔丰对巴塘城镇空间的规划颇具代表性。因土地被收为国有，官府有权支配土地的利用。在赵尔丰主持下，先后在巴塘营建土城、营房、官署和学校，并在康宁寺的附近修建巡抚衙门。康区城镇另一类特殊建筑存在于汉人移民的民间信仰活动空间中。康区的内地祠庙寺观建筑大多是在当地粮台、塘汛等军政机构的资助和扶持下，由商会等民间组织自发筹资修建，或单纯属于民间信仰场所，或兼具汉人移民会馆性质。例如巴塘城内的坛庙寺观建筑为数众多，"有药王庙，五显庙，东岳庙，三官庙，观音庙，李公祠，凤公祠，财神殿，太乙宫，斗姆宫（以上均汉人供奉者）"。[②] 到民国时期，这些祠庙建筑被充作象征社会进步的学校教育场所或地方政府机关所在。对于财政严重困难、难以大兴土木的地方政府而言，这些建筑的存在显得尤为重要。1942 年西康省府援引国民政府教育部的训令称，"特通令各省市县对于寺庙及公共场所原有之剧场设备，加意保护，其有倾圮颓败者，并即筹划修理，俾为公共讲演及音乐戏剧电影演放之用"。[③] 所以像巴塘关帝庙这样的建筑既是巴安协进会的集会场所，也是学校和政府组织公演、讲演和会议的举办地，甚至是军队暂时性的驻扎地。

与以上建筑相比，城镇民居建筑普遍显得较为低矮简陋。因内地建筑

① 《令饬不得违法侵害寺庙权利由》，巴塘档案馆藏，全宗号：3，档案字 11 号，伪政 3 号，国师校卷 20 号。

② 任乃强：《西康图经·境域篇》，第 79 页。

③ 《西康省政府训令》，巴塘档案馆藏，全宗号：3，档案字 11 号，伪政 3 号，国师校卷 91 号。

形制并不适合高原自然气候，多数地区又无法采购到充足的建筑用材，因而城镇建筑以混合的藏汉风格为主。一位民国时期的旅行者就曾描述理塘县城，"走上街，住有百十户人家，房屋形式，半康半汉，只有一层，矮矮的和外间的贫民窟相似"。[①] 另一位美国考察者亲见的康定县城内"房屋建筑大多是汉式，但许多还保留了藏式房子的特色，这主要是两层的楼房和平屋顶"。[②]

近代康区城镇是藏汉双重文化共存与杂糅的典型场所。穿着藏汉两种不同风格服饰的城镇居民穿梭往来于街头巷尾，与城镇藏汉建筑的混搭风格巧妙地融合在一起。物资的流通使城镇居民在服饰穿戴和饮食结构上获得较僻远的乡间居民更多的选择机会。无论是藏人，还是汉回移民会依据其现实需求，或多或少对自身原有服饰和饮食加以改变。在康定，因应社会角色的需要，藏人"与汉人交易接近者，多着内地装束，剪发者，仅百分之一二而已"。[③] 受汉人影响较深之藏人"穿绸缎衣服和黑绒薄衣靴的，头上也往往戴着呢帽"，[④] 以此表现出社会身份的特殊性。

城镇的移民面对康区特殊的自然和人文环境，相应经历了一番文化面貌的转变。20世纪30年代末的观察者就指出，道孚县城"城区居民二百余户，多汉人，惟装束习惯语言大半康化"。[⑤] 在饮食结构和方式上，城镇居民的食物摄取量、种类和炊灶餐具更为丰富。汉式餐具常会出现在藏人富裕家庭的餐桌上，酒和"素菜如蕃薯、莱菔、麸面及米面多为接近汉人，或已染汉化之习惯，且家道稍好者用之"。[⑥] 因米谷短缺和价格昂贵，普通汉人多有改食面食或玉米等杂粮者。尤其是关外各地城镇居民亦有长期食用糌粑、酥油茶的习惯。藏语和汉语是城镇居民的普遍通行的语言，双语混合使用是十分突出的现象。随着新鲜事物从内地引入康区，不少汉语词直接被藏语采借，在改变城镇藏民生活方式的同时，也丰富了藏语中的日常生活词

①　冯明心：《康南纪游（续）》，《康导月刊》第6卷第2—4期，1945年。
②　William W. Rockhill, *The Land of the Lamas: Notes of A Journey through China Mongolia and Tibet*, New York: The Century Co. 1891, p. 275.
③　李笑田：《康定》，《国闻周报》第3卷第31期，1926年。
④　程裕淇：《西康剪影》，第31页。
⑤　张伯颜、唐尚炯：《调查道炉甘瞻矿产日记（未完）》，《康导月刊》第1卷第9期，1939年。
⑥　柯象峰：《西康社会之鸟瞰》，第42页。

汇。藏汉双语具体使用过程中，常受各自语言结构和思维逻辑的影响，语法颠倒错乱，词语生搬硬套和语境混杂等情况相当常见。

此外，藏汉习俗的混融性还渗透到城镇社会生活的节庆、礼俗等方面，这在康定等康区东部城镇尤为显著。春联、门神、拜年、上坟、放鞭炮、转经、煨桑等文化因素，同寺院、学校、县府、街市等人文地景建筑相结合，巧妙地融合于城镇藏汉民众的日常生活中。[①]

自清末川边改流始，城镇即为官府革新康区传统社会生活的主要试验场地。官府借助行政手段，将革新举措延伸到丧葬、辨族、祭祖、婚配、服饰、家庭财产分配、孝敬父母等社会文化领域。内容从日常生活细事到个人教育成长，并涉及城镇社会公共生活、宗教信仰和国家意识等诸多领域。官府希望通过戒烟、除粪、中厕等规定加强对康区城镇日常事务的管理。延至民国时期，官府对地方基层社会的控制力度遭到严重削弱。城镇成为地方政府施政的主要区域。地方政府以社会教育等为渠道，试图透过强制性的行政手段和学校、民间组织等力量，规整和约制城镇社会生活的秩序。

以城镇公共卫生为例。近代康区的城镇街道狭窄难行，常常是杂乱无章、污秽满地的状态。柔克义旅行康区时对炉霍的街头描述道，"一些令人不愉快的东西已开始出现，如令人作呕的气味，肮脏的街道，猪在泥淖里打滚等等"。[②] 卫生的恶劣在近代康区改流后的各地县政管理中，被认为是引发瘟疫疾病的温床和亟待解决的社会问题。赵尔丰颁行的《改土归流章程》就规定，"街道道路，最宜洁净。且牛马骨殖，猪羊粪草，尤宜焚化收捡，用以肥田。以后责成汉、蛮保正，随时督率街坊百姓扫除街道，免致秽气中人，染生疾病"。[③] 这是官府直接干预康区城镇街市社会生活的开端。

民国时期，城镇街道的卫生状况被列入各地县府政绩考核依据之一。县府须妥善处置城镇日常公共卫生的管理，一旦出现疫情，要举行清洁检查。1939年的一则新闻报道称，巴安县府在城镇街头原本修建的公共厕所"早

---

① 程裕淇：《西康剪影》，第22页；黄静渊：《西康在国民经济上之价值》，《西北问题季刊》第2卷第1、2期合刊，1936年；刘赞廷：《（民国）康定县图志》，《中国地方志集成·四川府县志辑》第67册，第68—69页；蓝铣：《西康小识》，《康藏前锋》第1卷第3、4期，1933年。

② William W. Rockhill, *The Land of the Lamas: Notes of A Journey through China Mongolia and Tibet*, New York: The Century Co. 1891, p. 260.

③ 四川省民族研究所编《清末川滇边务档案史料》，第102页。

已破敝不堪，以致一般康人，顺便到处便溺，对于卫生，妨害甚大，傅司令有见于此，特令士兵，在城内适当处添设公共厕所五间，其修造颇为合法，并规定未备厕所者一律到该处便溺，违者严究，又任一星期内派人洗涤一次，以是近来通衢僻巷，均甚清洁，人人称便云"。① 20 世纪 40 年代，国民政府发起的"新生活运动"逐步影响到康区。各级县府应国民政府通令要求，厉行"新生活运动"，成立省级、县级"新生活运动促进会"，由县府组织宣传队，利用各种集会场合，向民众通俗讲演"新生活"内容。除社会教育宣传外，县府对城镇卫生的管理主要还是依靠强制办法，组织清洁调查队，增设公共厕所，挨户检查清洁，实施防疫注射，疏通沟渠，清洁水源，发动各种卫生运动。街市的清洁甚至从街头扩展到各个家户的内部。巴安县府即规定每户须建筑厕所，按日洒扫，保持清洁。②

在当地驻军的协助下，城镇卫生治理起到一定作用，至少部分城镇的居民形成了定期打扫卫生的习惯。1937 年，地质学家 J. Hanson Lowe 就曾注意到甘孜街道因"新生活运动"而变得整洁。③ 因而尽管近代康区地方县府权力在民初的政局动荡中未能完全恢复过来，但是在社会教育和行政强制结合的方式下，面向城镇社会生活的改良活动还是取得了某种程度上的成效。总之，近代康区城镇是汉藏两种文化传统在某一狭小区域共存的具体展现和融合杂糅的典型区域，也是中央政府的力量介入和干预康区基层社会日常生活的重要地带。

---

① 松月：《巴安公共厕所》，《西康新闻》1939 年 3 月 23 日。

② 《巴安县动员会议第七次记录》，巴塘县档案馆藏，全宗号：3，档案字 11 号，伪政 13 号，运动促进会 1 号；《西康省政府政务考察团卅五年度县局中心工作考察表一》，巴塘县档案馆藏，全宗号：3，档案字 11 号，伪政 3 号，国师校卷 2 号。

③ J. Hanson Lowe, "A Journey along the Chinese: Tibetan Border, " *The Geographical Journal*, Vol. 95, No. 5, 1940.

参考文献

一 未刊档案

阿坝州档案馆藏档案，全宗号：8。

巴塘县档案馆藏档案，全宗号：3。

甘孜藏族自治州档案馆藏档案，全宗号：2。

四川省档案馆藏档案，全宗号：24、35、54、144、205、228、234、249、255。

台北"国史馆"藏档案。

台北中研院近代史研究所档案馆藏档案。

云南省档案馆藏档案，全宗号：1080。

二 报刊

《安徽教育行政周刊》《边疆通讯》《边事研究》《边政》《边政公论》《川边季刊》《川康建设》《慈航画报》《地理学报》《东方杂志》《法音》《佛海灯》《佛化新闻》《佛学半月刊》《工业月刊》《广东旅沪同乡会月刊》《国防月刊》《国闻周报》《海潮音》《河南教育》《湖北教育厅公报》《开发西北》《江苏学生》《教育与职业》《金融周报》《经济汇报》《净土宗月刊》《净业月刊》《觉有情》《军事杂志》《康导月刊》《康藏前锋》《康藏研究》《科学》《旅行杂志》《蒙古旬刊》《蒙古周刊》《蒙藏委员会公报》《蒙藏旬刊》《蒙藏月报》《蒙藏周报》《蒙藏政治训练班季刊》《民俗》《秦风周报》《人言周刊》《实业通讯》《四川佛教月刊》《四川经济季刊》《四川省立农学院院刊》《四川月报》《社会教育季刊》《申报》《世界佛教居士林林刊》《戍声周报》《绥远蒙文半月刊》《威音》《西北问题季刊》《西康公报》《西康户政通讯》《西康建省委员会公报》《西康经济季刊》《西康民教季刊》

《西康省建设丛刊》《西康省政府公报》《西康统计季刊》《西康新闻》《西南边疆》《西南和平法会特刊》《西藏班禅驻京办公处月刊》《县政》《新青海》《新西康》《新亚细亚》《行政院公报》《学校新闻》《藏民声泪》《责善半月刊》《浙江省政府公报》《政治建设》《中国工业》《中国实业》《中农月刊》《中央党务月刊》《中央政治学校校刊》《中央周报》《中央周刊》

三　资料汇编、文集、日记、回忆录、志书等

《1899—1949 年有关西藏问题历史档案资料汇编》，未刊。

埃德加·斯诺：《西行漫记》，董乐山译，三联书店 1979 年版。

奥拓·布劳恩：《中国纪事（1932—1939）》，现代史料编刊社 1980 年版。

白尚文等辑《巴安县志资料》，1942 年，巴塘县志办公室 1989 年翻印。

曹抡彬、曹抡翰等纂辑《（乾隆）雅州府志》，台北，成文出版社 1969 年版。

查骞：《边藏风土记》，中国藏学出版社 1987 年版。

陈重为：《西康问题》，中华书局 1930 年版。

陈志明：《西康沿革考》，拔提书店 1933 年版。

陈渠珍著，任乃强校注《艽野尘梦》，重庆出版社 1982 年版。

成都军区政治部编研室、西藏昌都军分区编《解放昌都》，四川人民出版社 1991 年版。

程裕淇：《西康剪影》，独立出版社 1945 年。

戴如意：《藏中行：一个女基督徒的日记》，孙子和编译，台北，台湾商务印书馆 1989 年版。

德格县志编纂委员会编《德格县志》，四川人民出版社 1992 年版。

《邓小平文选》第 1 卷，人民出版社 1994 年版。

《法尊法师佛学论文集》，中国佛教协会佛教文化教育基金委员会 1990 年版。

冯有志著，周光钧校《西康史拾遗》，甘孜州政协文史资料委员会 1994 年版。

冯智编著《西藏通史清代卷编撰参考资料选辑》，中国藏学研究中心历史所 2004 年版。

傅嵩炑：《西康建省记》，台北，成文出版社 1968 年版。

甘孜县志编纂委员会编《甘孜县志》，四川科学技术出版社 1999 年版。

甘孜州史志编辑委员会编印《甘孜州史志》第 1 期，1989 年。

甘孜州志编纂委员会编《甘孜州志》，四川人民出版社 1997 年版。

格桑泽仁：《边人刍言》，沈云龙编《近代中国史料丛刊续编》第 11 辑，文海出版社 1974 年版。

格桑泽仁：《康藏概况报告》，《民国丛书》编辑委员会 1932 年版。

工珠·云丹嘉措、嘎玛·扎西群培：《工珠·云丹嘉措传》（藏文版），四川民族出版社 1997 年版。

古伯察：《鞑靼西藏旅行记》，耿昇译，中国藏学出版社 1991 年版。

郭素芹著译《永不磨灭的风景：香格里拉——百年前一个法国探险家的回忆》，云南出版社 2001 年版。

国民参政会川康建设视察团编印《国民参政会川康建设视察团报告书》，1939 年。

韩大载：《诺那金刚上师开示录》，台湾大学图书馆藏本，1937 年。

贺觉非著，林超校《西康纪事诗本事注》，西藏人民出版社 1988 年版。

洪涤尘：《西藏史地大纲》，正中书局 1936 年版。

黄维忠、格桑卓玛、王文长编《红色记忆——红军长征在藏族地区及其当代启示》，中国藏学出版社 2016 年版。

教育部编《第二次中国教育年鉴》，商务印书馆 1948 年版。

教育部蒙藏教育司编印《边疆教育概况》，1943 年。

经世文社编《民国经世文编·内政三》，台北，文海出版社 1967 年版。

久·米庞嘉措：《国王修身论》，耿予方译，西藏人民出版社 1987 年版。

康定民族师专编写组编《甘孜藏族自治州民族志》，当代中国出版社 1994 年版。

柯象峰：《西康社会之鸟瞰》，正中书局 1940 年版。

李觉：《回忆和平解放西藏》，《中共党史资料》1990 年第 3 期。

李亦人：《西康综览》，正中书局 1941 年版。

刘家驹：《康藏滇边歌谣集》，巴安孔大公知止山房 1948 年版。

刘家驹：《康藏》，新亚细亚月刊社 1932 年版。

刘曼卿：《康藏轺征》，商务印书馆 1933 年版。

刘赞廷：《（民国）昌都县图志》，《中国地方志集成·西藏府县志辑》，巴蜀出版社 1995 年版。

刘赞廷：《（民国）稻城县志》，《中国地方志集成·四川府县志辑》，巴蜀书社 1990 年版。

刘赞廷：《宁静县志略　武城县志略》，《西藏地方志资料集成》第 3 集，中国藏学出版社 2001 年版。

炉霍县党史办、方志办编印《炉霍史志资料选辑》第 1 辑，1992 年。

鹿传霖：《筹瞻奏稿》，全国图书馆文献缩微复制中心 1991 年版。

夏洛特·索尔兹伯里：《长征日记——中国史诗》，王之希、许丽霞译，国际文化出版公司 1986 年版。

马长寿：《康藏民族之分类体质种属及其社会组织》，《民族学研究集刊》1946 年第 5 期。

毛注青、李鳌、陈新宪编《蔡锷集》，湖南人民出版社 1983 年。

梅·戈尔斯坦、道帏喜饶、威廉·司本石初：《一位藏族革命家——巴塘人平措汪杰的时代和政治生涯》，黄潇潇译，香港大学出版社 2011 年版。

梅心如：《西康》，正中书局 1934 年。

蒙藏委员会调查室编《昌都调查报告（附杂瑜调查报告）》，1942 年，马大正主编《民国边政史料汇编》第 17 册，国家图书馆出版社 2009 年。

《聂荣臻回忆录》，战士出版社 1983 年版。

《清实录》，中华书局 1986 年影印本。

邱怀瑾编《西防纪实》，国西电讯社发行 1933 年版。

任乃强：《康藏史地大纲》，西藏古籍出版社 2000 年版。

任乃强：《西康图经》，西藏古籍出版社 2000 年版。

任乃强：《西康札记》，新亚西亚月刊社 1931 年版。

《任乃强民族研究文集》，民族出版社 1990 年版。

《任乃强藏学文集》，中国藏学出版社 2009 年。

施阿兰：《使华记》，袁传璋等译，商务印书馆 1989 年版。

实业部中国经济年鉴编纂委员会编《中国经济年鉴续编·康藏》，商务印书馆 1935 年版。

释定智法师：《能海上师传》，台北，方广文化事业有限公司 1994
年版。

四川民族调查组编印《北洋军阀与国民党统治下的西康藏区档案资料》
第 1 册，1962 年。

四川省巴塘县志编纂委员会编纂《巴塘县志》，四川民族出版社 1993
年版。

四川省编辑组编《四川省甘孜州藏族社会历史调查》，四川省社会科学
院出版社 1985 年版。

四川省档案馆编《近代康区档案资料选编》，四川大学出版社 1990
年版。

四川省档案馆编《四川教案与义和拳档案》，四川人民出版社 1985
年版。

四川省档案局（馆）编《抗战时期的四川——档案史料汇编》，重庆出
版社 2014 年版。

四川省甘孜军分区编印《甘孜藏族自治州军事志》，1999 年。

四川省康定县志编纂委员会编纂《康定县志》，四川辞书出版社 1995 年版。

四川省民委编印《历史发展的新纪元——纪念四川民族地区实行民主
改革三十三周年专辑》，1989 年。

四川省民族事务委员会编印《藏传佛教寺院资料选编》，1989 年。

四川省民族研究所编《清末川滇边务档案史料》，中华书局 1989 年版。

四川省文史研究馆编《四川军阀史料》第 4 辑，四川人民出版社 1987
年版。

汪毅、张承榮编《咸丰条约》，台北，文海出版社 1974 年版。

王勤堉：《西藏问题》，商务印书馆 1933 年版。

王维栋：《康藏》，霞光印刷社 1938 年版。

王彦成等辑《清季外交史料》，书目文献出版社 1987 年版。

威廉·吉尔著、亨利·尤里编《金沙江》，曾嵘译，中国地图出版社 2013
年版。

吴丰培编《赵尔丰川边奏牍》，四川民族出版社 1984 年版。

吴丰培辑《川藏游踪汇编》，四川民族出版社 1985 年版。

吴丰培辑《清代藏事奏牍》，中国藏学出版社 1994 年版。

吴丰培辑《清代藏事辑要续编》，西藏人民出版社 1984 年版。

吴丰培整理《有泰驻藏日记》卷 3，全国图书馆文献缩微复制中心 1992 年版。

伍非百编《清代对大小金川及西康青海用兵纪要》，1935 年铅印本。

西康公安厅编写《旧西康省康属概况（初稿）》第 3、6 卷，1953 年，《甘孜藏族自治州概况》编写组 1981 年翻印。

西康省政府秘书处编印《西康概况》，1939 年。

西藏昌都地区地方志编纂委员会编《昌都地区志》下册，方志出版社 2005 年版。

西藏昌都地区地方志总编室、西藏昌都地区档案馆编《西藏昌都地区社会调查资料选》，中国藏学出版社 2004 年版。

《西藏地方历史资料选辑》，三联书店 1963 年版。

西藏社会科学院西藏学汉文文献编辑室编《西藏学文献丛书别辑》第 13 函，中国藏学出版社 1995 年版。

西藏社会科学院西藏学汉文文献编辑室编《西藏学文献丛书别辑·藏事稿本一》，中国藏学出版社 1995 年版。

西藏自治区社会科学院、四川省社会科学院合编《近代康藏重大事件史料选编》，西藏古籍出版社 2001 年版。

《西藏研究》编辑部编《民元藏事电稿、藏乱始末见闻记四种》，西藏人民出版社 1983 年版。

《西藏研究》编辑部编《西藏志、卫藏通志》，西藏人民出版社 1982 年版。

锡银编著《为西藏和平解放而献身的格达活佛（附录）》，民族出版社 2013 年。

《康南星火——巴塘地下党》，四川省巴塘县志办办公室编《巴塘志苑》 1984 年第 1 期。

谢天沙：《康藏行》，工艺出版社 1951 年版。

邢肃芝口述，张健飞、杨念群笔录《雪域求法记：一个汉人喇嘛的口述史》，三联书店 2003 年版。

徐珂编撰《清稗类钞》，中华书局 1984 年版。

许广智、达瓦编《西藏地方近代史料选辑》，西藏人民出版社 2007年版。

杨长虹编著《凤全家书笺证》，民族出版社 2012 年版。

杨定华：《雪山草地行军记》，新华印刷厂 1949 年版。

杨仲华：《西康纪要》，上海商务印书馆 1937 年版。

姚锡光：《规划川藏说帖》，《筹藏刍议》，沈云龙编《近代中国史料丛刊》第 390 册，台北，文海出版社 1969 年版。

游时敏：《四川近代贸易史料》，四川大学出版社 1990 年版。

云南省编辑组：《宁蒗彝族自治县永宁纳西族社会及其母系制调查》，云南人民出版社 1988 年版。

扎敦·格桑丹贝坚赞：《夏尔杂·扎西坚赞传》（藏文版），中国藏学出版社，1990 年版。

张敬熙：《三十年来之西康教育》，商务印书馆 1937 年版。

张其勤原稿，吴丰培增辑《清代藏事辑要》，西藏人民出版社 1983年版。

张孝忠：《史志撷谈》，阿坝州史志学会 1994 年版。

张羽新主编《中国西藏及甘青川滇藏区方志汇编》第 5、40 册，学苑出版社 2003 年版。

张羽新、张双志编《民国藏事史料汇编》第 4 册，学苑出版社 2005年版。

赵心愚、秦和平编《清季民国康区藏族文献辑要》，四川民族出版社 2003 年版。

赵心愚、秦和平、王川编《康区藏族社会珍稀资料辑要》，巴蜀书社 2006 年版。

政协甘孜藏族自治州康定县委员会编印《康定县文史资料选辑》第 3辑，1989 年。

政协全国委员会文史资料研究委员会编《文史资料选辑》第 33、93辑，文史资料出版社 1980、1984 年版。

政协四川省道孚县委员会编印《道孚文史资料选辑》第 1 辑，1985 年。

政协四川省甘孜州委员会文史资料委员会编印《甘孜州文史资料》第 7、8、11、12、13、14、15、16 辑，1988、1989、1990、1993、1993、1996、1997、1998 年。

政协四川省委员会文史资料研究委员会编印《四川文史资料选辑》第 6、11、16、27、29 辑，四川人民出版社 1980、1979、1965、1982、1983 年。

政协松滋县委员会文史资料研究委员会编印《松滋文史资料选辑》第 4 辑，1989 年。

政协西藏自治区委员会文史资料研究委员会编印《西藏文史资料选辑》第 3、6、17、18 辑，1985、1989、1995、1999 年。

中共昌都地委、昌都地区行署编《昌都战役文献资料选编》，西藏人民出版社 2000 年版。

中共甘孜州委党史研究室编《红军长征在甘孜藏区》，成都科技大学出版社 1993 年版。

中共四川省委党史研究室编《红军长征在四川图志》，四川人民出版社 2016 年版。

中共西藏自治区委员会党史研究室编《天宝与西藏》，中共党史出版社 2006 年版。

中共中央统战部编《民族问题文献汇编》，中共中央党校出版社 1991 年版。

中共中央文献研究室编《建国以来重要文献选编》第 5 册，中央文献出版社 1993 年版。

中共中央文献研究室、中共重庆市委员会编《邓小平西南工作文集》，重庆出版社 2006 年版。

中国第二历史档案馆、中国藏学研究中心合编《黄慕松吴忠信赵守钰戴传贤奉使办理藏事报告书》，中国藏学出版社 1993 年版。

中国第二历史档案馆、中国藏学研究中心合编《康藏纠纷档案选编》，中国藏学出版社 2000 年版。

中国第二历史档案馆编《中华民国档案资料汇编》第 5 辑第 1 编《教

育》第 1、2 册，江苏古籍出版社 1994 年版。

中国第一历史档案馆、福建师范大学历史系合编《清末教案》，中华书局 1996 年版。

中国第一历史档案馆编《光绪朝上谕档》第 22 册，广西师范大学出版社 1996 年版。

中国近代经济史资料丛刊编辑委员会主编《中国海关与缅藏问题》，中华书局 1983 年版。

中国科学院历史研究所第三所主编《锡良遗稿》，中华书局 1959 年版。

中国科学院民族研究所、四川少数民族社会历史调查组编印《红军长征经过藏区及藏区群众反抗斗争史料》，1963 年。

中国藏学研究中心、中国第二历史档案馆合编《九世班禅内地活动及返藏受阻档案选编》，中国藏学出版社 1992 年版。

中国藏学研究中心、中国第二历史档案馆、西藏自治区档案馆等编《元以来西藏地方与中央政府关系档案史料汇编》，中国藏学出版社 1994 年版。

中国藏学研究中心、中国第二历史档案馆合编《民国时期西藏及藏区经济开发建设档案选编》，中国藏学出版社 2005 年版。

中研院近代史研究所编《教务教案档》，台北，中研院近代史研究所 1977 年版。

钟毓：《西康茶业》，重庆建国书店 1942 年版。

周蔼联撰，张江华、季垣垣点校《西藏纪游》，中国藏学出版社 2006 年版。

周开庆编《民国川事纪要（1911 年 10 月—1936 年 12 月）》，台北，四川文献研究社 1974 年版。

周源整理《1914 年"西姆拉会议"资料汇编、拉鲁家族及本人经历》，中国藏学研究中心历史所 2003 年版。

朱绣编著，吴均校注《西藏六十年大事记》，青海人民出版社 1996 年版。

A. De Rosthorn，*On the Tea Cultivation in Western Suuch'uan and the Tea*

Trade with Tibet via Tachienlu, London: Luzac & Co. , 1895.

Alexander Hosie, *Mr Hosie's Journey to Tibet*, 1904: *a Report by Mr. A. Hosie, His Majesty's Consul at Chengdu, On a Journey from Chengtu to the Eastern Frontier of Tibet*, London: The Stationery Office, 2001.

Auguste Desgodins, Charles Renou, Jean-Charles Fage, P. Giraudeau, *Dictionnaire Tibétain-Latin-Franais: Parles Missionaires du Thibet*, Hong Kong: Imprimerie des Missions étrangères, 1899.

Broomhall Marshall, *The Judilee Story of the China Inland Mission*, London: Morgan & Scott, and China Inland Mission, 1915.

Chen Han-Seng, *Frontier Land System in Southernmost China: A Comparative Study of Agrarian Problems and Social Organization among the Pai Yi People of Yunnan and the Kamba People of Sikang*, New York: International Secretariat Institute of Pacific Relations, 1949.

Douglas A. Wissing, *Pioneer in Tibet: The Life and Perils of Dr. Albert Shelton*, New York: Palgrave Macmilian, 2004.

A. Colborne Barber, *Travels and Researches in Western China*, London: John Murray, 1882.

Edward Colborne Baber, *Report on a Journey to Ta-Chien-Lu*, London: Houses of Parliament, 1879.

Evariste Régis Huc, *Life and Travel in Tartary, Thibet, and China*, Edinburgh: Thomas Nelson and Sons, 1885.

Flora B. Shelton, *Sunshine and Shadow on the Tibetan Border*, Cincinnati: Foreign Christian Missionary Society, 1912.

Howard Taylor, *The Story of the China Inland Mission*, Vol. 2, London: Morgan & Scott, 1894.

J. H. Edgar, "Hsiang Ch'eng or Du Halde's 'Land of The Lamas' ," *Journal of the West China Border Research Society*, Vol. VII, 1935.

J. Hanson Lowe, "A Journey along the Chinese: Tibetan Border, " *The Geographical Journal*, Vol. 95, No. 5. 1940.

Oliver Coales, "Economic Notes on Eastern Tibet," *Geographical Journal*,

Vol. 54，No. 4，1919.

Rinzin Thargyal, *Nomads of Eastern Tibet：Social Organization and Economy of a Pastoral Estate in the Kingdom of Dege*, Leiden；Boston：Brill，2007.

Shelton Albert, *Pioneering in Tibet：A Personal Record of Life and Experience in Mission Fielss*, New York et al. ：Fleming H. Revell Co. ，1921.

Susie Carson Rijnhart, *With the Tibetans in Tent and Temple*, New York［etc. ］, Fleming H. Revell Co. ，1904.

T. T. Cooper, *Travels of a Pioneer of Commerce in Pigtail and Petticoats：On an Overland Journey from China towards India*, London：John Murray, Albemarle Street，1871.

William Carey, *Travel and Adventure in Tibet*, Delhi：Mittal Publications，1983（1st edition in 1902）.

William Gill & E. Colborne Baber, *The River of Golden Sand*, London：John Murray，1880.

William Woodville Rockhill, *Diary of Journey through Mongolia and Tibet in 1891 and 1892*, Washington：Smithsonian Institution. 1894.

William W. Rockhill, *The Land of the Lamas：Notes of A Journey Through China Mongolia and Tibet*, New York：The Century Co. 1891.

四　研究专著

毕达克：《西藏的贵族和政府（1728—1959）》，沈卫荣、宋黎明译，中国藏学出版社1990年版。

编委会编《解放西藏史》，中共党史出版社2008年版。

编写组编《红军长征在四川》，四川省科学出版社1986年版。

编写组编《藏族文学史》，四川民族出版社1985年版。

才让太、顿珠拉杰：《苯教史纲》，中国藏学出版社2012年版。

陈谦平：《抗战前后之中英西藏交涉（1935—1947）》，三联书店2003年版。

成都军区政治宣传部编《红军长征在西南》，四川人民出版社1996年版。

大卫·杰克逊：《西藏绘画史》，向红笳、谢继胜、熊文彬译，西藏人民出版社 2001 年版。

《邓少琴西南民族史地论集》，巴蜀书社 2001 年版。

邓珠拉姆：《格达活佛》，四川人民出版社 1999 年版。

丁凌波：《民国高僧传三编》，台北，慧明出版集团 2001 年版。

丁凌波：《民国高僧传四编》，台北，慧明出版集团 2002 年版。

东嘎·洛桑赤列：《东嘎藏学大辞典》（藏文版），中国藏学出版社 2002 年版。

冯明珠：《中英西藏交涉与川藏边情（1774—1925）》，中国藏学出版社 2007 年版。

格勒：《甘孜藏族自治州史话》，四川民族出版社 1984 年版。

军事科学院《中国近代战争史》编写组编《中国近代战争史》第 3 册，军事科学出版社 1985 年版。

柯文：《在中国发现历史——中国中心观在美国的兴起》，林同奇译，社会科学文献出版社 2017 年版。

黎吉生：《西藏简史》，李有义译，中国社会科学院民族研究所 1979 年版。

李绍明、刘俊波编《尔苏藏族研究》，民族出版社 2007 年版。

刘统：《北上：党中央与张国焘斗争始末》，三联书店 2016 年版。

林耀华：《民族学研究》，中国社会科学出版社 1985 年版。

马菁林：《清末川边藏区改土归流考》，巴蜀书社 2004 年版。

美郎宗贞：《近代西藏巨商"邦达昌"之邦达·多吉的政治生涯与商业历程》，西藏人民出版社 2008 年版。

秦和平：《基督宗教在西南民族地区的传播史》，四川民族出版社 2003 年版。

沈卫荣、侯浩然：《文本与历史：藏传佛教历史叙事的形成和汉藏佛学研究的建构》，北京大学出版社、中国藏学出版社 2016 年版。

苏奇塔·高希：《中印关系中的西藏（1899—1914）》，张永超译，西藏人民出版社 1987 年版。

孙敬之主编《西南地区经济地理》，科学出版社 1960 年版。

谭·戈伦夫：《现代西藏的诞生》，伍昆明、王宝玉译，中国藏学出版社 1990 年版。

滕华睿：《建构现代中国的藏传佛教徒》，陈波译，香港大学出版社 2012 年版。

王川：《西藏昌都近代社会研究》，四川人民出版社 2006 年版。

王海兵：《康藏地区的纷争与角逐（1912—1939）》，社会科学文献出版社 2013 年版。

王娟：《化边之困：20 世纪上半期川边康区政治、社会与族群》，社会科学文献出版社 2016 年。

王尧、王启龙主编《国外藏学研究译文集》第 16 辑，西藏人民出版社 2002 年版。

吴彦勤：《清末民国时期川藏关系研究》，云南人民出版社 2007 年版。

喜饶尼玛：《近代藏事研究》，上海书店出版社 2000 年版。

夏格巴·旺曲德典：《藏区政治史》下册，刘立千、罗润苍等译，中国藏学出版社 1992 年版。

雅克玲·泰夫奈：《西来的喇嘛》，耿昇译，山东画报出版社 2003 年版。

牙含章：《达赖喇嘛传》，人民出版社 1984 年版。

杨恩洪：《藏族妇女口述史》，中国藏学出版社 2006 年版。

意西微萨·阿错：《倒话研究》，民族出版社 2004 年版。

泽波、格勒主编《横断山民族文化走廊：康巴文化名人论坛文集》，中国藏学出版社 2004 年版。

张曼涛主编《现代佛教学术丛刊》第 86 辑《民国佛教篇》，大乘文化出版社 1978 年版。

张秋雯：《赵尔丰与瞻对改流》，台北，"蒙藏委员会" 2001 年版。

郑少雄：《汉藏之间的康定土司：清末民初末代明正土司人生史》，三联书店 2016 年版。

郑曦原编《帝国的回忆——〈纽约时报〉晚清观察记》，李方惠、郑曦原、胡书源译，三联书店 2001 年版。

中国人民解放军军事科学院军事历史研究部编《中国工农红军长征

史》，山西人民出版社 1996 年版。

周锡银：《红军长征时期党的民族政策》，四川民族出版社 1985 年版。

周智生：《商人与近代中国西南边疆社会——以滇西北为中心》，中国社会科学出版社 2006 年版。

A. Tom Grunfeld, *The Making of Modern Tibet*, New York: M. E. Sharpe, Inc., 1996.

Alexander P. Gardne, The Twenty-five Great Sites of Khams: Religious Geography, Revelation, and Nonsectarianism in Nineteenth-Century Eastern Tibet (Ph. D. Diss., University of Michigan, 2006)

E. Gene Smith, *Among Tibetan Texts: History and Literature of the Himalayan Plateau*, Boston: Wisdom Publication, 2001.

Eva K. Dargyay, *The Rise of Esoteric Buddhism in Tibet*, New York: Samuel Weiser, 1978.

Geoffrey Samuel, *Civilized Shamans: Buddhism in Tibetan Societies*, Smithsonian, 1995.

Wim van Spengen, *Tibetan Border Worlds: A Geohistorical Analysis of Trade and Traders*, London and New York: Kegan Paul International, 2000.

Xiuyu Wang, *China's Last Imperial Frontier: Late Qing Expansion in Sichuan's Tibetan Borderlands*, Lexington Books, 2013.

Yingcong Dai, *The Sichuan Frontier and Tibet*, University of Washington Press, 2009.

Yudru Tsomu, *The Rise of Gönpo Namgyel in Kham: The Blind Warrior of Nyarong*, Lexington Books, 2014.

五　论文

保罗、觉安拉姆：《近代盐井腊翁寺事件原因分析——兼论其相关问题》，《西藏研究》2006 年第 3 期。

保罗、泽勇：《盐井天主教史略》，《西藏研究》2000 年第 3 期。

才让太：《杂廓地区的苯教与夏尔杂修行地的形成及其影响》，《中国藏学》2009 年第 4 期。

曹必宏：《抗日战争时期的康藏贸易公司》，《中国藏学》2006 年第 3 期。

曹必宏：《民国时期内地与西藏的边茶贸易——以档案史料为中心的考察》，《思想战线》2015 年第 1 期。

车莉：《抗战时期西康省的民众教育馆》，《西南民族大学学报》2011 年第 11 期。

陈泛舟、陈一石：《滇藏贸易历史初探》，《西藏研究》1988 年第 4 期。

陈沛杉：《民国康区县制研究》，《四川师范大学学报》2014 年第 5 期。

陈学志：《格勒得沙共和国——红军长征中帮助建立的第一个少数民族革命政权》，《中央民族学院学报》1991 年第 6 期。

陈一石：《卢比侵淫康藏及其影响》，《中国钱币》1990 年第 1 期。

陈一石：《民国时期川藏茶道的阻滞和边茶业的衰落》，《藏学研究论丛》第 2 辑，西藏人民出版社 1990 年版。

陈一石：《清代川茶业的发展及其与藏区的经济文化交流》，马大珩、马大正主编《清代边疆开发研究》，中国社会科学出版社 1990 年版。

陈一石、陈泛舟：《滇茶藏销考略》，《西藏研究》1989 年第 3 期。

道吉才让：《康区宁玛派著名学者——居·米旁嘉措》，《四川民族学院学报》2014 年第 6 期。

邓前程：《试论清末至民国康区外国教会》，《民国档案》2006 年第 3 期。

邓锐龄：《清代驻藏大臣色楞额》，《中国藏学》2011 年第 4 期。

董志勇：《关于"印茶入藏"问题》，《中国藏学》1993 年第 3 期。

段毅君：《"稳藏必先安康"政策的由来》，《学习时报》2011 年 2 月 28 日，第 11 版。

郭昌平、尹向东：《"红军朋友，藏人领袖"——记甘孜白利寺第五世格达活佛》，《中国西藏》（汉文版）2000 年第 4 期。

胡铁球：《"歇家牙行"经营模式的形成与演变》，《历史研究》2007 年第 3 期。

胡晓：《法国传教士倪德隆在四川藏区活动考述》，《宗教学研究》2011

年第 2 期。

黄天华：《刘文辉与甘孜事件》，《西南民族大学学报》2009 年第 3 期。

黄天华：《民国西康格桑泽仁事件研究》，《四川师范大学学报》2009 年第 5 期。

节昂列夫：《中华民国时期的西藏》，张方廉译，张植荣主编《国外藏学研究译文集》第 10 辑，西藏人民出版社 1993 年版。

康·格桑益希：《藏传噶玛噶孜画派唐卡对汉地青绿山水技艺的吸纳》，《西藏大学学报》2010 年第 1 期。

郎维伟：《1950—1955 年在民族政策治理下的四川康区社会》，《西藏研究》2008 年第 3 期。

郎维伟、张晓红、郎臻：《1955—1960 年四川康区民主改革与社会结构变迁》，《西藏研究》2009 年第 1 期。

李晨升：《工珠与伏藏》，《青海民族研究》2014 年第 4 期。

李晨升：《利美运动中的工珠和钦则》，《中央民族大学学报》2015 年第 6 期。

李荣忠、刘君：《波巴第一次全国代表大会述评》，《西藏研究》1986 年第 4 期。

李师洲：《帝国主义列强在华保教权的沿革》，《山东大学学报》1990 年第 1 期。

李尚坚：《西藏的商业和贸易》，《西藏的商业与手工业调查研究》，中国藏学出版社 2000 年版。

李钟霖：《藏族格言诗文化审视》，《青海民族研究》1993 年第 3 期。

林孝庭：《战争、权力与边疆政治：对 1930 年代青、康、藏战事之探讨》，《中央研究院近代史研究所集刊》（台北）第 45 期，2004 年。

刘波：《刘家驹的康藏民歌研究》，《中国藏学》2013 年第 4 期。

刘传英：《巴塘反洋教斗争论纲》，《康定民族师专学报》1987 年专辑。

刘冬梅、霍守义：《西藏昌都地区藏族民间美术资源调查》，《中国藏学》2011 年第 2 期。

刘君：《康区近代商业初析》，《中国藏学》1990 年第 3 期。

刘君：《康区外国教会览析》，《西藏研究》1991 年第 1 期。

卢梅：《国家权力扩张下的民族地方政治秩序建构——晚清康区改流中的制度性选择》，《民族研究》2008 年第 5 期。

鲁子健：《清代藏汉边茶贸易新探》，《中国藏学》1990 年第 3 期。

马平：《近代甘青川康边藏区与内地贸易的回族中间商》，《回族研究》1996 年第 4 期。

马宣伟：《刘文辉与西康建省》，《文史杂志》2002 年第 5 期。

美朗宗贞：《"邦达昌"在康定设立商号后的第二次复兴》，《西藏研究》2007 年第 4 期。

南怀瑾：《显密优劣之商榷》，《南怀瑾选辑》第 5 卷，复旦大学出版社 2003 年。

潘崇：《锡良与清末川边新政》，《民族研究》2018 年第 2 期。

彭文斌：《边疆化、建省政治与民国时期康区精英分子的主体性建构》，汤芸译，《青海民族研究》2013 年第 4 期。

秦和平：《从反对土司到接受民主改革——关于夏克刀登的研究》，《中国藏学》2014 年第 1 期。

秦和平：《关于民族区域自治由来、建设及健全的研究》，《民族学刊》2015 年第 5 期。

秦和平：《关于盐井刚达寺驱赶天主教传教士杜仲贤的认识》，《西南民族大学学报》2012 年第 1 期。

秦和平、张晓红：《近代天主教在川滇藏交界地区的传播——以"藏彝走廊"为视角》，《西南民族大学学报》2009 年第 2 期。

秦和平：《区别对待宗教信仰和宗教社会制度——甘孜州民主改革中对藏传佛教制度的认识》，《西南民族大学学报》2010 年第 1 期。

冉光荣：《天主教"西康教区"述论》，《康定民族师专学报》1987 年专辑。

任乃强：《回忆贺老总召谈解放西藏》，《中国藏学》2001 年第 4 期。

石硕、王丽娜：《本土视角与他证史料：任乃强记叙红军长征过藏区的文本考察》，《民族研究》2016 年第 5 期。

石硕、邹立波：《近代康区陕商在汉藏互动与文化交流中的角色》，《四川大学学报》2011 年第 3 期。

宋德扬：《试论赵尔丰在经营川边中以兴学为先的思想》，《社会科学研究》1988 年第 6 期。

宋凤英：《格达活佛：情系红军将士的"红色活佛"》，《党史纵横》2009 年第 3 期。

宋月红：《争取和平解放西藏与昌都战役问题研究》，《中国边疆史地研究》2011 年第 2 期。

苏洁：《论民国时期边疆司法改革原则——以西康司法改革为例》，《贵州社会科学》2014 年第 11 期。

土呷：《昌都历史文化的特点及其成因》，《中国藏学》2006 年第 1 期。

土呷：《"朵麦基巧"沿革考》，《中国藏学》2009 年第 1 期。

土呷：《浅谈昌都藏戏及其特点》，《西藏艺术研究》1988 年第 2 期。

王川：《刘文辉与西康地区藏传佛教界关系述论》，《中国藏学》2006 年第 3 期。

王川：《民国后期"西康省农业改进所"的设立始末及其历史意义——四川藏区农业近代化起源研究之一》，《西藏大学学报》2005 年第 1 期。

王川：《民国时期"西康农事试验场"的设置及其实际成效》，《西藏大学学报》2004 年第 1 期。

王川：《诺那活佛在内地的活动及对康藏关系的影响》，《中国藏学》2008 年第 3 期。

王笛：《清末川边兴学概述》，《西藏研究》1986 年第 2 期。

王贵：《和平解放西藏中先头入藏部队的战斗历程》，《中国藏学》1988 年第 4 期。

王海兵：《乱世求存：民国时期乡城地区的土头统治》，《西南民族大学学报》（人文社会科学版）2013 年第 6 期。

王海燕、喜饶尼玛：《"留藏学法团"与民国时期汉藏文化交流》，《中国边疆史地研究》2010 年第 2 期。

王娟：《边疆自治运动中的地方传统与国家政治——以 20 世纪 30 年代的三次"康人治康"运动为中心》，《西南民族大学学报》2013 年第 12 期。

王娟：《流官进入边疆：清初以降川边康区的行政体制建设》，《中央民族大学学报》2014 年第 1 期。

王娟：《族群精英与近代中国的边疆秩序——以民国时期的康巴精英格桑泽仁为个案》，《社会学研究》2019年第2期。

王美霞：《第九辈班禅回藏始末》，《中国边政》1983年第81期。

王小彬：《"中华人民共和国昌都地区人民解放委员会"隶属关系的历史沿革》，《中国藏学》2010年第3期。

王秀玉：《清末川康战事：川西藏区改土归流的前奏》，刘源、尼玛扎西译，彭文斌校，《民族学刊》2011年第4期。

吴华、段玉明：《凝聚与发散：成都佛教在民国汉藏交流中的中转效应》，《西南民族大学学报》2015年第1期。

吴平：《藏传佛教在近代上海的流传与发展》，《中国藏学》2002年第3期。

文艳林：《甘孜藏区叛乱对周边地区尤其是西藏的影响》，《康定民族师范高等专科学校学报》2002年第1期。

向玉成、肖萍：《19世纪40—60年代中期法国传教士"独占"康区的活动及其影响》，《西藏大学学报》2011年第1期。

徐百永：《从宗教上推动政治：国民政府对藏宗教政策视野下的汉僧事务》，《西南边疆民族研究》第10辑，云南大学出版社2012年版。

徐百永、萨仁娜：《试析国民政府的"康茶筹藏"政策》，《西北民族论丛》第8辑，中国社会科学出版社2008年版。

徐君：《近代天主教在康区的传播探析》，《史林》2004年第3期。

徐君：《清末赵尔丰川边兴学考辩》，《西南民族大学学报》2006年第12期。

严奇岩：《近代西康藏族"雇读"现象探析》，《民族研究》2006年第6期。

杨环：《噶玛噶孜画派的传承与变迁——以德格八邦寺为中心》，《西南民族大学学报》2007年第12期。

杨嘉铭：《康区藏传绘画派别和系统初探》，《西华大学学报》2007年第6期。

杨嘉铭：《民初游学西藏的汉僧及其贡献》，张骏逸主编《欧阳无畏教授逝世八周年纪念论文集》，台北，"蒙藏委员会"2000年版。

杨健吾：《基督教在四川藏族地区的传播》，《宗教学研究》2004 年第 3 期。

杨亮升：《十九世纪末二十世纪初帝国主义的侵略与四川藏区的商品经济》，《西南民族学院学报》1987 年第 3 期。

阴法唐：《昌都解放打开了西藏和平解放的大门》，《中国藏学》2000 年第 4 期。

泽仁翁姆：《甘孜孔萨女土司——德钦旺姆》，《四川民族学院学报》2017 年第 4 期。

曾文琼：《清代我国西南藏区的反洋教斗争及其特点》，《西藏研究》1985 年第 4 期。

扎洛：《清末民族国家建设与赵尔丰在康区的法制改革》，《民族研究》2014 年第 1 期。

张莉红：《论明清川藏贸易》，《中国藏学》1993 年第 3 期。

张秋雯：《清代嘉道咸同四朝的瞻对之乱——瞻对赏藏的由来》，《中央研究院近代史研究所集刊》（台北）第 22 期（上），1993 年。

张丽萍：《中国内地会在中国藏区传教活动研究》，《宗教学研究》2015 年第 1 期。

张皓：《1932—1933 年中英藏两国三方围绕康藏青藏冲突的争论与交涉》，《社会科学》2015 年第 3 期。

张皓：《"宗主权"的提出与加剧：1898 至 1921 年英国侵藏政策的演变》，《青海民族研究》2014 年第 4 期。

赵艾东：《20 世纪初美国传教士史德文在康区打箭炉的医疗活动》，《中国藏学》2008 年第 3 期。

赵艾东：《古伯察〈鞑靼西藏旅行记〉中所载汉藏关系研究》，《国际汉学》2015 年第 3 期。

赵艾东：《19 世纪下半叶康藏天主教士的天花接种与藏文编纂》，《四川民族学院学报》2016 年第 1 期。

赵艾东：《1846—1919 年传教士在康区的活动考述》，《贵州民族研究》2011 年第 5 期。

赵艾东、高琳：《1846—1919 年康藏地区巴黎外方传教会传教士新考》，意大利玛柴拉塔利玛窦研究中心、香港原道交流学会合编《天主教思想与文化》2015 年第 4 辑,香港原道出版有限公司 2016 年版。

赵峥:《国民政府的边疆代理人——格桑泽仁的角色扮演与政治行动》,《新史学》(台北) 第 26 卷第 2 期,2015 年。

周炜:《藏族寓言小说研究》,《民族文学研究》1989 年第 6 期。

周毓华、彭陟焱:《试析茶马互市对川滇藏边城镇发展的影响》,《西藏民族学院学报》1999 年第 4 期。

朱丽双:《有关近代西藏历史和汉藏关系的研究资料和研究回顾》,《中国藏学》2010 年第 3 期。

Carole McGranahan, "Empire and the Status of Tibet: British, Chinese, and Tibetan negotiations, 1913 - 1934," *The History of Tibet*, Vol. III, Alex McKay (ed.), London: Routledge Curzon, 2003.

Jean-Luc Achard, "Kun grol grags pa and the Revelation of the Secret Treasury of the Sky Dancers on Channels and Winds-an inquiry into the Development of the New Bon Rradition in Eighteenth Century Tibet," *Tibet Journal*, Vol. 30, Issue 3, Fall 2005.

Tsering Thar, "Shar Rdza Hermitage: A New Bonpo Center in Khams, " *Khams pa Histories: Visions of People, Place and Authority*, Lawrence Epstein (ed.), Leiden: Brill, 2002.

索　引

Z

后　记

　　本书是我主持承担国家社科基金重大项目的最终成果。从 2010 年立项，2019 年结项，同年入选《国家哲学社会科学成果文库》，到今日即将付梓，这一过程长达十四年，犹如一场马拉松长途跋涉，其中的艰辛、忙碌、喜悦、沮丧、锲而不舍、冗长等待、焦虑等，每一个时刻都是历史，都值得铭记。

　　往事如风，回眸十四年，点一支烟，淡然一笑。成果即将出版之时，有两个感受很强烈。第一，真切感受到做完一件事的轻松，终于可以长长地舒一口气。第二，特别感谢我的研究团队十四年来对我始终如一的信任与支持。没有他们，该成果不可能完成。在此，谨向他们中的每一位深深致谢！

　　此书所以历时九年才完成，是因为难度超乎我们的想象。由中国藏学研究中心牵头、九十多位学者参与完成的《西藏通史》，历时十四年。但《西藏通史》的主干并不涉及康藏地区。康藏地区亦称"康区"，指青藏高原东部地处横断山脉地带整个操藏语康方言的藏族分布地区。"康"在藏语中是"边地"的含义。该"边地"异常辽阔，跨青、川、滇、藏四个省区，包括三个自治州（四川甘孜藏族自治州、云南迪庆藏族自治州、青海玉树藏族自治州）和昌都市。康藏地区的重要性在于，它不但是青藏高原向东倾斜的一个地理连接和过渡地带，更是藏族同西南众多民族接触交往的区域，同时还是历代中央王朝与西藏地方之间的连接枢纽和桥梁地带，是治藏前沿地区。人们常说"稳藏必先安康"，即源于此。清代、民国时期，这里是一片风云之地，发生了许多牵动全国、令人瞩目的重大事件。然而，这样一个地区，却一直缺乏一部系统梳理其历史脉络的通史性著作。之前虽有涉及该区域的"史话"类书籍出版，但一是流于简单，二是多为局部性，并未涵盖整个康藏地区。要对这样一个在地理、文化和社会形态上处于"边地"但又极为重要的连接与过渡地区的历史脉络进行系统、全面梳理和勾勒，难度可想而知。难度最大的，一是学界之前的研究相对薄弱，缺乏系统性和完整性，无前人的研究框架可资参照；二是涉及地域广大，资料零散匮乏，很多局部区域的历史在文献记载中阙如；三是该区域历史上无固定政治中心。这三点，均给康藏地区历史脉络的梳理、研究带来极大难度。故在课题研究过程中，常有"第一个吃螃蟹"的感觉。庆幸的是，我及研究团队中不少人自 20 世纪 90 年代起即从事藏彝走廊研究，这一研究为我们最终完成《康藏史》提供了重要支撑。

如今，《康藏史》终于要"丑媳妇见公婆"，同广大读者见面了，心中略感忐忑。有两点或可成为我们的底气：一是我们是认真做的，不敢有任何懈怠和马虎，并竭尽了全力；二是尽管书中有不少"可商"和有待完善之处，所梳理的是一个粗线条历史脉络，但却是首部对康藏地区历史脉络进行系统梳理、研究的著作，其基础性、开拓性毋庸讳言。通过对康藏地区历史脉络的系统梳理，不仅可以清晰地认识藏族同西南各民族之间广泛而深厚的联系，同时对历代中央王朝如何通过康藏地区实施对西藏地方的经营和治理，也会有更透彻的认识和理解。这或许正是《康藏史》的价值与意义所在。

令人倍感欣慰的是，2019 年《康藏史》作为民族学唯一一项成果，入选《国家哲学社会科学成果文库》。《国家哲学社会科学成果文库》为"国家级高端学术品牌"，入选成果是"反映当前我国哲学社会科学研究前沿、体现相关学科领域最高水准的学术力作"。这是一份崇高荣誉。2023 年该书又荣获四川省第二十次社会科学优秀成果一等奖。这对我们是莫大的鼓励，是对我们研究团队多年来锲而不舍、艰辛付出的高度肯定。

本书是一个集体成果，荣誉属于大家。各卷及章节承担完成人如下：

《康藏史（古代卷）》

第 1—3 章，第 4 章第 1、3 节，第 5 章：石硕

第 4 章第 2 节：王鑫源

第 6 章：罗宏

第 7、8 章：李志英

第 9 章第 1—3 节：刘欢

第 9 章第 4 节：石硕、邹立波

第 9 章第 5—7 节、第 10 章：王丽娜

第 11—12 章：玉珠措姆

《康藏史（近代卷）》

第 1 章：王志

第 2—3、10、12—13 章：邹立波

第 4—7、9、11 章：王海兵

博士生阎翠、潘晓瞳参与第 8 章的部分工作。

我要特别感谢我的学生兼助手邹立波副教授。他协助我做了与课题相关的大量工作。他朴实无华、踏实精进的学风，为课题的顺利完成助力良多。

我还要特别感谢社会科学文献出版社历史学分社社长郑庆寰先生及其编辑团队对本书出版所给予的重视和支持。为编辑该书，提升编辑质量，他们编辑团队专门购买了一套多达 8 卷 13 册的《西藏通史》。其职业精神和敬业态度令人感佩。在此，谨向郑庆寰先生及其编辑团队表示衷心感谢和敬意！

最后，我想表达的是，世界无比美好，我们当永远以感恩和谦卑之心来面对世界。为此，感恩每一个为《康藏史》提供过帮助的人。他们是：郝时远先生、周伟洲老师、麻国庆教授、喜饶尼玛教授、黄维忠教授、张云研究员、刘正寅教授、王川教授、周源研究员等，以及许多我不知姓名的专家学者。当前民族类著作出版殊为不易，该书能顺利出版，必定得到许多人的支持与肯定。在此，我谨代表课题组，向他们表示诚挚感谢和崇高敬意！

石硕

2023 年 12 月 17 日于川大江安花园寓所

图书在版编目（CIP）数据

康藏史. 古代卷、近代卷 / 石硕主编；邹立波副主
编.--北京：社会科学文献出版社，2023.12（2024.6 重印）
（国家哲学社会科学成果文库）
ISBN 978-7-5228-1988-4

Ⅰ.①康…　Ⅱ.①石…②邹…　Ⅲ.①藏族-民族历
史-西南地区-古代、近代　Ⅳ.①K281.4

中国国家版本馆 CIP 数据核字（2023）第 113086 号

国家哲学社会科学成果文库
康藏史（古代卷、近代卷）

主　　编 / 石　硕
副 主 编 / 邹立波

出 版 人 / 冀祥德
组稿编辑 / 郑庆寰
责任编辑 / 赵　晨　邵璐璐　石　岩　郑彦宁　汪延平　窦知远
责任印制 / 王京美

出　　版 / 社会科学文献出版社·历史学分社（010）59367256
　　　　　　地址：北京市北三环中路甲 29 号院华龙大厦　邮编：100029
　　　　　　网址：www.ssap.com.cn
发　　行 / 社会科学文献出版社（010）59367028
印　　装 / 北京盛通印刷股份有限公司

规　　格 / 开本：787mm×1092mm　1/16
　　　　　　印张：64.25　字数：1030 千字
版　　次 / 2023 年 12 月第 1 版　2024 年 6 月第 2 次印刷
书　　号 / ISBN 978-7-5228-1988-4
定　　价 / 298.00 元

读者服务电话：4008918866